SERHII PLOKHY

# DER ANGRIFF

## RUSSLANDS KRIEG GEGEN DIE UKRAINE UND SEINE FOLGEN FÜR DIE WELT

Aus dem Englischen von
Bernhard Jendricke und Peter Robert

HOFFMANN UND CAMPE

Die Originalaugabe erschien 2023 unter dem Titel
*The Russo-Ukrainian War. The Return of History*
bei W. W. Norton, New York.



1. Auflage 2023

*www.hoffmann-und-campe.de*
Umschlaggestaltung: Lisa Busch © Hoffmann und Campe
Umschlagabbildung: © Ievgen Soloviov / Alamy
Satz: Dörlemann Satz, Lemförde
Gesetzt aus der Adobe Garamond Pro und der Bison
Druck und Bindung: GGP Media GmbH, Pößneck
Printed in Germany
ISBN 978-3-455-01588-1

HOFFMANN
UND CAMPE

*Ein Unternehmen der*
GANSKE VERLAGSGRUPPE

*Im Gedenken an all jene, die ihr Leben für die Verteidigung der Freiheit – ihrer und unserer – gegeben haben*

# INHALT

# EDITORISCHE NOTIZ

## ZUR SCHREIBWEISE UKRAINISCHER EIGENNAMEN

Wir haben uns bewusst dafür entschieden, in diesem Buch die ukrainischen Namen für ukrainische Städte, Flüsse und Personen zu benutzen. Viele Orts- und Flussnamen der Ukraine sind uns in Deutschland bislang vor allem in der russischen Schreibweise geläufig. Dies gilt etwa für die Hauptstadt, die wir als Kiew kennen, die im Ukrainischen allerdings Kyjiw heißt. Ebenso wird der Dnjepr, der größte Fluss der Ukraine (und nach Wolga und Donau der drittlängste Europas), im Land selbst Dnipro genannt. Odesa oder Donbas werden mit einem S geschrieben, wobei dieses stimmlos gesprochen wird. Manches mag auf den ersten Blick ungewöhnlich erscheinen. Wir denken jedoch, dass dies nur konsequent ist, wenn man dem Ansatz dieses Buches gerecht werden möchte. Einige wenige Namen wurden gleichwohl in der in deutschsprachigen Medien gängigen Schreibweise belassen, etwa Vitali Klitschko oder Tschernobyl (das Kraftwerk selbst und der Unfall, der sich dort ereignete, wurden der Welt unter der russischen Schreibweise des Namens der nächstgelegenen Stadt bekannt – Tschernobyl statt Tschornobyl).

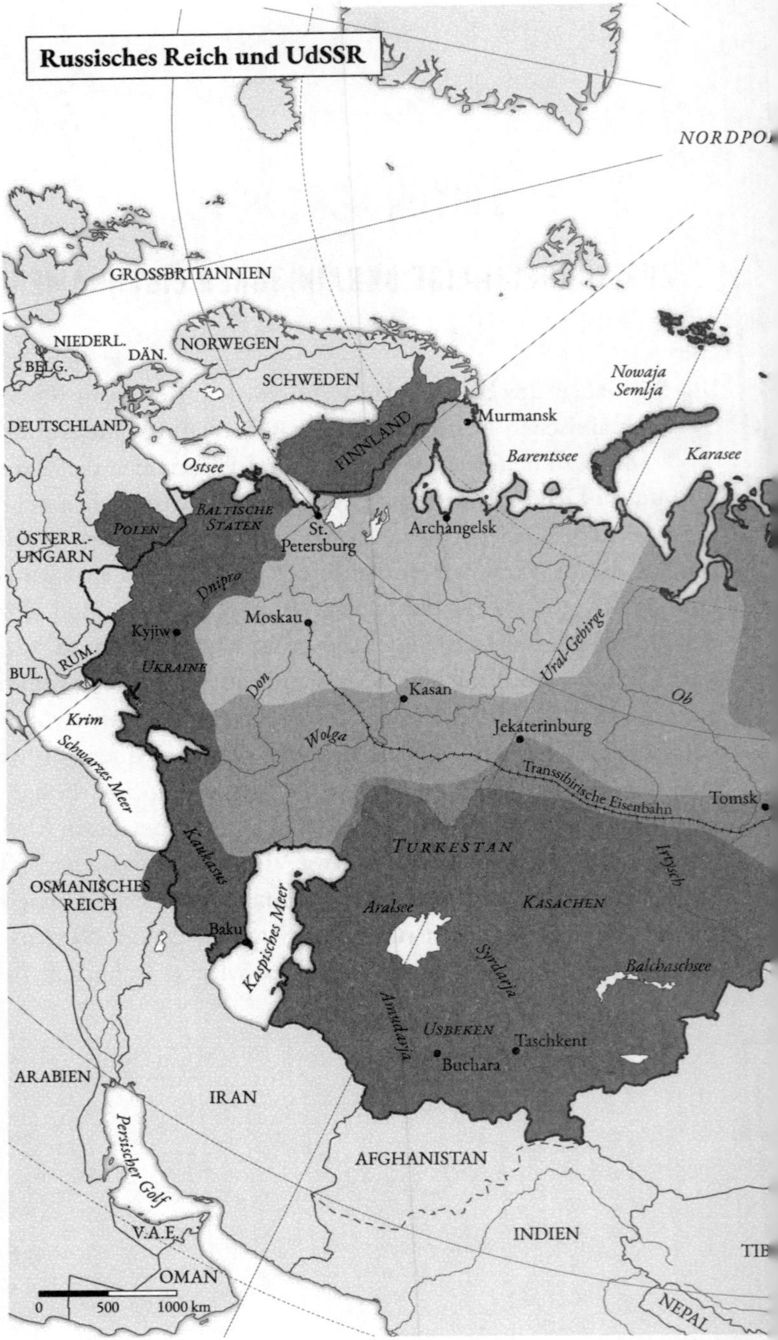

Russisches Reich und UdSSR
NORDPO
GROSSBRITANNIEN
NIEDERL.
BELG.
DÄN.
NORWEGEN
SCHWEDEN
DEUTSCHLAND
Ostsee
FINNLAND
Murmansk
Barentssee
Nowaja Semlja
Karasee
BALTISCHE STATEN
POLEN
St. Petersburg
Archangelsk
ÖSTERR.-UNGARN
Dnipro
Moskau
Kyjiw
RUM.
BUL.
UKRAINE
Don
Kasan
Ural-Gebirge
Ob
Krim
Schwarzes Meer
Wolga
Jekaterinburg
Transsibirische Eisenbahn
Tomsk
Kaukasus
TURKESTAN
Irtysch
OSMANISCHES REICH
Aralsee
KASACHEN
Baku
Kaspisches Meer
Syrdarja
Balchaschsee
Amudarja
USBEKEN
Taschkent
Buchara
ARABIEN
IRAN
Persischer Golf
AFGHANISTAN
V.A.E.
INDIEN
TIB
OMAN
NEPAL
0
500
1000 km

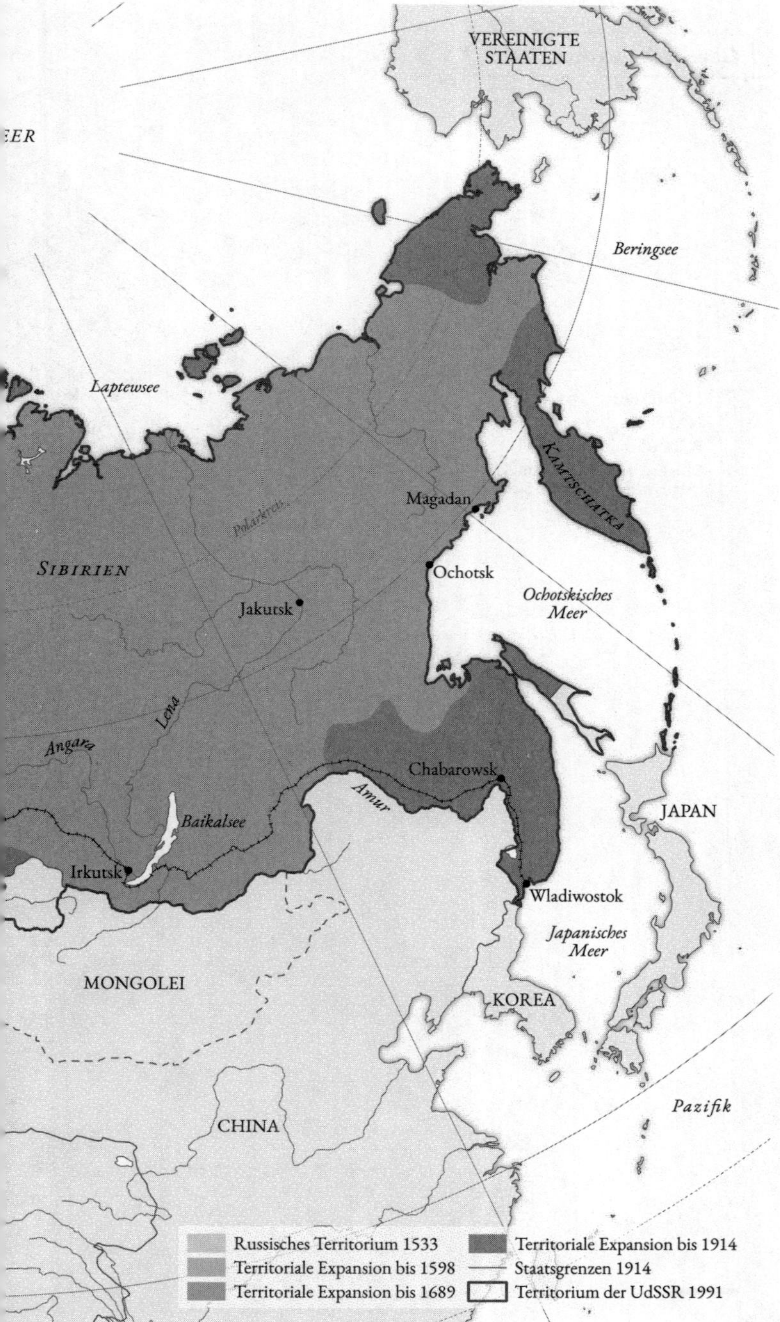
VEREINIGTE STAATEN
Beringsee
Laptewsee
KAMTSCHATKA
Magadan
Polarkreis
SIBIRIEN
Ochotsk
Ochotskisches Meer
Jakutsk
Lena
Angara
Chabarowsk
Amur
JAPAN
Baikalsee
Irkutsk
Wladiwostok
Japanisches Meer
MONGOLEI
KOREA
Pazifik
CHINA
Russisches Territorium 1533
Territoriale Expansion bis 1598
Territoriale Expansion bis 1689
Territoriale Expansion bis 1914
Staatsgrenzen 1914
Territorium der UdSSR 1991

Geteiltes Europa (2022)
EU-Mitglied
NATO-Mitglied
Beitrittskandidat zur NATO
Mitglied der Organisation des Vertrags über kollektive Sicherheit
Island
Schweden
Norwegen
Dänemark
Irland
Vereinigtes Königreich
Niederl.
Deutschland
Belgien
Lux.
Tschechien
Österreich
Frankreich
Slowenien
Italien
Portugal
Spanien
0
250
500 km

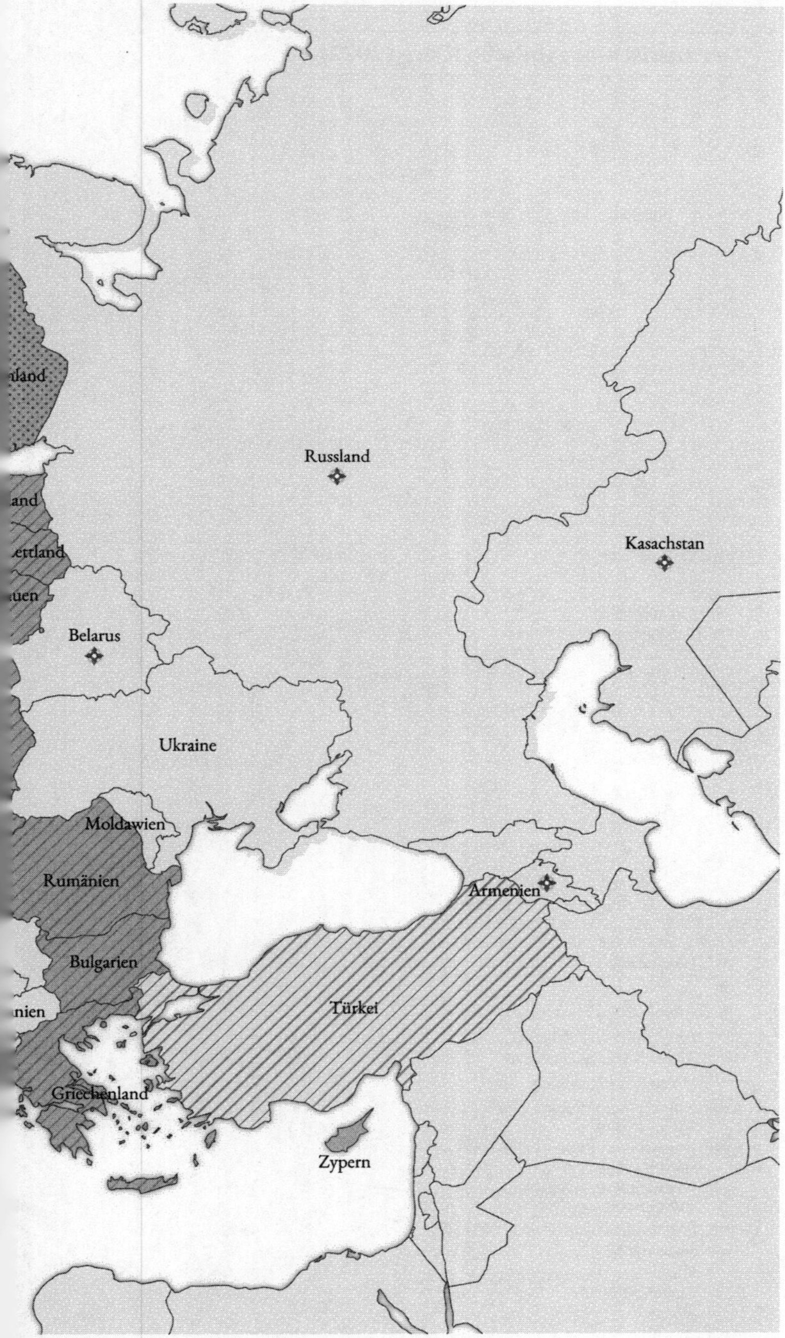

nland
Russland
and
Kasachstan
Lettland
auen
Belarus
Ukraine
Moldawien
Rumänien
Armenien
Bulgarien
Türkei
nien
Griechenland
Zypern

Der russisch-ukrainische Krieg (2022)
BELARUS
POLEN
Pinsk
Riwne
Tschernobyl
Kyjiwer Meer
Weichsel
Luzk
Riwne
Kyjiw
Chmelnyzkyj
Schytomyr
Lwiw
Ternopil
UKRAI
SLOWAKEI
Chmelnyzkyj
Winnyzja
Iwano-Frankiwsk
Dnister
Uschhorod
Uman
Tscherniwzi
UNGARN
MOLDAWIEN
Chișinău
RUMÄNIEN
Tiraspol
Odes
Ismajil
Donau
BULGARIEN
Hauptstadt
Stadt
Atomkraftwerk (aktiv)
Atomkraftwerk (stillgelegt)
Russisch-kontrollierter Ort
Ukrainisch-kontrollierter Ort
Russisch-kontrolliertes Gebiet, erobert seit 24. Februar 2022
Russisch-kontrolliertes Gebiet am 24. Februar 2022
Von ukrainischen Streitkräften zurückerobertes Gebiet
Frontlinie vor dem 24. Februar 2022
Staatsgrenze
Von Russland formell annektiert am 30. September 2022

Woronesch
Kursk
RUSSLAND
chernihiw
Konotop
Sumy
Belgorod
Charkiw
Krementschuker Stausee
Poltawa
Isjum
rkassy
Krementschuk
Sjewjerodonezk
Kramatorsk
DONBAS
Luhansk
Kropywnyzkyj
Dnipro
Pawlohrad
Horliwka
Donezk
Krywyj Rih
Saporischschja
Don
Kachowkaer Stausee
ukraine
Rostow
Saporischschja
Mariupol
Mykolajiw
Melitopol
Nowa Kachowka
Berdjansk
Cherson
Asowsches Meer
Henitschesk
Krim
Kertsch
Straße von Kertsch
Krasnodar
Simferopol
Noworossijsk
Sewastopol
Schwarzes Meer
0
75
150 km

## Geteilte Welt (2022)

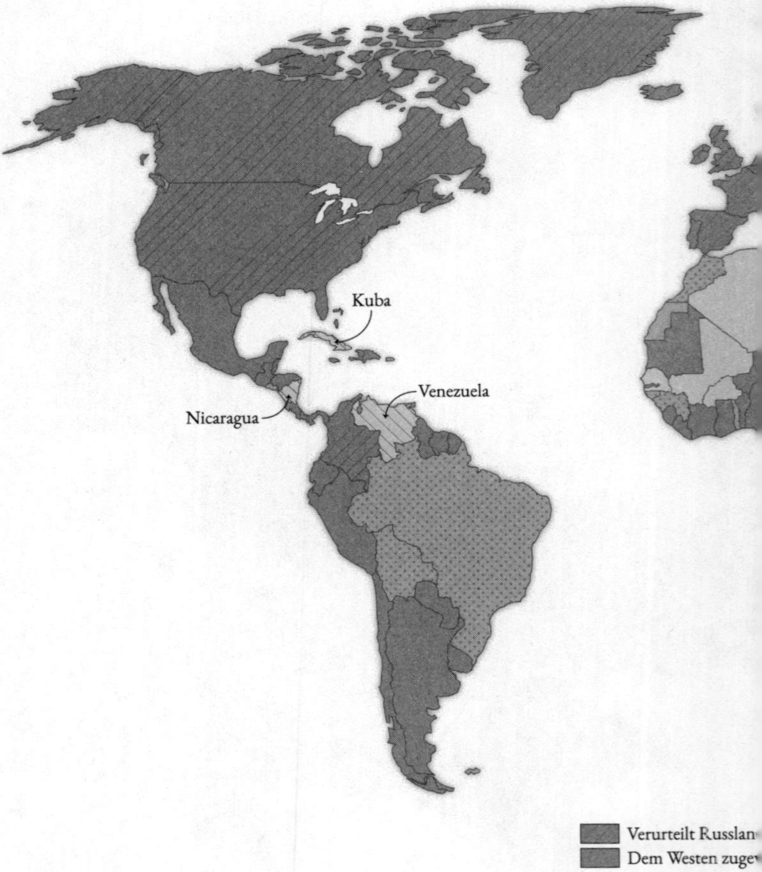

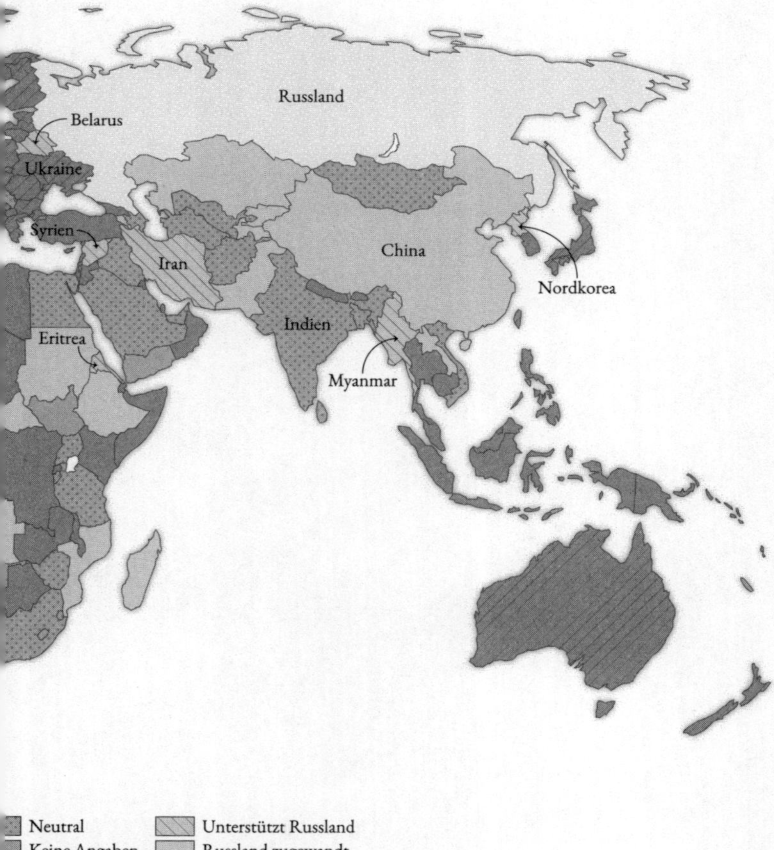
Russland
Belarus
Ukraine
Syrien
Iran
China
Nordkorea
Indien
Eritrea
Myanmar
Neutral
Keine Angaben
Unterstützt Russland
Russland zugewandt

# VORWORT

## DEN KRIEG VERSTEHEN

Die Nachricht vom russischen Einmarsch erreichte mich in Wien, der Hauptstadt jenes ehemaligen Reiches, dessen Politik den Ersten Weltkrieg ausgelöst hatte, einer Stadt, deren Übernahme durch Nazideutschland im Rahmen des österreichischen »Anschlusses« 1938 dem Ausbruch des Zweiten Weltkriegs vorangegangen war. Als sich die Bürgerinnen und Bürger Wiens am Abend des 23. Februar 2022 zur Ruhe begaben, lag ein neuer Krieg in der Luft. Nachdem ich beunruhigende Nachrichten auf CNN gesehen hatte, hoffte ich noch, dass es nicht so weit kommen würde, aber mir schwante nichts Gutes. Am nächsten Morgen erwachte ich früher als gewöhnlich, gegen sechs Uhr. Ich griff nach meinem Handy, um einen Blick auf die neuesten Meldungen zu werfen, öffnete stattdessen jedoch aus irgendeinem Grund mein E-Mail-Programm.

Schon als ich die Betreffzeile einer E-Mail las – »O mein Gott!« –, rutschte mir das Herz in die Hose. Die Nachricht kam von einem Kollegen in Harvard, der mich im Oktober zuvor auf die Möglichkeit eines neuen Krieges aufmerksam gemacht hatte und mit dem ich seither über die Gefahr einer schwerwiegenden kriegerischen Auseinandersetzung diskutierte. An den ukrainischen Grenzen waren russische Truppen aufmarschiert, und die amerikanischen Medien hatten fast in Echtzeit darüber zu berichten begonnen. Ich hoffte, dass die Truppenbewegungen lediglich ein Bestandteil der russischen Erpressungsmanöver waren. Mein Kollege hingegen glaubte, die Russen könnten es diesmal ernst meinen. Nun wusste ich, noch bevor ich die E-Mail öffnete, dass es geschehen war – die Invasion, vor der er gewarnt hatte, war erfolgt. Schließlich las ich die E-Mail. Die letzten Zeilen lauteten: »Dabei wird nichts Gutes herauskommen. Die Nachrichten ändern sich von Tag zu Tag. Heute Abend prognostizieren die US-amerikanischen Geheimdienste einen Blitzkrieg, aber warten wir ab, was morgen geschieht. Ich hoffe, bei Ihnen in Wien ist alles in Ordnung.«

Bei mir war gar nichts in Ordnung. Etwas hatte begonnen, aber ich wusste nicht, was. Vermutlich waren Putin und die Russen im Osten der Ukraine einmarschiert, dem Schlachtfeld der Jahre 2014 und 2015. Mit diesen Gedanken im Kopf öffnete ich eine weitere E-Mail. Die Betreffzeile war leer, aber sie stammte von einem Kollegen in Dnipro, das während des Krieges 2014/15 weit hinter den Frontlinien gelegen hatte. Aus seiner Nachricht ging unzweideutig hervor, dass es in diesem Krieg kein Gebiet hinter den Linien mehr geben würde. »Ich packe meine Sachen, werde Dnipro verlassen; vielleicht sende ich Ihnen per Mail ›Fragmente‹ meines Buches, weil ich nicht weiß, was als Nächstes kommt, und weil mein Computer in den bevorstehenden Ereignissen womöglich irgendwo verloren geht«, schrieb mein Kollege und setzte hinzu: »Mit dem Schicksal von Manuskripten in Kriegszeiten sind wir ja bestens vertraut.« Ich schickte ihm eine aufmunternde Antwort und bedankte mich, dass er mir sein unvollendetes Werk anvertraute.

Erst dann sah ich mir die Nachrichten an: Eine groß angelegte Invasion der Ukraine hatte begonnen, und Großstädte von Kyjiw über Dnipro bis zu meiner Geburtsstadt Saporischschja lagen unter russischem Raketenbeschuss. Es war unwirklich. Ich rief meine Schwester in Saporischschja an. Sie war wach. In einem Teil der Stadt waren Explosionen zu hören, glücklicherweise weit von dem Viertel entfernt, wo sie in unserem Elternhaus wohnte. Sie war ruhig. Am Vorabend hatte ich sie angerufen und ihr geraten, ihren Wagen möglichst vollzutanken. Sie hatte meinen Rat nicht befolgt, weil sie wie fast jedermann in der Ukraine einen umfassenden Krieg für unmöglich hielt. Jetzt hatte der Krieg begonnen, und keiner von uns war darauf vorbereitet. Wir würden die Dinge einfach auf uns zukommen lassen müssen. Ich telefonierte zweimal täglich mit ihr, morgens und abends. Immer dieselben Fragen: Wie war die letzte Nacht? Wie war dein Tag? Die Bedeutung von »Gute Nacht« und »Guten Tag« hatte sich plötzlich verändert. Jeder Tag und jede Nacht mit Sirenengeheul, aber ohne Raketenangriffe oder Bombardierungen waren gut.

An jenem ersten Morgen zog ich ein weißes Hemd und einen Blazer an. Da ich zum Archiv der Internationalen Atomenergie-Organisation wollte, wo ich die internationale Geschichte der Nuklearkatastrophe von Tschernobyl im Jahr 1986 erforschte, war diese Aufmachung ungewöhnlich, wenn nicht sogar seltsam. Aber ich kleidete mich absichtlich zu fein, um schon durch meine äußere Erscheinung zu zeigen, dass ich ungeachtet der Nachrichten von der Front gefasst und bereit war, meinen Pflichten nachzukommen, wie diese angesichts des Kriegszustands auch immer beschaffen sein mochten. Als Inspirationsquelle diente mir dabei das Tagebuch von George F. Kennan, dem berühmten amerikanischen Diplomaten und Experten für internationale Beziehungen. Als er im März 1939 eines Morgens aufwachte und von Hitlers Angriff auf die Tschechoslowakei erfuhr, rasierte er sich besonders gründlich, um »nicht mitgenommen zu wirken«. Er war entschlossen, seine Aufgaben als Diplomat unter allen Umständen zu erfüllen.

Im Archiv sah man mich mit offenkundigem Mitgefühl an. »Tut mir leid, was da mit Ihrem Land geschieht«, erklärte mir eine der Archivarinnen. Die Worte implizierten, dass das Ende nahe war: Das Land würde besetzt werden, wenn nicht heute, dann morgen. Hatte ich mich also für seine Beerdigung herausgeputzt? Ich hoffte es nicht, wusste aber auch nicht, womit ich rechnen sollte. Später an jenem Tag kam ein Fotograf der *Neuen Zürcher Zeitung* in mein Büro im Wiener Institut für die Wissenschaften vom Menschen, um für ein wenige Tage zuvor geführtes Interview ein Foto von mir zu machen. Auf dem Bild, das in der Zeitung erschien, wirkte ich ziemlich zerzaust; der Wind wehte meine Haare in alle Richtungen, doch ich trug mein weißes Hemd und sah traurig, aber entschlossen aus. In dem Interview, das ich dem *New Yorker* ein paar Tage vorher gegeben hatte, sagte ich voraus, dass die Ukrainer kämpfen würden. »Ich weiß nicht, wann und wie«, erklärte ich dem Reporter, »aber ich zweifle nicht daran, dass es Widerstand geben wird.«[1]

Die Ereignisse der folgenden Tage und Wochen zeigten, dass ich mit meiner Vorhersage richtiggelegen hatte, aber das Ausmaß des Widerstands wie auch des Krieges selbst überstieg meine damalige Vorstellungskraft. Die Invasion, die Putin als »Militäroperation« bezeichnete und die nur ein paar Tage oder höchstens ein paar Wochen dauern sollte, wurde zum größten konventionellen Krieg in Europa seit 1945. Er kostete bisher mehrere Zehntausend Männer und Frauen das Leben, viele von ihnen unschuldige Zivilisten, und löste zudem die größte Flüchtlingskrise in Europa seit dem Ende des Zweiten Weltkriegs aus. In den folgenden Monaten flohen insgesamt zwölf Millionen Frauen, Kinder und ältere Menschen vor den Kämpfen in der Ukraine, und mehr als fünf Millionen von ihnen fanden Zuflucht in den Ländern Ost- und Mitteleuropas. Kerntechnische Anlagen wie Tschernobyl und das Atomkraftwerk in Saporischschja, das leistungsstärkste Europas, wurden zu neuen Schlachtfeldern, und es gab kaum verhüllte Drohungen mit dem Einsatz von Atomwaffen.

Wie konnte all das geschehen? Ich war weder auf emotionaler Ebene noch in meiner Eigenschaft als Historiker bereit, zu durchdenken und mir selbst und anderen zu erklären, was da infolge Russlands ungerechtfertigter Aggression vor sich ging. Wahnsinn und kriminelle Energie schienen die einzigen vernünftigen Erklärungen zu sein. Doch als die Medien mich immer wieder um Kommentare baten, hatte ich das Gefühl, dass ich mich dem nicht verweigern konnte, weil meine Worte vielleicht doch einen gewissen Einfluss auf den Lauf der Dinge haben würden. Mir wurde klar, dass ich als Historiker etwas zu bieten hatte, woran es anderen mangelte, wenn es darum ging, den größten militärischen Konflikt in Europa seit dem Zweiten Weltkrieg zu verstehen. Schließlich redete ich mir ein, Historiker seien – frei nach Winston Churchill – die schlechtesten Interpreten aktueller Ereignisse, abgesehen von allen anderen.

Als Historiker bemühte ich mich nach Kräften, die Entwicklungen, die sich vor mir und aller Welt entfalteten, aus historischer und komparativer Perspektive zu betrachten. Was hatte einen solchen Aggressionskrieg ermöglicht? Was brachte und bringt die Ukrainer nach wie vor dazu, auf solche Weise Widerstand zu leisten? Und schließlich, was würden die gravierendsten Folgen dieses Krieges für die Ukraine, für Russland, Europa und die ganze Welt sein? Diese Fragen stellte ich mir, während ich mich allmählich vom Schock der ersten Tage der russischen Aggression erholte und wieder analytisch zu denken lernte. Außerdem versuchte ich, im Rückblick Anzeichen für den herannahenden großen europäischen Krieg auszumachen, die wir damals nicht erkannt hatten, weil wir in Wunschdenken befangen waren.

Viele von uns hatten der Ansicht angehangen, die Geschichte habe mit dem Fall der Berliner Mauer ihr Ende erreicht – wenn nicht im Sinne von Francis Fukuyama, der darin den endgültigen Sieg der liberalen Demokratie als Form der politischen Ordnung sah, so doch in Gestalt der Überzeugung, dass ungerechtfertigte Invasionen, gefolgt von territorialen Annexionen und groß angelegten Militäraktionen, trotz der anhaltenden Rivalität zwischen Großmächten der Vergangenheit angehörten. Zwar hatte es deutliche Anzeichen dafür gegeben, dass das Gegenteil zutraf – die Kriege in Tschetschenien, im ehemaligen Jugoslawien, dann in Afghanistan und im Irak –, aber die ignorierten wir lieber. Im Aufstieg von Populismus und autoritären Regimen wie auch bei autoritären Tendenzen in demokratischen Staaten hätte man durchaus Parallelen zu den 1930er Jahren erkennen können, aber die meisten von uns wischten sie beiseite.

Nun ist die Geschichte mit Wucht zurückgekehrt, zeigt ihre schlimmsten Züge und schlägt ihre furchterregendsten Seiten mit Szenen voller Gewalt und Zerstörung auf. Wir wissen, was in Europa infolge des Aufstiegs von Diktaturen am Vorabend des Zweiten Weltkriegs geschehen ist, und können uns ohne Weiteres ausmalen, wohin der Aufstieg des Autoritarismus in Europa, Eurasien und anderswo heute führen kann. Es ist an der Zeit, aus der Geschichte zu lernen, indem wir die aktuellen Ereignisse in ihren historischen sowie geopolitischen Kontext stellen, um ihre Wurzeln zu verstehen, ihre Folgen vorherzusagen und der Gewalt nach Möglichkeit ein Ende zu bereiten.

In diesem Buch habe ich einen *Longue durée*-Ansatz für das Verständnis des gegenwärtigen Krieges gewählt. Trotz des schockierenden und dramatischen russischen Großangriffs auf die Ukraine werde ich nicht der Versuchung erliegen, den 24. Februar 2022 als sein Anfangsdatum zu bezeichnen, und zwar aus dem schlichten Grund, dass der Krieg schon acht Jahre zuvor begonnen hat, am 27. Februar 2014, als russische Truppen das Parlamentsgebäude der Krim besetzten. Ein Jahr später, im Februar 2015, wurde diese Phase des Krieges auf diplomatischer Ebene durch zwei Abkommen beendet, Minsk I und Minsk II. Dennoch ging in den nächsten sieben Jahren ein unerklärter Krieg mit Granatfeuer und Schüssen über die Demarkationslinie in der ukrainischen Donbas-Region weiter, der mehr als 14 000 Ukrainer das Leben kostete, aber nur geringe internationale Aufmerksamkeit erregte. Diese Phase endete mit Russlands offiziellem Ausstieg aus den Abkommen von Minsk und dem Beginn seiner groß angelegten Invasion der Ukraine im Februar 2022.

Auf den folgenden Seiten beschäftige ich mich mit dem gegenwärtigen Krieg, seinen Ursprüngen, seinem Verlauf und den bereits sichtbaren wie auch künftig möglichen Folgen. Wie ich hier zeige, lassen sich die Wurzeln dieses Krieges in der Geschichte des imperialen Zusammenbruchs im 19. und 20. Jahrhundert verorten; ihm entstammen auch die wesentlichen Denkmuster, die den aktuellen Konflikt geschürt haben. Meine Hauptthese lautet, dass wir heute nicht mit einem völlig neuen Phänomen konfrontiert sind. Der gegenwärtige Konflikt ist in vielerlei Hinsicht ein altmodischer imperialer Krieg, geführt von russischen Eliten, die sich für Erben und Bewahrer der expansionistischen Großmacht-Traditionen des Russischen Reichs und der Sowjetunion halten. Seitens der Ukraine ist er zuallererst ein Unabhängigkeitskrieg, der verzweifelte Versuch einer neuen, aus den Ruinen des sowjetischen Zusammenbruchs hervorgegangenen Nation, ihr Existenzrecht zu verteidigen.

Trotz seiner imperialen Wurzeln wird der gegenwärtige Krieg in einer neuen internationalen Umgebung geführt, die von der Verbreitung von Atomwaffen, der Auflösung der internationalen Ordnung aus der Zeit nach dem Kalten Krieg und dem beispiellosen Wiederaufleben eines populistischen Nationalismus in aller Welt geprägt ist, wie man ihn zuletzt in den 1930er Jahren erlebt hat. Der Krieg deutet unübersehbar darauf hin, dass Europa und die Welt die aus dem Fall der Berliner Mauer im Jahr 1989 resultierende Friedensdividende weitgehend aufgezehrt haben und in eine neue, noch nicht klar definierte Ära eintreten. In den Flammen des gegenwärtigen Krieges wird eine neue Weltordnung geschmiedet, die möglicherweise die bipolare Welt der Ära des Kalten Krieges reproduziert. Zu dem Zeitpunkt, da ich dieses Buch schreibe, ist dieser Krieg noch nicht vorbei, und wir wissen noch nicht, wie er enden wird. Aber es steht schon heute außer Frage, dass die Zukunft der Welt, in der wir und unsere Kinder und Enkelkinder leben werden, in erheblichem Maße von seinem Ausgang abhängt.

# KAPITEL 1
# DER KOLLAPS EINES IMPERIUMS

Es war Punkt 19 Uhr Moskauer Zeit am Weihnachtstag, dem 25. Dezember 1991. Michail Gorbatschow, ehemals Generalsekretär der Kommunistischen Partei der UdSSR und bald schon ehemaliger Präsident der Sowjetunion, saß am Schreibtisch seines Büros im Kreml und verlas vor den Fernsehkameras eine vorbereitete Erklärung.

Gorbatschow sprach seine Zuhörer als »verehrte Landsleute und Mitbürger« an. Doch in Wirklichkeit wandte er sich an die ganze Welt: CNN übertrug seine kurze Ansprache live. Der Staatschef der Sowjetunion erklärte seinen Rücktritt als Präsident der UdSSR. Als Gorbatschow um 19:12 Uhr seine Rede beendete, gab es die Sowjetunion offiziell nicht mehr. Das kommunistische Regime, dem es gelungen war, das russische Zarenreich vor dem Zerfall zu bewahren, sich zu einer Supermacht zu entwickeln und die Welt mit der atomaren Vernichtung zu bedrohen, hatte aufgehört zu existieren. Kaum eine halbe Stunde später wurde die rote Fahne über dem Kreml eingeholt und durch die weiß-blau-rote Fahne der Russischen Föderation ersetzt, die der Trikolore des Russischen Reichs vor seinem Zusammenbruch in der Revolution von 1917 ähnelte.[1]

In seiner zwölfminütigen Ansprache erklärte der Präsident der Union der Sozialistischen Sowjetrepubliken, kurz UdSSR, aus »prinzipiellen Gründen« zurückzutreten. Er habe sich für »die Erhaltung der Union und des ganzen Landes« eingesetzt, sei aber gescheitert. »Die Ereignisse haben sich in eine andere Richtung entwickelt. Die Linie der Zerstückelung und Auflösung des Landes hat sich durchgesetzt. Damit kann ich mich nicht einverstanden erklären.« Gorbatschow trat als Präsident eines Landes zurück, das es im juristischen Sinne schon nicht mehr gab, nachdem es Anfang des Monats von den Führern der fünfzehn Unionsrepubliken, die die UdSSR gebildet hatten, aufgelöst worden war.[2]

Der Zerfall der Sowjetunion war zwar bereits seit einiger Zeit im Gange gewesen, wurde aber am 1. Dezember 1991 unumkehrbar, als die Bürgerinnen und Bürger der Ukraine, der zweitgrößten Unionsrepublik nach Russland, an den Wahlurnen für die Unabhängigkeit ihres Landes votierten. Die Wahlbeteiligung lag bei über 84 Prozent der Wahlberechtigten, und mehr als 92 Prozent von ihnen entschieden sich für die Unabhängigkeit. Sogar die Bewohner des ukrainischen Donbas (Donezbecken) an der russischen Westgrenze stimmten mit einer Mehrheit von fast 84 Prozent für die Unabhängigkeit. Auf der Krim, der einzigen Region in der Ukraine mit einer mehrheitlich russischen Bevölkerung, sprachen sich immerhin 54 Prozent für die Unabhängigkeit aus. In Sewastopol, dem Heimathafen der Schwarzmeerflotte, war das Votum für die ukrainische Unabhängigkeit mit 57 Prozent sogar noch höher.[3]

Die Abstimmung war ein Schock für Gorbatschow, nicht jedoch für den russischen Präsidenten Boris Jelzin, Gorbatschows einstigen Schützling und späteren Herausforderer und Rivalen. Jelzin war einige Tage zuvor von seiner Beraterin Galina Starowoitowa, einer Anthropologin und engagierten Verfechterin der Demokratie, über den zu erwartenden Wahlausgang unterrichtet worden. Ungläubig studierte Jelzin die Prognosen. »Das kann doch nicht wahr sein«, war seine erste Reaktion. »Das ist schließlich unsere slawische Bruderrepublik! Die Bevölkerung dort besteht zu 30 Prozent aus Russen. Die Krim ist russisch! Alle Menschen östlich des Dnjepr zieht es nach Russland!« Es dauerte fast 40 Minuten, bis Starowoitowa ihren Chef davon überzeugen konnte, dass die Umfragedaten nur in eine einzige Richtung wiesen: auf ein überwältigendes Votum für die Unabhängigkeit. Jelzin traf seine Entscheidung auf der Stelle: Er würde die ukrainische Unabhängigkeit anerkennen und sich mit Leonid Krawtschuk treffen, dem in Kürze gewählten Präsidenten der Ukraine, um mit diesem ein Bündnis und eine neue Union zu schmieden, die anders sein sollte als die von Michail Gorbatschow geführte.[4]

Die Zusammenkunft fand am 7. Dezember in der Belowescher Heide an der belarussisch-polnischen Grenze statt und dauerte bis zum nächsten Tag. Führende belarussische Politiker, darunter der Vorsitzende des Obersten Rats der Republik, Stanislaw Schuschkewitsch, waren Gastgeber des russischen und des ukrainischen Präsidenten, die über das Schicksal der UdSSR entschieden. Als Krawtschuk es ablehnte, der von Gorbatschow vorgeschlagenen reformierten Union beizutreten, schlug Jelzins Berater Gennadi Burbulis vor, die UdSSR insgesamt aufzulösen. Entsetzt meldete der Chef des belarussischen KGB diesen hochverräterischen Vorschlag seinen Vorgesetzten in Moskau, doch er erhielt keinerlei Reaktion – zu diesem Zeitpunkt hatte Gorbatschow nur noch wenige Unterstützer in der sowjetischen Hauptstadt. So wurde die Sowjetunion durch die Gemeinschaft Unabhängiger Staaten (GUS) ersetzt, eher eine regionale internationale Organisation als ein neuer Staat. Kaum zwei Wochen später traten die Führer der zentralasiatischen Republiken der Gemeinschaft als Gründungsmitglieder bei. Nun hatte Gorbatschow auch in den Republiken keine Verbündeten mehr. Er fügte sich ins Unvermeidliche und trat am 25. Dezember 1991 zurück.[5]

Gorbatschows außenpolitischer Berater Anatoli Tschernjajew, der auch die Rücktrittsrede seines Chefs in wesentlichen Teilen verfasst hatte, schrieb später in seiner Bewertung des letzten Jahres der Sowjetunion: »Was in jenem Jahr mit der UdSSR geschah, war genau das, was auch mit anderen Imperien ›zu gegebener Zeit‹ geschah, als das ihnen von der Geschichte zugeteilte Potenzial erlosch.« Der Untergang anderer Imperien stand Tschernjajew deutlich vor Augen, als er Sätze wie »Das Furchtbarste an dieser Krise war der Zerfall der staatlichen Strukturen« und »Wir sind die Nachkommen einer großen Zivilisation« in den Entwurf von Gorbatschows Rede einfügte. Aber er räumte auch die Vergeblichkeit aller Versuche ein, das scheiternde Imperium doch noch zu retten. »Gorbatschows Bemühungen, die Union zu bewahren, sind hoffnungslose Krämpfe«, notierte Tschernjajew im November 1991 in sein Tagebuch: »Und doch hätte sich alles in Wohlgefallen aufgelöst, wäre da nicht die Ukraine gewesen und die Krim, die nicht zurückgegeben werden kann.«[6]

Die Sowjetunion zerbrach aufgrund des ukrainischen Referendums, denn die Ukrainer ließen als Einzige über ihre Unabhängigkeit abstimmen. Gorbatschow plädierte für ein unionsweites Referendum über das Schicksal der UdSSR, aber in keiner anderen Republik fand eine solche Volksabstimmung statt. Die meisten Republiken, einschließlich Russland, akzeptierten die Ergebnisse des ukrainischen Referendums schlicht als Urteil nicht nur über die Unabhängigkeit der ukrainischen Republik, sondern auch über die Zukunft der UdSSR insgesamt. Weder Gorbatschow noch Jelzin konnten sich die Sowjetunion ohne ihre zweitgrößte Republik vorstellen, die ein Schlüsselelement sowohl der zaristischen als auch der sowjetischen Geschichte und Mythologie Russlands darstellte. Eine Neuauflage des imperialen Projekts, in welcher Form auch immer, würde davon abhängen, ob Russland in der Lage wäre, die Ukraine zurückzuholen. »Ohne die Ukraine ist Russland kein Imperium mehr, aber mit einer unterworfenen und dann untergeordneten Ukraine wird es automatisch zu einem Imperium«, bemerkte Zbigniew Brzezinski einige Jahre später.[7]

## DER MYTHOS DER URSPRÜNGE

Die meisten Russen glauben heute wie schon seit Jahrhunderten, dass ihr Staat und ihre Nation ihren Ursprung in Kyjiw (in russischer Schreibweise »Kiew«) haben, dem Zentrum des mittelalterlichen Staatswesens, das Historiker als Kyjiwer Rus bezeichnen. Mit der heutigen ukrainischen Hauptstadt als Mittelpunkt umfasste es einen großen Teil des Gebiets der heutigen Ukraine, von Belarus und des europäischen Teils von Russland. Die im 10. Jahrhundert gegründete Kyjiwer Rus erlag im 13. Jahrhundert dem Ansturm der Mongolen, brachte aber zuvor noch zahlreiche halb unabhängige Staaten hervor. Die mächtigsten waren Galizien-Wolhynien in der heutigen Ukraine und im südlichen Belarus, Groß-Nowgorod beziehungsweise die Republik Nowgorod im Nordwesten des ehemaligen Kyjiwer Reichs sowie das Fürstentum Wladimir – das spätere Moskau – in seinem nordöstlichen Teil, dem historischen Kern des modernen Russlands.[8]

Die Russen können die Ursprünge ihrer Religion, ihrer Schriftsprache, ihrer Literatur, ihrer Künste, ihres Gesetzbuchs und – was in der vormodernen Ära äußerst wichtig war – ihrer Herrscherdynastie tatsächlich auf Kyjiw zurückführen. Ihre Versuche, Kyjiw als Ursprung ihrer Ethnie, Sprache und Volkskultur zu beanspruchen, erwiesen sich jedoch als problematischer. Reisende aus Moskau und Sankt Petersburg stellten fest, dass die Einheimischen in Kyjiw und Umgebung eine andere Sprache als sie pflegten, andere Lieder sangen und eine andere Kultur hatten. Das spielte jedoch keine große Rolle, da sich der Mythos von den Kyjiwer Ursprüngen Russlands bereits Ende des 15. Jahrhunderts im Bewusstsein der russischen Eliten festgesetzt hatte.[9]

Die Entstehung dieses Mythos reicht bis in die Mitte des 15. Jahrhunderts zurück, in die ersten Jahre des später in Westeuropa »Moskowien« genannten Großfürstentums Moskau als unabhängiger Staat. Sein Gründer war Iwan III. (der Große), der Herrscher von Moskau und einer der vielen Nachkommen der Kyjiwer Fürsten, die die Herrschaft Moskaus über ein riesiges Reich begründeten, das sich von Nischni Nowgorod im Osten bis nach Groß-Nowgorod (oder einfach Nowgorod) im Westen erstreckte. Inmitten von Iwans Krieg gegen Nowgorod, einen der Erben der Kyjiwer Rus, entstand der Mythos von den Kyjiwer Ursprüngen Russlands, der ursprünglich ein dynastischer Anspruch war. Iwan erklärte sich zum Erben der Kyjiwer Fürsten und beanspruchte auf dieser Grundlage das Recht, über Nowgorod zu herrschen. Er besiegte die Nowgoroder 1471 in der Schlacht von Schelon und gliederte die Republik 1478 in sein Reich ein. Der unabhängige russische Staat, der aus dem Kampf zwischen Moskau und Nowgorod hervorging, war das Ergebnis des Sieges des Autoritarismus über die Demokratie.

Iwans militärischer Sieg über die Nowgoroder machte ihn auch völlig unabhängig von den Tataren-Khans, den Nachfahren des Mongolenreichs, deren Herrschaft über das Großfürstentum Moskau zunehmend nur noch dem Namen nach bestand. Die Tataren versuchten, Iwan an der Einnahme Nowgorods zu hindern – paradoxerweise zum Schutz der russischen Demokratie –, scheiterten jedoch und mussten sich zurückziehen. Die Eroberung Nowgorods symbolisierte auch die erfolgreiche Durchsetzung von Iwans dynastischem Anspruch, als Einziger legitimer Erbe der Kyjiwer Fürsten zu sein. In den Jahren darauf berief er sich immer wieder auf diesen Status, um weitere russische, ukrainische und belarussische Gebiete zu erobern. Der mächtige historische Mythos von den Kyjiwer Ursprüngen der russischen Dynastie schuf die Grundlage für die Eroberungspolitik des neuen unabhängigen Großfürstentums Moskau.[10]

Iwan III. war der erste moskowitische Herrscher, der versuchte, sich »Zar« zu nennen, eine europäische Bezeichnung mit der Bedeutung »Kaiser« oder »Herrscher der Herrscher«, abgeleitet vom Namen Julius Cäsars. Der Erste jedoch, der tatsächlich zum Zaren gekrönt wurde, war sein Enkel, Iwan der Schreckliche. Iwan III. übertrug seinem Erben nicht nur die autoritäre Institution der fürstlichen Macht, die der Enkel erfolgreich in eine Form der Tyrannei verwandelte, sondern auch den Mythos der Kyjiwer Abstammung. Iwan IV. (der Schreckliche) behauptete, Nachkomme von Kaiser Augustus zu sein, eine genealogische Verbindung, die er über die Kyjiwer Fürsten bis zu den Kaisern von Byzanz und ihren römischen Vorgängern zurückzuverfolgen versuchte. Zudem war er bestrebt, das Moskowiterreich über die Besitztümer seines Großvaters hinaus zu vergrößern.

In den 1550er Jahren eroberte Iwan IV. die Khanate Kasan und Astrachan, die wie sein russisches Reich selbst Nachfolgestaaten des einst mächtigen Mongolenreichs waren. Iwan IV. zählte die Jahre seiner Herrschaft über die Khanate von Moskau, Kasan und Astrachan getrennt, womit er die Eroberung dieser Wolga-Khanate als die entscheidende Leistung hinstellte, die seinen Anspruch auf den Zarentitel rechtfertigte. Nachdem er diese Khanate unterworfen hatte, wandte er sich nach Westen Richtung Ostsee und führte gegen das Großfürstentum Litauen Krieg auf dem Gebiet der heutigen baltischen Staaten und von Belarus – weitere Teile der einst mächtigen Kyjiwer Rus. Iwans Versuch, die Herrschaft Moskaus nach Westen auszudehnen, scheiterte jedoch im Livländischen Krieg (1558–1583), in dem das Zarenreich einer Koalition von Staaten gegenüberstand, zu denen Polen-Litauen, Schweden und Dänemark gehörten.[11]

Das 17. Jahrhundert begann mit der Einnahme Moskaus durch polnische Truppen und ihre Verbündeten, die ukrainischen Kosaken. Während dieser »Zeit der Wirren« und in deren Gefolge separierte sich Moskau nicht nur politisch, sondern auch religiös von Kyjiw und den ukrainischen und belarussischen Gebieten. Die Moskowiter betrachteten die Kyjiwer nicht mehr als orthodoxe Glaubensbrüder, da sie durch die Annahme der Herrschaft katholischer Könige und die Öffnung gegenüber dem Westen korrumpiert worden seien. Auf dem Schlachtfeld besiegt und durch interne Streitigkeiten geschwächt, ließ Moskau für eine Weile von seiner Besessenheit von Kyjiw, dessen Geschichte und der damit verbundenen Rechtfertigung für weitere Eroberungen ab. Doch dies war eine relativ kurze Phase und nicht das Ende der imperialen Bestrebungen.[12]

Im 19. Jahrhundert behaupteten russische Historiker, darunter deren einflussreichster Vertreter, Wassili Kljutschewski, die nach der mongolischen Invasion erfolgte »Sammlung der russischen Erde« oder »Wiedervereinigung der Rus« durch die Moskauer Fürsten und später die Zaren sei das bestimmende Merkmal des russischen Geschichtsverlaufs. Diese Interpretation der Historie, die im Mythos von Russlands Kyjiwer Ursprüngen wurzelte, sollte in der triumphalen Wiedervereinigung der Rus in einem russischen Staat oder in einem »Russland, dem einen und unteilbaren«, gipfeln. Kljutschewski zufolge war dieser Prozess Mitte des 19. Jahrhunderts weitgehend abgeschlossen.[13]

Kein Element der Wiedervereinigungssaga hielten die imperialen Historiker für bedeutsamer als die Kontrolle Moskaus über die Ostukraine seit Mitte des 17. Jahrhunderts. Ihre sowjetischen Nachfolger feierten dies als »Wiedervereinigung der Ukraine mit Russland« – in ihren Augen der Höhepunkt der ukrainischen Geschichte mit ihrer vollständigen Assimilierung durch Russland. Viele ukrainische Historiker hingegen bezeichneten die »Wiedervereinigung« jedoch als Militärbündnis, Personalunion oder sogar als völlige Unterwerfung.

Eine der Folgen des Livländischen Krieges im 16. Jahrhundert, den Iwan der Schreckliche verloren hatte, war angesichts der moskowitischen Bedrohung der Zusammenschluss des Königreichs Polen mit dem Großfürstentum Litauen, der dessen ukrainische und belarussische Gebiete umfasste. Die Union von Lublin (1569) begründete die polnisch-litauische Adelsrepublik, einen frühmodernen Staat mit begrenzter königlicher Macht und starken zentralen und lokalen Parlamenten oder Landtagen. Als Teil des Zusammenschlusses erlangte Polen die Kontrolle über die Ukraine und Kyjiw, während die belarussischen Gebiete im Großfürstentum Litauen verblieben. Diese Aufteilung sollte die Entwicklung der heutigen Ukrainer und Belarussen als separate Nationalitäten maßgeblich prägen.[14]

Die führende Rolle bei der Entstehung der modernen Ukraine spielten die Kosaken – freie Männer und entlaufene Leibeigene, die im späten 16. Jahrhundert am unteren Dnipro im »Niemandsland« zwischen dem Königreich Polen und dem Krim-Khanat, einem entfernteren Verwandten des Mongolenreichs, zu einer starken Militärmacht wurden. Unter der Führung ihres Befehlshabers, Hetman Bohdan Chmelnyzkyj, rebellierten die Kosaken 1648 gegen die polnische Herrschaft mit dem Ziel, ihre politischen Freiheiten als eigener sozialer Stand durchzusetzen und ihre orthodoxe Religion ungehindert ausüben zu können. Dieser blutige Aufstand, dem auch viele Juden der Ukraine zum Opfer fielen, gipfelte in der Gründung eines Kosakenstaates.

Der neue Staat benötigte Verbündete, wollte er gegen die deutlich überlegenen polnischen und litauischen Streitkräfte bestehen, die sich ihm entgegenstellten. Nach mehr als fünf Jahren Krieg schmiedete Chmelnyzkyj ein Bündnis mit Moskau und erkannte die Souveränität des Zaren im Gegenzug für dessen militärischen Schutz gegen die Feinde der Ukraine an. Das Abkommen wurde im Januar 1654 zwischen Chmelnyzkyj und den Bevollmächtigten des Zaren in der ukrainischen Stadt Perejaslaw geschlossen. Mit dem Eintritt in den Krieg gegen die polnisch-litauische Adelsrepublik verfolgte Moskau das unmittelbare Ziel, die während der Zeit der Unruhen an Polen verlorenen Gebiete zurückzugewinnen. Doch die Erinnerung an das

Kyjiwer Erbe erwachte alsbald wieder, und die ukrainischen Orthodoxen galten nun erneut als Brüder im Glauben. Mit dem Schutz der orthodoxen Brüder vor den polnischen katholischen Königen und mit dem Verweis auf die Kyjiwer Wurzeln der Moskauer Dynastie ließ sich fortan das neue Streben nach Westen legitimieren.[15]

Nachdem die Polen schnell besiegt waren, zogen die Moskowiter in Belarus ein und errichteten ihre Garnisonen im ukrainischen Kosakengebiet, einschließlich der Stadt Kyjiw. Die langwierige Eingliederung des ukrainischen Kosakenstaats in das Moskauer Zarenreich und der Eingriff in das, was die Kosaken als ihre »Rechte und Freiheiten« bezeichneten – die Elemente ihrer demokratischen politischen Kultur –, hatten begonnen. Für die ukrainischen Kosakeneliten waren die neuen Verhältnisse nicht hinnehmbar, und 1708 führte ihr neuer Hetman, Iwan Masepa, einen Aufstand gegen den Moskauer Zaren und späteren Kaiser Peter I. an. Letzterer war es, der den Namen seines Landes in *Rossija* – Russland – änderte, ein aus dem byzantinischen Griechisch stammender Begriff, und 1721 die Gründung des Russischen Reichs verkündete.

Masepa schloss sich den vorrückenden Truppen von König Karl XII. von Schweden an, wurde jedoch zusammen mit seinem neuen Schutzherrn in der Schlacht von Poltawa (1709) im Herzen des ukrainischen Kosakengebiets geschlagen. Moskaus Sieg in dieser Schlacht führte zum Triumph im Nordischen Krieg (1721) und beförderte das Russische Reich in die Position einer europäischen Macht mit Besitzungen im Baltikum und in Mitteleuropa, wo es die polnisch-litauische Adelsrepublik de facto zu seinem Protektorat degradierte. In der Ukraine beschnitt Peter die Autonomie der Kosaken, indem er das Amt des Hetmans abschaffte und den Kosakenstaat, den Historiker als Hetmanat bezeichnen, der Rechtsprechung eines russischen Verwaltungsgremiums, des Kleinrussischen Kollegiums, unterstellte.[16]

Zarin Katharina II., die von 1762 bis 1796 regierte, vollendete die Zerstörung des Hetmanats und die Integration des Kosakenstaats in das Russische Reich, das sie von Peter I. geerbt hatte. Dies geschah inmitten der russisch-türkischen Kriege Ende des 18 Jahrhunderts.

Da die Krimtataren nach der Annexion der Krim keine Bedrohung mehr darstellten, gab es keinen Grund mehr, die ukrainischen Kosaken und ihre demokratischen Institutionen zu tolerieren. Die Kosakenregimenter wurden in die russische kaiserliche Armee eingegliedert, und mit dem russischen Angriff auf die Saporoger Sitsch in der unteren Dnipro-Region 1775 wurden auch die letzten Institutionen der Kosaken beseitigt.

Bei den drei Teilungen Polens beanspruchte Katharina ganz Belarus und den größten Teil der ukrainischen Gebiete. Anlässlich der zweiten Teilung im Jahr 1772 ließ sie eine Medaille mit der Inschrift *Ottorzhennaja woswratich* (»Entrissenes habe ich zurückgebracht«) prägen. Damit wurde erneut auf die Gebiete Bezug genommen, die einst zum Kyjiwer Staat gehört hatten. Bis auf die westukrainischen Gebiete, die an die Habsburger Monarchie fielen, wurden nun die ukrainischen Landstriche, die zuvor von den Kosaken oder den Polen beherrscht worden waren, als bloße Provinzen ohne besondere Rechte oder Privilegien in das Russische Reich eingegliedert.

Die Kosaken waren verschwunden, mitsamt ihrem Staat und ihren Institutionen. Aber nicht die Erinnerung an sie. Im 19. Jahrhundert wurde sie zu einem mächtigen Instrument in den Händen derer, die die moderne ukrainische Nation schufen. Von ihnen stammt auch eine neue ukrainische Hymne, die mit den Worten »Noch ist die Ukraine nicht untergegangen« anhebt – ein deutlicher Verweis darauf, dass die Nation fortbesteht, auch wenn ihr geistiges Zentrum, der Kosakenstaat, zerstört wurde.[17]

## DER AUFSTIEG EINER NATION

Erst im 19. Jahrhundert sah sich das Russische Reich einem Feind gegenüber, der nicht zu besiegen war. Dieser Feind hieß Nationalismus. Er trat zuerst in zwei polnischen Aufständen in Erscheinung, die das Russische Reich erschütterten. Langfristig war es jedoch der ukrainische Nationalismus, geweckt durch die kaiserlichen Maßnahmen zur Niederschlagung der polnischen Rebellion, der die größte Bedrohung für den Bestand des russischen Staates darstellte. Während sich die Polen der kaiserlichen Herrschaft widersetzten, bedrohten die Ukrainer die Einheit von Katharinas »wiedervereinigtem« Reich, indem sie eine eigenständige Identität beanspruchten.

Das Russische Reich wurde durch den ersten polnischen Aufstand von 1830/31 mit der nationalen Frage konfrontiert. Die Polen, deren Vielvölkerstaat Polen-Litauen in der zweiten Hälfte des 18. Jahrhunderts von Russland, Preußen und dem habsburgischen Österreich aufgeteilt worden war, hissten zu Beginn des 19. Jahrhunderts die Fahne des modernen Nationalismus in allen Reichen, unter deren Herrschaft sie gezwungen worden waren. Sie verfochten als Erste die Idee, dass eine Nation nach politischer Souveränität streben kann, selbst wenn sie über keinen Staatsapparat verfügt. Dieser Gedanke schlug sich auch in den Eingangsworten der polnischen Hymne nieder, die der ukrainischen Hymne als Vorbild diente: »Noch ist Polen nicht verloren.«[18]

Das imperiale Russland setzte dem ein eigenes Modell des russischen Nationalismus entgegen, das sich eng an das Reich anlehnte. Im Jahr 1832, nach dem ersten polnischen Aufstand, schlug der neu ernannte stellvertretende Bildungsminister, Graf Sergej Uwarow, Kaiser Nikolaus I. eine dreiteilige Formel als Grundstein für eine neue russische Identität vor, die durch das Bildungssystem geformt werden sollte. Demnach sollte sich ein loyaler Untertan des Zaren zu drei Grundsätzen bekennen: Orthodoxie, Autokratie und Nationalität. In der Vergangenheit waren die russischen Untertanen zur Loyalität gegenüber Gott, dem Souverän und dem Vaterland verpflichtet gewesen. Die Nationalität, die an die Stelle des »Vaterlandes« trat, war sowohl eine Reaktion auf den aufkommenden polnischen Nationalismus als auch ein Versuch, die deutsche Nationenbildung nachzuahmen. Uwarow war besonders von den Schriften des deutschen Historikers und Philologen Karl Wilhelm Friedrich von Schlegel, eines Anhängers Johann Gottfried von Herders, beeinflusst. Herder stellte sich einen vereinten deutschen Staat vor, der auf der durch Sprache und Sitten geeinten deutschen Nation gründete.[19]

Für Uwarow sollte die angestrebte Nationalität unbestreitbar russisch sein, aber auch die anderen ostslawischen Erben der Kyjiwer Rus, die Ukrainer und Belarussen, umfassen. Die Bevölkerung der beiden kleineren Zweige war überwiegend orthodoxen Glaubens, eine bedeutende Minderheit gehörte allerdings der im späten 16. Jahrhundert gegründeten Unierten Kirche an. Deren Anhänger, die in den östlichen Grenzgebieten des geteilten Polens lebten, folgten dem orthodoxen Ritual, erkannten jedoch die Oberhoheit des römischen Papstes an. In den Augen Uwarows waren sie zwar russisch, aber nicht orthodox, und viele verdächtigten sie, für die Propaganda der polnischen Aufständischen anfällig zu sein. Dieses »Problem« wurde noch vor Ende der 1830er Jahre gelöst, indem man die Unierten zwangsweise mit der russisch-orthodoxen Kirche »wiedervereinigte«. Die russische Nation, geeint durch die Loyalität gegenüber dem Zaren, war fortan auch durch die Religion geeint.

Die unter Uwarows Aufsicht verfassten Geschichtsbücher entwarfen das Bild einer russischen Nation, die nun innerhalb der imperialen Grenzen vereint und dem Zaren untertan sei. Dem imperialen Narrativ zufolge lagen die Ursprünge der russischen Nation im mittelalterlichen Kyjiw der Fürstenzeit. Diese Nation sei durch fremde Invasoren – von den Mongolen bis zu den Polen – geteilt, jedoch von den russischen Zaren wieder zusammengeführt worden, um abermals zu erstarken und dadurch unbesiegbar zu werden.[20]

Das Modell einer geeinten russischen Nation blieb nicht lange unangefochten. Nach dem Vorbild der Polen hissten auch die Ukrainer schon bald die Fahne der eigenen Nationalbewegung. Das Reich sah sich also mit einer Kampfansage aus den Reihen der russischen Nation konfrontiert, die es in Opposition zu Polen aufzubauen versuchte. In den 1840er Jahren gründeten Kyjiwer Intellektuelle unter der Führung des an der örtlichen Universität tätigen Geschichtsprofessors Nikolai Kostomarow und des Dichters und Malers Taras Schewtschenko, der dort Malerei lehrte, eine Geheimorganisation, welche die Existenz einer eigenständigen ukrainische Nation proklamierte. Dabei beriefen sie sich auf Überlieferungen aus der Kosakenzeit und historische Chroniken. Sie waren fasziniert von der ukrainischen Sprache sowie von den Traditionen und der Kultur des einfachen Volkes – den Elementen, die Herder und seinen Anhängern zufolge den Urgrund der nationalen Identität bildeten.

So war das moderne ukrainische Nationalprojekt geboren, das für das Russische Reich eine weit größere Bedrohung bedeutete als der polnische Aufstand. Kostomarow schwebte eine slawische Föderation vor, die an die Stelle der Monarchien und Reiche der Romanows und der Habsburger treten sollte. Das Kaiserreich sah sich gezwungen, das Modell der einheitlichen russischen Nation anzupassen. Dies geschah nach dem zweiten polnischen Aufstand (1863–1864), der erneut die Loyalität nicht nur der Polen, sondern auch der Ukrainer und Belarussen infrage stellte. Das neue Modell der einheitlichen russischen Nation war ebenfalls dreigliedrig und postulierte die Existenz getrennter »Stämme« von Großrussen, Kleinrussen (Ukrainern) und Weißrussen (Belarussen). Zwar sprächen sie verschiedene »Dialekte« des Russischen, so das Argument, das unter anderem von dem konservativen russischen Journalisten Michail Katkow vorgebracht wurde, aber das sei kein Grund, die Einheit der dreigliedrigen Nation in Zweifel zu ziehen.[21]

Um diese Einheit der Nation zu gewährleisten, beschlossen die Behörden, die Entwicklung einer eigenständigen ukrainischen und belarussischen Sprache zu unterbinden. Das Verbot, etwas anderes als Folklore in ukrainischer Sprache zu veröffentlichen – einschließlich der Bibel, religiöser Schriften und Sprachfibeln sowie Schulbüchern –, wurde 1863 erlassen und blieb mit einigen Änderungen bis ins erste Jahrzehnt des 20. Jahrhunderts in Kraft. Dann wurde es in den Wirren der Revolution von 1905 im Russischen Reich aufgehoben. Der Bann gegen ukrainischsprachige Publikationen verzögerte die Entwicklung des modernen ukrainischen Nationalprojekts, konnte es aber nicht gänzlich verhindern. Die Ukrainer in Galizien, einem Teil der Ukraine, der im Zuge der polnischen Teilungen von Österreich annektiert worden war, veröffentlichten weiterhin nicht nur ihre eigenen Werke, sondern auch die Schriften ihrer Kollegen aus der russisch beherrschten Ukraine auf Ukrainisch.[22]

Die russischen kaiserlichen Behörden verfolgten die Entwicklungen in den slawischen Ländern eines ihrer Hauptrivalen, der

Habsburger Monarchie (die nach der Niederlage Österreichs gegen Deutschland 1866 in eine österreichisch-ungarische Doppelmonarchie umgewandelt wurde), mit größtem Argwohn. Besonderes Augenmerk widmeten sie den Ukrainern in den drei Provinzen Galizien, Bukowina und dem heutigen Transkarpatien, die von ethnischen Ukrainern bewohnt wurden. Diese bezeichneten sich selbst als Russinen (in Österreich-Ungarn Ruthenen genannt) und entwickelten im Laufe des 19. Jahrhunderts nicht nur *ein* Projekt zur Nationenbildung, sondern deren drei. Jenes, das aus der Revolution von 1848 hervorging, zielte auf eine eigenständige russinische beziehungsweise ruthenische Nationalität ab, die den Habsburgern gegenüber loyal war und nur wenige Verbindungen zur übrigen Ukraine unterhielt.

Die Habsburger unterstützten zwar die ruthenischen Bestrebungen als Gegengewicht zu der viel aktiveren polnischen Bewegung, aber da sie gegenüber den Ungarn, mit denen sie inzwischen die Macht teilen mussten, geschwächt waren, gaben sie auf Kosten der Ruthenen den Polen den Vorzug. Daraufhin suchten einige ruthenische Führer und deren Anhänger Unterstützung in Sankt Petersburg und erklärten sich zu Angehörigen der russischen Nation. Die sogenannte russophile Bewegung war geboren. Doch die folgende Generation ruthenischer Aktivisten lehnte sowohl das habsburgische als auch das russische Projekt ab, erklärte die Ruthenen in Österreich-Ungarn zu Ukrainern und schlug Brücken zur ukrainischen Bewegung im Russischen Reich.[23]

Die kaiserlichen russischen Behörden unternahmen zahlreiche Versuche, die russophile Bewegung in Galizien und anderen habsburgischen Provinzen zu fördern. Sie subventionierten sogar die führende russophile Zeitung und nahmen die von den österreichischen Behörden verfolgten Führer der Bewegung als Flüchtlinge auf (die Österreicher verdächtigten sie, zaristische Agenten zu sein). Trotz dieser kaiserlichen Unterstützung wurden die Russophilen gegen Ende des 19. Jahrhunderts von den Befürwortern des ukrainischen Projekts politisch weitgehend ins Abseits gedrängt. Deren prominentester Vertreter, der Historiker Mychajlo Hruschewskyj, zog nach Lwiw (das österreichische Lemberg) und wurde Professor an der dortigen

Universität. Er schuf ein neues Narrativ der ukrainischen Geschichte und wurde nach dem Fall des Russischen Reichs das erste Oberhaupt eines unabhängigen ukrainischen Staates.[24]

## DER UNTERGANG DES IMPERIUMS

Zwar gelang es dem Russischen Reich nicht, die rivalisierende Habsburgermonarchie mithilfe des Nationalitätsproblems zu schwächen und sich selbst vor dem Aufkommen der ukrainischen Bewegung zu schützen. Dafür waren die Bemühungen Sankt Petersburgs, Nationalität und Religion gegen seinen anderen Rivalen, die »Hohe Pforte«, also die osmanische Regierung, einzusetzen, wesentlich erfolgreicher.

Der Niedergang des Osmanischen Reichs nahm bereits in den letzten Jahrzehnten des 17. Jahrhunderts seinen Anfang, doch es war das Erstarken des Nationalismus unter den unterworfenen Völkern im 19. Jahrhundert, das dem Reich den Todesstoß versetzte. In diesem Jahrhundert kam es zu zahlreichen Aufständen orthodoxer und slawischer Untertanen auf der Balkanhalbinsel gegen die osmanische Herrschaft. Als Erste rebellierten die Serben und Griechen und gründeten Anfang des Jahrhunderts unabhängige Staaten. Die Russen unterstützten sie dabei, allerdings mehr aus geopolitischen und religiösen Erwägungen als aus Gründen der Nationalität. Die Anerkennung beider Länder erfolgte nach dem Russisch-Türkischen Krieg (1828/29), der das Osmanische Reich de facto in russische Abhängigkeit brachte.

Der Aufstieg des Panslawismus in Russland und die orthodoxe Religion der osmanischen Untertanen auf dem Balkan wurden zu wichtigen Faktoren für die Rechtfertigung der russischen Einmischung in die osmanischen Angelegenheiten, die das ganze 19. Jahrhundert über und bis ins frühe 20. Jahrhundert andauerte. 1875 revoltierten die Slawen der Herzegowina gegen die osmanische Herrschaft, ebenso wie die Bulgaren. Ihnen folgten die Serben in den noch von den Osmanen kontrollierten Teilen Serbiens und Montenegros. Zwar konnten die Osmanen die Aufstände niederschlagen, doch 1877 rückten die

Russen mit Truppen in die osmanischen Besitzungen ein und besiegten die Armee des Sultans. Der 1878 auf dem Berliner Kongress unterzeichnete Friedensvertrag beinhaltete die internationale Anerkennung der Unabhängigkeit Rumäniens, Serbiens und Montenegros sowie die Autonomie Bulgariens, eines Staates, der nur einen Bruchteil des eigentlichen bulgarischen Territoriums umfasste.[25]

Russlands Unterstützung für Serbien, diesmal nicht gegen die Osmanen, sondern gegen Österreich-Ungarn, wurde zu einem der unmittelbaren Auslöser des Ersten Weltkriegs und verdeutlichte die Bedeutung des Nationalismus und die Bedrohung, die er für die Imperien darstellte. In allen kriegführenden Ländern, einschließlich des Russischen Reiches, begann der Weltkrieg mit einem Aufschwung des Nationalismus und Chauvinismus seitens der herrschenden Nationen. In Österreich-Ungarn ging man vehement gegen den slawischen Nationalismus vor, einschließlich der russophilen Bewegung unter den Ukrainern im österreichischen Galizien. Und im Russischen Reich verboten die Behörden ukrainische Einrichtungen und Organisationen.

Während die Kriegsparteien den Nationalismus der Minderheiten im eigenen Land unterdrückten, taten sie ihr Bestes, um die Nationalitätenkarte gegeneinander auszuspielen und nationale Bewegungen hinter den Fronten zu mobilisieren. Die Russen versprachen den Polen innerhalb der deutschen und österreichischen Grenzen einen eigenen Staat und Autonomie; die Österreicher wiederum stellten den Ukrainern in Russland einen eigenen Staat in Aussicht. Je länger der Krieg dauerte, desto mehr versuchten die kriegführenden Reiche, ihre Gegner zu schwächen, indem sie die Ansprüche nationaler Minderheiten auf dem Territorium ihrer Feinde anerkannten oder dort sogar Nationalstaaten gründeten. Zusammen mit den Österreichern waren die Deutschen dabei die Vorreiter, als sie 1916 die Gründung des Königreichs Polen erklärten.[26]

Mit dem Sturz der Romanow-Dynastie im März 1917 als Folge der Februarrevolution war der Gründung autonomer Staaten auf dem Gebiet des Russischen Reichs Tür und Tor geöffnet. Der bolschewistische Putsch im Oktober 1917 führte zur weiteren Zerstörung der kaiserlichen Institutionen und zur Bildung unabhängiger Staaten auf der Grundlage neuer Autonomien. Den Bolschewiki gelang es jedoch, die Einheit des ehemaligen Zarenreichs wiederherzustellen, und das nicht allein durch militärische Stärke, sondern auch mit kulturellen Zugeständnissen an die verschiedenen Nationalitäten sowie dadurch, dass sie unter deren Intelligenzija Anhänger rekrutierten und ihr Recht auf politische Autonomie und den Gebrauch ihrer Nationalsprachen bei der Führung der öffentlichen Angelegenheiten anerkannten.

Die Hauptkonkurrenten der Bolschewiki waren Generäle der Weißen Armee, die der Idee des einen und unteilbaren Russlands anhingen. Da sie die künftige russische Republik als russischen Nationalstaat verwirklichen wollten, konnten sie nicht darauf hoffen, die nichtrussischen Nationalitäten für sich zu gewinnen, und ihr Vorkriegsmodell der gesellschaftlichen Verhältnisse entfremdete sie von den Bauern und Arbeitern. Die Bolschewiki ihrerseits versuchten erfolglos, unter dem Banner der Weltrevolution die Kontrolle über Finnland, Polen und das Baltikum wiederzuerlangen. Auch verloren sie Teile der Ukraine und von Belarus an Polen sowie die ehemalige russische Provinz Bessarabien (die spätere Republik Moldau) an Rumänien. Aber sie eroberten und behielten den größten Teil des übrigen Reichs.[27]

Am Vorabend seines groß angelegten Überfalls auf die Ukraine im Februar 2022 sollte Wladimir Putin behaupten, es seien die Bolschewiki und insbesondere Lenin gewesen, die einen ukrainischen Staat und sogar die heutige Ukraine geschaffen hätten. Selbst rudimentäre Kenntnisse der Geschichte der Russischen Revolution und des damit einhergehenden Zusammenbruchs des Russischen Reichs genügen, um zu wissen, dass der heutige ukrainische Staat nicht dank Lenin, sondern vielmehr gegen dessen erklärten Willen entstanden ist.[28]

Im Mai 1917, kurz nach dem Sturz der Monarchie, proklamierte die Zentralna Rada (Zentralrat), das revolutionäre ukrainische Parlament, das in Kyjiw gegründet und von dem prominentesten Historiker der Ukraine, Mychajlo Hruschewskyj, geleitet wurde, die Autonomie der Ukraine innerhalb einer künftigen russischen Republik.

Doch erst nach dem bolschewistischen Putsch in Petrograd im Herbst 1917 verkündete die Zentralna Rada die Gründung der Ukrainischen Volksrepublik, die den größten Teil des heutigen ukrainischen Territoriums innerhalb der Grenzen des Russischen Reichs umfasste, darunter auch die Bergbauregion Donbas (Donezbecken). Der neue Staat wollte föderale Beziehungen zu Russland unterhalten, doch der Einmarsch der Bolschewiki im Januar 1918 machte dies unmöglich.

Daraufhin erklärte die Zentralna Rada die Unabhängigkeit der Ukraine und trat dem antibolschewistischen Bündnis mit Deutschland und Österreich-Ungarn bei. Die Bolschewiki führten den Krieg gegen die ukrainische Regierung unter dem Banner ihrer eigenen Ukrainischen Volksrepublik – eine Fiktion, ersonnen, um der bolschewistischen Machtübernahme in der Ukraine eine gewisse Legitimität zu verleihen. Die bolschewistischen Truppen verübten unter der Bevölkerung von Kyjiw ein Massaker und töteten Hunderte, wenn nicht Tausende Einwohner, darunter auch den Metropoliten Wassylyj (Bohojawlenskyj) der orthodoxen Kirche. Der bolschewistische Befehlshaber in Kyjiw, Michail Murawjew, meldete Lenin telegraphisch Vollzug: »Die Ordnung in Kyjiw ist wiederhergestellt.«

Die Zentralna Rada musste Kyjiw verlassen, kehrte aber schon wenig später zurück, nachdem sie ein Abkommen mit Deutschland und Österreich-Ungarn getroffen hatte, deren Truppen im Frühjahr 1918 in die Ukraine einmarschierten und die Bolschewiki aus dem Land, einschließlich des Donbas, vertrieben. Die Deutschen ersetzten die demokratische Zentralna Rada bald durch das autoritäre Regime von Hetman Pawlo Skoropadskyj, doch die demokratische Ukrainische Volksrepublik wurde wiederhergestellt, als die Deutschen Ende 1918 aus der Ukraine abzogen. Daraufhin kehrten die Bolschewiki erneut zurück, diesmal unter dem Banner ihrer vormaligen Gegner, der Ukrainischen Volksrepublik, die formell von Russland unabhängig war.[29]

Als die Bolschewiki wieder in der Ukraine erschienen und einen militärischen Feldzug starteten, um die ukrainischen Provinzen des ehemaligen Russischen Reichs erneut unter zentrale Kontrolle zu bringen, war das ukrainische Nationalbewusstsein bereits derart erstarkt, dass Lenin sich zur Änderung seiner Strategie gezwungen sah.

Das anhaltend intensive Streben der Ukraine nach Unabhängigkeit, nicht nur unter den Ukrainern im Allgemeinen, sondern sogar unter den ukrainischen Bolschewiki, veranlasste Lenin, der Ukraine ein gewisses Maß an Autonomie und einen Status zuzugestehen, der dem Russlands gleichgestellt war.[30] So wurden die Ukrainer zwar als eigenständige Nationalität anerkannt (ebenso wie die Belarussen) und galten nicht mehr nur als ein »Stamm« einer dreigliedrigen russischen Nation wie zur Zarenzeit, und sie durften sogar Ukrainisch zur offiziellen Sprache ihres Landes erklären, doch die Ukraine blieb ein sowjetischer Marionettenstaat, dessen Unabhängigkeit nur pro forma bestand.

Den Bolschewiki war bewusst, dass sie mit den nationalen Bewegungen, die durch die Auswirkungen des Ersten Weltkriegs und der Revolution von 1917 enorm an Stärke gewonnen hatten, einen Ausgleich finden mussten, und sie bemühten sich deshalb, mit den neuen politischen und kulturellen Eliten der Ukraine zu kooperieren. Sie kamen ihnen nicht nur in Fragen der Sprache, der Kultur und der Rekrutierung lokaler Kader für die Verwaltungen entgegen, die de facto Einrichtungen einer Besatzungsmacht waren. Zur Einhegung der nationalen Bewegungen gehörten auch die Schaffung staatlicher Institutionen und die Anerkennung der formalen Unabhängigkeit der von den Bolschewiki kontrollierten Marionettenstaaten, die gebildet wurden, um die neuen, von nationalen Minderheiten in den Grenzgebieten des ehemaligen Reichs gegründeten, wirklich unabhängigen Staaten und Regierungen zu delegitimieren.

## DIE KOMMUNISTISCHE UNION

Lenins wichtigster Beitrag zur Geschichte der russisch-ukrainischen Beziehungen war nicht die Gründung eines modernen ukrainischen Staates. Es war vielmehr die Ausstattung Russlands beziehungsweise der Russischen Föderation – der Name, unter dem es in die Sowjetunion eintrat – mit einem Territorium und Institutionen, die sich zum ersten Mal seit Jahrhunderten von dem Territorium und den

Institutionen des Zarenreichs unterschieden, das die Bolschewiki zu erhalten suchten. Wenn überhaupt, dann legte Lenin den Grundstein für die Entstehung des modernen Russlands, nicht der Ukraine.

1922 geriet Lenin mit Josef Stalin über die Struktur des im Entstehen begriffenen Sowjetstaates aneinander. Wie sollten die Teilrepubliken – formal unabhängige Staaten, die aber faktisch von der bolschewistischen Partei kontrolliert wurden – in eine von Russland geführte Sowjetunion integriert werden? Bei den nichtrussischen Staaten handelte es sich um die Ukrainische Sozialistische Sowjetrepublik, die Belarussische Sozialistische Sowjetrepublik und die Transkaukasische Sozialistische Föderative Sowjetrepublik, zu der Georgien, Armenien und Aserbaidschan gehörten. Stalin schlug vor, sie alle als autonome Regionen in die Russische Föderation einzugliedern, doch die ukrainischen und georgischen Bolschewiki lehnten dies ab, da es ihre Vorrechte als Herrscher über offiziell unabhängige Republiken erheblich eingeschränkt hätte.

Lenin stellte sich schließlich auf die Seite der Ukrainer und Georgier und plädierte für eine Union der Sozialistischen Sowjetrepubliken, der die Russische Föderation gleichberechtigt mit den anderen beitreten sollte. Letztlich setzte er sich durch, sodass der Vertrag zur Gründung der Union der Sozialistischen Sowjetrepubliken am 30. Dezember 1922 unterzeichnet wurde. Stalin fügte sich. Für die Zukunft der russisch-ukrainischen Beziehungen wie auch für das Verhältnis Russlands zu allen übrigen Völkern und Nationalitäten des ehemaligen Zarenreichs war die Gründung der UdSSR von folgenreicher Bedeutung. Zum ersten Mal in seiner Geschichte verfügte Russland über ein Territorium und Institutionen, die keinen zaristisch-imperialen Organen mehr unterstanden. Die imperiale Funktion sollte fortan von Institutionen der gesamten Union und nicht von russisch-republikanischen Institutionen wahrgenommen werden.

Trotz der Gründung der UdSSR behielten die russischen Bolschewiki mittels der wichtigsten Organisation, der Kommunistischen Partei, die Kontrolle über die anderen Republiken. Zunächst noch unter dem Namen Kommunistische Partei Russlands und dann als Kommunistische Allunions-Partei (Bolschewiki) blieb sie stark zentralisiert und ließ allmählich die föderale Struktur der Sowjetunion zu einer reinen Formalität werden. Im Gegensatz zu den anderen Republiken verfügte Russland nicht über eine eigene kommunistische Partei, sondern kontrollierte die Allunions-Partei, in der die Parteien der Republiken nicht mehr Rechte innehatten als die kommunistischen Provinzorganisationen der Russischen Föderation. Obwohl die föderale Fassade aufrechterhalten blieb, erhielt die Sowjetunion ein zentralisiertes Regierungssystem in Form der Allunions-Partei.[31]

Die UdSSR begann ihre Existenz mit einer massiven Förderung der nichtrussischen Kulturen außerhalb der Russischen Föderation. Die kulturelle Russifizierung der Grenzgebiete wurde jedoch in den späten 1920er und frühen 1930er Jahren wieder aufgenommen, als Stalin als alleiniger Nachfolger Lenins hervortrat und begann, das Land auf den Krieg vorzubereiten. Ein Grund für diesen Wandel war die Industrialisierung, die angesichts der russischen Kontrolle über die Allunions-Partei mit dem Vormarsch des Russischen als Sprache der Verwaltung, Wissenschaft und Technologie einherging. Weitere Gründe waren die Notwendigkeit, den Russen als größter Nationalität im nunmehrigen Sowjetimperium entgegenzukommen, sowie das Bestreben, die nichtrussischen Nationalitäten kulturell zu integrieren, damit sie im kommenden Krieg nicht die Seiten wechseln würden.

In der Ukraine, der größten nichtrussischen Republik der UdSSR, wurde in den Schauprozessen gegen die ukrainische Intelligenzija überdeutlich, wie sehr sich die Nationalitätenpolitik geändert hatte. Auf den ersten Prozess dieser Art, der 1929 stattfand, folgte eine Offensive gegen die ukrainischen Parteikader und die Bauernschaft. Während des Holodomor, der großen ukrainischen Hungersnot von 1932–1933, erreichten die Attacken ihren Höhepunkt. Eine Reihe hoher ukrainischer kommunistischer Funktionsträger beging Selbstmord, während andere aus ihren Ämtern entlassen und inhaftiert wurden. Im Rahmen einer konzertierten Aktion, die darauf abzielte, den Widerstand der Bauern gegen ihre Kollektivierung zu zerschlagen und die Getreidelieferungen für die sowjetische Industrialisierung zu maximieren, wurden bis zu vier Millionen Bauern dem Hungertod ausgeliefert. In den Monaten vor dem Ausbruch der Hungersnot erklärte Stalin seinen Mitarbeitern, solche Maßnahmen seien notwendig, wolle man nicht die Kontrolle über die Ukraine verlieren. Der Holodomor verwandelte die Ukraine, die zuvor als Kornkammer Europas galt, in ein vom Hunger verwüstetes Land.[32]

Der Zweite Weltkrieg bewirkte eine weitere Veränderung der Moskauer Politik gegenüber den Nationalitäten. Zwar kam es zu keiner Abkehr vom Russozentrismus, es war jedoch erlaubt, ukrainischen und sonstigen nichtrussischen Patriotismus deutlicher zu bekunden. Die sowjetische Okkupation der polnischen Ostprovinzen nach dem Molotow-Ribbentrop-Pakt von 1939 rechtfertigte Moskau als Befreiung der ukrainischen und russischen Landsleute von der polnischen kapitalistischen Unterdrückung. Zudem wurde sie in ethnischer Hinsicht als Wiedervereinigung der Westukraine und des westlichen Belarus mit den entsprechenden Sowjetrepubliken gefeiert. Das alte Paradigma der imperialen Wiedervereinigung war auferstanden, diesmal in ukrainischem und belarussischem Gewand.

Nach Hitlers Überfall auf die UdSSR im Juni 1941 wurde der nichtrussische Nationalismus erneut mobilisiert, insbesondere in der Ukraine, um den patriotischen Widerstand gegen die deutsche Invasion zu stärken. Nachdem die deutschen Truppen mithilfe ihrer rumänischen und ungarischen Verbündeten die gesamte Ukraine besetzt hatten, zögerte Moskau nicht, die ukrainische Sprache und Kultur zu fördern mit dem Ziel, die Gegenwehr gegen die Deutschen zu verstärken und sich die Loyalität von mehr als sechs Millionen Ukrainern zu sichern, die zur Roten Armee eingezogen wurden. Mit dem Verweis auf die Einheit der ukrainischen Nation versuchte Moskau im In- und Ausland auch die militärische Einnahme und Annexion der westukrainischen Gebiete zu rechtfertigen, die in der Zwischenkriegszeit Polen, die Tschechoslowakei und Rumänien unter sich aufgeteilt hatten.[33]

1914 hatte die russische Armee die Stadt Lwiw (Lemberg) erobert, die damals unter österreichischer Herrschaft stand, und dies mit der Befreiung der russischen Mitbürger – so die offizielle Bezeichnung der zaristischen Behörden für die örtliche Bevölkerung – begründet.

Als sich der Zweite Weltkrieg dem Ende zuneigte, spielten die Sowjets jedoch nicht die russische, sondern die ukrainische nationale Karte, als sie Lwiw in die Ukrainische SSR eingliederten, obwohl die Stadt ethnisch weitgehend polnisch war und die Juden die zweitgrößte ethnische Gruppe bildeten (wenngleich die meisten während des Holocausts ermordet worden waren).

Zwar gedachten die Behörden die ukrainische Ethnizität zur Rechtfertigung der sowjetischen Westexpansion zu nutzen, aber sie begrüßten oder tolerierten deshalb keineswegs jeden Ausdruck von ukrainischem Patriotismus und Nationalismus. Die radikale Organisation Ukrainischer Nationalisten (OUN), die in der Zwischenkriegszeit in der Westukraine gegründet worden war, galt als besonders gefährlich. Ihre Mitglieder wurden von den Sowjets als Banderisten bezeichnet: Ihr Anführer, Stepan Bandera, und einige seiner Gefolgsleute wurden nach einem gescheiterten Versuch, im Sommer 1941 einen unabhängigen ukrainischen Staat im Bündnis mit Deutschland und gegen die UdSSR auszurufen, in deutsche Konzentrationslager verschleppt. Die nationalsozialistischen Besatzer, die Slawen als Untermenschen betrachteten, deportierten mehr als zwei Millionen Ukrainer als Zwangsarbeiter nach Deutschland und verfolgten ukrainische Patrioten jedweder Art.

Die beiden Zweige der OUN, einer unter der Führung von Bandera, der andere geleitet von seinem weniger bekannten Rivalen Andrij Melnyk, wandten sich Ende 1941 gegen die Deutschen. 1943 übernahm die Bandera-Fraktion das Kommando über die 100 000 Mann starke Ukrainische Aufständische Armee, eine Guerillatruppe, die gegen die Polnische Heimatarmee und die Nazis und später gegen die Rote Armee um die Kontrolle der Westukraine kämpfte. Der ukrainische nationalistische Aufstand wurde erst Anfang der 1950er Jahre, in der Endphase von Stalins Herrschaft, vollständig niedergeschlagen, was ihm den Titel der stärksten und am längsten andauernden Widerstandsbewegung gegen die Sowjets in ganz Ostmitteleuropa einbrachte.

Die Sowjets versuchten vehement, die ukrainischen Nationalisten zu diskreditieren, indem sie deren frühe Kollaboration mit den Deutschen und die Beteiligung einiger OUN-Mitglieder am Holocaust und an der »ethnischen Säuberung«, verübt an Polen während der deutschen Besatzung der Ukraine, hervorhoben. Aber sie machten auch große Zugeständnisse an die ukrainische Sprache, die in den westukrainischen Regierungsinstitutionen dominierte und das Polnische ablöste. Die Sowjetisierung der Westukraine geschah jedoch vor allem durch Repression. Nicht nur die gefangen genommenen Kämpfer der Ukrainischen Aufständischen Armee, sondern auch Zivilisten, die verdächtigt wurden, den Aufständischen zu helfen, wurden massenhaft in Gulag-Lager in der Russischen Sozialistischen Föderativen Sowjetrepublik (RSFSR) umgesiedelt oder deportiert, was die Ukrainer zur größten ethnischen Gruppe politischer Gefangener in der Sowjetunion machte – ein Phänomen, das Alexander Solschenizyn in seinem Werk *Der Archipel Gulag* dokumentierte.[34]

## DAS RUSSISCH-UKRAINISCHE KONDOMINIUM

Nach Stalins Tod im Jahr 1953 verbesserte sich die Lage der ukrainischen kommunistischen Elite dramatisch. Während des Holodomor war sie Moskau vollständig untergeordnet und dann während des Großen Terrors Ende der 1930er Jahre »Säuberungen« unterzogen worden. Eingeleitet wurde der Wandel von Stalins oberstem Vertreter in der Ukraine, Nikita Chruschtschow, der die Kommunistische Partei der Ukraine von 1938 bis 1949 geleitet hatte. Er nutzte nun die Unterstützung seiner ukrainischen Gefolgschaft, um seine Konkurrenten in Moskau auszubooten und zum obersten Führer der UdSSR aufzusteigen. Die ukrainischen Kader bildeten das Rückgrat von Chruschtschows Machtpyramide: Da es keine eigene russische kommunistische Partei gab, stellten sie den größten Stimmenblock im Zentralkomitee der Allunions-Partei, das die Macht innehatte, die Parteiführer zu wählen und abzusetzen.[35]

Unter Chruschtschow wurde die ukrainische Parteielite zum Juniorpartner ihrer russischen Genossen bei der Führung der Sowjetunion, was sich zu einem russisch-ukrainischen Kondominium auf der Führungsebene entwickelte. Ein Zeichen für die neue Bedeutung der Ukraine und ihren Aufstieg in der symbolischen Hierarchie der Sowjetnationen war die von Chruschtschow verfügte Abtretung der Halbinsel Krim von Russland an die Ukraine im Jahr 1954. Offiziell wurde mit diesem »Geschenk« der 300. Jahrestag des Perejaslaw-Abkommens von 1654 begangen, durch das die Kosaken-Ukraine unter moskowitische Oberhoheit gebracht worden war, was in der Sowjetpropaganda als »Wiedervereinigung der Ukraine mit Russland« gefeiert wurde. Der breiten Öffentlichkeit präsentierte man dies als Beleg für das Vertrauen, das Russland nun in die Ukraine setzte.

In Wirklichkeit wurde die Halbinsel Krim der ukrainischen Festlandsverwaltung angegliedert, um die Erholung des Landes nach dem Krieg zu beschleunigen, die langsamer verlief als in anderen Regionen der europäischen UdSSR. Dies war zum Teil auf Stalins gewaltsame Deportation der einheimischen Bevölkerung der Halbinsel, der Krimtataren, zurückzuführen, die der Kriegskollaboration mit den Deutschen beschuldigt wurden.[36]

Der Zuwachs der symbolischen Bedeutung der Ukraine als zweitwichtigste Sowjetrepublik und der Aufstieg der ukrainischen Parteielite zum Juniorpartner der russischen Parteibosse setzten sich in den 1960er und 1970er Jahren unter Chruschtschows Nachfolger Leonid Breschnew fort. Der in Russland geborene Chruschtschow hatte einen Großteil seiner Karriere in der Ukraine absolviert, während Breschnew, ebenfalls ein ethnischer Russe, in der Ukraine zur Welt gekommen war. Breschnew wurde Oberhaupt eines politischen Clans, der als »Dnipropetrowsker Mafia« bezeichnet wurde, benannt nach der ukrainischen Industriestadt, in der er seinen politischen Aufstieg begann und wo er ihm persönlich ergebene Kader rekrutierte, die er in Schlüsselpositionen in Moskau und Kyjiw einsetzte. Die hervorgehobene Stellung, die die ukrainische Partei- und Führungselite in der Zentralregierung erlangte, war unter anderem Ausdruck der Bedeutung der Ukraine in der sowjetischen Wirtschaft. Immerhin handelte es sich um die zweitbevölkerungsreichste und wirtschaftlich zweitproduktivste Republik der UdSSR.[37]

Als die sowjetische Regierung 1967 den 50. Jahrestag der UdSSR feierte, wurde in offiziellen Berichten die wirtschaftliche Führungsrolle der Russischen Föderation hervorgehoben. »Die Industrie der RSFSR«, so hieß es damals, »stellt etwa die Hälfte der gesamten Unionsproduktion von Roheisen, Stahl, Walzeisen, Kohle, Gas, Mineraldünger, Schwefelsäure und Metallbearbeitungsmaschinen, zwei Drittel der elektrischen Energie und der chemischen Erzeugnisse, mehr als 80 Prozent der Erdölproduktion und der Fertigung von Automobilen, Papier und Textilien, drei Viertel der Chemiefasern, mehr als 60 Prozent des Zements und mehr als 90 Prozent des Zellstoffs für den Export.«[38]

Aber gleich nach der Russischen Föderation kam, was den Beitrag zur Gesamtkasse der Union anging, die Ukraine. »Auf die Ukrainische SSR entfallen die Hälfte der gesamten Roheisenproduktion der Union, mehr als 40 Prozent des Stahls und des Walzeisens, mehr als die Hälfte des Eisenerzes und ein Drittel der Kohle und des Gases«, heißt es in dem besagten Wirtschaftsbericht. »Fast die gesamte unionsweite Produktion von Diesellokomotiven ist in der Ukraine konzentriert, die gesamte Produktion von Erntemaschinen für die Zuckerrübenernte und etwa die Hälfte der Produktion von Metallurgie- und großer Mengen von Zerspanungsmaschinen, Traktoren und Automobilen sowie Apparaturen für die Energiewirtschaft, elektrotechnische, chemische, Transport- und Hebemaschinen und andere Gerätschaften.«[39]

Im Jahr 1970 hatte die Russische Föderation eine Bevölkerung von etwa 118 Millionen, die Ukrainische SSR 42 Millionen. Während auf Russland 57 Prozent der Gesamtbevölkerung der Union entfielen, die sich auf 208 Millionen belief, betrug der Anteil der Sowjetukraine 20 Prozent. Der Beitrag der Ukraine zur sowjetischen Wirtschaft war somit vergleichbar mit ihrem Anteil an der sowjetischen Bevölkerung: Sie stellte rund 18 Prozent der Arbeitskräfte und erbrachte ungefähr den gleichen Prozentsatz der sowjetischen Wirtschaftsleistung. Zu dieser Zeit lebten mehr als 7 Millionen ethnische Russen in der Ukraine und etwa 3,4 Millionen Ukrainer in der Russischen Föderation. Die Ukrainer in Russland sprachen ausnahmslos nicht nur ihre Muttersprache, sondern auch Russisch, manche auch nur Russisch.

Die Russen in der Ukraine hingegen sprachen überwiegend Russisch, ebenso wie viele ethnische Ukrainer, vor allem die in den großen Industriezentren im Osten und Süden der Ukraine.[40]

Breschnew unterdrückte die kulturelle Wiederbelebung der Ukraine, die im Gefolge von Chruschtschows Entstalinisierung in den späten 1950er Jahren begonnen hatte. Im Jahr 1972 entmachtete der Kreml den unabhängig denkenden Parteichef der Ukraine, Petro Schelest, einen überzeugten Nationalkommunisten, und startete eine Kampagne gegen die ukrainische Intelligenzija, die in den folgenden Jahren zu zahlreichen Verhaftungen führte; bedeutende ukrainische Kulturschaffende kamen auf die schwarze Liste, darunter die bekannte Dichterin Lina Kostenko. Unter den Verhafteten befanden sich auch Mitglieder der Ukrainischen Helsinki-Gruppe, der zweiten Organisation dieser Art, die in der UdSSR gegründet wurde, um die von den sowjetischen Behörden begangenen Menschenrechtsverletzungen zu dokumentieren, die gegen die Schlussakte von Helsinki verstießen – ein Abkommen, das 1975 von den Vertretern von 35 Staaten, darunter fast alle europäischen Länder sowie die USA, Kanada und die UdSSR, unterzeichnet wurde.[41]

Als Michail Gorbatschow 1985 an die Macht kam, hatte sich die ukrainische nationale Wiederbelebung längst erschöpft, und die ukrainischen Kultureliten waren kaum noch in der Lage, die von Moskau verfügten Maßnahmen infrage zu stellen. Mit dem Fortschreiten der Russifizierung in der Ukraine, die vor allem im Osten und Süden des Landes intensiv betrieben wurde, schien der Traum der sowjetischen Führung, Russen und Ukrainer zumindest sprachlich und kulturell zu einem einzigen Volk zusammenzuschweißen, der Verwirklichung näher denn je zu sein.

Gorbatschow war so davon überzeugt, dass die sowjetische »Nationalitätenfrage« ein für alle Mal gelöst sei, dass er beschloss, eine ungeschriebene Regel zu ignorieren, die bald nach Stalins Tod aufgestellt worden war: Der Leiter einer Parteiorganisation in jeder Republik musste ein Vertreter der jeweiligen Nationalität sein. Im Dezember 1986 ersetzte der Kreml-Chef den langjährigen Vorsitzenden der Kommunistischen Partei Kasachstans, Dinmuchamed Kunajew, durch den Gorbatschow loyal ergebenen Gennadi Kolbin, einen ethnischen Russen aus dem Ural. Womit Moskau nicht gerechnet hatte: Junge Kasachen reagierten auf Kolbin mit Protesten und Unruhen – der erste Fall einer von der Nationalitätenfrage verursachten Massenaktion in der Sowjetunion seit Jahrzehnten. Gorbatschow lenkte ein und erlaubte schließlich dem lokalen kasachischen Führer Nursultan Nasarbajew, Kolbin als Präsidenten Kasachstans abzulösen.

Das war aber nur der Anfang. 1988 führte ein aserbaidschanisch-armenischer Konflikt über das Schicksal von Berg-Karabach, einer armenischen Enklave in Aserbaidschan, zu Aufständen. Doch egal, welche Bedeutung die Zentralbehörden den interethnischen und interreligiösen Zusammenstößen im Kaukasus und in Zentralasien zumaßen, sie verblassten im Vergleich zu der Unabhängigkeitsbewegung, die bald in den baltischen Republiken und wenig später in der Ukraine, der zweitwichtigsten Republik der UdSSR, an Stärke gewinnen sollte. Die nationale Mobilisierung in der Ukraine bedrohte nicht nur die Einheit der UdSSR, sondern auch die ihres slawischen Kerns, wie es bereits beim Aufstieg der ukrainischen Bewegung im Russischen Reich des 19. Jahrhunderts der Fall gewesen war.[42]

## DER ZUSAMMENBRUCH DER UDSSR

Der Untergang der Sowjetunion begann in den jüngsten Erweiterungen des sowjetischen Territoriums – den im Zweiten Weltkrieg annektierten Gebieten, die ihr zunächst im Zuge des Molotow-Ribbentrop-Pakts zugestanden worden waren und die sie dann 1944/45 infolge der Vereinbarungen von Jalta von Nazideutschland zurückerobert hatte. Dort war die Macht Moskaus am schwächsten ausgeprägt. An vorderster Front der Mobilisierung gegen das sowjetische Zentrum standen die baltischen Staaten, insbesondere Estland und Litauen. Im November 1988 erklärte Estland als erste Sowjetrepublik seine Souveränität, was bedeutete, dass seine Gesetze Vorrang vor denen der Union hatten.

Litauen war seinerseits die erste Republik, die sich für völlig unabhängig von der Sowjetunion erklärte. Dies geschah im März 1990 auf der ersten Sitzung des frei gewählten litauischen Parlaments. Selbst die Kommunistische Partei Litauens kehrte der UdSSR den Rücken und verkündete ihre Abspaltung von der Kommunistischen Partei der Sowjetunion. Die Führung des Landes ging auf Vertreter einer alternativen Elite aus den Reihen der Intellektuellen und Technokraten über, nicht unähnlich dem Prozess, der einige Jahre später in Osteuropa stattfand. Das Streben der Balten nach Wiedererlangung der im Zweiten Weltkrieg verlorenen Unabhängigkeit hatte Auswirkungen auf die gesamte Sowjetunion. Um sich den baltischen »Volksfronten« entgegenzustellen – Organisationen, die für die Unabhängigkeit eintraten und für ihr Ziel Hunderttausende Menschen auf die Straße brachten –, organisierten Moskau und die örtlichen Parteieliten »Internationale Fronten«, die die russischen und russischsprachigen Minderheiten in den Republiken mobilisieren sollten.[43]

Die russische Mobilisierung in den westlichen Grenzgebieten der UdSSR griff bald auf Russland selbst über. Unter der Parole »Russland zuerst« fanden sich russische Nationalisten und Demokraten zusammen und trugen Gorbatschows ehemaligen Schützling und späteren Erzfeind Boris Jelzin zunächst an die Spitze des russischen Parlaments und dann auf den Sitz des russischen Präsidenten. Jelzins Sieg war das Ergebnis mehrerer Mobilisierungen, zunächst von Nationalisten und später dann von demokratischen Aktivisten in den Großstädten. Und schließlich gab es auch die Unterstützung der neu organisierten Arbeiter, die aufgrund der wirtschaftlichen Bedingungen in den Streik traten – in der Erwartung, dass die russischen Behörden ihnen helfen würden, wenn schon die Vertreter der Union dies nicht taten.

Im Juni 1991 hatte Moskau zwei Präsidenten, einen für Russland und einen für die UdSSR. Doch anders als in den baltischen Republiken wurde die Opposition gegen das Zentrum in Russland von einem früheren Parteichef angeführt und nicht von einem Intellektuellen, wie dies in Litauen der Fall war, wo der ehemalige Musikprofessor Vytautas Landsbergis in etwa die gleiche Rolle wie Jelzin spielte. Obwohl sich Jelzin öffentlich von der Kommunistischen Partei lossagte und dann deren Aktivitäten unterband, vollzog die neue russische Elite nie einen sauberen Bruch mit der kommunistischen Vergangenheit, wie es ihre Pendants in den baltischen Staaten taten. Das war ein folgenreicher Unterschied.

In der Ukraine begann die Mobilisierung erst so richtig im Jahr 1989, als es Gorbatschow gelang, den dortigen Chef der kommunistischen Partei, Wolodymyr Schtscherbyzkyj, einen Schützling Breschnews und eine Schlüsselfigur der »Dnipropetrowsker Mafia«, abzusetzen. Die ukrainische Mobilisierung verband Elemente sowohl der Bewegungen im Baltikum als auch jener in Russland. In den Teilen der Westukraine, die von der Sowjetunion auf der Grundlage des Molotow-Ribbentrop-Pakts annektiert worden waren, folgte sie dem baltischen Modell und stellte Fragen der Geschichte, Sprache, Kultur und nationalen Souveränität in den Mittelpunkt. Die Unabhängigkeitserklärung der Ukraine nach dem gescheiterten Putsch in Moskau im August 1991 war nicht nur dem Bündnis zwischen Nationalisten, Demokraten und streikenden Arbeitern in der Donbas-Region, sondern auch der Unterstützung des Parteiapparats zu verdanken, der sich durch Jelzins Verbot der kommunistischen Partei in seiner Existenz bedroht sah.[44]

Am 1. Dezember 1991 versetzten die Ukrainer der Sowjetunion den endgültigen Schlag, als sie mit überwältigender Mehrheit für die Unabhängigkeit stimmten. Die baltischen Republiken hatten sich zu diesem Zeitpunkt de facto bereits losgelöst, ebenso wie die Republik Moldau und ein großer Teil des Kaukasus. Doch Belarus und die zentralasiatischen Republiken, die auf die fortgesetzte Versorgung mit subventioniertem Gas und Öl aus Russland hofften, hatten es nicht eilig, die Sowjetunion zu verlassen. Selbst das rohstoffreiche Kasachstan zögerte mit der Unabhängigkeit, unter anderem wegen seiner großen russischen und slawischen Bevölkerung. Die russische Führung entschied sich letztlich für die Auflösung der UdSSR, weil sie die wirtschaftliche Last der Union nicht ohne die beträchtlichen menschlichen und wirtschaftlichen Ressourcen der Ukraine tragen wollte. Boris Jelzin hatte noch eine weitere Erklärung für seine Entscheidung, das Ende der UdSSR einzuleiten: Nationalität und Kultur. Mehr als einmal erklärte er dem amerikanischen Präsidenten George H. W. Bush, dass Russland ohne die Ukraine in einer Union, die größtenteils aus nichtslawischen muslimischen Republiken bestünde, unterlegen wäre. Das überwältigende Votum der Ukraine für ihre Unabhängigkeit und die Entscheidung Russlands, sie anzuerkennen, bedeuteten das Ende der UdSSR und zwangen die Belarussen und die zentralasiatischen Republiken, ebenfalls auszutreten, ob sie wollten oder nicht.[45]

Als Michail Gorbatschow am 25. Dezember 1991 seinen Rücktritt als Präsident der Sowjetunion verkündete, war der Zerfall der UdSSR noch nicht beendet. Vielmehr begann zu diesem Zeitpunkt gerade der schwierigste und gefährlichste Teil des Prozesses. Die Gemeinschaft Unabhängiger Staaten, die von den politischen Nachfolgern der UdSSR im Dezember 1991 gegründet wurde, ersann einen Mechanismus zur Verhandlung der zahlreichen Fragen im Zusammenhang mit dem Zerfall der Sowjetunion. Sie erwies sich jedoch als unfähig, das wichtigste Problem zu lösen: die Rolle Russlands im postsowjetischen Raum und das Maß an Souveränität, das Russland bereit war seinen ehemaligen Untertanen zuzugestehen.

Viele russische Politiker betrachteten die Gemeinschaft als eine vorläufige Kompromisslösung. Jelzin formulierte es in seiner Rede vor dem russischen Parlament nach dem Belowesch-Gipfel so: »Unter den heutigen Bedingungen kann nur die Gemeinschaft Unabhängiger Staaten den Erhalt des politischen, rechtlichen und wirtschaftlichen Raums gewährleisten, der im Laufe der Jahrhunderte aufgebaut wurde und nun fast verloren ist.« Gennadi Burbulis, Jelzins wichtigster Berater auf dem Belowesch-Gipfel, stellte sich die neue Ära, die nach dem gescheiterten Augustputsch in der russischen Geschichte begann, als eine Übergangsphase vor, in der es Russland gelingen würde, sich selbst wieder aufzubauen, indem es die Erlöse aus dem Verkauf von Erdöl und Erdgas vollständig einbehielt, anstatt sie mit den anderen GUS-Mitgliedern zu teilen. »Wir müssen Russland retten und seine Unabhängigkeit stärken, indem wir uns vom Rest abgrenzen«, schlussfolgerten Jelzins Berater kurz nach dem gescheiterten Putsch. »Danach, wenn es [Russland] wieder auf den Beinen ist, werden sich alle um es scharen, und die Frage [der Union] kann wieder angepackt werden.«[46]

Unmittelbar nach der formellen Auflösung der UdSSR kam es bereits zu Spannungen zwischen ihren beiden größten Nachfolgestaaten, Russland und der Ukraine. Würden die GUS-Mitglieder völlig unabhängig und frei sein, ihre eigene Innen- und Außenpolitik zu betreiben, oder wäre ihre Souveränität eingeschränkt? Russland gab seine Rolle als dominierendes Mitglied der Gemeinschaft nie auf und strebte danach, die GUS in eine von Russland geführte politische, wirtschaftliche und militärische Union zu verwandeln. Die Ukraine war zwar Gründungsmitglied der Gemeinschaft, trat ihr aber nie formell bei und nahm an einigen Programmen teil, an anderen jedoch nicht. Die russisch-ukrainischen Spannungen hielten während der gesamten 1990er Jahre an und führten zu einem Tauziehen und schließlich zu einem offenen militärischen Konflikt in den ersten Jahrzehnten des 21. Jahrhunderts. Auch wenn der Zusammenbruch der UdSSR plötzlich und weitgehend unblutig erfolgte, eskalierte der immer schärfer werdende Streit zwischen den beiden größten Nachfolgern der UdSSR schließlich 2014 in begrenzten Kämpfen im Donbas und 2022 in einem echten Krieg, der Tod, Zerstörung und eine Flüchtlingskrise in einem Ausmaß verursachen sollte, wie es Europa seit dem Zweiten Weltkrieg nicht mehr erlebt hat.

## TRÜGERISCHER FRIEDEN

Warum wurde 1991 nicht gekämpft? Warum verzichtete Russland in den späten 1980er und frühen 1990er Jahren auf einen Krieg um den Bestand der Sowjetunion? Diese Fragen lassen sich am besten im Kontext der oft dramatischen und blutigen Bemühungen europäischer und eurasischer Imperialmächte um die Rettung ihrer territorialen Besitztümer im Laufe des 19. und 20. Jahrhunderts betrachten.

Wie eingangs dieses Kapitels erwähnt, nahmen Zeitgenossen und Beteiligte den Zusammenbruch der Sowjetunion im Wesentlichen so ähnlich wahr wie den Untergang früherer Weltreiche. Zu diesen Beobachtern gehörten beispielsweise Gorbatschows enger Berater Anatoli Tschernjajew sowie Boris Jelzins oberster Wirtschaftsberater und handverlesener amtierender Ministerpräsident, Jegor Gaidar. Außerhalb Russlands zogen solche Vergleiche beispielsweise Jack F. Matlock, ehemals US-Botschafter in der UdSSR, und der Doyen der amerikanischen Sowjetologie, George F. Kennan.[47]

In seiner Rezension von Matlocks Memoiren, die unter dem Titel *Autopsy on an Empire* (Autopsie eines Imperiums) erschienen waren, schrieb Kennan 1995: »Ich kann mir kaum ein Ereignis vorstellen, das seltsamer, verblüffender und auf den ersten Blick unerklärlicher ist als der plötzliche und völlige Zerfall und das Verschwinden der Großmacht, die nacheinander als Russisches Kaiserreich und Sowjetunion bekannt war, von der internationalen Bühne, vor allem in den Jahren 1987 bis 1991.« Kennan zufolge hat sich der Untergang früherer Imperien schrittweise vollzogen. Bei der Sowjetunion sei dies anders gewesen. »Wie lassen sich also die extreme Abruptheit und nicht zuletzt das relativ geringe Maß an Blutvergießen erklären, mit denen das große Sowjetreich in den fraglichen vier Jahren zu Ende ging, obwohl es doch all die Merkmale des früheren Russischen Reichs mit sich trug, das es sich erfolgreich einverleibt hatte?«, fragte Kennan sich und seine Leser.[48]

War dieser Verlauf in der Sowjetunion einzigartig? Wir können mit einem Blick auf das britische Empire beginnen, die mächtigste Institution der Neuzeit, die den Russen ein Commonwealth-Modell für den Ausstieg aus einem traditionellen imperialen Projekt bot. Die britische imperiale Entflechtung erfolgte in der Tat schrittweise. Sie begann möglicherweise schon mit der Amerikanischen Revolution im 18. Jahrhundert, gefolgt von einem sich langsam entwickelnden Autonomismus in den Herrschaftsgebieten Kanada, Australien und Neuseeland im 19. und 20. Jahrhundert. Die nach dem Ersten Weltkrieg unternommenen Versuche, die südafrikanischen und irischen Unabhängigkeitsbewegungen zu unterdrücken, erwiesen sich als erfolglos; in den Jahrzehnten nach dem Zweiten Weltkrieg zog sich Großbritannien aus Indien und anschließend aus seinen afrikanischen Kolonien zurück.[49]

Das Ende des französischen Kolonialreichs verlief schneller und unter anderem deshalb auch blutiger. Die französischen Kolonien in Indochina wurden fast unmittelbar nach dem Sieg Nazideutschlands über Frankreich im Jahr 1940 von den Japanern erobert. Die Rückgewinnung ihrer Kolonien nach dem Krieg wurde für die Franzosen, die in Vietnam und Indochina brutale Kriege führten, jedoch besiegt wurden und sich zurückziehen mussten, zu einer Frage des Nationalstolzes. Ihr Rückzug aus Afrika, insbesondere der die französische Gesellschaft polarisierende Krieg in Algerien, war ein weiterer blutiger Schritt auf dem Weg des imperialen Zusammenbruchs und führte fast den Untergang der Französischen Republik selbst herbei. Sie überlebte nur, indem sie ihre Kolonien aufgab.

Das niederländische Reich mit seinen Besitzungen in Ostindien befand sich seit dem späten 18. Jahrhundert im Niedergang, bevor es tatsächlich zusammenbrach. Der Rückzug der Niederlande aus ihren Kolonien, der nach dem Zweiten Weltkrieg mit der Unabhängigkeit Indonesiens und Surinams sowie der Autonomie der Niederländischen Antillen endete, lässt sich mit dem Niedergang des britischen Empire vergleichen. Belgiens grausames Regime im Kongo, gefolgt von seinem Abzug nach der Krise in diesem Land Anfang der 1960er Jahre, ähnelt eher dem französischen als dem britischen Weg. Die Portugiesen, Gründer eines der ersten Weltreiche, waren die Letzten, die Mitte der 1970er Jahre ihre afrikanischen Territorien freigaben. Sie taten dies zwar kampflos, aber ihr Rückzug löste einen der blutigsten und längsten Kriege in der postkolonialen Geschichte Afrikas aus – den angolanischen Bürgerkrieg, der mehr als ein Vierteljahrhundert lang, von 1975 bis 2002, andauerte.[50]

Schließlich gab es noch das Osmanische Reich, dessen Zerfall früher als der anderer Reiche begann und im Verlust seiner Besitzungen aufgrund der Niederlage im Ersten Weltkrieg gipfelte. Die Türken machten die gleiche Erfahrung wie Österreich-Ungarn, ein weiterer russischer Rivale in der Region. Das Beispiel der Osmanen scheint mit dem Zusammenbruch der Sowjetunion besonders vergleichbar zu sein, da sich seine Folgen über einen langen Zeitraum hinzogen. Während die Balkankriege von 1912/13 und der Erste Weltkrieg das

Ende des Osmanischen Reichs als imperiale Macht bedeuteten, waren seine ehemaligen Besitzungen auf dem Balkan Schauplatz der Jugoslawienkriege von 1991 bis 2001, die mit der Auflösung der UdSSR zeitlich zusammenfielen.

Jugoslawien, ein föderativer südslawischer Staat, der 1918 auf den Trümmern des Osmanischen Reichs gegründet und nach dem Zweiten Weltkrieg 1945 wiederhergestellt wurde, hörte in den 1990er Jahren mit der Abspaltung seiner wichtigsten Republiken auf zu existieren. Wie die Russen in der UdSSR stellten die Serben in Jugoslawien die bevölkerungsreichste Nationalität und regierten die größte Republik der Föderation. Die Bestrebungen ihres Führers, des ehemaligen kommunistischen Funktionärs Slobodan Milošević, zunächst die Föderation zusammenzuhalten und dann ein Großserbien zu errichten, indem es sich serbisch dominierte Enklaven in anderen Teilen des ehemaligen Jugoslawien einverleibte, führten zu einem langwierigen und verheerenden Krieg mit Kriegsverbrechen und Völkermord. Dies veranlasste die NATO 1999, serbisch kontrollierte Teile der untergegangenen Föderation zu bombardieren.

Der militärische Konflikt in Jugoslawien begann im Juni 1991 mit der Abspaltung Sloweniens und den Bemühungen der serbisch dominierten jugoslawischen Streitkräfte, die Unabhängigkeit Sloweniens zu verhindern. Im August hatte der Krieg Kroatien erfasst, und die jugoslawische Armee belagerte zunächst die Stadt Vukovar und sodann Dubrovnik an der kroatischen Adriaküste. Der Krieg in Bosnien begann 1992, der Krieg im Kosovo folgte 1998. Das letzte Kapitel umfasste im Jahr 2001 bewaffnete Auseinandersetzungen zwischen den mazedonischen Streitkräften und militärischen Einheiten der örtlichen Albaner, die fast ein Viertel der Bevölkerung des neuen Staates Mazedonien ausmachten. Doch endgültig löste sich das ehemalige Jugoslawien erst im ersten Jahrzehnt des 21. Jahrhunderts auf. Montenegro erklärte sich 2006 für unabhängig von der untergegangenen Bundesrepublik Jugoslawien – und damit von Serbien –, und der Kosovo tat dies 2008 ebenfalls. Damit war der Zerfall des osmanischen Erbes auf dem Balkan nach fast einem Jahrhundert des instabilen Föderalismus vollzogen.

Zur Überraschung und Erleichterung vieler weigerten sich die Russen unter der Führung von Boris Jelzin, in die Fußstapfen der Serben zu treten, die die ehemalige jugoslawische Armee zu einem Instrument der serbischen Expansion und dann des Völkermords machten. Auch klammerten sie sich nicht an die ehemals von Russland beherrschten Sowjetrepubliken, wie es die Franzosen und Belgier mit ihren früheren Kolonien taten. Stattdessen scheinen sich die Russen ein Beispiel an der Auflösung des portugiesischen Reichs genommen zu haben. Beide Imperien gingen durch relativ friedliche Revolutionen zu Ende, die in ihren Hauptstädten stattfanden, wo Reformer versuchten, die autoritäre Regierung abzusetzen und politische, wirtschaftliche und soziale Reformen einzuleiten. In beiden Ländern stand die Existenz des Imperiums solchen Reformen im Weg.[51]

Boris Jelzin und seine Berater versuchten ihre Reformen in Russland umzusetzen, nicht in der Sowjetunion, wo Gorbatschows Bemühungen um eine Demokratisierung des Systems auf den Widerstand der konservativ eingestellten kommunistischen Eliten stießen, die die meisten Sowjetrepubliken kontrollierten. Um seine russischen Reformer von den Beschränkungen zu befreien, die ihnen von Gorbatschows schwankendem, durch konkurrierende Pro- und Anti-Reform-Fraktionen behindertem politischen Zentrum auferlegt wurden, verbündete sich Jelzin mit prodemokratischen Reformern in den baltischen Staaten und mit Eliten in Zentralasien, die den Status quo befürworteten, um die bestehenden sowjetischen Institutionen auszuschalten. Jelzin hatte nicht die Absicht, dadurch die Sowjetunion zu untergraben, aber als der Zerfall, den er mit ausgelöst hatte, eine Eigendynamik entwickelte, wirkte er dabei mit. Sein wichtigster politischer Rivale, Michail Gorbatschow, und die Sowjetunion selbst wurden in der Folge hinweggefegt.

Die abtrünnigen Republiken mit militärischer Gewalt unter russischer Kontrolle zu halten, war auch aus anderen Gründen kaum eine politische Option. Einer dieser Gründe war der enorme politische, ideologische und wirtschaftliche Einfluss, den die Vereinigten Staaten zu dieser Zeit auf die Sowjetunion ausübten, sowie der Platz, den Amerika in der Vorstellung der Reformer der Sowjetära von Gorbatschow bis Jelzin und darüber hinaus einnahm. Washington wollte nicht, dass sich die Republiken gegenseitig bekämpften, da es die Möglichkeit eines »Jugoslawien mit Atomwaffen« befürchtete – ein Szenario, auf das Gorbatschow in seinen Gesprächen mit Präsident George H. W. Bush immer wieder hinwies.

Der russische Präsident war bereit, Gewalt gegen autonome Republiken innerhalb der Russischen Föderation anzuwenden, sollten diese versuchen, sich abzuspalten, nicht aber gegen ähnliche Bestrebungen von Unionsrepubliken wie der Ukraine. Außerdem fehlten der sowjetischen Armee die dafür nötigen Mittel, und die Russen, die in ihr dienten, waren nicht erpicht darauf, zu kämpfen. Jelzins unglücklicher Versuch, die Armee im Herbst 1991 gegen Tschetschenien einzusetzen, führte zu einer vollständigen Einkreisung der demoralisierten russischen Truppen, die für diesen Konflikt in Marsch gesetzt worden waren.

Ein wichtiger Faktor war auch die Rivalität zwischen Gorbatschow, der das Zentrum der Union vertrat und das Sowjetimperium retten wollte, und Jelzin, der sich gegen Gorbatschow und damit gegen das von ihm vertretene Imperium aufgelehnt hatte. Im Fall von Tschetschenien weigerte sich Gorbatschow, die Anwendung von Gewalt zu genehmigen, und Jelzin konnte nur wenig tun, solange Gorbatschow den Oberbefehl über die sowjetischen Streitkräfte innehatte. Im Kampf zwischen Gorbatschow und Jelzin um die Loyalität der sowjetischen Militärs gab es keinen klaren Sieger. Auch bestand keine Aussicht, dass Russland seine Streitkräfte über seine Grenzen hinaus wirksam einsetzen konnte, sofern es den beiden Rivalen nicht gelang, am gleichen Strang zu ziehen. Da sich das reformorientierte Russland gegen das imperiale Zentrum auflehnte, gab es nicht nur eine Pattsituation zwischen den Führern, sondern auch zwischen den sie unterstützenden politischen und gesellschaftlichen Kräften. Wenn sich die Reformisten durchsetzen sollten, musste das Imperium verschwinden.

Die Rolle der Ukraine bei der Herbeiführung des Zusammenbruchs der Sowjetunion kann kaum überschätzt werden. Sie war nicht nur ein wichtiger politischer Akteur, der auf die Auflösung der UdSSR drängte, sondern trug auch dazu bei, dass der Zerfall friedlich verlief. Indem die Ukraine ihre Unabhängigkeit erklärte, die überwältigende Unterstützung der Wählerschaft dafür gewann und auf nichts Geringerem bestand, durchkreuzte sie nicht nur Gorbatschows Projekt einer reformierten Union, sondern auch Jelzins bescheideneren Plan einer Konföderation von Republiken unter russischer Kontrolle. Gleichzeitig machte die Ukraine es Jelzin durch ihre demonstrativ tolerante Haltung gegenüber ihrer russischen Minderheit – der größten außerhalb Russlands – viel leichter, sich nicht von Forderungen unter Druck setzen zu lassen, die ehemals dominierende Nationalität in den Randgebieten des Reichs zu schützen. Die ukrainischen Russen hatten keine Angst vor einem unabhängigen ukrainischen Staat und unterstützten ihn mehrheitlich, wodurch der Zusammenbruch der UdSSR nicht nur unvermeidlich wurde, sondern auch weitgehend friedlich verlief.

# KAPITEL 2
# DEMOKRATIE UND AUTOKRATIE

Es war der größte bewaffnete Konflikt auf den Straßen Moskaus seit der Russischen Revolution im Jahr 1917. Am Morgen des 4. Oktober 1993 bezogen sechs T-80-Panzer der Tamaner Schützendivision, einer Eliteeinheit der Armee, Position auf der Nowoarbatski-Brücke über die Moskwa, gegenüber vom russischen Parlament, dem sogenannten Weißen Haus. Kurz nach neun Uhr morgens eröffneten die Panzer das Feuer. Sie nahmen die Stockwerke unter Beschuss, in denen die Büroräume der Parlamentsleitung lagen. Als Erstes wurde der Konferenzraum getroffen, dann das Büro des Parlamentspräsidenten, Professor Ruslan Chasbulatow, und schließlich die Amtsräume des Vizepräsidenten, General Alexander Ruzkoi, der sich gegen Boris Jelzin gestellt und das rebellierende Parlament zu seinem neuen Zuhause erkoren hatte.

»Ich war gerade in meinem Büro, als die Granate durchs Fenster flog und in der rechten Ecke detonierte«, erinnerte sich Ruzkoi später. »Zum Glück stand mein Schreibtisch auf der linken Seite des Raumes. Völlig schockiert lief ich hinaus. Ich weiß nicht, was mich gerettet hat.« Die Panzer feuerten zwölf Geschosse ab und setzten das Gebäude in Brand. Mehrere Dutzend Menschen wurden auf der Stelle getötet. »Als ich die Tür zu einem Raum zu öffnen versuchte, in dem vor Kurzem eine Granate explodiert war, kam ich gar nicht erst hinein«, erinnerte sich ein Überlebender, der sich im fünften Stock befunden hatte. »Drinnen war alles verwüstet.«[1]

Gegen Mittag drangen Soldaten in das Parlamentsgebäude ein und besetzten eine Etage nach der anderen. Die Überlebenden, unter ihnen Ruzkoi und Chasbulatow, wurden festgenommen und verhaftet. Der Kampf um das Weiße Haus zwischen Verteidigern des Parlaments und Regierungstruppen, der schon ein paar Tage zuvor begonnen hatte, forderte mehr als 100 Tote – 77 Zivilisten und 24 Militärangehörige. Allein an diesem Tag wurden offiziellen Angaben zufolge 158 Personen in Krankenhäuser gebracht, wo 19 starben. Das russische Parlament stellte für die nächsten Monate seine Arbeit ein, und das Gebäude wurde der vom Präsidenten geführten Exekutive übergeben.[2]

Für Jelzin war dies bereits die zweite Schlacht ums Weiße Haus innerhalb von gut zwei Jahren. Während des Staatsstreichs der Hardliner gegen Michail Gorbatschow im August 1991 hatte er an der Spitze der Verteidiger des Gebäudes gestanden, das zu einem Symbol der russischen Demokratie geworden war. Jetzt führte er die Regierungstruppen bei ihrem Angriff auf ebenjenes Parlament an, das nun von seinen Topleuten aus dem August 1991 geschützt wurde. In beiden Kämpfen trug Jelzin den Sieg davon, die russische Demokratie aber nicht. War sie im August 1991 noch durch sowjetische Panzer vor der Vernichtung bewahrt worden, so wurde sie im Oktober 1993 durch russische Panzer weitgehend zerstört.

Gegen Ende des Jahres 1993 ließ Jelzin eine Volksabstimmung über eine neue russische Verfassung abhalten, mit der die Machtbefugnisse des Präsidenten erheblich ausgeweitet werden sollten. Die russischen Wähler unterstützten den Präsidenten. Binnen zwei Jahren, einem Monat und zwei Wochen beendete Russland damit de facto sein Experiment mit der parlamentarischen Demokratie und schuf die konstitutionellen Grundlagen für ein starkes Präsidialregime. Tatsächlich war das Experiment sogar von noch kürzerer Dauer, als es diese Zahlen vermuten lassen: In den Jahren 1992 und 1993 regierte Präsident Jelzin das Land meist per Dekret.[3]

Die aus dem Zusammenbruch der UdSSR hervorgegangene russische Demokratie zerschellte an den Felsen der russischen Staatlichkeit, die ein gewaltiges Loch in ihre Seite rissen. Das war eine Enttäuschung für viele, die Russland in den Jahren 1990 und 1991 als Leuchtfeuer der Demokratie betrachtet hatten. Das demokratische Experiment der Gorbatschow-Ära überlebte dafür jedoch in der zweitgrößten Republik der ehemaligen UdSSR, der Ukraine. Zwar erwies sich das Jahr 1993 für die Ukraine als ebenso schwierig wie für Russland, und die wirtschaftliche Talfahrt bewirkte, dass in beiden Ländern eine kommunistische Restauration drohte. Aber die Ukraine fand einen anderen Ausweg aus der politischen Krise.[4]

Mitte der 1990er Jahre zeigte sich, dass Russland und die Ukraine in ihrer politischen Entwicklung unterschiedliche Wege einschlugen: Russland wurde mit jedem Jahr autoritärer, während die Ukraine trotz mehrfacher Versuche ihrer Präsidenten, dem russischen Modell zu folgen und sich das Parlament gefügig zu machen, demokratisch blieb. Diese von zahlreichen Faktoren beeinflussten Unterschiede sollten erhebliche Auswirkungen auf die Beziehungen zwischen den beiden ehemaligen Seniorpartnern des sowjetischen Projekts haben.

Für das politische Regime Russlands stellte die ukrainische Demokratie eine große Gefahr dar, weil sie als Beispiel für ein funktionierendes politisches System mit starkem Parlament die liberale Opposition in Russland ermutigte und in ihrem Kampf gegen das zunehmend autoritäre Regime in Moskau bestärkte. Abgesehen davon erschwerten es die demokratische Tradition und das parlamentarische System der Ukraine dem russischen Staat, die Kontrolle über die Ukraine zurückzugewinnen. Obendrein begünstigte das Beharren des Westens auf einer demokratischen Ordnung als Voraussetzung für gute Beziehungen zu den postsowjetischen Staaten die Ukraine beim Aufbau langfristiger politischer Verbindungen mit Europa und den Vereinigten Staaten.

Der Zusammenprall der ukrainischen Demokratie mit dem russischen Autoritarismus wuchs sich im Verlauf der Orangen Revolution des Jahres 2004 in der Ukraine zu einer internationalen Krise aus, als die Wählerinnen und Wähler sich weigerten, die gefälschten Ergebnisse der Präsidentschaftswahlen zu akzeptieren, die dem von Russland unterstützten Kandidaten Wiktor Janukowytsch den Sieg zusprachen. Die Westmächte bezogen klar Stellung zugunsten der ukrainischen Demokratie und des Kandidaten, der letztlich zum Sieger erklärt wurde, Wiktor Juschtschenko. Die Orange Revolution brachte erst die Ukraine und Russland und dann auch Russland und den Westen auf einen Kollisionskurs, der schließlich zum Krieg führte.[5]

## REFORM KONTRA DEMOKRATIE

Den ersten großen Schritt auf dem Weg zur Autokratie tat Russland am 21. September 1993, als der vom Volk gewählte Präsident Boris Jelzin den Erlass 1400 unterzeichnete und damit die beiden gesetzgebenden Organe des Landes auflöste, den Kongress der Volksdeputierten – ein Super-Parlament, das unter anderem das Recht innehatte, die Verfassung zu ändern und ein Amtsenthebungsverfahren gegen den Präsidenten durchzuführen – und den Obersten Sowjet, ein kleineres Parlament, das Gesetze verabschiedete und ein Veto gegen Dekrete des Präsidenten einlegen konnte.

Im Rahmen der geltenden Verfassung besaß Jelzin eigentlich gar nicht die Macht, auch nur eine dieser legislativen Körperschaften aufzulösen, aber genau das tat er im September 1993. Aus einem schlichten Grund: In seinen Augen machten ihm die Abgeordneten nicht nur seine Macht streitig, sondern sie hinderten ihn auch weitestgehend daran, die Wirtschaftsreformen fortzusetzen, die er seit seiner Wahl ins höchste politische Amt im Sommer 1991 durchführte. Die als »Schocktherapie« bekannten Reformen wurden am 2. Januar 1992 eingeleitet. Die Regierung gab die Preise frei und kürzte die Unterstützung für Staatsbetriebe, aus denen zur damaligen Zeit die gesamte russische Wirtschaft bestand. Daraufhin stiegen die Preise drastisch, Unternehmen standen auf der Schwelle zum Bankrott, das Durchschnittseinkommen wurde fast über Nacht halbiert und sank anschließend weiter. Bald lebte nahezu die Hälfte der Bevölkerung unterhalb der Armutsgrenze, bezog also ein Einkommen von weniger als 21 US-Dollar im Monat.[6]

Die grassierende Unzufriedenheit mit der »Schocktherapie« löste politische Unruhen aus. Schon Ende 1991 hatten sich Reformer und russische Nationalisten im Parlament zusammengetan, um Russland vor dem sich abzeichnenden wirtschaftlichen Zusammenbruch zu »retten«, indem sie Jelzin außerordentliche Machtbefugnisse einräumten und es ihm ermöglichten, ein ganzes Jahr lang per Dekret zu regieren. Doch das Wirtschaftswunder, das Jelzin dem Parlament versprochen hatte, blieb aus. Russlands Bruttoinlandsprodukt, das 1991 bereits um 5 Prozent gesunken war, stürzte 1992 um das Dreifache ab. Verfechter radikaler Reformen traten den Rückzug an, während ehemalige Kommunisten und Nationalisten in die Offensive gingen. Sie glaubten, Jelzin sei von seinem Weg abgekommen und zur Geisel vom Westen unterstützter, liberaler junger Ökonomen wie des 35-jährigen Jegor Gaidar geworden, den Jelzin zum Ministerpräsidenten von Russland berufen hatte.

Im Dezember 1992, als sich Jelzins einjährige Schonfrist dem Ende zuneigte, lehnte das russische Parlament es ab, seine Notstandsbefugnisse zu verlängern und Gaidar erneut zum Ministerpräsidenten zu ernennen. Jelzin, der nie auf andere Weise regiert hatte, rebellierte nun seinerseits. Er wollte eine neue Verfassung. Die Krise wurde durch einen Kompromiss beigelegt: Jelzin erklärte sich mit einem anderen Ministerpräsidenten einverstanden, und das Parlament erklärte sich bereit, seine Regentschaft per Dekret bis zum April 1993 zu verlängern; dann sollte ein Referendum über die neue Verfassung stattfinden. Im März änderte der Volksdeputiertenkongress – das von Jelzins Gegnern kontrollierte Super-Parlament – allerdings die Verfassung und strich einige von Jelzins Machtbefugnissen. Jelzin schoss zurück, indem er ein »Sonderregime« verkündete, das nicht nur seine Regentschaft per Dekret verlängerte, sondern ihm sogar noch größere Machtbefugnisse als zuvor gewährte.

Die Verfassungskrise erfasste Russland 16 Monate nach Erlangung seiner vollständigen Unabhängigkeit. Das Verfassungsgericht und die Generalstaatsanwaltschaft stuften Jelzins Schachzug als verfassungswidrig ein, und der Volksdeputiertenkongress versuchte, ein Amtsenthebungsverfahren gegen Jelzin einzuleiten, bekam aber nicht die erforderliche Zweidrittelmehrheit zusammen, um ihn zum Rücktritt zu zwingen. Ende April fand schließlich die Volksabstimmung über die Unterstützung des Präsidenten und seiner Reformen statt. Dabei stellten sich die meisten Wähler hinter den Präsidenten und sprachen sich für baldige Parlamentswahlen aus. Sowohl der Kongress als auch der Oberste Sowjet waren besiegt, aber die Krise war noch keineswegs vorbei.[7]

Der Sommer verging mit einem fruchtlosen Krieg der Dekrete. Das Parlament versuchte, verlorenen Boden gutzumachen, indem es Resolutionen zur Außenpolitik verabschiedete und die Wahl lokaler Regierungen bestätigte. Im September 1993 beschloss Jelzin, sowohl den Kongress als auch den Obersten Sowjet aufzulösen und mithilfe eines weiteren Plebiszits eine neue Verfassung mit erweiterten Machtbefugnissen für den Präsidenten durchzusetzen. Am 21. September unterzeichnete er einen Erlass, mit dem beide Organe aufgelöst wurden. Dieses Dekret war ein flagranter Verstoß gegen die geltende Verfassung, der zufolge jeder Präsident, der ein »gewähltes Organ der Staatsmacht« aufzulösen versuchte, damit sofort seines Amtes verlustig ging.

De jure büßte Jelzin mit der Unterzeichnung des Dekrets also automatisch seine gesamte Macht ein. Das sagten nicht nur die führenden Parlamentarier, sondern auch Jelzins eigener Vizepräsident, Alexander Ruzkoi, der das Dekret als Staatsstreich bezeichnete. Der Oberste Sowjet annullierte es, und der Kongress enthob den Präsidenten seines Amtes. Ruzkoi nahm als Interimspräsident seinen Platz ein und ernannte seine eigene Regierung, darunter auch einen neuen Verteidigungsminister. Bewaffnete Unterstützer des Parlaments versuchten, die Fernsehstation Ostankino zu besetzen, wurden jedoch von Regierungstruppen, die auf Jelzins Seite standen, zurückgeschlagen.[8]

Der Verteidigungsminister, General Pawel Gratschow, und die obersten Befehlshaber standen weiterhin loyal zu Jelzin. Nachdem sie eine schriftliche Anordnung des Präsidenten verlangt hatten, dass sie in die Hauptstadt einrücken sollten, und diese in den Morgenstunden des 3. Oktober erhielten, erteilte Gratschow seinen Truppen in Moskau entsprechende Anweisungen. Er selbst befahl einem Hauptmann, Kommandeur eines auf der Moskwa-Brücke stationierten Panzers, das Büro des Parlamentspräsidenten, Ruslan Chasbulatow, ins Visier zu nehmen. »Das muss Chasbulatows Büro sein – sie sind alle dort. Ihr müsst dieses Fenster treffen. Schafft ihr das?«, fragte Gratschow. Der Hauptmann bejahte. Das Parlament wurde unter Beschuss genommen, seine Verteidiger wurden überwältigt und seine Führer verhaftet. Jelzin verbot Dutzende von politischen Organisationen und zahlreiche Zeitungen, darunter auch das Sprachrohr der Kommunisten, die *Prawda*.[9]

In einem Telefonat mit Präsident Bill Clinton am nächsten Tag stellte Jelzin die Ereignisse als einen Sieg für die Demokratie dar. Der Tradition des sowjetischen politischen Diskurses folgend, bezeichnete er seine Gegner als »Faschisten«. »Nachdem das nun vorbei ist, gibt es keine weiteren Hindernisse für demokratische Wahlen in Russland und für unseren Übergang zur Demokratie und zur Marktwirtschaft mehr«, versicherte er Clinton. »Die faschistischen Organisationen, die aktiv an diesen Geschehnissen beteiligt waren, sind mittlerweile verboten, darum glaube ich, dass jetzt alles gut wird.« Clinton lag viel daran, seinen russischen Verbündeten zu unterstützen. »Sie haben alles genau so gemacht, wie Sie es machen mussten, und ich gratuliere Ihnen dazu, wie Sie das alles bewältigt haben«, erklärte der amerikanische Präsident.[10]

Der Angriff auf die Demokratie fand vor den Augen Washingtons und mit dessen ausdrücklicher öffentlicher Billigung statt. Hinter verschlossenen Türen stellten einige amerikanische Regierungspolitiker zwar Fragen bezüglich der fehlenden Redefreiheit im Verlauf des Wahlkampfs und der »unausgegorenen Verfassung«, die für »ein Übergewicht der Autorität in den Händen des Regierungschefs« sorge. In der Öffentlichkeit aber waren die Vertreter der US-Administration voll des Lobes. Für Clinton und viele andere in den Vereinigten Staaten, in Russland und anderen Ländern war Jelzin nicht nur das Symbol der russischen Demokratie, sondern auch deren letzte Hoffnung. Was gut für Jelzin war, war gut für Russland, die Vereinigten Staaten und die Demokratie selbst, so dachte man damals.[11]

Im Dezember 1993 stimmten die russischen Bürger über die neue, von Jelzins Beratern ausgearbeitete Verfassung ab. »Ich will es gar nicht bestreiten, der Entwurf räumt dem Präsidenten in der Tat erhebliche Machtbefugnisse ein«, erklärte Jelzin im November 1993 einem Reporter. »Und was wäre Ihnen lieber? In einem Land, das sich an Zaren oder Parteibonzen gewöhnt hat; einem Land, in dem sich keine klar definierten Interessengruppen mit deutlich erkennbaren Führungspersönlichkeiten herausgebildet haben, in dem normale Parteien bestenfalls im embryonalen Zustand vorhanden sind; einem Land mit überaus schwacher exekutiver Disziplin und grassierendem Nihilismus in Bezug auf das Gesetz – könnte man in einem solchen Land ausschließlich oder in erster Linie auf das Parlament setzen? In einem halben Jahr, wenn nicht schon früher, werden die Menschen garantiert einen Diktator fordern. Und ein solcher Diktator wird sich rasch finden, das versichere ich Ihnen. Vielleicht sogar in ebendiesem Parlament.«[12]

Faktisch erklärte Jelzin also, Russland sei nicht bereit für die Demokratie, und präsentierte sich als Retter vor einem noch schlimmeren Übel – der Diktatur. Er gewann das Referendum mit 58 Prozent Unterstützung für die neue Verfassung. Das Votum war ein Vertrauensbeweis für Jelzin: Von denjenigen, die für die Verfassung gestimmt hatten, kannten die meisten den Entwurf gar nicht. Die zugleich mit dem Referendum abgehaltenen Parlamentswahlen zeigten, dass die Russen einen starken Präsidenten wollten, aber keine Reformen. Jegor Gaidars von Jelzin unterstützte Reformer erhielten nur 15 Prozent der Stimmen. Sieger mit 23 Prozent war der radikale nationalistische – und sogar neofaschistische – Politiker Wladimir Schirinowski, Chef der Liberal-Demokratischen Partei. Die nunmehr praktisch verbotenen Kommunisten kamen auf 12 Prozent.[13]

Die neue Verfassung schränkte die Macht der Legislative drastisch ein und weitete die Machtbefugnisse des Präsidenten und der Exekutive aus, mit negativen Folgen für das politische Leben in Russland. Das Parlament, in der postsowjetischen Politik des Landes ohnehin noch nie besonders einflussreich und durch Jelzins Regentschaft per Dekret weiter marginalisiert, wurde jetzt nicht nur de facto, sondern auch de jure an den Rand des politischen Prozesses gedrängt. Boris Jelzin und seine Helfershelfer waren davon überzeugt, dass sie durch die Ausweitung der präsidentiellen Machtbefugnisse nicht nur das

Reformprogramm, sondern auch die Demokratie selbst vor einer drohenden Diktatur retteten, wie Jelzin es formuliert hatte. Aber die neue Verfassung stellte einen Präzedenzfall für autoritäre Herrschaft dar.[14]

## DEMOKRATIE KONTRA REFORM

Die russische Hinwendung zum Autoritarismus erfolgte vor dem Hintergrund eines dramatischen Wirtschaftsabschwungs und ließ sich durch diverse Faktoren erklären, vom Ressourcenfluch im Hinblick auf die reichen Öl- und Gasvorkommen Russlands bis zu seinem »superpräsidentiellen« Regierungssystem.[15]

Historisch betrachtet, war der imperiale Zusammenbruch der späten 1980er und der 1990er Jahre eine wesentliche Voraussetzung für die autoritäre Wende, und sie wurde von der langen, engen Beziehung der russischen Massen und Eliten zu einem starken Staat begünstigt. Die Verbitterung aufseiten der Bevölkerung wie auch seitens der Elite über den verlorenen Supermachtstatus infolge der faktischen Niederlage im Kalten Krieg erhöhte die Wahrscheinlichkeit dieser Wende. Dazu kamen noch der demütigende Verlust von Einflusssphären des Reichs in Osteuropa und das Auseinanderbrechen der UdSSR selbst in ihre einzelnen Republiken. Aus Osteuropa wurden nun Besatzungstruppen abgezogen, und viele ethnische Russen, die in den ehemaligen Sowjetrepubliken lebten, flohen in die Russische Föderation. Schließlich hatten Moskaus Bemühungen, der Auflösung der Russischen Föderation Einhalt zu gebieten, zwei Kriege gegen Tschetschenien zur Folge (1994–1996 und 1999–2009), aus denen ein hochgradig militarisierter russischer Staat hervorging, welcher der demokratischen Entwicklung des Landes endgültig den Todesstoß versetzte.

In der Ukraine war der Niedergang der Wirtschaft noch drastischer. Ihr fehlte ein Pendant zu den reichen Öl- und Gasvorkommen, mit deren Hilfe die russischen Machthaber die Auswirkungen der Rezession abmildern konnten. 1995 lebten 62 Prozent der Ukrainer unterhalb der Armutsgrenze von 21 US-Dollar im Monat, während das 1993 für weniger als 50 Prozent der Russen gegolten hatte. Dafür überlebte die Demokratie in der Ukraine trotz zahlreicher Schwierigkeiten, unter denen alle postsowjetischen Staaten, Gesellschaften und Ökonomien litten. Ein Grund dafür war die regionale Diversität der Ukraine und die Schwäche des ukrainischen Nationalismus, der in den 1990er Jahren nur begrenzte regionale Anziehungskraft besaß, weshalb ihn manche Wissenschaftler als »Minderheitsreligion« bezeichneten.[16]

»In der Zeit nach dem Kalten Krieg wurde die Ukraine zum wettbewerbsfähigsten und demokratischsten Land in der Gemeinschaft der Unabhängigen Staaten (GUS) – es gab dort vier Regierungswechsel durch Wahlen, eine lebendige Medienlandschaft und mehrere Massenbewegungen, die sich für politische Veränderungen einsetzten«, schrieb der Politikwissenschaftler Lucan Way im Jahr 2015, und er bezeichnete die ukrainische Politik als »von Grund auf pluralistisch«. Ihm zufolge »wurzelte der überraschende Pluralismus der Ukraine in unterentwickelten Regierungsparteien, einem schwachen autoritären Staat und nationalen Trennlinien zwischen der östlichen und der westlichen Ukraine. Alles in allem«, fuhr Way fort, »war es den Führern nur sehr eingeschränkt möglich, Verbündete unter Kontrolle zu halten, den Wahlprozess zu manipulieren, Gegner auszuhungern und die Opposition gewaltsam zu unterdrücken.«[17]

In den Augen der russischen Bevölkerung wie auch eines guten Teils der Elite war der Niedergang der UdSSR als Supermacht und Weltreich ein Verlust für Russland. Die ukrainische Elite und ein großer Teil der ukrainischen Bevölkerung hingegen betrachteten ihn als Gewinn für ihr Land. Historisch gesehen war die Ukraine lange Zeit von ausländischen Hauptstädten aus regiert worden, sodass ihre Bevölkerung und ihre politische Elite sich nun nicht gerade nach ihrer früheren Unterordnung unter Moskau zurücksehnten. Mangels jeglicher nationalstaatlicher Tradition in der jüngeren Vergangenheit war ein schnelles Zusammenwachsen des Landes um ein eigenes politisches Zentrum eher unwahrscheinlich: Stattdessen gab es einen starken Regionalismus, der den politischen Raum der Ukraine fragmentierte und konkurrierenden politischen Vorstellungen viel größeres Gewicht verlieh, als sie es in Russland jemals besessen hatten. Die Schwäche des ukrainischen Nationalismus verhinderte, dass die politische Elite des Landes ein einziges nationales Narrativ akzeptierte, wie es in Russland geschehen war. Und doch brach die Ukraine niemals vollständig auseinander, während die regionalen Eliten in dem neuerdings unabhängigen Land, in dem sie viel bedeutendere Rollen spielen konnten, als sie ihnen unter dem Sowjetregime zugedacht gewesen waren, um die Vormacht rangen.[18]

Leonid Krawtschuk, Jelzins ukrainisches Pendant, wurde 1991 zum Präsidenten seines Landes gewählt. Wie Jelzin hatte auch er vorher das Amt des Parlamentspräsidenten innegehabt. Krawtschuk hatte ebenfalls Probleme mit dem legislativen Organ, das ihm als Machtbasis für den Aufstieg ins höchste Amt des Landes gedient hatte. Seine politischen Instinkte ähnelten denen seines russischen Kollegen. Krawtschuk mochte das rebellische ukrainische Parlament – die Werchowna Rada – nicht und wollte ein Referendum abhalten, um die Befugnisse seines neuen Amtes auszuweiten. Aber die politische Elite und die Gesellschaft der Ukraine insgesamt legten keinen besonderen Wert auf ein solches Szenario.

In der Ukraine wie in Russland waren die wirtschaftliche Lage sowie die öffentliche Reaktion auf die Auflösung der UdSSR die beiden entscheidenden Themen, die die nationale Politik in ein nicht enden wollendes Drama verwandelten. Dabei fielen dem Präsidenten und dem Parlament gegensätzliche Rollen zu. In der Ukraine manifestierten sich diese Themen jedoch anders als in Russland. Der wichtigste Punkt war, dass die politische Elite die aus dem Chaos von Gorbatschows politischen und wirtschaftlichen Reformen hervorgegangenen demokratischen Institutionen nicht untergrub, sondern stärkte. Russlands »demokratischer Moment« wurde in der Ukraine zu einer »Ära der Demokratie«.

Leonid Krawtschuk war nie der Revolutionär, zu dem Jelzin in der Spätphase der Sowjetunion geworden war. Hatte Jelzin im Verlauf seiner Parteikarriere regionale Führungspositionen bekleidet, in denen er für große Verwaltungs- und Wirtschaftseinheiten wie die

Oblast (Provinz) Swerdlowsk und Moskau verantwortlich gewesen war, so war Krawtschuk der Inbegriff eines Apparatschiks; er hatte die Propagandaabteilung des ukrainischen Zentralkomitees geleitet. Während Jelzin aus Protest gegen das Schneckentempo von Gorbatschows Reformen schon früh aus der Kommunistischen Partei austrat, hielt ihr Krawtschuk bis zum Ende die Treue. War Jelzin gegen den Willen der Parteiführung erst ins Parlament gewählt und dann zu dessen Präsidenten bestimmt worden, so gelangte Krawtschuk dank der Unterstützung der Parteichefs an die Spitze des ukrainischen Parlaments. Und während Jelzin bei der Wahl zum russischen Präsidenten gegen einen vom Kreml unterstützten kommunistischen Kandidaten antreten musste, kandidierte Krawtschuk erfolgreich gegen einen prodemokratischen Kandidaten, der obendrein ein ehemaliger Gulag-Insasse war.

Die Unterschiede zwischen Jelzin und Krawtschuk erstreckten sich auch auf ihren präsidentiellen Führungsstil. War Jelzin ein charismatischer Populist mit einer höchst voluntaristischen Haltung zur Macht, so war Krawtschuk ein gerissener Apparatschik und Konsensbildner. Diese Fähigkeiten würde er in seinem Amt auch brauchen, weil er ein Land führte, das ganz anders war als Russland, und weil er es mit einem ganz anderen Parlament zu tun hatte. Im Gegensatz zur Russischen Föderation war die Ukraine aufgrund ihrer Geschichte, ihrer Kultur und der politischen Orientierungen und Instinkte ihrer Bürgerinnen und Bürger gespalten.[19]

Der Osten und der Süden der Ukraine hatten das industrielle Kernland der Sowjetunion gebildet. Diese Regionen waren in kultureller Hinsicht stark russifiziert und zählten Millionen ethnischer Russen zu ihren Bewohnern. Das Zentrum war größtenteils ländlich und sprach Ukrainisch, eine Folge des Nationalprojekts der Sowjetukraine in den 1920er Jahren, das die kulturelle, nicht aber die politische Identität der Ukrainer tolerierte. Der Westen des Landes wiederum hatte lange zu mitteleuropäischen Staaten und Reichen gehört. Seine ausgesprochen exklusivistische nationale Identität war durch die nationalistische Bewegung der Zwischenkriegszeit und den lang anhaltenden Guerillakrieg gegen die Sowjetherrschaft gestärkt worden, den die Ukrainische Aufständische Armee Ende der 1940er und Anfang der 1950er Jahre geführt hatte.[20]

Wie in Russland traten auch in der Ukraine die »Demokraten« als dynamischste Kraft in der späten sowjetischen und frühen postsowjetischen Politik auf den Plan. Ihr Hauptanliegen war nicht die Wirtschaftsreform, sondern der Aufbau eines funktionsfähigen Staates. Ende 1991 hatte Jelzin schließlich die Kontrolle über die Führungskader und Institutionen der All-Union erlangt, die jede Menge Erfahrung mit der Lenkung eines unabhängigen Staates besaßen; in der Ukraine mussten solche Institutionen fast vollständig neu aufgebaut werden, basierend auf Ministerien, die in Sowjetzeiten lediglich Anweisungen aus Moskau an die Peripherie weitergeleitet hatten, um sicherzustellen, dass Produktionsquoten und Direktiven von oben pünktlich erfüllt wurden.[21]

Was marktwirtschaftliche Reformen betraf, so gab es im ukrainischen Parlament keine starke Lobby, die sich für sie ausgesprochen oder sie auf ihre Agenda gesetzt hätte, und die Bevölkerung war noch nicht bereit, sie zu unterstützen. Wirtschaftsreformen bedeuteten Entbehrungen, die durchaus zur Spaltung des Landes und zum Ende seiner Unabhängigkeit hätten führen können. Eine 1993 durchgeführte Umfrage ließ erkennen, dass nur 19 Prozent der Ukrainer Wirtschaftsreformen zur Stärkung und Aufrechterhaltung der Unabhängigkeit akzeptieren wollten, 44 Prozent jedoch nicht. Erstere lebten zumeist im Westen, Letztere hauptsächlich im Osten und Süden. So kam es, dass die Ukraine zunächst Widerstand gegen Reformen leistete, sie dann verschleppte und schließlich halbherzig umsetzte.[22]

Dieser Aufschub von Wirtschaftsreformen hielt den ökonomischen Niedergang zunächst auf, verschlimmerte ihn jedoch letztlich nur. Fiel in der russischen Wirtschaft das Bruttoinlandsprodukt 1992 um 15 Prozent, 1993 um 9 Prozent und 1994 um 13 Prozent, so verringerte es sich in der Ukraine 1992 um 10 Prozent, 1993 um 14 Prozent und 1994 um 23 Prozent. Das ukrainische Parlament ließ Geld drucken, das allerdings beständig an Wert verlor. Jelzin untersagte dem russischen Parlament, ebenfalls eine solche Maßnahme zu ergreifen. Der ukrainische Karbowanez begann schon kurz nach seiner Einführung abzustürzen. Am 1. Oktober 1992 betrug sein offizieller Wert 343 Karbowanez für einen US-Dollar; zwei Monate später waren es bereits 715 Karbowanez. 1993 fiel der Karbowanez von 740 auf 40 000 für einen US-Dollar, und die Inflation erreichte 10 256 Prozent. Das Haushaltsdefizit stieg auf 40 Prozent.[23]

In der Ukraine wie in Russland löste die Wirtschaftskrise eine politische Krise aus oder verschärfte sie. Anders als Jelzin konnte Krawtschuk dem Parlament jedoch nicht das Recht abtrotzen, per Dekret zu regieren. Stattdessen gewährte das Parlament dieses Recht zeitweilig dem Ministerpräsidenten, dessen Überleben von einem Votum des Parlaments abhing. In der ukrainischen Politik herrschten die stärksten Spannungen nicht zwischen Präsident und Parlament, sondern zwischen Präsident und Ministerpräsident. Diese Konfrontation lähmte die Exekutive, verschlimmerte die Wirtschaftskrise, die das ganze Land erfasste, und führte zu massiven Streiks der Bergleute im Donbas, die nach Kyjiw marschierten, um ihre Forderungen vorzubringen.

Um den Konflikt zu lösen, nahm sich Krawtschuk ein Beispiel an Jelzin und schlug eine Volksabstimmung darüber vor, ob der Präsident die Macht zur Regierungsführung erhalten sollte, womit zugleich das Vertrauen in den Amtsinhaber zum Ausdruck gebracht worden wäre. Das Referendum wurde für Ende September 1993 angesetzt, den Monat, in dem Jelzin seinen Staatsstreich gegen das russische Parlament durchführte. Massenproteste in Kyjiw verhinderten jedoch, dass Krawtschuk sein Referendum abhalten konnte. Stattdessen sollten im folgenden Jahr Neuwahlen sowohl für das Parlament als auch für das Präsidentenamt stattfinden.[24]

## DIE UKRAINISCHE VERFASSUNG

Leonid Krawtschuk tat sein Bestes, um die Wahlen in eine Volksabstimmung über die ukrainische Unabhängigkeit zu verwandeln, als deren Vater und Verteidiger er sich präsentierte. Sein Gegner, Leonid Kutschma, ehemals Direktor der größten Raketenfabrik Europas und

Ministerpräsident der Ukraine, konzentrierte sich im Wahlkampf auf den Wiederaufbau der Wirtschaftsbeziehungen zu Russland. Die ukrainische Wählerschaft spaltete sich entlang der Ost-West-Achse, wobei Krawtschuk überwiegend von der ländlichen, ukrainischsprachigen Bevölkerung im Westen und im Zentrum des Landes unterstützt wurde, Kutschma hingegen von der vorwiegend urbanen und russischsprachigen im Osten und im Süden. Kein Kandidat kam im ersten Wahlgang über die 50-Prozent-Marke. Im zweiten Wahlgang trug Kutschma mit 52 Prozent den Sieg über Krawtschuks 45 Prozent davon. Krawtschuk legte sein Amt nieder und unternahm keinen Versuch, die Wahlergebnisse anzufechten. Die Ukraine hatte damit etwas geschafft, wozu Russland noch nie fähig gewesen war, nämlich einen Machtwechsel durch freie und faire Wahlen.[25]

Die Parlamentswahlen in der Ukraine endeten ganz ähnlich wie die in Russland mit einem faktischen Sieg der kommunistischen Kandidaten und ihrer Verbündeten, die von einer Welle allgemeiner Unzufriedenheit mit den Auswirkungen der Wirtschaftskrise ins Parlament getragen wurden. Der neue Präsident, Leonid Kutschma, strebte Wirtschaftsreformen an, zu denen auch massenhafte Privatisierungen von Staatsbetrieben gehörten: Die Ukraine hatte sie zu lange aufgeschoben und befand sich nun in einer schlechteren wirtschaftlichen Lage als Russland. Das linksorientierte Parlament wollte jedoch zur staatlichen Regulierung zurück. In Russland ermächtigte die neue Verfassung den Präsidenten, in puncto Wirtschaftsreformen eigenständig zu agieren, aber in der Ukraine konnte der Präsident ohne Zustimmung des Parlaments wenig ausrichten.

Leonid Kutschma forderte eine neue Verfassung, doch die führenden Parlamentsabgeordneten wollten die alte behalten. Auf Jelzins Spuren wandelnd, drohte Kutschma, seinen Verfassungsentwurf in einem Referendum zur Abstimmung zu stellen. Da das Parlament nach den Erfahrungen in Russland wusste, wohin das führen konnte, entschied es sich für einen Kompromiss. Die Präsidentschaftswahlen in Russland im Jahr 1996, bei denen ein kommunistischer Kandidat gute Chancen hatte, Jelzin zu schlagen, ließen die Sache umso dringlicher erscheinen. In Kyjiw wuchsen Befürchtungen, die Kommunisten könnten als stärkste Fraktion im ukrainischen Parlament und mit einem der Ihren in Russland am Ruder versuchen, die Sowjetunion wiederauferstehen zu lassen.

Im Juni 1996 verabschiedete das ukrainische Parlament Kutschmas neue Verfassung und schuf damit ein gemischtes präsidentiell-parlamentarisches Regierungssystem. Bei diesem Arrangement der Machtteilung erhielt der Präsident das Vetorecht gegen vom Parlament beschlossene Gesetze und war unter gewissen Umständen sogar befugt, das Parlament aufzulösen. Das Parlament sicherte sich jedoch eine entscheidende Rolle bei der Ernennung des Ministerpräsidenten und der wichtigsten Kabinettsmitglieder sowie des Leiters der Nationalbank. Außerdem entsandte das Parlament seine Vertreter ins Verfassungsgericht und in den Rat der Nationalbank. Darüber hinaus behielt es sich das Recht vor, Verfassungsänderungen vorzunehmen und Volksabstimmungen durchzuführen.[26]

So überstand das ukrainische Parlament die ökonomische und politische Krise Mitte der 1990er Jahre als unabhängige und mächtige politische Institution, welche die Vorrechte des Präsidenten einzuschränken vermochte. Nicht weniger wichtig war, dass es im Hinblick auf die politische Repräsentation sehr vielfältig blieb. Keine politische Partei oder regionale Elite war stark genug, um das Parlament zu kapern und dem ganzen Land ihren Willen oder ihre politischen Vorstellungen aufzuzwingen. Kompromisse erwiesen sich als der einzig sinnvolle Weg für die Eliten, ihre Differenzen beizulegen und ihren wechselseitigen Interessen Geltung zu verschaffen. Die Abfolge einflussreicher Politiker änderte nichts an diesem ungeschriebenen Gesetz der ukrainischen Politik. Ob es kommunistische Parteichefs waren, »rote Direktoren«, die von Kutschmas Privatisierung der von ihnen geleiteten Betriebe profitierten, oder Vertreter der neuen Wirtschaftseliten und Oligarchen, die politischen Regeln blieben dieselben: Man musste sich Verbündete suchen und zu Kompromissen bereit sein.

Als wichtigste Streitpunkte in der ukrainischen Politik erwiesen sich nicht die Wirtschaftsreformen, sondern der Aufbau eines funktionsfähigen Staates und die Beziehungen zu Russland, dem ehemaligen imperialen Herrn. Anders als in Russland waren Kommunisten und Nationalisten in der Ukraine gespalten und lagen sich in den Haaren: Die Nationalisten waren prowestlich und für die Reform, die Kommunisten gegen die Reform und prorussisch. Die regionale und kulturelle Vielfalt des Landes, ein Erbe seiner langen Geschichte der Fremdbestimmung durch ausländische Reiche und Staaten, trug erheblich zum politischen Pluralismus der ukrainischen Gesellschaft bei.

Die vor allem in der Westukraine starken Nationaldemokraten bestanden darauf, die Abhängigkeit von Russland in politischer, ökonomischer und kultureller Hinsicht so bald wie möglich zu beenden, koste es, was es wolle. Dagegen strebten die im Osten gewählten Chefs der ehemaligen Kommunistischen Partei sowie führende Industrielle engere Verbindungen mit Russland an, von dem die regionale Wirtschaft in puncto Energieversorgung abhing und dessen Sprache und Kultur ein guter Teil der Bevölkerung im Osten und Süden der Ukraine teilte. Dieser unerklärte kulturelle und ökonomische Krieg zwischen dem Osten und dem Westen wurde im Zentrum ausgetragen. Das wiederum verhinderte Radikalisierungen auf beiden Seiten, förderte Kompromisse und half, das Land zusammenzuhalten. Dieselbe Rolle spielten die Millionen russifizierten ethnischen Ukrainer, die sowohl als Puffer wie auch als Bindeglied zwischen den russischsprachigen ethnischen Russen im Osten und Süden und den ukrainischsprachigen ethnischen Ukrainern im Westen und im Zentrum des Landes fungierten.[27]

Trotz seiner politischen, ökonomischen und kulturellen Diversität brach das Land nicht auseinander. Während der Untergang der UdSSR in Russland als Niederlage empfunden wurde und für Verbitterung sorgte, betrachteten sich die ukrainischen Eliten als Nutznießer des imperialen Zusammenbruchs und hatten zahlreiche gute Gründe, sich gemeinsam um die Idee der ukrainischen Souveränität zu scharen, auch wenn sie diesbezüglich sehr unterschiedliche Vorstellungen pflegten. Auf den Fluren der Macht in Kyjiw herrschte mehr Optimismus als in Moskau, ungeachtet der katastrophalen Wirtschaftslage der Ukraine.

Mit den russischen Präsidentschaftswahlen des Jahres 1996, derentwegen die ukrainischen Abgeordneten aus Angst vor einer kommunistischen Restauration der UdSSR einen Verfassungskompromiss verabschiedeten, schlug Russland den Weg zu einer autoritären Regierungsform ein, die in der Folge als »gelenkte« oder »souveräne« Demokratie bezeichnet wurde und letztlich den Einsatz oder besser Missbrauch des Wahlsystems zur Aufrechterhaltung und Festigung eines autoritären Regimes beinhaltete.

Den ersten Schritt taten die russischen Kommunisten, die im Vorjahr die Parlamentswahlen gewonnen hatten, am 15. März 1996. Sie stellten in der Staatsduma den Antrag, die Ratifizierung der Belowescher Vereinbarungen zwischen Russland, der Ukraine und Belarus, mit denen die Sowjetunion im Dezember 1991 aufgelöst worden war, zu widerrufen. Die kommunistische Resolution wurde von 250 Deputierten unterstützt; nur 98 stimmten dagegen. Allerdings war der Beschluss nicht bindend, und gemäß der neuen Verfassung besaß das Parlament nicht die Macht, ihn in die Tat umzusetzen. Er war jedoch eine direkte Kampfansage an Jelzin und seine Legitimität als Präsident des postsowjetischen Russlands. Jelzin wies den Beschluss sofort als Angriff auf Russland zurück: »Ein Versuch, unsere Eigenstaatlichkeit zu liquidieren.«[28]

Ob die kommunistischen Duma-Führer nun wirklich die Wiedererrichtung der Sowjetunion anstrebten oder nicht, sie ließen jedenfalls keinen Zweifel daran, dass sie Jelzin bei den bevorstehenden Präsidentschaftswahlen verhindern wollten. Seine Gegner während der Verfassungskrise von 1994, Vizepräsident Alexander Ruzkoi und Parlamentspräsident Ruslan Chasbulatow, die man nach Jelzins Angriff auf das Parlament verhaftet hatte, waren mittlerweile per Duma-Beschluss aus der Haft entlassen worden und wieder auf freiem Fuß. Der aussichtsreichste Präsidentschaftskandidat war jedoch weder Ruzkoi noch Chasbulatow. Sie wurden von Gennadi Sjuganow, dem Chef der russischen Kommunistischen Partei, in den Schatten gestellt. Sjuganow genoss die Unterstützung von mehr als 20 Prozent der russischen Wählerschaft, während die Unterstützung für Jelzin auf zwischen 5 und 8 Prozent der Wahlberechtigten abgesunken war.[29]

Jelzins engster Mitarbeiterkreis – darunter sein getreuer Leibwächter Alexander Korschakow, der auch als Kettenhund des Präsidenten fungierte – vertrat die Ansicht, Jelzin solle die Kommunistische Partei verbieten, die Duma auflösen, die Wahlen auf 1998 verschieben und per Dekret regieren. Jelzin stimmte zu und befahl seinen Helfern, Dekrete für die Umsetzung all dieser Maßnahmen vorzubereiten. Die russische Demokratie war im Begriff, einen weiteren Schlag zu erleiden, wieder einmal durch Jelzin und wieder mit dem vorgeblichen edlen Ziel, sie zu erhalten. Aber die Reformer in Jelzins Regierung, angeführt vom Urheber der russischen Privatisierungsreform, Anatoli Tschubais, rebellierten gegen den vom Sicherheitsteam des Präsidenten vorgeschlagenen Plan.

Tschubais versicherte sich der Unterstützung von Jelzins Tochter, Tatjana Djatschenko, die ihren Vater dazu brachte, sich mit ihm zu treffen. Er warf Jelzin ziemlich unverblümt vor, die Prinzipien zu verraten, für die er all diese Jahre gekämpft hatte. Seinen Erinnerungen zufolge schämte sich Jelzin. Der Plan, die Wahlen zu verschieben, wurde fallen gelassen; Korschakow und seine Gruppe verloren ihre Macht und wurden aus dem Kreml verbannt. Jelzin beschloss, sich der Wählerschaft zu stellen, und machte Tschubais zu seinem Wahlkampfleiter. Die Demokratie schien sich gegen die autoritären Instinkte zur Wehr zu setzen.

Es war ein Risiko ganz nach Jelzins Geschmack. Wie 1991 setzte er ein weiteres Mal seine politische Karriere, wenn nicht gar sein Leben aufs Spiel. Er präsentierte sich erneut als Russlands Retter vor dem Kommunismus, diesmal vor einem kommunistischen Comeback. Im Haushalt bekam die Bezahlung von Pensionen und Gehältern Priorität, und Regierungsbeamte wurden mobilisiert, um die Wählerinnen und Wähler zur Stimmabgabe für Jelzin zu bewegen. Jelzins Schocktherapie hatte ihn die Unterstützung breiter Schichten der Bevölkerung gekostet, aber auch eine neue Klasse von Superreichen hervorgebracht, die bereit waren, ihm den Rücken zu stärken. Im

Herbst und zu Beginn des Winters 1995 traf eine Gruppe russischer Bankiers ein informelles Abkommen mit dem Büro des Präsidenten; sie erklärten sich bereit, ihm in seinem Wahlkampf mit ihrem Geld und ihren Medienressourcen beizustehen und Wähler sowie regionale Eliten durch das Angebot von Bauprojekten zu bestechen. Im Gegenzug wurden ihnen Anteile an Staatsbetrieben zu einem Spottpreis versprochen.[30]

Boris Jelzin stürzte sich in den Rummel des Wahlkampfs. Da er schon seit einiger Zeit bei schlechter Gesundheit war und zu Depressionen neigte, die er mit Alkohol bekämpfte, erlitt er mitten im Wahlkampf einen Herzinfarkt, schaffte es jedoch noch ins Ziel. Dank der Unterstützung des Staatsapparats und der Bankiers trug er den Sieg davon. Seine Strategie, sich als die einzige Kraft darzustellen, die eine Wiederkehr des Kommunismus verhindern konnte, hatte funktioniert. Jelzin lag im ersten Wahlgang vor dem kommunistischen Kandidaten Sjuganow; er errang 36 Prozent der Stimmen, Sjuganow 32 Prozent. Im zweiten Wahlgang schlug er seinen Rivalen dann mit 54 zu 41 Prozent. Zu diesem Zeitpunkt war der im ersten Wahlgang auf dem dritten Platz gelandete Alexander Lebed bereits in Jelzins Regierung eingetreten und zum Sekretär des Sicherheitsrats ernannt worden.[31]

Jelzin gewann, die Kommunisten und Nationalisten wurden gestoppt, und man hatte den Anschein von Demokratie gewahrt. Die Bankiers, die Jelzins Präsidentschaftswahlkampf finanziert hatten und bereits die Medien besaßen, wurden nun auch zu Industriellen. Eine neue oligarchische Klasse war entstanden. Ihre Angehörigen hatten weder Interesse an einer kommunistischen Revanche noch an der Errichtung einer Diktatur in Russland. Die Erhaltung ihrer Vermögenswerte sahen sie am besten gewährleistet, wenn man eine Form der Wahldemokratie beibehielt. Jelzin betrachtete seinen Sieg als Mandat, marktwirtschaftliche Reformen fortzusetzen und sogar zu beschleunigen. Alle Hoffnungen auf eine solche Beschleunigung wurden jedoch von der Asienkrise im Jahr 1997 zunichtegemacht, die im August 1998 zu einem russischen Zahlungsausfall bei auf Rubel lautenden Anleihen führte. Binnen weniger Wochen stürzte die Währung von 6,3 auf 21 Rubel für einen US-Dollar ab. Die Inflationsrate betrug bald 87 Prozent.[32]

Der finanzielle Zusammenbruch von 1998 stellte eine neue Herausforderung für das politische System Russlands dar. Für das Jahr 2000 wurden Präsidentschaftswahlen anberaumt, aber weder Jelzins Gesundheit noch die russische Verfassung erlaubten es ihm, für eine weitere Amtszeit zu kandidieren. Wer auf den Präsidenten folgen würde, war somit eine offene Frage. Jelzin glaubte, dass er das Recht und sogar die Pflicht habe, seinen Nachfolger selbst auszuwählen. Alles Übrige würde dann genauso laufen wie bei den Wahlen von 1996, indem man die Ressourcen des Staates und der ihm freundlich gesinnten Oligarchen bündelte, die sich um Jelzin zusammengeschlossen hatten und bald als »die Familie« bezeichnet wurden. Das Sprungbrett zur Präsidentschaft war das Amt des Ministerpräsidenten. Wie Jelzin selbst als Parlamentspräsident dorthin zu gelangen, ging jetzt allerdings nicht mehr – die Duma war in den Händen der Gegner des Präsidenten.[33]

Die Testläufe für die Präsidentschaftskandidatur im Rahmen der sogenannten Operation »Nachfolger« begannen mit der Ernennung von Sergei Stepaschin, dem 47-jährigen ehemaligen Innenminister, zum Ministerpräsidenten. Soweit es Jelzin betraf, bestand Stepaschins Aufgabe darin, sich ihm gegenüber als loyal zu erweisen und sich bei den Wählern beliebt zu machen. Stepaschin gelang beides nicht. Was Ersteres anging, suchte er Kompromisse mit Jelzins Gegnern und deutete an, dass der künftige Präsident nichts tun werde, um Jelzin nach dessen Amtszeit vor seinen Feinden zu schützen. Überdies war er außerstande, mit der Sicherheitslage in Tschetschenien und Umgebung fertigzuwerden, dem größten innenpolitischen Problem der Russischen Föderation, eine offene Wunde seit den frühen 1990er Jahren.

Im August war Stepaschin sein Amt schon wieder los. Er wurde von einem anderen Vertreter des Sicherheitsblocks der Regierung ersetzt, dem ehemaligen Direktor des Föderalen Dienstes für Sicherheit der Russischen Föderation (FSB) und Sekretär des Sicherheitsrates, Wladimir Putin. Dieser, ein ehemaliger KGB-Offizier und Mitarbeiter von Jelzins wichtigstem Verbündeten der frühen 1990er Jahre, dem Bürgermeister von Sankt Petersburg, Anatoli Sobtschak, war nach Sobtschaks Abwahl im Jahr 1996 nach Moskau gezogen. Er trat in die Präsidialverwaltung ein und wurde dann zum Leiter des Inlandsgeheimdienstes ernannt. Putin pflegte gleichermaßen gute Beziehungen zu den Reformern, den Oligarchen und Jelzins Apparatschiks, insbesondere zu Walentin Jumaschew, Tschubais' Nachfolger als Leiter der russischen Präsidialverwaltung. Jumaschew stammte wie Jelzin aus dem Ural und wurde später dessen Schwiegersohn. Es war die »Familie«, die Putin zu Jelzins Ministerpräsidenten und Nachfolger erkor.[34]

Wie von Stepaschin wurde auch von Putin erwartet, dass er Jelzin vor den Angriffen seiner politischen Gegner schützte und seine Fähigkeit unter Beweis stellte, Wahlen zu gewinnen. Putin gelang beides. Noch vor seiner Berufung ins Amt des Ministerpräsidenten bewies er seine Loyalität gegenüber Jelzin, indem er gegen dessen Feinde vorging. Als Leiter des FSB besorgte er Videomaterial von einem Rendezvous des Generalstaatsanwalts und Jelzin-Kritikers Juri Skuratow mit Prostituierten in einer Moskauer Wohnung. Skuratow hatte inoffiziell Sicherheitsdienste im Auftrag von Jelzins politischen Gegnern koordiniert. Nun war seine Karriere so gut wie beendet, während sich Putins Aussichten verbesserten: Bald darauf wurde er zum Sekretär des Sicherheitsrats ernannt und war drauf und dran, Ministerpräsident zu werden.[35]

Putin, ein farbloser Apparatschik, dessen Name nicht einmal in der Regierungselite sonderlich bekannt war, geschweige denn in der Öffentlichkeit, vollbrachte nach seiner Ernennung ein Wunder: Binnen weniger Monate wurde er zum beliebtesten Politiker Russlands. Im August waren lediglich 2 Prozent der russischen Wählerinnen und Wähler willens, sich für ihn zu entscheiden, doch am Ende des Jahres genoss er die Unterstützung von 51 Prozent der potenziellen Wählerschaft. Wie kam es dazu? Zwei entscheidende Vorteile waren die vollständige Kontrolle der staatlichen Medien und die Hilfe von dem Kreml freundlich gesinnten Oligarchen mit ihren Medienressourcen. Noch wichtiger war jedoch das Image des neuen Ministerpräsidenten, das die Medien der Bevölkerung vermittelten. Er wirkte wie ein junger, energiegeladener und entschlossener Führer, der Russland vor äußeren und inneren Feinden beschützen konnte.

Jelzin übertrug Putin die Aufgabe, Krieg gegen tschetschenische Rebellen zu führen, die im August 1999, dem Monat von Putins Ernennung zum Ministerpräsidenten, aus Tschetschenien ins benachbarte Dagestan eingedrungen waren und dort die Gründung der Islamischen Republik Afghanistan erklärt hatten. Putin übernahm die Leitung der Kriegsanstrengungen auf die denkbar öffentlichkeitswirksamste Weise: Wieder und wieder erschien er im Fernsehen, um den Rebellen zu drohen und seine und Russlands Entschlossenheit zu bekunden, den Aufstand niederzuschlagen. Viele Beobachter vertraten die Ansicht, dass sowohl der tschetschenische Überfall auf Dagestan als auch terroristische Aktionen in russischen Großstädten, die den Tschetschenen zugeschrieben wurden, in Wahrheit von den russischen Sicherheitsdiensten provoziert oder inszeniert worden waren, damit der oberste Sicherheitsbeamte Russlands zeigen konnte, dass er imstande war, die Krise zu bewältigen und das Vertrauen der Bevölkerung zu gewinnen, die ein Jahr später bei Präsidentschaftswahlen abstimmen würde.

## KRIEG IN TSCHETSCHENIEN

Tschetschenien war schon vor dem Untergang der UdSSR zu einem entscheidenden Faktor in der russischen Politik geworden. Von General Dschochar Dudajew angeführte Tschetschenen unterstützten Boris Jelzin während des Staatsstreichs vom August 1991 in Moskau, weil sie darauf hofften, dass die neue demokratische Führung Russlands ihr Selbstbestimmungsrecht anerkennen würde. Ihr Ziel war die tschetschenische Unabhängigkeit. Doch Jelzin und seine Berater trafen eine klare Unterscheidung zwischen Unionsrepubliken wie der Ukraine und Estland, denen sie kampflos gestatteten, die Union zu verlassen, und autonomen Republiken und Regionen innerhalb der Grenzen der Russischen Föderation, die sie behalten wollten.

Im Herbst des Jahres 1991 schickte Jelzin russische Truppen nach

Tschetschenien, aber es gelang ihm nicht, dessen Unabhängigkeitsdrang im Zaum zu halten. Seine Truppen waren demoralisiert und nicht kampfbereit, und Michael Gorbatschow, dem noch immer das Allunions-Militär unterstand, weigerte sich, ihn zu unterstützen. Das in Itschkerien umbenannte Tschetschenien erklärte am 1. November 1991 seine Unabhängigkeit und nutzte das Chaos in Moskau zu Beginn der 1990er Jahre, um die Erklärung in die Tat umzusetzen.

Im Dezember 1994 ließ Jelzin seine Armee erneut in Tschetschenien einmarschieren, um dessen Hauptstadt Grosny zu erobern. Aber die tschetschenischen Kämpfer griffen die russischen Panzer und Panzerwagen auf den Straßen von Grosny aus dem Hinterhalt an, was viele Opfer forderte. Der Kampf um die Stadt dauerte bis zum März 1995, und die Russen konnten sie erst einnehmen, nachdem sie einen großen Teil Grosnys durch Luftschläge und Artilleriefeuer zerstört hatten. Die Rebellen zogen sich in die gebirgigen Regionen des Landes zurück, von wo aus sie ihre Angriffe auf die Besatzungstruppen fortsetzten, selbst nachdem eine russische Lenkrakete General Dudajew getötet hatte. Im August 1996 gelang es seinem Nachfolger, Aslan Maschadow, Grosny zurückzuerobern.

Im selben Monat unterzeichnete General Alexander Lebed, Jelzins Leiter des staatlichen Sicherheitsrates, eine Waffenstillstandsvereinbarung mit den tschetschenischen Führern, die zum Rückzug der russischen Armee führte. Tschetschenien wurde weitgehend sich selbst überlassen, doch das isolierte und weder von Russland noch von der internationalen Gemeinschaft anerkannte Land kam nicht so recht auf die Beine. Die Macht des 1997 zum Präsidenten gewählten Aslan Maschadow erstreckte sich kaum über Grosny hinaus. Das tschetschenische Territorium außerhalb der Hauptstadt wurde größtenteils von Warlords kontrolliert, die sich unter anderem mit Entführungen und Lösegelderpressungen ihre Schatullen füllten. Radikale Fraktionen unter den Rebellen verübten weiterhin terroristische Angriffe auf russisches Gebiet.[36]

Viele militärische Anführer der Tschetschenen und ihre Fußsoldaten wandten sich von der nationalen Unabhängigkeitsideologie der späten 1980er Jahre ab und übernahmen die Ideen und Glaubensvorstellungen des radikalen Islam. Islamistische Kreise im Nahen Osten waren schließlich die einzigen internationalen Akteure, die bereit waren, die selbsternannte Republik anzuerkennen. Der tschetschenische Einfall in Dagestan im Sommer 1999 und die Ausrufung der Islamischen Republik Afghanistan wurden von einem neuen religiösen Eifer, einer neuen religiösen Ideologie getragen. Sie erfolgten ohne die Billigung der obersten Führung Tschetscheniens, der nicht daran gelegen war, Russland zu einer weiteren Offensive zu provozieren. Aber die vom Vorstoß der tschetschenischen Kämpfer nach Dagestan ausgelöste Krise führte dennoch zum Krieg, weil dieser aus der Perspektive der russischen Innenpolitik äußerst vorteilhaft war. Zu vorteilhaft, haben einige Kommentatoren behauptet und angedeutet, dass russische Sicherheitsdienste bei der Anstiftung zu dem Angriff die Finger im Spiel gehabt haben könnten.[37]

Unter Putins Leitung begann die russische Offensive Ende August 1999 mit einem massiven Bombardement der Luftwaffe in Tschetschenien, das den Exodus von bis zu 100 000 Menschen verursachte und in benachbarten Gebieten Russlands eine Flüchtlingskrise auslöste. Im September erschütterten Explosionen nicht nur tschetschenische, sondern auch russische Städte, darunter Moskau. Mehrere Wohngebäude wurden mit strategisch in ihren Kellern platziertem Sprengstoff in die Luft gejagt. Mehr als 300 Zivilisten kamen dabei ums Leben. Der FSB, Putins Machtbasis, machte tschetschenische Kämpfer für die Sprengstoffanschläge verantwortlich, aber die Indizien deuteten auf den FSB selbst hin. In Rjasan, einer Stadt 200 Kilometer südöstlich von Moskau mit einer Bevölkerung von einer halben Million Menschen, ertappte die lokale Polizei FSB-Agenten dabei, wie sie in einem Wohnhaus Sprengladungen legten. Der FSB erklärte, es habe sich um eine Anti-Terror-Übung gehandelt. Obwohl die Schuldfrage bis heute nicht geklärt ist, lösten die Terroranschläge in Russland Empörung aus und lieferten Putin die Legitimation für eine groß angelegte Invasion in Tschetschenien.[38]

Putin befahl den Einmarsch im Oktober 1999, nachdem er den tschetschenischen Präsidenten, Aslan Maschadow, für abgesetzt erklärt hatte. Das ausdrücklich formulierte Ziel bestand in der Aufteilung Tschetscheniens, um eine nördliche Pufferzone zwischen den von Rebellen gehaltenen Gebieten und der Russischen Föderation zu schaffen. Maschadows Aufrufe zu Friedensverhandlungen wurden abgelehnt. Mit Unterstützung der Luftwaffe und der Artillerie stießen russische Truppen tief in tschetschenisches Gebiet vor, was dazu führte, dass Hunderttausende Zivilisten die Flucht ergriffen. Im Dezember 1999 standen die russischen Streitkräfte erneut vor den Mauern von Tschetscheniens Hauptstadt Grosny. Was den Bombardements im Jahr 1995 nicht zum Opfer gefallen war, wurde jetzt zerstört. Die Stadt fiel im Februar 2000 und wurde von den Vereinten Nationen zu der am schwersten verwüsteten Stadt der Welt erklärt. Im Mai 2000 hatte Putin bereits eine Marionettenregierung eingesetzt, womit die aktive Phase des Zweiten Tschetschenienkriegs endete.[39]

Zu dieser Zeit war Putin bereits Präsident von Russland geworden. Er trat sein Amt offiziell am 7. Mai 2000 an. In seiner Neujahrsansprache am 31. Dezember 1999 hatte Jelzin jedermann mit der Ankündigung seines Rücktritts überrascht. Putin, dessen Beliebtheit bei den Wählern in jenem Monat die 50-Prozent-Marke überschritten hatte, wurde amtierender Präsident und übernahm die vollständige Kontrolle nicht nur über die Regierung und die Armee, sondern auch über die staatlichen Medien und die »administrativen Ressourcen«, die man benötigte, um die Präsidentschaftswahlen im russischen Stil zu gewinnen. Im Dezember war bereits ein neues Gesetz verabschiedet worden, dem zufolge die Kandidaten mindestens eine Million Unterschriften sammeln mussten, um sich für den Wahlkampf zu qualifizieren. Es regelte außerdem die Wahlkampffinanzierung, sodass der Kandidat, der die Unterstützung der Regierung genoss, begünstigt wurde. Putin war der Einzige, der davon profitierte.

Die Wahlen, mit denen die Opposition für den Sommer des Jahres 2000 gerechnet hatte, wurden nun in das Frühjahr vorgezogen. Dadurch hatten die Oppositionskandidaten, insbesondere der Oberbürgermeister von Moskau, Juri Luschkow, nicht mehr genug Vorbereitungszeit. Luschkow zog seine Kandidatur zurück, ebenso wie Jewgeni Primakow, sodass Putin im Zentrum des politischen Spektrums freie Bahn hatte. Im März 2000 gewann er die Präsidentschaftswahlen mühelos schon im ersten Wahlgang, mit einem Stimmenanteil von 53 Prozent. Der kommunistische Parteichef, Gennadi Sjuganow, erhielt 22 Prozent, während der Führer der Liberalen, Grigori Jawlinski, auf 6 Prozent kam. Die von den Insidern »Nachfolger« genannte Operation war erfolgreich abgeschlossen. Bei Putins erstem Dekret im Präsidentenamt ging es um Garantien für Boris Jelzin, dem ungeachtet jeglicher Anschuldigungen Immunität vor Strafverfolgung gewährt wurde.[40]

Die Jelzin-Ära in der russischen Politik war definitiv vorbei, aber der ehemalige Präsident hinterließ ein bedeutsames Vermächtnis. Als früherer kommunistischer Parteifunktionär wollte Jelzin Demokratie – so sehr, dass er bereit war, dafür zu autoritären Methoden zu greifen. Er hatte die Russische Föderation nicht nur auf der Welle demokratischer Mobilisierung aus der Sowjetunion herausgeführt, sondern sie auch zu einer superpräsidentiellen Republik gemacht und damit ebenjene Demokratie, durch die er an die Macht gelangt war, eingeschränkt. Obendrein hatte Jelzin auch noch ein Nachfolgesystem installiert, in dem der neue Staatschef schon im Vorwege vom Amtsinhaber ausgewählt werden würde. Nach seiner Wahl nutzte Putin das vorhandene politische System weidlich aus und überführte es von der superpräsidentiellen auf die autokratische Stufe. Das sollte enorme Auswirkungen haben, und zwar nicht nur auf die russische Innenpolitik, sondern auch auf die Außenpolitik des Landes.

## DIE ORANGE REVOLUTION

Im Herbst des Jahres 1999, als Jelzin sich anschickte, zurückzutreten und Putin zu seinem Nachfolger zu befördern, bereitete sich der Präsident der Ukraine, Leonid Kutschma, auf die Kandidatur für eine zweite Amtszeit vor. Während seiner ersten Amtszeit war es ihm gelungen, die ukrainische Wirtschaft zu stabilisieren, indem er umfassende Privatisierungen eingeleitet und eng mit westlichen Geldgebern zusammengearbeitet hatte, insbesondere mit dem Internationalen Währungsfonds.

Kutschma hatte die ukrainische Politik auch mittels einer neuen Verfassung in ein zeitweiliges Gleichgewicht gebracht, das auf der Aufteilung der Macht zwischen Präsident und Parlament beruhte. Das System war jedoch alles andere als stabil, da die beiden politischen Akteure unterschiedlicher Meinung waren, was die politische und wirtschaftliche Richtung des Landes betraf. Die globale Finanzkrise im Jahr 1997 und der russische Zahlungsausfall 1998 schadeten der ukrainischen Wirtschaft und stärkten die Position der Kommunisten als mächtigster Parlamentsfraktion. Bei den Parlamentswahlen im Jahr 1998 errangen sie 25 Prozent der Wählerstimmen. Die in der »Volksbewegung der Ukraine« (Ruch) organisierten und vom ehemaligen Dissidenten Wjatscheslaw Tschornowil angeführten Nationaldemokraten landeten mit 10 Prozent der Wählerstimmen auf dem zweiten Platz, während die von Kutschma unterstützte Demokratische Volkspartei nur 5 Prozent erhielt.[41]

Im Jahr darauf befand sich Kutschma in fast genau derselben Lage wie Jelzin am Vorabend seiner Wiederwahl 1996. Er beschloss, sich Jelzins Wahlkampf zum Vorbild zu nehmen, und präsentierte sich als die einzige Kraft, die eine Rückkehr der Kommunisten an die Macht verhindern konnte. Diese Haltung gefiel den neuen Industriebossen in der Ostukraine, denen es während Kutschmas Amtszeit und mit seiner Hilfe gelungen war, ehemalige Staatsbetriebe zu privatisieren. Die Wahlberechtigten in den westlichen Regionen schätzten die ukrainische Unabhängigkeit; sie orientierten sich in Richtung Europa und waren gegen eine Rückkehr zur UdSSR.

Mithilfe nicht nur der von ihm selbst kontrollierten staatlichen Medien, sondern auch der Medien in den Händen jener regionalen Bosse und Oligarchen, die im Verlauf seiner ersten Amtszeit auf der Bildfläche erschienen waren, gelang es Kutschma, sowohl im Osten als auch im Westen der Ukraine den Sieg davonzutragen; er verlor nur im Zentrum, dessen ländliche Gebiete noch von Überbleibseln des Kolchosensystems beherrscht wurden. Er erhielt 58 Prozent der Wählerstimmen, während sein Gegner, der ukrainische Kommunistenführer Petro, sich mit 39 Prozent begnügen musste. Wie Jelzin beschloss Kutschma, seinen Sieg über die Kommunisten zu nutzen, um marktwirtschaftliche Reformen voranzutreiben. Dabei hatte er mehr Glück als sein russischer Kollege, weil seinen Plänen keine Asienkrise in die Quere kam.[42]

Nach seiner Wiederwahl schlug Kutschma einen neuen Kurs zur Integration der Ukraine in politische und wirtschaftliche Strukturen Europas ein. Zu diesem Zweck ernannte er Wiktor Juschtschenko, den jungen Chef der ukrainischen Nationalbank, der die Unterstützung des IWF genoss, zum neuen Ministerpräsidenten. In nicht viel mehr als einem Jahr gelang es Juschtschenko und seiner Verbündeten Julija Tymoschenko, die in der neuen Regierung stellvertretende Ministerpräsidentin wurde, den ökonomischen Niedergang zu stoppen, die Staatseinnahmen durch die Schließung von Schlupflöchern für Großunternehmen und die neu auf den Plan tretenden Oligarchenclans zu erhöhen und ausstehende Löhne, Gehälter und Pensionen zu zahlen. Die Wirtschaft begann sich rasch zu erholen, angeführt von der Hüttenindustrie und dem Bergbau, die ihre Exporte verdoppelten. Das Wirtschaftswachstum sollte bis weit in das erste Jahrzehnt des neuen Millenniums anhalten.[43]

Kutschma nutzte seinen Wahlsieg darüber hinaus, um die mit dem Parlament im Jahr 1996 erzielte Einigung über die Verfassung neu zu verhandeln. Als Erstes zwang er die Kommunisten, die neue, von den präsidentenfreundlichen Parteien gebildete parlamentarische Führung zu akzeptieren, dann ließ er ein Referendum über die Machtbefugnisse des Präsidenten abhalten. 81 Prozent der Wählerschaft beteiligten sich an der Abstimmung, und je nach Fragestellung befürworteten 83 beziehungsweise 91 Prozent der Befragten eine vollständige Umstrukturierung der Institution des Parlaments. Mit dieser wurden zwei Kammern statt einer geschaffen, die Anzahl der Abgeordneten um ein Drittel verringert und deren Strafverfolgung erlaubt. Außerdem durfte der Präsident das Parlament nun auflösen, wenn es diesem nicht gelang, binnen eines Monats nach Beginn einer Sitzungsperiode eine stabile Mehrheit zu erreichen.[44]

Jetzt war Kutschma bereit, die ukrainische Verfassung im Geiste

Jelzins umzuschreiben. Er wurde jedoch von der Opposition gestoppt, deren parlamentarische Vertreter das Ergebnis des Referendums nicht anerkennen wollten. Kutschma wiederum hatte nicht genug Stimmen, um die per Referendum gebilligten Verfassungsänderungen einzuführen. Das Patt explodierte Ende November 2000 in einem großen politischen Skandal, als Oleksander Moros, Vorsitzender der Sozialistischen Partei und ehemaliger Parlamentspräsident, geheime Tonbandmitschnitte von Gesprächen in Kutschmas Büro publik machte. Auf den angeblich von einem Leibwächter Kutschmas angefertigten Aufnahmen war zu hören, wie der Präsident Privatisierungspläne erörterte, bei denen Korruption im Spiel war, und über die Verfolgung seiner politischen Gegner sprach.

Am schädlichsten waren jedoch jene aufgezeichneten Gespräche, in denen Kutschma seinem Innenminister Anweisung gab, einen oppositionellen Journalisten namens Heorhij Gongadse zu entführen. Er war im September jenes Jahres verschwunden; seinen enthaupteten Leichnam hatte man im November in einem Wald in der Nähe von Kyjiw gefunden. Dieser politische Skandal erschütterte Kutschmas Regime in den Grundfesten. Der Präsident bestritt, jemals Anweisung gegeben zu haben, den Journalisten zu töten, was wahrscheinlich stimmte, doch auf den Tonbändern verlangte er, dass sein Innenminister, Jurij Krawtschenko, Gongadse kidnappen lassen und aus dem Land schaffen sollte. Später konnte nachgewiesen werden, dass Krawtschenkos geheime Todesschwadron Gongadse ermordet hatte, aber es kam nie ans Licht, von wem die Anweisung stammte, den Journalisten nicht nur zu entführen, sondern auch zu töten. Krawtschenko starb schließlich unter dubiosen Umständen: Er hatte bei einem angeblichen Selbstmordversuch nicht nur einmal, sondern zweimal auf sich geschossen.[45]

Im Dezember 2000 marschierte die Opposition einschließlich der von Moros angeführten Sozialisten und Julija Tymoschenkos Populisten durch die Straßen von Kyjiw, forderte den Rücktritt des Präsidenten und startete eine massive Kampagne unter dem Slogan »Ukraine ohne Kutschma«. Daraufhin beendete der geschwächte Präsident seinen reformistischen Kurs. Julija Tymoschenko wurde verhaftet, und der reformorientierte Wiktor Juschtschenko, der die Unterstützung des Westens genoss, verlor sein Amt als Ministerpräsident. Als führende amerikanische und europäische Politiker eine unabhängige Untersuchung der Rolle des Präsidenten bei der Entführung und Ermordung Gongadses forderten, gab Kutschma auch sein Ziel der europäischen Integration auf und wandte sich mit der Bitte um Unterstützung an Russland und dessen neuen Präsidenten, Wladimir Putin.[46]

Obwohl nur wenige daran zweifelten, dass Kutschma tatsächlich Gongadses Entführung und Verschleppung aus der Ukraine befohlen hatte – die Tonaufnahme ließ darauf schließen, dass er seinen Innenminister angewiesen hatte, den Journalisten nach Tschetschenien zu bringen –, blieb unklar, wer seinen Tod befohlen hatte und warum. Auch die Umstände, unter denen Kutschmas Gespräche auf Band aufgezeichnet worden waren – angeblich von einem seiner Leibwächter, Mykola Melnytschenko –, sind bis zum heutigen Tag ungeklärt. Allerdings scheint festzustehen, dass Melnytschenko im Auftrag von hochrangigen Beamten der ukrainischen Sicherheitsdienste tätig war und später mit deren russischen Kollegen kollaborierte. Es steht außer Frage, dass der Hauptprofiteur von »Kutschmagate« Wladimir Putin hieß. Er nutzte die durch den Skandal verursachte Schwächung von Kutschmas politischer Autorität und die Verschlechterung seiner Beziehungen zu den Vereinigten Staaten aus, um ihm eine Reihe von Konzessionen abzuringen. Dazu gehörte der Beitritt der Ukraine zu eurasischen Organisationen und Foren unter russischer Führung, die sich für die wirtschaftliche Reintegration des postsowjetischen Raumes einsetzten. Kutschma ließ auch das Ziel des NATO-Beitritts aus der ukrainischen Militärdoktrin streichen.[47]

Die ukrainische Verfassung erlaubte dem Präsidenten nicht mehr als zwei Amtsperioden, und nach einigem Zögern beschloss Leonid Kutschma, sich daran zu halten. Er verwarf den Gedanken, mit dem Argument für eine dritte Amtszeit zu kandidieren, seine erste Wahl sei der Verabschiedung der Verfassung vorausgegangen und könne folglich nicht mitgezählt werden. Erneut nahm sich Kutschma ein Beispiel an Russland, oder genauer an Jelzin, indem er einen Nachfolger suchte, der seine persönliche Sicherheit garantieren und dafür sorgen würde, dass sein Vermögen unangetastet blieb.

Die Wahl fiel auf den Kopf des größten regionalen Clans der Ukraine, den Gouverneur der Oblast Donezk, Wiktor Janukowytsch, der die größte Gruppierung der präsidentenfreundlichen Parlamentsfraktion geleitet hatte. Im November 2002 war Janukowytschs Ernennung zum Ministerpräsidenten vom Parlament gebilligt worden. Der Präsidentschaftswahlkampf im Jahr 2004, bei dem Janukowytsch mit Unterstützung von Kutschma gegen den ehemaligen Ministerpräsidenten und Führer der größten Parlamentsfraktion Wiktor Juschtschenko antrat, war der schmutzigste in der ukrainischen Geschichte. Das Janukowytsch-Lager nutzte staatliche Medien, administrativen Druck sowie finanzielle Zuwendungen der Regierung an die bedürftigsten sozialen Gruppen und setzte überdies die finanzielle Macht des Donezk-Clans ein, um bei den Wahlen den Sieg davonzutragen. Es griff sogar zu einer terroristischen Attacke auf Juschtschenko.[48]

Im September 2004 erkrankte der 50-jährige Juschtschenko schwer, und kurz darauf wurde bei ihm eine Dioxin-Vergiftung festgestellt. Die Personen, die in Verdacht gerieten, dafür verantwortlich zu sein, waren nach Russland geflohen und hatten dort Zuflucht gefunden. Wundersamerweise überlebte Juschtschenko den Angriff und schaffte es, den Wahlkampf mit entstelltem Gesicht, aber lebendig wieder aufzunehmen. Statt Juschtschenko auszuschalten, steigerte der Angriff auf den Oppositionskandidaten dessen Beliebtheit. Als die Ukrainer am 31. Oktober an die Urnen gingen, stimmten die meisten von ihnen für Juschtschenko, nicht für Janukowytsch.[49]

Das ergab sich aus den Nachwahlbefragungen, die von zahlreichen ukrainischen Institutionen am Wahltag durchgeführt worden waren, aber die von Kutschma und Janukowytsch kontrollierte Zentrale Wahlkommission verkündete ein anderes Ergebnis. Dem Kommissionsbericht zufolge hatte Janukowytsch das Rennen mit 49 Prozent der Stimmen gegenüber Juschtschenkos 47 Prozent gewonnen. Juschtschenkos Unterstützer weigerten sich, das gefälschte Ergebnis zu akzeptieren. Sie strömten auf den größten Platz von Kyjiw, den Maidan, und errichteten dort eine Zeltstadt. Zu den Bewohnern von

Kyjiw gesellten sich bald Unterstützer aus den Provinzen. Die Orange Revolution, die ihren Namen von Juschtschenkos Wahlkampffarbe entlehnte, hatte begonnen.[50]

Zahlreiche Faktoren trugen zum Ausbruch der Orangen Revolution bei, so etwa der langwierige und ungelöste Konflikt zwischen dem präsidentiellen und dem legislativen Arm der Regierung; die Spaltung innerhalb der politischen Elite, zu der auch die Oligarchen mit ihren Medienressourcen gehörten, die gegensätzliche Seiten unterstützten; und nicht zuletzt Kutschmas halbherzige Unterstützung für Janukowytsch, der nicht seine erste Wahl war, ihm jedoch durch die Umstände aufgezwungen wurde. Am Ende kam der in politischen und kulturellen Unterschieden wurzelnde ukrainische Regionalismus der ukrainischen Demokratie zu Hilfe. Die Unterstützer der Orangen Revolution, vielfach Menschen aus dem Westen und dem Zentrum der Ukraine, fühlten sich mit der ukrainischen Identität, Sprache und Kultur verbunden und teilten die Orientierung zum liberalen Westen.[51]

Konfrontiert mit nicht enden wollenden Massenprotesten und der Spaltung innerhalb der Elite, beschloss Kutschma, sich von Jelzins Beispiel zu lösen. Obwohl Janukowytsch es von ihm verlangte, lehnte er es ab, das Militär gegen die Protestierenden einzusetzen und das Feuer auf sie zu eröffnen, wie es 1993 in Moskau geschehen war. Stattdessen entschied er sich für einen Kompromiss. Das Janukowytsch-Lager erklärte sich mit einem neuen Wahlgang einverstanden, wenn Juschtschenko dafür versprach, die Verfassung dahingehend zu ändern, dass die Vorrechte des Präsidenten beschnitten würden. Am 26. Dezember erhielt Juschtschenko in der dritten Runde der Präsidentschaftswahlen 52 Prozent der Stimmen, Janukowytsch hingegen 44 Prozent.[52]

Die Krise, die im April 2000 mit Kutschmas Versuch begonnen hatte, die Macht des Präsidentenamtes mittels eines Referendums auszuweiten, endete im Dezember 2004 mit der Schwächung präsidentieller Machtbefugnisse. Einige Vorrechte des Präsidenten wurden dem Ministerpräsidenten übertragen, dessen Ernennung und politisches Schicksal von den politischen Kräfteverhältnissen im Parlament abhing. Die Ukraine trat als präsidentiell-parlamentarische Republik mit geteilter Regierungsgewalt in das neue Jahrhundert ein. Es war alles andere als ein ideales Ergebnis, denn unter dem neuen System verfügte weder der Staats- noch der Ministerpräsident über genügend Macht für eine unabhängige Politik. Aber dieses Ergebnis rettete die ukrainische Demokratie.

Während seines letzten Amtsjahrs hatte Kutschma seine Memoiren unter dem vielsagenden Titel *Die Ukraine ist nicht Russland* veröffentlicht. Nachdem er es mehr als einmal mit dem russischen Modell probiert hatte und zwangsläufig damit gescheitert war, wusste er genau, wovon er sprach. Das Buch erschien in Moskau und wurde dort vorgestellt, bevor die ukrainische Übersetzung den Lesern in Kyjiw zugänglich war. Es enthielt eine Botschaft, die nur sehr wenige in Russland ernst nahmen und die niemand im Kreml hören wollte.[53]

# KAPITEL 3
# NUKLEARE IMPLOSION

Die unabhängige Ukraine erbte von der Sowjetunion das drittgrößte Atomwaffenarsenal der Welt. Die Sowjetunion hatte fast 1900 nukleare Sprengköpfe und etwa 2500 taktische Atomwaffen auf ukrainischem Gebiet stationiert. Diese Waffen bereiteten den Vereinigten Staaten große Sorgen: Als die UdSSR immer mehr zerfiel, befürchtete Washington, der Zusammenbruch der Sowjetunion könnte einen Bürgerkrieg zwischen den atomar bewaffneten Republiken auslösen, gleichsam ein »Jugoslawien mit Atomwaffen« herbeiführen. Die Möglichkeit eines Krieges zwischen Russland und der Ukraine bestand nicht mehr nur theoretisch, als das russische Parlament erklärte, die Krim sei unrechtmäßig an die Ukraine abgetreten worden, und die Stadt Sewastopol für die Russische Föderation beanspruchte.[1]

Russland wollte die ukrainischen Atomwaffen so schnell wie möglich auf sein Territorium verlegt haben, was seinen Anspruch auf eine exklusive Einflusssphäre im postsowjetischen Raum erheblich gestärkt hätte. Dazu war die Ukraine jedoch ganz und gar nicht bereit. Zwar hatte sie keine operative Kontrolle über die Waffen – die für den Abschuss der Raketen erforderlichen Codes befanden sich in Moskau –, war aber in ihrem Besitz, und manche ukrainischen Parlamentarier und Regierungsmitglieder betrachteten eine Verlegung als politisch inakzeptabel. Der Grund dafür lag auf der Hand: Russlands territoriale Ansprüche auf die Krim und möglicherweise auch auf andere ukrainische Territorien.

Die ukrainische Haltung zu Atomwaffen änderte sich im Lauf der

Zeit. Als die Ukraine 1990 mit der Erklärung ihrer Souveränität die internationale Bühne betrat, tat sie dies als entschiedener Verfechter einer Entnuklearisierung. Dafür gab es zwei gewichtige Gründe. Zum einen war da das Erbe der Nuklearkatastrophe von Tschernobyl im Jahr 1986, die einen großen Teil des ukrainischen Territoriums verseucht und das ukrainische Parlament zur Verabschiedung von Gesetzen veranlasst hatte, welche das Land zu einem Moratorium für den Bau neuer Atomkraftwerke verpflichteten. Zum anderen war man sich darüber im Klaren, dass ein Streit mit dem Zentrum der Union über die Kontrolle der Atomwaffen langwierig und schwierig verlaufen und möglicherweise die Fortschritte der Ukraine auf dem Weg zur vollständigen Unabhängigkeit verzögern würde. Deshalb hielt man es für zweckmäßig, die Waffen gegen die Anerkennung der Unabhängigkeit der Ukraine und gegen das Recht zum Aufbau eigener Streitkräfte einzutauschen. In der vom Parlament im Sommer 1990 verabschiedeten Erklärung zur ukrainischen Souveränität verpflichtete sich die Ukraine zu einem nichtnuklearen Status.[2]

Die ersten Zweifel an dieser Verpflichtung wurden im Herbst 1991 nach dem Votum des ukrainischen Parlaments für die Unabhängigkeit und der russischen Reaktion darauf laut. Über seinen Pressesprecher Pawel Woschtschanow ließ Boris Jelzin verlauten, die Grenzen der Ukraine könnten nur in einer Union mit Russland garantiert werden. Daraufhin begannen viele in Kyjiw die Atomfrage zu überdenken. Wolodymyr Filenko, ein einflussreicher Abgeordneter des ukrainischen Parlaments, erklärte im September 1991 gegenüber einem britischen Journalisten: »Die meisten Abgeordneten sind der Ansicht, dass wir Russland nicht einfach Waffen übergeben können. Das würde das Gleichgewicht der Kräfte zwischen Russland und der Ukraine stören.« Dann fügte er hinzu: »Wir haben Angst vor Russland, wenn Sie so wollen. Wir kämpfen für die Unabhängigkeit von Russland. Es gibt zwar keine nukleare Bedrohung, aber Russland hat erst kürzlich territoriale Ansprüche erhoben.«[3]

Die politische Führung der Ukraine stand vor einem Dilemma: Der schnellste und vielleicht einzig gangbare Weg, die internationale Anerkennung der ukrainischen Unabhängigkeit zu erlangen, war der

Verzicht auf die Atomwaffen, aber der effektivste und möglicherweise einzig plausible Weg, den langfristigen Bestand des Landes zu sichern, war, sie zu behalten. Um sich der amerikanischen Unterstützung für die ukrainische Unabhängigkeit zu versichern, verpflichtete sich das Parlament im Oktober 1991 zu einem nichtnuklearen Status, beanspruchte aber auch die Entscheidungsbefugnis über die Verwendung der in seinem Besitz befindlichen Atomwaffen. »Die Ukraine behält sich das Recht vor, die Nichtverwendung der auf ihrem Territorium befindlichen Atomwaffen zu kontrollieren«, hieß es in der Parlamentsresolution. Im Dezember 1991 stimmte das Parlament für die Ratifizierung der Dokumente zur Gründung der Gemeinschaft Unabhängiger Staaten unter der Bedingung, dass die Ukraine durch die unter internationaler Aufsicht erfolgende Vernichtung ihrer Atomwaffen zu einem atomwaffenfreien Staat würde.[4]

## DER GORDISCHE KNOTEN DER KRIM

Territoriale Streitigkeiten sind ein Kennzeichen für den Zerfall von Imperien, und der Untergang der UdSSR bildete in dieser Hinsicht keine Ausnahme. Die russische Regierung hatte an der territorialen Integrität der Ukraine schon Zweifel angemeldet, bevor das Land überhaupt de jure unabhängig wurde und die Sowjetunion verließ. Kaum hatte das ukrainische Parlament am 24. August 1991 die Unabhängigkeit des Landes erklärt, stellte die demokratische Regierung Russlands auch schon die ukrainischen Grenzen infrage. Der Sprecher des russischen Präsidenten, Pawel Woschtschanow, verkündete zwei Tage später im Namen seines Vorgesetzten: »In den letzten Tagen hat eine Reihe von Unionsrepubliken ihre staatliche Souveränität erklärt und ihren Austritt aus der UdSSR angekündigt. [...] In diesem Zusammenhang bin ich vom Präsidenten der RSFSR bevollmächtigt worden, die folgende Erklärung abzugeben. Die Russische Föderation stellt das verfassungsmäßige Recht eines jeden Staates und Volkes auf Selbstbestimmung nicht in Abrede. Ein Problem sind dabei allerdings die Grenzverläufe, die sich als ungeregelt erweisen können, ein Zustand, der nur zulässig ist, wenn Vorsorge getroffen wird, die Beziehungen innerhalb der Union durch einen entsprechenden Vertrag abzusichern. Sollten sie aufgekündigt werden, behält sich die RSFSR das Recht vor, eine Revision der Grenzen in Betracht zu ziehen.«[5]

Die Erklärung richtete sich an alle Sowjetrepubliken, die ihre Unabhängigkeit von der Sowjetunion beschließen sollten. Auf die Frage von Journalisten, ob Woschtschanow nicht konkreter werden könne, nannte er explizit die Ukraine und Kasachstan. »Wenn diese Republiken eine Union mit Russland eingehen, dann gibt es kein Problem«, sagte er. »Sollten sie das aber ablehnen, müssen wir uns um die dort lebende Bevölkerung sorgen und dürfen nicht vergessen, dass diese Gebiete von Russen besiedelt wurden. Russland wird kaum bereit sein, sie so einfach aufzugeben.« Sowohl in der Ukraine als auch in Kasachstan lebten große russischstämmige Minderheiten. Und beide Republiken, die Ukraine in ihrer Gesamtheit und Kasachstan in seinen nördlichen Gebieten, fasste kein Geringerer als Alexander Solschenizyn als Bestandteile eines künftigen russischen Staates ins Auge, dessen Schaffung er in einem im Vorjahr von den großen sowjetischen Zeitungen veröffentlichten Artikel befürwortet hatte.[6]

Kyjiw und Almaty protestierten, worauf sich Jelzin gezwungen sah, sich von Woschtschanows Äußerungen zu distanzieren. Der Sprecher wurde als jemand dargestellt, der außer Kontrolle geraten sei und seine persönlichen Ansichten und nicht die Politik von Jelzins Regierung erläutert habe. Tatsächlich aber hatte Woschtschanow die neue Politik der Russischen Föderation für die kommenden Jahre formuliert. Verträge zur Anerkennung der Grenzen von Unionsrepubliken, wie das 1990 zwischen Russland und der Ukraine unterzeichnete Abkommen, galten nur, wenn die Republiken, insbesondere die Ukraine, in einer Union mit Russland blieben. Wie eine solche Union aussehen sollte, änderte sich im Lauf der Zeit, von Gorbatschows Sowjetunion über Jelzins Gemeinschaft Unabhängiger Staaten bis hin zu einer Reihe von eurasischen Projekten, die von Putin vorangetrieben wurden. Die Modelle und die Machthaber wechselten, aber das Grundprinzip blieb gleich: Russlands Anerkennung der territorialen Integrität und Souveränität der postsowjetischen Staaten würde von einem Bündnis mit Moskau abhängen.[7]

Woschtschanow äußerte später, der Donbas und die Krim seien die ukrainischen Gebiete gewesen, die der russischen Führung damals Sorgen bereiteten. Die Halbinsel Krim war die jüngste Erweiterung des ukrainischen Territoriums. Aus wirtschaftlichen Gründen war sie 1954 von der Russischen Föderation an die Ukrainische SSR übertragen worden, da ihre Wirtschaft ohne eine enge Anbindung an die des Festlands, also der Ukraine, nicht effizient funktionierte.[8]

Die Krim wurde zur einzigen Region der Ukraine, in der ethnische Russen die Mehrheit bildeten. 1989 lebten dort 1,635 Millionen Menschen, davon 625 0000 Ukrainer und 38 000 Krimtataren. Am 1. Dezember 1991 sprachen sich 54 Prozent der Bevölkerung der Halbinsel für die ukrainische Unabhängigkeit aus. Ein ähnliches Ergebnis gab es in der Oblast Donezk im Donbas, wo 77 Prozent für die Unabhängigkeit votierten; in der benachbarten Oblast Luhansk waren es 85 Prozent. Die Zustimmung lag landesweit bei über 92 Prozent. Die Krim erwies sich als die am stärksten gefährdete Region der Ukraine, nicht nur wegen der geringeren Unterstützung der Unabhängigkeit durch die dortige Bevölkerung, sondern auch, weil viele in Russland, von Demokraten bis hin zu Kommunisten und Nationalisten, der Ansicht waren, ihr Land habe ein historisches Recht auf die Halbinsel und solle sie zurückfordern.[9]

Im Januar 1992 stellte das russische Parlament die Rechtmäßigkeit der Übertragung der Krim von Russland an die Ukraine infrage. Es nahm eine entsprechende Entschließung an, um die Ukraine in der laufenden Auseinandersetzung um die Zukunft der sowjetischen Schwarzmeerflotte gefügiger zu machen. Kyjiw argumentierte, die Flotte stelle den ukrainischen Anteil an der militärischen Infrastruktur der UdSSR dar, während die übrige sowjetische Marine Russlands Eigentum sei. Die russische Führung ihrerseits beanspruchte die Flotte als Teil ihrer strategischen Streitkräfte, die einem gemeinsamen (de facto russischen) Kommando unterstellt werden sollten. Russlands erhob aber nicht nur Anspruch auf die Flotte, sondern stillschweigend auch auf deren Stützpunkt, die Stadt Sewastopol.

Jelzin und seine Regierung unterstützten die Parlamentsresolution zwar nicht, der russische Präsident stimmte aber mit einigen seiner wichtigsten Verbündeten, wie Anatoli Sobtschak, dem Bürgermeister von Sankt Petersburg und damaligen Vorgesetzten Putins, darin überein, dass die Schwarzmeerflotte russisch bleiben müsse, unabhängig davon, welche Position die Ukraine und ihre Führung bezogen. Noch vor Ende des Monats reiste Jelzin in den russischen Hafen Noworossijsk, um sich mit dem Kommandeur der Schwarzmeerflotte, Admiral Igor Kasatonow, an Bord des Kreuzers *Moskwa* zu treffen, der dreißig Jahre später im russisch-ukrainischen Krieg von ukrainischen Raketen versenkt werden sollte. Mit diesem Besuch wollte Moskau seine Entschlossenheit demonstrieren, die Flotte unter seiner Zuständigkeit zu behalten.[10]

Jelzin und seine Berater folgten einem Plan, den Wladimir Lukin, der erste Botschafter der Russischen Föderation in den Vereinigten Staaten, vorgeschlagen hatte. Vor seinem Amtsantritt in Washington im Jahr 1992 empfahl Lukin, man solle die Frage der Souveränität der Krim nutzen, um die Position der Ukraine bei den Verhandlungen über die Zukunft der Schwarzmeerflotte zu schwächen. Im April 1992, nachdem Präsident Leonid Krawtschuk die Kontrolle über die ehemaligen sowjetischen Truppen auf ukrainischem Gebiet übernommen hatte, erließ Jelzin einen Befehl, mit dem er die Schwarzmeerflotte sich selbst unterstellte. Jelzins Vizepräsident Alexander Ruzkoi reiste auf die Krim und unterstrich dort die Haltung des russischen Parlaments, das forderte, die 1954 erfolgte Abtretung der Krim an die Ukraine rückgängig zu machen. »Der gesunde Menschenverstand gebietet, dass die Krim Teil Russlands wird«, erklärte Ruzkoi. »Diejenigen, die den Beschluss von 1954 unterzeichnet haben, waren offensichtlich betrunken oder hatten einen Sonnenstich.« Er behauptete, die Schwarzmeerflotte sei russisch und werde das auch bleiben, während Jelzins Berater Sergei Stankewitsch die Rechtmäßigkeit der Übertragung von 1954 in Zweifel zog.[11]

Die besagte Übertragung hatte im Rahmen einer Propagandakampagne zum 300. Jahrestag der »Wiedervereinigung der Ukraine mit Russland« stattgefunden, mit der der ukrainische Kosaken-Hetman

Bohdan Chmelnyzkyj die Oberhoheit des russischen Zaren akzeptierte. Im Januar 1654 leistete Chmelnyzkyj in der ukrainischen Stadt Perejaslaw einen Treueeid auf Zar Alexei Romanow. Die sowjetische Propagandaparole von der »Wiedervereinigung« war der Kaiserzeit entlehnt und überschattete auf der Krim einen anderen, seit Langem bestehenden Mythos mit starken imperialen Ursprüngen – den Mythos von Sewastopol als ruhmreicher russischer Stadt, die sich im Krimkrieg von 1853 bis 1856 heldenhaft verteidigt habe. Die beiden Mythen ergänzten sich im vorherrschenden russozentrischen Narrativ der Sowjetzeit, prallten jedoch aufeinander, nachdem die Ukraine den russischen Einflussbereich verlassen hatte.[12]

Die Spannungen um die Krim erreichten im Mai 1992 einen gefährlichen Punkt, als das Krim-Parlament – die Oblast Krim war zu einer autonomen Republik innerhalb der Ukraine geworden und hatte im Jahr zuvor ein eigenes Parlament erhalten – die Krim-Republik zu einem eigenständigen Staat erklärte. Das Parlament beschloss, dass die Krim ihre Beziehungen zur Ukraine auf der Grundlage eines Unionsvertrags regeln sollte, verabschiedete eine Verfassung und setzte einen Termin für ein Referendum über die Unabhängigkeit der Krim fest. Diese Initiative wurde von nationalistischen Kräften in Russland unterstützt, und das russische Parlament trieb die Sache noch im selben Monat auf die Spitze, indem es erklärte, die Abtretung der Halbinsel an die Ukraine im Jahr 1954 sei illegal gewesen, und der Ukraine vorschlug, Verhandlungen über den Status der Krim aufzunehmen.

Kyjiw wehrte sich an zwei Fronten, intern und extern. Das ukrainische Parlament lehnte Verhandlungen ab und bezeichnete das Angebot Moskaus als Einmischung in die inneren Angelegenheiten der Ukraine. Gleichzeitig überzeugte die ukrainische Regierung die Behörden der Krim, ihre Verfassung abzuändern und das geplante Referendum abzusagen. Der Rechtsstreit wurde ohne Gewaltanwendung beigelegt, anders als in der benachbarten Republik Moldau. Dort hatte ein Konflikt zwischen prorussischen Separatisten in Transnistrien zu einem offenen Krieg geführt, an dem russische Truppen beteiligt waren und der mit der faktischen Abspaltung Transnistriens als Enklave von der Republik Moldau endete. Doch die Spannungen auf der Krim und um sie herum ebbten nicht ab. In Russland sollten sie auch beim Kampf zwischen dem Parlament und dem Präsidenten eine Rolle spielen.[13]

Im Juli 1993 verabschiedete das russische Parlament eine Resolution, in der Sewastopol, der Heimathafen der Schwarzmeerflotte, zu einem Teil des Territoriums und der Gerichtsbarkeit der Russischen Föderation deklariert wurde. »Ich schäme mich für die Entscheidung des Parlaments«, sagte Boris Jelzin daraufhin und fügte hinzu: »Wir können schließlich keinen Krieg mit der Ukraine anfangen.« Im darauffolgenden Monat trafen sich Jelzin und Krawtschuk im Ferienort Massandra auf der Krim, wo die beiden Präsidenten über die Zukunft der Schwarzmeerflotte und die wachsenden Schulden der Ukraine gegenüber Russland für die Lieferung von Erdgas diskutierten. Den Ukrainern wurde mit einem Gaslieferstopp gedroht, falls sie nicht ihren Teil der Flotte an Russland »verkaufen« würden, um die Schulden zu begleichen. Krawtschuk blieb keine andere Wahl, als das »Angebot« anzunehmen, aber das ukrainische Parlament weigerte sich, ein unter Zwang geschlossenes Abkommen zu ratifizieren.[14]

Die Massandra-Vereinbarungen halfen Jelzin, die Initiative in den Fragen der Schwarzmeerflotte und der Krim an sich zu reißen; dies geschah nur wenige Wochen bevor er seine Panzer auf das russische Parlamentsgebäude schießen ließ. Doch die Vereinbarungen trugen kaum zu einer Lösung bei. Der Sieg der kommunistischen und nationalistischen Kräfte bei den Herbstwahlen 1993 zur neuen Staatsduma stärkte die separatistische Bewegung auf der Krim. Im Jahr 1994 bekam die Krim einen eigenen Präsidenten, Juri Meschkow, der die Frage der Unabhängigkeit der Krim wieder auf die politische Tagesordnung setzte und ein neues Referendum vorschlug. Im selben Jahr stimmte der Stadtrat von Sewastopol, das weiterhin als Stützpunkt der Schwarzmeerflotte diente und bei der Finanzierung seiner Ausgaben von Moskau abhängig war, für die Anerkennung der russischen Gerichtsbarkeit über die Stadt.

Die Krim-Krise konnte vor allem deshalb gelöst werden, weil die ukrainische Demokratie nach wie vor funktionierte. Bei den Präsidentschaftswahlen von 1994 siegte Leonid Kutschma, ein Kandidat, der vor allem auf der Krim mit starker Unterstützung rechnen konnte. Dort votierten insgesamt 90 Prozent der Wähler für ihn, in Sewastopol sogar 92 Prozent. Der russischsprachige Kutschma stammte aus dem industriellen Südosten der Ukraine. Den ethnischen Russen auf der Halbinsel sicherte er zu, ihre sprachlichen und kulturellen Rechte zu schützen. Die Vertreter der Zentralregierung schlossen mit den Führern des Krim-Parlaments ein informelles Abkommen über die Aufteilung der Macht: Die Vertreter der Krim erklärten sich bereit, das Amt des Krim-Präsidenten abzuschaffen sowie ihre Verfassung und ihre Gesetze denen der Ukraine anzupassen.[15]

Die Spannungen auf der Krim entluden sich auch deshalb nicht in einem Bürgerkrieg, weil Russland darauf verzichtete, mithilfe seiner loyalen Kräfte innerhalb der Schwarzmeerflotte auf der Seite der Separatisten zu intervenieren, wie Moskau dies in der Republik Moldau getan hatte. Es gab mehrere Gründe für Jelzins Zurückhaltung gegenüber den separatistischen Bestrebungen auf der Krim. Die Abspaltung der Krim wäre als Zugeständnis an die Nationalisten und Kommunisten im russischen Parlament aufgefasst worden und hätte möglicherweise Autonomiebestrebungen innerhalb Russlands selbst gestärkt und ihnen eine rechtliche Grundlage geboten, dem Beispiel der Krim zu folgen – was im Fall von Tatarstan besonders gefährlich war. Eine ebenso große Rolle spielte, dass der Einsatz für die Unabhängigkeit der Krim und deren faktische Integration in die Russische Föderation die Versuche der Jelzin-Regierung gefährdet hätte, ihre Beziehungen zu den Vereinigten Staaten zu stärken. Dazu gehörten die gemeinsamen Bemühungen Moskaus und Washingtons, die Ukraine zur Aufgabe des von der Sowjetunion geerbten Atomwaffenarsenals zu bewegen.[16]

Seit der Unabhängigkeitserklärung war Kyjiw bereit, einen nichtnuklearen Status der Ukraine zu akzeptieren. Allerdings wollte es Russland seine Atomwaffen nicht ohne die Garantie abtreten, dass sie zerstört und nicht gegen die Ukraine eingesetzt würden. Im März 1992, als die Spannungen über die Kontrolle der Schwarzmeerflotte zunahmen, ordnete Präsident Leonid Krawtschuk an, die Übergabe von taktischen Atomwaffen an Russland zu stoppen, was nicht nur in Moskau, sondern auch in Washington Besorgnis erregte. Der Transfer wurde erst wieder aufgenommen, nachdem den Ukrainern zugesagt worden war, dass die Waffen auf russischem Territorium in ihrem Beisein zerstört würden.[17]

Im Mai 1992 unterzeichnete Krawtschuk unter starkem amerikanischem Druck das Lissabon-Protokoll, mit dem sich die Ukraine verpflichtete, dem Vertrag über die Nichtverbreitung von Atomwaffen als Nichtkernwaffenstaat beizutreten. Durch dieses Protokoll wurde die Ukraine zusammen mit Russland, Belarus und Kasachstan – den drei anderen postsowjetischen Republiken mit Atomwaffen – außerdem zu einem Unterzeichnerstaat von START-I, dem sowjetisch-amerikanischen Vertrag von 1991 über die Reduzierung der Atomwaffenarsenale. Die Unterzeichnung des Protokolls fiel allerdings mit einer erneuten Zunahme der Spannungen zwischen Russland und der Ukraine wegen der Krim-Frage zusammen, sodass das ukrainische Parlament alles andere als erpicht darauf war, das Lissabon-Protokoll zu ratifizieren. Die Ratifizierung von START-I stieß im Juli 1993 auf Schwierigkeiten, nachdem die russische Staatsduma Sewastopol als russisches Territorium beansprucht hatte. Jelzins Versuche, die Ukraine zu zwingen, ihre Atomwaffen sowie ihre Ansprüche auf die Schwarzmeerflotte im Gegenzug für den Erlass ihrer Erdgasschulden aufzugeben, wurden vom ukrainischen Parlament zurückgewiesen. Je mehr die Spannungen um die Krim wuchsen, desto entschlossener hielt die Ukraine an ihren Waffen fest.[18]

In den Vereinigten Staaten setzte Präsident George H. W. Bush im letzten Jahr seiner Amtszeit, 1992, den Kurs fort, den er in der Endphase der UdSSR eingeschlagen hatte: Die Ukraine und andere postsowjetische Republiken mussten abrüsten und ihre Atomwaffenarsenale Russland aushändigen, ob sie wollten oder nicht. Doch der Amtsantritt von Bill Clinton im Januar 1993 eröffnete die Möglichkeit, diese Politik zu überdenken, und sei es nur, um die Ursachen des ukrainischen Widerstands zu verstehen und ihn schließlich zu überwinden.

Wenige Monate nach Clintons Inauguration veröffentlichte der renommierte Politikwissenschaftler und Experte für internationale Beziehungen John Mearsheimer einen Artikel in *Foreign Affairs*, in dem er die Auffassung vertrat, man sollte die Ukraine ermutigen, ihre Atomwaffen zu behalten, statt ihr den Verzicht auf sie abzunötigen. Nach Mearsheimers Ansicht war dies der wirksamste Weg, einen russisch-ukrainischen Krieg zu verhindern, den er als »Katastrophe« bezeichnete, die zur Rückeroberung der Ukraine führen und »die Aussichten auf Frieden in ganz Europa beeinträchtigen« könnte. In seinem Artikel hieß es: »Ukrainische Atomwaffen sind das einzige zuverlässige Abschreckungsmittel gegen russische Aggressionen. Wenn das Ziel der USA darin besteht, die Stabilität in Europa zu stärken, verbietet es sich, gegen eine atomare Bewaffnung der Ukraine zu argumentieren.«[19]

Clinton und seine Berater waren zwar nicht bereit, Mearsheimers Rat zu folgen, nahmen aber daraufhin mehr Rücksicht auf die ukrainischen Bedenken. Washington erkannte das Eigentum der Ukraine an den Atomwaffen auf ihrem Territorium an und erklärte sich bereit, über eine finanzielle Entschädigung für deren Abzug zu verhandeln. Hinsichtlich der ukrainischen Sicherheitsbedenken wollten die USA prüfen, ob sie der Ukraine entsprechende Garantien geben konnten. Entscheidend war jedoch etwas anderes: Washington sah schließlich ein, dass sich die Ukraine vor allem aufgrund der Haltung Russlands um ihre Sicherheit sorgte. Daraufhin löste Washington Moskau als Hauptverhandlungspartner in den trilateralen Gesprächen über die atomare Abrüstung der Ukraine ab. Der neue Ansatz zeitigte Wirkung. Noch vor Ende 1993 erzielten Washington und Kyjiw eine grundsätzliche Einigung über die Bedingungen für die Entnuklearisierung der Ukraine.

Im Rahmen des neuen Abkommens erklärten sich die Vereinigten Staaten bereit, der Ukraine als Entschädigung für die Waffen eine Milliarde Dollar zu zahlen. Außerdem verpflichteten sich die USA und Russland gemeinsam, die ukrainischen Atomkraftwerke mit Brennelementen aus den entfernten ukrainischen Sprengköpfen zu versorgen. Und sie vereinbarten, die Souveränität und territoriale Integrität der Ukraine zu gewährleisten. Dies bildete die Grundlage für den im Januar 1994 unterzeichneten Vertrag zwischen den USA, Russland und der Ukraine über die Entnuklearisierung der Ukraine. Im Februar 1994 ratifizierte das ukrainische Parlament das Lissabon-Protokoll, und im November desselben Jahres stimmte es für den Beitritt der Ukraine zum Atomwaffensperrvertrag (NVV) als Nichtkernwaffenstaat.[20]

Im Dezember 1994 unterzeichneten Clinton und Kutschma das Budapester Memorandum über die Sicherheitsgarantien, die die Vereinigten Staaten, Russland und das Vereinigte Königreich der Ukraine gaben. China und Frankreich fügten dem Dokument später ihre Unterschriften hinzu. Ähnliche Abkommen wurden von den Staats- und Regierungschefs von Belarus und Kasachstan, den beiden anderen postsowjetischen Republiken, die entnuklearisiert werden sollten, geschlossen. Die Garanten verpflichteten sich, »die Unabhängigkeit und Souveränität sowie die bestehenden Grenzen der Ukraine zu respektieren« und »auf die Androhung oder Anwendung von Gewalt gegen die territoriale Integrität oder politische Unabhängigkeit der Ukraine zu verzichten und keine ihrer Waffen jemals gegen die Ukraine einzusetzen«.

Der Schwachpunkt dabei war jedoch, dass es keinerlei Verpflichtungen zum Schutz der Ukraine für den Fall gab, dass einer der Vertragspartner die Zusagen brach und gegen die Ukraine vorging. Bei einem atomaren Angriff auf die Ukraine wollten sich die Garanten lediglich »um sofortige Maßnahmen des Sicherheitsrats der Vereinten Nationen zur Unterstützung der Ukraine bemühen«. Des Weiteren sollte es Konsultationen geben »für den Fall, dass eine Situation eintritt, die diese Verpflichtungen infrage stellt«. Das war ein dürftiger Ersatz für die von den Ukrainern geforderten hieb- und stichfesten Garantien, aber es war das Äußerste, was sie als Ergebnis langwieriger Verhandlungen erzielen konnten.[21]

Präsident Kutschma und seine Berater hofften auf das Beste, gaben sich aber keinen Illusionen hin. »Wenn Russland morgen auf die Krim einmarschiert, wird niemand auch nur mit der Augenbraue zucken«, meinte Kutschma, der ein Verfechter der Idee war, dass sich die Ukraine von den unter START-I fallenden Atomwaffen trennen, den Rest aber für ihre eigene Sicherheit behalten sollte. Warum beschloss ausgerechnet Kutschma, das neue Angebot aus Washington anzunehmen? Der Grund war einfach: Er kehrte zu der Position zurück, die die ukrainischen Politiker vor der Unabhängigkeit eingenommen hatten. Einmal mehr wurde die Abtretung der Waffen zum sichersten Weg, die Unabhängigkeit der Ukraine und ihre Anerkennung durch die internationale Gemeinschaft zu gewährleisten. Die Unabhängigkeit war 1993 nicht nur wegen der anhaltenden Spannungen zwischen der Ukraine und Russland und wegen des Drucks der Vereinigten Staaten gefährdet, sondern auch, weil die ukrainische Wirtschaft mehr oder weniger kollabierte: 1994, im Jahr der Unterzeichnung des Budapester Memorandums, büßte die Ukraine fast ein Viertel ihres Bruttoinlandsprodukts ein.[22]

Das Budapester Memorandum sollte die Sicherheitslücke, die durch die erzwungene atomare Abrüstung der Ukraine entstand, mit Versprechen der Atommächte füllen. Die Lücke wurde nach und nach immer größer, bis drei Jahrzehnte später die russische Großinvasion in der Ukraine die Unwirksamkeit der im Budapester Memorandum und der in den entsprechenden Verträgen formulierten Zusicherungen offenbarte. Doch zum Zeitpunkt der Vertragsunterzeichnung erfüllten sie eine wichtige Funktion für die Ukraine: Sie stabilisierten ihre Wirtschaft und ihren Bestand als Staat. Die amerikanische Finanzhilfe für die Ukraine begann bald nach Abschluss des trilateralen Abkommens über die atomare Abrüstung durch Clinton, Jelzin und Krawtschuk im Januar 1994 zu fließen. Die Lösung der Atomfrage half Kutschma auch bei der Entspannung der Lage auf der

Krim, da Jelzin nun weniger Veranlassung hatte, den dortigen russischen Separatismus zu unterstützen, und in einer stärkeren Position war, solche Versuche seitens des russischen Parlaments zu vereiteln.[23]

Im Mai 1997 unterzeichneten Kutschma und Jelzin einen Freundschaftsvertrag, in dem Russland die territoriale Integrität der Ukraine, nunmehr in ihren postsowjetischen Grenzen, anerkannte. Ergänzend schloss man eine Reihe von Vereinbarungen, die den langjährigen Streit über die Zukunft der Schwarzmeerflotte und ihres Marinestützpunkts in Sewastopol lösten. Kyjiw erklärte sich bereit, den größten Teil der aus der Sowjetära stammenden Flotte an Russland abzutreten und nur 18 Prozent der Schiffe zu behalten sowie Sewastopol für 20 Jahre an Russland zu verpachten. Im Jahr 2014 sollte gerade die Kontrolle über Sewastopol es Wladimir Putin ermöglichen, innerhalb weniger Tage die gesamte Halbinsel zu besetzen, aber damals erreichte Kyjiw in seinen Verhandlungen mit Russland kein besseres Ergebnis. Das lag nicht nur an den russischen Gebietsansprüchen, sondern auch an der anhaltenden Abhängigkeit der Ukraine von russischem Öl und Gas. Die Ukraine war nicht in der Lage, die steigenden Preise für diese Rohstoffe vollständig und pünktlich zu zahlen.[24]

Mit dem Budapester Memorandum von 1994 und dem Freundschaftsvertrag von 1997 gelang es der Ukraine, sowohl Russland als auch die Vereinigten Staaten dazu zu bewegen, sich zumindest auf dem Papier zu den Grundsätzen der Souveränität und territorialen Integrität der Ukraine zu bekennen. Es dauerte jedoch zwei Jahre, bis das russische Parlament den Freundschaftsvertrag gegen den starken Widerstand nationalistischer und populistischer Kräfte ratifizierte. Nur wenige Vertreter der ukrainischen Regierung hielten einen der beiden Verträge oder beide zusammen für ausreichend, um die Sicherheit der Ukraine zu gewährleisten. Nachdem der letzte Atomsprengkopf 1996 das Land verlassen hatte, suchten die Ukrainer nach einem Ersatz für den Schutz ihrer Souveränität und Integrität.[25]

Die einzige Möglichkeit, die sich hierfür anbot, war die Mitgliedschaft in der Organisation des Nordatlantikvertrags, besser bekannt als NATO. Nur wenige Monate nachdem es der Ukraine endlich gelungen war, den Freundschaftsvertrag mit Russland zu schließen, wurden zwei der westlichen Nachbarn der Ukraine, Polen und die Tschechische Republik, eingeladen, dem Bündnis beizutreten, um damit ihr eigenes »Russland-Problem« zu lösen.[26]

## PARTNERSCHAFT FÜR DEN FRIEDEN

Am Abend des 21. April 1993 verspätete sich Präsident Clinton mit seiner Rede beim Empfang zur Eröffnung des US Holocaust Memorial Museum. Er war nicht der Einzige, der die hochrangigen Gäste an diesem Abend warten ließ. Mit ihm verspäteten sich auch etliche Staatsoberhäupter osteuropäischer Staaten, die zu diesem Anlass angereist waren. »Ich habe viel Zeit damit verbracht, mit diesen Staats- und Regierungschefs über Dinge zu sprechen, die uns alle angehen und die für den Anlass, der Sie alle heute hierhergeführt hat, sehr bedeutsam sind«, erklärte Clinton. Anlass war natürlich das Gedenken an die Opfer des Holocaust; die »Dinge, die uns alle angehen«, waren die Bitten der Osteuropäer, die Türen der NATO für ihre Länder zu öffnen.[27]

Einer dieser Staatschefs war Lech Wałęsa, Präsident Polens und ehemaliger Anführer der dortigen Solidarność-Bewegung. Wałęsa drängte auf die Mitgliedschaft Polens in der Allianz. »Nach Jahrzehnten der sowjetischen Vorherrschaft haben wir alle Angst vor Russland«, sagte er zu Clinton. »Wenn Russland zu einer aggressiven Außenpolitik zurückkehrt, wird sich diese Aggression gegen die Ukraine und Polen richten. Wir brauchen Amerika, um das zu verhindern.« Wałęsa sprach nicht nur über sein eigenes Land, sondern auch über die beiden anderen Mitglieder der Visegrád-Gruppe, Ungarn und die Tschechoslowakei, die vereinbart hatten, ihre Bemühungen um den Beitritt zu westlichen Institutionen zu koordinieren. Ein weiterer antikommunistischer Dissident, der damalige Präsident der Tschechischen Republik, Václav Havel, erklärte Clinton bei anderer Gelegenheit, sein Land lebe »in einem Vakuum«, bevor er hinzufügte: »Deshalb wollen wir der NATO beitreten.«[28]

Die Osteuropäer hatten seit Anfang 1990 an die Tür der NATO

geklopft, als die Frage der Osterweiterung im Zusammenhang mit den Verhandlungen über die deutsche Wiedervereinigung aufkam. Im Verlauf dieser Verhandlungen fragte der US-Außenminister James Baker Gorbatschow: »Würden Sie ein vereinigtes Deutschland außerhalb der NATO bevorzugen, unabhängig und ohne US-Streitkräfte, oder ein vereinigtes Deutschland, das an die NATO gebunden ist, aber mit der Zusicherung, dass sich der Zuständigkeitsbereich der NATO keinen Zoll von seiner derzeitigen Position nach Osten verschiebt?« Gorbatschow lehnte jede Ausweitung der »NATO-Zone« ab. Letztlich beschränkte sich die Vereinbarung allein auf die deutsche Wiedervereinigung. Das im September 1990 unterzeichnete endgültige Abkommen erlaubte dem wiedervereinigten Deutschland den Beitritt zur NATO, aber ohne Ausdehnung der NATO-Infrastruktur in den östlichen Teil des Landes.[29]

Im März 1990 kritisierten Vertreter der Tschechoslowakei, Polens und Ungarns den Kreml wegen seines Widerstands gegen die NATO-Osterweiterung, und im Mai warnte Gorbatschow die Amerikaner, er wisse um ihre Unterstützung für die Bestrebungen der ehemaligen Satelliten Moskaus, dem Bündnis beizutreten. Präsident Bush machte sich die von Baker während der Verhandlungen vertretene Position zwar nicht zu eigen, wollte aber auch keinerlei Zugeständnisse an die Wünsche der Sowjetunion oder ihrer ehemaligen Verbündeten machen. Gorbatschow räumte später ein, Baker habe seine Erklärung nur im Zusammenhang mit den Verhandlungen über Deutschland abgegeben. Das hinderte jedoch die russische Führung, einschließlich Putin, nicht daran, Bakers Worte als »Beweis« dafür zu verwenden, dass die NATO zugestimmt habe, nicht über Ostdeutschland hinaus zu expandieren.[30]

Die Besorgnis über sowjetische beziehungsweise russische Einwände gegen die NATO-Mitgliedschaft osteuropäischer Staaten war der Hauptgrund für die Weigerung von Präsident George H. W. Bush gewesen, eine NATO-Erweiterung über die Ostgrenzen Deutschlands hinaus in Erwägung zu ziehen, obwohl er durchaus am Fortbestand der Organisation über das Ende des Kalten Krieges hinaus festhielt. Auch viele Vertreter der Clinton-Regierung wiesen deshalb die

Bitten osteuropäischer Staats- und Regierungschefs um einen Beitritt zum Bündnis ab. 1993 gab es noch einen weiteren Grund, eine solche Erweiterung infrage zu stellen: die Ukraine oder, genauer gesagt, ihre Entnuklearisierung. Clintons Außenminister, Warren Christopher, brachte das Ukraine-Problem auf den Punkt: »Es ist schwer vorstellbar, dass die Ukraine akzeptieren kann, der Puffer zwischen der NATO, Europa und Russland zu sein. Das wird unseren Bemühungen, die ukrainischen Atomwaffen loszuwerden, entgegenstehen.«[31]

Der direkte Zusammenhang zwischen Atomwaffen und dem Wunsch osteuropäischer Länder nach einer NATO-Mitgliedschaft wurde 1992 deutlich, als einige polnische Vertreter ihren amerikanischen Amtskollegen gegenüber andeuteten, sie würden sich Atomwaffen zulegen, sofern sie nicht der NATO beitreten dürften. Die Aussicht auf ein atomar bewaffnetes Polen, das es mit einem erneut aggressiven Russland zu tun bekommen könnte, beunruhigte viele in Washington, und deshalb waren manche gewillt, der Ukraine die NATO-Mitgliedschaft als Zuckerbrot dafür anzubieten, dass sie ihr Atomwaffenarsenal aufgab. Aus Besorgnis über den möglichen Verlust ihrer Waffen und wegen der Gefahr, in der Grauzone zwischen der NATO und Russland festzusitzen, versuchten ukrainische Diplomaten, auf den osteuropäischen Beitritts-Zug aufzuspringen. Der stellvertretende Außenminister Borys Tarasjuk erklärte, es sei »inakzeptabel, dass die NATO ohne die Ukraine als Vollmitglied erweitert wird«.[32]

Als Clinton im April 1993 in Washington mit Wałęsa und Havel zusammentraf und beide osteuropäischen Staatschefs die Frage der NATO-Mitgliedschaft ansprachen, begann der US-Präsident, die vorsichtigere Politik seines Vorgängers zu überdenken. Auf dem Weg der Osteuropäer zum Bündnis gab es jedoch zwei große Hindernisse. Das eine war der Widerstand Russlands, das andere waren die Überlegungen hinsichtlich des Umgangs mit der Ukraine, die noch immer über Atomwaffen verfügte und äußerst besorgt darüber war, in ein Niemandsland zwischen der NATO und Russland zu geraten.

Der russische Widerstand gegen die NATO-Erweiterung stellte ein Problem dar, aber die Clinton-Regierung befürchtete auch, dass eine solche Erweiterung, unabhängig davon, welche Position Jelzin dazu bezog, dessen Kritikern im Land Auftrieb geben würde. »Sollte die NATO einen gegen Russland gerichteten Grund für die Aufnahme neuer Mitglieder anführen, könnte dies das Kräftegleichgewicht in der russischen Politik genau in die Richtung lenken, die wir […] am meisten befürchten«, schrieb Clintons Experte für Russland und Osteuropa, Strobe Talbott. Der Durchbruch in Bezug auf Russland gelang im August 1993, als Wałęsa eine informelle Vereinbarung mit Jelzin traf, die Polens NATO-Mitgliedschaft auf Kosten der Ukraine sicherstellte. Russland sagte darin zu, sich Polens Antrag auf Beitritt zum Bündnis nicht zu widersetzen, wenn Polen sich im Gegenzug nicht in ukrainische Angelegenheiten einmische, es sei denn, es käme in der Ukraine zu einer militärischen Krise. Obwohl dieses Abkommen sehr informell war, wurde es eingehalten: Russland erhob keine Einwände gegen den Beitritt der Osteuropäer zum Bündnis, doch an der ukrainischen Grenze musste die NATO haltmachen.[33]

Nachdem Russland sich scheinbar in Schach halten ließ, wurde die Ukraine selbst zum Hauptproblem für Washington. Talbott formulierte Washingtons Aufgabe gegenüber der Ukraine so: »[Wir] müssen Sorge tragen, nicht dergestalt vorzugehen, dass die Ukraine das Gefühl gewinnt, sie werde angesichts ihres ungezähmten Nachbarn im Norden im Stich gelassen.« Washingtons Ukraine-Problem wurde bald darauf durch die Einrichtung des NATO-Programms »Partnerschaft für den Frieden« gelöst, das allen osteuropäischen Ländern, einschließlich der Ukraine und Russland, offenstand. Damit reagierte Clinton auf Jelzins Schreiben vom September 1993, das dieser kurz nach seinem Abkommen mit Wałęsa verfasst hatte und in dem er seinem amerikanischen Amtskollegen mitteilte, Russland würde der NATO-Erweiterung zustimmen, sofern es sich an dem Prozess beteiligen könne. Es war auch ein Trostpreis für die Ukraine, den Clinton Präsident Krawtschuk im Januar 1994 in Kyjiw anbot, als er nach Moskau reiste, um das trilaterale amerikanisch-russisch-ukrainische Abkommen über die Übereignung ukrainischer Atomwaffen an Russland zu unterzeichnen. Das Programm »Partnerschaft für den

Frieden« wurde am Tag vor Clintons Zwischenstopp in Kyjiw im NATO-Hauptquartier in Brüssel angekündigt.[34]

Das neue Partnerschafts-Programm diente gleichsam als Wartezimmer für die Osteuropäer auf ihrem Weg zur Vollmitgliedschaft in der Allianz. Für Russland und die Ukraine, denen man keine Hoffnungen auf einen NATO-Beitritt machte, erfüllte es eine andere Funktion. Die Mitgliedschaft in dem Programm sollte Moskau versichern, dass die NATO sich nicht gegen die Russische Föderation verschwor. Für Kyjiw hingegen bedeutete sie die Zusicherung, dass man die Ukraine nicht mit einem unglücklichen und aggressiven Russland allein lassen werde. Während sich die Osteuropäer und die Russen Zeit ließen, ergriffen die Ukrainer die Gelegenheit beim Schopf. Die Ukraine trat als erster Staat dem Programm bei, kaum einen Monat nach dessen Ankündigung. Die Partnerschaft mit der NATO wurde zu ihrer einzigen Hoffnung, sich Russlands erwehren zu können.[35]

Die »Partnerschaft für den Frieden« war nur von kurzer Dauer. Im Juli 1997 trafen sich die Staats- und Regierungschefs der NATO-Mitgliedsländer unter der Leitung von Bill Clinton in Madrid und luden Polen, die Tschechische Republik und Ungarn zum Beitritt ein. Gleichzeitig boten sie Russland und der Ukraine zwei separate Abkommen an. Das an Russland gerichtete Dokument trug den Titel »NATO-Russland-Grundakte«, das für die Ukraine hieß »Charta über eine besondere Partnerschaft«. Beide Vertragsentwürfe verfolgten denselben Zweck wie das Programm »Partnerschaft für den Frieden«: Einerseits zuzusichern, dass die NATO sich nicht gegen Russland verschwor, andererseits der Ukraine zu garantieren, dass die NATO Russland in Schach halten werde.

Zudem wurde Russland eingeladen, der G7-Gruppe der größten demokratischen Volkswirtschaften beizutreten, obwohl seine demokratische Legitimation nach dem Beschuss des Parlaments im Jahr 1993 infrage stand und seine Wirtschaftskraft zweifellos gering war. Bill Clinton erklärte Präsident Kutschma später, Russland habe nur mit Blick auf die Ukraine einen Sitz im Rat der G7 (jetzt G8) erhalten. »Ich habe in Kauf genommen, dass die G8 und die APEC [Asiatisch-Pazifische Wirtschaftsgemeinschaft] dafür kritisiert werden, dass sie Russland aufnehmen«, sagte Clinton zu Kutschma. »Aber ich wollte, dass die Russen mehr Vorteile darin sehen, mit anderen Ländern wie der Ukraine zusammenzuarbeiten, als ihnen überlegen zu sein.« Jelzin akzeptierte die G7-Mitgliedschaft, versuchte jedoch, eine Klausel in die »NATO-Russland-Grundakte« einzufügen, die Russland ein Vetorecht gegen jede künftige Erweiterung des Bündnisses einräumte. Sein Vorschlag fand kein Gehör, dennoch erklärte er seinem heimischen Publikum, Russland habe dieses Recht zugestanden bekommen.[36]

Die Beziehungen Russlands zur NATO verschlechterten sich im Frühjahr 1999 dramatisch, kurz nach dem offiziellen Beitritt der Tschechischen Republik, Polens und Ungarns zur NATO. Der unmittelbare Anlass hatte nichts mit der Erweiterung des Bündnisses zu tun; es ging um die Entscheidung der NATO, Serbien zu bombardieren, das zusammen mit Montenegro den Rumpfstaat Jugoslawien bildete. Die NATO-Staaten begannen die Bombardierungen, um die Gräueltaten der jugoslawischen Armee gegen die Bevölkerung des Kosovo, einer überwiegend muslimischen Region innerhalb Serbiens, zu beenden. Clinton und andere westliche Staats- und Regierungschefs glaubten, dem Völkermord Einhalt gebieten zu müssen, doch der UN-Sicherheitsrat verweigerte die Zustimmung zu den Luftangriffen, da Russland und China ihr Veto einlegten. Daher übernahm die NATO die Verantwortung für die Militäroperation. Somit hatte sich die NATO über Nacht von einem defensiven in ein offensives Bündnis verwandelt – eine Entwicklung, die die Russen genau zur Kenntnis nahmen.[37]

Weder die russische Regierung, die nach der russischen Finanzkrise von 1998 vom ehemaligen Chef des russischen Auslandsgeheimdienstes, Jewgeni Primakow, geführt wurde, noch die kommunistische und nationalistische Opposition, die Primakows Regierung unterstützte, waren bereit, die Vorgänge in Serbien zu akzeptieren. Zwar schlug Jelzin nicht den gleichen Kurs ein wie der serbische Präsident Slobodan Milošević und mobilisierte seine Armee, um die Sowjetunion zusammenzuhalten und sie in ein »Jugoslawien mit Atomwaffen« zu verwandeln, dennoch entwickelten Russland und Serbien in den späten

1990er Jahren freundschaftliche Beziehungen. Völlig vergessen waren nunmehr die Jahre der Feindschaft nach dem Bruch zwischen Stalin und Tito Ende der 1940er Jahre und die Zeit des Misstrauens nach Miloševićs Unterstützung des Putsches vom August 1991 in Moskau. Die lange Beziehung, die auf den gemeinsamen slawischen Wurzeln, dem orthodoxen Erbe und der Unterstützung des Russischen Reichs für die Südslawen in ihrem Kampf gegen die osmanische Herrschaft im 19. Jahrhundert beruhte, lebte wieder auf. Panslawismus, Nationalismus und Religion wurden zu wichtigen Elementen der neuen russischen Politik und traten an die Stelle der überholten marxistischen Ideologie und der schwächelnden liberalen Demokratie. Aus Sicht der russischen Nationalisten erlitt das »brüderliche« Serbien denselben Schock des Reichsverlusts wie Russland selbst.

Primakow saß im Flugzeug auf dem Weg in die Vereinigten Staaten, als er am 24. März 1999 erfuhr, dass die NATO mit der Bombardierung Serbiens begonnen hatte. Er war über das seiner Meinung nach unfreundliche amerikanische Vorgehen dermaßen verärgert, dass er seinen Piloten anwies, den Kurs zu ändern und nach Moskau zurückzukehren. Wenig später brach Russland die Beziehungen zur NATO aus Protest gegen die amerikanische Einmischung in seine Interessensphäre ab. Im Lauf der Zeit wurde dies zur Metapher für die dramatische Wende der russischen Außenpolitik hinsichtlich der Zusammenarbeit mit den Vereinigten Staaten. Bei dem 78 Tage dauernden Bombardement wurden Tausende serbische Soldaten und Zivilisten verwundet oder getötet und die jugoslawische Infrastruktur in großem Umfang zerstört. Nach dem Ende der Bombardierung marschierten russische Truppen in die kosovarische Hauptstadt Priština ein. Dort bestanden sie gegenüber einem aus Mazedonien einrückenden NATO-Verband auf einer gemeinsamen Besetzung des Gebiets. So waren in Priština Russland und die NATO gleichzeitig vereint und getrennt – pro forma Verbündete, doch de facto Rivalen.[38]

# KAPITEL 4
# DAS NEUE OSTEUROPA

Das neue Jahrtausend begann mit der Hoffnung auf eine Verbesserung der Beziehungen zwischen Russland, den Vereinigten Staaten und dem Westen insgesamt und infolgedessen wohl auch zwischen Russland und der NATO. Diese Hoffnung speiste sich aus einem Telefongespräch, das Wladimir Putin, mittlerweile seit etwas über einem Jahr Präsident von Russland, und George W. Bush, dessen erste Amtszeit als Präsident der Vereinigten Staaten noch nicht einmal zehn Monate zuvor begonnen hatte, am 9. September 2001 miteinander führten. Putin setzte Bush über eine Nachricht in Kenntnis, die er aus Afghanistan erhalten hatte, wo ein wichtiger Verbündeter Moskaus von den Taliban ermordet worden war: Demnächst werde etwas Großes geschehen, was lange vorbereitet worden sei. Zwei Tage später, am 11. September, fand der Al-Qaida-Anschlag auf die Zwillingstürme des World Trade Center in New York statt. Er veränderte Bushs Präsidentschaft und die Prioritäten, wenn nicht sogar die gesamte Richtung der amerikanischen Außenpolitik auf Jahre hinaus.

Putin sah eine Chance und nutzte sie, um Bush und seiner Administration eine Partnerschaft anzubieten, die auf dem Kampf gegen die gemeinsame Bedrohung aus Afghanistan und vom radikalen Islam beruhte, sich jedoch über eine regionale Kooperation hinaus erstreckte. »Ich bin sicher, dass wir heute, wo sich die Wege unseres Schicksals wieder auf so geschichtsträchtige Weise kreuzen, nicht nur Partner, sondern auch Freunde sein werden«, erklärte Putin im November 2001 bei seinem Besuch in Washington. In Putins Vision würde Russland den Status zurückerlangen, den die UdSSR in der

Weltpolitik innegehabt hatte; die NATO-Expansion würde beendet und das Territorium der ehemaligen UdSSR als russische Einflusssphäre anerkannt werden. Putin war auch gekommen, um weitere Geheimdienstinformationen über Afghanistan zu liefern, dem damals das Hauptinteresse des Weißen Hauses galt.[1]

Bush und seine Regierung waren dankbar, wollten aber nicht so weit gehen, wie Putin vorschlug. Als Gegenleistung für die Informationen über Afghanistan und andere Gesten des guten Willens vonseiten Moskaus war Washington bereit, seine eigenen nachrichtendienstlichen Erkenntnisse in Bezug auf den »Krieg gegen den Terror« zu teilen, öffentliches Stillschweigen über die brutale Befriedung des von Russland zum terroristischen Staat erklärten Tschetscheniens zu wahren und Russlands Beitritt zur Welthandelsorganisation zu unterstützen. Die Partnerschaft funktionierte eine Weile, aber sogar im Bereich gemeinsamer Interessen – dem Krieg gegen die Taliban – zeichneten sich Spannungen ab. Die Vereinigten Staaten benötigten Militärbasen in Zentralasien, aber es widerstrebte Putin, den Amerikanern Zutritt zu seiner exklusiven Einflusssphäre zu gewähren. Erst nach einigem Zögern erklärte er sich mit der Eröffnung zweier amerikanischer Basen in der Region einverstanden, eine in Usbekistan, die andere in Kirgisistan.[2]

Das war allerdings nur der Anfang. Im Juni 2002 stieg Bush aus dem Vertrag über die Begrenzung von antiballistischen Raketenabwehrsystemen (ABM) von 1972 aus. Er berief sich darauf, dass die USA als Reaktion auf die von Schurkenstaaten wie dem Iran ausgehende Gefahr Raketenabwehrsysteme entwickeln müssten. Putin hatte jedoch den Eindruck, Bushs eigentliches Ziel sei Russland, und kündigte seinerseits den von George H. W. Bush und Boris Jelzin 1993 abgeschlossenen Start-II-Vertrag auf. Putins Versuch, mittels des im Mai 2002 geschaffenen NATO-Russland-Rats Einfluss auf die NATO zu nehmen, war ebenfalls wenig Erfolg beschieden: Im November jenes Jahres beschloss die NATO, neue osteuropäische Mitglieder aufzunehmen, vor allem die baltischen Staaten, die 1940 von der UdSSR annektiert worden waren. Damit drang sie in Gebiete vor, die Putin als seine Einflusssphäre respektiert sehen wollte.

Im Jahr 2003 entwickelte sich Bushs Entscheidung, in den Irak einzumarschieren, zu einem weiteren Streitpunkt zwischen Washington und Moskau.[3]

Vor allem war es jedoch Bushs »Demokratie-Feldzug« – eine Politik, die darauf abzielte, die Demokratie in globalem Maßstab zu fördern und zu unterstützen –, die Washington und Moskau auf Kollisionskurs brachte. Für Putins Regime stellte die Förderung der Demokratie eine Bedrohung seiner Stabilität im Innern wie auch seiner politischen Ziele im Ausland dar. Das neue Osteuropa, die ehemaligen Westrepubliken der UdSSR, wurde im selben Maße zum Schauplatz des Zusammenpralls dieser konkurrierenden Interessen wie das »alte« Osteuropa während des Kalten Krieges. Brennpunkt der neuen Rivalität wurde die Ukraine, wo die demokratische Orange Revolution im Herbst 2004 den Sieg davongetragen hatte. Ein paar Monate zuvor, im März 2004, waren sieben osteuropäische Länder, darunter die drei baltischen Staaten – allesamt Demokratien –, offiziell der NATO beigetreten. Würde die Ukraine ihnen folgen?

## DER DEMOKRATIE-FELDZUG

Soweit es Russland betraf, war der Sieg der Orangen Revolution des Jahres 2004 in der Ukraine ein schwerer Schlag für die Interessen des Kremls im In- und Ausland. »Sie war unser 9/11«, erklärte der russische Politikberater Gleb Pawlowski, der dem Kreml nahestand. Als gebürtiger Ukrainer ging er nach Kyjiw, um Ministerpräsident Janukowytsch und sein Wahlkampfteam zu beraten. Die Orange Revolution war auch eine persönliche Niederlage für Putin, weil sie von seinem ehemaligen Förderer und späteren Erzfeind Boris Beresowski unterstützt wurde, der schließlich vor seinem Regime geflohen war. Den Kreml trieb die Sorge um, dass die Ukraine unter dem westlich orientierten Präsidenten Juschtschenko den russischen Dunstkreis endgültig verlassen und sich dem westlichen Lager anschließen könnte.[4]

Mit dem Ende des Kommunismus wurde ein demokratisches Regierungssystem unabdingbar für postkommunistische und postsowjetische Staaten, die westlichen Institutionen beitreten wollten, sei es politischen wie der Europäischen Union oder militärischen wie insbesondere der NATO. Die Ukraine mit ihrer chaotischen, aber funktionsfähigen Demokratie war ein potenzieller Kandidat für beide Organisationen, Russland, das bei einer demokratischen Prüfung nach der anderen versagte und schließlich den Weg der autoritären Herrschaft einschlug, hingegen nicht. Der Erfolg und die Beständigkeit der ukrainischen Demokratie waren eine Gefahr für das Putin-Regime, da sie die Reste der prodemokratischen Kräfte in Russland ermutigten und in geopolitischer Hinsicht demokratische Institutionen näher an Russlands Grenzen brachten. In Putins Augen war dies nicht nur unerwünscht, sondern schlichtweg inakzeptabel.

Im Jahr 2004 war Putin auf bestem Wege, die Fundamente für ein künftiges autokratisches Regime zu legen. Bei den Wahlen vom Dezember 2003 erhielt seine Partei, Einiges Russland, dreimal so viele Stimmen wie die Kommunisten und wurde damit zur größten Partei im Parlament, sodass er die Kontrolle über die russische Duma übernahm. Dann nutzte er eine Geiselnahme tschetschenischer Radikaler aus, die im September 2004 eine Schule in Beslan angriffen. Die russischen Einsatzkräfte packten die Sache falsch an; ihre Leute stürmten die Schule und trugen damit zum Tod von 314 Geiseln bei, darunter 186 Schulkinder. Putin nutzte die Gelegenheit, um die letzten Überbleibsel der russischen Demokratie noch weiter zu beschneiden: Regionale Gouverneurswahlen wurden abgeschafft, und neue Gesetze schränkten die Aktivitäten von politischen Parteien und von Nichtregierungsorganisationen ein.[5]

Ein ähnliches politisches System schwebte Putin auch für die Ukraine vor. Er betrieb offenen Wahlkampf für Janukowytsch und drängte Kutschma heimlich zum Einsatz von Gewalt, beides ohne Erfolg. Anfang 2005 erschütterten Massenproteste auch eine Reihe anderer postsowjetischer Länder, darunter Usbekistan und Kirgisistan, wo die »Tulpenrevolution« den lokalen Herrscher, Askar Akajew, aus dem Amt fegte, der seit der spätsowjetischen Periode an der Macht gewesen war. Und ein Jahr vor der Orangen Revolution hatte die »Rosenrevolution« in Georgien einen jungen, charismatischen, prowestlichen Reformer namens Micheil Saakaschwili an die Macht gebracht. In Russland wurden all diese Protestbewegungen »orange« genannt. Moskau befand sich in der Defensive und begann, die Taktiken der Opposition während der Orangen Revolution zu imitieren. Zahlreiche regierungsfreundliche Jugendorganisationen wurden gegründet und finanziert. Die berüchtigtste war »Naschi« oder »Die Unseren«. Sie hatte die Aufgabe, den Präsidenten gegen revolutionäre Erhebungen zu verteidigen, die angeblich von fremden Mächten gefördert wurden. Die Ukraine hob man in dieser Hinsicht besonders hervor, aber hinter ihr sahen die Moskauer Ideologen den bedrohlichen Schatten des Westens.[6]

Tatsächlich führte die Orange Revolution, wie von Moskau befürchtet, zu einer großen geopolitischen Veränderung in Kyjiw. Präsident Juschtschenko kehrte zu der von Kutschma vor dem »Kassettenskandal« 2001 eingeleiteten proeuropäischen Politik zurück. Dazu gehörte die allmähliche Integration in europäische Strukturen, von der Europäischen Union bis zur NATO. Juschtschenko wollte die Einladung erhalten, sich dem Bündnis in Form eines Aktionsplans zur Mitgliedschaft (MAP) anschließen zu dürfen. In Brüssel stießen seine Forderungen keineswegs auf taube Ohren; NATO-Vertreter luden die Ukraine zu einem intensiveren Dialog über eine mögliche Mitgliedschaft ein. Und Tschechien, die Slowakei, Ungarn und Polen – jene westlichen Nachbarn der Ukraine, die ihre eigenen NATO-Beitrittsbemühungen in den 1990er Jahren nicht durch eine Verbindung zur Ukraine hatten gefährden wollen – unterstützten jetzt allesamt deren Wunsch nach Mitgliedschaft. Sie waren nur allzu gern bereit, ihre einem möglichen russischen Angriff ausgesetzte Position an der Ostflanke der NATO an die Ukraine abzutreten.[7]

Im Februar 2005, wenige Wochen nach seiner Vereidigung, nahm Juschtschenko an einer Konferenz von Staats- und Regierungschefs der NATO-Mitgliedsländer in Brüssel teil, wo er öffentlich erklärte, seine Kollegen sollten die Ukraine als künftiges Mitglied der Allianz betrachten. Das tat er im Namen der Orangen Revolution, an deren Spitze er gestanden hatte, und im Namen seiner Wähler. »Ich bin ziemlich sicher, liebe Freunde«, begann Juschtschenko, »die Menschen, die auf die Straßen und Plätze von Kyjiw geströmt sind, waren davon motiviert, dass sie die Ukraine in Europa sehen wollten – nicht als Nachbarn Europas, denn wir sind ein Land, das im Zentrum Europas liegt. Und wir sähen die Ukraine gern als Bestandteil der Europäischen Union und des Nordatlantikpakts.« Bevor Juschtschenko das Podium verließ, versicherte er Russland nachdrücklich, seine Bestrebungen und die seines Landes, der NATO beizutreten, seien nicht gegen Moskau gerichtet. »Russland ist unser strategischer Partner«, erklärte Juschtschenko, »und die Politik der Ukraine in Bezug auf die NATO widerspricht keineswegs den Interessen anderer Länder, einschließlich Russlands.«[8]

Die Ukraine versuchte, ihr Sicherheitsproblem zu lösen, so gut es ging. Angesichts der strategischen Partnerschaft der NATO mit Russland war der Gedanke, die Ukraine könnte der NATO beitreten, ohne Russland gegen sich aufzubringen, in den 1990er Jahren nicht unrealistisch. Doch im Gefolge der Orangen Revolution sah sich Kyjiw vor eine schwierige Entscheidung gestellt: entweder Moskau nachzugeben, das seit Langem Gebietsansprüche gegenüber der Ukraine erhob und sich direkt in die Präsidentschaftswahlen des Landes eingemischt hatte, oder Schutz in einem Militärbündnis zu suchen, das seine territoriale Integrität und Souveränität garantieren konnte. Die Bedrohung aus Russland war real und unmittelbar, die NATO-Mitgliedschaft dagegen hypothetisch und noch in weiter Ferne. Nach langem Hin und Her entschied sich Kyjiw eindeutig für die NATO.[9]

Russland verfolgte Juschtschenkos außenpolitische Manöver aufmerksam, äußerte sich öffentlich jedoch nicht zu den NATO-Bestrebungen Kyjiws. Stattdessen nutzte Moskau die Abhängigkeit der Ukraine von russischem Gas und ihre Rolle als Transitland für den Gasexport nach Europa aus, um ihre zunehmende westliche Ausrichtung zu behindern. Im März 2005, kurz nach Juschtschenkos Besuch in Brüssel, bei dem er einen Aktionsplan zur NATO-Mitgliedschaft gefordert hatte, erhöhte Russland die Gaspreise für die Ukraine. Das war zwar Bestandteil seiner generellen Politik der Kürzung von Subventionen für die ehemaligen Sowjetrepubliken, bestenfalls aber eine Sonderbehandlung, was allein schon daraus ersichtlich war, dass das Russland freundlich gesinnte Belarus bessere Konditionen erhielt. Es folgte eine Reihe von Lieferkrisen: Da die Ukraine die hohen Preise (die irgendwann über denen lagen, die Russland von seinen Kunden in Mitteleuropa verlangte) nicht bezahlen konnte, reduzierte Russland die Gasversorgung der Ukraine.

Zeitlich wurden diese auch als »Gaskriege« bezeichneten Krisen so gelegt, dass sie im Winter eintraten und die Ukraine dadurch zwangen, Gas von den Lieferungen Russlands nach Mitteleuropa abzuzweigen. Moskau beschuldigte Kyjiw daraufhin, europäisches Gas zu stehlen, und drohte damit, die Gasmengen für ganz Europa zu drosseln. So war die Lage im Januar 2006, als die russischen Gaslieferungen an Ungarn um 40 Prozent, an Frankreich und Österreich um 30 Prozent und an Italien um 24 Prozent gemindert wurden. Das fiel auf die Ukraine zurück und zog die EU geradewegs in die russisch-ukrainischen »Gaskriege« hinein, dämpfte die Entschlossenheit der Juschtschenko-Regierung, eine prowestliche Politik zu betreiben, jedoch kaum, sondern verstärkte sie eher noch.[10]

## DER BUKAREST-GIPFEL

Die Beziehungen zwischen Russland auf der einen Seite und den Vereinigten Staaten sowie ihren Verbündeten auf der anderen gerieten im Februar 2007 in eine Krise, als Putin die Plattform der Münchner Sicherheitskonferenz wählte, um die Vereinigten Staaten als politische Führungsmacht der Welt öffentlich infrage zu stellen.

Der russische Präsident wollte sich die Tatsache zunutze machen, dass Washingtons internationales Ansehen durch den Irakkrieg erheblich gelitten hatte. Er beschuldigte Washington, unilateral zu handeln und mit seinem Angriff auf den Irak die Grundlagen der internationalen Ordnung zu zerstören. Auch die Erweiterung der NATO war ihm ein Dorn im Auge. »Ich denke, es ist offensichtlich, dass die NATO-Erweiterung keineswegs zur Modernisierung der Allianz selbst oder zur Gewährleistung der Sicherheit in Europa beiträgt«, erklärte Putin. »Im Gegenteil, sie ist eine schwerwiegende Provokation, die das gegenseitige Vertrauen beeinträchtigt.« Dann kam er auf die angeblichen Zusagen der damaligen NATO-Führung aus dem Jahr 1990 zu sprechen, die NATO nicht über Deutschlands Ostgrenzen hinaus zu erweitern.[11]

NATO-Generalsekretär Jaap de Hoop Scheffer war alles andere als erfreut. Er bezeichnete Putins Münchener Rede als »enttäuschend und nicht hilfreich«. Die amerikanische Reaktion auf Putin formulierte Senator John McCain, eine führende Stimme der Republikanischen Partei, in der Diktion der Demokratie statt in jener des gegenseitigen Vertrauens oder der Sicherheit. »Moskau muss begreifen, dass es keine echte Partnerschaft mit dem Westen geben kann, solange seine innen- und außenpolitischen Handlungen in derart fundamentalem Widerspruch zu den zentralen Werten euro-atlantischer Demokratien stehen«, erklärte er.[12]

Auch Juschtschenko stellte die Demokratie ins Zentrum, als er im Januar 2008 zusammen mit anderen hochrangigen Politikern der Ukraine in einem Schreiben ans NATO-Hauptquartier in Brüssel einen Aktionsplan zur Mitgliedschaft für die Ukraine forderte. »Unser Staat, der die europäischen demokratischen Werte in vollem Umfang teilt, betrachtet sich als Teil des euro-atlantischen Sicherheitsraums und ist bereit, zusammen mit der NATO und deren Partnern gemeinsame Bedrohungen der Sicherheit unter gleichen Bedingungen zu bekämpfen.« Juschtschenko bat die NATO, der Ukraine beim bevorstehenden Bukarest-Gipfel im April 2008 einen MAP zu offerieren.

Moskau war erwartungsgemäß nicht erfreut. Putin drohte der Ukraine mit einem Raketenangriff, sollte sie der Stationierung von NATO-Raketen auf ihrem Territorium zustimmen. »Es ist ein furchteinflößender Gedanke – und schrecklich, so etwas sagen zu müssen –, dass Russland als Reaktion auf die Bereitstellung solcher Anlagen auf ukrainischem Gebiet seine Raketensysteme auf die Ukraine ausrichten könnte«, konstatierte er. »Man stelle sich das einen Moment lang vor. Es macht mir große Sorgen.« Juschtschenko bemühte ebenfalls seine Phantasie, um die Nerven in Moskau zu beruhigen. »Ist es vorstellbar, dass es eine NATO-Basis in Sewastopol geben wird? Natürlich nicht, und es wird sie auch nie geben«, erklärte er einmal. Er hoffte noch immer, Russland von seinem Widerstand gegen die Mitgliedschaft der Ukraine in der Allianz abbringen zu können.

Moskau betrachtete eine etwaige NATO-Mitgliedschaft der Ukraine jedoch als Aufkündigung ihrer guten Beziehungen zu Russland. Das russische Außenministerium reagierte auf die Nachricht von der Bitte der Ukraine mit der Erklärung, dass »die heutige ukrainische Führung engere Beziehungen zur NATO offenbar als Alternative zu gutnachbarschaftlichen Beziehungen zur Russischen Föderation« erachte. Russlands im selben Monat veröffentlichte »Konzeption der Außenpolitik« wertete die Erweiterung des Bündnisses, die mögliche Aufnahme der Ukraine und Georgiens sowie die Verlegung »militärischer Infrastruktur der NATO« nach Osten als Verstöße gegen »das Prinzip der gleichen Sicherheit für alle«, die »zu neuen Trennlinien in Europa« führen würden. »Wir werden gezwungen sein, entsprechende Maßnahmen zu ergreifen«, hieß es in der Stellungnahme.[13]

Russland war fest entschlossen, die Ukraine und Georgien, eine weitere rebellische postsowjetische Republik, deren demokratische Qualifikation mit der Rosenrevolution (2003) sichtbar geworden war, vom Beitritt zur Allianz abzuhalten. Unter Verweis auf seine schlechten Beziehungen zur NATO drohte Russland damit, sie noch weiter zu verschlechtern. »Da unsere Beziehungen zur NATO derzeit sehr schwierig sind, bin ich nicht sicher, dass die Allianz eine Einladung an die Ukraine aussprechen wird«, erklärte der russische UN-Vertreter, Dmitri Rogosin.[14]

Als die NATO-Führer am 2. April 2008 zum Gipfel in Bukarest eintrafen, waren ihnen die lautstarken Proteste Russlands gegen eine Mitgliedschaft der Ukraine und Georgiens sehr präsent. Putin erschien persönlich in der rumänischen Hauptstadt, um am Russland-NATO-Gipfeltreffen teilzunehmen und die Mitglieder der Allianz davor zu warnen, Einladungen an die beiden postsowjetischen Republiken auszusprechen. »Die Entstehung eines mächtigen militärischen Blocks an unseren Grenzen wird als direkte Bedrohung der russischen Sicherheit angesehen werden«, erklärte er dem amerikanischen Präsidenten. Bush war davon jedoch nicht sonderlich beeindruckt. Auf dem Weg nach Bukarest hatte er einen Zwischenstopp in Kyjiw eingelegt, wo er den Ukrainern erklärte: »Ihre Nation hat eine mutige Entscheidung getroffen, und die Vereinigten Staaten unterstützen Ihre Bitte entschieden.«[15]

Wichtige europäische NATO-Mitglieder, insbesondere Frankreich und Deutschland, blockierten freilich die von den Vereinigten Staaten befürwortete und von den neuen osteuropäischen Mitgliedern des Bündnisses unterstützte Entscheidung, der Ukraine und Georgien einen Aktionsplan zur Mitgliedschaft zu gewähren. »Wir sind heute übereingekommen, dass diese Länder Mitglieder der NATO werden«, hieß es in der Erklärung, in der zugleich verdeutlicht wurde, dass der Beitritt nicht in absehbarer Zeit erfolgen werde. Der MAP wurde versprochen, aber nicht gewährt, weil beide potenziellen Bewerber noch einige spezifische Kriterien erfüllen müssten, um sich zu qualifizieren. »Wir werden nun in eine Phase des intensiven Dialogs auf hoher politischer Ebene mit beiden eintreten, um die noch offenen Fragen bezüglich ihrer MAP -Bewerbungen zu erörtern.«[16]

Die Sache wurde also aufgeschoben, und sie kam auch beim nächsten und übernächsten Gipfel nicht wieder auf die Tagesordnung der NATO. Jedermann wusste, dass die Entscheidung, den beiden postsowjetischen Republiken einen MAP zu verweigern, ein Zugeständnis an Russland war, ihren ehemaligen Herrn. Anders ließe sich nicht erklären, weshalb auf dem Bukarester Gipfel nicht die Ukraine und Georgien, wohl aber Kroatien und Albanien zum NATO-Beitritt eingeladen wurden. Für die beiden Länder, die von Russland nun als Bedrohung empfunden wurden, war die Nichtentscheidung der NATO über ihre Mitgliedschaft das schlimmstmögliche Ergebnis des Gipfels: Ihre Bewerbungen waren auf unbestimmte Zeit verschoben, sodass sie von der Allianz, der sie sich ihren öffentlichen Bekundungen zufolge anschließen wollten, keinerlei Schutz zu erwarten hatten. Russland würde es zwar nicht wagen, die NATO anzugreifen, konnte aber problemlos deren Kandidaten attackieren – und tat es auch.

Am 8. August 2008, ein paar Monate nach dem Treffen von Bukarest, begann Russland einen Krieg gegen Georgien, offiziellen Begründungen zufolge zur Verteidigung der georgischen Enklave Südossetien, die sich Anfang der 1990er Jahre von Georgien abgespalten hatte. Der russische Angriff erfolgte angeblich als Reaktion auf das Vorgehen der georgischen Armee, die den Befehl erhalten hatte, in Südossetien einzurücken, aber es bestand kein Zweifel daran, dass der Krieg direkt mit dem Ergebnis des Bukarest-Gipfels zusammenhing. Russland hatte gleich nach Putins Rückkehr aus Rumänien offizielle Beziehungen mit Südossetien und Abchasien aufgenommen, den beiden georgischen Provinzen, die es nun »verteidigte«. Die Georgier schlugen unter der Führung von Präsident Micheil Saakaschwili zurück, der in der Ukraine und in den Vereinigten Staaten ausgebildet worden war, aber die russische Armee war der georgischen deutlich überlegen. Sie stieß tief ins Landesinnere vor und drohte, die Hauptstadt Tbilissi zu besetzen.

Am 12. August flog Juschtschenko zusammen mit führenden Politikern Polens und der drei baltischen Staaten nach Tbilissi, um Unterstützung für Saakaschwili und sein Land zu demonstrieren. Am selben Tag wurde der russische Vormarsch durch einen Waffenstillstand gestoppt, den der französische Präsident Nicolas Sarkozy ausgehandelt hatte. Die russischen Truppen zogen sich schließlich aus einem großen Teil des besetzten Gebiets zurück, blieben jedoch in Abchasien und Südossetien, vorgeblich um die Unabhängigkeit der beiden Provinzen von Georgien zu schützen und ihre territoriale Eigenständigkeit zu erhalten. Das minimierte Georgiens Chancen, irgendwann einmal der NATO beizutreten, denn die Allianz nahm nur ungern Staaten mit ungelösten territorialen Problemen auf. Der Krieg gegen Georgien war der erste größere, den Russland außerhalb seiner Grenzen vom Zaun brach. Er sandte ein deutliches Signal an den Westen, dass Russland bereit war, jede Erweiterung der Allianz auch mit militärischer Gewalt zu unterbinden. Überdies zeigte er den anderen postsowjetischen Republiken, dass die NATO ihnen im Fall eines russischen Angriffs nicht zu Hilfe kommen würde.[17]

In Verbindung mit dem Ausgang des russisch-georgischen Krieges versetzte die Entscheidung des Bukarester NATO-Gipfels den ukrainischen Beitrittsbestrebungen einen vernichtenden Schlag. Die Wachablösung in Washington mit dem Amtsantritt von Barack Obama als Präsident im Januar 2009 führte zu einer gründlichen Überprüfung sämtlicher Elemente der US-amerikanischen Außenpolitik und zum Versuch eines »Neustarts« der Beziehungen zwischen den USA und Russland. Im Januar 2010 schied Wiktor Juschtschenko, der schon in der ersten Runde der Präsidentenwahlen jenes Jahres deutlich unterlegen war, aus dem Amt und machte Platz für Putins alten Favoriten, Wiktor Janukowytsch. Der neue Präsident strich prompt die NATO-Mitgliedschaft von der außenpolitischen Agenda der Ukraine und schloss ein Abkommen, das für die ukrainische Sicherheit verheerend war, weil es die Präsenz der russischen Schwarzmeerflotte in Sewastopol bis zum Jahr 2042 verlängerte.[18]

Der Bukarest-Gipfel brachte die Ukraine in die verwundbarste Position seit ihrer Unabhängigkeitserklärung. Ohne Atomwaffen und NATO-Mitgliedschaft war sie Russland auf Gedeih und Verderb ausgeliefert. Die Ukraine war ein einsamer Krieger in offenem Gelände, der von feindlichen Kräften verfolgt wurde und eilig Zuflucht in einer sicheren Festung suchte, nur um feststellen zu müssen, dass deren Tore sich aufgrund von Meinungsverschiedenheiten unter ihren Verteidigern vor ihm schlossen.

## DIE EURASISCHE UNION

Wladimir Putins Position zur Sicherheit Russlands entsprach jener der Zaren und der Kommissare, die einen Gürtel von Pufferstaaten geschaffen und erhalten hatten, um sie zu gewährleisten. Putin wollte die meisten ehemaligen Sowjetrepubliken unter der Führung Moskaus vereinen, wenn auch zugegebenermaßen nicht in Form einer wiederbelebten Sowjetunion, sondern eines politischen, militärischen und vor allem ökonomischen Blocks namens Eurasische Union. Angesichts ihrer Größe und ihrer wirtschaftlichen Bedeutung sollte die Ukraine dabei einer der Eckpfeiler sein.

Die Reintegration des postsowjetischen Raums unter dem Namen

Eurasien, den ihm Moskau gegeben hatte und unter dem ihn nun alle Welt kannte, war von Boris Jelzin in den 1990er Jahren mit der Unterzeichnung einiger Abkommen über die Schaffung eines gemeinsamen Marktes zwischen Russland, Belarus und einer Reihe zentralasiatischer Staaten eingeleitet worden. Putin brachte neuen Schwung in den Reintegrationsprozess, indem er die Eurasische Wirtschaftsgemeinschaft schuf – eine stillschweigende Anerkennung der Tatsache, dass die von Jelzin ins Leben gerufene Gemeinschaft Unabhängiger Staaten den postsowjetischen Raum nicht unter russischer Kontrolle vereinigte, wie Moskau es in den frühen 1990er Jahren erwartet hatte.

Im Jahr 2003 hatten Putins Integrationsbemühungen Erfolg. Nachdem die Ukraine sich geweigert hatte, der von ihr mitgegründeten Gemeinschaft beizutreten, schloss sie nun mit Russland, Belarus und Kasachstan ein Abkommen über die Schaffung eines gemeinsamen Wirtschaftsraums. Das gehörte zu ihrer Abwendung von Europa und der Hinwendung zu Russland, die Präsident Kutschma nach seiner Schwächung durch den Kassettenskandal vorgenommen hatte. Die Orange Revolution setzte der ukrainischen Beteiligung an eurasischen Integrationsprojekten unter Russlands Führung jedoch ein Ende. Präsident Juschtschenko strebte die Integration der Ukraine in Europa an. Mit Wiktor Janukowytschs Amtsantritt im Jahr 2010 wuchs dann wiederum die Wahrscheinlichkeit, dass es zu irgendeiner Form der eurasischen Kooperation kommen würde.

Im Jahr 2008 tauschte Putin gewissermaßen die Rollen mit seinem ehemaligen Ersten Stellvertretenden Ministerpräsidenten Dmitri Medwedew und fügte sich damit der verfassungsmäßigen Beschränkung der Präsidentschaft auf zwei aufeinanderfolgende Amtszeiten. Im Oktober 2011 legte er, nunmehr als Ministerpräsident, in einem viel beachteten Artikel sein Konzept der eurasischen Integration dar. Am 1. Januar 2012 gab er Pläne zur Bildung eines gemeinsamen Wirtschaftsraums bekannt, der Russland, Belarus und Kasachstan umfasste. Dieser galt ihm jedoch nur als Ausgangspunkt einer Eurasischen Union unter russischer Führung. »Wir schlagen das Modell einer machtvollen supranationalen Vereinigung vor, die zu einem der Pole der heutigen Welt werden und in dieser Eigenschaft die Rolle eines effektiven ›Bindeglieds‹ zwischen Europa und der dynamischen asiatisch-pazifischen Region spielen kann«, schrieb Putin. Er sah Russland als Führungsmacht eines mächtigen Blocks, der im Westen mit der Europäischen Union und im Osten mit dem aufstrebenden China konkurrieren konnte.[19]

Der Artikel war nicht nur an die russische Öffentlichkeit adressiert, sondern Putin versuchte damit auch, neue Mitglieder für seine Eurasische Union zu gewinnen. In dieser Hinsicht stieß er allerdings auf Konkurrenz, da eine Reihe postsowjetischer Staaten die potenzielle Mitgliedschaft in der Europäischen Union ins Auge fasste. »Manche unserer neuen Nachbarn begründen ihre mangelnde Bereitschaft, an fortgeschrittenen Projekten der Integration in den postsowjetischen Raum teilzunehmen, mit dem Argument, dies stünde angeblich in Konflikt mit ihrer Entscheidung für Europa«, schrieb Putin. Er hatte eine Lösung für dieses Problem: »Ich halte das für eine falsche Gegenüberstellung. Wir wollen uns weder von jemandem abgrenzen noch jemandes Gegenspieler werden. Die Eurasische Union wird als unveräußerlicher Teil eines Großeuropas auf universellen integrationistischen Prinzipien aufgebaut und durch die gemeinsamen Werte von Freiheit, Demokratie und marktwirtschaftlichen Grundsätzen vereint sein.«[20]

Der Artikel war Bestandteil von Putins Vorwahlprogramm: Zum Zeitpunkt seiner Publikation hatte er bereits bekannt gegeben, dass er erneut Präsident werden wollte. Als ihm das im Mai 2012 gelang, wurde die Reintegration von Eurasien zu einem seiner wichtigsten Ziele. In ideologischer Hinsicht war die Eurasische Union weitgehend ein Produkt von eurasischem und neo-eurasischem Denken, weil sie den ehemaligen imperial-russischen und sowjetischen Raum auf transnationaler Basis zu reintegrieren versuchte. In ökonomischer Hinsicht war es ein Versuch, Märkte für die auf globaler Ebene nicht konkurrenzfähige russische Industrie zu sichern, um künftige wirtschaftliche Schocks und Krisen abzuwenden. Für einen erfolgreichen Wettbewerb mit der Europäischen Union und dem aufstrebenden China benötigte Russland neue Technologie, die es nur vom Westen bekommen konnte. Zu diesem Zweck führte Moskau seine eigenen

Verhandlungen mit der EU, anfangs noch ohne den Versuch, ähnliche Bestrebungen seitens der Ukraine und anderer postsowjetischer Länder zu unterbinden.[21]

Mitte 2013 zeichnete sich jedoch ab, dass die Gespräche zwischen Russland und der EU unproduktiv waren und die Assoziierungsabkommen, welche die EU den postsowjetischen Staaten anzubieten bereit war, sich nicht mit deren künftiger Mitgliedschaft in der Eurasischen Union vereinbaren ließen. Darum drängte Putin jene postsowjetischen Staaten, die an Assoziierungsabkommen mit der Europäischen Union interessiert waren, ihre Pläne fallen zu lassen. Armenien fügte sich – es war bei seinem Krieg mit dem benachbarten Aserbaidschan auf russische Unterstützung angewiesen –, Georgien und die Republik Moldau jedoch nicht. Die Ukraine schwankte zwischen Moskau und Brüssel. Für Putin war die Ukraine von entscheidender Bedeutung: Ohne die zweitgrößte postsowjetische Republik würde die Eurasische Union ihre Funktion als einer der »Pole« der heutigen Welt nicht erfüllen können.

Der neue ukrainische Präsident, Wiktor Janukowytsch, ließ viele politische Programmpunkte seines Vorgängers fallen. Mithilfe seiner Verbündeten und Vasallen im Parlament änderte er die Verfassung und hob die Einschränkungen der präsidentiellen Machtbefugnisse auf, die bei Juschtschenkos Wahl verabschiedet worden waren. Die so erweiterten Befugnisse erlaubten es Janukowytsch, die Entwicklung von Elementen autoritärer Herrschaft in Angriff zu nehmen, gefolgt von der Errichtung eines äußerst korrupten Regierungssystems, das Milliarden von Dollar aus dem Staatshaushalt auf Geheimkonten des Präsidenten, seiner Angehörigen sowie enger Berater und Verbündeter umleitete. Auf dem Gebiet der Außenpolitik erklärte Janukowytsch öffentlich, sein Land werde die NATO-Beitrittsbestrebungen aufgeben und zu einem blockfreien Status zurückkehren. Der um 25 Jahre verlängerte Pachtvertrag für die russische Marinebasis in Sewastopol war ein weiteres Zeichen der Abwendung der neuen Regierung von Brüssel und ihrer Hinwendung zu Moskau.[22]

Einer der wenigen politischen Programmpunkte Juschtschenkos, die auf Janukowytschs Agenda verblieben, war die Aufnahme enger

Wirtschafts- und Handelsbeziehungen mit der Europäischen Union, einem riesigen Markt für die Produkte der ukrainischen Metallindustrie und anderer exportorientierter Wirtschaftszweige, die sich in Janukowytschs Herkunftsregion, dem Donbas, konzentrierten. Seine Oligarchenfreunde fürchteten die Konkurrenz ihrer russischen Pendants und wollten europäische Märkte für ihre Produkte öffnen. Sie hatten auch nichts gegen die EU als Verbündeten, um autoritäre Tendenzen in Kyjiw im Zaum zu halten – Janukowytschs wachsende Macht und sein Appetit auf das Vermögen anderer Leute stellten eine Gefahr für ihre Geschäftsinteressen dar.[23]

Die EU war besorgt über Janukowytschs Angriff auf die Demokratie und den Rechtsstaat, traf jedoch Anstalten, der Ukraine ein Assoziierungsabkommen anzubieten, wenn dafür politische Gefangene freigelassen wurden, insbesondere die ehemalige Ministerpräsidentin Julija Tymoschenko, die von Janukowytsch ins Gefängnis gesteckt worden war, ausgerechnet weil sie wirtschaftlich nachteilige Gasverträge mit Russland abgeschlossen hatte. Die Hauptforderung der EU bestand jedoch in der Fortsetzung der marktwirtschaftlichen Reformen. Das war ein Problem für Janukowytsch, der keine Reformen wollte und ein kleptokratisches System aufbaute. Er und seine Entourage hofften jedoch, Reformen simulieren, ihre geschäftlichen Interessen vor Russland schützen und in europäische Märkte eindringen zu können. Umfragen deuteten darauf hin, dass Janukowytsch bei den für 2015 angesetzten Präsidentschaftswahlen gewinnen würde, wenn er sein Versprechen hielt, die Ukraine in eine Partnerschaft mit der EU zu bringen. Prodemokratische und liberale Wähler würden ihm dann alles andere vergeben.[24]

Janukowytsch schwankte. Während die EU Reformen und die Freilassung von Tymoschenko forderte, wollte Moskau nichts dergleichen. Aber es drohte Janukowytsch mit einer Wirtschaftsblockade, sollte er ein Assoziierungsabkommen mit der EU vereinbaren. Um zu zeigen, dass er es ernst meinte, begann Putin einen begrenzten Handelskrieg mit der Ukraine, indem er die Grenzen für deren Produkte sperrte und damit einen Rückgang der ukrainischen Exporte um 10 Prozent verursachte. Die Kosten dieser »Verschärfung« von

Russlands Zollbestimmungen wurden auf 1,4 Milliarden Dollar geschätzt. Moskau hatte jedoch nicht nur die Peitsche, sondern auch Zuckerbrot in seinem Arsenal. Putin bot Geld, wenn die Ukraine das vorgeschlagene Abkommen mit der EU nicht unterzeichnete: Der Betrag wurde später auf 15 Milliarden Dollar beziffert, ein Rettungsanker für Janukowytsch, dessen kleptokratisches Regime die Ukraine an den Rand des finanziellen Zusammenbruchs gebracht hatte. Janukowytsch hatte endlich seine Entscheidung getroffen.[25]

Im November 2013 nahm er eine Einladung zum EU-Gipfel in Vilnius an, wo er eigentlich das Assoziierungsabkommen unterzeichnen sollte. Aber er weigerte sich plötzlich. Seiner Entourage gegenüber erklärte er die Kehrtwendung als Ergebnis eines Gesprächs mit Putin, der ihm angeblich eröffnet hatte, er werde nie und nimmer zulassen, dass die Europäische Union oder die NATO eine gemeinsame Grenze mit Russland hätte. Falls Janukowytsch das EU-Abkommen unterzeichnete, drohte Putin damit, die Krim und einen guten Teil der südöstlichen Ukraine einschließlich des Donbas zu okkupieren. Der sichtlich erschütterte Janukowytsch beschloss, auf das EU-Assoziierungsabkommen zu verzichten.[26]

Janukowytsch erzählte seinen europäischen Kollegen nichts von dem Geld, das er von Russland bekommen würde. Als er Putin ein paar Wochen später in Moskau besuchte, löste der russische Präsident sein Versprechen ein. Er bot seinem ukrainischen Amtskollegen einen Discountpreis für russisches Erdgas und einen Kredit über 15 Milliarden Dollar an. »Die Ukraine«, erklärte Putin, »ist zweifellos unser strategischer Partner und Verbündeter, im wahrsten Sinne des Wortes.« Das eurasische Integrationsprojekt war also quicklebendig, so schien es damals zumindest.[27]

## DIE REVOLUTION DER WÜRDE

Als Janukowytsch in Moskau seine finanzielle Belohnung einstrich, steckte er in Kyjiw bereits in großen Schwierigkeiten. Kaum hatte die ukrainische Regierung die Ergebnisse des EU-Gipfels in Vilnius bezüglich der Ukraine bekannt gegeben, versammelten sich junge Leute auf dem Maidan, dem Kyjiwer Unabhängigkeitsplatz, um gegen Janukowytschs Rückzug von dem Abkommen zu protestieren. Wie bei einem großen Teil der ukrainischen Gesellschaft verbanden sich ihre Hoffnungen, in der Ukraine europäische Rechtsverhältnisse und Geschäftsgepflogenheiten einzuführen, mit dem versprochenen Abkommen. Bald stießen Studenten zu ihnen und begannen, auf dem Maidan zu kampieren. Das war die Geburtsstunde der Euromaidan-Proteste gegen Janukowytschs gebrochenes Versprechen, sein Volk näher an Europa heranzuführen.

Als am Morgen des 30. November eine Spezialeinheit der ukrainischen Polizei über Studenten auf dem Platz herfiel und sie zu vertreiben versuchte, wurden die Euromaidan-Proteste zur Revolution der Würde, wie sie später heißen sollte. Am 1. Dezember versammelten sich mehr als eine halbe Million Kyjiwer im Stadtzentrum, um gegen die Brutalität der Polizei zu protestieren. Die Bürgerinnen und Bürger waren gekommen, um die Studenten zu verteidigen, aber auch, um die Gesellschaft angesichts des lähmenden Autoritarismus zu schützen. Am 11. Dezember stürmten die Sicherheitskräfte das Lager auf dem Maidan. Seinen Verteidigern gelang es, dem Druck standzuhalten, und die Polizeieinheiten zogen sich zurück. Der Angriff der Regierung auf die Protestierenden fand während des Besuchs von Victoria Nuland, Abteilungsleiterin im amerikanischen Außenministerium, in Kyjiw statt. Sie war zusammen mit einer Vertreterin der EU, Catherine Ashton, dorthin gereist, um bei der Lösung der Krise zu helfen. Die beiden gingen zum Maidan, um ihre Unterstützung für die Protestierenden zum Ausdruck zu bringen.[28]

Der Zeitpunkt des Polizeieinsatzes war alles andere als ein Zufall. Er sollte in erster Linie ein Signal an Washington senden, dass dessen Einmischung nicht erwünscht war. Putin bezeichnete Nulands Besuch auf dem Maidan später als Beweis für die amerikanische Rolle bei der Aufwiegelung zu den Protesten. Nicht einmal eine Woche später flog Janukowytsch nach Moskau, um Putins Schmiergeld für seinen Rücktritt von dem Assoziierungsabkommen mit der EU einzustecken. Am 8. Januar 2014, dem Tag nach dem orthodoxen Weihnachtsfest, reiste Janukowytsch zu einem weiteren Treffen mit Putin nach Russland. Späteren Berichten zufolge hielt Russland die Auszahlung der nächsten Tranche des 15-Milliarden-Dollar-Kredits zurück, bis die Proteste aufgelöst wären. Mitte Januar nahm das ukrainische Parlament, in dem Janukowytschs Unterstützer die Mehrheit hatten, die sogenannten diktatorischen Gesetze an, mit denen die Aktivitäten vom Westen finanzierter Nichtregierungsorganisationen verboten und bestimmte Protestformen für gesetzwidrig erklärt wurden.[29]

Aber die Ukraine war nicht Russland. Statt die Opposition und die Protestierenden derart einzuschüchtern, dass sie aufgaben, mobilisierten die neuen Gesetze breiten Widerstand. In Kyjiw strömten Zehntausende Demonstranten auf die Straßen, und die Radikalsten von ihnen brachen mit der Tradition des friedlichen Protests und griffen Regierungsgebäude an. In den westlichen Oblasten der Ukraine, wo eine absolute Mehrheit der Bevölkerung die Revolution der Würde unterstützte, begannen die Protestierenden, die Kontrolle über staatliche Einrichtungen zu übernehmen. Janukowytsch setzte die Polizei gegen die Demonstranten in Kyjiw ein, konnte aber wenig gegen die Entwicklungen in der Westukraine tun, wo die lokalen Regierungen Partei für die Protestierenden ergriffen.

Ende des Monats leitete Janukowytsch einen taktischen Rückzug ein. Das Parlament hob einige der »diktatorischen Gesetze« auf, und Janukowytsch entließ seinen langjährigen Ministerpräsidenten, den in Russland geborenen und ausgebildeten Mykola Asarow, der wegen seiner Unfähigkeit oder seiner mangelnden Bereitschaft, Ukrainisch zu lernen, heftige Kritik auf sich gezogen hatte. Mitte Februar setzte die Regierung mehr als 230 zuvor festgenommene Regierungsgegner auf freien Fuß, und die Demonstranten verließen einige der von ihnen besetzten Regierungsgebäude. Ein Kompromiss war in Arbeit; er zielte auf die sofortige Bildung einer neuen Regierung und die mittelfristige Erarbeitung einer neuen Verfassung ab.

Doch am 18. Februar 2014 wurde der Waffenstillstand zwischen der Regierung und den Protestierenden gebrochen, als Tausende von Menschen zum ukrainischen Parlamentsgebäude marschierten. Sie griffen die Zentrale von Janukowytschs herrschender Partei der

Regionen an und legten darin Feuer. Spezialeinheiten der Polizei reagierten mit einem umfassenden Gegenangriff, schossen mit scharfer Munition, setzten Tränengas ein und drängten die Menge auf den Maidan zurück. Agenten des Sicherheitsdienstes steckten das Hauptquartier der Demonstranten, das Gewerkschaftsgebäude, in Brand, und es gelang der Polizei, einen Teil des Platzes zu besetzen. Mindestens elf Zivilisten und sieben Polizeibeamte wurden getötet oder starben bei dem Brand. Die Regierung ließ sogar angeheuerte Schlägerbanden auf die Protestierenden los, um sie zu terrorisieren.[30]

Die Gewalt vom 18. Februar veränderte sowohl den Verlauf der Revolution der Würde als auch den gesamten politischen Prozess in der Ukraine. Die friedlichen Proteste der 1990er Jahre, die Orange Revolution von 2004 und die ersten Monate der Revolution der Würde gehörten nun der Vergangenheit an. Die nächsten paar Tage brachten noch weitaus mehr Gewalt: Die Regierungsgegner versuchten den Maidan zurückzuerobern, und Spezialtruppen der Polizei sowie Heckenschützen von nach wie vor unbekannter Provenienz eröffneten das Feuer auf sie. Unter den Toten waren 13 Polizeibeamte, deutlich weniger als die 108 Demonstranten, die an jenem Tag erschossen wurden.[31]

Am Abend des 20. Februar erzielte Janukowytsch im Beisein der Außenminister Frankreichs, Deutschlands und Polens, die nach Kyjiw geflogen waren, um in der Krise zu vermitteln, eine Übereinkunft mit den Führern der Opposition. Sie beinhaltete die Bildung einer neuen Regierung, vorgezogene Präsidentenwahlen und eine Rückkehr zur Verfassung von 2004 mit verringerten Machtbefugnissen des Präsidenten. Ein Vertreter Russlands, Wladimir Lukin, war ebenfalls anwesend. Als ehemaliger Botschafter in den Vereinigten Staaten war Lukin nun der Menschenrechtsbeauftragte seines Landes. Er lehnte es ab, die in Kyjiw erzielte Vereinbarung zu unterzeichnen, und deutete an, dass Putin sie nicht gebilligt habe. Vertreter Russlands hatten Janukowytsch schon vorher aufgefordert, die Proteste niederzuschlagen, wenn er keine Intervention Russlands unter dem Vorwand riskieren wolle, die Souveränität der Ukraine gemäß den Bedingungen des Budapester Memorandums zu verteidigen.[32]

Während Janukowytsch mit der Opposition verhandelte, stimmte das ukrainische Parlament über eine Entschließung ab, die den Einsatz der Polizei gegen die Protestierenden untersagte. Nach ihrer Verabschiedung trat die Entschließung am Morgen des 21. Februar in Kraft. Gegen Mittag begannen die Polizeieinheiten aus der Innenstadt von Kyjiw abzuziehen. Janukowytsch folgte ihnen auf dem Fuße; am späten Abend verließ er seine luxuriöse Meschyhirja-Residenz in der Nähe von Kyjiw. Einem seiner engen Verbündeten erklärte er, »sein Leben sei in Gefahr; es gebe viele Bewaffnete in Kyjiw, viele Banden seien entstanden, deshalb müsse er Kyjiw verlassen«. Einige Demonstranten auf dem Maidan wollten die von Janukowytsch und den Oppositionsführern erzielte Vereinbarung nicht akzeptieren, und es waren keine Polizisten mehr da, um ihn zu schützen, falls die Protestierenden beschließen sollten, seine Amtsräume oder die Meschyhirja-Residenz zu stürmen.[33]

Am 22. Februar, dem Tag nach Janukowytschs Flucht aus Kyjiw, erklärte ihn das nunmehr von der Opposition geführte Parlament für abgesetzt, da er seine Pflichten vernachlässigt und sein Amt aufgegeben habe. Oleksandr Turtschynow, einer der Anführer der Opposition und der Maidan-Proteste, wurde zum Interimspräsidenten gewählt. Ein weiterer Oppositionsführer, Arsenij Jazeniuk, wurde neuer Ministerpräsident. Das Parlament stimmte mit einfacher Mehrheit für Janukowytschs Absetzung, ohne ein Amtsenthebungsverfahren einzuleiten; dafür wäre eine Zweidrittelmehrheit erforderlich gewesen. Janukowytsch weigerte sich zurückzutreten, wollte aber auch nicht nach Kyjiw zurückkehren. Ein paar Tage später verließ er das Land.

Auf dem Maidan betrauerte man die Toten und feierte den Sieg: Die Revolution hatte gewonnen, eine neue Regierung war gebildet worden und hatte gelobt, das Assoziierungsabkommen mit der EU zu unterzeichnen, während der Möchtegern-Autokrat ins Exil nach Russland gegangen war, zu jener eurasischen Autokratie, die ihn die ganze Zeit unterstützt hatte. Ohne dass die Menschen auf dem Maidan es wussten, leitete Wiktor Janukowytschs Flucht aus Kyjiw in der Nacht des 21. Februar 2014 eine Abfolge von Ereignissen ein, die ein paar Tage später zur russischen Annexion der Krim führten; diese löste wiederum einen militärischen Konflikt zwischen Russland und der Ukraine aus, die erste Stufe des umfassenden russisch-ukrainischen Krieges.[34]

# KAPITEL 5

# DER ERÖFFNUNGSZUG: DIE KRIM

Seit Generationen beschäftigt russische Denker und Staatsmänner die Frage, wo Russland beginnt und endet und welche Gebiete zur historischen »Sammlung der russischen Länder« gehören sollten. Der Zerfall der Sowjetunion beförderte dieses Thema mit einer nie dagewesenen Dringlichkeit erneut auf die politische Tagesordnung. Durch die neuen Staatsgrenzen der ehemaligen Sowjetrepubliken befanden sich nahezu 30 Millionen ethnische Russen und russischsprachige Angehörige anderer Nationalitäten, die sich in erster Linie Russland verbunden fühlten, auf einmal außerhalb der Grenzen der Russischen Föderation. Der führende russisch-nationalistische Schriftsteller Alexander Solschenizyn, der 1992 aus den Vereinigten Staaten – seinem Exil während des Kalten Krieges – nach Russland zurückkehrte, wetterte gegen die Zersplitterung des »russischen Volkes« durch die postsowjetischen Grenzen; darin sah er den Kern der neuen russischen Frage. Aus demselben Grund bezeichnete Putin den Zusammenbruch der Sowjetunion als die größte geopolitische Tragödie des 20. Jahrhunderts.[1]

Boris Jelzin und seine Berater standen vor der enormen Aufgabe, das postsowjetische Russland in einen europäischen Nationalstaat nach dem Modell umzuformen, das in den vorangegangenen zwei Jahrhunderten die Französische Revolution und deren Nachfolger vorgezeichnet hatten. Dieses Modell beruhte auf einem Nationalismusbegriff, den der tschechisch-britische Philosoph Ernest Gellner folgendermaßen definierte: »Nationalismus ist vor allem ein politisches Prinzip, das besagt, dass politische und nationale Einheiten deckungsgleich sein sollten.« Angesichts der Millionen Nichtrussen und Nichtslawen innerhalb der Grenzen der Russischen Föderation und Dutzender Millionen »Russen« und Sowjets unterschiedlicher Couleur jenseits dieser Grenzen war die russische Nationenbildung ohne einen großen Krieg, das Hauptinstrument bei der Schaffung des europäischen Systems der Nationalstaaten, so gut wie unmöglich. In den 1990er Jahren war das letzte Beispiel hierfür Slobodan Miloševićs Projekt eines Großserbien gewesen.[2]

Einen solchen Krieg konnten sich Jelzin und seine Regierung jedoch nicht leisten, und sie wollten ihn auch nicht. Moskau zog vielmehr in den Krieg gegen das nichtslawische und nichtchristliche Tschetschenien, um einen anderen Grundsatz zu verteidigen – die Unverletzlichkeit der Grenzen der Russischen Föderation, die durch den tschetschenischen Separatismus infrage gestellt wurde. Die beiden grausamen Tschetschenienkriege führten zu einer Verrohung der russischen Politik und Gesellschaft und bestärkten das imperiale Modell der russischen Identität als transethnisch und transkulturell. Dies geschah unter anderem auf der Grundlage, aber auch auf Kosten der in der kommunistischen Zeit entwickelten sowjetischen Identität. Die neuen Führer in Moskau, die in Opposition zum Kommunismus an die Macht gekommen waren und maßgeblich zum Niedergang der Sowjetunion beigetragen hatten, sahen sich nun mit kommunistischer Opposition gegen ihre Herrschaft konfrontiert. Sie lehnten die sowjetische Identität als Instrument einer russischen Nationenbildung oder als Mittel zur Aufrechterhaltung der russischen Kontrolle über den postsowjetischen Raum ab. Stattdessen suchten sie nach einer Alternative, und Jelzin forderte sogar eine neue »nationale Idee« für Russland.[3]

So entstanden im Lauf der 1990er Jahre etliche politische, kulturelle und ideologische Konzepte, die nicht mehr auf dem sowjetischen Modell basierten. Sie konkurrierten mit diesem als mögliche Mittel zur Vereinigung der politischen Komponenten der Russischen Föderation und der postsowjetischen Republiken, die nicht mehr der Herrschaft Moskaus unterstanden. Ein solches Konzept war der Eurasismus, der einer Reihe von Reintegrationsprojekten und Institutionen im postsowjetischen Raum seinen Namen gab. Der Eurasismus wurzelte in den Schriften russischer Intellektueller wie Fürst Nikolai Trubezkoi und Pjotr Sawizki, die beide nach der bolschewistischen Revolution ins Exil gegangen waren. Das eurasistische Konzept zielte darauf ab, den ehemals russisch-imperialen und nun postsowjetischen Raum auf der Grundlage des imperialen Erbes Russlands, der russischen Kultur und des orthodoxen Christentums wiederherzustellen und dabei die nichtrussischen Teile des ehemaligen Reichs in die heutige Russische Föderation so weit wie möglich zu integrieren.

Der alte Eurasismus der russischen Exilanten beflügelte die Phantasie eines Teils der intellektuellen Elite, der mit dem liberal-demokratischen Kurs von Jelzins Beratern unzufrieden war, und manche seiner Anhänger und Interpreten fanden nach Putins Machtübernahme Zugang in den Dunstkreis des Kreml. Der Neo-Eurasist Alexander Dugin, Verfechter eines eurasischen Imperiums und Ideengeber eines russischen Faschismus, wurde Berater von Sergei Naryschkin, als dieser die Leitung der russischen Präsidialverwaltung innehatte. Naryschkin stieg später zum Präsidenten der Staatsduma und zum Chef des Auslandsgeheimdienstes auf, Putins alter institutioneller Heimat.[4]

Putin übernahm viele Elemente des traditionellen und wiederbelebten Eurasismus in sein Weltbild. In seinen offiziellen Verlautbarungen sprach er wiederholt von Russland als einer einzigartigen multiethnischen Zivilisation, die sich nicht nur vom Westen unterscheide, sondern ihm in Geschichte, Kultur und Werten geradezu entgegenstehe. Mit gleicher, wenn nicht sogar größerer Leidenschaft eignete er sich jedoch auch die Ideen einer anderen Gruppe russischer Denker an, die Russland dem Westen vor allem als eurasisch-slawische oder russische Zivilisation gegenüberstellten. Diese Denkrichtung, die Intellektuelle wie Alexei Chomjakow, Iwan Kirejewski und Konstantin Aksakow vertreten hatten, war älter als der Eurasismus und ging auf die ersten Jahrzehnte des 19. Jahrhunderts zurück. In dieser Zeit fand eine der folgenreichsten Spaltungen in der russischen Geistesgeschichte statt, nämlich die zwischen den sogenannten Westlern und den Slawophilen. Erstere betonten, Russlands Schicksal liege im Westen, wohingegen Letztere die in Geschichte, Sprache, Kultur und Nationalität verwurzelte Einzigartigkeit Russlands hervorhoben.

Die Nationalität, die die Slawophilen als russisch bezeichneten, war in Wirklichkeit eine ostslawische. In kaiserlich-russischer Terminologie bestand sie aus Großrussen (oder Russen an sich), Kleinrussen (oder Ukrainern) und Weißrussen (oder Belarussen). Dieses Modell einer dreigliedrigen russischen Nation, die der russische Historiker Alexei Miller als »große russische Nation« bezeichnet, machten sich in der zweiten Hälfte des 19. Jahrhunderts die kaiserlichen Eliten zu eigen; auf diesem Wege wurde es zu einem Bestandteil des ideologischen Credos und der persönlichen Überzeugung sowie der Identität vieler politischer, religiöser und militärischer Führer des Landes. Die Russische Revolution setzte jedoch der Vorherrschaft der dreigliedrigen Nation im russischen politischen und ethnonationalen Denken ein Ende. 1922 stellte sich Lenin den Versuchen Stalins entgegen, nichtrussische Republiken in die Russische Föderation einzugliedern, und bestand auf der Schaffung eines Unionsstaates, in dem diese Republiken eigenständige Gemeinwesen mit gleichen Rechten wie Russland sein sollten.[5]

Doch unter den russischen Emigranten lebte die Vorstellung einer großen russischen Nation fort, insbesondere bei den von der bolschewistischen Roten Armee besiegten Generälen der Weißen Garde und jenen Intellektuellen, die deren Vision eines einzigen und unteilbaren Russlands unterstützten. Zu diesen Emigranten zählten General Anton Denikin, dessen Memoiren Wladimir Putin sehr beeindruckten, sowie der Philosoph Iwan Iljin, ein Bewunderer des Faschismus, dessen Artikel »Was die Zerstückelung Russlands der Welt verheißt« zu einer häufig zitierten Quelle in den Reden und Verlautbarungen Putins und anderer russischer Amtsträger werden sollte. Iljins Ansicht nach werde Russland eines Tages seine Länder wieder unter seine Vorherrschaft bringen.[6]

Die Schlüsselfigur, die das imperiale Denken der Vergangenheit mit einem Plan für den Umgang mit den Problemen und Realitäten des postsowjetischen Russlands verband, war Alexander Solschenizyn. In seinem Essay »Russland wieder aufbauen. Überlegungen und vorläufige Vorschläge« von 1990 forderte Solschenizyn die Abspaltung der Ostslawen von den nichtslawischen Republiken der Sowjetunion und die Bildung einer »Russischen Union«, die aus Russland, der Ukraine, Belarus und Nordkasachstan bestehen sollte. Folgt man Ernest Gellners Definition von Nationalismus als Kongruenz der politischen mit den ethnonationalen Grenzen, wäre Solschenizyns »wieder aufgebautes« Russland demnach viergliedrig. Doch sein Plan wurde nie verwirklicht, und einige Jahre später stellte er die Legitimität der ukrainischen Grenzen infrage. In seinem Essay »Rußland im Absturz« von 1998 plädierte Solschenizyn für die Annexion der Ost- und Südukraine und prangerte deren »zügellose Ausdehnung auf Gebiete an, die vor Lenin nie zur Ukraine gehört hatten: die beiden Donezk-Provinzen sowie der gesamte südliche Gürtel Neurusslands (Melitopol–Cherson–Odesa) sowie die Krim«.[7]

Putin bewunderte all diese Autoren und teilte viele ihrer Ideen. Im Mai 2009, kaum ein Jahr nach dem Einmarsch in Georgien, stellte er seine Verehrung der kaiserlich-russischen Denker öffentlich zur Schau. Trotz regnerischen Wetters erschien er in Begleitung zahlreicher Reporter auf dem Friedhof des Donskoi-Klosters in Moskau, um Blumen an den Gräbern von General Denikin und dessen Frau sowie an den Gräbern von Iwan Iljin und Iwan Schmeljow, einem weiteren emigrierten russischen Schriftsteller, dessen sterbliche Überreste nach Russland zurückgebracht worden waren, niederzulegen. Auch der letzten Ruhestätte des im Jahr zuvor in Moskau verstorbenen Alexander Solschenizyn erwies Putin seine Ehrerbietung.[8]

Einem der Reporter, die ihn bei der Zeremonie begleiteten, empfahl Putin, Denikins Memoiren zu lesen. »Denikin spricht über Groß- und Kleinrussland, die Ukraine«, sagte er. »Er schreibt, dass niemand sich in die Beziehungen zwischen uns einmischen darf; das war immer die Sache Russlands selbst.« Denikin hatte Alexander Puschkin zugestimmt, als dieser sich gegen die Kritik des Westens an Russlands Angriff auf Polen nach dem polnischen Aufstand von 1830 verwahrte. Während es Puschkin um die russisch-polnischen Beziehungen ging, hatte Denikin die Beziehungen zwischen Russland und der Ukraine im Blick. Nach Putins Ansicht war es Sache Russlands, zu entscheiden, wie es seine Beziehungen zu einem schwächeren Nachbarn gestalten wollte. Die slawischen Wurzeln der beiden Völker dienten ihm als Vorwand, um jegliche westliche Unterstützung für die Ukraine zu verurteilen.[9]

Archimandrit Tichon, Gerüchten zufolge damals Putins geistlicher Berater, vertraute den versammelten Reportern an, Putin persönlich habe die Grabsteine der Gräber von Denikin, Iljin und Schmeljow bezahlt. Tichon berichtete ihnen auch von Putins Bewunderung für Solschenizyn, den er als »organischen und engagierten Etatisten« bezeichnete. Solschenizyn glaubte nicht nur an einen starken russischen Staat, sondern trat auch für ein ostslawisches Russland ein, gegründet auf dem panrussischen, imperialen Modell der russischen Nation, das Russland, die Ukraine und Belarus umschloss. Dies war ein unbeholfener Kompromiss zwischen den sowjetischen und den imperialen Vorstellungen von russisch-nationaler Identität. Entsprechend der sowjetischen Tradition bezeichnete Solschenizyn, der zur Hälfte Ukrainer war, die Ukrainer als eine eigene Nation, doch gemäß der imperialen Tradition waren sie und die Russen für ihn ein und dasselbe Volk.[10]

Putin teilte Solschenizyns Überzeugung, dass Teile der Ost- und Südukraine nicht zu den historischen Territorien des Landes gehörten, sondern, wie er gegenüber Präsident George Bush 2008 erklärte, ein Geschenk der russischen Bolschewiki gewesen seien. Solschenizyns Kompromisshaltung kümmerte Putin wenig, solange sich nur das politische Projekt der russisch-ukrainischen Einheit und das imperiale Modell einer dreigliedrigen russischen Nation verwirklichen ließen. Wie Solschenizyn akzeptierte Putin die sowjetische Dreiteilung der russischen Nation in Russen, Ukrainer und Belarussen, betrachtete diese aber weiterhin als Angehörige eines einzigen Volkes. Solschenizyns Wunschbild von Russland diente als Brücke zwischen den imperialen Vorstellungen von russischer Sprache, Kultur und Identität und den Ansichten, die in russischen politischen Kreisen mit der Ankunft Putins im Kreml populär zu werden begannen.

Russland war bereit, das sowjetische Erbe hinter sich zu lassen, was sein Selbstverständnis und die Beziehungen zu seinen Nachbarn betraf. Aber die Bewegung, die daraus erwuchs und als deren Anführer sich Putin hervortat, war gleichermaßen historisch rückwärtsgewandt. Denn zu seinem ideologischen Repertoire gehörte nicht nur der Eurasismus, mit dem sich die russische Oberhoheit über den ehemaligen imperialen Raum rechtfertigten ließ, sondern auch die Vision einer großen russischen Nation in einem gemeinsamen ostslawischen Staat sowie schließlich auch die Vorstellung, dass man, falls andere Integrationsprojekte scheiterten, bereit sein müsse, durch die Annexion der ihrer Historie oder Ethnie nach russischen Enklaven ein Großrussland zu schaffen.

## DER KAMPF UM DIE KRIM

Später behauptete Putin, er habe die Entscheidung zur Annexion der Krim in der Nacht des 23. Februar getroffen, nachdem er sich mit einer kleinen Gruppe von Beratern – den Chefs des Verteidigungsministeriums und der Geheimdienste – ausgetauscht hatte. »Ich habe die Leiter unserer Nachrichtendienste und des Verteidigungsministeriums in den Kreml eingeladen«, berichtete er und fügte hinzu, außer ihm hätten an dem Treffen nur vier Personen teilgenommen. Es dauerte bis sieben Uhr am nächsten Morgen. Am Ende, so Putin, »sahen wir uns verpflichtet, mit der Wiederherstellung der Krim als Teil Russlands ans Werk zu gehen«. Die Entscheidung traf der Autokrat jedoch allein. Es gab keine Minister, Parlamentsabgeordneten oder gar Mitglieder des Sicherheitsrates, die ihn beraten hätten.[11]

Die Krim, der einzige Teil der Ukraine, in dem ethnische Russen die Mehrheit der Bevölkerung stellten, war schon seit den späten Sowjetjahren ein Zankapfel zwischen Russland und der Ukraine und stand bereits lange auf der Kreml-Liste der zurückzuholenden Gebiete. 1994 hatte Boris Jelzin beschlossen, sich nicht in die inneren Angelegenheiten der Ukraine einzumischen, als die ukrainischen Wähler den vermeintlich prorussischen Präsidenten Leonid Kutschma wählten und ukrainische Politiker ihre Beziehungen mit den Eliten der Krim aushandelten. Nun aber beschloss Putin angesichts des Verlusts seines Schützlings in Kyjiw, der fast sicheren Unterzeichnung eines Assoziierungsabkommens mit der EU durch die Ukraine und damit des Scheiterns seiner Pläne, die Ukraine in die von Russland geführte Zollunion und die Eurasische Union einzubinden, sich die Halbinsel mit Gewalt zu sichern.

Eine separatistische Bewegung wie 1994 war zwar nicht in Sicht, aber es gab andere Faktoren, die Putin zu seinem Vorteil zu nutzen versuchte. Dazu gehörten das Interregnum in Kyjiw, die fragwürdige Legitimität der Entmachtung Janukowytschs durch das Parlament, die nicht minder fragwürdige Legitimation seines Nachfolgers und die Unfähigkeit der neuen Behörden, das Vertrauen der ukrainischen Sicherheitsdienste zu gewinnen, die sie nur wenige Tage, wenn nicht gar Stunden zuvor noch mit Molotow-Cocktails bekämpft hatten. Schon bald machte das ukrainische Parlament Putin ein politisches Geschenk, indem es ungeschickterweise ein neues Gesetz zur Förderung der ukrainischen Sprache verabschiedete, das von prorussischen Politikern in der Ukraine als Angriff auf die Rechte der russischen Minderheit verurteilt wurde. Der Kreml nutzte dieses Gesetz, um den russischen Nationalismus und Separatismus anzuheizen und die Annexion zu rechtfertigen.

Während der kritischsten Phasen der Maidan-Proteste stand Putin ständig in Kontakt mit Janukowytsch; zwischen dem Beginn der Schießereien in Kyjiw am 18. Februar und dem blutigsten Tag der Konfrontation, dem 20. Februar, führte er elf Telefongespräche mit ihm. Der polnische Außenminister Radosław Sikorski berichtete, der ukrainische Präsident habe in der Nacht zum 20. Februar, als Sikorski und andere europäische Vertreter mit Janukowytsch über eine Lösung der Krise verhandelten, den Konferenzraum verlassen, um mit Putin zu telefonieren, und vorgezogenen Präsidentschaftswahlen erst zugestimmt, nachdem Putin dies gebilligt hatte.[12]

Putin erklärte später, er habe auch mit Präsident Barack Obama telefoniert. »Wir haben diese Fragen besprochen. Wir haben darüber diskutiert, wie wir die Erfüllung dieser Vereinbarungen fördern können. Russland ist bestimmte Verpflichtungen eingegangen. Mein amerikanischer Kollege sagte mir, auch er sei bereit, bestimmte Verpflichtungen zu übernehmen.« Laut dem russischen Zeitungsverleger Konstantin Remtschukow, der Putin bei zahlreichen Gelegenheiten traf, »habe Obama zugesagt, dafür zu sorgen, dass die Demonstranten vom Maidan abziehen, und Putin wollte Janukowytsch vorschlagen, bewaffnete Ordnungskräfte in die Kasernen zu schicken. Im Herbst 2014 sollte in der Ukraine sodann die Neuwahl des Präsidenten stattfinden.«

Ben Rhodes, stellvertretender Berater für nationale Sicherheit und strategische Kommunikation unter Präsident Obama, berichtete, die beiden Präsidenten hätten sich tatsächlich »auf eine Formel geeinigt, die einen Zeitplan für vorgezogene Wahlen in der Ukraine enthielt. […] Aber Janukowytsch floh aus dem Land, und die Demonstranten übernahmen in Kyjiw die Kontrolle.« Daran, so Remtschukow, sei nach Putins Ansicht Obama schuld gewesen, der angeblich »Putin nie zurückgerufen hat. Nicht einmal, um sich zu entschuldigen und einfach zu sagen, sorry, Mann, da ist alles schiefgelaufen. Er hat einfach nicht zurückgerufen, und das war's dann.« Rhodes hingegen erinnerte sich, dass die beiden Präsidenten in den folgenden Tagen und Wochen zahlreiche Gespräche über die Ukraine führten. Putin habe den Vereinigten Staaten vorgeworfen, sie hätten die Proteste angezettelt, und behauptet, die Ereignisse in Kyjiw seien ein Staatsstreich.[13]

Putin machte keinen Hehl daraus, dass er Janukowytschs Weigerung, mit massiver Gewalt und möglicherweise mit der Armee gegen die Demonstranten vorzugehen, missbilligte. Laut Putin hatte Janukowytsch erklärt: »Ich könnte den Befehl zum Einsatz von Waffen nicht unterschreiben. Meine Hand würde sich dem verweigern.« Putin kommentierte das mit den Worten: »Kann man ihm das verübeln? Ich weiß es nicht. […] Ob es nun gut oder schlecht ist, die Folgen der Untätigkeit sind gravierend.« Offenbar versuchte Putin, Janukowytsch zu bewegen, Kyjiw in der Nacht zum 21. Februar nicht zu verlassen, aber Janukowytsch ließ sich nicht davon abbringen und rief Putin noch einmal an, um ihn von seiner Entscheidung zu unterrichten. »Ziehen Sie wenigstens nicht die Sicherheitskräfte ab«, riet Putin ihm. »O ja, da bin ich ganz Ihrer Meinung«, lautete die Antwort. In Wirklichkeit waren die Einheiten der Bereitschaftspolizei bereits dabei, in Reaktion auf die Parlamentsabstimmung aus Kyjiw abzurücken. Janukowytsch konnte nichts dagegen unternehmen.[14]

Am nächsten Tag, dem 22. Februar, erschien Janukowytsch nicht zum Abgeordnetenkongress der Räte der Ost- und Südukraine, dessen Organisatoren hofften, die Verlegung der ukrainischen Hauptstadt nach Charkiw verkünden und Janukowytsch veranlassen zu können, das Land von dort aus zu regieren. Stattdessen bat Janukowytsch Putin um ein Treffen; Putin schlug dafür die Stadt Rostow-na-Donu nahe der ukrainischen Grenze vor. Doch ukrainische Grenzbeamte verhinderten auf Anweisung Kyjiws den Abflug von Janukowytschs Maschine aus seiner Heimatstadt Donezk nach Russland. Am späten Nachmittag dieses Tages stimmte das ukrainische Parlament, wie bereits erwähnt, für die Absetzung Janukowytschs. Dieser rief Putin erneut an, um ihn um Hilfe zu bitten: Er sei auf dem Weg zur Krim, um zu sondieren, ob er dort einen Stützpunkt errichten könne.[15]

Die erste Anweisung, die Putin seinen Sicherheitschefs gab, als sie im Kreml zur Erörterung der sich überstürzenden Ereignisse zusammenkamen, war, Janukowytsch nach Russland auszuschleusen. »Ich [...] gab ihnen den Auftrag, das Leben des ukrainischen Präsidenten zu retten; sie [die Ukrainer] hätten ihn einfach umgebracht«, erklärte Putin später. »Wir trafen Vorkehrungen, um ihn direkt aus Donezk herauszubringen, auf dem Land-, See- oder Luftweg.« Putin befahl seinen Sicherheitskräften, in den souveränen Staat Ukraine einzudringen, und sie befolgten seine Anweisungen. Hubschrauber wurden über die Grenze geschickt, und das russische Militär nutzte seine Einrichtungen zur Funküberwachung, um die Route von Janukowytschs Wagenkolonne vom Flughafen Donezk aus zu verfolgen, wo ihm die Möglichkeit verweigert worden war, auf die Krim zu fliegen.[16]

Inzwischen war Putin bereits entschlossen, der Ukraine die Krim zu entreißen. Die einzige Frage war, wie man einem solchen Akt den Anschein von Legitimität geben konnte: Die russische Verfassung ließ die Annexion von Territorien souveräner Staaten nicht zu. Einem

Kreml-Insider zufolge sprach sich die Mehrheit für ein Szenario aus, das nach dem Angriff Russlands auf Südossetien im Jahr 2008 erprobt worden war, als diese Enklave in Georgien ihre Unabhängigkeit erklärte und von Russland anerkannt wurde. Das Gleiche könnte im Fall der Krim geschehen, gefolgt von einer Annexion. Putin habe angeblich alle Einwände gegen ein solches Szenario zurückgewiesen und gesagt, es liege nun in der Verantwortung seiner Berater, die Einzelheiten der Operation auszuarbeiten.[17]

Putin erklärte ihnen, angesichts der Bedrohung der dortigen Bevölkerung durch radikale ukrainische Nationalisten gebe es keine andere Wahl, als die Krim nach Russland »zurückzuholen«: »Wir können dieses Gebiet und die dort lebenden Menschen nicht ihrem Schicksal überlassen, denn das würde bedeuten, dass sie von den Nationalisten überrollt werden.« Eine solche Bedrohung existierte zwar nicht, aber Putins größeres Ziel, die Krim an Russland anzugliedern, würde unerreichbar, wenn Janukowytsch von der Krim aus versuchte, als legitimer Präsident nach Kyjiw zurückzukehren. Also musste Janukowytsch daran gehindert werden, sich auf der Krim zu verbarrikadieren, oder, noch besser, man musste ihn aufhalten, bevor er die Halbinsel überhaupt erreichte. Der russische Geheimdienst, der während der Reise des ukrainischen Präsidenten Richtung Krim mit dessen Sicherheitsleuten in Verbindung stand, teilte diesen mit, ihm sei ein Hinterhalt gelegt worden. Er solle deshalb kurz vor der Halbinsel anhalten und warten, bis er von russischen Hubschraubern abgeholt werde.

»Von da an wiesen unsere Funkortungsdienste seiner Wagenkolonne den Weg«, berichtete Putin über die Ereignisse jener Nacht. »Wir orteten ständig seine Position auf der Route. Aber als sie mir die Karte zeigten, wurde klar, dass er bald in einen Hinterhalt geraten würde. Nach den uns vorliegenden Informationen waren dort außerdem großkalibrige Maschinengewehre installiert, die ihm den Garaus machen sollten.« Es gibt keine Beweise dafür, dass irgendjemand außer der russischen Regierung versucht hat, Janukowytsch auf seinem Weg zur Krim aufzuhalten. Die ukrainischen Sicherheitsdienste waren zu diesem Zeitpunkt zu desorganisiert für eine solche Aktion, selbst wenn es einen Plan gegeben haben sollte, Janukowytsch zu töten. Doch Janukowytsch tat, was ihm die Instruktoren aus Moskau sagten; er ließ seine Wagenkolonne stoppen und sich bald darauf von drei russischen Militärhubschraubern abholen. Zu seiner Überraschung wurde er nicht auf die Krim geflogen, sondern nach Russland; die Piloten begründeten dies mit der Notwendigkeit, aufzutanken.[18]

Doch auf russischem Gebiet wartete kein Putin auf ihn, sodass Janukowytsch verlangte, in die Ukraine, genauer gesagt auf die Krim, zurückgebracht zu werden. Nach Angaben eines Leibwächters von Janukowytsch wurde er stattdessen in die russische Stadt Anapa an der Schwarzmeerküste und von dort zu einem russischen Marinestützpunkt auf der Krim geflogen. In einem der Sanatorien auf der Halbinsel traf er sich mit dem Leiter seiner Präsidialverwaltung, Andrij Kljujew, und anderen politischen Verbündeten. Die Lage war unübersichtlich. Der neu ernannte Leiter des ukrainischen Sicherheitsdienstes, Walentyn Nalywajtschenko, und Innenminister Arsen Awakow warteten bereits auf der Krim auf Janukowytsch. Da sie die Proteste auf dem Maidan angeführt hatten, waren sich die beiden Amtsträger nicht sicher, ob die ukrainischen Sicherheitsdienste und die Beamten des Innenministeriums ihnen gehorchen würden, wenn sie den Befehl zur Verhaftung von Janukowytsch erteilten, dessen Personenschützer sich ihm gegenüber loyal verhielten. Janukowytsch beschloss jedoch, nicht auf sein Glück zu vertrauen, sondern lieber die Krim zu verlassen. »Ich fasste den Entschluss, außer Landes zu gehen, als mir klar wurde, dass mein Leben in Gefahr wäre, wenn ich in der Ukraine bliebe«, sagte Janukowytsch später gegenüber einem Reporter.[19]

Wladimir Putin wusste eine andere Version der Geschichte zu erzählen. »Angesichts des rasanten und heftigen Verlaufs der Ereignisse in Kyjiw hatte es für ihn ohnehin keinen Sinn mehr, unter diesen Bedingungen dorthin zurückzukehren«, so Putin. Als die Bewohner der Krim gesehen hätten, »wie sich die Dinge entwickelten, griffen sie umgehend zu den Waffen und appellierten an uns, die von ihnen geplanten Maßnahmen zu genehmigen«. Mit anderen Worten: Laut

Putin hatte Janukowytsch keine Zukunft in Kyjiw und stellte nun ein Hindernis für die Entwicklungen auf der Krim dar, die angeblich von den Einheimischen angezettelt wurden, aber zu der von Putin angeordneten »Rückkehr der Krim« nach Russland führten.[20]

Janukowytsch verließ die Ukraine am Abend des 23. Februar und begab sich zunächst zum russischen Marinestützpunkt Sewastopol, von wo aus er per Schiff nach Russland weiterfuhr. Mit seiner Abreise war ein wichtiges politisches Hindernis für die russische Übernahme der Halbinsel beseitigt. Der 23. Februar war in der Sowjetunion der Tag der Roten Armee gewesen, und Putin, ein ehemaliger KGB-Offizier, feierte ihn immer noch. An diesem Tag sonnte er sich in dem Ruhm, die Olympischen Winterspiele ins Land geholt zu haben. Russland war zurück auf der Weltbühne und bewies, dass es in der Lage war, große internationale Sportereignisse zu organisieren, wie es die UdSSR 1980 getan hatte. Die Herausforderung für Russland bestand nun darin, nicht in die gleiche Falle zu tappen wie die UdSSR, die einige Monate vor den Olympischen Spielen 1980 in Afghanistan einmarschiert war.

Der Sturz Janukowytschs in Kyjiw und die Einsetzung einer neuen ukrainischen Regierung, die sich für ein Assoziierungsabkommen mit der EU starkmachte, bedeuteten einen schweren Rückschlag für Putins Plan, die Eurasische Union als einen der Pole der neuen Weltordnung zu etablieren. Vielleicht noch gefährdeter war seine Vision von der Ukraine als Teil einer slawischen Union mit Russland. Nachdem es Putin nicht gelungen war, die gesamte Ukraine in seinem Einflussbereich zu halten, entschied er sich für die Annexion eines Teils des ukrainischen Territoriums, um sein Großrussland-Projekt voranzutreiben, das darauf abzielte, Gebiete mit ethnisch russischer Mehrheit in die Russische Föderation zu integrieren. Dahinter stand die Hoffnung, der Aufbau eines Großrusslands würde Putins panrussische und eurasische Integrationsprojekte retten.

## DIE ANNEXION

Die russische Militäroperation zur Besetzung der Krim begann am frühen Morgen des 27. Februar, als ein Trupp Schwerbewaffneter in Militärkleidung ohne Hoheitsabzeichen das Parlamentsgebäude der Krim in deren Hauptstadt Simferopol stürmte und dort die Kontrolle übernahm. Anatolij Mohyljow, der von Janukowytsch ernannte Ministerpräsident der Krim, der zuvor ukrainischer Innenminister gewesen war, brauchte nur wenige Minuten, um zu erkennen, dass hier Profis am Werk waren. Die Spezialkräfte handelten strikt nach Vorschrift und bezogen rund um das Gebäude Stellung. Da es sich um eine Machtergreifung handelte, rief Mohyljow in Kyjiw an, erhielt aber keine klaren Anweisungen. Die neuen Behörden hatten noch nicht die volle Kontrolle über die Streitkräfte und den Sicherheitsapparat.[21]

Während Männer in nicht gekennzeichneten Uniformen die Gebäude des Kabinetts und des Parlaments der Krim besetzten, durchkämmte eine andere Gruppe die Stadt, um die Parlamentsabgeordneten in das beschlagnahmte Gebäude zu verfrachten, wo sie gezwungen wurden, über eine vorbereitete Resolution abzustimmen, mit der die Absetzung von Mohyljow und die Ernennung des 42-jährigen Parlamentsabgeordneten Serhej Aksenow zum Ministerpräsidenten der Krim beschlossen wurde. Aksenow war eine Schlüsselfigur in der kriminellen Unterwelt der Halbinsel, in der man ihn »Goblin« nannte. Außerdem hatte er den Vorsitz der Partei der Russischen Einheit inne, die von den russischen Sicherheitsdiensten unterstützt wurde. In den Monaten vor der Krise waren auf Werbetafeln entlang der Krim-Fernstraßen ausschließlich Porträts von Janukowytsch und Aksenow zu sehen gewesen. Janukowytsch blieb keine andere Wahl, als diese Konkurrenz zu dulden. Aksenows Partei hatte bei den Parlamentswahlen auf der Krim nur 4 Prozent der Stimmen erhalten, aber das spielte keine Rolle mehr: Die Männer mit den Kalaschnikows sorgten für die Korrektur des Wählerwillens.[22]

Die eingeschüchterten Abgeordneten des Krim-Parlaments befolgten ihre Anweisungen und machten Aksenow zum neuen Ministerpräsidenten der Krim. Außerdem stimmten sie für ein Referendum über eine Verfassung, die föderale Beziehungen zwischen Kyjiw und Simferopol herstellen und der Krim eine größere Autonomie innerhalb der Ukraine einräumen sollte. Die Frage der Unabhängigkeit der Krim setzte der Kreml jedoch noch nicht auf die Tagesordnung des Parlaments, da er zuerst die Reaktion auf die Entwicklungen auf der Halbinsel selbst und darüber hinaus abwarten wollte. In Simferopol versammelten sich Krimtataren vor dem Parlamentsgebäude und skandierten »Ruhm der Ukraine!«. Pro-Moskau-Demonstranten, die von russischen Agenten mobilisiert und bezahlt worden waren, riefen ihnen »Russland!« entgegen.

Sergei Glasjew, ein Berater Putins, wurde von ukrainischen Sicherheitsdiensten dabei überrascht, wie er sich am Telefon darüber beschwerte, dass Aksenow und andere prorussische Politiker, die seit Langem von Russland »gefüttert« wurden, nicht zu der Kundgebung erschienen waren. Der Sprecher des Krim-Parlaments, Wolodymyr Konstantynow, bezeichnete Gerüchte, wonach das Parlament für die Unabhängigkeit stimmen wolle, als »Provokation«. Die russischen Geheimdienste organisierten jedoch einen Vorstoß für die Unabhängigkeit von unten. Auf einer von russischen Agenten in Sewastopol organisierten Kundgebung wurde die Rückgabe der Stadt an Russland gefordert. Bei einer anderen Massenveranstaltung in der Stadt Kertsch verlangte man die Föderalisierung der Ukraine – ein Ziel, das vom Parlament unterstützt wurde –, andernfalls werde man sich abspalten.[23]

Am 28. Februar berief der amtierende Präsident der Ukraine, Oleksandr Turtschynow, eine Sitzung des Sicherheitsrats ein, um die territoriale Integrität des Landes zu erörtern, und teilte den Teilnehmern mit, die russischen Behörden erwögen die Annexion der Halbinsel. An diesem Tag besetzten weitere russische Spezialeinheiten in nicht gekennzeichneten Militäruniformen die Flughäfen von Simferopol und Sewastopol. Turtschynow räumte ein, dass zu diesem Zeitpunkt nicht alle Mitglieder der neuen Regierung bereit waren, unter solchen extremen Bedingungen zu arbeiten, betonte aber, dass das ukrainische Volk Taten fordere.

Der Leiter des Sicherheitsdienstes, Walentyn Nalywajtschenko, berichtete vom völligen Zusammenbruch der ukrainischen Autorität auf der Krim. Nicht nur der neue Ministerpräsident Aksenow, sondern auch der Parlamentspräsident Wolodymyr Konstantynow, der dieses Amt schon vor dem russischen Angriff innegehabt hatte, kollaborierten mit den russischen Militär- und Marinebefehlshabern. Polizeieinheiten, insbesondere Angehörige der Bereitschaftspolizei, hatten sich den Separatisten angeschlossen, nachdem sie nach der erfolgreichen Revolution der Würde aus Kyjiw zurückgekehrt waren. Das Militär war demoralisiert. Noch schlimmer stand es um die ukrainische Marine, deren Kommandeur seinen Rücktritt eingereicht hatte. Nalywajtschenko warnte vor Provokationen, die möglicherweise zu Schießereien und dem Tod von Zivilisten führen und als Vorwand für eine umfassende militärische Übernahme der Halbinsel durch Russland dienen könnten.[24]

Der amtierende Verteidigungsminister, Admiral Ihor Tenjuch, berichtete der Führung, die russische Armee bereite sich darauf vor, über die Ostgrenzen in die Ukraine einzumarschieren. Insgesamt seien bis zu 40 000 Offiziere und Mannschaften unter dem Vorwand von Manövern an die ukrainischen Ostgrenzen verlegt worden. »Ich will ganz offen sein«, fuhr der Admiral fort. »Heute haben wir keine Armee mehr. Sie wurde von Janukowytsch und seinem Kreis auf Anweisung der russischen Sicherheitsdienste systematisch zugrunde gerichtet.« Außerdem seien die Russen dabei, ihre kampfbereiten Einheiten, rund 20 000 Mann, auf die Krim zu verlegen. Die Ukraine hatte dort 15 000 Soldaten stationiert, doch deren Loyalität war ungewiss, da die meisten von ihnen von der Halbinsel selbst stammten. Tenjuch konnte nicht mit mehr als 5000 Offizieren und Soldaten rechnen, die in der Lage waren, Befehle auszuführen und militärische Aufgaben zu erfüllen. Seine einzige Hoffnung war eine amerikanische Fregatte, die zu dieser Zeit im Schwarzen Meer stationiert war. Tenjuch wollte, dass das Schiff zum Zeichen der amerikanischen Unterstützung für die Ukraine in ukrainische Hoheitsgewässer einlief.

Turtschynow hatte eine Idee: Wäre die NATO bereit, die Ukraine als »assoziiertes« Mitglied in das Bündnis aufzunehmen? Dies hatten die Ukrainer schon einmal in den 1990er Jahren vorgeschlagen, aber in der NATO war kein »Assoziations«-Status vorgesehen. Die ehemalige Ministerpräsidentin Julija Tymoschenko, frisch aus dem Gefängnis entlassen, in dem sie auf Anweisung des Janukowytsch-Regimes inhaftiert gewesen war, erhob ebenfalls Einwände. »Wir sollten nicht über eine sofortige Mitgliedschaft in der NATO sprechen, denn das würde eine noch stärkere russische Aggression provozieren.« Der neue Ministerpräsident Arsenij Jazenjuk erklärte, Russland habe Georgien 2008 wegen eines Aktionsplans für die NATO-Mitgliedschaft angegriffen und tue nun dasselbe in der Ukraine. Der Westen habe es damals abgelehnt, der Ukraine einen solchen Aktionsplan zur Verfügung zu stellen, und jetzt sei derlei »absolut unrealistisch«.

Auch von den Unterzeichnern des Budapester Memorandums – den Vereinigten Staaten, dem Vereinigten Königreich, Frankreich und China – erwartete Jazenjuk keine große Hilfe. »Wir werden damit allein und aus eigener Kraft zurechtkommen müssen«, lautete sein Fazit. Er fasste die Situation wir folgt zusammen: Die russische Regierung sei sich sehr wohl bewusst, dass die Ukraine nicht für eine militärische Konfrontation gerüstet sei, und werde jeden Versuch verhindern, die Krise durch Verhandlungen mit den neuen Führern der Krim und Zugeständnisse an sie zu lösen. Die einzige Hoffnung bestehe darin, internationale Unterstützung zu gewinnen. Deshalb schlug Jazenjuk vor, Russlands Verstoß gegen internationale Vereinbarungen zu dokumentieren und den UN-Sicherheitsrat einzuberufen, damit dieser die russische Aggression stoppe.

Mitten in der Sitzung wurde Turtschynow zu einem Telefon in einem separaten Raum gerufen. Am Apparat war der Vorsitzende der russischen Staatsduma, Putins enger Verbündeter Sergei Naryschkin. Er übermittelte Putins Botschaft – eine unverhohlene Drohung: Sollte auch nur ein einziger Russe auf der Krim sterben, werde Russland die neuen Führer der Ukraine zu Kriegsverbrechern erklären und sie bis ans Ende der Welt verfolgen. Naryschkin hatte noch eine weitere Warnung parat: Die Verfolgung von Russen und russischsprachigen Menschen werde von Russland nicht geduldet. Turtschynow verstand dies als Drohung, dass Russland auch in andere Teile der Ukraine einzumarschieren gedachte, sollte Kyjiw auf der Krim Widerstand leisten. Turtschynow aber schoss zurück und erklärte, die russische Führung habe sich durch ihre Aggression gegen die Ukraine bereits selbst zu Kriegsverbrechern gemacht und werde sich vor einem internationalen Gericht verantworten müssen.

Putins Einschüchterungsversuch ging ins Leere. Doch ohne Atomwaffen, ohne NATO-Mitgliedschaft und ohne eine nennenswerte Armee hatte die Ukraine keine Möglichkeit, der Aggression etwas entgegenzusetzen. Der Leiter des Sicherheitsdienstes, Nalywajtschenko, berichtete, dass amerikanische und deutsche Regierungsvertreter die Ukraine aufforderten, Russland auf der Krim keinen Widerstand zu leisten: Nach Erkenntnissen ihrer Geheimdienste würde Moskau eine solche Gegenwehr als Vorwand für eine umfassende Invasion der Ukraine nutzen. So blieben Appelle an die internationale Gemeinschaft und die Bitte um eine Verurteilung Russlands durch die Vereinten Nationen die einzigen Mittel, auf die die ukrainische Regierung bei ihren Bemühungen um die Verteidigung der territorialen Integrität des Landes zurückgreifen konnte.[25]

Am 1. März bat der neue Ministerpräsident der Krim, Aksenow, Wladimir Putin um Hilfe »bei der Sicherung von Frieden und Ruhe«. Am selben Tag ersuchte Putin den Föderationsrat, das Oberhaus des Parlaments, um die Erlaubnis, russische Streitkräfte auf ukrainischem Gebiet einzusetzen. Als der UN-Sicherheitsrat darauf hinwies, dass der Ministerpräsident der Krim kein Recht habe, ein anderes Land aufzufordern, in ukrainische Angelegenheiten einzugreifen, legte der ständige Vertreter Russlands bei den Vereinten Nationen, Witali Tschurkin, ein Dokument vor, das von Wiktor Janukowytsch unterzeichnet war, der sich zu diesem Zeitpunkt bereits in Russland im Exil befand. Darin forderte Janukowytsch, der nun vollständig unter russischer Kuratel stand, den russischen Präsidenten auf, mit den Streitkräften seines Landes die Ordnung in der Ukraine wiederherzustellen und die ukrainische Bevölkerung vor den Bedrohungen zu schützen, die durch die Maidan-Revolution entstanden seien. Nicht nur die Krim, sondern auch die Süd- und Ostukraine seien in Gefahr.[26]

Die Forderungen nach einer Intervention mit dem Einsatz russischer Streitkräfte in der Ukraine waren nichts anderes als verspätete Versuche, der bereits begonnenen militärischen Einnahme der Krim den Anschein von Legitimität zu verleihen. Am 4. März hielt Putin eine Pressekonferenz ab, in der er die Revolution der Würde als Staatsstreich bezeichnete und jegliche Beteiligung des russischen Militärs bei der Machtübernahme auf der Krim bestritt; diese sei vielmehr das Werk örtlicher Selbstverteidigungseinheiten. Dann sprach er über die Taktiken, die die russische Armee im Falle eines Widerstands der ukrainischen Streitkräfte anzuwenden gedenke. »Es kann ja gern einer der Militärangehörigen versuchen, auf seine eigenen Leute zu schießen, hinter denen wir stehen werden«, sagte Putin. Und er wiederholte: »Nicht vor ihnen, sondern dahinter. Sollen sie doch versuchen, auf Frauen und Kinder zu schießen.« Was er sagte, kam nicht weniger als der Ankündigung eines Kriegsverbrechens gleich.[27]

Putin bestritt, die Krim annektieren zu wollen, doch zwei Tage später änderte das Krim-Parlament, das nun vollständig unter russischer Kontrolle stand, seine frühere Entscheidung und überarbeitete die Fragen des für den 16. März angesetzten Referendums. Die Hauptfrage betraf nun die »Wiedervereinigung« der Krim mit Russland. Um kein Pressedesaster zu riskieren, ließen die russischen Behörden keine Journalisten für die Berichterstattung über das Referendum zu; davon ausgenommen waren nur Vertreter von Russlands rechtsgerichteten Verbündeten aus Serbien und einigen anderen europäischen Ländern. Die Beteiligung am Referendum lag nach unabhängigen Schätzungen zwischen 30 und 50 Prozent. Denselben Schätzungen zufolge stimmten zwischen 50 und 80 Prozent für die »Wiedervereinigung«. Das hätte zwar für Putins Zwecke genügt, aber Moskau brauchte einen überwältigenden Erfolg. Als die offiziellen Ergebnisse des Referendums verkündet wurden, erinnerten sie viele an die Wahlen zur Sowjetzeit: Angeblich hatten 96,77 Prozent für die Wiedervereinigung gestimmt. Die Beteiligung wurde mit 83 Prozent angegeben.[28]

Am folgenden Tag, dem 17. März, war die »Auszählung« abgeschlossen, und das Krim-Parlament forderte die russischen Behörden auf, die Halbinsel als Teil ihres Territoriums zu akzeptieren. In einem am Vorabend des Referendums veröffentlichten Artikel verglich der Historiker Andrej Subow, Professor am renommierten Moskauer Institut für internationale Beziehungen, die geplante Annexion der Halbinsel mit Hitlers »Anschluss« des Sudetenlandes im Jahr 1938. Subow verdeutlichte die Parallelen zwischen Hitlers Vision von Großdeutschland und Russlands Wiedervereinigungsrhetorik und legte dar, dass beide Vorgänge gegenüber der Öffentlichkeit mit der Notwendigkeit des Schutzes angeblich verfolgter Minderheiten – im ersten Fall der Deutschen (in der Tschechoslowakei) und im zweiten der Russen – gerechtfertigt wurden; das inszenierte Referendum sei nichts anderes als ein Trick zur rechtlichen Absicherung der gewaltsamen Annexion. Bald darauf wurde Subow entlassen; seine angesehene Stellung an der besten Diplomatenschule des Landes mochte er verloren haben, seine Analysen wurden dadurch aber nicht falsch.[29]

Die zahlreichen Parallelen zwischen der »Wiedervereinigung« mit der Krim und dem »Anschluss« des Sudetenlandes liegen auf der Hand. Auch hinsichtlich der öffentlichen Wahrnehmung dieser beiden Ereignisse bestehen Ähnlichkeiten. Der »Anschluss« von 1938 erregte in London und Moskau wenig Besorgnis, da man annahm, Hitler werde seinen Expansionsdrang auf deutschstämmige Gebiete beschränken. Die Reaktion in Deutschland auf die Annexion der Krim durch Putin war ähnlich gelassen – fast 40 Prozent der Deutschen missbilligten sein Vorgehen nicht. In beiden Fällen bestand die Hoffnung, der Aggressor werde sich mit dem Erreichten zufriedengeben. Das jedoch erwies sich als Wunschdenken im schlimmsten Sinne.[30]

# KAPITEL 6

# AUFSTIEG UND FALL VON »NEURUSSLAND«

Am 18. März 2014 hielt Wladimir Putin eine der folgenreichsten Reden seiner Laufbahn. Bei einer gemeinsamen Sitzung beider Kammern des russischen Parlaments – der Deputierten der Staatsduma und der Mitglieder des Föderationsrats –, an der auch führende Regionalpolitiker und Vertreter vom Kreml kontrollierter Bürgervereinigungen teilnahmen, forderte Putin die Abgeordneten auf, ein Gesetz über die Aufnahme der Krim und der Stadt Sewastopol in die Russische Föderation zu verabschieden. Zwei Tage nach dem Referendum beendete Putin damit die kurzlebige Unabhängigkeit der Krim, indem er die Halbinsel annektierte – die erste Annexion von Gebieten eines souveränen Staates in Europa durch einen anderen Staat seit dem Zweiten Weltkrieg.[1]

In seiner Rede erklärte Putin, die Initiative zur Wiedervereinigung sei von den Selbstverteidigungskräften der Krim ausgegangen; die dortigen Bewohner hätten über ihr Schicksal entschieden und die Umwandlung Sewastopols in einen Militärstützpunkt der NATO verhindert. Er nutzte die Gelegenheit, um – offenbar als Rechtfertigung für Russlands Vorgehen auf der Krim – die NATO und den Westen an all ihre angeblichen Verstöße gegen internationales Recht zu erinnern, von der Bombardierung Serbiens bis zur Anerkennung der Unabhängigkeit des Kosovo. Die »Farbrevolutionen« prangerte er als vom Westen eingefädelte Staatsstreiche an.

Putin appellierte auf noch nie dagewesene Weise an den russischen

Nationalismus. Dies war eine deutliche Abkehr von seinen früheren Erklärungen und Verlautbarungen, bei denen sein Hauptadressat und zentraler Bezugspunkt die multiethnische russische politische Nation in Gestalt der Bürger der Russischen Föderation gewesen war, die er als *rossijane* (russische Staatsbürger), aber nicht als *russkije* (ethnische Russen) angesprochen hatte. Nun behauptete er, die Russen seien zum größten geteilten Volk auf dem Planeten geworden. Nach dem Zusammenbruch der UdSSR, als »die Krim plötzlich Teil des Auslands wurde, begriff Russland, dass es nicht nur bestohlen worden war, es wurde beraubt. [...] Alle diese Jahre haben sowohl einfache Bürger als auch verschiedene prominente Leute vielfach dieses Thema aufgeworfen und gesagt, dass die Krim ureigenes russisches Land ist, dass Sewastopol eine russische Stadt ist.«

Trotz Putins Angriff auf die Ukraine und seiner Annexion eines Teils ihres Staatsgebiets appellierte er in seiner Rede auch an die russisch-ukrainische Einheit: »Die Hinwendung zur Orthodoxie hat die gemeinsame kulturelle, wertmäßige und zivilisatorische Grundlage definiert, die die Völker Russlands, der Ukraine und Weißrusslands verbindet.« Er verstieg sich sogar zu der Behauptung, Russland übernehme die Krim sowohl im Interesse der Russen als auch der Ukrainer, um ihren Verlust an eine dritte Partei zu verhindern. »Die Krim ist unser gemeinsames historisches Erbe und ein extrem wichtiger Stabilitätsfaktor in der Region«, fuhr Putin fort. »Dieses strategisch wichtige Gebiet muss unter einer starken und stabilen Souveränität stehen, die heute de facto nur die russische Souveränität sein kann. Andernfalls, liebe ukrainische und russische Freunde, können wir die Krim in unweiter historischer Perspektive komplett verlieren.«

Putin bediente sich einer zweigleisigen Argumentation zur Rechtfertigung der Annexion: Einerseits berief er sich auf die russische Geschichte, Erde und Identität und beschwor so das Erbe des Imperiums, um unter dem Banner des ethnischen russischen Nationalismus Anspruch auf die Krim zu erheben. Andererseits behauptete er, Russen und Ukrainer seien slawische Brüder. Damit spielte er auf der Klaviatur des russisch-ukrainischen Einheitsgefühls vieler Bürger Russlands und der Ukraine. Den Ukrainern versicherte er, die Krim sei ein Sonderfall – ein Teil der Ukraine, der historisch, kulturell und ethnisch zu Russland gehöre. Die restliche Ukraine hingegen sei nicht in Gefahr. »Glaubt nicht denen, die euch Angst vor Russland machen wollen und rufen, dass nach der Krim andere Regionen folgen«, erklärte Putin. »Wir wollen keine Spaltung der Ukraine, wir brauchen das nicht.« Tatsächlich betrieb er in den Wochen und Monaten nach seiner Krim-Rede aber genau das: die Spaltung der Ukraine.[2]

Abschließend forderte Putin die russischen Parlamentarier auf, den Aufnahmevertrag zu ratifizieren und damit zwei neue Föderationssubjekte zu schaffen, die Republik Krim und die Stadt Sewastopol. Das Parlament war ihm zu Willen, und am 21. März unterzeichnete Putin das Gesetz, mit dem die Krim und die Stadt Sewastopol in die Russische Föderation eingegliedert wurden. Die Annexion der Krim war nun eine vollendete Tatsache, durchgeführt in Übereinstimmung mit der russischen Verfassung, aber in eklatanter Verletzung des internationalen Rechts und von Russland unterzeichneter Verträge, darunter das Budapester Memorandum von 1994 und der russisch-ukrainische Freundschaftsvertrag von 1997.[3]

## NEURUSSLAND

Mit der Annexion der Krim wurden Imperialismus und Nationalismus zu zentralen Elementen und Triebkräften der russischen Außenpolitik. Die Annexion legte den Schluss nahe, dass Putin dem Großrussland-Projekt – Annexion der Gebiete, die entweder von ethnischen Russen besiedelt waren oder aus historischen oder kulturellen Gründen als russisch betrachtet wurden – den Vorzug gegenüber den Projekten der russisch-ukrainischen Einheit und der eurasischen Integration gab. Im Grunde versuchte er jedoch, alle zugleich zu verfolgen und die Annexion der Halbinsel sogar zu nutzen, um die restliche Ukraine im russischen Einflussbereich zu halten. Wie ließe sich das bewerkstelligen?

Die Antwort ist in einem als Vorschlag deklarierten Forderungskatalog formuliert, der am 17. März 2014, dem Tag nach dem Krim-Referendum und einen Tag vor Putins Rede über die Krim, auf der Website des russischen Außenministeriums veröffentlicht wurde. Angeblich war der Text den Vereinigten Staaten sowie europäischen Mächten schon eine Woche zuvor zugänglich gemacht worden. Er enthielt folgende Forderungen: Wiedereinsetzung von Janukowytsch als Präsident der Ukraine, Einberufung einer »sämtliche ukrainischen Regionen« repräsentierenden verfassunggebenden Versammlung per Beschluss des ukrainischen Parlaments und Verabschiedung einer neuen Verfassung, mit der die Ukraine in einen »Bundesstaat« umgewandelt würde, der seine »politische und militärische« Neutralität erklären sollte. Russisch würde zur zweiten Amtssprache der Ukraine werden. Die Regionen sollten ihre Angelegenheiten in puncto Wirtschaft, Kultur und Bildung selbst regeln und »externe transregionale Beziehungen« unterhalten, um das Monopol des Zentrums hinsichtlich der Entwicklung und Umsetzung der Außenpolitik zu brechen.[4]

Die Föderalisierung, von der hier die Rede war, hätte die Ukraine in Wahrheit in einen Bund weitgehend eigenständiger Regionen verwandelt, mit jeweils eigener Politik in Bezug auf internationale Angelegenheiten. Damit wäre die Existenz der Ukraine als souveräner Staat beendet gewesen, sodass die Zentralregierung in Kyjiw kein Assoziierungsabkommen mit der Europäischen Union – die Hauptforderung der Maidan-Demonstranten – mehr hätte aushandeln können. Die neue ukrainische Regierung in Kyjiw wies folglich das Ansinnen von sich, dem Land eine neue Verfassung oder eine föderale Struktur zu geben. Sie war jedoch bereit, die lokale Selbstverwaltung zu reformieren und die ukrainische Verfassung entsprechend anzupassen – ein Zugeständnis, das sie sich im April bei Gesprächen mit Russland, den Vereinigten Staaten und der Europäischen Union in Genf abrang. Wie zu erwarten, gab sich Russland damit nicht zufrieden, und bald wurde klar: Falls Kyjiw sich weigerte, die Ukraine zu einem im Grunde unregierbaren Staat zu machen, in dem russischen Manipulationen Tür und Tor geöffnet wären, hatte Moskau noch eine andere Lösung für sein »Ukraine-Problem« parat: die Spaltung des Landes.[5]

In der zweiten Märzhälfte, kurz nach Russlands Annexion der Krim, erhielten die Regierungen von Polen, Rumänien und Ungarn einen Vorschlag, unterzeichnet von Wladimir Schirinowski, dem Führer der ultranationalistischen Liberal-Demokratischen Partei und deren Fraktionschef im russischen Parlament. Schirinowski lud die Regierungen dieser Länder, die in der Zwischenkriegszeit und während des Zweiten Weltkriegs Teile der Ukraine kontrolliert oder okkupiert hatten, dazu ein, Referenden über die »Rückkehr« solcher Gebiete in ihren Hoheitsbereich durchzuführen. Er bot an, europäische Grenzen aus der Zeit vor der Unterzeichnung des Molotow-Ribbentrop-Pakts zwischen Nazideutschland und der UdSSR im Jahr 1939 wiederzuerrichten. »Es ist nie zu spät, historische Irrtümer zu korrigieren«, hieß es in seinem Schreiben. Unklar blieb, ob Schirinowski im Namen des Kremls handelte.[6]

Ein Sprecher des polnischen Außenministeriums tat Schirinowskis Anregung als »Kuriosität« ab. Dagegen erklärte sein Chef, Radosław Sikorski, ein paar Monate später, er habe denselben Vorschlag schon einmal von Putin persönlich gehört, und zwar während des Besuchs einer offiziellen polnischen Delegation in Moskau im Februar 2008, als die Ukraine sich gerade für einen Aktionsplan zur Mitgliedschaft in der NATO bewarb. Weder Polen noch ein anderes mittelosteuropäisches Land zeigte Interesse an dem russischen Vorschlag. Aber was wäre geschehen, wenn sie ihn in Betracht gezogen hätten? Ungefähr zur selben Zeit, als Putin der polnischen Delegation sein Angebot unterbreitete, hatten »einige nicht rein akademische Kreise in Moskau« – so die Quelle dieses Berichts, der russische Politikwissenschaftler Dmitri Trenin – darüber diskutiert, aus Teilen der Südukraine und der Republik Moldau einen Pufferstaat namens »Neurussland« zu erschaffen. So hatte jenes Gouvernement des russischen Kaiserreichs geheißen, das Katharina II. in den letzten Jahrzehnten des 18. Jahrhunderts in der Region nördlich des Schwarzen Meeres gegründet hatte.[7]

Im Laufe der Moskauer Diskussionen im Jahr 2008 war auch der Gedanke laut geworden, Transnistrien, eine separatistische Enklave der Republik Moldau, in den neuen Staat zu integrieren, aber spätestens im Frühjahr 2014 wurde die herbeiphantasierte Neugründung geographisch ganz woanders verortet. Anfang April hörte ein britischer Reporter »Neurussland«-Sprechchöre Kyjiw-feindlicher Demonstranten in der Stadt Donezk, weit entfernt von der historischen Provinz zu Katharinas Zeiten. Mitte April definierte Putin dann selbst die geographischen Dimensionen der Region, die er »Neurussland« nannte. In seinen Antworten auf Fragen bei einer im Fernsehen übertragenen Marathon-Anrufsendung erklärte er, mit »Neurussland« seien die ukrainischen Oblaste Charkiw, Luhansk, Donezk, Cherson, Mykolajiw und Odesa gemeint – der gesamte Osten und Süden der Ukraine. »Das sind all jene Gebiete, die der Ukraine in den [19]20er Jahren von der sowjetischen Regierung übertragen wurden. Weiß der Himmel, warum. Und das trotz der Siege von Potjomkin und Katharina II. in den Kriegen um Noworossijsk. Daher [der russische Name] Noworossija [«Neurussland»]. Dann wurden diese Gebiete aus diversen Gründen [aus Sowjetrussland] ausgegliedert, aber die Menschen blieben dort.«[8]

Putins geographische Definition von »Neurussland« war ahistorisch, da die im 18. Jahrhundert entstandene Provinz auf die pontische Steppe nördlich des Schwarzen Meeres begrenzt gewesen war und sich nicht bis nach Charkiw, Luhansk oder Donezk erstreckt hatte. Sie entsprach jedoch Solschenizyns Liste jener in historischer und sprachlicher Hinsicht russischen Gebiete, die der Ukraine zugeschlagen worden seien, aber eigentlich nicht zu ihr gehörten. Solschenizyns historischer Exkurs war ebenso falsch wie der von Putin: Nach der bolschewistischen Revolution stellten Russen nur 17 Prozent der Bevölkerung jener Gebiete, die Katharina II. zum Gouvernement erklärt hatte und die Putin nun, angeblich aus historischen Gründen, als »neurussische« Provinzen der Russischen Föderation beanspruchte. Gerade weil die Ukrainer die Mehrheit in diesen Regionen bildeten, waren sie in den 1920er Jahren der ukrainischen Sowjetrepublik angegliedert worden. Putin bezog sich nun seinerseits auf die Annexion der Krim und der Südukraine im späten 19. Jahrhundert durch das russische Kaiserreich, um nicht nur einen historischen, sondern auch ethnonationalen Anspruch auf eine viel größere Region zu erheben.[9]

Zu dem Zeitpunkt, als Putin die geographische Ausdehnung

»Neurusslands« erläuterte, war diese Region bereits Schauplatz von Demonstrationen und Unruhen, angestiftet, orchestriert und finanziert von der Russischen Föderation. Am 7. April proklamierten Menschenmengen, organisiert von russischen Nationalisten, die nach dem Ende der Militäroperation auf der Krim von dort aufs Festland gezogen waren, die Bildung der Volksrepublik Donezk mit der gleichnamigen Stadt als Zentrum. Noch vor dem Ende des Monats wurde in einer anderen Metropole des Donbas, der Stadt Luhansk, die Volksrepublik Luhansk ausgerufen. Das Gleiche geschah in Charkiw, wo Aufrührer staatliche Einrichtungen stürmten. Ukrainische Streitkräfte schlugen sie zurück und sicherten das Regierungszentrum in Charkiw. Am 2. Mai kam es in Odesa – dem Herzen des historischen Neurusslands – zu Zusammenstößen zwischen Kyjiw-freundlichen und russlandfreundlichen Demonstranten. Die Konfrontation endete mit einer Tragödie: 42 Kyjiw-feindliche Protestierer starben bei einem Brand in einem Gebäude, in das sie sich nach einem Zusammenstoß mit pro-ukrainischen Kräften zurückgezogen hatten.[10]

Anfang Mai gelang es der Regierung in Kyjiw mithilfe lokaler Aktivisten und einflussreicher Geschäftsleute, die von Russland gelenkten und finanzierten Revolten in Charkiw, Odesa, Saporischschja, Dnipopetrowsk und anderen Städten der südöstlichen Ukraine niederzuschlagen – in jener Region also, die Putin Mitte April als »Neurussland« bezeichnet hatte. Allerdings verlor Kyjiw die Kontrolle über den größten Teil des industriellen Donbas – die Regionen Donezk und Luhansk. Wieso konnten russische Söldner mit Unterstützung lokaler separatistischer Kräfte die Bewohner des Donbas, von denen die meisten in der Ukraine bleiben wollten, so leicht für sich gewinnen und als Geiseln nehmen? Dafür gibt es eine Reihe von Erklärungen.

Eine ist die Schwäche der Interimsregierung in Kyjiw, die nicht auf die Loyalität ihrer Sicherheitskräfte zählen konnte: Polizeieinheiten, die sich während der Revolution der Würde mit dem Anti-Maidan-Lager verbündet hatten, vertrauten der neuen Regierung nicht. Außerdem war der Donbas die politische Heimat des abgesetzten

Präsidenten Wiktor Janukowytsch, und sowohl die lokalen Eliten als auch die Bevölkerung insgesamt sahen sich als Verlierer der Euromaidan-Revolution, die in Kyjiw obsiegt hatte. Insbesondere die Manager von Maschinenbaufirmen machten sich angesichts des neuen Abkommens mit der Europäischen Union Sorgen um die Zukunft ihrer Unternehmen, denn für ihre Produkte waren sie auf die russischen Märkte angewiesen. Dem Donbas, dessen Ursprünge als industrielles Zentrum der Ukraine und der gesamten Sowjetunion im Metallurgie- und Bergbau-Boom des späten 19. Jahrhunderts lagen, war es nicht gelungen, sich als Zentrum der postindustriellen Ökonomie neu zu erfinden; er degenerierte zu einer klassischen Rostgürtel-Region, die ihren Bewohnern in wirtschaftlicher Hinsicht nichts mehr zu bieten hatte.

Der Lebensstandard in den Oblasten Donezk und Luhansk gehörte zu den niedrigsten im ganzen Land, und die dortige Bevölkerung war jahrelang von Politikern aufgeputscht worden, die unter ihren russischsprachigen Wählern Ressentiments gegen die ukrainischsprachige Westukraine schürten, um Stimmen einzuheimsen. Die ethnische Zusammensetzung der Region – 48 Prozent der Bevölkerung von Donezk, der größten Stadt der Region, waren Russen – trug dazu bei, dass eine solche Propaganda funktionierte. Im April 2014 sprachen sich bei einer Meinungsumfrage in den Donbas-Oblasten 30 Prozent der Teilnehmer für eine Union mit Russland aus – noch längst keine Mehrheit, aber genug, um eine ausreichende Unterstützung der in das Gebiet ziehenden Gruppen russischer Söldner und Nationalisten zu gewährleisten.[11]

Putins »Neurussland« fand nun seine neuen geographischen Grenzen im Donbas. Russische und separatistische Propaganda nutzte die Tragödie von Odesa Anfang Mai, um Stimmen für die Unabhängigkeit der Oblaste Donezk und Luhansk zu gewinnen. Die Referenden fanden bereits im selben Monat statt; sie wurden noch hastiger organisiert als die Volksabstimmung auf der Krim, und die Organisatoren erklärten erwartungsgemäß den Sieg der Unabhängigkeitsbefürworter. Diese hatten jedoch nicht für die Unabhängigkeit von Putins »Neurussland« gestimmt, sondern für die der beiden separaten

»Volksrepubliken« Donezk und Luhansk. Das Konzept solcher Republiken ging nicht auf das Kaiserreich, sondern auf frühe Sowjetzeiten zurück, insbesondere auf die kurzlebige, von den Bolschewiki beherrschte Sowjetrepublik Donez-Kriwoi Rog, die während der Russischen Revolution bestand. Die sowjetische Mythologie stieß bei den Einheimischen auf viel stärkeren Widerhall als Erinnerungen an ein längst vergangenes Kaiserreich.

»Neurussland« wurde bald zum Identitätsmerkmal und Schlachtruf der zahlreichen Gruppen russischer Eurasisten und Nationalisten, orthodoxer Monarchisten und Neonazis, die scharenweise in das Gebiet zogen, in der Hoffnung, dort den Staat ihrer Träume erbauen zu können. Einer der wichtigsten »Neurussland«-Verfechter, der Führer der Neo-Eurasisten, Alexander Dugin, korrigierte seine Theorien sogar dergestalt, dass sie die Existenz eines »Großrusslands« als Teil Eurasiens zuließen, was eine kuriose Mischung aus eurasischem und russisch-nationalistischem Gedankengut hervorbrachte. Mithilfe von russischem Geld und unter der Anleitung und Führung der russischen Geheimdienste übernahmen die russischen Nationalisten und Eurasisten bald die Kontrolle über die neu ausgerufenen Republiken.[12]

Der russische Politikberater Alexander Borodai machte die spektakulärste Karriere aller Neuankömmlinge in der Region: Er wurde Ministerpräsident der Volksrepublik Donezk. Aber der berühmteste Moskowiter, der nun die Geschicke des Donbas lenkte, war Igor Girkin, Kampfname Strelkow, ein ehemaliger russischer Geheimdienstoffizier, der den Posten des Verteidigungsministers der Republik übernahm. Beide waren russische Nationalisten, Girkin zudem ein leidenschaftlicher Monarchist, der an regionalen Konflikten im gesamten postsowjetischen Raum beteiligt gewesen war, von der Republik Moldau bis Tschetschenien; auch an den Jugoslawienkriegen hatte er teilgenommen. Die Bedeutung russischer Agenten bei der Destabilisierung des Donbas und seiner Verwandlung in eine separatistische Enklave ist kaum zu überschätzen. So kommandierte Girkin eine Gruppe russischer Söldner bei der Eroberung des wichtigen Transportzentrums Slowjansk in der Oblast Donezk. Obendrein begann er eine bewaffnete Auseinandersetzung im Donbas, indem er das Feuer auf ukrainische Sicherheitsbeamte eröffnete und einen von ihnen tötete.[13]

## DIE MINSKER ABKOMMEN

Russlands Annexion der Krim und die faktische Machtübernahme im Donbas erfolgten während eines »Interregnums« in der Ukraine – in der Phase zwischen der Absetzung von Janukowytsch Ende Februar und der Wahl eines neuen Präsidenten, Petro Poroschenko, Ende Mai 2014. Historisch betrachtet sind Interregna die gefährlichsten Phasen in der Existenz von Staaten, weil sie räuberische Übergriffe von Nachbarstaaten provozieren, die das Machtvakuum nutzen möchten, um das Territorium eines Rivalen an sich zu reißen. Diese Geschichte ist Mediävisten und Historikern der frühen Neuzeit vertraut, aber durch Moskaus Vorgehen im Donbas im Frühjahr 2014 gewann sie neue Aktualität.

Interregna enden jedoch, so auch dieses in der Ukraine: Am 25. Mai wurde Petro Poroschenko zum Präsidenten gewählt. Der Politiker und Geschäftsmann war ein Opfer des Handelskriegs gewesen, den Putin im Sommer 2013 gegen die Ukraine angezettelt hatte, um die Unterzeichnung des Assoziierungsabkommens mit der EU zu verhindern. Der Interimspräsident, Oleksandr Turtschynow, trat zurück und übernahm unter dem neuen Präsidenten die Leitung des Nationalen Sicherheits- und Verteidigungsrats. Während seines Wahlkampfs hatte Poroschenko mehr als einmal erklärt, er werde als Präsident danach streben, Kyjiws Kontrolle über die beiden Donbas-Oblaste wiederherzustellen.

Als Poroschenko Anfang Juni sein Amt antrat, war der Schock über die russische Annexion der Krim und den faktischen Verlust des Donbas in Kyjiw wachsender Kampfbereitschaft gewichen. Das Innenministerium stellte erste aus Aktivisten der Revolution der Würde bestehende Freiwilligenbataillone auf, die von ukrainischen Oligarchen finanziert wurden. Dabei tat sich der Oligarch Ihor Kolomojskyj hervor, der auch Gouverneur der an den Donbas grenzenden Oblast Dnipropetrowsk wurde. Die Freiwilligenbataillone zeigten, dass die russischen Söldner und ihre Unterstützer zurückgeschlagen werden konnten: Im Mai errangen sie die Kontrolle über einige ländliche Gebiete des Donbas. Die von jahrelanger Vernachlässigung demoralisierte Armee – manche Einheiten wussten nicht, wie sie auf von separatistischen Kräften inszenierte Proteste reagieren sollten, und hatten im April 2014 ihre Waffen niedergelegt – war endlich bereit zu kämpfen. Ukrainische Geschäftsleute halfen mit, nicht nur die Freiwilligenbataillone, sondern auch die Armee selbst zu versorgen und auszurüsten, und Zehntausende Freiwillige konnten es kaum erwarten, sich an der Front zu bewähren.[14]

Seit Mitte April hatte die Regierung in Kyjiw den separatistischen Aufstand unter dem Banner einer Antiterror-Operation bekämpft – ironischerweise unter Berufung auf dieselben Gesetze, mit denen Janukowytsch während der Maidan-Proteste gegen die Aktivisten der Revolution der Würde vorgegangen war. Doch nun schaltete die Operation von der Defensive in die Offensive um. Den ersten Sieg errangen die Regierungstruppen unmittelbar nach Poroschenkos Wahl am 26. Mai, als Einheiten der ukrainischen Nationalgarde mit Unterstützung der Luftwaffe separatistische Milizen angriffen, die den Flughafen von Donezk besetzt hatten, und diesen wichtigen Verkehrsknotenpunkt zurückgewannen. Die Separatisten erlitten erhebliche Verluste; es gab Dutzende von Toten, von denen sich die meisten als Söldner aus Russland erwiesen. Ein noch viel größerer Erfolg gelang Mitte Juni, als das Freiwilligenbataillon Asow zusammen mit Truppen des Innenministeriums in einer sechsstündigen Schlacht das große Industriezentrum Mariupol mit seinem Hafen am Asowschen Meer zurückeroberte.[15]

Am 5. Juli erreichte die ukrainische Gegenoffensive im Donbas ein wichtiges Etappenziel: Igor Girkin, selbsternannter Verteidigungsminister der Volksrepublik Donezk, gab seine Festung Slowjansk auf und floh mit seinen Leuten vor den angreifenden ukrainischen Truppen nach Donezk. Auf Kreml-treuen Propaganda-Websites wurde Girkin mit Kritik überhäuft, weil er Slowjansk den Feinden überlassen hatte.

Aber Moskau erkannte auch, dass die leichten Waffen und schultergestützten Raketenwerfer, mit denen es die separatistischen Einheiten ausgerüstet hatte, nicht ausreichten, um die ukrainische Offensive aufzuhalten. Wenn die abtrünnigen Republiken fortbestehen sollten, brauchten sie schwere Artillerie, motorisierte Raketenwerfer, Flugabwehrraketen und möglicherweise sogar russische Bodentruppen. Russland war bereit, ihnen all das zur Verfügung zu stellen, benötigte dafür jedoch einen Vorwand. Am 13. Juli behaupteten die russischen Medien, eine ukrainische Granate habe eine Stadt auf der russischen Seite der Grenze getroffen. Die Reaktion erfolgte noch am selben Tag: Sie bestand in einem massiven Angriff durch russische Tornado-Mehrfachraketenwerfer auf ukrainische Stellungen.[16]

Danach trat der Krieg in eine neue Phase ein. Am 14. Juli wurde ein ukrainisches Flugzeug mit einer Flugabwehrrakete abgeschossen. Drei Tage später, am 17. Juli, fing die ukrainische Funküberwachung ein Gespräch zwischen zwei separatistischen Kommandeuren über den Abschuss einer weiteren ukrainischen Maschine ab. Wie sich herausstellte, handelte es sich um den Malaysian-Airlines-Flug MH17 von Amsterdam nach Kuala Lumpur, der in einer Höhe von 10 000 Metern den Luftraum von Donezk durchquert hatte. Ein russisches Buk-TELAR-Boden-Luft-Lenkwaffensystem feuerte eine Rakete ab, die das Flugzeug traf und 283 Passagiere sowie 15 Besatzungsmitglieder tötete. Später wurde bewiesen, dass der Raketenwerfer und seine Besatzung aus Russland stammten und zur 53. Flugabwehrbrigade gehörten, die in der russischen Stadt Kursk stationiert war, nahe der ukrainischen Grenze. Diese Tragödie lenkte die Aufmerksamkeit der Weltöffentlichkeit auf den fortdauernden Krieg in der Ukraine, der sich längst von der Krim aufs Festland verlagert hatte. Die Vereinigten Staaten, die Europäische Union und westliche Verbündete reagierten mit Sanktionen. Diese waren jedoch nicht hart genug, um Russlands Vorgehen auf lange Sicht zu beeinflussen oder auch nur etwas an seiner gegenwärtigen Praxis zu ändern.[17]

Moskau leugnete jede Beteiligung am Abschuss der malaysischen Maschine und schob die Schuld auf die Ukraine, versuchte aber auch, eine Wiederholung solcher Angriffe auf Zivilisten zu verhindern und sich der direkten Verantwortung für darauffolgende kriegerische Auseinandersetzungen zu entziehen, indem Alexander Borodai von seinem Posten als Ministerpräsident und Igor Girkin vom Posten des Verteidigungsministers der selbsternannten Republik abberufen und durch Einheimische ersetzt wurden. Sobald die offensichtlichsten Anzeichen, dass die Russen bei den Marionettenstaaten des Donbas die Finger im Spiel hatten, beseitigt waren, schickte Putin russische Militäreinheiten in die Region, die dafür sorgen sollten, dass die separatistischen Enklaven von vernichtenden Schlägen der ukrainischen Armee verschont blieben. Anfang August hatten die Ukrainer die von den Separatisten gehaltenen Gebiete in zwei Hälften gespalten und die russische Grenze erreicht, wo sie von russischer Artillerie unter Beschuss genommen wurden.[18]

Russlands offene Invasion in der Ostukraine begann am 24. August 2014, dem ukrainischen Unabhängigkeitstag, keine zehn Tage nach Girkins Abberufung. Hunderte russische Kampf- und Transportpanzer, Artilleriegeschütze und Lastwagen sowie Tausende reguläre Soldaten überquerten die ukrainische Grenze an mehreren Stellen. Am 26. August konnten die Ukrainer bereits den offensiven Einsatz regulärer russischer Streitkräfte belegen: Im Fernsehen präsentierte man zehn gefangen genommene russische Fallschirmjäger. Die russische Seite behauptete, die in 20 Kilometer Entfernung von der russischen Grenze in Gefangenschaft geratenen Soldaten hätten sich schlicht und einfach verlaufen. Die Offensive ging weiter. In der Nähe des wichtigen Eisenbahnknotenpunkts Ilowajsk wurden ukrainische Einheiten von vorrückenden russischen Verbänden umzingelt. Nachdem sich eine der ukrainischen Einheiten ergeben und freies Geleit ausgehandelt hatte, eröffneten die Russen das Feuer und massakrierten die Marschkolonne. Die Ukrainer erlitten beispiellose Verluste: 366 Gefallene, 429 Verwundete und 128 Gefangene. Die Niederlage war ein Zeichen für die Stärke der russischen Armee und für die Unfähigkeit der ukrainischen Streitkräfte, der Invasion etwas entgegenzusetzen.[19]

Der ukrainische Feldzug zur Rückeroberung des Donbas war damit zu Ende. Präsident Poroschenko musste unter den denkbar ungünstigsten Bedingungen verhandeln. Am 5. September 2014 erklärte er sich mit den Bestimmungen des Minsker Protokolls einverstanden, das Vertreter der Ukraine, Russlands, der Organisation für Sicherheit und Zusammenarbeit in Europa (OSZE) sowie die Führer der beiden Donbas-»Republiken« an diesem Tag in der belarussischen Hauptstadt unterzeichneten. Sie vereinbarten das Ende aller Kampfhandlungen, den Abzug illegaler bewaffneter Einheiten und Söldner aus ukrainischem Gebiet und die Einrichtung einer OSZE-Mission zur Überwachung von Bewegungen über die russisch-ukrainische Grenze hinweg – eine Maßnahme, die das Nachrücken weiterer russischer Truppen verhindern sollte. Auf den ersten Blick war all dies für die Ukraine von Vorteil, aber das Abkommen beinhaltete auch die Anerkennung neuer staatsähnlicher Gebilde auf ukrainischem Boden, die nicht Kyjiws Oberhoheit unterstanden. Die ukrainische Regierung verpflichtete sich, ein Gesetz über den Sonderstatus der von den Separatisten beherrschten Regionen zu verabschieden. Das gehörte zu Russlands ursprünglichem Plan, die Ukraine zu »föderalisieren«. Der ukrainischen Regierung, die sich zuvor schon bereit erklärt hatte, die lokale Selbstverwaltung zu reformieren, blieb nun nichts anderes übrig, als die von Russland und seinen Handlangern diktierten Bedingungen zu akzeptieren.[20]

Das Minsker Abkommen wurde von Russland kurz nach der Unterzeichnung bereits gebrochen; es stellte sich heraus, dass die OSZE entweder unfähig war, die Grenze zu überwachen, oder die Berichte über den fortgesetzten Zustrom russischer Soldaten einfach ignorierte. Im Januar 2015 unternahm Russland erneut einen größeren militärischen Feldzug, um die Position seiner Marionetten-»Republiken« an der Front zu verbessern und die Einhaltung der Bedingungen durchzusetzen, die der Ukraine vom Minsker Abkommen auferlegt worden waren. In diesem Monat gelang es separatistischen Truppen, den von den Ukrainern gehaltenen, aber weitgehend zerstörten Flughafen von Donezk einzunehmen. (Der verbissene, monatelange Widerstand der wegen ihrer Tapferkeit als »Cyborgs« titulierten ukrainischen Verteidiger begründete ein für die Ukraine wichtiges mythologisches Narrativ soldatischen Heldentums.) Im selben Monat startete Russland mit 8000 Mann, zumeist Berufssoldaten, unterstützt von lokalen, separatistischen Kräften unter dem Kommando russischer Offiziere, eine groß angelegte Operation gegen die von den Ukrainern gehaltene Stadt Debalzewe – einen wichtigen Verkehrsknotenpunkt zwischen den Gebieten der separatistischen Republiken Luhansk und Donezk. Anders als bei Ilowajsk gelang es den russischen Truppen diesmal nicht, die Verteidiger einzukesseln, und die ukrainischen Truppen zogen sich aus dem Gebiet zurück.[21]

Mitte Februar 2015, als die Schlacht um Debalzewe auf den schneebedeckten Feldern der Ostukraine noch immer nicht entschieden war, traf sich Wladimir Putin mit seinem ukrainischen Amtskollegen Petro Poroschenko, Bundeskanzlerin Angela Merkel und dem französischen Präsidenten François Hollande zu Verhandlungen über ein neues Abkommen. Die Zusammenkunft fand in Minsk statt, und die neuen Vereinbarungen wurden in der Folge als »Minsk II« bezeichnet. Die Ukrainer kämpften noch lange nach dem Ende der Verhandlungen weiter. Putin hatte gegenüber Poroschenko zwar nicht mehr so gute Karten in der Hand wie nach dem Debakel von Ilowajsk im September zuvor, war aber noch immer in der Offensive und schaffte es, seine Position zu verbessern. Die Ukraine verpflichtete sich, nicht nur ein Gesetz über den Status der abtrünnigen Republiken zu verabschieden, sondern auch ihre Verfassung dergestalt zu ändern, dass sich dieses Gesetz mit ihr vereinbaren ließ.

In dem neuen Abkommen wurde ausdrücklich festgelegt, dass die Ukraine die Kontrolle über ihre Grenze mit Russland zurückerhalten würde, jedoch erst, wenn Kyjiw lokale Wahlen in den abgespaltenen Teilen des Donbas abgehalten hatte. Diese Regelung bedeutete, dass die Wahlen unter russischer Kontrolle stattfänden, sodass die Ukraine es mit von Russland eingesetzten Verwaltungen in Regionen zu tun bekäme, die unter der revidierten ukrainischen Verfassung genug Macht besäßen, um die Annäherung des Landes an die Europäische Union zu verhindern. Die Frage der zeitlichen Reihenfolge – ob die Ukraine zuerst die Kontrolle über die Grenze (und folglich ihre Souveränität) zurückerhalten oder ob zuerst die Wahlen stattfinden sollten – erwies sich als größtes Hindernis für die Umsetzung der Minsker Abkommen. Aber vorerst brachten sie der Ukraine die lang ersehnte Aussicht auf Frieden. In den folgenden Jahren kam es vereinzelt zu Kampfhandlungen und Artillerieangriffen über die Grenze hinweg, sodass die Gesamtzahl der Kriegsopfer im Donbas bis Anfang 2022 auf rund 14000 stieg. Diese Zahl sollte jedoch von jener der Opfer weit übertroffen werden, die nach dem Wiederaufflammen des Krieges im Februar dieses Jahres zu beklagen waren.[22]

Zu der Zeit, als die Minsker Abkommen unterzeichnet wurden, war »Neurussland« aus Moskaus offiziellem Lexikon verschwunden – zum letzten Mal hatte Putin Ende August 2014 davon gesprochen, als die Schlacht um Ilowajsk tobte. Der russische Präsident legte das Neurussland-Projekt auf Eis und ersetzte es durch die teilweise »Föderalisierung« der Ukraine. Dem neuen Plan zufolge sollten die beiden Marionettenstaaten im Donbas getrennt bleiben, um später durch die Umsetzung der Minsker Abkommen gemäß russischer Interpretation wieder in die Ukraine integriert zu werden. Die Ukrainer waren besorgt, dass die »Republiken« Donezk und Luhansk anschließend ihren Sonderstatus nutzen würden, um die politische und wirtschaftliche Integration der Ukraine in die europäischen Strukturen zu blockieren und Kyjiws Bestrebungen, der EU beizutreten, ein Ende zu setzen.

Die Annexion der Krim und der Beginn von Russlands Krieg im Donbas zeigten Putins Opportunismus und Flexibilität in geopolitischer wie ideologischer Hinsicht. Da er nicht imstande war, die gesamte Ukraine für seine Eurasische Union zu vereinnahmen, beschloss er, einen Teil von ihr zu besetzen und das restliche Übernahmeprojekt aufzuschieben. Putins nationalistische Verbündete, die mit der Entlassung von Borodai und Girkin im Sommer 2014 an Einfluss auf die Entwicklungen im Donbas verloren hatten, fühlten sich betrogen. Dennoch hielten sie an ihrer niemals realisierten nationalistischen Phantasievorstellung von Neurussland fest. Girkin reiste mit seinem vom FSB auf den Namen Sergei Runow ausgestellten Pass umher. Außerdem postete er unter dem Banner des nicht existenten

Staates Neurussland noch weit über den neuerlichen russischen Einmarsch im Februar 2022 hinaus YouTube-Videos über die Entwicklungen in der Ukraine.[23]

## DIE NEUE UKRAINE

Die acht Jahre der hybriden Kriegsführung Russlands gegen die Ukraine im von den Minsker Abkommen geteilten Donbas verwandelten die Ukraine in ein anderes Land, als sie es 2014 gewesen war, und veränderten auch ihre Gesellschaft. Ein zum Zeitpunkt der Krim-Annexion in vielerlei Hinsicht geteiltes Land war nun in dem Wunsch vereint, seine Souveränität, seine demokratische Ordnung und seine Lebensweise zu verteidigen – um fast jeden Preis.

Der Krieg hatte auch die Wählerlandschaft der Ukraine umgestaltet. Bei den ersten zu Kriegszeiten abgehaltenen Präsidentschaftswahlen im Mai 2014 gab es noch nie dagewesene Resultate: Petro Poroschenko gewann im ersten Wahlgang mit 55 Prozent der Stimmen – das erste Mal seit 1991, dass so etwas geschah. Und was noch wichtiger war, Poroschenko gewann 187 der 188 unter ukrainischer Herrschaft verbliebenen Wahlkreise. Die Trennlinie der vorherigen Präsidentschaftswahlen, bei denen die Ukraine zwischen proeuropäischen und prorussischen Kandidaten aufgeteilt worden war, existierte nicht mehr. Der Krieg hatte ein viel homogeneres Land hervorgebracht.[24]

Die Annexion der Krim und die Übernahme wesentlicher Teile des Donbas durch Russland lösten die traditionell am stärksten prorussisch orientierten Gebiete mit der größten Anzahl ethnischer Russen und Russischsprachiger in der Ukraine aus deren politischem und kulturellem Raum. Diese Gebiete hatten auch als Stützpunkte für russlandfreundliche politische Parteien gedient. Russland gab sich alle Mühe, ehemaligen Verbündeten des abgesetzten Präsidenten Wiktor Janukowytsch unter die Arme zu greifen, aber sie waren gespalten und schwach, nachdem sie einen beträchtlichen Teil ihrer Wählerbasis verloren hatten. Und die von dem Putin nahestehenden ukrainischen Geschäftsmann und Politiker Wiktor Medwedtschuk geführten Kräfte blieben trotz der Unterstützung auch mit russischen Geldern finanzierter Fernsehkanäle und Zeitungen ebenfalls schwach.[25]

Die Entwicklung der ukrainischen politischen Identität begann mit der Ablehnung von Symbolen der sowjetischen Vergangenheit. Die Maidan-Proteste von 2014 entfesselten eine Welle der Zerstörungen von Lenin-Denkmälern, Hauptsymbol der kommunistischen und in den Augen vieler Menschen russischen Vorherrschaft in der Ukraine. In der ersten Hälfte des Jahres 2014 wurden mehr als 500 solche Denkmäler von antikommunistischen Aktivisten gestürzt, vor allem im Zentrum des Landes. Die übrigen, mehr als 1500 in den von Kyjiw kontrollierten Regionen der südöstlichen Ukraine, wurden in den folgenden Jahren auf Beschluss des Parlaments entfernt; es verabschiedete die sogenannten Dekommunisierungsgesetze, die jede öffentliche Zurschaustellung kommunistischer Symbole verboten.[26]

Die Ukrainer überstanden den russischen Ansturm in der ersten Phase des Krieges, 2014–2015, indem sie sich über ethnische, sprachliche, religiöse und kulturelle Grenzen hinweg vereinigten. Auch der Krieg selbst beförderte die Identifikation breiter Teile der Bevölkerung mit der ukrainischen Sprache und Kultur. Da Putin als offizielle Begründung für die Invasion in der Ukraine die Verteidigung russischsprachiger Bürger anführte, wechselten viele Ukrainer und Russen, die zwar die ukrainische Sprache beherrschten, aber Russisch bevorzugten, in einem Akt des Trotzes zum Ukrainischen. Die Anzahl derjenigen, die nach eigenen Angaben zu Hause und bei der Arbeit Ukrainisch sprachen, erreichte 2014–2015 einen Höhepunkt. Sie sank zwar wieder auf den früheren Normalwert, als die unmittelbare Gefahr einer allumfassenden Invasion gebannt war, aber die Bereitschaft, Ukrainisch als vorherrschende Amts- und Unterrichtssprache zu akzeptieren, blieb bestehen. Im Jahr 2019 beschloss das Parlament ein neues Gesetz, mit dem Regierungsbeamte und öffentliche Bedienstete zur Benutzung der ukrainischen Sprache verpflichtet wurden. Das russische Außenministerium protestierte daraufhin und behauptete, das Gesetz würde Spaltungen in der ukrainischen Gesellschaft vertiefen. Wie sich herausstellte, traf das nicht zu.[27]

Buchläden in Städten und Dörfern wurden mit Büchern in ukrainischer Sprache überschwemmt, die Publikationen in russischer Sprache auf den zweiten Platz verwiesen. Werke über ukrainische Geschichte und Kultur kletterten auf die obersten Ränge der Bestsellerlisten. Vor dem Krieg hatte die Regierung wenig oder gar kein Geld für die Förderung der ukrainischen Kultur im Ausland ausgegeben; nun gründete sie nach dem Vorbild etablierter Kultur- und Sprachinstitute in anderen europäischen Ländern eine spezielle Einrichtung unter der Schirmherrschaft des Außenministeriums, das Ukrainian Institute. Mit der Kulturförderung im Inland waren die Ukrainische Kulturstiftung und das Ukrainische Buch-Institut betraut.[28]

Im Jahr 2018 unterstützte die Regierung den Zusammenschluss zweier nationaler orthodoxer Kirchen. Zwar waren sie vom Moskauer Patriarchat unabhängig, dieses spielte aber nach wie vor eine dominante Rolle in der ukrainischen Orthodoxie. Mit der Fusion wollte man die Konkurrenz zwischen den verschiedenen ukrainisch-orthodoxen Kirchen verringern. Präsident Poroschenko nahm am Vereinigungskonzil der beiden Kirchen teil, die sich dem Patriarchat von Konstantinopel unterstellten – ein schwerer Schlag für die Fortführung der russisch-orthodoxen Hegemonie in der Ukraine. Moskau protestierte und kappte die Verbindungen zum Patriarchen von Konstantinopel, konnte jedoch keine weiteren Maßnahmen zur Wahrung seiner Position ergreifen. Die aus dem Zusammenschluss hervorgegangene Orthodoxe Kirche der Ukraine (Prawoslawna zerkwa Ukrajíny, PZU) genoss die Unterstützung weiter Teile der Bevölkerung, und angesichts des andauernden, wenn auch unerklärten Krieges mit Russland zogen viele orthodoxe Ukrainer eine von Moskau unabhängige Kirche vor. Der Wechsel von Gemeinden des Moskauer Patriarchats zur PZU begann in den ersten Monaten des Jahres 2019.[29]

Die aktive Einmischung der Regierung in Angelegenheiten der Sprache, der Erinnerungspolitik und der Religion stieß nicht nur bei traditionell prorussischen politischen Kräften auf massive Kritik, sondern auch bei einem Teil des liberalen Establishments. Dennoch wurde sie von der Gesamtbevölkerung entweder unterstützt oder akzeptiert. Nach Russlands aggressivem Einsatz kultureller und historischer Themen als Waffe in den Jahren 2014–2015 stimmte ein großer Teil der Bevölkerung darin überein, dass die neuen Gesetze und die neue Politik notwendige Elemente der Staatenbildung waren und weitere russische Aggressionen verhindern sollten.[30]

Die neue ukrainische Regierung erfüllte das Versprechen der Revolution der Würde, indem sie näher an die Europäische Union und an euro-atlantische Institutionen wie etwa die NATO heranrückte. Das Assoziierungsabkommen, dessentwegen im Jahr 2013 die Maidan-Proteste ausgebrochen waren, wurde im Juni 2014 unterzeichnet. Im März 2017 gewährte der Rat der Europäischen Union ukrainischen Staatsbürgern die visafreie Einreise in die EU. Deren Mitgliedstaaten stellten der Ukraine dringend benötigte Finanzhilfen in Höhe von bis zu 14 Milliarden Dollar zur Verfügung, die der Bewältigung ihrer Gebietsverluste, des damit einhergehenden Bevölkerungsschwunds und der Einbuße an Industrieanlagen dienen sollten. Weitere 2,2 Milliarden Dollar bewilligten die Vereinigten Staaten. Washington wurde zum Hauptförderer von Reformen im ukrainischen Sicherheitssektor und steuerte allein zu diesem Zweck 1,6 Milliarden Dollar bei. Innerhalb kurzer Zeit wandelte die Ukraine ihre Streitkräfte von einer Wehrpflichtigen- zu einer Berufsarmee um. Auch das Bestreben, der NATO beizutreten, kehrte auf die politische Agenda zurück; die ukrainische Verfassung wurde um einen entsprechenden Paragraphen ergänzt.[31]

# KAPITEL 7
# PUTINS KRIEG

Im Herbst 2008 fragte Wladimir Putin, damals russischer Ministerpräsident und seit einem halben Jahr ehemaliger Präsident der Russischen Föderation, den Chefredakteur des liberalen, aber immer noch von den Behörden geduldeten Radiosenders *Echo Moskaus*, Alexei Wenediktow, welche Aspekte seiner beiden Amtszeiten als Staatsoberhaupt in die Geschichtsbücher der Schulen Eingang finden würden.

Wenediktow, von Beruf ursprünglich Geschichtslehrer, hob Putins Einsatz für die Wiedervereinigung des Moskauer Patriarchats mit der Russisch-Orthodoxen Kirche im Ausland hervor – einer Emigranteninstitution, die nach der Revolution von 1917 antibolschewistisch und loyal gegenüber der Romanow-Dynastie geblieben war. Überrascht hakte Putin nach: »Und das ist alles?« 2015, sieben Jahre nach ihrem ersten Gespräch und ein Jahr nach der Annexion der Krim, stellte Putin seinem Gesprächspartner noch einmal dieselbe Frage. »Putin weiß ganz genau«, sagte Wenediktow in einem Interview, »dass in den Geschichtsbüchern sowohl der russischen als auch der ukrainischen Schulen stehen wird: ›Chruschtschow hat die Krim zurückgegeben, und Putin hat sie sich wiedergeholt.‹«[1]

Putin verglich sich nicht nur mit sowjetischen Führern wie Chruschtschow, sondern auch mit den russischen Kaisern Peter I., Alexander II. und Kaiserin Katharina II. Deren Büsten und Porträts fanden ihren Weg in Putins Vorzimmer im Kreml, und sein Pressesprecher Dmitri Peskow bescheinigte seinem Vorgesetzten ein großes Interesse an Geschichte. »Putin liest ständig«, verriet Peskow einmal,

»vor allem über die Historie Russlands. Er verschlingt Memoiren, die Erinnerungsbücher historisch bedeutsamer russischer Staatsmänner.« Während des Corona-Lockdowns 2020/21 hat Putin sich zweifellos noch mehr in die Geschichtslektüre vertieft. Und er las nicht nur, sondern griff auch selbst zur Feder.[2]

Im Juli 2021 überraschte er Russland-Experten in aller Welt mit der Veröffentlichung eines langen historischen Essays, den er allem Anschein nach selbst verfasst hatte, wenngleich vielleicht mit ein wenig fremder Hilfe. Unter dem Titel »Über die historische Einheit von Russen und Ukrainern« rekapituliert er in diesem Aufsatz seine hinlänglich bekannten Ansichten und versucht sie mit einem weitschweifigen Exkurs in die Geschichte zu unterfüttern. Nachdem Putins eurasisches Integrationsprojekt an Kyjiw gescheitert war und er seinen Plan eines Großrusslands mit der Annexion der Krim in Angriff genommen hatte, stand ihm wieder die imperiale Vision einer großen russischen Nation vor Augen, jenes panrussische Projekt, wie es unter anderem auch Alexander Solschenizyn vorgeschwebt hatte. »Ich sagte, dass Russen und Ukrainer ein Volk seien – eine Einheit«, heißt es in der Einleitung. »Diese Worte waren nicht Ausdruck kurzfristiger Erwägungen oder dem aktuellen politischen Kontext geschuldet. Es ist das, was ich bei zahlreichen Gelegenheiten gesagt habe und woran ich fest glaube.«[3]

Darauf folgt eine langatmige Erörterung der Geschichte Russlands und der Ukraine, die sich in den Grundzügen an Narrativen orientiert, wie sie Graf Sergej Uwarow und der von ihm hochgeschätzte und mit der Abfassung von Schulbüchern über die russische Geschichte beauftragte Historiker Nikolaj Ustrjalow im 19. Jahrhundert entwickelt hatten. Wie Ustrjalow beruft sich Putin auf die seiner Ansicht nach im Mittelalter entstandene ursprüngliche Einheit der großen russischen Nation, als das russische Volk nicht nur von denselben Fürsten regiert wurde und derselben orthodoxen Kirche angehörte, sondern angeblich auch dieselbe Sprache sprach. In Wirklichkeit jedoch war die Kyjiwer Rus ein multiethnisches Gemeinwesen, dessen Territorium sich über Tausende Kilometer erstreckte. Doch wie Ustrjalow und viele andere, die diesem Historiker nacheiferten, führt

Putin den Verlust der vermeintlichen russischen Einheit auf unfähige Herrscher und äußere Feinde zurück.[4]

»Die Mauer, die in den letzten Jahren zwischen Russland und der Ukraine entstanden ist, zwischen den Teilen eines im Wesentlichen gleichen historischen und spirituellen Raums, ist meiner Meinung nach unser großes gemeinsames Unglück und unsere große Tragödie«, schreibt Putin. »Dies sind in erster Linie die Folgen unserer eigenen Fehler, die wir zu verschiedenen Zeiten begangen haben. Aber sie sind auch das Ergebnis bewusster Bemühungen jener Kräfte, die schon immer versuchten, unsere Einheit zu untergraben.« Was »unsere eigenen Fehler« betrifft, verweist Putin vor allem auf jene, die angeblich auf das Konto der Bolschewiki und insbesondere Lenins gehen. Die Liste der historischen Feinde Russlands sei lang, von den Mongolen im 13. Jahrhundert über die Polen im 15. und 16. Jahrhundert, die Herrscher Österreich-Ungarns und erneut die Polen im 19. Jahrhundert bis hin zu den Deutschen im 20. Jahrhundert.

Die Polen spielten in allen kaiserlich-russischen Narrativen eine besondere Rolle, denn sie wurden für das Auseinanderbrechen des geeinten russischen Volkes verantwortlich gemacht, und Putins Version weicht von dieser althergebrachten Tradition keineswegs ab. »Die Vorstellung vom ukrainischen Volk als einer von den Russen getrennten Nation begann unter der polnischen Elite und einem Teil der malorussischen [kaiserliche Bezeichnung für die ukrainische] Intelligenzija an Boden zu gewinnen«, schreibt Putin und wiederholt damit nur das, was die kaiserlich-zaristischen Behörden 1863 als Begründung für das Verbot ukrainischsprachigen Schrifttums vorgebracht hatten. An diesem Verbot und an der Verfolgung von Führern der ukrainischen Nationalbewegung durch das Russische Reich, so Putin, seien erneut die Polen schuld gewesen. »Diese Entscheidungen wurden vor dem Hintergrund dramatischer Ereignisse in Polen und angesichts der Tatsache getroffen, dass die Führer der polnischen Nationalbewegung die ›ukrainische Frage‹ zu ihrem eigenen Vorteil ausnutzen wollten.«[5]

Putins eigener Beitrag zu den historischen Narrativen seiner Vorgänger besteht darin, dass er die Ukraine als ein Antirussland qualifiziert oder, wie er es bezeichnet, als »Barriere zwischen Europa und Russland, als ein Sprungbrett gegen Russland«. Das sei auf ein Komplott böser westlicher Kräfte zurückzuführen. »Es kam zwangsläufig eine Zeit, in der das Konzept ›Die Ukraine ist nicht Russland‹ keine Option mehr war«, erklärt er. »Es war ein ›Antirussland‹-Konzept nötig, das wir niemals akzeptieren werden. Die Betreiber dieses Projekts stützten sich auf die alten Grundlagen der polnisch-österreichischen Ideologen, um ein ›Anti-Moskau-Russland‹ zu schaffen.« Doch Putin verspricht zu handeln: »Wir werden niemals zulassen, dass unsere historischen Gebiete und die uns nahestehenden Menschen, die dort leben, gegen Russland eingesetzt werden.«

Daraus spricht Putins Verärgerung über die ukrainische Demokratie, die immer wieder politische Führer hervorbringt, die sich der Idee der Unabhängigkeit der Ukraine verschrieben haben. So beklagt er, dass »Präsidenten, Abgeordnete und Minister wechseln, aber die Haltung der Trennung und Feindschaft gegenüber Russland bestehen bleibt«. Dies sei eine Folge des politischen Systems, das von den »westlichen Urhebern des Antirussland-Projekts« geschaffen worden sei. Ohne den neuen ukrainischen Präsidenten Wolodymyr Selenskyj beim Namen zu nennen, wirft Putin ihm vor, seine Wähler zu belügen. »Den Frieden zu erreichen war der zentrale Wahlspruch des amtierenden Präsidenten. Damit kam er an die Macht. Die Versprechungen stellten sich als Lügen heraus. Nichts hat sich geändert. Und in gewisser Weise hat sich die Situation in der Ukraine und im Donbas sogar verschlechtert.«[6]

## DIENER DES VOLKES

Wolodymyr Selenskyj, ein vielen Ukrainern aus dem Fernsehen bekannter 41-jähriger Komiker und Unternehmer, gewann im Frühjahr 2019 das Rennen um das ukrainische Präsidentenamt. Ein paar Jahre zuvor hatte er in einer TV-Serie mit dem Titel *Diener des Volkes* die Rolle eines aufrichtigen und entschlussfreudigen Präsidenten gespielt. Viele mochten die von Selenskyj verkörperte Figur und unterstützten seine Kandidatur. Andere, vor allem die jüngeren Wähler, waren der alten Politik und der alten Politiker überdrüssig und wollten eine Veränderung.

Der Amtsinhaber, Präsident Petro Poroschenko, präsentierte sich im Wahlkampf als proeuropäischer und antirussischer Kandidat; er hoffte, Selenskyj würde in den Augen der Wähler die prorussische Nische besetzen, die zuvor Kandidaten wie Janukowytsch eingenommen hatten. Doch die Versuche, die Wählerschaft in eine prorussische und eine proukrainische Fraktion zu spalten, verfingen nicht mehr. Die Ukraine war inzwischen einigermaßen geeint, und Selenskyj, der mit einem Antikorruptionsprogramm antrat, obsiegte mit Leichtigkeit gegen einen Mitbewerber, der allgemein als Vertreter der wirtschaftlichen Oligarchie galt. Im zweiten Wahlgang erhielt Selenskyj mehr als 73 Prozent der Stimmen und gewann bis auf eine Ausnahme in allen Regionen der Ukraine.[7]

Die ukrainische Gesellschaft stand durchaus hinter ihrer Regierung, wenn es um die Frage der neuen sprachlichen und kulturellen Identität und der Schaffung einer Berufsarmee ging, aber die meisten Ukrainer hatten genug von der anhaltenden Korruption auf staatlicher Ebene. In gewissem Maße hatte zwar schon Präsident Poroschenko die Korruption eingedämmt, dennoch galt sie sowohl im In- als auch im Ausland nach wie vor als ein großes Problem. Poroschenko selbst war ein Beispiel dafür, dass es dem System nicht gelang, sich vom Einfluss der Oligarchen zu befreien. Bereits 2012 hatte er über ein Milliardenvermögen verfügt; zu Beginn des Krieges büßte er es großenteils ein, häufte aber während seiner Amtszeit wieder immensen Reichtum an. Entscheidender war jedoch, dass Poroschenko nach Ansicht ukrainischer Korruptionsbekämpfer gegen diesen grassierenden Missstand zu lax vorging und sich gegenüber bestechlichen Staatsbediensteten zu nachsichtig zeigte.[8]

Die Befürchtungen von Poroschenkos Anhängern, Selenskyj werde die Ukraine an Russland verkaufen oder sich als unfähig erweisen, Putin die Stirn zu bieten, bewahrheiteten sich nicht. Unter Selenskyjs Führung änderte sich nichts am Bestreben der Ukraine, der NATO beizutreten, und auch die von Poroschenko eingeführten Initiativen zum Aufbau des Staates und zur Kulturpolitik wurden beibehalten. Selenskyj, versiert im Erspüren der Stimmung in der Bevölkerung, erkannte, dass der Krieg die ukrainische Gesellschaft verändert hatte. So rasch, wie er sich die ukrainische Sprache aneignete, lernte er auch die Kunst der Politik zu beherrschen. Der russischsprachige Jude aus der Ostukraine gewann nicht nur eine solide Mehrheit der überwiegend ukrainischstämmigen und oft ukrainischsprachigen Wählerschaft, sondern seine Beliebtheitswerte blieben auch länger stabil als die aller seiner Vorgänger.[9]

Selenskyj hatte die Präsidentschaft mit dem Versprechen eines dauerhaften Friedens in der Ukraine gewonnen. »Wir werden in Richtung der Minsker [Friedens-]Gespräche fortfahren und einen Waffenstillstand anstreben«, erklärte er nach seiner Wahl. Vor allem von einem persönlichen Treffen mit Putin versprach er sich Fortschritte. Tatsächlich konferierten die beiden Präsidenten im Dezember 2019 in Paris, im Beisein von Bundeskanzlerin Angela Merkel und des Gastgebers der Gesprächsrunde, des französischen Präsidenten Emmanuel Macron. Vereinbart wurde ein neuer Waffenstillstand zur Lösung der anhaltenden Pattsituation, des seit Jahren von beiden Seiten praktizierten planlosen Beschusses über die Demarkationslinie im Donbas hinweg, und der gelegentliche Austausch von Gefangenen. In der grundlegenden Frage der Minsker Abkommen, was zuerst geschehen solle – Kommunalwahlen im Donbas oder der russische Abzug –, gab es jedoch keine Bewegung. »Zur Herbeiführung des Waffenstillstands bedarf es der gleichzeitigen Umsetzung der politischen Reformen in der Ukraine, die in den Minsker Abkommen vorgesehen sind«, kommentierte Putin die Ergebnisse der Verhandlungen. Russische Emigranten mit guten Kontakten nach Moskau behaupteten später, Putin habe sich von seinen Beratern düpiert gefühlt, insbesondere von Wladislaw Surkow, der ihm versprochen hatte, Selenskyj werde die russischen Bedingungen akzeptieren. Deshalb habe Putin nach dem Pariser Treffen nicht nur Surkow gefeuert, sondern auch darüber nachzudenken begonnen, ob er gegen die Ukraine Krieg führen soll.[10]

Selenskyj betonte immer wieder, er werde ukrainisches Territorium nicht gegen Frieden eintauschen. Bei der Frage der Umsetzung der von Putin angesprochenen »Verfassungsreformen« war er jedoch unentschlossen. Die Reformen hätten dem Donbas einen Sonderstatus verliehen und ihn in eine russische Enklave verwandelt, sofern die dortigen Wahlen unter russischer Kontrolle stattfänden. Poroschenko hatte versucht, dies durch entsprechende Gesetze zu ermöglichen, was jedoch Massenproteste auslöste. Selenskyj stieß auf ähnliche Schwierigkeiten, als er im Oktober 2019 der von Russland, Deutschland und Frankreich befürworteten Formel für die Reintegration des Donbas zustimmte. Fast unmittelbar danach kam es in der ganzen Ukraine zu Massenprotesten unter dem Slogan »Nein zur Kapitulation!«. Auf der Suche nach einem Ausweg aus dieser schwierigen Situation wies Selenskyj in Paris Forderungen zurück. Nun konnte er sich nur nach Westen wenden und an die Tür der NATO klopfen.[11]

Im Dezember 2019, dem Monat, in dem Selenskyj mit Putin in Paris zusammentraf, verabschiedete das von Selenskyjs Partei »Diener des Volkes« dominierte ukrainische Parlament eine Resolution, die den Kurs der Ukraine in Richtung NATO-Mitgliedschaft bekräftigte. Selenskyj hielt damit die in der Verfassung verankerte Selbstverpflichtung der Ukraine, sich um die Mitgliedschaft im Nordatlantischen Bündnis zu bemühen, aufrecht und ergriff eine Reihe von Maßnahmen, darunter die Verabschiedung einer neuen Nationalen Sicherheitsstrategie, um sich dem Bündnis anzunähern. Als sich im Dezember 2020 jedoch noch immer keine Anzeichen einer Entspannung im Donbas-Konflikt erkennen ließen, brachte der ukrainische Verteidigungsminister Andrij Taran in seiner Ansprache an die Botschafter und Militärattachés der NATO-Länder in Kyjiw die Frage eines Aktionsplans für die NATO-Mitgliedschaft (MAP) erneut aufs Tapet. »Bitte teilen Sie Ihren Hauptstädten mit, dass wir auf Ihre volle politische und militärische Unterstützung für einen solchen Beschluss [zur Gewährung eines MAP für die Ukraine] auf dem nächsten NATO-Gipfel im Jahr 2021 zählen. Dies wäre ein praktischer Schritt und eine Demonstration des Engagements für die Beschlüsse des Gipfels von Bukarest 2008«, so der Minister.[12]

Verärgert über die anhaltende Einmischung Russlands in ukrainische Angelegenheiten durch von Moskau unterstützte Fernsehsender, eröffnete Selenskyj bald eine weitere Front gegen Russland, indem er gegen die von Russland finanzierten Sender und ihren faktischen Eigentümer Wiktor Medwedtschuk vorging. Dieser, ein Putin-naher ukrainischer Politiker und Unternehmer, hatte Präsident Poroschenko bei seinen Kontakten mit dem Kreml als Vermittler gedient. Im Februar 2021 nutzte Selenskyj die Befugnisse des Nationalen Sicherheits- und Verteidigungsrats, um eine Reihe der von Medwedtschuk kontrollierten Fernsehsender abzuschalten. »Die Ukraine tritt entschieden für die Meinungsfreiheit ein«, twitterte Selenskyj seinen Followern. »Aber wir unterstützen keine Propaganda, die vom Aggressorland finanziert wird und die Ukraine auf ihrem Weg in die EU und zur euro-atlantischen Integration aufzuhalten versucht. Der Kampf um die Unabhängigkeit ist ein Kampf im Informationskrieg um die Wahrheit und die europäischen Werte.«[13]

Die Vereinigten Staaten befürworteten Selenskyjs Vorgehen, Putin hingegen war erbost: Russland verlor so seine Präsenz in der ukrainischen Öffentlichkeit, was seine Möglichkeiten einschränkte, sie zu beeinflussen und die ukrainische politische Elite einzuschüchtern. Und wie immer witterte Putin westlichen Einfluss hinter Kyjiws Maßnahmen. »Schauen Sie, in der Ukraine haben sie drei führende Sender einfach abgeschaltet! Mit einem Federstrich. Und alle schweigen! Und manche klopfen ihnen sogar anerkennend auf die Schulter. Was soll man dazu sagen? Nichts, außer dass sie diese Instrumente für die eigenen geopolitischen Zwecke nutzen«, wetterte der russische Präsident im Februar 2021, wenige Wochen nach der von Selenskyj und seinem Nationalen Sicherheits- und Verteidigungsrat durchgeführten Maßnahme.[14]

Einige Wochen später, im April 2021, verlegte Russland eine beispiellose Anzahl von Truppen an die ukrainische Grenze – der größte Aufmarsch von Soldaten und Waffen seit dem heißen Krieg von 2014/15. In den westlichen Hauptstädten schrillten die Alarmglocken, und Selenskyj forderte die NATO auf, den Beitrittsantrag der Ukraine noch einmal zu prüfen. Russland nannte keine Gründe für die plötzliche Eskalation, sie lagen auch nicht auf der Hand. Ein ukrainischer Analyst vermutete, der Aufmarsch sei durch die Anfragen der Selenskyj-Regierung nach einem MAP für die Ukraine provoziert worden und als Warnung an den neu gewählten amerikanischen Präsidenten Joseph Biden gedacht, an den diese Gesuche letztlich gerichtet seien.

Besorgt über die plötzliche Drohkulisse, forderte Selenskyj die NATO erneut auf, den Beitritt seines Landes zum Bündnis zu beschleunigen. Biden versicherte ihm telefonisch die amerikanische Unterstützung für die ukrainische Souveränität, und die Vereinigten Staaten erörterten die Situation mit ihren NATO-Verbündeten. Die Krise vom April 2021 verlief letzten Endes glimpflich: Im Mai zog Moskau die meisten seiner Truppen von den ukrainischen Grenzen ab. Teile ihrer Infrastruktur und einiges militärische Material blieben jedoch in dem Gebiet zurück – ein deutliches Zeichen dafür, dass die Truppen jederzeit zurückkehren konnten.[15]

## DIE INTERNATIONALE KRISE

Im Frühjahr 2021 wurden die miteinander kooperierenden amerikanischen und britischen Nachrichtendienste auf die Vorbereitungen für eine mögliche Invasion der Ukraine aufmerksam; Satellitenbilder zeigten eine Konzentration russischer Truppen an den ukrainischen Grenzen. Im Juni 2021 traf sich Joseph Biden mit Wladimir Putin in Genf und erzielte einige Fortschritte in Fragen der Cybersicherheit – ein großes Reizthema in den Beziehungen zwischen den USA und Russland. Es hatte Angriffe auf amerikanische Unternehmen mittels Erpressungssoftware sowie eine Cyberattacke auf amerikanische Regierungseinrichtungen gegeben, und die Vereinigten Staaten vermuteten, dass Russland dahintersteckte. Das Thema Ukraine stand zwar ebenfalls auf der Tagesordnung, aber ein Durchbruch bei der Lösung der anhaltenden Krise im Donbas blieb aus.[16]

Ungefähr zur Zeit der Zusammenkunft von Biden mit Putin erhielten die amerikanischen und britischen Geheimdienste erstmals Berichte, wonach russische Militärstrategen eine Invasion in der Ukraine planten. Im Oktober legten die Erkenntnisse der US-Geheimdienste nahe, dass Putin entschlossen war, in die Ukraine einzumarschieren und sie zum größten Teil zu besetzen. »Wir gehen davon aus, dass sie einen breit gefächerten strategischen Angriff auf die Ukraine aus mehreren Richtungen gleichzeitig planen«, erklärte General Mark A. Milley, Vorsitzender der Generalstabschefs, gegenüber Präsident Biden und fügte hinzu: »Ihre Version von *›shock and awe‹*.« Der für den Winter geplante Angriff sehe auch die »Entfernung« von Präsident Selenskyj vor.[17]

Das Weiße Haus beschloss daraufhin, dass es die zunehmenden Hinweise auf eine solche Invasion nicht einfach nur tatenlos zur Kenntnis nehmen konnte. In einem beispiellosen Schritt, mit dem sie sogar die Offenlegung von Quellen und Methoden der nachrichtendienstlichen Aufklärung riskierten, begannen die Regierungen in Washington und London, Informationen mit Verbündeten auszutauschen, um eine Koalition zu schmieden, die Putin von seinem Vorhaben abhalten sollte. Anfang November flog CIA-Direktor William Burns nach Moskau, um seinen Amtskollegen mitzuteilen, dass ihre Pläne nicht mehr geheim seien. Putin dementierte die amerikanischen Geheimdienstinformationen keineswegs. Stattdessen beklagte er sich über die NATO-Erweiterung. Anfang Dezember erschien in der *Washington Post* ein Bericht über Pläne für einen Einmarsch mit 175 000 russischen Soldaten.[18]

Am 17. Dezember 2021, zu Beginn des letzten Wochenendes vor den Weihnachtsferien, stellte die russische Regierung ihren westlichen Gegenspielern ein unerwartetes Ultimatum. Der Katalog der Forderungen war umfangreich und beinhaltete eine schriftliche Verpflichtung der NATO, jede weitere Erweiterung des Bündnisses zu unterlassen, multinationale NATO-Truppen aus Polen und den baltischen Staaten abzuziehen und sogar die Stationierung amerikanischer Atomwaffen in Europa rückgängig zu machen. Vor allem jedoch wurde der NATO die förmliche Zusage abverlangt, dass der Ukraine niemals der Beitritt zum Bündnis gestattet werde. Die Umstände, unter denen diese Forderungen gestellt wurden, insbesondere die Konzentration von fast 200 000 Mann in unmittelbarer Nähe der ukrainischen Grenzen, ließen vermuten, dass Russland im Falle einer Weigerung des Westens eine groß angelegte Militäroffensive gegen die Ukraine starten und den 2014 begonnenen Krieg wieder aufflammen lassen würde.[19]

Die zentrale Aufgabe, die Biden und seine Berater zu lösen versuchten, fasste General Miley so zusammen: Wie könne man »die auf Regeln basierende internationale Ordnung« gegen ein Land mit außergewöhnlichen nuklearen Kapazitäten durchsetzen, »ohne den Dritten Weltkrieg herbeizuführen«? Mileys Antwort, die er auf Karteikarten notierte, lautete: Nr. 1: »Keinen kinetischen Konflikt [Militärjargon für »Krieg»] des US-Militärs und der NATO mit Russland führen.« Nr. 2: »Den Krieg innerhalb der geographischen Grenzen der Ukraine halten.« Nr. 3: »Die Einheit der NATO stärken und bewahren.« Nr. 4: »Die Ukraine stärken und ihr die Mittel zum Kampf geben.«[20]

In den Monaten und Wochen vor der Invasion verfolgte Präsident Biden im Hinblick auf einen möglichen russischen Angriff eine zweigleisige Politik. Einerseits warnten der Präsident und seine Regierung alle Welt immer wieder vor Putins aggressiven Absichten und Plänen und informierten jeden, der es hören wollte, über die Stärke der russischen Truppen, die an den ukrainischen Grenzen aufmarschierten – und darüber, wann die Invasion möglicherweise beginnen würde. Andererseits wurden die Amerikaner nicht müde zu wiederholen, dass weder sie noch ihre NATO-Partner in der Ukraine kämpfen würden, womit sie ein militärisches Eingreifen ausschlossen und Putin zu verstehen gaben, dass ihrerseits, egal was er in der Ukraine täte, keine militärische Reaktion erfolgen würde.

Die Vereinigten Staaten würden nicht einmal zur Rettung amerikanischer Bürger Truppen in die Ukraine entsenden, erklärte Biden. Viele hielten es für einen Fehler, auf die Androhung einer militärischen Intervention zu verzichten, denn dies verschaffe Putin einen Freibrief für eine Invasion, ohne dass er befürchten musste, auf überlegene Kräfte zu treffen. Offenbar wollte Biden sowohl seinen eigenen Landsleuten als auch der westlichen Öffentlichkeit insgesamt versichern, dass die amerikanische Antwort auf einen möglichen neuen Krieg Russlands gegen die Ukraine nicht zu einem globalen und vielleicht sogar atomaren Konflikt führen würde. Als einziges Abschreckungsmittel blieb dem vereinten Westen die Drohung mit Sanktionen gegen bestimmte Personen und Bereiche der russischen Wirtschaft. Im Westen begann schließlich eine Medienkampagne mit dem Ziel, Putin das Überraschungsmoment zu nehmen und ihn vielleicht sogar derart an den Pranger zu stellen, dass er die Invasion abblies oder verschob.[21]

Für den Fall, dass all dies scheiterte, kündigten die Vereinigten Staaten an, einen möglichen ukrainischen Aufstand gegen die russischen Besatzungstruppen zu unterstützen, denn niemand in Washington, London oder einer anderen westlichen Hauptstadt rechnete damit, dass die ukrainischen Streitkräfte länger als ein paar Tage standhalten würden. Daher planten die Vereinigten Staaten nicht, in nennenswertem Umfang Waffen in die Ukraine zu liefern, sollte sich der Krieg in die Länge ziehen. Denn dann, so die Befürchtung, würden sie früher oder später den Russen in die Hände fallen. Zu den Waffen, die die USA und ihre Verbündeten dennoch in begrenzter Zahl der Ukraine zukommen ließen, gehörten Panzer- und Flugabwehrraketen vom Typ Javelin und Stinger, mit denen kleine Partisanentruppen einer Besatzungsarmee empfindliche Verluste zufügen konnten, wie die afghanischen Widerstandskämpfer gegen Ende des Kalten Krieges mit Stinger-Raketen bewiesen hatten.[22]

Nachdem Russland im Dezember 2021 von der NATO ultimativ verlangt hatte, die Grenzen des Bündnisses auf den Stand von 1997 zurückzuverlegen, konferierten Biden und Putin am 30. Dezember per Video. Dabei kam es zu keinerlei Fortschritten; allerdings vereinbarten sie, ihre Gespräche fortzusetzen. Den Russen ging es nur darum, den Anschein von Verhandlungsbereitschaft zu wahren, nicht aber um substanzielle Ergebnisse. Auch die anschließenden Unterredungen zwischen den Vereinigten Staaten, Russland, Vertretern der NATO und der Ukraine als Mitglied der Organisation für Sicherheit und Zusammenarbeit in Europa verliefen im Sande. Die russischen Forderungen wurden in Washington als unrealistisch angesehen und von allen NATO-Mitgliedern als inakzeptabel zurückgewiesen – eine seltene Einmütigkeit in einem Bündnis, das häufig durch Meinungsverschiedenheiten in Bezug auf Russland belastet war. In diesem Fall jedoch waren sich sämtliche Mitgliedstaaten darin einig, sich von keiner externen Macht vorschreiben zu lassen, welche Länder dem Bündnis beitreten durften.[23]

Das Scheitern der Verhandlungen bildete den Auftakt zu einem Hackerangriff auf offizielle ukrainische Websites, für den die ukrainische Regierung Russland verantwortlich machte. Im US-Kongress wurden Gesetzentwürfe zur Verhängung umfangreicher Sanktionen gegen den russischen Finanzsektor und hochrangige Regierungsvertreter, einschließlich Präsident Putin selbst, diskutiert. Als die Russen daraufhin den Vereinigten Staaten und der NATO mit einer »asymmetrischen Antwort« drohten, begannen in Washington Gerüchte über die Stationierung russischer Atomraketen unweit der amerikanischen Küsten zu kursieren. Nachdem russische Offizielle angedeutet hatten, Truppen nach Kuba und Venezuela entsenden zu wollen, wuchs die Sorge, dass solche Raketen nicht nur per U-Boot herangeführt, sondern auch an Land installiert würden. Putins Drohungen in den vorangegangenen Monaten, es könnte wie 1962 wieder zu einer Kubakrise kommen, erhielten plötzlich eine neue Bedeutung und Dringlichkeit.[24]

Nun machte sich der Westen daran, in den Geschichtsbüchern zu stöbern und Lehren aus der Vergangenheit zu ziehen. Man stieß auf Parallelen zwischen den zunehmenden Spannungen hinsichtlich der Ukraine und dem Umgang der westlichen Demokratien mit Hitlerdeutschland, als um den Fortbestand der Tschechoslowakei gefeilscht worden war. Die Frage, die sich jeder stellte, lautete, ob es erneut zu so etwas wie dem Münchner Abkommen von 1938 käme – also zur Besänftigung einer aggressiven Macht durch Zugeständnisse. Im Januar erregte der deutsch-britische Spielfilm *München – Im Angesicht des Krieges*, der über Netflix Verbreitung fand, weltweit Aufmerksamkeit. Die *New York Times* kritisierte den Streifen als abendfüllenden Versuch, Neville Chamberlain zu glorifizieren, den britischen Premierminister, der im Vorfeld des Zweiten Weltkriegs die höchst umstrittene diplomatische Strategie der Beschwichtigungspolitik verfolgt hatte.[25]

Was auch immer man zur Haltung von Frankreich und Deutschland sagen mag, die Vereinigten Staaten ergingen sich jedenfalls nicht in Beschwichtigungen. Außenminister Antony Blinken informierte Präsident Selenskyj Anfang November erstmals über die US-Erkenntnisse in Bezug auf den bevorstehenden Krieg. Einige Wochen später empfahl ein hochrangiger Beamter des Außenministeriums dem ukrainischen Außenminister Dmytro Kuleba, »Gräben auszuheben«. CIA-Direktor William Burns, der Kyjiw am 12. Januar 2022 besuchte, berichtete Präsident Selenskyj von dem russischen Plan, Kyjiw durch eine Landeaktion auf dem Flughafen Hostomel nahe der ukrainischen Hauptstadt einzunehmen. Burns ermahnte den Präsidenten auch eindringlich, seine persönliche Sicherheit und die seiner Familie ernst zu nehmen. Auch Antony Blinken sparte nicht mit Warnungen, als er einige Tage später in Kyjiw eintraf und Selenskyj ihm mitteilte, er werde die Hauptstadt keinesfalls verlassen.[26]

Selenskyj schienen die amerikanischen Warnungen nicht zu beeindrucken. Später erläuterte er seine damalige Haltung: »Sie können mir eine Million Mal sagen, ›Hören Sie, es kommt vielleicht zu einer Invasion‹. Okay, es könnte also eine Invasion geben – werden Sie uns Flugzeuge schicken? Werden Sie uns Luftabwehr bieten? ›Nun, Sie sind kein NATO-Mitglied.‹ Oh, okay, worüber reden wir dann?« Als Präsident Biden Selenskyj Ende Januar anrief, um ihm mitzuteilen, der russische Angriff werde mit ziemlicher Sicherheit im kommenden Monat erfolgen, bat Selenskyj seinen amerikanischen Amtskollegen um »weniger Alarmismus«. Später erklärte er gegenüber Reportern, die ständige Ankündigung eines »morgigen Krieges« führe zu »Panik auf den Märkten und im Finanzsektor«. Er schätzte die Verluste, die der Ukraine durch öffentliche Verlautbarungen über den bevorstehenden Krieg entstanden waren, auf 15,5 Milliarden US-Dollar.[27]

Angesichts der fortlaufenden amerikanischen Warnungen, der wirtschaftlichen Schäden und der ausbleibenden Zusagen des Westens, was eine mögliche Beteiligung im Falle einer militärischen Konfrontation betraf, intensivierten die Ukrainer ihre Verhandlungen mit Russland, insbesondere hinsichtlich des Donbas-Konflikts. Der Leiter von Selenskyjs Präsidialverwaltung, Andrij Jermak, traf sich hierzu mit Dmitri Kosak, einem engen Vertrauten Putins; der gebürtige Ukrainer Kosak war stellvertretender Leiter von Putins Präsidialverwaltung. Die Medien berichteten über das Scheitern der Gespräche, doch die informellen Konsultationen wurden fortgesetzt und mündeten in den Entwurf eines Abkommens, mit dem die Ukraine eine mögliche russische Aggression abwehren wollte, indem sie sich gegenüber dem Kreml verpflichtete, nicht der NATO beizutreten.[28]

Unterdessen machten die Ukrainer weiterhin gute Miene zum bösen Spiel und gaben sich völlig unbeeindruckt von der immer ernster werdenden Lage. Ende Januar, als westliche Botschaften, darunter auch die amerikanische, Kyjiw verließen und Washington und London unaufhörlich vor einem baldigen russischen Angriff warnten, beruhigte der ukrainische Verteidigungsminister Oleksij Resnikow das ukrainische Parlament und die Öffentlichkeit: »Derzeit gibt es keinen Grund, es anzunehmen [dass Russland einmarschieren wird]. Machen Sie sich keine Sorgen, schlafen Sie gut. Sie brauchen Ihre Koffer nicht zu packen.« Doch hinter den Kulissen bat die ukrainische Regierung ihre Freunde um Waffen. Der Sekretär des Nationalen Sicherheits- und Verteidigungsrates, Oleksij Danilow, hatte eine Botschaft an die westlichen Verbündeten: »Schreit nicht so viel herum. Seht ihr eine Bedrohung? Dann gebt uns zehn Flugzeuge pro Tag. Nicht eins, sondern zehn, und die Bedrohung wird verschwinden.«[29]

Diese Position vertrat Selenskyj noch am 19. Februar, drei Tage vor der Invasion, als er überraschend Kyjiw verließ, um an der Münchner Sicherheitskonferenz teilzunehmen. »Was auch immer geschieht, wir werden unser wunderbares Land verteidigen, egal ob 50 000, 150 000 oder eine Million Soldaten irgendeiner Armee an unseren Grenzen stehen«, erklärte er. »Will man der Ukraine wirklich helfen, muss man nicht sagen, wie viele es sind – an Soldaten und Ausrüstung. Was gesagt werden muss, ist, wie viele auf unserer Seite es sind. Will man der Ukraine wirklich helfen, muss man nicht ständig über den möglichen Termin einer Invasion sprechen. Wir werden unser Land verteidigen, egal ob es der 16. Februar, der 1. März oder der 31. Dezember ist. Was wir viel mehr brauchen, sind ganz andere Termine.

Und jeder weiß sehr gut, welche das sind.« Er meinte damit die Lieferung von Waffen.[30]

Selenskyj erinnerte die Konferenzteilnehmer auch an die Verantwortung, die die Großmächte mit der Unterzeichnung des Budapester Memorandums 1994 und dem Abzug der Atomwaffen aus der Ukraine übernommen hatten. »Die Ukraine hat Sicherheitsgarantien für den Verzicht auf das drittgrößte Atomwaffenarsenal der Welt erhalten«, erklärte er. »Wir haben diese Waffe nicht mehr. Wir haben auch keine Sicherheit mehr. Und wir haben auch einen Teil unseres Staatsgebiets nicht mehr, der flächenmäßig größer ist als die Schweiz, die Niederlande oder Belgien. Und das Wichtigste – wir haben Millionen von Bürgern nicht mehr. All das haben wir nicht mehr. Dafür haben wir etwas anderes. Nämlich das Recht, eine Abkehr von der Beschwichtigungspolitik hin zu Sicherheits- und Friedensgarantien zu fordern.«[31]

Einem Mitglied der ukrainischen Delegation auf der Münchner Konferenz zufolge rieten einige westliche Politiker Selenskyj, angesichts der drohenden Invasion nicht in die Ukraine zurückzukehren und stattdessen eine Exilregierung zu bilden – in London oder Warschau, den Hauptstädten der beiden wichtigsten Verbündeten der Ukraine in Europa. Offenbar lehnte Selenskyj rundheraus ab. »Ich habe heute Morgen in der Ukraine gefrühstückt, und ich werde auch in der Ukraine zu Abend essen«, antwortete der ukrainische Präsident. Nur wenige hatten eine solche Antwort von einem ehemaligen Komiker erwartet, der ohne jegliche politische Erfahrung die Präsidentschaft eines krisengeschüttelten Landes übernommen und versprochen hatte, den anhaltenden Konflikt mit Russland so bald wie möglich zu lösen.[32]

## DIE KRIEGSERKLÄRUNG

Ende 2021, als Gerüchte über Putins angeschlagene Gesundheit in Russland und im Ausland mit neuer Intensität zu kursieren begannen, fielen Beobachtern Veränderungen in seinem Erscheinungsbild auf, darunter sein aufgedunsenes Gesicht – möglicherweise eine Folge von Medikamenten. Und es war nicht zu übersehen, dass Putin sich vor Covid-19 oder anderen Infektionen schützen wollte, indem er ausländische Staatsgäste, die ihn besuchten, am entgegengesetzten Ende eines lächerlich langen Tisches platzierte. Dies veranlasste russische politische Kommentatoren, sich mit der Frage nach Putins Vermächtnis zu befassen, wobei die Krim und die Ukraine eine bedeutende Rolle spielten. Der dem Kreml nahestehende Politikberater und Ukraine-Experte Sergej Markow meinte hierzu, Putin könne »nicht zurücktreten, solange er die Ukraine besetzt hält, denn sonst werden die Russen dort durch Terror zu Antirussen gemacht«. Dann erläuterte er seine Überlegungen im Hinblick auf das panrussische Projekt: »Weil die Ukraine in der Tat ein Teil der Rus ist.«[33]

Bei seinem Besuch in Kyjiw im Sommer 2013 hatte sich Putin erstmals öffentlich zur imperialen Idee einer großen russischen Nation bekannt und erklärt, Russen und Ukrainer seien ein und dasselbe Volk. Er war mit Patriarch Kirill von der Russisch-Orthodoxen Kirche zur Feier des mutmaßlich 1025. Jahrestags der Taufe der Kyjiwer Rus dorthin gereist. »Natürlich sind uns die heutigen Realitäten bewusst«, verkündete Putin seinem geneigten Publikum, den Teilnehmern einer Konferenz mit dem treffenden Titel »Orthodoxe slawische Werte: Die Grundlage der zivilisatorischen Entscheidung der Ukraine«. »Es gibt das ukrainische Volk und das belarussische Volk und andere Völker, und wir respektieren alle Teile dieses Erbes, aber [...] dessen Grundlage sind zweifellos unsere gemeinsamen geistigen Werte, die uns zu einem einzigen Volk machen.«[34]

Unermüdlich verkündete Putin sein Mantra der angeblichen völkischen Identität von Russen und Ukrainern, doch nun, so Markow, sei es an der Zeit, dass Putin seinen Worten auch Taten folgen lasse. Selbst im Lager der russischen Nationalisten gab es allerdings Stimmen, die den Krieg zwischen Russen und Ukrainern nicht für eine gute Idee hielten. Der Leiter der Allrussischen Offiziersvereinigung, Generaloberst Leonid Iwaschow, verfasste einen offenen Brief an Putin, in dem er sich aus Gründen des russischen Nationalinteresses und der slawischen Einheit gegen den Krieg aussprach. »Die Anwendung militärischer Gewalt gegen die Ukraine wird erstens die Existenz Russlands als Staat infrage stellen«, schrieb Iwaschow. »Zweitens wird er Russen und Ukrainer für immer zu Todfeinden machen. Drittens werden auf beiden Seiten Tausende (Zehntausende) gesunde junge Männer umkommen, und das wird sich zweifellos auf die künftige demographische Situation in unseren Ländern auswirken, die ohnehin unter Bevölkerungsschwund leiden.«[35]

Wladimir Putin leugnete in den Monaten, Wochen und Tagen vor der Invasion beständig und in aller Öffentlichkeit, dass er Krieg wolle. Am 12. Februar, keine zwei Wochen vor Kriegsbeginn, gab er zu Protokoll, er habe keinerlei Pläne für eine Invasion, obwohl die Amerikaner fortlaufend über den zunehmenden Aufmarsch russischer Truppen an der ukrainischen Grenze berichteten, der sich erst auf 100 000, dann auf 150 000 Mann belief. Insgesamt hatte der Kreml nach amerikanischen Schätzungen zum Zeitpunkt der Invasion 120 Bataillone taktischer Einheiten mit einer Gesamtstärke von 150 000 bis 190 000 Mann mobilisiert. »Tatsache ist, dass die Amerikaner künstlich eine Hysterie um einen angeblichen russischen Invasionsplan schüren und sogar das Datum für eine solche Invasion nennen«, erklärte der russische Präsident.[36]

Die formelle Entscheidung über den Kriegsbeginn traf Putin am 21. Februar auf der Sitzung des russischen Sicherheitsrats, der die faktische Aufkündigung der Minsker Vereinbarungen billigte und dem Antrag auf Anerkennung der »Unabhängigkeit« der beiden Marionettenstaaten im ukrainischen Donbas zustimmte. Wie Putin vor laufenden Kameras andeutete, hatte er seine Entscheidung, die Vereinbarungen zu kündigen und die Unabhängigkeit der »Republiken« im Donbas anzuerkennen, nicht vorher mit den Mitgliedern des Rates besprochen – er wollte lediglich ihre Meinung dazu hören. Stark geschnittene Fernsehaufnahmen der Sitzung ließen jedoch kaum einen Zweifel daran, dass nur wenige überhaupt eine eigene Meinung hatten. Die meisten Ratsmitglieder taten lediglich ihr Bestes, Argumente für eine bereits getroffene Entscheidung beizusteuern, und der Chef des Auslandsgeheimdienstes, Sergej Naryschkin, handelte sich sogar einen Rüffel von Putin ein, weil er sich zunächst bei der Frage der

Anerkennung der beiden »Volksrepubliken« unentschlossen zeigte und dann mit dem Vorschlag, sie an Russland anzugliedern, über das Ziel hinausschoss.[37]

Die Filmaufnahmen vermittelten den deutlichen Eindruck, dass die Entscheidung für den Krieg allein auf Putin zurückging. Die anderen Personen dienten nur als Claqueure. Zu ihnen gehörte auch der russische Außenminister Sergei Lawrow, den Putin nach Angaben des Enthüllungsjournalisten Christo Grozev in der Frage des Kriegs gegen die Ukraine angeblich kein einziges Mal konsultiert hatte. Einer Anekdote zufolge, die westliche Russlandbeobachter verbreiteten, soll Lawrow auf die Frage, wer Putins Berater seien, geantwortet haben: Peter der Große, Katharina die Große und Alexander II. – zwei russische Kaiser und eine Kaiserin des 18. und 19. Jahrhunderts.[38]

Im Anschluss an die Aufzeichnung der Sicherheitsratssitzung strahlte das russische Fernsehen eine lange Rede Putins aus, in der er seine Entscheidung zur Aufkündigung der Minsker Vereinbarungen von 2015 erläuterte. Aus seinen Ausführungen war zu schließen, dass er sich nicht auf den Donbas beschränken wollte, unabhängig davon, ob die Teilrepubliken formell für unabhängig erklärt oder vollständig annektiert würden, wie Naryschkin vorgeschlagen hatte. Putin ging es um die Ukraine als Ganzes, wie daran zu ersehen war, dass er die Hauptthemen seines historischen Essays vom Juli 2021 wieder aufgriff und erneut versuchte, die Existenz der Ukraine als Staat und Nation zu delegitimieren.

»Die heutige Ukraine wurde vollständig von Russland erschaffen, genauer gesagt vom bolschewistischen, kommunistischen Russland«, erklärte der russische Präsident. »Dieser Prozess begann praktisch unmittelbar nach der Revolution von 1917, und Lenin und seine Mitstreiter taten dies auf eine Weise, die für Russland extrem hart war – sie trennten ab, was historisch gesehen russische Erde ist.« Dieser Gedanke hatte seine Wurzeln in den Schriften emigrierter russischer Weißgardisten wie General Anton Denikin und zog sich wie ein roter Faden auch durch Solschenizyns Denken und Schreiben. Um seiner Argumentation noch mehr Gewicht zu verleihen, behauptete Putin, er habe diese Frage anhand von Archivdokumenten erforscht.[39]

In den ukrainischen sozialen Medien machte man sich über Putins Erklärung lustig. Innerhalb weniger Stunden wurde Facebook mit Bildern eines verblüfften Wladimir Lenin überschwemmt, der sich darüber wunderte, dass er die Ukraine erschaffen hatte. In einer Fotomontage mit dem Denkmal für die legendären Gründer von Kyjiw, die Brüder Kyj, Schtschek und Choriw sowie ihre Schwester Lybid, hatte man Lenin sogar an die Stelle von Lybid platziert. Das Denkmal in Form eines Bootes mit den vier Stadtgründern ist Ausdruck des ukrainischen Volksglaubens, dass die Wurzeln ihres Landes bis ins Mittelalter zurückreichen. Die ukrainische Reaktion interessierte Putin jedoch nicht im Mindesten – seine Entscheidung stand bereits fest.[40]

Am 21. Februar, dem Tag der Sicherheitsratssitzung, ließ Putin eine weitere Ansprache aufzeichnen, die am Morgen des russischen Angriffs gesendet werden sollte. Darin rechtfertigte er die bevorstehende Aggression als Antwort auf das, was er als »Völkermord« bezeichnete, begangen von »den Kräften, die 2014 den Staatsstreich in der Ukraine inszenierten: gegen die Millionen Einwohner des Donbas«. Er behauptete, das Vorgehen der Kyjiwer Regierung lasse Russland keine andere Wahl. »Unter diesen Umständen«, erklärte er, »müssen wir mutig und umgehend handeln. Die Volksrepubliken des Donbas haben Russland um Hilfe gebeten.« Damit bezog er sich auf ein Ersuchen der Führer der Marionettenstaaten in dem von Russland besetzten Teil des Donbas, die gerade erst von Moskau als unabhängig anerkannt worden waren. Ihr Ersuchen lieferte Putin einen formellen *casus belli*, gab das Mindestziel der russischen Aggression vor – die Einnahme des gesamten Donbas – und täuschte der ukrainischen Seite vor, der Krieg könnte auf den Donbas begrenzt bleiben.

Andere Teile der Ansprache ließen jedoch erkennen, dass der Donbas nur ein Vorwand war. Zwar bezeichnete Putin seinen Angriffskrieg als »militärische Spezialoperation«, erklärte ihn aber gleichzeitig zu einem globalen Kampf in der Tradition von Stalins Großem Vaterländischen Krieg, einem Kampf gegen den feindlichen Westen und den vom Westen unterstützten ukrainischen Faschismus. »Die führenden NATO-Länder, die nur ihre eigenen Ziele verfolgen, unterstützen die rechtsextremen Nationalisten und Neonazis in der Ukraine, die den Menschen auf der Krim und in Sewastopol niemals verzeihen werden, dass sie sich aus freien Stücken für die Wiedervereinigung mit Russland entschieden haben«, so Putin. »Sie werden zweifellos versuchen, die Krim mit Krieg zu überziehen, so wie sie es im Donbas getan haben, um unschuldige Menschen zu töten, so wie es die Mitglieder der Strafeinheiten aus ukrainischen Nationalisten und Hitlers Komplizen während des Großen Vaterländischen Krieges getan haben. Sie haben auch ganz offen Anspruch auf weitere russische Regionen erhoben.«[41]

Ziel von Putins »militärischer Spezialoperation« sei es, »die Ukraine zu entmilitarisieren und zu entnazifizieren sowie diejenigen vor Gericht zu bringen, die zahlreiche schwere Verbrechen gegen die Zivilbevölkerung, auch gegen Bürger der Russischen Föderation, begangen haben«. Was er mit »Entmilitarisierung« meinte, lag auf der Hand: Die Ukraine sollte wehrlos gemacht und der Gnade Moskaus ausgeliefert werden. Aber was bedeutete »Entnazifizierung«? Putins Propagandamaschine hatte schon seit Jahren manche der ukrainischen Freiwilligenverbände von 2014 als Nazi-Organisationen gebrandmarkt. Aber jetzt ging es um mehr als nur um diese Bataillone. Wenige Tage zuvor hatten die Vereinigten Staaten die Vereinten Nationen gewarnt, russische Geheimdienste würden Listen von Menschen erstellen, die »getötet oder in Lager geschickt werden sollen«. Dazu gehörten »russische und belarussische Dissidenten im ukrainischen Exil, Journalisten und Korruptionsbekämpfer sowie gefährdete Bevölkerungsgruppen wie religiöse und ethnische Minderheiten und LGBTQI+-Personen«. Auch bestand kaum ein Zweifel, dass jeder, der den Invasoren Widerstand leistete, getötet oder vor Gericht gestellt würde. Putin forderte das ukrainische Militär auf, »sofort die Waffen niederzulegen und nach Hause zu gehen«.[42]

## DIE INVASION

Putins Ansprache wurde in den frühen Morgenstunden des 24. Februar im russischen Fernsehen gesendet, am achten Jahrestag seiner Entscheidung, die Annexion der Krim zu vollziehen. Er erwartete, dass die Ergebnisse ebenso schnell eintreten und ebenso eindeutig und positiv ausfallen würden wie damals.

Seine Rede schloss Putin mit einem Appell an die russischen Bürger: »Ich glaube an Ihre Unterstützung und an die unbezwingbare Kraft, die in der Liebe zu unserem Vaterland wurzelt.« Die Leitmotive seiner Ansprache, darunter die Entnazifizierung der Ukraine, wurden in den darauffolgenden Tagen und Wochen von den russischen Medien der Bevölkerung eingebläut, obwohl es schwierig war, die Propagandalinie auf einen Schlag zu ändern. So dementierte Leonid Sluzki, Vorsitzender des Ausschusses für auswärtige Angelegenheiten der russischen Staatsduma, die Invasion sogar noch am Tag ihres Beginns. »Wir haben nicht die Absicht, einen Krieg zu entfesseln. Wir wollen nicht in die Ukraine einmarschieren, wie man uns in der Ukraine unterstellt, und nicht nur dort«, behauptete er gegenüber Journalisten. Während er dies sagte, rückten russische Kampfverbände bereits auf die ukrainische Hauptstadt vor.[43]

Der russische Angriff auf die Ukraine begann am 24. Februar 2022 kurz vor vier Uhr morgens Kyjiwer Zeit an mehreren Fronten. Die Bürger von Kyjiw, Charkiw, Odesa, Saporischschja, Schytomyr, Mykolajiw und Cherson, um nur die wichtigsten regionalen Zentren zu nennen, wurden vom Krachen der Detonationen geweckt – russische Flugzeuge und Raketen griffen Flugplätze und militärische Einrichtungen im ganzen Land an. Radio und Fernsehen berichteten auf der Grundlage von Posts in den sozialen Medien aus der gesamten Ukraine über die Ereignisse. Meldungen über amphibische Landungen russischer Truppen in Odesa am Schwarzen Meer und Mariupol am Asowschen Meer stellten sich später als falsch heraus.[44]

Die russischen Streitkräfte bombardierten ukrainische Kommando- und Kontrollzentren, Luftabwehrsysteme und wichtige Infrastrukturen mit mehr als 100 ballistischen Kurzstreckenraketen, die aus der

Luft und vom Meer aus abgefeuert wurden. Kolonnen russischer Panzer und Mannschaftstransporter drangen über die ukrainischen Grenzen hinweg von Belarus in Richtung Kyjiw, von Russland in Richtung Charkiw und von der besetzten Krim in Richtung Cherson und Nowa Kachowka im Süden vor. Zehntausende Soldaten waren plötzlich auf dem Vormarsch. Für die Ukraine, in der weder die Regierung noch die Bevölkerung an die Möglichkeit eines solchen russischen Großangriffs geglaubt hatte, gab es ein böses Erwachen.[45]

Die gesamte Militäroperation, in Gang gesetzt aufgrund von Putins Überzeugung, eine ukrainische Nation existiere überhaupt nicht und die Ukrainer würden am liebsten unter russischer Herrschaft leben, orientierte sich an der russischen Übernahme der Krim. Unter den ersten Bodentruppen, die unmittelbar nach den Fallschirmjägern auf Kyjiw vorrückten, befanden sich Einheiten der Bereitschaftspolizei, und in ausgebrannten Panzern und Fahrzeugen fanden die Ukrainer Paradeuniformen russischer Soldaten für den geplanten Siegeszug auf dem Kyjiwer Prachtboulevard Chreschtschatyk. Die Soldaten hatten nur Proviant für zwei bis drei Tage dabei, weil man ihnen gesagt hatte, die Operation in der Ukraine werde keinesfalls länger dauern. Und da man den Einmarsch als Befreiungsmission ausgeben wollte, war den Offizieren und Soldaten streng verboten, Feindseligkeit gegenüber der örtlichen Bevölkerung zu zeigen. Mit der Militäroperation solle lediglich die Einrichtung von NATO-Stützpunkten in der Ukraine verhindert werden, lautete die Parole.[46]

»Die russische Armee hat Order, keine Städte oder deren Bewohner anzugreifen. Die Führung des russischen Verteidigungsministeriums betont, dass die Bevölkerung eines Bruderlandes nichts von der russischen Armee zu befürchten hat«, teilte der politische Berater Sergej Markow einem Reporter am zweiten Tag der Invasion, dem 25. Februar 2022, mit. Zum weiteren Vorgehen erklärte Markow: »Sämtliche Verbände der ukrainischen Streitkräfte werden eingekesselt, hauptsächlich aus der Luft – und erhalten ein Ultimatum. Sie werden sich ergeben müssen. Verläuft alles normal, wird mit der Entwaffnung begonnen. Dort, wo keine Normalität herrscht, werden diese Verbände eliminiert. Ich denke, die meisten Untereinheiten der ukrainischen Streitkräfte werden die Waffen strecken. Nur ein Teil wird weiterhin Widerstand leisten. Das sind die neonazistischen Untereinheiten.«[47]

So sah nicht nur Markows, sondern auch Putins Plan aus. In seiner Ansprache zu Kriegsbeginn hatte Putin an das ukrainische Militär appelliert, die Waffen niederzulegen. Doch die ukrainische Armee kämpfte. Nicht eine einzige Einheit wollte sich ergeben, geschweige denn die Seiten wechseln. Putin und seinen Propagandisten wie Markow stand ein böses Erwachen bevor.

# KAPITEL 8
# VOR DEN TOREN KYJIWS

Zu jenen, die am meisten von der groß angelegten russischen Invasion überrascht wurden, zählte der ukrainische Präsident Wolodymyr Selenskyj. Vor dem Einmarsch hatte er sich selbst wie auch der Bevölkerung der Ukraine wochenlang einzureden versucht, es werde nichts dergleichen geschehen. »In seinem Gesicht sah man keine Furcht«, sagte der ukrainische Parlamentspräsident, Ruslan Stefantschuk, der Selenskyj an jenem Morgen getroffen hatte. »Nur die Frage: Wie kann das sein?« Stefantschuk und andere Spitzenpolitiker des Landes waren genauso schockiert. »Uns war zumute, als würde die ganze Welt zusammenbrechen«, erinnerte sich Stefantschuk ein paar Wochen später.

Die Frau des Präsidenten, Olena, wachte an jenem Morgen früh auf und stellte fest, dass ihr Mann nicht mehr im Bett lag. Sie fand ihn im Zimmer nebenan; er war bereits angezogen. »Es hat begonnen«, sagte er. Was begonnen hatte, brauchte er ihr nicht zu erklären – das Undenkbare war geschehen. Wolodymyr und Olena weckten ihre siebzehnjährige Tochter und ihren neunjährigen Sohn. Bald darauf waren in der Umgebung des Präsidentenpalasts Detonationen zu hören. Zwei Tage zuvor hatte der Geheimdienst Selenskyj gewarnt, dass die Russen ihn ermorden wollten. Er hatte das mit ein paar ironischen Bemerkungen quittiert. Doch nun war die Lage anders: Die Familie wurde an einen sicheren Ort gebracht, während der Präsident blieb.[1]

»Und nun? Kämpfen wir!«, begrüßte er Oleksij Danilow, den Sekretär des Nationalen Sicherheits- und Verteidigungsrats, als dieser in seinem Amtszimmer erschien. »Es war sofort klar, dass der Präsident nicht die Absicht hatte, sich an einen anderen Ort zu begeben, und dass er trotz der Gefahr für sein Leben in der Ukraine bleiben würde«, berichtete Danilow später. Er überbrachte Selenskyj die neuesten Meldungen. Den ersten, ab 3:40 Uhr in Danilows Büro eingegangenen Berichten zufolge hatte die russische Invasion mit einem Angriff auf den Ort Mylowe an der Grenze zwischen den von Russland und von der Ukraine gehaltenen Gebieten des Donbas begonnen. Jetzt war es ungefähr fünf Uhr. Um halb sechs beschlossen die Mitglieder des Nationalen Sicherheits- und Verteidigungsrats, das Kriegsrecht zu verhängen.[2]

Irgendwann an diesem Morgen muss Selenskyj klar geworden sein, dass er vergeblich gehofft hatte, den Kreml mit dem versprochenen Verzicht auf den NATO-Beitritt besänftigen zu können. Noch tags zuvor hatte er führenden Geschäftsleuten der Ukraine bei einer Zusammenkunft erklärt, er tue sein Möglichstes, um einen Krieg zu verhindern. Einer von ihnen, Wadym Nowynskyj, der enge Beziehungen zum Moskauer Patriarchen unterhielt, sicherte dem Präsidenten seine volle Unterstützung zu. Bis zum letzten Moment bestand die Hoffnung, dass die Verhandlungen zwischen Selenskyjs Stabschef, Andrij Jermak, und Putins Berater Dmitri Kosak dazu beitragen würden, einen Krieg zu vermeiden. Aber Kosak konnte Putin nicht dazu bewegen, den Zusagen der Ukraine, sie werde der NATO nicht beitreten, Glauben zu schenken. An jenem Morgen rief er Jermak an und forderte die Kapitulation. Jermak fluchte und legte auf. Die Verhandlungen waren gescheitert.[3]

Nach der Zusammenkunft des Sicherheitsrats zeichnete Selenskyj eine Videobotschaft an die Nation auf, in der er die Ukrainerinnen und Ukrainer bat, Ruhe zu bewahren, und ihnen versicherte, er selbst, die Regierung und die Streitkräfte würden alles Erforderliche tun. Er schloss mit dem Versprechen, sich regelmäßig auf diesem Weg zu melden. Sein nächstes Video wurde um 7:48 Uhr veröffentlicht. Darin bezeichnete er die Invasion als Putins Krieg gegen die Ukraine, mit dem er den ukrainischen Staat zerstören wolle. Selenskyj forderte die ukrainische Bevölkerung auf, alles in ihrer Macht Stehende zu tun, um die Streitkräfte zu unterstützen; die Ukrainer im Ausland sollten das Ihre zur Bildung einer internationalen Anti-Putin-Koalition beitragen, um die Ukraine und die Demokratie insgesamt zu retten. Er habe bereits mit dem Präsidenten der Vereinigten Staaten, Joseph Biden, dem britischen Premierminister Boris Johnson, dem polnischen Präsidenten Andrzej Duda und anderen führenden Politikern telefoniert. Von ihnen wollte er Unterstützung; sie sollten »den ukrainischen Luftraum sperren«.[4]

Am meisten Sorgen bereitete Selenskyj und seinen Militärs die russische Luftüberlegenheit, und das würde für die kommenden Wochen und Monate auch so bleiben. Oberste Priorität genoss für ihn jedoch schon an diesem ersten Tag die Aufrechterhaltung einer ununterbrochenen Kommunikation mit seinen Bürgern; sie sollten wissen, dass ihr Präsident in Kyjiw war und die Stellung hielt, komme, was da wolle. Das sollte im wahrsten Sinne des Wortes den Verlauf des Krieges verändern. Und so gab es zwei große Überraschungen an diesem Tag. Die erste war ein Schock für Kyjiw: der umfassende russische Angriff auf die Ukraine und die Bombardierung ihrer Hauptstadt. Die zweite erlebte Moskau. Anders als Janukowytsch weigerte sich Selenskyj zu fliehen, und anders als die Bewohner der Krim und viele Menschen im Donbas weigerten sich Ukrainer im ganzen Land, zu Hause zu bleiben. Sie leisteten Gegenwehr.

## DIE SCHLACHT UM KYJIW

Die groß angelegte Invasion schockierte nicht nur die Politiker und die normalen Bürger, sondern auch das Militär. »Wir dachten und hofften sozusagen noch immer, der Feind würde seine militärischen Aktionen von den besetzten Gebieten in den Oblasten Luhansk und Donezk aus starten«, erklärte der Oberbefehlshaber des ukrainischen Nordkommandos, General Dmytro Krassylnykow. »Und zwar auch diesmal wieder mit Untereinheiten illegaler militärischer Formationen der ›Volksrepubliken Luhansk und Donezk‹ als Tarnung dafür, dass seine Streitmacht im Wesentlichen aus von Russland entsandten

Soldaten, Freiwilligen und Söldnern mit einigen wenigen regulären Soldaten bestand, vielleicht flankiert von Langstrecken-Mehrfachraketenwerfern und Luftunterstützung. Vielleicht. Bis zum Schluss glaubten wir nicht, dass der Feind mit einer großräumigen Operation an allen Fronten und über alle Linien hinweg eindringen würde.«[5]

Das ukrainische Militär hatte sich auf einen Krieg wie den letzten oder vielmehr wie denjenigen vorbereitet, der seit 2014 im Donbas herrschte. Doch trotz der immer angespannteren Lage an den Grenzen hatten die ukrainischen Verbände die für einen Krieg erforderliche Mannschaftsstärke noch nicht erreicht. Nun zeigte sich, dass westliche Nachrichtendienste mit ihren wiederholten Warnungen, der Angriff werde sich nicht auf den Donbas beschränken, richtiggelegen hatten. Tatsächlich bestand einer der Schwerpunkte der russischen Offensive im Angriff auf Kyjiw, an General Krassylnykows Frontabschnitt. Sergej Markow, ein dem Kreml nahestehender politischer Berater, erklärte Reportern am zweiten Tag der Invasion, Kyjiw müsse erobert werden, »weil von dort keine Befehle hätten kommen sollen, russische Soldaten zu töten. Solche Befehle werden jetzt ausgegeben. Wir brauchen einen Mann in Kyjiw, der andere Befehle erteilt. Deshalb muss Kyjiw eingenommen werden.«[6]

Der Offizier, der die ukrainischen Militärbefehle ausgab, war der Oberkommandierende der ukrainischen Streitkräfte, Generalleutnant Walerij Saluschnyj. Mit seinem runden Gesicht ähnelte er einem Teddybären. Der 48-Jährige hatte keinen einzigen Tag in der Sowjetarmee gedient. Er repräsentierte eine neue Generation nach NATO-Standards ausgebildeter ukrainischer Offiziere, die sich in den Kämpfen mit Russland und dessen Satelliten im Osten des Landes bewährten. Zusammen mit dem Kommandeur der Bodentruppen, Generaloberst Oleksandr Syrskyj, der die Verteidigung von Kyjiw übernahm, verlegte Saluschnyj die Befehlsstände von ihren üblichen Positionen näher an die Grenze zu Russland. Außerdem verteilte er Kampfflugzeuge und Hubschrauber auf weniger wichtige Flughäfen, sodass sie nicht mehr so leicht entdeckt und mit einem Überraschungsschlag zerstört werden konnten. Syrskyj legte zwei Abwehrringe um Kyjiw und teilte die Stadt selbst in Verteidigungssektoren unter Führung von Kommandeuren der Kyjiwer Militärschulen ein. All das trug dazu bei, nicht nur die Armee, sondern auch die Stadt zu retten.[7]

Für die russischen Truppen führte der direkteste Weg nach Kyjiw durch die Sperrzone von Tschernobyl, Schauplatz der bisher schlimmsten Atomkatastrophe der Welt. Fast 30 000 russische Soldaten hatten vor der Invasion am Militärmanöver »Entschlossenheit der Union 2022« teilgenommen. Am 24. Februar übernahmen nun einige dieser Truppen die Kontrolle über das Atomkraftwerk Tschernobyl und die Sperrzone mit ihrem Sarkophag, einer 1,5 Milliarden Euro teuren Schutzhülle über dem beschädigten Reaktorblock 4 und der Lagerstätte für verbrauchte Brennelemente. Die nur leicht bewaffneten ukrainischen Wachtposten ergaben sich kampflos; sie waren nicht darauf vorbereitet, einer überwältigenden feindlichen Streitmacht auf dem Gelände eines Atomkraftwerks Widerstand zu leisten.

Anton Heraschtschenko, ein Berater des ukrainischen Innenministers, postete auf seiner Facebook-Seite eine Verlautbarung, der zufolge ukrainische Wachtposten in der Zone angegriffen worden waren. Durch Granatbeschuss, so warnte er, könnten die Lagereinrichtungen beschädigt und eine radioaktive Wolke freigesetzt werden, die sich über einen großen Teil der Ukraine, der Republik Belarus und der Europäischen Union ausbreiten würde. Dazu kam es nicht, weil die ukrainischen Wachtposten sich ihrem überlegenen Gegner kampflos ergaben, aber die russischen Panzer und schweren Maschinen, die von der belarussischen Grenze aus durch die Sperrzone von Tschernobyl vorrückten, wirbelten radioaktiven Staub auf, der noch von der Explosion im Jahr 1986 stammte.[8]

Um 20:30 Uhr hatte die staatliche Aufsichtsbehörde für Nuklearregulierung die Kontrolle über sämtliche Anlagen in der Tschernobyl-Zone verloren. Außer den ukrainischen Wachtposten waren auch die Bedienungsmannschaften des Sarkophags und anderer Einrichtungen in der Zone in die Gefangenschaft der Invasionsstreitmacht geraten. Kyjiw informierte die in Wien ansässige Internationale Atomenergie-Organisation (IAEO) über den Angriff einer ausländischen Militärstreitmacht auf die Anlage. In einem Tweet bezeichnete

Selenskyj den Angriff auf Tschernobyl als »eine Kriegserklärung an ganz Europa«, aber die IAEO, die zu einer Gruppe internationaler Organisationen im Rahmen der Vereinten Nationen gehört, hatte keinerlei Möglichkeit, die Inbesitznahme des Atomkraftwerks durch die Streitkräfte eines permanenten Mitglieds des Sicherheitsrats der Vereinten Nationen zu verhindern. Funktionäre der IAEO konnten sich noch nicht einmal dazu durchringen, Russland in ihren ersten Stellungnahmen zu der Krise überhaupt zu erwähnen. Der Aggressor kam straflos davon. Es blieb den Ukrainern überlassen, mit der sich zusammenbrauenden atomaren Krise an ihrer Frontlinie fertigzuwerden.[9]

Die erste große Schlacht des neuen Krieges fand auf dem Antonow-Flughafen in der Stadt Hostomel statt, 35 Kilometer nordwestlich des Stadtzentrums von Kyjiw. Der Flughafen, der das einzige flugfähige Exemplar der Antonow An-225 beherbergte, des größten Frachtflugzeugs der Welt, lag nicht nur in der Nähe der Stadt, sondern bot auch Start- und Landemöglichkeiten für alle Arten von Flugzeugen, die von der russischen Luftwaffe eingesetzt wurden. Das russische Militärkommando beabsichtigte, den Flughafen mithilfe eines relativ kleinen Stoßtrupps aus Luftlandetruppen und Spezialkräften zu besetzen. Dann hätte eine viel größere Fallschirmjägereinheit in der unmittelbaren Umgebung von Kyjiw landen und die städtischen Brücken über den Dnipro in ihre Gewalt bringen können, sodass die Bewegungsfähigkeit der ukrainischen Streitkräfte im Bereich dieses wichtigen Verkehrsknotenpunkts stark eingeschränkt worden wäre. Auch die Gerüchten zufolge geplante Operation zur Gefangennahme oder Ermordung von Präsident Selenskyj sollte von dort aus erfolgen. Dem von Russland unterstützten Machthaber Ramsan Kadyrow treu ergebene tschetschenische Kämpfer wurden später auf dem Landweg nach Hostomel geschickt, angeblich um diese Aufgabe auszuführen.[10]

Die von Flugzeugen begleitete Armada russischer KA-52-Kampfhubschrauber, sogenannter Alligatoren, und Mi-8-Transporthubschrauber mit Fallschirmjägern an Bord näherte sich dem Flughafen von Hostomel am 24. Februar gegen 10:30 Uhr. Zu dieser Zeit waren die ukrainischen Luftabwehrstellungen um den Flughafen herum bereits durch russische Luftschläge ausgeschaltet worden. CIA-Direktor William Burns hatte Präsident Selenskyj gewarnt, dass die Russen bei Hostomel landen würden; dennoch waren keine Einheiten der ukrainischen Armee bei diesem strategischen Flughafen postiert, nur eine leicht bewaffnete Abteilung einer Schnelleingreif-Brigade der Nationalgarde. Obwohl man den größten Teil der Brigade in den Donbas geschickt hatte, leisteten diejenigen, die beim Flughafen geblieben waren – ungefähr 300 Mann, darunter auch Wehrpflichtige –, heftigen Widerstand. Sie schossen drei der etwa 35 russischen Hubschrauber ab und trafen weitere drei. Die verbliebenen Mi-8-Hubschrauber schafften es, ihre Truppen abzusetzen, ließen sie dann jedoch ohne Luftunterstützung unter Feindbeschuss zurück.

Für die Russen lief es nicht nach Plan. Es gelang ihnen zwar, den Flughafen zu halten, aber die ukrainische Artillerie nahm die Start- und Landebahn unter Feuer, sodass dort keine schweren Transportmaschinen mehr landen konnten. Ukrainische Fallschirmjäger der 95. Brigade rückten mit ihren eigenen Hubschraubern an, und Soldaten der 72. motorisierten Brigade, die in erster Linie für die Verteidigung der Hauptstadt zuständig war, machten den Russen die Kontrolle über Hostomel noch tagelang streitig. Ihr Einsatz bewahrte nicht nur die ukrainische Hauptstadt vor einem Überraschungsangriff, sondern auch Selenskyj und seine Regierung vor der möglichen Gefangenschaft, wenn nicht gar vor dem Tod. Der Vormarsch auf Kyjiw stockte, als ukrainische Streitkräfte den Irpin-Staudamm zerstörten und damit die russischen Truppen in Hostomel von Kyjiw abschnitten. Hostomel und sein Flughafen wurden zum Schauplatz der ersten und längsten Schlacht, die während der bis in den April hinein dauernden Anfangsphase des Krieges ausgetragen wurde.[11]

Dank der Effizienz ukrainischer Flugabwehreinheiten scheiterte ein paar Tage später auch der Versuch der Russen, einen weiteren strategisch wichtigen Flughafen bei Wassylkiw einzunehmen, ungefähr 40 Kilometer südlich des Stadtzentrums von Kyjiw. Ein kleiner russischer Trupp, dem es gelungen war, auf dem Flugfeld zu landen, wurde von ukrainischen Bodentruppen eliminiert. Da der Flughafen von Hostomel weiterhin umkämpft war und Wassylkiw nicht erobert werden konnte, geriet der russische Angriff auf Kyjiw Mitte März in der Nähe des Dorfes Moschtschun nordöstlich von Kyjiw ins Stocken.[12]

Russische Truppen rückten jedoch nicht nur von Belarus aus durch die Tschernobyl-Zone auf Kyjiw vor, sondern auch von russischem Gebiet aus durch die Regionen um Sumy und Tschernihiw östlich der ukrainischen Hauptstadt. Die dort stationierten ukrainischen Infanterie- und Panzerbrigaden verließen ihre Standorte schon vor dem russischen Einmarsch. Sie überstanden Luftangriffe und begannen, verstärkt von Reservisten, die auf Kyjiw vorrückenden russischen Kolonnen zu attackieren. »Der erste gegen die Rückzugszone gerichtete Schlag erwies sich als Misserfolg für den Feind, und wir bewahrten unsere Kampfkraft«, berichtete später der Befehlshaber der ukrainischen Nordflanke, General Krassylnykow. »Dadurch gelang es uns, ihm im Verlauf weiterer Operationen schwere Verluste zuzufügen.« Die Ukrainer verwandelten die keine 150 Kilometer nordöstlich von Kyjiw gelegene Stadt Tschernihiw mit mehr als einer Viertelmillion Einwohnern und die mehr als 350 Kilometer östlich von Kyjiw gelegene Stadt Sumy, ein regionales Zentrum mit ähnlicher Einwohnerzahl, in ihre Festungen.[13]

Nördlich von Kyjiw waren die russischen Streitkräfte den ukrainischen um das Zwölffache überlegen, aber es gelang ihnen nicht, diesen Vorteil in einen Sieg zu verwandeln, weil es ihren Kommandeuren an taktischen Fähigkeiten mangelte. Die russischen Kolonnen mussten Städte umgehen; auf schmalen Waldwegen wurden ihre Soldaten, Fahrzeuge, Waffen und Gerätschaften zu leichten Zielen für bewegliche ukrainische Verbände. Mit Javelins und deren ukrainischen und sowjetischen Pendants zerstörten Letztere, unterstützt von der lokalen Bevölkerung, russische Panzer und gepanzerte Truppentransporter und brachten den Vormarsch auf Kyjiw aus dem Osten zum Stehen. Im dortigen Gebiet aufgenommene Videos zeigen russische Panzerkolonnen, die durch Artilleriebeschuss, Drohnen und leicht bewaffnete, bewegliche ukrainische Kampfgruppen zerstört worden waren. Russische Offiziere und Mannschaften ließen ihre oftmals einfach aufgrund von Treibstoffmangel stehen gebliebenen

Fahrzeuge und ihre häufig nicht funktionierende Ausrüstung zurück. Die Invasoren hatten nur für ein paar Tage Treibstoff und Nahrung dabei.[14]

Luftunterstützung genossen die auf Kyjiw vorrückenden russischen Truppen nur in begrenztem Umfang. Die von westlichen Experten vorhergesagte vollständige russische Lufthoheit stellte sich nie ein. Die Russen hatten es zu eilig: Statt mit einem lang anhaltenden Luftbombardement zu beginnen, wie es die US-Operationen im Irak gekennzeichnet hatte, führten sie ihre Luftangriffe und ihre Bodenoffensive nahezu gleichzeitig durch. »Da es Russland nicht gelang, die strategischen Flugabwehrsysteme der Ukraine schon in den ersten Tagen des Konflikts auszuschalten oder zu zerstören, konnten Manöver am Boden nur eingeschränkt mit taktischer Luftunterstützung begleitet werden. Das trug dazu bei, dass der Vormarsch auf Kyjiw scheiterte«, schrieben Experten des britischen Nachrichtendienstes, die sich mit der Frage befassten, warum die russische Offensive im Norden der Ukraine zum Stillstand gekommen war.[15]

## WIDERSTANDSGEIST

Am 25. Februar, dem zweiten Tag der Invasion, veröffentlichte die Presseabteilung des Kremls Putins neuen Appell an das ukrainische Militär: »Ich wende mich noch einmal an die Angehörigen der ukrainischen Streitkräfte. Lasst nicht zu, dass die Neonazis und Banderiten eure Kinder, Frauen und älteren Menschen als lebende Schutzschilde benutzen. Nehmt die Macht in eure eigenen Hände. Wahrscheinlich werden wir mit euch leichter eine Vereinbarung erreichen können als mit dieser Bande von Drogensüchtigen und Neonazis, die sich in Kyjiw eingenistet und die gesamte ukrainische Bevölkerung als Geisel genommen hat.« Der Appell folgte auf ähnlich geartete persönliche Botschaften der russischen Militärbefehlshaber an ihre ukrainischen Kollegen und auf anonyme Briefe an so gut wie jeden Oberst der ukrainischen Streitkräfte. Späteren Berichten zufolge hatten die russischen Geheimdienste auf einen militärischen Staatsstreich gegen die ukrainische Regierung hingearbeitet, aber die Beteiligten hatten angeblich einen Rückzieher gemacht, nachdem der russische Versuch einer raschen Einnahme von Hostomel fehlgeschlagen war.[16]

Putins wiederholte Appelle an das Militär, sich gegen die Regierung zu erheben, blieben ohne Resonanz. Die ukrainischen Truppen waren motiviert und kämpften tapfer. »Unserer Ansicht nach hat Moskau die Stärke des ukrainischen Widerstands und das Ausmaß der von uns beobachteten internen militärischen Schwierigkeiten unterschätzt, zu denen eine mangelhafte Planung, Fragen der Kampfmoral und beträchtliche logistische Probleme gehören«, informierte die Koordinatorin der US-Nachrichtendienste, Avril Haines, den amerikanischen Kongress Anfang März, keine zwei Wochen nach Beginn der Invasion. Damit lag sie absolut richtig. Die »militärische Spezialoperation« der Russen fiel Putins verzerrtem Geschichtsbild und seinem mangelnden Verständnis für die ukrainische Gesellschaft und ihre demokratischen Fundamente zum Opfer.

Russische Spione, insbesondere Mitglieder jener Spezialeinheit des russischen Inlandsgeheimdienstes (FSB), die mit geheimen Operationen in der Ukraine betraut war, fütterten Putin mit Berichten über die Einstellung der ukrainischen Bevölkerung zu ihrer eigenen Regierung und zu Russland, die sich mit seinen historischen Phantasievorstellungen deckten. Der FSB vermeldete, die Ukrainer würden ihre russischen Befreier mit offenen Armen empfangen. In der Ukraine wurde ein gewaltiges Netzwerk von Agenten rekrutiert, die während des Vormarschs nicht nur die ukrainische Regierung, das Militär und die Bevölkerung ausspionieren, sondern auch Massendemonstrationen zur Unterstützung russischer Befreiungstruppen organisieren und wichtige Regierungseinrichtungen übernehmen sollten, eine Wiederholung der Machtergreifung auf der Krim und im Donbas im Frühjahr 2014.[17]

Putin erwartete, dass die Ukrainerinnen und Ukrainer die russischen Truppen, die er ausgesandt hatte, um sie vom Nazismus und Nationalismus zu befreien, mit Blumen willkommen heißen würden. Stattdessen traten sie den Russen mit Javelins, Stingern und den eigenen Skif- oder Stuhna-Panzerabwehrlenkwaffen entgegen. Angesichts des heftigen Widerstands war die »Befreiungsarmee« verängstigt, verwirrt und desorientiert. Wie Putin seinen eigenen historischen und sonstigen Wahnvorstellungen erlag, so erlagen die russischen Soldaten seiner Propaganda. Mit der Behauptung, Russen und Ukrainer seien ein und dasselbe Volk, schickte er seine Soldaten unvorbereitet in einen Krieg, in dem sich die gesamte Bevölkerung der Invasionsarmee entgegenstellen und ihre eigenen Streitkräfte unterstützen würde.

Zur Überraschung Putins und seiner Entourage waren die Regierung und die Bevölkerung der Ukraine vereint, anders als 2014; damals hatte die Amtsenthebung von Janukowytsch die Regierung handlungsunfähig gemacht und die Gesellschaft gespalten. Selenskyj weigerte sich zu fliehen. Als die Amerikaner ihm anboten, ihn aus Kyjiw herauszuschleusen, erwiderte er Berichten zufolge: »Der Kampf findet hier statt; ich brauche Munition, keine Mitfahrgelegenheit.« In einer auf der Straße vor einem Gebäude in Kyjiw aufgezeichneten Videobotschaft wandte er sich an seine Landsleute: »Ich bin hier. Wir legen die Waffen nicht nieder. Wir werden unser Land verteidigen, denn unsere Waffe ist die Wahrheit, und unsere Wahrheit ist, dass dies unser Boden ist, unser Land, unsere Kinder, und wir werden all das verteidigen.«[18]

Selenskyjs Entscheidung, in Kyjiw zu bleiben – manche behaupteten, sie sei zum Teil von der Entscheidung seines Erzrivalen Petro Poroschenko motiviert gewesen, die Hauptstadt nicht zu verlassen –, hatte erhebliche Auswirkungen auf die gesamte Regierungsriege. Viele ihrer Angehörigen hatten sich laut dem Sekretär des Nationalen Sicherheits- und Verteidigungsrats, Oleksij Danilow, nach den ersten Stunden des Angriffs schon zur Flucht bereit gemacht. Nicht weniger wichtig waren Selenskyjs Videos, mit denen er die Bürger aufforderte, der Aggression Widerstand zu leisten. Laut in der Ukraine am Tag vor der Invasion, am 23. Februar, veröffentlichten Angaben war Selenskyj der beliebteste Politiker des Landes, mit einer Zustimmungsrate von 42 Prozent. Auf dieses Vertrauen stützte er sich nun voll und ganz, und wie sich zeigte, genoss er es zu Recht.

Viele, die von Selenskyjs früheren Verlautbarungen enttäuscht gewesen waren, in denen er die Gefahr einer russischen Aggression heruntergespielt hatte, begannen nun, ihn als ihren Führer zu betrachten. Der ehemalige Schauspieler besaß ein Talent, von dem viele Berufspolitiker nur träumen konnten. Er hatte einen guten Draht zu seinem Publikum und wusste, was die Menschen in einem bestimmten Augenblick erwarteten. Er war da, um ihre Stimme zu verstärken, im Frieden wie auch im Krieg. Die absolute Mehrheit der Ukrainer glaubte nicht, dass es Krieg geben würde, und Selenskyj artikulierte diese Zweifel. Doch als der Einmarsch kam, waren die Ukrainer kampfbereit, nachdem sie den anfänglichen Schock verdaut hatten, und Selenskyj verstärkte diese Botschaft und vermittelte sie sowohl dem einheimischen wie auch dem internationalen Publikum.[19]

Eine Telefonumfrage am 26. und 27. Februar, dem dritten und vierten Kriegstag, ergab, dass 79 Prozent der Ukrainer an einen Sieg glaubten; 90 Prozent der Männer brachten die Bereitschaft zum Ausdruck, ihr Land mit der Waffe in der Hand zu verteidigen, und 70 Prozent der Frauen äußerten sich genauso. In dem vom russischen Vormarsch bedrohten Osten des Landes waren 60 Prozent bereit, in die Armee einzutreten; im Süden waren es 80 Prozent. Insgesamt wollten sich 86 Prozent der Ukrainerinnen und Ukrainer der EU anschließen, und 76 Prozent unterstützten Pläne zum NATO-Beitritt. Anfang März, als der russische »Blitzkrieg« stockte, aber keine ukrainischen Siege in Sicht waren, stieg die Anzahl derjenigen, die an einen Sieg glaubten, plötzlich auf 88 Prozent. 98 Prozent unterstützten die Streitkräfte der Ukraine, und 44 Prozent waren bereit, die Härten des Krieges so lange zu erdulden, wie es nötig war, um zu ukrainischen Bedingungen Frieden zu schaffen.[20]

Selenskyjs Beliebtheit stieg auf beispiellose 93 Prozent. Die Zustimmung für die regionalen Führungskräfte war nicht viel geringer, sie lag bei 84 Prozent. Das hatte es in der ukrainischen Geschichte noch nie gegeben. Zum Teil ließen sich diese Zahlen durch das Bedürfnis der Menschen erklären, sich um die Staatsorgane zusammenzuscharen. Noch wichtiger war jedoch das Verhalten von Regierungsvertretern angesichts der russischen Invasion. Selenskyj war nicht der Einzige, der auf seinem Posten blieb. Bis auf sehr wenige Ausnahmen flohen auch die regionalen Verantwortungsträger nicht, sondern standen ihren Leuten zur Seite. In der Ukraine hatte es eine Reform der lokalen Selbstverwaltung gegeben, mit der das Zentrum den Regionen mehr Rechte zugestanden und mehr Mittel zur Verfügung gestellt hatte. Ironischerweise war diese Reform die ukrainische Reaktion auf russische Forderungen nach der »Föderalisierung« des Landes gewesen. Sie hatte das Vertrauen der Bevölkerung in die staatlichen Institutionen der Ukraine gestärkt. Das zeigte sich unübersehbar in den Städten und Dörfern, die in den ersten Tagen und Wochen des Krieges von russischen Truppen überrannt wurden. Die Menschen demonstrierten mit ukrainischen Fahnen und taten so ihre Unterstützung für die von den Besatzern entführten Bürgermeister kund.[21]

In Kyjiw waren die Nächte von Geschützdonner und dem Krachen von Schüssen erfüllt. Der Gefechtslärm kam nicht nur aus der Umgebung von Hostomel, wo der Kampf um den Flughafen noch immer andauerte, sondern auch aus Kyjiw selbst, wo russische Kommandoeinheiten den Regierungspalast und zentrale Einrichtungen des Militärs sowie der kritischen Infrastruktur zu stürmen versuchten, aber von den Verteidigern abgewehrt wurden. Ein massenhafter Exodus aus der Stadt setzte ein, aber die längsten Schlangen bildeten sich vor Militärkommissariaten, wo Männer sich freiwillig zu den Einheiten der Territorialverteidigung meldeten. Wer keine militärischen Erfahrungen besaß, wurde in der Regel abgewiesen; dennoch gab es mehr Freiwillige, als die Kommissariate aufnehmen und mit Waffen ausstatten konnten.[22]

Putins wiederkehrende öffentliche Reaktionen auf Bidens Vorwürfe, er habe versprochen, keinen Krieg mit der Ukraine zu beginnen, sorgten bei vielen Offizieren und Soldaten für Verwirrung. Propagandakampagnen, mit denen man die Soldaten noch in letzter Minute glauben machen wollte, der Krieg werde geführt, um russische und russischsprachige Brüder und Schwestern zu befreien, waren ebenfalls problematisch. Zwischen 35 000 und 40 000 russische Offiziere und Mannschaften beteiligten sich am erfolglosen Versuch der russischen Armee, Kyjiw zu erobern. Ende März räumte Moskau den unwiderruflichen Verlust von mehr als 1300 Mann in der Ukraine ein. NATO-Schätzungen lagen näher bei 10 000 Toten; die Ukrainer behaupteten sogar, 20 000 Russen getötet zu haben. »Russland hat sein Ziel verfehlt, Kyjiw einzunehmen. Es hat sein Ziel verfehlt, die Ukraine zu unterwerfen«, erklärte der Sprecher des Nationalen Sicherheitsrats der USA, John Kirby, damals.[23]

Mit dem Scheitern seines Plans konfrontiert, gab Putin anderen die Schuld, vor allem jenen Spionen, die ihm gesagt hatten, was er hören wollte. Die von General Sergei Besseda geleitete Abteilung des FSB hatte zur Vorbereitung der Spezialoperation mit Millionen von Dollar Agenten rekrutiert und geheime Netzwerke geknüpft, aber ihre Arbeit blieb ergebnislos, als die Invasion, mit der die Spione selbst wahrscheinlich gar nicht gerechnet hatten, dann tatsächlich stattfand. Die Informationen über den aktuellen Zustand der Ukraine sowie Mutmaßungen über ihren unmittelbar bevorstehenden Zusammenbruch stammten von gänzlich voreingenommenen ehemaligen Beratern von Wiktor Janukowytsch, die 2014 zusammen mit ihrem Chef aus dem Land geflohen waren.

Im März kursierten in Moskau Gerüchte, denen zufolge Putin die Verhaftung von Generälen und Offizieren angeordnet hatte, die anscheinend nicht nur ihn selbst irregeführt, sondern auch Millionen Dollar für angeblich gar nicht existierende Agenten und Netzwerke unterschlagen und damit in Wahrheit Wohnungen, Villen, Autos und Urlaubsreisen finanziert hatten. In diesen Gerüchten, falls es denn welche waren, spiegelten sich wachsende interne Auseinandersetzungen im russischen Machtzentrum, bei denen sich die Leiter der Sicherheitsdienste gegenüberstanden.[24]

## OKKUPATION

Trotz Putins Illusionen bezüglich seiner »Befreiungsmission« in der Ukraine und der Propaganda, mit der die ukrainische Regierung als Nazibande dargestellt wurde, hielten viele Ukrainer die russischen

Invasoren für die wahren Nazis. Die russische Besetzung ukrainischer Städte und Dörfer erinnerte an Szenen der Okkupation der Ukraine durch die Nazis im Zweiten Weltkrieg. Diese Erinnerungen waren in der Ukraine nie verblichen, weil sie von einer Generation zur nächsten weitergegeben wurden. »Sie riefen die Leute zusammen und verlangten, dass sie Staroste (Vorsteher) wählten. Staroste! Die Dorfbewohner wechselten vielsagende Blicke und erinnerten sich sofort an dieses Wort aus der Zeit der deutschen Besatzung«, sagte die prominente ukrainische Anwältin Switlana Mussijenko, als sie an ihre Erlebnisse unter der russischen Besatzung in dem kleinen Dorf Obuchowytschi in der Nähe der Sperrzone von Tschernobyl zurückdachte.

Ein russischer Politoffizier hielt vor den Dorfbewohnern eine Ansprache, die sie ebenfalls an den Zweiten Weltkrieg in der Ukraine zurückdenken ließ. »Im Grunde sind wir Friedenswächter«, sagte der Offizier namens Jewgeni. »Aber wenn einem russischen Soldaten auch nur ein Haar gekrümmt wird, seid ihr alle erledigt. Ansonsten könnt ihr tun und lassen, was ihr wollt. Wir machen euch keine Schwierigkeiten, also solltet ihr uns auch keine machen. Bleibt einfach im Dorf, tragt weiße Armbinden, wenn ihr herumlauft, geht nicht von einem Garten in den nächsten und hängt eine Liste der Bewohner an jede Haustür – die überprüfen wir dann.« Also mussten die Dorfbewohner weiße Armbinden tragen, wie Getto-Juden zu Zeiten der Nazi-Okkupation den Davidstern, und Listen der Bewohner an ihre Eingangspforte hängen. Switlana Mussijenko, die zum Teil jüdischer Herkunft war, hängte ein Foto von sich mit weißer Armbinde neben die Liste der Bewohner des Hauses, in dem sie die Besatzungszeit verbrachte.[25]

In von der russischen Armee besetzten ukrainischen Dörfern nahm man die örtlichen Führungskräfte ins Visier und drängte sie, mit den Militärbehörden zu kooperieren. Wer sich weigerte, lief Gefahr, verschleppt oder sogar getötet zu werden. Jurij Prylypko, der Bürgermeister von Hostomel, wo die erste große Schlacht des Krieges stattgefunden hatte, wurde erschossen, als er mit seinem Auto Nahrungs- und Arzneimittel an Stadtbewohner auslieferte. Anschließend versah man seinen Leichnam mit einer Sprengfalle für diejenigen, die versuchen könnten, ihm zu helfen oder ihn zu begraben. Ein russischer Soldat entfernte den Sprengsatz, als er sah, wie ein orthodoxer Priester herbeikam, um den toten Bürgermeister zu bestatten. Im Dorf Motyschyn, 45 Kilometer westlich von Kyjiw, nahmen russische Soldaten die Bürgermeisterin Olha Suchenko zusammen mit ihrem Mann und ihrem Sohn fest. Alle drei wurden von den Besatzern hingerichtet und in einer Sandkuhle verscharrt.[26]

Anatolij Fedoruk, Bürgermeister der nahegelegenen Stadt Butscha, die wegen des dortigen Massakers an Zivilisten weltweite Bekanntheit erlangte, kam nur deshalb mit dem Leben davon, weil sein Name in einer von den Besatzern zusammengestellten Liste lokaler Amtsträger und Aktivisten falsch geschrieben war. Das unmittelbar südlich von Hostomel gelegene Butscha mit seinen mehr als 35 000 Einwohnern wurde am 27. Februar zum Schauplatz eines großen Gefechts. An diesem Tag vernichtete die ukrainische Artillerie eine Kolonne russischer Panzer und gepanzerter Truppentransporter, die gerade von Hostomel aus durch Butscha in Richtung Kyjiw fuhren. Fedoruk war kurz nach dem Gefecht vor Ort und zeichnete vor dem Hintergrund ausgebrannter russischer Panzerfahrzeuge eine Videobotschaft an seine Bürger auf, in der er versprach, dass alles, was bei dem Kampf zerstört worden war, wieder aufgebaut werden würde.

Vier Tage später, am 3. März, besetzten die Russen die Stadt erneut. Fedoruk, der Butscha soeben verlassen wollte, kehrte noch einmal nach Hause zurück, um ein paar persönliche Gegenstände zu holen. Dort traf er einen russischen Offizier mit einer Maschinenpistole in der einen Hand und einer Liste von Butschas Amtsträgern in der anderen an. Die Russen suchten ihn. Fedoruk gab sich als Nachbar aus, der auf das Haus des Bürgermeisters aufpasste, nachdem dieser angeblich die Stadt verlassen hatte. Als der Offizier einen Ausweis sehen wollte, erklärte ihm Fedoruk, er habe ihn zu Hause gelassen. Während die beiden zu Fedoruks vorgeblichem Wohnhaus unterwegs waren, erhielt der Offizier über Funk eine Nachricht und ließ Fedoruk gehen: Er solle mit dem Ausweis zurückkommen. Aber das tat er nicht.[27]

Die Kunstkritikerin Lena Tschytschenina verbrachte die ersten Tage der Okkupation in Butscha und dokumentierte die Veränderung im Verhalten der Besatzer gegenüber den Ortsansässigen. Anfangs benahmen sie sich freundlich, weil sie offenbar glaubten, die von Nationalisten unterdrückte Bevölkerung der Ukraine warte nur darauf, von der russischen Armee befreit zu werden. Als ein alter Mann aus Tschytscheninas Haus einen russischen Soldaten ansprach, riet dieser den Zivilisten, in den Keller zu gehen und ein paar Tage dort zu bleiben, weil er damit rechnete, dass es in der Stadt bald zu heftigen Kämpfen kommen würde. Auf die Frage, was die Russen eigentlich in der Stadt wollten, antwortete er: »Ich habe keine Ahnung. Wir verstehen sowieso nicht, was das alles soll.«

Ein paar Tage später überprüften zwei russische Soldaten das Haus und wollten Pässe und Mobiltelefone sehen. Tschytschenina stieg mit einem der Soldaten in den Keller hinunter – er suchte offenbar nach Männern im kampffähigen Alter. Aber es waren keine da. »Unterwegs äußerte er sich schockierend offen«, erzählte Tschytschenina. »Er beklagte sich über Putin und die Kommandeure: ›Sie haben uns versprochen, dass wir nur drei Tage hier sein würden, aber nun sind schon anderthalb Wochen vergangen.‹ Sie haben nichts zu essen – ein Rationspaket für sechs Mann. Und dessen Mindesthaltbarkeitsdatum ist abgelaufen. Auch keinen Schlafplatz.« Am ersten Tag nach der Ankunft der Russen in der Stadt sah Tschytschenina hungrige Soldaten, die in ein Lebensmittelgeschäft einbrachen. »Sie haben sich irgendwelche Chips und Brotkrusten geholt und sie unterwegs gleich gegessen«, erinnerte sie sich. »Es war nicht zu übersehen, dass sie Hunger hatten.« Was ihre Mission betraf, tappten die Soldaten im Dunkeln. »Worum es hier eigentlich geht und worin ihre Aufgabe besteht, wissen sie auch nicht«, fasste Tschytschenina ihr Gespräch mit den Soldaten zusammen, die ihren Keller kontrollierten.[28]

Der freundliche Umgang der Soldaten mit den Einheimischen schlug jedoch bald in Zorn und Gewalt um. Am 4. März, dem zweiten Tag der Besetzung von Butscha, erfuhr Switlana Kisilowa, die sich in Kyjiw aufhielt, dass die Russen ihren Schwiegervater Walerij in

Butscha getötet hatten. Er und seine Frau waren gerade mit der Renovierung des Hauses fertig, in dem sie ihren Ruhestand verbringen wollten. Sie weigerten sich, es zu räumen: »Das ist unser Haus und unser Grund und Boden; wir geben unser Eigentum nicht her.« Walerij war krank, er erholte sich gerade von einer Covid-Infektion. Als er sich im Garten aufhielt, schossen ihm russische Soldaten offenbar ohne Vorwarnung in den Kopf. Dann stürmten sie ins Haus, wo sie ein altes Jagdgewehr fanden, und behaupteten, der 70-jährige Walerij sei Soldat gewesen. Sie sperrten seine Frau in den Keller, requirierten das Haus und verwandelten es in ihren Gefechtsstand. Von dort hatten sie die Brücke zwischen Butscha und Irpin – der letzten Stadt auf dem Weg nach Kyjiw – gut im Blick.[29]

Das Haus mit der schönen Aussicht, in dessen Garten Walerij getötet wurde, liegt an einer Ecke der Jablunska-Straße. Dort zeichnete ein Satellit Fotos von toten Zivilisten auf. Ein Mann starb auf seinem Fahrrad, andere wurden kaltblütig hingerichtet, mit auf den Rücken gefesselten Händen. Die ersten Satellitenbilder von auf der Straße liegenden Leichen datieren vom 11. März. Die Leichen blieben, wo sie waren, bis die Russen am 31. März aus der Stadt abzogen. Niemand durfte sie entfernen. Der Bürgermeister der Stadt, Anatolij Fedoruk, der inkognito bei Freunden in der Nähe von Butscha wohnte, erinnerte sich: »Zu dieser Zeit hörte man so gut wie jeden Abend das Feuer von automatischen Waffen und Maschinengewehren.« Er wusste nicht, warum sich das Verhalten der Russen derart verändert hatte, äußerte jedoch eine plausible Hypothese. »Meine eigene Schlussfolgerung lautet, dass es angefangen hat, als sie begriffen, dass sie es nicht schaffen würden, Kyjiw einzunehmen.« Tschytschenina hatte eine andere Erklärung: »Je länger sie in Butscha festsaßen, desto wütender wurden sie. Auf ihre eigenen Oberen und auf uns. Gegen ihre Vorgesetzten konnten sie ja nichts tun, also blieb ihnen nichts anderes übrig, als die Lösung der ›ukrainischen Frage‹ in Angriff zu nehmen. Ihnen wurde sehr schnell klar, dass niemand die Absicht hatte, ihnen Blumen in die Hand zu drücken. Offensichtlich brachen ihre Wunschvorstellungen damit in sich zusammen.«[30]

Der 72-jährige Historiker Wladyslaw Werstjuk, führender ukrainischer Experte für die Geschichte der Revolution von 1917, verbrachte den März großenteils in einem Haus in der Jablunska-Straße in der Stadt Worsel. Die lange Straße verläuft sowohl durch Worsel als auch durch Butscha, und nach der Befreiung Butschas fand man dort die Leichen der kaltblütig ermordeten ukrainischen Bürgerinnen und Bürger. Der Krieg überraschte Werstjuk, seine Frau Iryna und Irynas betagten Vater, den jedermann mit seinem Patronymikon Danylowytsch ansprach, in Hostomel. Wenige Tage später gelang es ihnen, im Haus von Werstjuks Sohn Bohdan in Worsel Zuflucht zu finden, das zu dem Zeitpunkt ein sicherer Ort zu sein schien. Doch schon bald kam der Krieg auch nach Worsel.

Am 11. März, einen Tag bevor die Satellitenkameras Bilder von den Leichen in der Jablunska-Straße aufzeichneten, sah Werstjuk, wie ein russisches Panzerfahrzeug vor dem Haus seines Sohnes hielt. »Die Soldaten schwärmten über den Rasen aus und fingen an, die Gärten zu durchsuchen. Auch unseren. Sie schossen in die Luft«, schrieb Werstjuk, der die Begegnung mit den Besatzern in seinem Tagebuch festhielt. »Bohdan führte ein nervöses Gespräch mit ihnen«, fuhr Werstjuk fort. »Sie waren offensichtlich gereizt. Sie sagten, sie hätten nichts zu essen und auch kein Benzin. Sie kamen aus der Altai-Region.« Wundersamerweise endete die Begegnung ohne Gewalt. »Sie fuhren weg. Es war wieder still«, so Werstjuk. »Aber wie wird der nächste Vorfall enden (und es besteht ja kein Zweifel daran, dass es früher oder später einen geben wird)?« Werstjuk und seine Familie konnten ihr Haus in der Jablunska-Straße am 14. März verlassen und nach Kyjiw zurückkehren.[31]

Nach einer erfolgreichen ukrainischen Gegenoffensive, die am 22. März begonnen hatte, zogen die Russen Ende März aus Butscha ab. So wie die Besatzer die Vororte von Kyjiw und die Gebiete um Tschernihiw und Sumy verließen, räumten sie auch die Sperrzone von Tschernobyl. Allerdings zwangen sie Vertreter der dortigen ukrainischen Verwaltung am 31. März, ein Dokument zu unterzeichnen, in dem behauptet wurde, es gäbe keinerlei Beschwerden über das Verhalten der russischen Soldaten, die das Gelände angeblich geschützt hatten. Die Verwaltungsbeamten, die den Eindruck hatten, dass ihnen kaum eine andere Wahl blieb, unterschrieben das Dokument. In Wirklichkeit hätte die russische Besatzung der Zone fast mit einer atomaren Katastrophe geendet, weil der für die Kühlung verbrauchter Brennelemente benötigte Strom wegen militärischer Aktionen in dem Gebiet, bei denen eine Hochspannungsleitung beschädigt wurde, ausfiel.

Der Leitungsschaden setzte die Pumpen außer Betrieb, die das Kühlbecken mit Brennelementen aus dem im Jahr 2000 abgeschalteten Reaktor Nummer 3 mit Wasser versorgten. Die noch immer sehr heißen Brennelemente hätten jedoch kontinuierlich mit frischem Wasser gekühlt werden müssen, um nicht zu überhitzen. Wenn sie explodiert wären, hätten sie Strahlung freisetzen können. Nur der Einsatz der Dieselgeneratoren und die Stromversorgung aus Belarus retteten Tschernobyl und die Welt vor einem weiteren Atomunfall. Was die Ukrainer nach dem Abzug der Russen auf dem Gelände vorfanden, deutete jedoch darauf hin, dass die Geschichte der Kontamination von Tschernobyl keineswegs vorbei war. Nach der Besetzung des Geländes hatten die russischen Soldaten Gräben in unmittelbarer Nähe des noch immer radioaktiv verseuchten Roten Waldes ausgehoben. Ob sie durch die dabei freigesetzte Radioaktivität Gesundheitsschäden davongetragen haben, wird sich womöglich erst in einigen Jahren herausstellen.[32]

Am 1. April rückten ukrainische Streitkräfte in Butscha und andere Vororte von Kyjiw ein. Tags darauf verkündete der Bürgermeister von Butscha, Anatolij Fedoruk, dass die russischen Besatzer 300 seiner Mitbürger getötet hatten. Bilder von den Leichen der Zivilisten wurden in aller Welt in den sozialen Medien geteilt und lösten Empörung über die Barbarei der russischen Soldaten aus; US-Präsident Biden bezeichnete ihre Kriegsverbrechen als Völkermord. Am 4. April stieg die geschätzte Anzahl getöteter Zivilisten in Butscha auf 340. Einen Monat nach der Besatzung, im Mai, erhöhte sich die geschätzte Anzahl der Toten auf 1000. Die russischen Soldaten hatten mehr als 650 Menschen aus nächster Nähe erschossen; die übrigen waren dem Granatfeuer beider Seiten zum Opfer gefallen. Im Juli gab die Regionalpolizei von Kyjiw bekannt, dass ihre Beamten 1346 von den Aggressoren getötete Zivilisten aufgefunden und identifiziert hatten. Rund 300 Personen galten als vermisst.[33]

Am 18. April, ein paar Tage nachdem Biden russische Soldaten des Völkermords bezichtigt hatte, unterzeichnete Wladimir Putin ein Dekret, mit dem er einer der zum Zeitpunkt des Massakers in Butscha stationierten Einheiten den Ehrentitel »Garde-Brigade« verlieh. Im selben Monat wurde Oberstleutnant Artjom Gorodilow, Kommandeur des 234. Luftlanderegiments, dessen Soldaten mit den Handys der von ihnen getöteten Opfer nach Russland telefoniert hatten, zum Oberst befördert.[34]

Die Nachrichten aus Butscha setzten den russisch-ukrainischen Verhandlungen in Istanbul ein Ende, deren letzte Runde am 29. März abgeschlossen worden war. Die Ukraine hatte einen Waffenstillstand gefordert, an dem Moskau jedoch kein Interesse zeigte. Entmutigt hatte sich Kyjiw bereit erklärt, ein Abkommen zu treffen, mit dem es seine NATO-Beitrittspläne aufgab und sich im Gegenzug für Sicherheitsgarantien einer Reihe von Ländern, darunter die Vereinigten Staaten und die Türkei, zur Neutralität verpflichtete. Das Schlussdokument sollte von Putin und Selenskyj persönlich ausgehandelt werden. Doch ein paar Tage später kam Selenskyj nach Butscha und erklärte, dass die von den russischen Streitkräften begangenen Verbrechen die Verhandlungen mit Moskau erschwerten. Als die russische Offensive zum Stillstand kam und die Ukrainer Gebiete um Kyjiw und Tschernihiw zurückeroberten, kamen auch die Verhandlungen zum Stillstand. Kyjiw erkannte, dass die Chancen der Ukraine auf Erhalt ihrer Unabhängigkeit und auf Wiedererlangung ihrer territorialen Integrität nicht am Verhandlungstisch, sondern auf dem Schlachtfeld am größten waren.[35]

## EXODUS

Der russische Einmarsch in die Ukraine löste die größte Flüchtlingskrise in Europa seit dem Ende des Zweiten Weltkriegs aus. Die meisten vertriebenen Ukrainer blieben im Land; sie zogen von Osten, Norden und Süden in die zentralen und westlichen Gebiete. Die Anzahl der Binnenflüchtlinge wurde Mitte Mai auf mehr als 8 Millionen geschätzt. Ende August 2022 hatten mehr als 7 Millionen Bürger der Ukraine zeitweilige Zuflucht im Ausland gefunden. Fast 3,5 Millionen wurden in Polen aufgenommen, untergebracht und verpflegt, mehr als 900 000 in Rumänien, 700 000 in Deutschland, 620 000 in Ungarn und 466 000 in der Republik Moldau – der höchste Pro-Kopf-Anteil aller Länder, die ukrainische Flüchtlinge aufnahmen. In der Slowakei waren es 430 000, in Tschechien 350 000.

Da viele Männer blieben, um zu kämpfen, oder das Land nicht verlassen durften, weil sie noch keine 60 Jahre alt waren, unterschied sich das Geschlechts- und Altersprofil ukrainischer Kriegsflüchtlinge in Europa drastisch von dem aller anderen Flüchtlinge seit dem Ende des Zweiten Weltkriegs. Es waren größtenteils Frauen und Kinder; Letztere stellten 40 Prozent der Gesamtzahl. Und im Vergleich zu früheren Flüchtlingswellen verhielten sie sich auch anders. Länder der Europäischen Union ermöglichten den Kindern den Schulbesuch, während ihre Eltern bleiben und arbeiten durften. Viele packten die Gelegenheit beim Schopfe, aber die meisten wollten in ihre Heimat zurück, sobald sie erfuhren, dass ihr Wohnort befreit worden war, dass sich die Frontlinie von ihrer Heimatstadt entfernt oder die Gefahr nachgelassen hatte. Mitte Mai waren bereits 1,8 Millionen Ukrainerinnen und Ukrainer zurückgekehrt. Zu diesem Zeitpunkt überquerten täglich rund 30 000 Personen die ukrainische Grenze in Richtung Osten statt in Richtung Westen. Ende August 2022 befanden sich nur noch 1,36 Millionen von den 3,5 Millionen in Polen – die anderen waren in die Ukraine heimgekehrt, kaum dass die ukrainische Armee dem russischen Vormarsch Einhalt geboten hatte.[36]

Die Geschichte jedes Flüchtlings war einzigartig und typisch zugleich. Sie alle waren angesichts der von der russischen Invasion verursachten Zerstörungen geflohen, hatten all ihre Habseligkeiten zurückgelassen und ihr Leben zu retten versucht. Sie wurden von der Angst vor dem Tod aus dem Land getrieben, nicht von den Nöten des Krieges, und setzten dabei oftmals ihr Leben aufs Spiel. »Sie haben alles zerstört … Jedes Gebäude wurde beschädigt, es gab Brände … Ich hatte Angst, dass wir getötet werden, wenn wir versuchen, die Stadt zu verlassen; wir haben ein Auto mit zwei toten Zivilisten gesehen«, berichtete ein Flüchtling aus der Ukraine namens Oleksandr am 24. März bei einer Pressekonferenz in Brüssel. Mit seiner Familie, zu der zwei kleine Kinder gehörten, war er aus Butscha geflohen, zum Zeitpunkt der Pressekonferenz nur ein unbekannter Name von vielen auf der ukrainischen Landkarte. Nicht einmal eine Woche später, als Fotos aus Butscha das Internet überschwemmten, wusste jedermann genau, wovor Oleksandr Angst gehabt hatte und geflohen war.

»Wir haben gespürt, wie unsere Haut bei den Bomben- und Granateinschlägen vibrierte. Die erste Nacht im Luftschutzraum war die kälteste meines Lebens. Ich konnte nicht schlafen, ich konnte die Augen nicht schließen … Die Bomben fielen einfach immer weiter«, erzählte Diana, eine Studentin aus Charkiw, bei derselben Pressekonferenz. »Mein Kollege war in dem Gebäude«, berichtete Maria, die aus Mariupol geflohen war, von den Erlebnissen ihres Freundes, als die Russen das dortige Theater bombardierten, trotz eines riesigen Schildes mit der Aufschrift »Kinder« auf dem Platz vor dem Gebäude. 600 Menschen kamen dabei ums Leben, darunter auch Kinder. »Er hat mir von den Schreien der Kinder erzählt, die unter den Trümmern begraben waren«, erinnerte sich Maria. »Die Rettungsmannschaften kamen nicht an sie heran, weil die Bombenangriffe nicht aufhörten.« Maria schaffte es aus dem eingeschlossenen Mariupol, indem sie die Soldaten an den russischen Kontrollstellen mit Wodkaflaschen und Zigarettenpäckchen bestach.[37]

Auf diejenigen, die der russischen Okkupation oder den Bombardierungen entkamen, warteten unerträglich lange Schlangen an den Westgrenzen der Ukraine zu Polen, der Slowakei, Ungarn, Rumänien und der Republik Moldau. »Wir sind schon eine ganze Weile hier, vielleicht sechs oder sieben Stunden«, erklärte Tamara Kulman aus der Großstadt Schytomyr westlich von Kyjiw einem Reporter aus dem Westen, der sie am zweiten Tag des Krieges an der polnischen Grenze interviewte. »Ich weiß nicht, wie ich mein Heimatland verlassen kann«, fuhr Tamara fort, womit sie höchstwahrscheinlich die Gefühle aller Menschen in der scheinbar endlosen Schlange zum Ausdruck brachte. »Eigentlich will ich es ja auch gar nicht verlassen, aber wegen der Invasoren muss ich so schnell wie möglich weg.«[38]

In den folgenden Tagen und Wochen wurden die Schlangen noch länger, und die Verweildauer der Flüchtlinge an den Grenzübergängen stieg von 24 Stunden auf viele Tage und Nächte. Das Einzige, was sie für diese lange Wartezeit entschädigte, war die freundliche Aufnahme durch die Mitglieder polnischer, rumänischer und anderer Hilfsorganisationen auf der anderen Seite. Osteuropa, das sich für syrische Flüchtlinge ein paar Jahre zuvor in die »Festung Europa« verwandelt hatte, wurde nun zum »Hotel Europa«, zu einem Europa ohne Grenzen. Auch wenn die physischen Grenzen noch existierten, so waren die kulturellen und emotionalen verschwunden. Die Osteuropäer hatten früher schon russische Panzer gesehen und wussten besser als alle anderen, was die Ukrainer durchmachten. Sie wollten, dass die ukrainischen Männer kämpften, und waren bereit, sich um ihre Frauen und Kinder zu kümmern. Jetzt saßen sie alle im selben Boot – eine kleine Flotte von Schiffen, bedroht vom Sturm der russischen Aggression.

Im Mai 2022 gaben die Vereinten Nationen bekannt, dass die weltweite Zahl von Vertriebenen wegen der ukrainischen Flüchtlinge auf über hundert Millionen gestiegen war. »Das ist ein Rekord, der niemals hätte erreicht werden dürfen«, erklärte der UN-Hochkommissar für Flüchtlinge, Filippo Grandi. Der Redaktionsbeirat der *New York Times* appellierte in einem Beitrag mit dem Titel »Putin weiß, was er mit den ukrainischen Flüchtlingen anrichtet. Der Welt steht eine schwere Prüfung bevor« an die weltweite Öffentlichkeit und forderte internationale Solidarität bei der Unterstützung jener Länder, die Flüchtlinge aufgenommen hatten. Den Beirat beunruhigte vor allem die mangelnde Einheit unter den westlichen Staaten, die sich der russischen Aggression entgegenstellten und den Unabhängigkeitskampf der Ukraine unterstützten. Er war aber auch um die syrischen und anderen Flüchtlinge besorgt und sah Anzeichen für eine bevorstehende globale Instabilität. »Jetzt, da die Welt in eine Phase größerer Instabilität eintritt«, hieß es in dem Appell, »können die führenden Politiker nicht länger die Augen davor verschließen, dass es einer koordinierten und humanen Reaktion bedarf angesichts all jener Menschen, die vor Krieg und aus anderen verzweifelten Umständen fliehen.«[39]

# KAPITEL 9
# OSTFRONT

Nachdem die russischen Truppen an der Einnahme Kyjiws gescheitert waren, lenkte Moskau die Hauptstoßrichtung des Angriffs nach Osten und bereitete sich auf eine große Schlacht zur Eroberung des stark urbanisierten Donbas vor. Die »Befreiung« der Gebiete Donezk und Luhansk war nicht nur das erklärte Ziel der »militärischen Spezialoperation«, sondern vermutlich auch der Grund, warum Moskau Kyjiws Forderungen nach einem Waffenstillstand bei den Istanbuler Gesprächen Ende März abgelehnt hatte. Dabei wäre das eine Chance gewesen, den Krieg zu für Moskau günstigen Bedingungen zu beenden – Bedingungen, die der Kreml nie wieder bekommen würde.

In den ersten Kriegsmonaten zeichnete sich die neue Phase von Russlands Überfall auf die Ukraine bereits ab. Es wurde deutlich, dass die Russen nur über begrenzte Ressourcen für die Bombardierung militärischer Objekte aus der Luft verfügten und sich deshalb auf Raketen stützten, die jedoch vielfach alles andere als präzise waren und häufig zivile Ziele trafen. Entgegen den Erwartungen der einen und den Befürchtungen anderer war die russische Luftwaffe zu keinem Zeitpunkt in der Lage, Luftüberlegenheit in der Ukraine zu gewinnen. Gewarnt durch nachrichtendienstliche Informationen, die möglicherweise von den westlichen Verbündeten der Ukraine stammten, gelang es den Ukrainern, die meisten ihrer Kampfflugzeuge unmittelbar vor den russischen Raketenangriffen auf ukrainische Flugplätze in den frühen Morgenstunden des 24. Februar abzuziehen. Auch wenn nur wenige und zudem veraltete ukrainische

Maschinen zur Verfügung standen, wurden sie so vor der Zerstörung bewahrt und konnten den Russen in der Luft Paroli bieten.

Auch die ukrainische Flugabwehr erwies sich als widerstandsfähig. Stinger-Raketen – tragbare Flugabwehrsysteme aus amerikanischer Produktion, die westliche Partner in den Wochen vor der Invasion bereitgestellt hatten – verstärkten die ukrainischen Flugabwehrressourcen. Als die Russen immer mehr Kampfflugzeuge und Hubschrauber verloren, setzten sie vor allem Raketen ein, die teilweise von Schiffen im Kaspischen Meer aus gestartet wurden. Die Raketen verfehlten häufig ihr Ziel und schlugen in zivilen anstatt in militärischen Objekten ein. Zum Schutz ihrer Städte schossen die Ukrainer die russischen Marschflugkörper so weit wie möglich ab.[1]

Aus noch anderen Gründen bombardierte die russische Armee derart wahllos ukrainische Städte. Mit ihrer Artillerie versuchte sie, kommunale Infrastrukturen zu zerstören und der ukrainischen Armee Verteidigungspositionen zu nehmen – eine Strategie, die sie besonders vehement bei ihrem Angriff auf Mariupol und verschiedene ukrainische Orte im Donbas verfolgte. Zudem benutzten die russischen Angreifer Artillerie und Raketen als Terrorwaffen, mit denen sie den Widerstandswillen der Ukrainer brechen wollten. Dem Bombenterror waren vor allem die ostukrainischen Städte ausgesetzt – das Hauptschlachtfeld des Krieges, wo der Großteil der Bevölkerung Russisch sprach und der Anteil der ethnischen Russen am höchsten im ganzen Land war. Ausgerechnet jene Russen und Russischsprachigen, zu deren Befreiung die russische Armee angeblich gekommen war, waren so am stärksten von diesem Zermürbungskrieg betroffen.

## DIE ERSTE HAUPTSTADT

Zu den ersten ukrainischen Städten, die die vorrückenden russischen Truppen einzunehmen versuchten, gehörte Charkiw, die zweitgrößte Metropole der Ukraine und deren erste Hauptstadt zu Sowjetzeiten. Mit seinen 1,5 Millionen Einwohnern ist Charkiw ein wichtiges Verwaltungs- und Kulturzentrum und liegt nur 50 Kilometer von der russischen Grenze entfernt. Die Stadt wurde zuerst von Bodentruppen angegriffen und von da an unablässig bombardiert.

Charkiw war seit seiner Gründung Mitte des 17. Jahrhunderts das Zentrum der Kosakensiedlungen in der Region Sloboda-Ukraine. An der Wende zum 19. Jahrhundert, unter der Herrschaft der Romanow-Dynastie, entstand in Charkiw die erste Universität der russisch dominierten Ukraine. In den 1830er Jahren stieg die Stadt zum Mittelpunkt der ukrainischen literarischen Romantik auf, deren Anhänger die kulturellen Grundlagen des modernen ukrainischen Nationalgedankens formulierten. In den 1920er Jahren erlebte Charkiw, inzwischen Hauptstadt der Sowjetukraine, eine ukrainisch-kulturelle Renaissance, die zum Beispiel im Regierungsgebäude, einem architektonischen Meisterwerk des Konstruktivismus, und in den Arbeiten modernistischer Schriftsteller ihren Ausdruck fand. Doch der kulturelle Aufschwung war nur von kurzer Dauer und ging als »exekutierte Renaissance« in die Geschichte ein – nicht wenige Charkiwer Autoren verübten entweder Selbstmord oder kamen in den 1930er Jahren in Stalins Terrormaschinerie ums Leben. Nach der Erklärung der ukrainischen Unabhängigkeit im Jahr 1991 wurde Charkiw zur bedeutendsten Verlagsstadt der Ukraine. Einige der führenden Kulturschaffenden des Landes, wie etwa der Dichter und Schriftsteller Serhij Zhadan, fanden dort ihr Zuhause.[2]

Die Invasoren rückten unter Umgehung anderer wichtiger städtischer Zentren in der Ostukraine gezielt auf Charkiw vor, weil sie aus verschiedenen Gründen zuerst und unbedingt diese Stadt in ihre Gewalt bringen wollten. Erstens stellte Charkiw einen wichtigen, für den Truppenaufmarsch benötigten Verkehrsknotenpunkt dar. Zweitens war es eine fast rein russischsprachige Stadt, in der nicht nur zahlreiche ukrainische, sondern auch russische Autoren, Dichter und Schauspieler lebten. Das bestärkte Moskau in der Hoffnung, die russischen Truppen würden dort mit offenen Armen empfangen, so wie es der ideologische Vorwand für diesen Krieg – der Schutz der angeblich von Kyjiw unterdrückten russischsprachigen Bevölkerung – suggerierte. Aber auch die jüngere Geschichte spielte eine Rolle. 2014 wäre die Stadt beinahe in die Hände der von Russland unterstützten

Separatisten gefallen, wie andere Städte und Kommunen im Donbas. Drittens lag Charkiw unweit der Grenze zu Russland; die russischen Truppen konnten die Stadt erreichen, ohne ihre Nachschublinien zu überdehnen – der Fluch ihres Angriffs auf Kyjiw.

Aus all diesen Gründen musste Charkiw den Kriegsplanern in Moskau als nicht nur erstrebenswerte, sondern auch als leichte Beute erschienen sein. Doch ebenso wie in vielen anderen Fällen verlief auch hier der Feldzug nicht wie geplant. Im Gegensatz zu den Verteidigern des ukrainischen Territoriums nördlich von Kyjiw entlang der im Grunde offenen belarussischen Grenze waren die ukrainischen Einheiten in der Nähe von Charkiw besser auf den bevorstehenden Angriff vorbereitet und leisteten dem russischen Vorstoß von Anfang an Widerstand. Die russischen Bodentruppen begannen ihre Offensive am Morgen des 24. Februar. Sie überschritten die Grenze und nahmen ukrainische Verteidigungsstellungen nahe der Stadt unter Artilleriefeuer. Dabei geriet auch Charkiw selbst unter Beschuss, sodass den russischen Granaten als Erstes Zivilisten, darunter auch Kinder, zum Opfer fielen.

Am 25. Februar stießen die Russen bis in die Außenbezirke von Charkiw vor. Die Ukrainer leisteten Gegenwehr, doch in den folgenden Tagen gelang es den Aggressoren, in die Innenstadt vorzurücken, worauf das russische Verteidigungsministerium bekannt gab, es werde die Kapitulation der ukrainischen Truppen im Stadtzentrum akzeptieren. Diese Ankündigung war bestenfalls voreilig: Bereits am Ende des Tages hatten die Ukrainer die russischen Angreifer zurückgeschlagen. Charkiw blieb ukrainisch.[3]

Am 27. Februar, dem vierten Kriegstag, begann das russische Militär angesichts des anhaltenden Widerstands mit der Bombardierung der Stadt, deren Eroberung nicht gelungen war. Dutzende Einwohner wurden getötet und verletzt. Doch das war erst der Anfang. Tags darauf folgten weitere massive Angriffe, oft auf Wohngebiete, die noch mehr Menschenleben forderten. Dabei setzte die russische Armee Streubomben ein; diese explodieren in der Luft und geben dadurch Hunderte Minibomben frei, die sich wahllos über ein riesiges Gebiet verteilen und jeden innerhalb eines Radius von mehreren

Fußballfeldern töten. Der Einsatz solcher Bomben ist seit 2008 durch das Übereinkommen über Streumunition, das mehr als 100 Länder unterzeichnet haben, verboten. Russland gehörte nicht dazu; nun attackierten seine Truppen eine Stadt von 1,5 Millionen Einwohnern mit Streubomben.[4]

Nach Recherchen des US-Senders CNN wurde Charkiw im Laufe des 27. und 28. Februar elfmal mit Streumunition angegriffen. Alle diese Bomben wurden von Mehrfachraketenwerfern des Typs BM-30 Smertsch (»Tornado«) der 79. Raketenartillerie-Brigade der russischen Streitkräfte abgefeuert, und zwar von russischem Territorium aus. Die CNN-Recherchen ergaben außerdem, dass der Angriffsbefehl nur vom Kommandeur des Westlichen Militärbezirks, Generaloberst Alexander Schurawljow, stammen konnte, einem Veteranen des brutalen Feldzugs in Syrien, wo er zweimal als Kommandeur der russischen Streitkräfte gedient hatte. Am 28. Februar töteten Schurawljows Raketen zahlreiche Zivilisten in der Stadt, darunter drei Kinder.[5]

»Klochkivska-Straße (Charkiw). Die Leichen hat man schon gesammelt«, schrieb die Verlagslektorin Kateryna Novak, die in Charkiw lebte, am 28. Februar in einem Facebook-Post. Nach Beginn des Krieges 2014 hatte sie maßgeblich die Herausgabe von Sachbüchern zur ukrainischen Geschichte befördert. Ihrem Post fügte Kateryna den Link zu einem vor Ort aufgenommenen Video bei. Darin zu sehen: Blut, Körperteile von Menschen und die Hülse einer Streubombenrakete, die aus dem Asphalt unweit des Eingangs zu einem Wohnhaus ragte. Dazu schrieb sie: »Ist nur Blut und DAS hier geblieben.« Sie meinte die menschlichen Überreste.

Katerynas Ehemann schloss sich der Territorialverteidigung der Stadt an. Sie selbst blieb zu Hause bei ihrer betagten Mutter und ihrer Tochter, statt sich in einem Bunker oder außerhalb Charkiws in Sicherheit zu bringen, wie es einige ihrer Kollegen und Nachbarn getan hatten. Kateryna harrte in ihrer Wohnung aus und befürchtete bei jedem Aufheulen der Sirenen einen Raketeneinschlag in ihr Haus. Vor dem 28. Februar hatte Kateryna hauptsächlich Fotos, Videos und Beiträge anderer Leute gepostet; jetzt begann sie ein Facebook-Tagebuch, in dem sie das Leben unter der Belagerung schilderte.[6]

»Schon zwei Tage wird mein Charkiw von den Besatzern mit besonderer Brutalität terrorisiert: Luft- und Raketenangriffe werden nur für wenige Stunden ausgesetzt«, schrieb Kateryna am 1. März. »Die Sirenen heulen. Schon zwei Tage bombardieren sie die Wohnquartiere. Unser Vorort brennt überall. [...] Es hammert im Stadtzentrum. Explosionen in meiner Nähe. Pavlovo Pole, Klochkivska-Straße ... Der Rest eines Projektils, dessen Namen ich nicht kenne, ragt in einer Linde vor einer Metzgerei, die völlig ohne Fenster ist. Die ›Befreier‹ töten Kinder, zerstören friedliche Häuser und zielen auf Objekte, die das Leben meiner Stadt sichern. [...] Sie bombadieren uns und bombadieren und bombadieren und bombadieren! Die Besatzer konnten die Stadt nicht unterdrücken, also versuchen sie jetzt, uns zu zerstören, uns von unserem Leben zu ›befreien‹, uns auszulöschen! Ich bin zuhause. Meine Familie ist bei mir. Der Mann befindet sich gerade im Krieg. Ruhm der Ukraine!«

Kateryna begann die Kriegstage zu zählen. Am 2. März schrieb sie: »Tag 7. Jetzt kenne ich das Geräusch eines sehr niedrigen Flugzeugs vor einem Luftangriff. Der Eindruck, der nur im Kopf fliegt, nicht einmal im Kopf, sondern durch den Kopf. Ich weiß immer noch, wie dieser Luftangriff das Haus erschüttert. Und ich weiß immer noch, wie es ist, in Messenger Kollegen zu schreiben, die sich in der U-Bahn in der Nähe verstecken: Kommt nicht raus! gleich geht's für einen zweiten! Gestern gab es massive Luftangriffe. Schrecklich und brutal. Dann schliefen wir beim Geräusch der Beschießung auf der Kulturstraße ein. Unsere Soldaten haben einen feindlichen Sabotagetrupp liquidiert. Heute früh trafen russische Besatzer das Gebäude der Nationalpolizei, das Gebäude der Karazin-Universität ... Schreckliche Explosionen und Rauch. Sie schüchtern uns ein! Aber mein Mann hat mich gerade angerufen. Sagte, er sei in Ordnung. Ruhm der Ukraine!«

3. März, achter Kriegstag. Kateryna setzte ihr Tagebuch fort: »Charkiw hält durch. Der Terror gegen friedliche Menschen geht weiter. Die Bezirke am Vorort sind zertrümmert. Sie töten Zivilbürger. Die Stadt wird zerstört. Kollegen schon seit ein paar Tage wohnen unter der Erde in der U-Bahn. Wieder Mehrfachraketenwerfersystem

›Hagel‹. Über uns wieder Jagdflugzeug. Ich halte den Himmel für einen Feind, für potenzielle Bedrohung. Ich fange an, ihn zu hassen! Das ist nicht normal. Decken Sie den Himmel über uns. In irgendeiner Weise. Ich appelliere an die Länder, die uns unterstützen. Einige moderne Mittel der Luftverteidigung, Flugzeuge … Egal was. Aber jetzt!« Kateryna schrieb ihre Posts sowohl auf Deutsch als auch auf Ukrainisch, um möglichst viele Freunde in Europa zu erreichen. Einer der Kommentare zu ihrem ersten Post war sehr kurz, aber klar: »Wir brauchen eine zweite Front.« Aber es gab keine zweite, und die westlichen Partner der Ukraine weigerten sich, Flugzeuge oder Flugabwehrsysteme zu liefern. Sie sollten dann zwar doch noch kommen, aber erst viel später.

Kateryna berichtete weiter über ihr eigenes Leben und den Tod anderer. »Es ist beängstigend sich die Ruinen anzusehen, aber zu verstehen, dass Kinder ständig unter diesen Ruinen sterben, ist ein Herzschmerz!« Dann zählte sie die jüngsten Angriffe auf Charkiw und Umgebung auf: »Folgen des Luftangriffs auf das Dorf Yakovlivka in der Region Charkiw.« Dort wurden in der Nacht des 3. März alle 45 Gebäude im Ort durch Bombardierung zerstört, 21 davon vollständig. Zwei Menschen kamen ums Leben, zwei galten als vermisst, elf wurden verwundet. »Beschießen des Stadtzentrums von Charkiw«, fuhr Kateryna fort und fügte hinzu: »Palast der Arbeit«. Am 2. März schlug ein russischer Marschflugkörper in das Gebäude der Stadtverwaltung ein. Eine Fliegerbombe zerstörte große Teile eines Wahrzeichens von Charkiw, ein 1916 errichtetes Gebäude, das seit Sowjetzeiten »Palast der Arbeit« genannt wurde.[7]

Die Bombardierung von Charkiw und seinem Umland dauerte über den März und April hinaus bis weit in den Mai an; die russische Artillerie war so nah an der Stadt postiert, dass sie alle Viertel ins Visier nehmen konnte. Ende April lautete die Bilanz: fast 2000 Gebäude entweder beschädigt oder völlig zerstört; Hunderte Einwohner tot. Doch die Stadt und ihre Verteidiger hielten den Angriffen stand. Mitte Mai erklärten westliche Beobachter, die ukrainischen Streitkräfte hätten die Schlacht um Charkiw gewonnen. Der britische Geheimdienst meldete die Entlassung eines der wichtigsten russischen

Befehlshaber in der Region, Sergei Kissel von der Ersten Garde-Panzerarmee, angeblich aufgrund seines Unvermögens, Charkiw einzunehmen.[8]

Charkiws Bürgermeister Ihor Terechow berichtete, die Haltung der Bürger gegenüber Russland sei radikal negativ geworden, sogar noch mehr als in der Westukraine, für Putin bekanntlich die Brutstätte des ukrainischen Nationalismus. Die Bombardierung Charkiws war der erste Massenmord an russischsprachigen Menschen im Namen ihrer Befreiung.[9]

## ASOW-STAHL

Mit ihren mehr als 430 000 Einwohnern, zwei gewaltigen Metallurgiekombinaten und dem größten Hafen am Asowschen Meer gehörte Mariupol, die Stadt Mariens, zu den Hauptzielen der russischen Invasoren. Im Mai 2014 war die Stadt, die 7 Prozent des ukrainischen Bruttoinlandsprodukts erwirtschaftete, von den von Russland unterstützten Separatistenmilizen erobert worden. Doch schon im Juni desselben Jahres gelang es den Ukrainern vor allem dank zweier vom ukrainischen Innenministerium gebildeter Freiwilligenbataillone, die Stadt zurückzugewinnen. Eines dieser Bataillone, Dnipro-1, wurde von der Regionalverwaltung der nahe gelegenen Oblast Dnipropetrowsk rekrutiert. Dem anderen, dem Asow-Bataillon, gehörten ehemalige Aktivisten der Revolution der Würde an, darunter eine Gruppe radikaler Nationalisten unter der Führung von Andrij Bilezkyj, der erster Kommandeur des Bataillons wurde.[10]

Im Februar 2015 eroberte das Asow-Bataillon, inzwischen Teil der Nationalgarde der Ukraine, fünf Siedlungen östlich von Mariupol von den prorussischen Rebellen zurück und verlagerte damit die Frontlinie weiter weg von der Stadt, die dem Bataillon als Basis diente. Zu diesem Zeitpunkt hatten Bilezkyj und einige seiner nationalistisch gesinnten Leutnants bereits den Militärdienst quittiert. In den folgenden Jahren änderte sich die Zusammensetzung der mittlerweile als Regiment geführten Kampfgruppe drastisch. Sie kappte ihre Verbindungen zu rechtsextremen Parteien und Ideologien, blieb aber weiterhin ein Hauptziel russischer Propaganda-Attacken, denen zufolge die Revolution der Würde und die daraus hervorgegangene ukrainische Regierung »faschistisch« und die Asow-Kämpfer »Nazis« seien.[11]

Am Morgen des 24. Februar schlossen sich die Offiziere und Soldaten des Asow-Regiments den ukrainischen Militärverbänden bei der Schlacht um Mariupol an. Die Stadt wurde an diesem ersten Kriegstag schwer bombardiert, da die vom Asow-Regiment 2015 errichtete Demarkationslinie nur 40 Kilometer östlich lag. Die ebenfalls an diesem Morgen angreifenden russischen Bodentruppen konnten jedoch von den Verteidigern abgewehrt werden. Darauf folgte eine amphibische Landungsoperation der Russen westlich der Stadt mit dem Ziel, Mariupol einzunehmen und von den ukrainischen Streitkräften in der Region abzuschneiden. Nachdem russische Truppen, die von der Krim aus vorstießen, am 27. Februar Berdjansk erobert hatten und anschließend die wichtige ukrainische Verteidigungsstellung Wolnowacha nördlich von Mariupol verloren ging, war das Schicksal der Stadt so gut wie besiegelt.[12]

Vom 2. März an war der Belagerungsring um Mariupol vollständig geschlossen: Die Russen rückten von Westen aus den von ihnen gehaltenen Teilen des Donbas und aus dem kürzlich eroberten Berdjansk vor und riegelten die Stadt vollständig ab. In Mariupol selbst verfügten die Russen sowohl über reguläre Truppen als auch über Einheiten, die in den »Republiken« des Donbas rekrutiert worden waren. Zudem erhielten sie Verstärkung durch tschetschenische Verbände, die dem von Russland ernannten Gouverneur von Tschetschenien, Ramsan Kadyrow, treu ergeben waren. Die gesamte Streitmacht stand unter dem Kommando von General Michail Misinzew, der in Syrien die Stadt Aleppo in Schutt und Asche gebombt hatte und nun mit Mariupol das Gleiche vorhatte.[13]

Die Verteidiger fügten den vorrückenden russischen Truppen schwere Verluste zu und töteten Mitte März den Kommandeur der russischen 151. Motorisierten Schützendivision, Oleg Mitjajew. Doch sie waren kräftemäßig weit unterlegen. Das Asow-Regiment unter der

Führung des 30-jährigen Oberstleutnants Denys Prokopenko, Enkel eines finnischen Soldaten, der im Winterkrieg 1939–1940 gegen die Russen gekämpft hatte, wurde zusammen mit der 36. Unabhängigen Marinebrigade unter dem Kommando von Oberst Wolodymyr Baranjuk, der 12. Operativen Brigade der ukrainischen Nationalgarde unter Oberst Denys Schleha sowie Grenzsoldaten und örtlichen Polizeiverbänden eingekesselt.

Da es den russischen Streitkräften nicht gelang, die Verteidiger von Mariupol aus ihren Stellungen zu vertreiben, verstärkten sie das am ersten Kriegstag begonnene Bombardement der Stadt. Die Luft-, Artillerie- und Raketenangriffe legten methodisch einen Häuserblock nach dem anderen in Trümmer, egal ob es sich um ein militärisches oder um ein ziviles Ziel handelte. Die Bevölkerung befand sich nicht nur unter Dauerbeschuss, sondern litt zudem unter dem Mangel an Lebensmitteln, vor allem aber unter der Kälte, denn wenige Tage nach Beginn der Belagerung waren Heizung und Strom ausgefallen.

Eine am 5. März vereinbarte Waffenruhe, mit der die Evakuierung der Zivilbevölkerung eingeleitet werden sollte, wurde von den Russen gebrochen. Dies entwickelte sich zu einem festen Muster. Die sogenannten grünen Korridore für die Evakuierung von Zivilisten wurden erst eingerichtet, um sodann entweder vor oder während der Räumung wieder geschlossen zu werden, was es den Einwohnern erschwerte, die Stadt in Richtung der ukrainisch kontrollierten Gebiete zu verlassen. Gleichzeitig sorgten die russischen Besatzungstruppen für die Evakuierung – nach ukrainischer Lesart für die Deportation – von 20 000 bis 30 000 Einwohnern Mariupols auf russisch kontrolliertes Territorium.[14]

Die russischen Kampfflugzeuge setzten bei ihren Angriffen auf die Stadt ungelenkte Bomben ein, und auch der Artillerie- und Raketenbeschuss war alles andere als präzise, selbst wenn er sich gegen militärische Ziele richtete. Bei der Bombardierung einer Geburtsklinik in Mariupol am 9. März starben Dutzende Menschen. Fotos von Schwangeren, die aus dem halb zerstörten Gebäude flohen, schockierten die ganze Welt. Sieben Tage danach, am 16. März, gingen noch grausamere Bilder weltweit durch die Medien: Bei einem

Luftangriff wurde das Theater von Mariupol zerstört, das Zivilisten als Schutzraum gedient hatte. Da den städtischen Behörden so gut wie keine Mittel mehr zur Verfügung standen, begannen sie, die Toten in Massengräbern zu bestatten.

Von April an wurden die Leichen einfach auf der Straße liegen gelassen – die Stadtverwaltung hatte weder Personal noch Ressourcen, die Toten zu bergen, und es wäre auch zu gefährlich gewesen, denn die Kämpfe fanden längst schon in der Stadt selbst statt. In den von der russischen Armee eingenommenen Vierteln verbrannte man die Leichen in mobilen Krematorien. Witalij Ljubomyrski, dem am 7. April die Flucht aus der Stadt glückte, berichtete einem amerikanischen Reporter: »Sie kennen vielleicht den Geruch von verfaultem Fleisch, aber das war noch schlimmer. Überall war dieser Gestank von verwesenden menschlichen Körpern und von den Leichen in den Krematorien.« Bürgermeister Wadym Bojtschenko schätzte die Zahl der Todesopfer auf mehr als 21 000.[15]

Im März unternahm das ukrainische Militär den Versuch, die Blockade der Stadt zu durchbrechen, aber die dafür vorgesehene Panzereinheit erwies sich als zu schwach und musste sich zurückziehen. In der letzten Märzwoche begann der ukrainische Militärgeheimdienst damit, die belagerten Streitkräfte in Mariupol von ukrainisch kontrolliertem Gebiet aus per Hubschrauber zu unterstützen. Zwischen Ende März und Ende April fanden sieben solche Einsätze mit insgesamt 16 Mi-8-Hubschraubern statt. Auf diese Art konnten 72 Freiwillige des Asow-Regiments herausgeholt, Waffen und Medikamente geliefert und Verwundete evakuiert werden. Diese gewagten Operationen wurden jedoch nach dem Verlust von drei Hubschraubern eingestellt. Da die ukrainischen Streitkräfte nicht in der Lage waren, Luft- oder Artillerieunterstützung zu leisten, und den Verteidigern Munition, Medikamente und Lebensmittel ausgingen, gelang es den russischen Truppen in der ersten Aprilwoche, das Stadtzentrum einzunehmen und die ukrainischen Kräfte in das Hafengebiet und das Stahlwerk Asow-Stahl zurückzudrängen.[16]

In der Nacht zum 11. April unternahm Oberst Baranjuk mit seinen Marinesoldaten den verzweifelten Versuch, die russischen Linien zu durchbrechen, was jedoch scheiterte. Sie erlitten schwere Verluste, und die Überlebenden, darunter auch Baranjuk selbst, waren gezwungen, sich zu ergeben. Die übrigen Marineinfanteristen verließen ihre Stellungen im Metallurgiekomplex Iljitsch, dem zweiten der großen Stahlwerke der Stadt, und schlossen sich Prokopenkos Asow-Regiment im Asow-Stahlwerk an. Verstärkung erhielten sie dort außerdem von Nationalgardisten, verbliebenen Mitgliedern der Polizeieinheiten und den Grenzsoldaten, die sich aus dem Hafengebiet zurückzogen. Damit war das Asow-Stahlwerk der letzte Teil der Stadt unter ukrainischer Kontrolle. In den unterirdischen Anlagen des Komplexes trafen die ukrainischen Kämpfer auf ihre Familien und andere Zivilisten, die vor der Bombardierung ihrer Viertel dorthin geflohen waren.[17]

In der letzten Aprilwoche reiste der Generalsekretär der Vereinten Nationen, António Guterres, zu einem Treffen mit Wladimir Putin im Kreml. Bei den Verhandlungen an einem absurd langen Tisch, der den russischen Staatschef vermutlich vor den Keimen des Besuchers schützen sollte, gelang es Guterres, von Putin die Zustimmung zur Einrichtung eines humanitären Korridors für die Evakuierung der Zivilbevölkerung aus dem Asow-Stahlwerk zu erhalten. Die erste Gruppe von 20 Personen verließ die Stadt am 30. April. Die Evakuierung wurde in der folgenden Woche in den Feuerpausen zwischen dem schweren Beschuss und den Angriffen auf das Werk fortgesetzt. Am 7. Mai war die Räumung abgeschlossen; fast 500 Menschen konnten die grässlichen Katakomben des Komplexes verlassen.[18]

Nach der Flucht der Zivilisten kämpften die verbliebenen ukrainischen Einheiten weiter, obwohl außer Frage stand, dass ihre Tage gezählt waren. Präsident Selenskyj erklärte mehrmals öffentlich, er werde alles in seiner Macht Stehende zu ihrer Rettung tun. Der türkische Präsident Recep Tayyip Erdoğan bot offenbar an, die ukrainischen Verteidiger in sein Land bringen zu lassen und sie dort bis Kriegsende zu internieren. Ein ähnliches Angebot unterbreitete auch die Schweiz. Am 11. Mai wurde der 27-jährigen Kateryna Prokopenko, Ehefrau des Kommandeurs des Asow-Regiments, Denys Prokopenko, und der Frau eines anderen Verteidigers des Asow-Stahlwerks eine Audienz bei Papst Franziskus gewährt. Sie ersuchten ihn, im Namen ihrer Männer bei Putin zu intervenieren. Kateryna Prokopenko ließ keinen Zweifel daran, dass »russische Gefangenschaft keine Option« sei. Sie dachte eher an ein »Herausholen« in dem Sinne, wie es Wolodymyr Selenskyj und andere führende europäische Politiker erwogen.

Wladimir Putin lehnte alle von den Vermittlern unterbreiteten Angebote ab. Der ukrainischen Regierung blieb keine Wahl, als mit Russland ein Abkommen zu treffen: Die Verteidiger des Asow-Stahlwerks würden sich den russischen Truppen unter der Bedingung ergeben, dass sie später gegen russische Kriegsgefangene in ukrainischem Gewahrsam ausgetauscht würden. Selenskyj gab bekannt, er habe sich an Frankreich, die Türkei, Israel, die Schweiz und die Vereinten Nationen mit dem Ersuchen gewandt, bei diesem Übereinkommen als Vermittler zu wirken. Diesen Schritt habe er erst unternommen, betonte er, nachdem sein Appell an die westlichen Partner, Waffen für einen ukrainischen Durchbruch nach Mariupol zu liefern, unbeantwortet geblieben sei.[19]

Am 16. Mai ergaben sich die ersten 53 verwundeten Verteidiger des Asow-Stahlwerks; sie wurden in das von Russland gehaltene Gebiet gebracht. Die Kapitulation war vom ukrainischen Generalstab genehmigt, der in einer Erklärung den Heldenmut der Offiziere und Soldaten hervorhob, die nun in Kriegsgefangenschaft gerieten. »Die Verteidiger von Mariupol sind Helden unserer Zeit. Sie werden für immer in die Geschichte eingehen«, hieß es in der Stellungnahme. Sie hätten sich darum verdient gemacht, die russischen Streitkräfte gebunden und »die Umsetzung des [russischen] Plans zur schnellen Einnahme von Saporischschja« verhindert zu haben.[20]

Am 20. Mai gaben die russischen Militärbehörden die Kapitulation der letzten Gruppe ukrainischer Verteidiger des Asow-Stahlwerks bekannt und bezifferten die Gesamtzahl der Kriegsgefangenen auf 2439; Beobachtern erschien die in der Mitteilung genannte Zahl der gefangenen ukrainischen Soldaten übertrieben. Die russische Seite bezeichnete die Offiziere und Soldaten des Asow-Regiments als »Nazis«, was die Frage aufwarf, ob Russland tatsächlich seinen Teil der Abmachung einhalten und den Austausch von Oberstleutnant Prokopenko und seinen Kameraden gegen russische Kriegsgefangene zulassen würde. Der Parlamentspräsident verkündete, die Abgeordneten berieten über die Verabschiedung eines Gesetzes, das den Austausch von Angehörigen des Asow-Regiments verbot.[21]

Am letzten Tag der Verteidigung des Asow-Stahlwerks, dem 20. Mai, schrieb der Presseoffizier des Asow-Regiments, Dmytro Kosazkyj, der sein Studium an der Ostroger Akademie, der ältesten Hochschule der Ukraine, unterbrochen hatte, um der Armee beizutreten, einen letzten Post auf seinem Twitter-Account. »Das war's dann«, hieß es darin. »Ich danke für den Schutz durch Asow-Stahl, den Ort meines Todes und meines Lebens.« Dem Post fügte Kosazkyj Aufnahmen bei, die er vor Ort gemacht hatte. Viele davon waren bereits in den ukrainischen sozialen Netzwerken viral gegangen, etwa ein Bild, betitelt mit »Das Licht wird siegen«. Es zeigt einen Soldaten inmitten eines Lichtstrahls, der durch das zerbombte Dach über ihm bricht. Kosazkyj hatte noch weitere Fotos geschossen, zu denen er anmerkte: »Übrigens, während ich in Gefangenschaft bin, hinterlasse ich euch ein paar Bilder in erstklassiger Qualität; reicht sie für alle journalistischen Preise und Fotowettbewerbe ein. Sollte ich etwas gewinnen, würde mich das sehr freuen, sobald ich wieder frei bin. Ich danke euch allen für eure Unterstützung. Auf ein Wiedersehen.«[22]

Als Kosazkyj im September nach Hause zurückkehrte, erfuhr er, dass seine Fotos bei einer internationalen Ausstellung in Paris Gold und Silber gewonnen hatten. Außerdem wurde er mit dem polnischen Grand-Press-Photo-Preis ausgezeichnet. Kosazkyj kam im Zuge eines Gefangenenaustauschs frei, bei dem die Ukrainer den obersten russischen Lobbyisten in der Ukraine, Wiktor Medwedtschuk, angeblich ein persönlicher Freund Putins, und 54 russische Militärangehörige, die auf dem Schlachtfeld in der Ukraine gefangen genommen worden waren, gegen 215 ukrainische Kriegsgefangene, darunter 108 Asow-Kämpfer, austauschten. Zwar kam auch Oberstleutnant Prokopenko, der Kommandeur des Asow-Regiments, frei, aber die meisten Asow-Kämpfer blieben in russischer Gefangenschaft. Mehr als 40 von ihnen verloren Ende Juli 2022 bei einer absichtlich herbeigeführten Explosion in den Baracken des Kriegsgefangenenlagers Oleniwka im besetzten Donbas ihr Leben.[23]

Für Putin war die Einnahme des Asow-Stahlwerks die Art von Sieg, auf die er in den ersten Kriegstagen gehofft hatte: die Eroberung einer ukrainischen Festung im Donbas und die Kapitulation von »Nazis« aus dem Asow-Regiment. Doch es war bestenfalls ein Pyrrhussieg, fast drei Monate nach Beginn der Offensive. Er kam nur dadurch zustande, dass eine bedeutende Metropole in Schutt und Asche versank: 90 Prozent der Gebäude in Mariupol waren beschädigt und 40 Prozent der Wohnungen vollständig zerstört. Durch den russischen Angriff kamen Zehntausende Zivilisten ums Leben, Hunderttausende mussten fliehen. Dies wurde einer Stadt angetan, deren Bevölkerung vor dem Krieg zu 44 Prozent aus ethnischen Russen bestanden hatte und in der Russisch die vorherrschende Sprache in allen Lebensbereichen gewesen war.[24]

## DIE SCHLACHT UM DEN DONBAS

Der Fall von Mariupol ermöglichte es der russischen Militärführung, sich auf Moskaus Hauptziel der neuen Kriegsphase zu konzentrieren: die Einnahme des restlichen Donbas. Diese Aufgabe hatte der russische Verteidigungsminister Sergei Schoigu bereits Ende März formuliert, als er die Truppen aus der Nordukraine abzog und betonte: »Das Augenmerk und die Anstrengungen gelten vor allem dem grundlegenden Ziel – der Befreiung des Donbas.« Einige Wochen später erklärte Schoigus Kollege, Außenminister Sergei Lawrow, Russlands Regierung und Militär verstünden unter dem Donbas das gesamte Gebiet der ukrainischen Oblaste Luhansk und Donezk, nicht nur die von den Marionettenregimen beherrschten Teile. »Beim Referendum von 2014 ging es um das gesamte Gebiet dieser ehemaligen Oblaste«, betonte Lawrow; er meinte damit die Referenden im Donbas, die von der internationalen Gemeinschaft nicht anerkannt worden waren.[25]

Die russische Offensive begann in der letzten Aprilwoche auf breiter Front entlang der bestehenden Demarkationslinie von 2014. Nach dem Rückzug der russischen Truppen aus Kyjiw und der Nordukraine und nachdem die Verteidiger von Mariupol in die Katakomben des Asow-Stahlwerks zurückgedrängt worden waren, wodurch auf russischer Seite große militärische Verbände frei wurden, hatte das russische Kommando mindestens 60 000 Soldaten – 67 Bataillonskampfgruppen (BKG) – für seine neue Großoffensive zusammengezogen. Laut dem ukrainischen Generalstab lag die Gesamtzahl der russischen BKG in der Ukraine zu diesem Zeitpunkt bei 87, was bedeutete, dass sich nun drei Viertel aller russischen Truppen auf dem Vormarsch in die eine Richtung befanden. Laut Präsident Selenskyj verfügten die ukrainischen Brigaden im Donbas über knapp 44 000 Mann; westlichen Schätzungen zufolge lag deren Zahl zwischen 40 000 und 50 000. Es wurde allgemein erwartet, dass die Schlacht um den Donbas, also die zweite Kriegsphase, den Ausgang des gesamten Konflikts bestimmen würde.[26]

Die ukrainischen Streitkräfte im Donbas hatten acht Jahre Zeit gehabt, die von ihnen gehaltene Linie von 2014 (bei Donezk und östlich von Luhansk) zu befestigen. Tatsächlich erwies es sich für die russischen Truppen als sehr schwierig, diese Front zu durchbrechen. Einen ersten Erfolg erzielten sie in der zweiten Maiwoche, als sie die Städte Popasna und Rubischne im Zentrum der ukrainischen Verteidigungslinien östlich von Luhansk einnahmen. Popasna wurde durch russischen Artilleriebeschuss, dem die Ukrainer nichts Vergleichbares entgegenzusetzen hatten, in Schutt und Asche gelegt. Die Erklärung der ukrainischen Seite für den Rückzug ihrer Streitkräfte war ebenso einfach wie erschreckend: Es gab nichts mehr zu verteidigen, da die Verteidigungsstellungen dem Erdboden gleichgemacht worden waren.[27]

Die Ukrainer rechneten damit, dass die Russen Zangenoperationen durchführen und die ukrainischen Truppen einkesseln wollten; solche Strategien waren bei den Kämpfen im Osten während des Zweiten Weltkriegs häufiger angewandt worden. Obwohl die Russen dies versuchten, erwiesen sich ihre Zangenbewegungen, ausgehend von Isjum im Norden und vom Nordufer des Asowschen Meeres im Süden, mit denen sie eine große Einkesselung beabsichtigten, als vergeblich, denn ein erfolgreicher ukrainischer Gegenangriff bei Isjum konnte den russischen Vormarsch stoppen. Weitere russische Bemühungen, mit einer Zangenoperation ein kleineres Einkesselungsgebiet zu schaffen, scheiterten ebenfalls, nachdem sie erfolglos versucht hatten, den Fluss Siwerskyj Donez zu überqueren. Am 11. Mai vernichtete die ukrainische Artillerie ein ganzes Bataillon der 74. Motorisierten Schützenbrigade unweit des Ortes Bilohoriwka. Von 550 Offizieren und Soldaten, die den Fluss zu passieren versuchten, wurden 485 getötet oder verwundet, obendrein wurden 80 Fahrzeuge und anderes Kriegsmaterial zerstört.[28]

Nachdem den Russen fast einen Monat nach Beginn ihrer Offensive noch immer keine Einkreisung oder Einkesselung gelungen war, mussten sie sich auf den Häuserkampf verlegen, wie sie ihn in Mariupol praktiziert hatten. Genau das passierte in der Stadt Sjewjerodonezk im Osten der Oblast Luhansk, wobei die russischen Truppen erneut durch Luftangriffe und Artilleriebeschuss zur Eliminierung ukrainischer Verteidigungsstellungen unterstützt wurden. Das Ganze war eine zähe und blutige, aber bewährte Methode, den Krieg zu gewinnen, wobei die Angreifer enorme Verluste hinnehmen mussten; doch die Russen waren abermals erfolgreich. Am 24. Juni verließen die ukrainischen Truppen Sjewjerodonezk und bezogen Stellungen in der nahe gelegenen Stadt Lyssytschansk.[29]

Lyssytschansk, die Zwillingsstadt von Sjewjerodonezk, liegt am Hochufer des Siwerskyj Donez, wodurch sie leicht zu verteidigen und schwer einzunehmen ist. Dennoch liefen die Ukrainer dort ernsthaft Gefahr, eingekreist zu werden. Die Russen durchbrachen die ukrainischen Linien, kesselten die ukrainischen Einheiten bei den Kleinstädten Hirske und Solote ein und zwangen sie zum Rückzug über Nebenstraßen. Nachdem die russischen Truppen den Ring um Lyssytschansk fast geschlossen hatten, blieb den Ukrainern nichts anderes übrig, als die Stadt aufzugeben. Lyssytschansk, das letzte größere städtische Zentrum der Oblast Luhansk, das noch unter ukrainischer Kontrolle stand, fiel am 2. Juli, weniger als zehn Tage nachdem die ukrainischen Streitkräfte Sjewjerodonezk aufgegeben hatten, an russische Truppen und Einheiten, die formell zur Volksrepublik Luhansk gehörten.[30]

Laut späteren Schätzungen waren die ukrainischen Truppen beim

Kampf um den Donbas deutlich unterlegen – bei der Artillerie lag das Kräfteverhältnis bei zehn zu eins zugunsten der russischen Seite. Ukrainische Munitionsdepots hatten in den ersten Tagen der Invasion zu den Hauptzielen der russischen Raketenangriffe gezählt, und nun verfügten die Ukrainer nur noch über sehr wenig Munition, sodass sie kaum mehr in der Lage waren, sich mit den Russen Artilleriegefechte zu liefern. Ihre Verluste stiegen, jeden Tag wurden 100 bis 200 Soldaten getötet und bis zu 800 verwundet. Den Ukrainern blieb nur noch ihre Infanterie zum Kampf gegen die russische Artillerie. Präsident Selenskyj und andere ukrainische Politiker schlugen wochenlang Alarm, aber die westlichen Verbündeten der Ukraine unter den Staaten des ehemaligen Ostblocks verfügten ebenfalls über keine großen Bestände an Munition sowjetischer Produktion, und Artilleriegeschütze und Raketensysteme aus NATO-Produktion waren erst auf dem Weg zu den ukrainischen Frontlinien.[31]

In Moskau erstattete Verteidigungsminister Schoigu seinem Präsidenten Bericht: Die »Befreiung« der Volksrepublik Luhansk sei abgeschlossen. Putin zeigte sich erfreut und zeichnete den Kommandeur der Heeresgruppe »Zentrum« und einen seiner Untergebenen mit dem Orden »Held der Russischen Föderation« aus. Außerdem ordnete er eine Ruhepause für die Truppen an. Es war die erste derartig hochkarätige Auszeichnung und die erste Pause für die russischen Truppen seit Beginn der Donbas-Operation Ende April. Obwohl die russische Seite die Einnahme von Sjewjerodonezk und Luhansk als großen Sieg feierte, bezweifelten unabhängige Beobachter, dass die Ziele der Offensive bereits erreicht worden seien. Nur die Oblast Luhansk, deren Gebiet die Russen auch schon vor dem Februar 2022 größtenteils kontrolliert hatten, konnte »befreit« werden. In der benachbarten »Volksrepublik Donezk« hingegen gab es keine nennenswerten Fortschritte zu vermelden, ganz zu schweigen von einer Kontrolle der gesamten Südukraine und einer Brücke nach Transnistrien.[32]

Die Schlacht um den Donbas wurde nicht zum Wendepunkt des Krieges, wie viele gehofft oder befürchtet hatten. In der zweiten Julihälfte bezeichnete der Direktor des britischen Auslandsgeheimdienstes MI6, Richard Moore, die russischen Bodengewinne als »gering« und deutete an, der russischen Armee werde bald »die Luft ausgehen«. »Unserer Einschätzung nach«, so Moore weiter, »wird es den Russen in den nächsten Wochen zunehmend schwerfallen, Männer und Material zu finden. [...] Sie werden irgendwie innehalten müssen, und das eröffnet den Ukrainern die Möglichkeit zurückzuschlagen.« Tatsächlich hatte sich Mitte Juli die Lage an der Donbas-Front stabilisiert. In den Wochen zuvor waren westliche Artilleriegeschütze in der Ukraine eingetroffen, darunter die M777, eine Haubitze des Kalibers 155 mm, mit entsprechender Munition.[33]

Eine wichtige Ergänzung zu diesen Artilleriegeschützen waren amerikanische High Mobility Rocket Systems (HIMARS), zielgenaue schwere Artilleriewaffen, die ihre russischen Pendants an Präzision und Reichweite übertrafen. Die mit HIMARS ausgerüsteten ukrainischen Truppen konnten nun Ziele in einem Radius von 80 Kilometern treffen, was ihnen endlich einen Vorteil gegenüber den Russen verschaffte. Obwohl zunächst nur wenige HIMARS zur Verfügung standen, zerstörten die Ukrainer mit einem Dutzend dieser Systeme innerhalb weniger Wochen an die 100 sogenannte Hochwertziele – Munitionsdepots und Kommandozentralen tief hinter den russischen Linien. »Die Ausstattung der ukrainischen Streitkräfte mit HIMARS und Mehrfachraketenwerfer-Artilleriesystemen des Typs M270 zum Abfeuern von präzisionsgelenkten Boden-Boden-Raketen (GMLRS) kann daher als der Punkt angesehen werden, an dem die russische Offensive im Donbas endete und der Krieg in eine neue Phase eintrat«, schrieben Experten des britischen Royal United Services Institute for Defence Studies.[34]

Der Schaden, den die HIMARS dem russischen Defensiv- und Offensivpotenzial zufügten, war so groß, dass die russischen Medien am 18. Juli über den Befehl des Ministers Schoigu an die russischen Streitkräfte berichteten, die HIMARS unschädlich zu machen. Vier Tage später verkündete Schoigus Ministerium die Zerstörung von vier HIMARS, doch noch am selben Tag erklärte General Mark Milley, der Vorsitzende der US-Generalstabschefs, auf einer Pressekonferenz im Pentagon, diese Behauptung sei falsch. »Bis dato wurden diese Systeme von den Russen nicht ausgeschaltet«, sagte Milley zu den anwesenden Journalisten. Einige Tage zuvor hatte er erklärt, die HIMARS-Schläge würden »die Fähigkeit der Russen, ihre Truppen zu versorgen, ihre Streitkräfte zu befehligen und zu kontrollieren und ihren illegalen Angriffskrieg zu führen, immer weiter einschränken«. Milley versprach, der Ukraine vier weitere HIMARS zu übergeben.[35]

## DAS ENDE DER RUSSISCHEN WELT

Die russische Invasion zerstörte die letzten Reste des Glaubens, Ukrainer und Russen seien verbrüderte Völker oder gar ein und dasselbe Volk. Auch mit dem Glauben an jenes gemeinsame, von Putin in seinen Artikeln und Reden so gern beschworene Erbe – etwa die historischen Wurzeln, die religiöse Tradition und der gemeinsame Widerstand gegen die Nazi-Besatzung – war es ein für alle Mal vorbei.

In der Stadt Perejaslaw in der Region Kyjiw, wo der Hetman Bohdan Chmelnyzkyj 1654 dem russischen Zaren die Treue gelobt hatte, ließ die Stadtverwaltung das Denkmal für die »Wiedervereinigung Russlands und der Ukraine« entfernen, das Herzstück der Propaganda von einer russisch-ukrainischen Einheit. Die Mutter-Heimat-Statue in Kyjiw, ein Monument zum Gedenken an den Sieg der Roten Armee über die Nazi-Aggressoren und eines der Wahrzeichen der Stadt, blieb zwar unangetastet, erhielt aber eine neue Bedeutung. Von nun an galt die riesige Frauenfigur mit erhobenem Schwert und Schild in den Händen als Symbol des Widerstands gegen die russische Invasion. Anders interpretiert wurde auch der Text eines der populärsten sowjetischen Lieder, das mit Worten beginnt, die jedes Schulkind in der UdSSR kannte: »Am zweiundzwanzigsten Juni / Pünktlich um vier Uhr morgens / Wurde Kyjiw bombardiert / Und man sagte uns, der Krieg habe begonnen.« Der Text bezog sich ursprünglich auf die deutsche Bombardierung Kyjiws im Juni 1941, doch nun waren die Angreifer, die die Stadt bombardierten, Russen.[36]

Mitte Juli zählte die UNESCO 163 Kulturstätten, die durch den russischen Überfall auf die Ukraine zerstört oder beschädigt worden waren. Die traurige Ironie bestand darin, dass die russische Bombardierung russischsprachige Menschen tötete sowie Wahrzeichen und Stätten der russisch-kaiserlichen und später auch sowjetischen Kultur. Andrij Krasnjaschtschych, Professor an der Universität Charkiw, der als Autor in russischer Sprache geschrieben und publiziert hatte, beklagte die Zerstörung Charkiws durch russischen Beschuss als Vernichtung der vorsowjetischen und sowjetrussischen Kultur in der Ukraine durch diejenigen, die angeblich gekommen waren, um sie zu schützen.[37]

»Bernes«, schrieb Krasnjaschtschych und meinte damit den berühmten sowjetischen Schauspieler und Sänger Mark Bernes. »Sein Haus ist in Charkiw. Ich weiß nicht, ob es noch steht. Es liegt nicht weit von der Bursazkyj-Straße, in die eine Bombe einschlug.« Bernes, ethnischer Jude und gebürtig aus Nischyn in der Oblast Tschernihiw, war eine der bekanntesten Persönlichkeiten der sowjetrussischen Kultur, Interpret von Schlagern aus der Zeit des Zweiten Weltkriegs sowie Mitverfasser des sowjetischen Antikriegslieds »Meinst du, die Russen wollen Krieg?« von 1961. Dem Lied zufolge lehnten die Russen, die im Zweiten Weltkrieg so viel geopfert hatten, jeden Krieg ab. *»Befrag die Stille, die da schwieg / im weiten Feld, im Pappelhain, / Befrag die Birken an dem Rain*«, heißt es in dem Lied. »*Dort, wo er liegt in seinem Grab, / den russischen Soldaten frag!*« Anfang März 2022 wurde dieses Lied in der Satiresendung *ZDF Magazin Royale* aus Protest gegen den russischen Angriff auf die Ukraine vorgetragen.[38]

»Ich weiß nicht, was aus den Häusern von Schulschenko, Bunin und Chlebnikow geworden ist«, fuhr Krasnjaschtschych fort, indem er weitere berühmte Einwohner von Charkiw aufzählte: die sowjetische Sängerin Klawdija Schulschenko und die russischen Schriftsteller Iwan Bunin und Welimir Chlebnikow. »Sein Haus«, schrieb Krasnjaschtschych über Chlebnikows ehemalige Wohnstätte, »liegt neben dem Polizeipräsidium der Oblast, das am 2. März bombardiert wurde, und eine Bombe fiel auf das Kunstmuseum mit Werken von Aiwasowski, Repin und Lewitan.« Alle drei von Krasnjaschtschych genannten Maler galten als der Stolz der russischen Kultur. »Das Haus von [Isaak] Dunajewski« – er meinte den berühmten sowjetischen Komponisten und Dirigenten – »in der Jaroslaw-der-Weise-Straße wurde ebenfalls bombardiert. Sie bombardieren überall. 2055 Gebäude. Der schöne Universitätscampus hat zerborstene Fenster. Unsere Fakultät befindet sich im sechsten Stock gegenüber.« Über die Nachrichten aus Butscha schrieb er: »Im Rucksack eines in der Ukraine getöteten russischen Soldaten fand man ein Buch von Bulgakow, ein kleines goldenes Kreuz, Kinderohrringe mit Ornamenten in Form von Marienkäfern und Goldzähne.« Er betitelte seinen Artikel mit »Wie die russische Kultur unter dem Bombardement in Flammen aufgeht«.[39]

In der ersten Maiwoche zerstörte eine russische Rakete das Hryhorij Skoworoda gewidmete Museum. Skoworoda, ein berühmter Philosoph des 18. Jahrhunderts, gilt als Begründer nicht nur der ukrainischen, sondern auch der russischen Religionsphilosophie und hatte bedeutenden Einfluss auf Wladimir Solowjow und Nikolai Berdjajew. Das Museum befand sich 50 Kilometer nordöstlich von Charkiw in dem Ort Iwaniwka, der nach dem dort verstorbenen Philosophen in Skoworodyniwka umbenannt worden war. Der ukrainische Kulturminister Oleksandr Tkatschenko war überzeugt, dass man das Museum vorsätzlich zerstört hatte. »Skoworodyniwka ist weit von anderen Dörfern und Infrastrukturen entfernt; rundherum gibt es nur Felder«, sagte der Minister. »Ich habe keinen Zweifel daran, dass sie damit auf Skoworoda selbst abzielten. Der hat einmal gesagt: ›Verbrüdere dich nicht mit denen, die böse Absichten verbergen.‹«[40]

Unter Beschuss genommen wurden auch Denkmäler aus Kyjiws Fürstenära – ein Erbe, das Putin und russische Nationalisten aller Couleur als ihr eigenes betrachteten. So geschehen etwa in Tschernihiw, einer der Fürstenresidenzen der Kyjiwer Rus, die russische Schriftsteller, Denker und Politiker sämtlicher Richtungen als Wiege ihrer Zivilisation ansahen. Tschernihiw, in der Kyjiwer Chronik erstmals unter dem Jahr 907 erwähnt, beherbergte eine Reihe architektonischer Denkmäler aus dem Mittelalter, darunter die Kathedrale des Heiligen Erlösers aus dem 11. Jahrhundert und die Mariä-Entschlafens-Kathedrale, das Jelezkyj-Kloster und die Kirche des Heiligen Elias, die alle aus dem 12. Jahrhundert datierten. Daneben gab es bedeutende Gebäude aus der frühen Neuzeit, errichtet im Stil des sogenannten Kosakenbarock.[41]

Tschernihiw mit seinen fast 300 000 Einwohnern liegt keine 90 Kilometer von der russischen Grenze entfernt und 155 Kilometer nordöstlich von Kyjiw. Die Stadt befand sich somit genau auf der Aufmarschroute der russischen Truppen, die am linken Ufer des Dnipro auf Kyjiw vorrückten. Sie erreichten Tschernihiw bereits am ersten Kriegstag, wurden aber von den ukrainischen Verteidigern zurückgeschlagen, die sogar einige Russen gefangen nehmen konnten. Die russischen Kommandeure beschlossen, die Stadt zu umgehen und in Richtung Kyjiw weiterzumarschieren. Statt Tschernihiw zu stürmen, bombardierten sie die Stadt ab dem 25. Februar, dem zweiten Kriegstag. Zwei Tage später gab es bereits Detonationen im historischen Stadtzentrum.[42]

Am 6. März war das Bombardement besonders heftig. Insgesamt 47 Menschen wurden getötet, und Bomben schlugen in das Gebäude des Literatur- und Kunstmuseums ein. Tags darauf wurde das Jelezkyj-Kloster beschädigt. Der Beschuss der eingekesselten Stadt dauerte den ganzen März über an, forderte Hunderte weitere zivile Opfer und zerstörte noch mehr Museen, Bibliotheken und Universitätsgebäude. Die Belagerung endete am 31. März, als die ukrainische Armee die strategische Verbindungsstraße zwischen Kyjiw und Tschernihiw zurückeroberte. Die teilweise in Ruinen liegende Stadt, aus der die Hälfte der Bevölkerung geflohen war, kehrte allmählich zu einem gewissen Anschein von Normalität zurück und zählte ihre Verluste – an Menschenleben, materiellen und emotionalen Werten.[43]

Der 61-jährige Geschichtsprofessor Serhii Lepjawko, Autor zahlreicher Bücher über die Geschichte Tschernihiws und seiner Umgebung, der sich zusammen mit seinen beiden Söhnen der örtlichen Territorialverteidigung angeschlossen hatte, gab den lokalen Medien ein Interview. »Für mich als Bürger von Tschernihiw war es wichtig, auf den Straßen meiner Stadt zu bleiben und sie zu verteidigen«, begründete Lepjawko seine Entscheidung zu kämpfen. Dann verriet er, am meisten Angst habe er nicht vor dem Tod, sondern vor der Zerstörung der architektonischen Juwelen der Stadt gehabt: »Ich habe befürchtet, dass es zu Kämpfen in den Ruinen der Katharinenkirche oder der Kathedrale des Heiligen Erlösers kommen könnte. Aber ich wusste genau, dass ich niemals fortgehen würde. Es wäre das Letzte gewesen, was ich in meinem Leben gemacht hätte.«[44]

Die russischen Granaten beschädigten nicht nur Kirchen, sondern auch den Sitz des Moskauer Patriarchats. Die Ukrainisch-Orthodoxe Kirche, die Moskau untersteht, rebellierte gegen Patriarch Kirill, der zu Kriegsbeginn eine Stellungnahme abgegeben hatte, in der er »sämtliche Konfliktparteien dazu aufrief, alles zu tun, um zivile Opfer zu vermeiden«. Dabei berief er sich auf die Taufe der Kyjiwer Rus im 10. Jahrhundert, jenes Staates, auf den sowohl die Ukrainer als auch die Russen ihren Ursprung zurückführen. Diese Traditionslinie solle, so Kirill, dazu beitragen, »die Spaltungen und Widersprüche zu überwinden, die entstanden sind und zu dem gegenwärtigen Konflikt geführt haben«.[45]

Kirills Statthalter in der Ukraine, Metropolit Onufrij, das Oberhaupt der Ukrainisch-Orthodoxen Kirche des Moskauer Patriarchats, zeigte wenig Verständnis für die Weigerung seines Vorgesetzten, den Aggressor beim Namen zu nennen und zu verurteilen. »Russland hat Militäraktionen gegen die Ukraine begonnen, und in dieser schicksalhaften Zeit bitte ich Sie dringlich, nicht in Panik zu verfallen, mutig zu sein und gegenüber Ihrem Heimatland und füreinander Liebe zu zeigen«, erklärte der Metropolit, der als entschiedener Verfechter enger Beziehungen der Ukraine zu Moskau gegolten hatte, in einer Ansprache an seine Gemeinde. Dann wandte er sich direkt an den russischen Präsidenten und beschuldigte ihn geradezu der »Sünde Kains«, wobei er sich wie Patriarch Kirill auf die gemeinsame Taufe der Rus im Jahr 988 durch Fürst Wolodymyr von Kyjiw berief, diese jedoch völlig anders deutete.

»Während wir die Souveränität und Integrität der Ukraine verteidigen«, so Onufrij weiter, »appellieren wir an den russischen Präsidenten und bitten ihn, den Bruderkrieg sofort zu beenden. Das ukrainische und das russische Volk sind aus dem Taufbecken des Dnipro hervorgegangen, und der Krieg zwischen diesen Völkern ist eine Wiederholung der Sünde Kains, der seinen eigenen Bruder aus Neid erschlug. Ein solcher Krieg hat keine Rechtfertigung, weder vor Gott noch vor den Menschen.« Die Erklärung von Metropolit Onufrij war nur eine von vielen ähnlichen Äußerungen, die nach dem russischen Angriff in Kyjiw und anderen ukrainischen Städten zu hören waren. Im Juni griff Bischof Lonhyn, der Onufrij nahestand, Kirill unverhohlen an, indem er ihm während eines Gottesdienstes für das Blutvergießen, das er gebilligt hatte, sarkastisch Dank sagte. »Eure Heiligkeit, wir danken Euch für Euren Segen. Dafür, dass Menschen sterben und Blut vergossen wird. Dafür, dass unsere Klöster und Kirchen bombardiert werden. Dafür, dass unsere Mönche, unsere Priester weiterhin getötet werden. Wir danken Euch, Eure Heiligkeit, für Eure große Segnung des Blutvergießens.«[46]

Das Konzil der dem Moskauer Patriarchat unterstellten Ukrainisch-Orthodoxen Kirche, das Ende Mai 2022 zusammentrat, bekundete nicht nur seine »Uneinigkeit« mit Patriarch Kirill, sondern auch sein Bestreben, sich von Moskau zu lösen. Deutlich wurde dies daran, dass es seinen Gläubigen gestattete, auf Gebete für den Patriarchen zu verzichten und das geweihte Öl fortan aus Kyjiw anstatt wie bisher aus Moskau zu beziehen – gemäß orthodoxer Praxis ein wichtiger Schritt auf dem Weg zur vollen Autokephalie. Das Moskauer Patriarchat reagierte mit einer Retourkutsche – eine seiner Eparchien in der »Donezker Volksrepublik« weigerte sich ihrerseits, für Metropolit Onufrij zu beten. Trotz des Krieges hatte Kyjiw nach wie vor die formale Hoheit über Teile seiner ehemaligen Eparchien auf dem Gebiet der Donezker und Luhansker »Republiken« inne. Doch nun, da diese Marionettenstaaten von Moskau als unabhängig anerkannt wurden und die Kyjiwer Bischöfe sich gegen die Unterstützung des Kriegs durch Patriarch Kirill auflehnten, war das Tischtuch endgültig zerschnitten. Auch die Gemeinden des Moskauer Patriarchats in der Ukraine spalteten sich. Im Dezember initiierte Präsident Selenskyj ein Gesetz, das die Aktivitäten der religiösen Organisationen verbietet, die mit den »Einflusszentren« der Russischen Föderation verbunden sind.[47]

Der hartnäckige Widerstand der ukrainischen Regierung wie auch der ukrainischen Öffentlichkeit, den Warnungen des Westens vor einer bevorstehenden Invasion Gehör zu schenken, war zumindest teilweise der Überzeugung geschuldet, das der Ukraine historisch und kulturell so eng verbundene Russland könne womöglich zwar eine neue Runde des hybriden Krieges einleiten, werde aber keine groß angelegte Offensive gegen die Ukraine wagen. Und auf gar keinen Fall werde Russland jemals Kyjiw angreifen, das Putin selbst, wie viele seiner Vorgänger, als »Mutter der russischen Städte« bezeichnet hatte. Diesen Titel hatte der Stadt ein mittelalterlicher Kyjiwer Chronist verliehen. Doch weit davon entfernt, Dankbarkeit für die angebliche »brüderliche Hilfe« zu wecken, trug der Krieg dazu bei, eine Reihe russisch-imperialer und sowjetischer Mythen zu zerstören. Anstatt die Entwicklung der ukrainischen Nation aufzuhalten und ihr das Bekenntnis zur Souveränität auszutreiben, stärkten die russische Invasion im Allgemeinen und der Angriff auf Kyjiw im Besonderen das Identitäts- und Einheitsgefühl des ukrainischen Volkes und lieferten ihm eine neue Daseinsberechtigung, neue Narrative sowie neue Helden und Märtyrer.[48]

## KAPITEL 10

# DAS SCHWARZE MEER

Am 15. April 2022 fotografierten Reporter im Zentrum von Kyjiw eine Szene, die für eine von Raketenangriffen bedrohte Stadt ungewöhnlich war: Dutzende Menschen bildeten eine lange Schlange, die am Chreschtschatyk-Boulevard begann, nach links zum Maidan-Platz abbog und im Eingang des städtischen Hauptpostamts mündete.

Jemand behauptete, diese Schlange sei länger als die beim Verkaufsstart des neuesten iPhones. Da jeden Moment Sirenen ertönen und einen weiteren Luftangriff auf die ukrainische Hauptstadt ankündigen konnten, riskierten diejenigen, die hier anstanden, tatsächlich ihr Leben – aber nicht, um ein neues Mobiltelefon zu erstehen. Sie warteten auch nicht darauf, Päckchen abholen oder Geld überweisen zu können. Stattdessen wollten sie eine Briefmarke kaufen, die 23 Hrywnja kostete (ungefähr 60 Cent). Sie war drei Tage zuvor erschienen, aber online nicht mehr erhältlich. Auf einem der lokalen Online-Marktplätze waren binnen drei Minuten 5000 Sätze der Briefmarke verkauft worden; pro Sekunde waren 2500 Bestellungen eingegangen. Um die Marke jetzt noch zu bekommen, musste man Schlange stehen.[1]

Es ist eine recht ungewöhnliche Briefmarke. Sie zeigt einen Soldaten, der dem Betrachter den Rücken zukehrt; in der Linken hält er ein automatisches Gewehr, die Rechte ist erhoben. Der Soldat steht an einem gelblichen Strand mit dem blauen Meer vor sich: die Farben der ukrainischen Landesflagge. Rechts oben prangt das ukrainische Wappen. Das Besondere an diesem Bild sind jedoch weder die

Farben noch das Wappen. Sieht man genauer hin, stellt man fest, dass der Soldat dem waffenstarrenden Kreuzer den Stinkefinger zeigt. Die Menschen in der Schlange wussten, dass es sich um ein russisches Kriegsschiff handelte. Sie wussten auch, was der Soldat dem Kapitän auf dessen Forderung erwidert hatte, er solle sich zusammen mit seinen Kameraden ergeben. »Russisches Kriegsschiff, fick dich!«, lauteten die Worte, die mit der neu herausgegebenen Briefmarke unsterblich gemacht wurden.

Jedermann in der Ukraine wollte diese »nach einer wahren Begebenheit« gestaltete Briefmarke haben. Die Episode hatte sich am ersten Kriegstag zugetragen, am 24. Februar, als die *Moskwa,* das Flaggschiff der russischen Schwarzmeerflotte, auf die Schlangeninsel zuhielt, einen winzigen, 600 Meter langen und keine 450 Meter breiten Felsbrocken, ungefähr 35 Kilometer von der ukrainischen Schwarzmeerküste entfernt. Für die alten Griechen war sie die Insel des Achilleus; sie bezeichneten das Schwarze Meer selbst als Euxinos Pontos, die Römer nannten es einfach Pontus, nach dem Namen einer griechischen Seegottheit. Die strategisch wichtige Schlangeninsel wurde von 13 ukrainischen Grenzsoldaten geschützt. Der drohende Angriff auf die Insel war der Auftakt zum Pontischen Krieg unserer Tage, der sowohl auf dem Schwarzen Meer als auch in den pontischen Steppen nördlich davon ausgetragen wurde.[2]

»Dies ist ein russisches Kriegsschiff«, meldete sich der Kapitän der *Moskwa* über Funk und forderte die Inselbesatzung zur Kapitulation auf. Ihm antwortete der ukrainische Grenzsoldat Roman Hrybow; seine Erwiderung ging viral, nachdem eine ukrainische Funküberwachungseinheit am Ufer den Wortwechsel aufgefangen hatte, der bald auch durch die Medien verbreitet wurde. Kurz darauf verloren die ukrainischen Funker den Kontakt zu den Grenzsoldaten. Man nahm an, sie seien angegriffen und getötet worden. Die ersten Berichte über den Vorgang erwiesen sich jedoch als falsch: Die Soldaten waren von der russischen Marine gefangen genommen worden. Später wurden sie gegen russische Kriegsgefangene ausgetauscht. Hrybow kehrte als Held aus russischer Gefangenschaft heim.[3]

Für die Ukrainer waren Hrybows Spruch, die ganze Episode und nun auch die Briefmarke Symbole ihres trotzigen Widerstands angesichts einer gewaltigen Übermacht. Die Ukraine besaß schlichtweg keine Marine, mit der sie die russischen Angriffe auf dem Schwarzen und dem Asowschen Meer hätte abwehren können. Die Küste des Asowschen Meeres ging schon in den ersten Kriegstagen fast vollständig an Russland verloren. Die Einnahme der Schlangeninsel gehörte zu den Vorbereitungen der Russen auf amphibische Landungen am ukrainischen Festland, mit denen sie Odesa, das drittgrößte urbane Zentrum der Ukraine mit mehr als einer Million Einwohnern, erobern beziehungsweise ihre Bodentruppen bei deren Kampf um die Stadt unterstützen wollten.

## DER FALL VON TAURIEN

Selenskyjs Hauptquartier in Kyjiw und die Stadt selbst waren die Hauptziele des russischen Angriffs auf die Ukraine, als er am 24. Februar begann. Die Russen stießen jedoch auch entlang der alten Frontlinie von 2014 im Donbas vor. Sie und ihre Handlanger, die Streitkräfte der beiden kleinen Marionettenstaaten, mussten allerdings feststellen, dass es schwer war, die ukrainische Verteidigungslinie zu durchbrechen. Die Ukrainer hatten ihre Stellungen seit fast acht Jahren befestigt und ihre am besten ausgebildeten und ausgerüsteten Truppen dort stationiert. Im Süden waren die Russen weitaus erfolgreicher; dort drangen ihre kampfstärksten Truppen von der Krim aus tief in die historisch als Taurien bekannte (und schon von den alten Griechen Tauris genannte) ukrainische Festlandsregion zwischen den Flüssen Dnipro und Molotschna vor.[4]

Am ersten Kriegstag erlitt die Ukraine eine schwere Niederlage – nicht beim Atomkraftwerk Tschernobyl im Norden, sondern beim Kachowka-Staudamm am Dnipro im Süden des Landes. Der Staudamm wurde am späten Morgen des 24. Februar von russischen Truppen eingenommen, die mit Panzern, gepanzerten Truppentransportern und Lastwagen mit dem Buchstaben »Z« in Weiß auf der Kühlerhaube, dem Heck und den Seiten – zur Unterscheidung der russischen Truppen von den ukrainischen Einheiten – auf den Fernstraßen von der Krim aus dorthin vorrückten. Unterwegs trafen sie auf keinen nennenswerten ukrainischen Widerstand. Die ukrainischen Truppen waren woanders, und die aus rund 80 Mann bestehende Territorialverteidigungseinheit von Nowa Kachowka besaß keine Waffen. Die Russen trafen gegen 11 Uhr dort ein und hissten ihre Fahne über der Stadt. »Beim Wasserkraftwerk sind nicht gekennzeichnete Panzer«, meldete das Energieministerium in Kyjiw an jenem Tag.[5]

In Tawrijsk, einer Satellitenstadt von Nowa Kachowka, befand sich die Verwaltungszentrale des Nord-Krim-Kanals, der gebaut worden war, um Wasser aus dem Dnipro zur Krim zu leiten. Der Bürgermeister von Tawrijsk, Mykola Risak, konnte das Verwaltungsgebäude nicht betreten, weil ein Panzer die Kanone auf seinen Wagen richtete. Er rief die Regionalbehörden in Cherson an, aber dort glaubte man ihm nicht. »Ich erzähle es ihnen, und sie glauben es nicht. Aber ich habe eine Frage: Wie konnten russische Panzer, Grad-Raketenwerfer und gepanzerte Truppentransporter in vier Stunden von Armjansk [auf der Krim] nach Tawrijsk gelangen? Wo ist unser erster und zweiter Abwehrring?«, fragte Risak einen ukrainischen Reporter. Diese Fragen stellten sich viele Einwohner von Tawrijsk und Nowa Kachowka, aber es gab vorerst keine Antworten, weder aus Cherson noch aus Kyjiw.[6]

Nach der russischen Annexion der Krim hatte die Ukraine den Nord-Krim-Kanal gesperrt. Das hatte sofort Auswirkungen auf die Wirtschaft der Krim gehabt, insbesondere auf den Agrarsektor. Die Besatzungsbehörden versuchten erfolglos, andere Wasserquellen zu finden, aber das Problem verschlimmerte sich von Jahr zu Jahr. Russische Politiker sprachen offen darüber, einen Korridor entlang der Nordküste des Asowschen Meeres von den von den Russen gehaltenen Gebieten des Donbas zur Krim zu errichten, und die neuen, von Russland eingesetzten Herrscher der Krim machten keinen Hehl aus ihrem Wunsch, die Kontrolle über den Zustrom von Dnipro-Wasser zur Halbinsel zu erlangen.[7]

Die ukrainischen Behörden wussten um die Gefahr, die dem Kachowka-Damm und dem Tawrijsk-Kanal durch mögliche russische Militäraktionen drohte. Doch auch sie hatten sich – wie die Russen bei ihrem Versuch, Kyjiw zu erobern – auf einen Krieg wie den letzten vorbereitet, nicht auf den bevorstehenden. Die Russen hatten nur mit geringem militärischem Widerstand der Ukrainer gerechnet und darauf gezählt, dass die Bevölkerung sie als Befreier begrüßen würde – wie schon in dem Szenario, das der russische Geheimdienst bei der Krim-Annexion fabriziert hatte. Die Ukrainer wiederum bereiteten sich auf eine Wiederholung des Krim-Szenarios in der Südukraine vor – auf einen Versuch, in dieser Region Chaos zu stiften, gefolgt von einer begrenzten russischen Militäroperation, nachdem die russischen Streitkräfte von ihren zu »Volksbürgermeistern« von Städten und Dörfern ernannten Statthaltern in die Region »eingeladen« worden wären.

Mitte Februar, als es in den Weltmedien nur so von Artikeln wimmelte, die einen möglichen russischen Angriff auf die Ukraine vorhersagten, besuchte Präsident Selenskyj in Begleitung einer großen Gruppe ukrainischer und ausländischer Reporter ukrainische Dörfer nördlich der Landenge der Krim, um Übungen von 1300 Polizeibeamten, Grenzsoldaten und Rettungskräften zu beobachten. Das Szenario, auf das sie sich vorbereiteten, wurde folgendermaßen beschrieben: »Elektronische und soziale Medien in besetzten Gebieten und Regionen des ukrainischen Festlands führen eine infopsychologische Operation durch. Sie verbreiten Informationen unter der Einwohnerschaft von Grenzstädten, wonach es ein ernstes Problem auf dem Energiesektor gibt. Das führt zu massenhaften Unruhen und zu Versuchen, Staudämme am Nord-Krim-Kanal zu sprengen, um die Wasserversorgung der Autonomen Republik Krim wiederherzustellen. Außerdem sollen Verwaltungsgebäude besetzt werden.«[8]

Die Ukrainer bereiteten sich also auf einen Polizeieinsatz vor, nicht auf eine Militäroperation. Doch am Morgen des 24. Februar, keine zwei Wochen nach der Übung, erfolgte ein groß angelegter militärischer Angriff auf das ukrainische Festland. Er begann um 4:00 Uhr mit der schweren Bombardierung dreier ukrainischer Kontrollstellen auf der Landenge der Krim – Tschonhar, Kalantschak und Tschaplynka. Die Zufahrtswege zur Halbinsel hatten die Ukrainer schon lange vor der Invasion vermint. Trotzdem war keine der Brücken, die die Russen mit ihren Panzern, ihrer Ausrüstung und ihren Soldaten überquerten, gesprengt worden. Die Minen funktionierten nicht. Ukrainische Experten nannten später eine Reihe möglicher Gründe dafür: Die Offiziere, die die Sprengsätze aktivieren sollten, kamen bei dem Angriff ums Leben; russische Kommandos hatten das System vor dem Angriff entschärft; jemand auf der ukrainischen Seite hatte die Positionen der Minen verraten oder den Befehl, das System im Falle eines Angriffs zu aktivieren, nicht befolgt.[9]

Die russischen Truppen, die durch die ukrainischen Kontrollstellen in Richtung Nowa Kachowka und anderer großer und kleiner Städte auf dem ukrainischen Festland vorrückten, gehörten zur 49. und 58. Armee, deren Einheiten entweder auf der Krim stationiert oder vor der Invasion dorthin verlegt worden waren. Unterwegs trafen sie auf wenig ukrainischen Widerstand – der ukrainische Generalstab behauptete später, seine Streitkräfte in der Region seien im Verhältnis von 1 zu 15 unterlegen gewesen – und nutzten das vorhandene Straßen- und Eisenbahnnetz für den raschen Vormarsch Richtung Nowa Kachowka nordwestlich und zur Stadt Melitopol nordöstlich der Krim. Russische Fallschirmjäger wurden per Hubschrauber eingeflogen, damit sie Brücken vor den auf dem Landweg vorrückenden Truppen einnahmen. Sie trugen oftmals nicht gekennzeichnete Uniformen oder verbargen ihre Uniformen sogar unter Zivilkleidung, um das ukrainische Militär zu verwirren.[10]

In dem Gebiet gab es zahlreiche Brücken über den Nord-Krim-Kanal, aber am wichtigsten war die Brücke über den Dnipro selbst. Die Antoniwka-Brücke verband das linke Flussufer, von wo die russische Invasion des ukrainischen Festlands ausgegangen war, mit dem rechten Ufer und mit Cherson, der Regionalhauptstadt mit 300 000 Einwohnern. Um Cherson zu erreichen und anschließend erst zur Stadt Mykolajiw und dann nach Odesa weiterzuziehen, mussten die Invasoren die Antoniwka-Brücke in ihre Gewalt bekommen. Diese Aufgabe übernahmen Einheiten der 49. Armee unter dem Kommando des 48-jährigen Generalleutnants Jakow Resanzew, eines Veteranen aus dem russischen Krieg in Syrien.

Die ukrainischen Streitkräfte rechneten mit einem Kampf nördlich der Krim, aber da die russischen Verbände rasch auf den Hauptstraßen vorrückten und den Ukrainern in den Rücken zu fallen drohten, erhielten die Truppen Anweisung, den Rückzug anzutreten und sich nicht einkesseln zu lassen. Jewhen Paltschenko, der 23-jährige Kommandeur der Panzerkompanie der 59. ukrainischen Brigade, wurde gegen 4:30 Uhr im Lager der Brigade nördlich der Krim vom Krachen der Bomben- und Raketeneinschläge geweckt. Paltschenko, der mindestens fünf Jahre jünger aussah, als er war, hatte bereits an der Anti-Terror-Operation im Donbas teilgenommen, wie die ukrainische Regierung ihre dortige Kriegsführung nannte. Er befolgte den Befehl seines Bataillonskommandeurs und führte seine Kompanie zuerst nach Norden Richtung Nowa Kachowka, um einen möglichen Angriff russischer Truppen abzuwehren, die bereits ein Gebiet an der Flanke seiner auf dem Rückzug in Richtung Dnipro befindlichen Brigade eingenommen hatten.[11]

Anschließend bekam er Order, die Antoniwka-Brücke für den Abzug ukrainischer Einheiten in Richtung Cherson zu sichern. Er traf mit seinen Panzern gegen 20:00 Uhr dort ein, musste jedoch feststellen, dass die Brücke bereits in den Händen russischer Fallschirmjäger war. Paltschenkos Panzer eröffneten das Feuer auf die russischen Amphibienfahrzeuge, zerstörten zwei davon und sicherten die Brücke. Während der nächsten Stunde beobachtete er, wie abziehende ukrainische Truppen die Brücke überquerten und sich auf dem rechten Ufer des Dnipro neu gruppierten. Gegen Mitternacht kehrten die Russen mit einem Luftangriff auf Paltschenkos Kompanie und den Rest des Panzerbataillons zurück, das später zu ihm gestoßen war. Danach kam die russische Infanterie. So begann ein dreitägiger Kampf um die Brücke, die von zwei ukrainischen Brigaden verteidigt wurde. Für seine Verdienste in diesem Kampf zeichnete Präsident Selenskyj Paltschenko später mit dem Titel »Held der Ukraine« aus.[12]

Trotz des Heldenmuts, den Paltschenko und Männer wie er an

den Tag legten, verloren die ukrainischen Streitkräfte schließlich die Kontrolle über die Antoniwka-Brücke. Russische Truppen hatten den Dnipro auf dem Kachowka-Damm nördlich der Brücke überquert und bedrohten die ukrainischen Einheiten nun von hinten. Obendrein gelang es den Ukrainern nicht, die Brücke beim Rückzug zu sprengen, und auch ihr Versuch, sie mit einem Luftschlag zu zerstören, scheiterte. Die strategisch wichtige Brücke geriet schließlich unter russische Kontrolle. Cherson wurde vollständig eingeschlossen und am 3. März zusammen mit seinem wichtigen Flughafen in der Nähe des Dorfs Tschornobajiwka von russischen Truppen eingenommen. Dies war ein großer Sieg für die Russen. Paltschenkos Einheit und die anderen ukrainischen Truppen zogen sich von Cherson zurück, um den Kampf gegen die Russen auf den Zufahrtswegen nach Mykolajiw aufzunehmen.[13]

Die russischen Soldaten marschierten wütend, frierend und hungrig in Cherson ein und rafften sofort alles an sich, was sie in die Finger bekamen. »Wir haben den Hafen von Cherson erreicht«, schrieb der 33-jährige russische Fallschirmjäger Pawel Filatjew über seinen Einzug in die Stadt. »Alle sind durch die Häuser gezogen auf der Suche nach Nahrung, Wasser, einer Dusche und einem Schlafplatz. Einige haben Computer und alles von Wert mitgenommen, was sie finden konnten. Ich war da keine Ausnahme: In einem demolierten Wagen lag eine Mütze, die habe ich eingesteckt. In den Bürogebäuden gab es Speisesäle mit Küchen und Kühlschränken. Wie die Wilden haben wir in uns reingestopft, was dort zu finden war. Über Nacht hatten wir alles auf den Kopf gestellt.« Die russische Besetzung von Cherson hatte begonnen.[14]

Am 1. März rückten russische Truppen auf Enerhodar vor, eine Stadt ungefähr 200 Kilometer nördlich der Landenge der Krim. Dort befindet sich das Atomkraftwerk Saporischschja, das größte Europas, mit sechs der 15 Atomreaktoren der Ukraine. Die Einwohner von Enerhodar wollten die Aggressoren nicht in die Stadt lassen; sie errichteten Straßensperren an den Zufahrten und veranstalteten eine Massendemonstration mit ukrainischen Fahnen. Das russische Militär zog sich erst einmal zurück, weil es nicht wagte, eine Nuklearanlage zu stürmen. Stattdessen baten sie den Bürgermeister, Dmytro Orlow, sie hineinzulassen, einfach nur, damit sie ein Selfie vor dem Hintergrund des Atomkraftwerks machen und so Moskau melden könnten, sie hätten die Kontrolle über die Anlage übernommen. Der Bürgermeister weigerte sich.[15]

Bald darauf kamen die Russen mit ihrer ganzen Streitmacht zurück. In den frühen Morgenstunden des 4. März griffen sie das Atomkraftwerk im Schutz der Dunkelheit an. Es wurde von einer kleinen Abteilung der ukrainischen Nationalgarde geschützt, die Widerstand leistete. Das technische Personal begann mit dem langwierigen Prozess der Abschaltung der Reaktoren, indem sie deren Leistung reduzierte. Die Lautsprecher auf dem Gelände übertrugen eine Botschaft an die Angreifer: »Hört auf, eine gefährliche Nuklearanlage zu beschießen. Hört sofort auf zu schießen! Ihr gefährdet die Sicherheit der ganzen Welt!« Es nützte nichts. Der Granatenbeschuss ging weiter, und eines der Gebäude des Nuklearkomplexes fing Feuer. Nur dank des mutigen Einsatzes der Feuerwehrleute gelang es, den Brand zu löschen. Aber das russische Militär besetzte die Anlage, nahm das Personal in Geiselhaft und unterstellte es dem Befehl eines russischen Offiziers.[16]

Präsident Selenskyj bezeichnete die militärische Übernahme als einen Akt des atomaren Terrorismus. Rafael Mariano Grossi, der Leiter der Internationalen Atomenergie-Organisation, gab eine eigene Verlautbarung heraus: »Das Abfeuern von Granaten in der Umgebung eines Atomkraftwerks verstößt gegen das fundamentale Prinzip, dass die physische Integrität von Nuklearanlagen jederzeit gewahrt und gesichert werden muss.« Erneut vermied er einen direkten Verweis auf Russland. Die amerikanische Vertreterin bei den Vereinten Nationen, Botschafterin Linda Thomas-Greenfield, nahm jedoch kein Blatt vor den Mund. »Russlands Angriff in der vergangenen Nacht hat das größte Atomkraftwerk Europas in ernsthafte Gefahr gebracht. Er war unglaublich rücksichtslos und gefährlich«, erklärte sie bei einer Dringlichkeitssitzung des Sicherheitsrats der Vereinten Nationen, um dann hinzuzufügen: »Die Welt fordert, dass Russland das humanitäre Völkerrecht achtet, welches es verbietet, Zivilisten und zivile Infrastruktur gezielt militärisch zu attackieren.«[17]

Wie kam es, dass die Russen nahezu ungehindert von der Krim nach Nowa Kachowka und zur Antoniwka-Brücke marschieren konnten? Diese Frage stellten sich viele Ukrainer, die unter russische Besatzung gerieten, aber auch jene, die in anderen Teilen der Ukraine lebten und kämpften. Es begannen Gerüchte zu kursieren, wonach die Minenfelder, die den Zugang von der Krim versperrten, vor der Invasion entschärft worden waren. Der ukrainische Generalstab bezeichnete die Gerüchte als gegenstandslos, appellierte an die Öffentlichkeit, eine umfassende Untersuchung am Ende der Feindseligkeiten abzuwarten, und behauptete, die ukrainischen Streitkräfte seien den Russen einfach zahlenmäßig unterlegen gewesen.[18]

Überraschenderweise nahm der Sicherheitsdienst der Ukraine (SBU), der bereits zu ermitteln begonnen hatte, kurz darauf einen seiner eigenen Leute fest, den Leiter des antiterroristischen Zentrums von Cherson, Oberstleutnant Ihor Sadochin. Er wurde des Hochverrats beschuldigt. Offenbar hatte er den Russen Karten der Minenfelder zur Verfügung gestellt und nach dem Abzug des seinem Kommando unterstehenden SBU-Teams aus Cherson russische Luftangriffe koordiniert. Selenskyj degradierte Sadochins Vorgesetzten, General Serhij Kryworutschko, den Leiter der Chersoner Zweigstelle des SBU. Er und seine Leute hatten Cherson wohl schon am ersten Kriegstag verlassen. Wie es schien, gab der SBU die Geheimnisse der Ukraine an den Feind weiter.

Der Chef des SBU, Selenskyjs Jugendfreund Iwan Bakanow, verlor das Vertrauen des Präsidenten. Die Probleme beschränkten sich nicht auf Cherson. Wenige Stunden vor der russischen Invasion war General Andrij Naumow, stellvertretender Leiter des SBU und verantwortlich für die innere Sicherheit, aus dem Land geflohen. Ein paar Monate später wurde er von serbischen Behörden wegen Geldwäsche verhaftet. Die Zollbeamten fanden 600 000 Euro, 125 000 US-Dollar und eine unbekannte Anzahl Diamanten in seinem Wagen. Im Juli feuerte Selenskyj Bakanow unter Verweis auf zahlreiche Fälle von Hochverrat durch SBU-Offiziere. Einige Tage zuvor hatten

Medien über die Festnahme von Oleh Kulinitsch berichtet, dem ehemaligen Chef der für die geheimdienstliche Arbeit auf der Krim zuständigen SBU-Abteilung. Auch ihm wurde Hochverrat vorgeworfen.

Probleme mit der Loyalität der Führungskräfte des wichtigsten Nachrichtendienstes der Ukraine waren nicht neu. Einige seiner mit der Korruptionsbekämpfung betrauten Abteilungen waren selbst in Korruptionsfälle verwickelt, sodass ihre Mitarbeiter leichte Ziele für die Rekrutierung durch ihre russischen Pendants darstellten. Und weil Politiker persönliche Loyalität mehr schätzten als berufliche Qualifikationen und mithilfe des SBU ihre Gegner zu schwächen und sich selbst zu schützen versuchten, gelangten unqualifizierte Kandidaten in hochrangige Positionen. Bakanows Stellvertreter, Andrij Naumow, hatte zuvor das für die Sperrzone von Tschernobyl zuständige Zentrum geleitet, während Bakanow selbst, ein gelernter Jurist, ohne jegliche Erfahrung mit der Arbeit in den Nachrichtendiensten oder überhaupt bei irgendwelchen Regierungsbehörden Leiter des SBU geworden war. Selenskyj musste schmerzhaft lernen, dass persönliche Loyalität kein Ersatz für Kompetenz und Loyalität gegenüber dem Land war.[19]

Die wahren Helden der schweren Zeiten im Süden der Ukraine waren die lokalen Bürgermeister. Angesichts ihrer von russischen Truppen umzingelten großen und kleinen Städte standen sie vor der schwierigen Entscheidung, im Amt zu bleiben oder ihre Kommunen und Wähler im Stich zu lassen. Erst kamen keinerlei Instruktionen aus Kyjiw, dann waren sie verwirrend. Viele Bürgermeister beschlossen, zu bleiben und ihr Amt weiterhin auszuüben, aber sie weigerten sich, mit den Besatzern zu kooperieren, und verlegten sogar ihre Amtssitze, wenn das russische Militär Rathäuser und Bürgermeisterämter übernahm. Diese Taktik konnte eine Zeit lang funktionieren, aber nicht auf Dauer, wie der beliebte Bürgermeister von Melitopol, Iwan Fedorow, am eigenen Leib erfuhr. Er wurde von den Besatzern festgenommen und zu seinem Glück später gegen neun russische Kriegsgefangene ausgetauscht.[20]

In Cherson weigerte sich Bürgermeister Ihor Kolychajew, ukrainische Fahnen an städtischen Gebäuden einzuholen. Er hielt Verbindung mit Kyjiw und gab den ukrainischen Medien noch Wochen nach der Besetzung Interviews. Das russische Militärkommando nahm ihn nicht sofort ins Visier; offenbar hatte man Angst vor der Reaktion Hunderttausender Bürger in den großen Städten des Südens. Den Russen fehlten während der ersten Tage und Wochen des Krieges schlichtweg die Mittel, mit so vielen Menschen fertigzuwerden. Außerdem genoss Kolychajew die volle Unterstützung des Stadtrats, der den Antrag ablehnte, die »Volksrepublik Cherson« auszurufen, die ein Pendant zu den von den Russen 2014 im Donbas geschaffenen Marionettenstaaten gewesen wäre.

Am Sonntag, dem 13. März, zehn Tage nach der Besetzung von Cherson, feierte man den 76. Jahrestag der Befreiung der Stadt von den Nazis im Jahr 1944. Tausende Bürger demonstrierten mit blau-gelben ukrainischen Fahnen gegen die Besatzung und skandierten »Haut ab«, »Geht nach Hause, solange ihr noch am Leben seid«, »Ukraine über alles«, »Ruhm der Nation, Tod den Feinden«, »Verpiss dich, russischer Soldat«, »Cherson ist ukrainisch«, »Russische Soldaten sind faschistische Besatzer«.[21] Das russische Militär eröffnete das Feuer, wobei es auf den Boden vor den Demonstranten zielte und einen von ihnen verletzte. Als es am folgenden Sonntag erneut Proteste gab, setzte das russische Militär Tränengas gegen die Demonstranten ein. Die neu geschaffene russische Militärverwaltung verfolgte die Organisatoren der Demonstrationen, bedrohte und entführte sie. Ende April wurde Kolychajew vom russischen Militärkommando abgesetzt, Ende Juni wurde er verschleppt.[22]

Im März schlugen die Besatzer nicht nur in Cherson gegen sie gerichtete Demonstrationen nieder, sondern auch in anderen okkupierten Städten des Südens, darunter in Nowa Kachowka, dem Hauptverkehrszentrum Melitopol und in Berdjansk am Asowschen Meer. Bis April war der öffentliche Widerstand ausgeschaltet; dafür sorgten Einheiten der Russischen Garde, die dazu ausgebildet waren, Massenproteste zu unterbinden und als Besatzungsmacht aufzutreten. Sie verhinderten die Ausstrahlung von Programmen ukrainischer Fernsehsender und schalteten den Mobilfunk ab oder brachten ihn unter ihre Kontrolle. Der russische Rubel wurde als neue Währung eingeführt. Die Besatzer richteten neue Zivilverwaltungen ein und rekrutierten dazu lokale Politiker, hauptsächlich aus den Reihen prorussischer Parteien. Schließlich übernahmen eigens aus Russland herbeibeorderte lokale Funktionäre die Regierungsgeschäfte in den besetzten Gebieten; aus Russland stammten auch Lehrer, die die neuen Lehrpläne einführten.[23]

Die zentrale ideologische Botschaft der Besatzer war unmissverständlich: Die südliche Ukraine gehöre historisch zu Russland, und ihre Bürger seien in Wahrheit Russen. Anfang April veröffentlichte die führende russische Nachrichtenagentur, RIA Nowosti, einen Artikel des prominenten russischen Politikberaters Timofei Sergeizew, in dem dieser erklärte, Entnazifizierung sei eigentlich gleichbedeutend mit Entukrainisierung. »Die Entnazifizierung wird unweigerlich eine Entukrainisierung sein – eine Absage an die [...] künstliche Aufblähung der ethnischen Komponente der Selbstidentifikation der Bevölkerung in den Gebieten des historischen ›Malorossia‹ [Kleinrussland] und ›Novorossia‹ [Neurussland]«, schrieb Sergeizew. »Das Ukrainertum ist eine künstliche antirussische Konstruktion ohne eigenen zivilisatorischen Inhalt, ein untergeordnetes Element einer fremden und entfremdeten Zivilisation.«[24]

Putins These, Russen und Ukrainer seien ein und dasselbe Volk, wurde nun direkt mit dem offiziellen Kriegsziel verknüpft – der Entnazifizierung der Ukraine. Im Mai finanzierte die herrschende russische Partei, Einiges Russland, die Aufstellung von Reklametafeln in Cherson. Unter der Überschrift »Cherson ist eine Stadt mit russischer Geschichte« zeigten sie Porträts von Grigori Potjomkin, einem Höfling von Katharina II., dem die Gründung der Stadt zugeschrieben wurde, von dem kaiserlich-russischen General Alexander Suworow und dem Begründer der modernen russischen Dichtung, Alexander Puschkin. Sie hoben die Verbindungen dieser Personen zu Cherson hervor und stellten die Vergangenheit der Stadt als Teil der russischen Geschichte dar. Dies geschah in einer Stadt, deren Bevölkerung zu 75 Prozent aus ethnischen Ukrainern bestand und in der mehr als die Hälfte der Einwohner Ukrainisch als ihre Muttersprache bezeichnete.

In der Region Cherson beträgt der Anteil der Ukrainer 82 Prozent, und für mehr als 73 Prozent ist Ukrainisch erklärtermaßen die Muttersprache.[25]

## DIE STRASSE NACH ODESA

Obwohl die Russen Cherson erobert hatten, kam ihre Offensive Richtung Saporischschja – ein bedeutendes Industriezentrum nördlich von Melitopol – Mitte März abrupt zum Stillstand. Auch der Versuch, das 70 Kilometer nordwestlich von Cherson gelegene Schiffbauzentrum Mykolajiw mit seiner halben Million Einwohnern einzunehmen, scheiterte. Ohne Mykolajiw konnten sie jedoch nicht auf Odesa vorrücken, den größten ukrainischen Seehafen, über den 65 Prozent des gesamten Seegüterumschlags der Ukraine abgewickelt wurden, was 70 Prozent der Gesamtimporte des Landes entsprach.[26]

Am 26. Februar versuchten die Russen vergeblich, Mykolajiw zu erstürmen. Ukrainische Truppen unter dem Befehl von General Dmytro Martschenko, einem der legendären »Cyborgs«, die 2014/15 den Flughafen von Donezk verteidigt hatten, schlugen sie mit Artilleriefeuer und dank der Unterstützung der lokalen Bevölkerung, die das ukrainische Militär über die Bewegungen des Feindes informierte, zurück. Verstärkt durch weitere Truppen, griffen die Russen erneut an und schafften es, in die Stadt einzudringen. Doch ihre Einheiten wurden zerschlagen und spalteten sich in kleine Gruppen auf, die den Kontakt zu ihren Befehlshabern verloren.

Nach tagelangem Kampf veröffentlichte der Gouverneur von Mykolajiw, ein jungenhaft wirkender Unternehmer und Politiker koreanischer Abstammung namens Witalij Kim, am 5. März ein Video, in dem er den vollständigen Sieg über die russischen Angreifer verkündete. Auch machte er sich über die russischen Soldaten lustig, die, wie er sagte, in ukrainischen Dörfern um Essen bettelten, indem er ihnen einen Handel anbot: ihre Waffen im Tausch gegen Nahrung und eine Fahrkarte zurück nach Russland. Mit seinen unerschrockenen und siegesgewissen Videos wurde Kim in der Ukraine sofort zu einer Berühmtheit. In Mykolajiw stärkten sie den Widerstandsgeist, der den russischen Angriff scheitern ließ.[27]

Da die russischen Truppen die Stadt nicht einnehmen konnten, zogen sie nördlich an ihr vorbei und marschierten auf Wosnessensk zu, einen wichtigen Verkehrsknotenpunkt mit einer strategisch wichtigen Brücke für den Vorstoß nach Odesa. Nördlich von Wosnessensk versuchten sie, die Stadt Juschnoukrajinsk mit ihrem Atomkraftwerk zu erreichen, kamen jedoch nicht durch. Die ukrainische Armee hatte aus dem Verlust von Cherson gelernt, der sich darauf zurückführen ließ, dass es ihr nicht gelungen war, die Antoniwka-Brücke rechtzeitig zu sprengen. Jetzt zerstörte sie Brücken über den Südlichen Buh und kleinere Flüsse – eine Taktik, die sich schon bei der Verteidigung von Kyjiw als erfolgreich erwiesen hatte. Sie funktionierte auch in der Südukraine: General Martschenko und seine Männer vereitelten den Angriff der Russen auf Wosnessensk und Juschnoukrajinsk und zwangen deren Streitkräfte zum Rückzug. Der Weg nach Odesa blieb ihnen versperrt.[28]

Daraufhin kehrten die russischen Befehlshaber zu ihrem ursprünglichen Plan zurück, Mykolajiw einzunehmen oder zumindest zu umgehen und die Fernstraße, die von dort nach Odesa führte, unter ihre Kontrolle zu bringen. Zum wichtigsten russischen Logistikzentrum für die Offensive gegen Mykolajiw wurde der Flughafen bei dem Dorf Tschornobajiwka, 10 Kilometer westlich von Cherson. Die Russen hatten den Flugplatz Ende Februar erobert, noch bevor sie Cherson besetzten; nun zogen sie dort die Hubschrauber, Panzer, Lastwagen und schweren Geräte zusammen, die sie für den Angriff auf Mykolajiw benötigten. Aber die Ukrainer waren nicht weit entfernt. Sie bombardierten Tschornobajiwka von ihren Artilleriestellungen in der Nähe von Mykolajiw aus und verwandelten den Flugplatz in ein Massengrab für russische Soldaten und deren Ausrüstung.

In der Nacht des 7. März eröffnete die ukrainische Artillerie zum ersten Mal das Feuer auf Tschornobajiwka. Die Bombardierung war sehr erfolgreich; Dutzende russischer Hubschrauber, Artilleriegeschütze und anderer schwerer Geräte wurden zerstört. Die verheerenden Angriffe auf Tschornobajiwka gingen mit erheblichem Erfolg weiter, und der Name des Dorfes wurde zu einem Mem und zu einem Begriff, den die ukrainischen Medien auf jedes größere, von ukrainischen Streitkräften in der Region zerstörte russische Ziel anwandten. Als die Ukrainer außerordentliches Geschick darin entwickelten, die obersten Befehlsränge der Russen ins Visier zu nehmen, und zahlreiche Generäle töteten, wurde Tschornobajiwka zu dem realen oder imaginierten Ort, wo einige von ihnen den Tod gefunden hatten, darunter der Kommandeur der 49. russischen Armee, General Jakow Resanzew.[29]

Bei ihrem Versuch, Mykolajiw einzunehmen und nach Odesa durchzubrechen, verloren die Russen nicht nur zwei ihrer obersten Generäle, sondern auch Tausende von Offizieren und Soldaten, ganz zu schweigen von Panzern, Panzerfahrzeugen und Ausrüstung. Die Ukrainer starteten ihren Gegenangriff Anfang April und erreichten die Randbezirke von Cherson. Die Russen antworteten mit der fortgesetzten Bombardierung Mykolajiws. Bereits am 30. März war das regionale Verwaltungsgebäude, das Hauptquartier des unverwüstlichen Optimisten Witalij Kim, durch gezielt abgefeuerte russische Raketen zerstört worden. Kim überlebte die Attacke. Bei den Artillerieangriffen kamen größtenteils Zivilisten ums Leben.[30]

Der russische Vormarsch auf Odesa wurde Mitte April zum Stehen gebracht, und die einzige verbleibende Hoffnung des russischen Kommandos war eine amphibische Landung in der wichtigen ukrainischen Hafenstadt. Die russische Marine im Schwarzen Meer erhielt Befehl, die Stadt unter Beschuss zu nehmen. Sie war schon zuvor beschossen worden, auf die augenfälligste Weise am 21. März: Zwei russische Kriegsschiffe hatten sich vor der Hafeneinfahrt postiert und das Feuer auf die Stadt eröffnet, bevor sie von ukrainischer Artillerie vertrieben wurden. Auch in den folgenden Tagen hatte es Raketenangriffe vom Schwarzen Meer aus gegeben.[31]

Um Odesa zu schützen, blieb den Ukrainern nicht viel anderes übrig, als wie bisher schon Seeminen zu legen, denn ihre landgestützten Raketen trafen die russischen Schiffe nicht. Das verhinderten die Flugabwehrsysteme der *Moskwa*, die an der Einnahme der Schlangeninsel beteiligt gewesen war und es auf die ukrainische

Briefmarke geschafft hatte. Die *Moskwa*, ein Lenkwaffenkreuzer aus später Sowjetzeit, stammte – durchaus eine Ironie der Geschichte – aus der Werft von Mykolajiw. Sie diente als Flaggschiff der Schwarzmeerflotte und als Hauptquartier des Flottenkommandeurs; sie war die Schaltzentrale und das Kommandozentrum des Schiffsverbands und spannte mit ihrem Radar und ihren Flugabwehrraketen einen »Schutzschirm« über die gesamte Flotte. Mit ihren Antischiffs- und Boden-Luft-Raketen, ihren Geschützen, Anti-U-Boot-Mörsern und Torpedos verfügte die *Moskwa* über beachtliche Feuerkraft.[32]

Da die *Moskwa* eine entscheidende Komponente jeder künftigen Landung zur Einnahme von Odesa sein würde, waren die Ukrainer entschlossen, sie auszuschalten. Dies gelang ihnen unerwartet – und auf unglaubliche Weise – in der Nacht des 13. April, als zwei in der Ukraine hergestellte bodengestützte Neptun-Raketen die Flugabwehrsysteme der *Moskwa* mithilfe einer Drohne überlisteten und den Kreuzer trafen. Beide Raketen schlugen ins Munitionsdepot ein, sodass die Raketen und Torpedos an Bord explodierten. Schließlich sank der ganze Kreuzer, aber der Vorgang war dem russischen Kommando zu peinlich, um zuzugeben, dass sein Flaggschiff von ukrainischen Raketen getroffen worden war und dass man es im Kampf mit einem Land verloren hatte, das keinerlei Marine besaß. Stattdessen hieß es in der offiziellen Erklärung, der Kreuzer sei aufgrund einer Kombination zweier Faktoren gesunken: einer Explosion unbekannter Natur an Bord und eines Sturms auf See.[33]

Der Untergang der *Moskwa* veränderte den Verlauf des Krieges auf dem Meer. Ohne ihre Flugabwehr war die gesamte russische Schwarzmeerflotte den ukrainischen Neptun-Antischiffsraketen schutzlos ausgeliefert und suchte darum eilends Zuflucht im Hafen von Sewastopol, unter dem Schutz landgestützter Flugabwehrsysteme. Der britische Geheimdienst meldete die Entlassung des Kommandeurs der Schwarzmeerflotte. Die ukrainische Post reagierte mit der Herausgabe einer neuen Briefmarke – das bereits bekannte Bildmotiv, dazu ein Stempelaufdruck mit dem englischen Wort »Done« – erledigt – und dem Datum des Untergangs der *Moskwa*, 14. April 2022. Im Mai gab die Post fünf Millionen Zweiersätze mit dem Soldaten und seinem Stinkefinger heraus; auf der einen Marke war der Kreuzer zu sehen, auf der anderen nur noch das Meer. Kyjiw erklärte das Wrack des Kreuzers zum Unterwasser-Kulturerbe des Landes. Es wurde unter der Nummer 2064 ins Register eingetragen.[34]

Die Geschichte von der *Moskwa* und der Schlangeninsel war allerdings noch nicht zu Ende. Durch den Verlust des Kreuzers gewann die kleine Insel besondere strategische Bedeutung für die russische Marine. Sie installierte dort Raketenwerfer zum Beschuss von Odesa und der ukrainischen Küste sowie Radar- und Luftabwehrsysteme als Ersatz für die logistische Unterstützung, die das gesunkene Schiff bisher geleistet hatte. Der erste ukrainische Angriff auf die russischen Stellungen auf der Schlangeninsel fand Ende April statt; dabei wurde der Strela-Flugabwehrkomplex zerstört. Weitere Angriffe auf russische Ziele, darunter Raketensysteme und kleine Schiffe, erfolgten im Mai. Die Ukrainer setzten ihre Luftwaffe, ihre Artillerie und offenbar auch neue, vom Westen gelieferte Lenkwaffen effizient ein, um die russische Marine daran zu hindern, die Insel in eine Meeresfestung am Seeweg nach Odesa zu verwandeln. Ende Juni mussten sich die Russen von der Insel zurückziehen. Die Ukrainer schickten unverzüglich Kommandos dorthin, die ihre Landesflagge hissten.[35]

## DER ANNEXIONSFAHRPLAN

Im Juni 2022 feierte Russland den 350. Geburtstag von Peter I., besser bekannt als Peter der Große – der erste russische Zar, der sich den Titel eines Kaisers zulegte. Das Jubiläum wurde mit wissenschaftlichen Konferenzen, Tagungen und öffentlichen Veranstaltungen nicht nur in Moskau und Sankt Petersburg, sondern auch in regionalen Zentren begangen. In Moskau war eine offizielle multimediale Schau auf dem Gelände der »Ausstellung der Errungenschaften der Volkswirtschaft« (WDNCh) Peter und seinem Vermächtnis gewidmet. Unter dem Titel »Peter I. – Die Geburt des Reiches« ging es dabei vor allem um seine Rolle bei der Modernisierung des Staates, auf dem Gebiet der Diplomatie und bei der Förderung von Handel und Gewerbe sowie um seine Bildungsreformen und die Unterstützung der kulturellen Entwicklung.[36]

Am 9. Juni, Peters offiziellem Geburtstag, erschien Wladimir Putin auf der WDNCh, um die Ausstellung persönlich zu eröffnen. Anschließend sprach er bei einer Versammlung junger russischer Unternehmer, Ingenieure und Wissenschaftler. Peter hatte sich sehr für die Entwicklung der russischen Wirtschaft und Wissenschaft eingesetzt und unter anderem die russische Akademie der Wissenschaften gegründet; so schien eine solche Begegnung des Präsidenten mit der aufstrebenden russischen Intelligenz in diesem Kontext durchaus angebracht zu sein. Doch als Putin sich an die jungen Unternehmer und Wissenschaftler wandte, lag der Schwerpunkt seiner Rede nicht so sehr auf Peters Beitrag zur russischen Wissenschaft und Technik – Putin erwähnte beiläufig, der Zar habe sich bei seinen Reisen durch Europa westliches Wissen »ausgeborgt« –, sondern vielmehr auf Peters Kriegen und territorialen Eroberungen, ein Thema, das Putin zu diesem Zeitpunkt wesentlich mehr am Herzen lag.

»Peter der Große führte den Großen Nordischen Krieg, der 21 Jahre dauerte«, sagte Putin, womit er offenbar andeuten wollte, dass seine »militärische Spezialoperation«, obwohl sie sich schon viel länger hinzog als erwartet, noch immer ein vernünftiges Unterfangen sei. Dann kam er auf Peters territoriale Eroberungen zu sprechen. »Oberflächlich betrachtet führte er Krieg mit Schweden und hat diesem Reich etwas weggenommen«, führte er aus, schlug dann jedoch eine ganz andere Interpretation von Peters Eroberungen vor: »Er hat nichts weggenommen, sondern etwas zurückgewonnen.« Anschließend äußerte Putin sich zur Legitimität einer derartigen Politik. »Als er die neue Hauptstadt gründete, erkannte keines der europäischen Länder dieses Gebiet als Teil von Russland an«, konstatierte er. »Jedermann betrachtete es als Teil von Schweden.«

Für Putin war die Eroberung dennoch gerechtfertigt, weil »die Slawen dort seit Menschengedenken mit den finno-ugrischen Völkern zusammenlebten und dieses Gebiet unter Russlands Kontrolle stand«. Was die Bevölkerungsstruktur betraf, nahm er es hier mit der Wahrheit bestenfalls nicht so genau, und die Ansprüche der mittelalterlichen Nowgoroder Republik auf dieses Gebiet gehörten schon zu der Zeit, als Peters Streitkräfte dorthin vordrangen, der fernen Vergangenheit an. Aber Putin fuhr auf dieselbe Weise fort: »Er holte etwas zurück und stärkte es; das tat er.« Dann setzte er mit einem süffisanten Grinsen hinzu: »Offenbar fällt auch uns die Aufgabe zu, etwas zurückzuholen und zu stärken.« Putins Bemerkungen standen in klarem Widerspruch zu seiner »Kriegserklärungs«-Ansprache vom 24. Februar, als er verkündet hatte, Russland habe nicht vor, »ukrainisches Gebiet zu besetzen«.[37]

Die ukrainische Reaktion auf Putins Bemerkungen ließ nicht lange auf sich warten. Mychajlo Podoljak, ein hochrangiger Berater von Präsident Selenskyj, wertete die Äußerungen des russischen Präsidenten als Beleg dafür, dass Imperialismus das wahre Motiv hinter Russlands Aggression gegen die Ukraine sei. »Putins Eingeständnis der Landnahme und sein Selbstvergleich mit Peter dem Großen beweisen, dass es keinen ›Konflikt‹ gab, nur die blutige Inbesitznahme des Landes unter frei erfundenen Genozid-Vorwänden«, tweetete Podoljak. Berichte unabhängiger russischer Journalisten stützten Podoljaks Interpretation. Ein paar Tage zuvor hatte *Meduza*, eine Website, betrieben von oppositionellen Journalisten, die Russland verlassen und Zuflucht in Lettland gefunden hatten, gemeldet: »Der Kreml plante, alle Gebiete zu einem neuen föderalen Distrikt zu verbinden, der von Russland schon in diesem Herbst annektiert werden könnte.«[38]

»Das ist jetzt ein anderer Krieg als derjenige, den Putin am 24. Februar 2022 begonnen hat«, schrieb Lawrence Freedman, emeritierter Professor für militärische Studien am King's College in London, kurz nach Putins Äußerungen zu Peters Vermächtnis. »Er hat sich nun als Reinkarnation von Peter dem Großen dargestellt und eingestanden, dass dies ein Eroberungs- und kein Befreiungskrieg ist. Jetzt geht es ihm um territoriale Zugewinne, nachdem er die Menschen im Donbas, deren angebliche Schutzlosigkeit vor einem ukrainischen Angriff ihm als Vorwand für den Krieg diente, weitgehend aufgegeben hat. Die separatistischen Armeen aus Donezk und Luhansk wurden als Kanonenfutter verheizt. Man hat sie unvorbereitet und schlecht ausgerüstet in den Kampf geschickt, um reguläre Einheiten zu schonen.«[39]

Putins Worte ließen kaum einen Zweifel daran, dass es ihm um territoriale Expansion ging, deuteten aber auch darauf hin, dass der Kreml seine Kriegsziele heruntergeschraubt hatte. Die Einnahme von Kyjiw und die Kontrolle der restlichen Ukraine durch eine Marionettenregierung, noch im Februar ein offenkundiges Ziel, waren unerreichbar geworden und hatten Ende März aufgegeben werden müssen. Putin behielt jedoch einen großen, in den ersten Kriegswochen eroberten Teil der Südukraine und hoffte, seine Besitztümer im östlichen Teil des Landes erweitern zu können. Das ursprüngliche Kriegsziel – die vollständige Kontrolle über die Ukraine – wurde nun durch die Ausdehnung von Russlands Grenzen ersetzt. Wie schon bei der Annexion der Krim im Jahr 2014 füllte das »Großrussland«-Projekt auch diesmal wieder die Lücke zwischen Russlands Bestrebungen und seiner Fähigkeit, Putins imperiale Ambitionen zu befriedigen.

Als die russische Offensive im Donbas ins Stocken geriet, ohne ihr primäres oder auch nur sekundäres Ziel zu erreichen, machte der ukrainische Verteidigungsminister, Oleksij Resnikow, Präsident Selenskyjs Befehl an seine Truppen publik, den Süden des Landes zurückzuerobern. Westliche Waffen sollten dabei helfen. Tatsächlich wurden bald HIMARS-Raketen eingesetzt, um die Antoniwka-Brücke über den Dnipro bei Cherson zu bombardieren, die Hauptverbindung zwischen den russischen Truppen in der Stadt und ihren Randbezirken einerseits und der russischen Hauptstreitmacht am rechten Dnipro-Ufer und auf der Krim andererseits. Viele betrachteten das als Zeichen einer bevorstehenden ukrainischen Gegenoffensive im Süden.[40]

Während auf den Titelseiten der Zeitungen in aller Welt Berichte über die erwartete ukrainische Gegenoffensive erschienen, wurden aus Russland und den besetzten Teilen der Ukraine jedoch weitere Informationen über Moskaus Pläne publik, diese Gebiete zu annektieren. Abgesehen von den Territorien der Marionettenstaaten im Donbas wollte sich Russland auch die Hafenstadt Berdjansk und die Stadt Melitopol, beide in der Oblast Saporischschja gelegen, ebenso wie die gesamte Oblast Cherson mit den Städten Cherson und Nowa Kachowka einverleiben. Die russischen Truppen verdoppelten ihre

Anstrengungen und verstärkten ihre Stellungen entlang der Frontlinie zwischen Cherson und Mykolajiw. »Sie verminen die Felder an den Verbindungsstraßen nach Mykolajiw«, berichtete ein örtlicher ukrainischer Journalist einem *Guardian*-Reporter in der zweiten Julihälfte. »Sie verminen alles, und ihre Soldaten heben Gräben aus.«[41]

Im Mai hatte die offizielle russische Nachrichtenagentur Nowosti die Stellungnahme eines von den Russen eingesetzten Verwaltungsbeamten der besetzten Teile der Oblast Cherson veröffentlicht, in der dieser die Ansicht vertrat, die Region solle ein Teil von Russland werden. »Gebiete, die von jeher russisch sind, sollten zu ihrer historischen Kultur und ihren historischen Werten zurückkehren«, erklärte der Funktionär. Journalisten fragten Putins Sprecher, Dmitri Peskow, nach den Annexionsplänen des Kremls. Peskow dementierte solche Pläne zwar nicht, behauptete jedoch, dass »nichts ohne eine Willensbekundung der Bewohner dieser Regionen geschehen kann, ohne dass sie entscheiden, wie es weitergehen soll und mit wem sie zusammenleben wollen.«[42]

Angesichts von Moskaus Erfahrung mit der Organisation von Pseudo-Referenden auf der Krim und im Donbas klang das nicht gerade beruhigend. Anfang Juni, kurz nachdem Sergei Kirijenko, ehemals russischer Ministerpräsident und nun stellvertretender Chef von Putins Präsidialverwaltung, die besetzten Gebiete der Oblast Saporischschja besucht hatte, sprach dort ein lokaler Besatzungsfunktionär von Vorbereitungen für ein Referendum über die Zukunft der Region. Mitte Juli hatten die Medien erstaunliche Neuigkeiten zu vermelden: Russische Besatzungstruppen griffen zur Verwaltung besetzter Gebiete nicht mehr auf Einheimische zurück, wie sie es auf der Krim und im Donbas getan hatten. Stattdessen war der ehemalige stellvertretende Gouverneur der russischen Region Wologda zum Regierungschef der besetzten Teile der Oblast Saporischschja ernannt worden.[43]

In Washington verkündete John Kirby, Koordinator für strategische Kommunikation im Nationalen Sicherheitsrat, unter Berufung auf nachrichtendienstliche und frei zugängliche Informationen, Russland bereite sich auf die Annexion Chersons, Saporischschjas und der gesamten Oblaste Donezk und Luhansk vor. Laut Kirby folgte Moskau seinem »Annexionsfahrplan« von 2014, indem es in den besetzten Gebieten seine eigenen illegitimen Funktionäre einsetzte, damit diese Scheinreferenden über den Anschluss an Russland organisierten, auf deren Grundlage dann die Annexionen selbst stattfinden sollten. »Für die Ukraine und ihre westlichen Partner«, so Kirby, »könnte sich das Zeitfenster zur Unterstützung einer ukrainischen Gegenoffensive in besetztes ukrainisches Gebiet, bevor es vom Kreml annektiert wird, allmählich schließen.« Da die Absichten der Russen nun kein Geheimnis mehr waren, lautete die große Frage, wer schneller sein würde: die ukrainischen Streitkräfte mit der Rückeroberung von Teilen der Südukraine oder Russland mit deren formeller Annexion. Wie sich herausstellte, nahm beides seinen jeweils eigenen Verlauf.[44]

# KAPITEL 11

# DIE GEGENOFFENSIVE

Die erste Zeitung, die über die bevorstehende Gegenoffensive der ukrainischen Streitkräfte in der pontischen Steppe berichtete, war *The Sunday Times.* Am 10. Juli 2022 zitierte das Blatt den ukrainischen Verteidigungsminister Oleksij Resnikow: »Der Präsident hat dem Oberkommandierenden den Auftrag erteilt, entsprechende Pläne auszuarbeiten.« Es sollte die Mutter aller Gegenoffensiven werden. »Die Ukraine zieht eine mit westlichen Waffen ausgerüstete Kampftruppe von einer Million Mann zusammen, um ihr südliches Territorium von Russland zurückzuerobern«, schrieb die Zeitung unter Berufung auf Resnikow. Aber wo würde die Ukraine angreifen? Resnikow verwies auf die pontische Steppe, die Russland in den ersten Wochen der Offensive besetzt hatte.[1]

Bereits einen Tag vor der Veröffentlichung des Interviews mit Resnikow gab es einen deutlichen Hinweis auf Vorbereitungen für eine Gegenoffensive im Süden. Am 9. Juli rief die für die besetzten Gebiete zuständige stellvertretende Ministerpräsidentin der Ukraine, Iryna Wereschtschuk, die Bewohner in den von russischen Streitkräften okkupierten südukrainischen Regionen auf, die Provinzen Cherson und Saporischschja so schnell wie möglich zu verlassen. Für den Fall, dass sie die von der Ukraine gehaltenen Gebiete nicht direkt erreichen könnten, empfahl sie, dies über die von Russland besetzte Krim zu versuchen. »Unsere Artillerie muss ihre Arbeit verrichten, denn die Besatzung lässt sich nur durch Waffengewalt aufheben, wie wir natürlich wissen«, so Wereschtschuk. »Deshalb müssen die Menschen diese Gebiete unbedingt räumen und ihre Familienangehörigen mitnehmen.«[2]

Präsident Selenskyj dementierte nicht, dass es einen Befehl zur Gegenoffensive gab, wollte sich aber nicht zu deren Stoßrichtung äußern. Am Tag nach der Veröffentlichung des Resnikow-Interviews erklärte er gegenüber Journalisten im Beisein des niederländischen Ministerpräsidenten Mark Rutte: »Ich kann sagen, dass es die Aufgabe aller unserer Streitkräfte ist, unser gesamtes Territorium von der Besatzung zu befreien. Das ist auch die Aufgabe eines jeden Bürgers unseres Staates. Ich werde keine Einzelheiten eines bestimmten Plans bekannt geben.« Obwohl weder Selenskyj noch seine zivilen oder militärischen Untergebenen Details der bevorstehenden Gegenoffensive offenlegten, äußerten sich manche Stimmen in der Ukraine besorgt über Wereschtschuks Appell an die Bewohner der Südukraine, weil man daraus schließen könne, in welche Richtung der bevorstehende Angriff ziele.[3]

Eine führende ukrainische Zeitung, *S'ohodni* (»Heute«), ließ Militärexperten darüber diskutieren, ob die Ankündigung ein Hinweis auf tatsächliche Pläne oder ein Versuch sei, den Feind in die Irre zu führen. Die Meinungen der Fachleute waren geteilt. Einige vermuteten, mit der Bekanntmachung wolle man die Russen mit Falschinformationen täuschen und einen möglichen erneuten Angriff auf Kyjiw abwenden; andere hingegen glaubten, Resnikow habe von echten Plänen gesprochen. Doch alle waren sich einig, dass die Befreiung von Cherson nicht nur sehr wichtig, sondern auch das vielversprechendste Ziel für eine ukrainische Gegenoffensive sei.[4]

Am rechten Dnipro-Ufer bei Cherson und weiter nördlich unweit der Stadt Beryslaw, die gegenüber von Nowa Kachowka und seinem Staudamm am anderen Flussufer liegt, waren russische Truppen stationiert; sie stellten eine anhaltende Bedrohung für die Städte Mykolajiw und Krywyj Rih, die Heimatstadt von Präsident Selenskyj, dar. Die Straße nach Odesa und in die Republik Moldau, die inzwischen zu den erklärten Zielen des russischen Angriffs gehörten, führte durch Mykolajiw. Die russischen Einheiten bei Cherson und Beryslaw waren jedoch von ihren Truppen am linken Dnipro-Ufer abgeschnitten und erschienen deshalb den vorrückenden ukrainischen Truppen als relativ leichte Beute.

## UMKÄMPFTE BRÜCKEN

»Selten nur fliegt ein Vogel bis über die Mitte des Dnipro.« Mit dieser Metapher versinnbildlichte Nikolai Gogol in seiner Hymne auf den größten ukrainischen Fluss dessen stellenweise enorme Breite. Bei Cherson ist die Distanz zwischen den beiden Ufern in der Tat immens, sodass die Russen vor einem 700 Meter breiten Hindernis standen, das sie bereits im Februar hatten überwinden müssen. Wenn sie Cherson und Beryslaw auf dem rechten Ufer halten wollten, mussten sie die volle Kontrolle über die Flussübergänge behalten.[5]

Die russischen Nachschublinien über den Dnipro hingen von drei Brücken ab: der Eisenbahnbrücke und der Autobahnbrücke bei Antoniwka nördlich von Cherson sowie einer dritten Brücke, die Nowa Kachowka mit dem Beryslaw-Gebiet in der Nähe des Kachowka-Stausees verbindet.[6] Die 25 Meter breite und 1366 Meter lange Antoniwka-Autobahnbrücke war die Hauptverkehrsader zwischen Cherson und dem linken Dnipro-Ufer. Die Ukrainer hatten einen hohen Preis gezahlt für ihr Versäumnis, diese Brücke zu sprengen, denn die Russen übernahmen die Kontrolle über sie und verschafften sich so einen direkten Weg nach Mykolajiw und zum Kernkraftwerk Südukraine nahe der Stadt Juschnoukrajinsk. Meinten die Ukrainer es mit ihrer Gegenoffensive ernst, mussten sie die Brücken zerstören, um so die russischen Truppen am rechten Ufer zu isolieren und ihre Nachschubwege abzuschneiden.[7]

Warum auch immer die Informationen über die im Süden bevorstehende ukrainische Offensive publik gemacht wurden, die russischen Kommandeure in Cherson nahmen sie eindeutig ernst. Am 12. Juli, zwei Tage nach der Veröffentlichung des Resnikow-Interviews, sahen die Bürger von Melitopol, einem wichtigen Verkehrsknotenpunkt am linken Dnipro-Ufer, der die Krim mit der russisch okkupierten Südukraine verband, Kolonnen russischer Fahrzeuge in Richtung Cherson auf den Fluss zurollen. Tags darauf begannen russische Truppen die Zufahrten zur Antoniwka-Autobahnbrücke zu befestigen. Zudem verstärkten sie die Zahl der Patrouillen in Cherson. Am 20. Juli erklärte der russische Außenminister Sergei Lawrow, die russischen territorialen Ambitionen würden sich nicht mehr nur auf die Oblaste Donezk und Luhansk beschränken, sondern fortan auch auf Saporischschja und Cherson erstrecken.[8]

Die Maßnahmen zur Abwehr der kommenden ukrainischen Offensive erfolgten zwar zeitig, nützten den Russen aber wenig, als die Ukrainer begannen, das Schlachtfeld nach ihren Vorstellungen zu gestalten. Sie beschossen russische Munitionsdepots und Kommandozentralen und schließlich auch die Brücken mit HIMARS-Raketen. Am 3. Juli setzten sie die HIMARS gegen ein russisches Munitionsdepot in Melitopol ein. Das Munitionslager in Cherson flog am 6. Juli in die Luft, das in Nowa Kachowka zwei Tage später.[9]

Am 19. Juli, neun Tage nach der Veröffentlichung des Resnikow-Interviews, nahmen die ukrainischen Streitkräfte die Antoniwka-Autobahnbrücke und die daneben befindlichen Befestigungen unter schweren Beschuss. Am selben Tag war in der englischsprachigen Zeitung *Kyiv Independent* ein langer Artikel zu lesen, in dem es hieß, die Zerstörung der beiden Antoniwka-Brücken und der Brücke über den Kachowka-Damm sei Voraussetzung für eine erfolgreiche Gegenoffensive. Das Blatt zitierte den stellvertretenden Leiter der Regionalverwaltung von Cherson, Jurij Sobolewskyj, mit der Aussage, »die Orks [abfällige Bezeichnung für russische Militärangehörige] und diejenigen, die mit ihnen in Cherson sympathisieren, könnten bald ohne Nachschub und ohne die Möglichkeit eines organisierten Rückzugs dastehen«.[10]

Der HIMARS-Angriff vom 19. Juli war erst der Anfang. In den folgenden Tagen und Wochen wurde der Raketenbeschuss auf die Autobahn- und die Eisenbahnbrücke von Antoniwka fortgesetzt. Am 20. Juli musste die Autobahnbrücke aufgrund ihrer starken Beschädigung vorübergehend geschlossen werden. Nach dem dritten Angriff am Abend des 26. Juli war die Brücke für schwere Fahrzeuge unpassierbar. Satellitenbilder zeigten mindestens 16 Löcher im südlichen Teil der Brücke. Das russische Militär beeilte sich, die Brücke wieder instand zu setzen, doch neue Angriffe am 14. und 30. August zwangen die russischen Kommandeure, die Reparaturen aufzugeben und sich stattdessen auf den Bau von Pontonbrücken und auf Fähren zur Überquerung des Dnipro zu konzentrieren.[11]

Die Antoniwka-Autobahnbrücke war nicht das einzige Ziel der HIMARS-Raketen. Auch die unweit davon gelegene Eisenbahnbrücke und die Brücke am Kachowka-Damm wurden regelmäßig beschossen. Letztere erlitt am 3. September so schwere Schäden, dass einer ihrer Abschnitte auf einer Länge von etwa 20 Metern abstürzte. Ebenfalls mehrfach unter Beschuss genommen wurde die Dariwka-Brücke über den Inhulez, einen Nebenfluss des Dnipro. Sie war die einzige Querung, die die russischen Truppen in und um Cherson mit den Kampfeinheiten im Beryslaw-Gebiet verband. Die Ukrainer griffen auch regelmäßig die Pontonbrücken an, die die Russen als Ersatz für die beschädigte Autobahn- und Eisenbahnbrücke gebaut hatten. »Die ukrainischen Generäle zielen eindeutig darauf ab, die 49. Armee der verbundenen Waffen auszuhungern und Verstärkungen zu blockieren, um die russische Verteidigung nördlich von Cherson zu schwächen, sodass sich die Waage zugunsten der ukrainischen Brigaden neigt, die sich seit Mai langsam nach Süden in Richtung Cherson vorankämpfen«, schrieb David Axe, Reporter des Magazins *Forbes*, Ende Juli.[12]

Damit sich »die Waage neigte«, setzten die Ukrainer nicht nur Fernraketen ein, sondern entsandten auch Kommando- und Sabotageeinheiten über die Demarkationslinie mit dem Auftrag, Informationen zu sammeln, Munitionsdepots und Kommandozentren zu zerstören und unter den russischen Truppen hinter der Front Terror zu verbreiten. Ende Juli berichteten die ukrainischen Medien über die Rückkehr von General Dmytro Martschenko, dem Helden der Stadtverteidigung im März und April, nach Mykolajiw. Diesmal sollte er die Aktivitäten der ukrainischen Kommandos und Partisanengruppen hinter den feindlichen Linien organisieren und koordinieren. Mitte August meldeten ukrainische Medien die Sprengung einer Eisenbahnbrücke in der Nähe des wichtigen Verkehrsknotenpunkts Melitopol durch »ukrainische Partisanen«. Ähnliches wurde aus Cherson und Umgebung berichtet.[13]

Zu Martschenkos Zielen gehörten nicht nur logistische Knotenpunkte, Munitionslager und Kasernen der russischen Truppen, sondern auch ukrainische Bürger, die sich der Besatzungsverwaltung angeschlossen hatten. In den ukrainischen Medien wurden sie als »Gauleiter« tituliert – die in Hitler-Deutschland offizielle Bezeichnung für regionale Parteiführer der NSDAP; in der ukrainischen Öffentlichkeit wird sie mit der Naziherrschaft in der Ukraine während des Zweiten Weltkriegs assoziiert.

Am 6. August erschossen Unbekannte den stellvertretenden Leiter der Besatzungsverwaltung von Nowa Kachowka, Witalij Hura. Am 28. August berichteten die Medien über die Ermordung des ehemaligen ukrainischen Parlamentsabgeordneten Oleksij Kowaljow von Selenskyjs Partei »Diener des Volkes«, der für die Ausfuhr ukrainischen Getreides aus der besetzten Region Cherson auf die Krim zuständig gewesen war. Es war bereits das zweite Attentat auf ihn. Vier Tage später informierten die Medien über den Tod von Iwan Suschko, dem Leiter der Besatzungsverwaltung im Dorf Mychajliwka in der Region Saporischschja. Er wurde in seinem Auto in die Luft gesprengt. Auf Mitglieder der von den russischen Behörden eingesetzten Kommissionen zur Durchführung des Referendums über die russische Annexion der besetzten Gebiete wurden ebenfalls Anschläge verübt. Die Ukrainer taten ihr Möglichstes, um die Russen daran zu hindern, ein Scheinreferendum durchzuführen, bevor deren Streitkräfte aus der Südukraine vertrieben waren.[14]

## TAG DES JÜNGSTEN GERICHTS

»Wenn etwas Derartiges passiert, wird für sie alle mit einem Schlag der Tag des Jüngsten Gerichts anbrechen. Sehr schnell und heftig. Es wird sehr schwer werden, Schutz zu finden«, raunte Dmitri Medwedew, ehemals Präsident der Russischen Föderation und inzwischen Stellvertreter Putins im Sicherheitsrat, am 17. Juli. Seine Worte waren als Warnung an die Ukrainer gedacht, Angriffe auf die Krim, die Hauptversorgungsbasis der russischen Truppen um Cherson, zu unterlassen. Andernfalls drohe ihnen nichts Geringeres als ein Atomschlag.[15]

Im Unterschied zu Luhansk und Donezk war die Krim seit 2014 offiziell von Russland als Teil seines Territoriums einverleibt worden. Aus diesem Grund genoss die Halbinsel in den ersten Kriegsmonaten in gleichem Maße Immunität vor ukrainischen Vergeltungsangriffen wie das Staatsgebiet der Russischen Föderation und der Republik Belarus, von wo aus russische Truppen ukrainische Ziele angriffen und beschossen. Doch als die Ukrainer ihre Raketenangriffe auf russische Nachschublinien verstärkten, wurde in den Medien die Frage laut, ob nach dem Beschuss der Antoniwka-Brücke ähnliche Angriffe auf die Krim-Brücke folgen würden. Gemeint war das 19 Kilometer lange Bauwerk über die Straße von Kertsch, das Russland mit der okkupierten Krim verbindet und eine Lebensader für die russischen Truppen in der Südukraine darstellt.[16]

Wolodymyr Selenskij wies Medwedews Drohungen umgehend zurück: »Aus Russland war heute eine weitere, nicht besonders nüchterne Erklärung über einen angeblichen ›Tag des Jüngsten Gerichts‹ für die Ukraine zu hören. Natürlich nimmt niemand solche Einschüchterungsversuche ernst.« Selenskyj spielte damit auf Gerüchte über Medwedews Trunksucht an, die in Moskau kursierten. Auch hieß es, der von Putin völlig an den Rand gedrängte Medwedew habe einen Selbstmordversuch unternommen. Das Alkoholismus-Problem beschränkte sich jedoch keineswegs auf diesen einen wichtigen Kreml-Vertreter: Viele russische Spitzenfunktionäre griffen zur Flasche, um den durch die sich verschlechternde Lage an der Front und die dadurch hervorgerufenen internen Streitigkeiten zwischen verschiedenen Gruppen von Putins Gefolgsleuten verursachten Stress zu bewältigen. Putin selbst war offenbar besorgt über die schwindende Disziplin in seiner Entourage und begann, sowohl privat als auch öffentlich über das Übel des Alkoholmissbrauchs zu sprechen.[17]

Während Selenskyj Medwedews Drohungen als Geschwätz eines Säufers abtat, eröffneten die ukrainischen Streitkräfte eine neue Front auf der Krim. Ende Juli schlug eine von russischen Flugabwehrbatterien verfehlte Drohne in das Hauptquartier der russischen Schwarzmeerflotte in Sewastopol ein. Zwar gab es keine Toten oder Verletzten, aber der Angriff verdarb die Stimmung in der Stadt: Die Feierlichkeiten zum Tag der russischen Marine wurden abgesagt. Der 9. August schließlich hielt für das russische Militär einen wahren Schock bereit, denn an diesem Tag detonierten ukrainische Raketen auf dem russischen Flugplatz unweit der Stadt Saky, wo einst Präsident Roosevelt und Premierminister Churchill während der Konferenz von Jalta im Februar 1945 logiert hatten. Bei dem Angriff wurden ein Munitionsdepot auf dem Flugplatz und zehn russische Flugzeuge zerstört – das Herzstück der Luftwaffe der russischen Schwarzmeerflotte. Die Explosionen waren weit über den Flugplatz hinaus zu sehen und zu hören und lösten einen wahren Exodus russischer Touristen von der Krim über die Kertsch-Brücke aus.

Russische Offizielle erklärten die Explosionen mit angeblichen Verstößen des russischen Personals gegen die Sicherheitsvorschriften, denn mit dem Eingeständnis eines erfolgreichen ukrainischen Angriffs hätte man zugegeben, dass die russische Flugabwehr nicht in der Lage war, das von Moskau als russisches Territorium betrachtete Gebiet wirksam zu schützen. Indes gingen die ukrainischen Angriffe auf die Halbinsel weiter, sodass der Kreml die Explosionen an verschiedenen Orten der Krim nicht mehr auf laxe Sicherheitsvorkehrungen schieben konnte. Nachdem nahe der Stadt Dschankoj, einem wichtigen Bahnhof an der Verbindungsstrecke zwischen der Krim und dem südlichen ukrainischen Festland, ein Waffendepot in die Luft geflogen war, gestanden russische Stellen ein, dass die Krim angegriffen wurde. Die Ukrainer ihrerseits schwiegen zunächst dazu, bekannten sich aber im September zu den Anschlägen. Die Krim war kein sicheres Waffendepot für die in der Südukraine kämpfenden Russen mehr, sondern wurde zu einem legitimen Angriffsziel der ukrainischen Streitkräfte. Die Kertsch-Brücke hatten sie zwar noch nicht unter Beschuss genommen, aber es war nun klar, dass dies geschehen würde, sobald sie die Mittel dazu besaßen.[18]

Russland schwieg die ukrainischen Angriffe auf die Krim anfangs tot oder leugnete sie, regierte jedoch nicht, wie von Medwedew angedroht, mit dem Einsatz von Atomwaffen. Aber schließlich spielte der Kreml doch die atomare Karte. Und diese hatte einen Namen: das Atomkraftwerk Saporischschja. Russische Verbände hatten es Anfang

März eingenommen, nachdem ein Gebäude der Anlage durch Beschuss in Brand geraten war. Die russische Armee nutzte das Gelände als sicheren Rückzugsort für ihre Truppen sowie für die Lagerung von Waffen, schwerem Gerät und Munition, da sie davon ausging, dass die Ukrainer es nicht wagen würden, ein in Betrieb befindliches Atomkraftwerk anzugreifen. Zudem diente es als Deckung beim Beschuss ukrainischer Stellungen am rechten Dnipro-Ufer (das Kraftwerk und die angrenzende Stadt Enerhodar liegen am linken Ufer), insbesondere der Stadt Nikopol mit ihren mehr als 100 000 Einwohnern.

Über die sozialen Medien baten die ukrainischen Streitkräfte die Einwohner Enerhodars, sie zu informieren, sobald russische Artillerie das Werk verlassen sollte, sodass sie die Russen außerhalb der Anlage unter Feuer nehmen konnten, auch mithilfe von Drohnen. Ein solcher Drohnenangriff auf russische Stellungen in der Nähe des Kraftwerks fand am 22. Juli statt. Zwei Wochen später, am 5. August, kam es zu einem weiteren Angriff auf das Kraftwerk, doch diesmal wurde die Anlage selbst mit Artillerie beschossen. Die Ukrainer bestritten jede Beteiligung daran, und Präsident Selenskyj beschuldigte die Russen der »atomaren Erpressung«. Oleksij Arestowytsch, ein Berater des ukrainischen Präsidialamts, erklärte, Putin wolle mit dem Beschuss des Kraftwerks die Ukraine zwingen, ihre Gegenoffensive im Süden einzustellen und einen Waffenstillstand zu schließen. Damit werde nicht nur auf Kyjiw, sondern auch auf seine westlichen Verbündeten Druck ausgeübt, denn ein Unfall im größten europäischen Atomkraftwerk könne sich bis auf Ost- und Mitteleuropa sowie auf die Türkei und den Nahen Osten auswirken.[19]

Nach langen Verhandlungen durfte am 1. September ein Expertenteam der Internationalen Atomenergie-Organisation IAEO unter der Leitung des IAEO-Direktors Rafael Grossi die Lage im Atomkraftwerk Saporischschja vor Ort beurteilen. Bisher war durch den Beschuss eine Werksmitarbeiterin verletzt und ein Brand in der Nähe der Stickstoff-Sauerstoff-Station verursacht worden. Die Inspektoren konnten nicht feststellen oder wollten sich nicht festlegen, wer auf das Kraftwerk gefeuert hatte, bestätigten aber frühere ukrainische Berichte, wonach die Russen tatsächlich Fahrzeuge und Ausrüstung in den Turbinenhallen lagerten. In seinem Bericht forderte das IAEO-Team die Ausweisung einer kampffreien Zone um die Anlage, also letztlich ihre Entmilitarisierung. »Eines ist jetzt, heute, dringend notwendig, nämlich dass wir uns auf die Einrichtung eines Schutzes, wenn Sie so wollen, eines Schildes, einer Blase im Umkreis der Anlage einigen«, erklärte Grossi der *CNN*-Moderatorin Christiane Amanpour einige Tage nach seiner Rückkehr aus der Anlage. Die Ukrainer lobten den Bericht, während die Russen »Klarstellungen« verlangten.[20]

Am 15. September forderte der Gouverneursrat der IAEO die Russen auf, die Anlage zu räumen. Die Resolution wurde von 33 der 35 Mitglieder des Gouverneursrats unterstützt, nur die Vertreter Russlands und Chinas stimmten dagegen. Dennoch setzte Moskau seine atomare Erpressung der Ukraine und der Welt fort, während die Reaktoren zwar abgeschaltet, aber nicht heruntergekühlt wurden und dadurch weiterhin gefährlich blieben. Auch der Beschuss in der Umgebung der Anlage ging weiter, sodass die Betreiber am 11. September gezwungen waren, den letzten noch laufenden Reaktor herunterzufahren, der sowohl die Pumpen für die Kühlung der aktiven Zone des Reaktors als auch die Sicherheitssysteme der Anlage mit Strom versorgt hatte. Die Sicherheit des Reaktors hing nun ganz von externen Stromleitungen ab. Diese waren schon einmal beschädigt worden, und es konnte jederzeit wieder geschehen. Die Folge wäre eine Katastrophe wie jene in Fukushima. Der Tag des Jüngsten Gerichts war nur aufgeschoben, aber nicht aufgehoben.[21]

## OFFENSIVE

Mitte August schien es, als sei die im Vormonat von ukrainischer Seite angekündigte Gegenoffensive immer noch so weit von ihrer Verwirklichung entfernt wie zuvor. Der ukrainische Vorstoß kam so gut wie zum Stillstand, nachdem eine Handvoll Dörfer unter Kontrolle gebracht worden war. Die Zerstörung von Munitionsdepots sowie Artillerie- und Raketenangriffe auf Brücken und russische Kommunikationslinien hatten nur begrenzte Auswirkungen auf die zahlenmäßig stark angewachsene russische Heeresgruppe bei Cherson und Nowa Kachowka.

Zur Überraschung vieler gelang es den Ukrainern entweder nicht, die Brücken über den Dnipro innerhalb der ersten Wochen nach der Ankündigung der Gegenoffensive vollständig zu zerstören oder unbrauchbar zu machen, oder sie hatten beschlossen, es zu unterlassen. Diese beabsichtigten oder ungewollten Verzögerungen bei der Kappung der wichtigsten Verkehrsadern über den Dnipro ermöglichten es den russischen Kommandeuren, ihre Truppen auf dem rechten Flussufer zu verstärken. Bis Mitte August verzeichneten westliche Nachrichtendienste eine massive Verlegung russischer Verbände aus dem Donbas, dessen Einnahme das erklärte Ziel der neuen Phase des russischen Krieges gegen die Ukraine gewesen war, sowie von der Krim, von wo aus acht Bataillonskampfgruppen mit insgesamt fast 8000 Mann in die Region verlegt wurden. Laut Oleksij Arestowytsch hatte Russland bis zu 30 Bataillonskampfgruppen auf der rechten Flussseite zusammengezogen.[22]

Ende Juli, als die ukrainischen Streitkräfte die Antoniwka-Brücke beschossen und erste bescheidene Erfolge der Gegenoffensive verkündeten – die Befreiung zweier Dörfer in der zuvor von der russischen Armee eroberten Region –, gestand der Sekretär des ukrainischen Verteidigungsrats, Oleksij Danilow, ein, dass es eine massive Verlagerung des russischen Militärs nach Süden, insbesondere in Richtung Cherson, gegeben habe, und deutete mögliche Verzögerungen der Gegenoffensive an. »Ich bin mir sicher, dass unsere Streitkräfte alles in ihrer Macht Stehende tun, den vom Präsidenten vorgegebenen Zeitrahmen einzuhalten«, erklärte Danilow und fügte hinzu: »Aber der Sieg wird auf jeden Fall unser sein. Ob eine Woche früher oder später, hängt von der Armee ab.«[23]

Mitte August stellte sich nicht mehr die Frage, wie schnell die ukrainische Offensive vorankommen würde, sondern ob die russischen Bataillone, von denen viele aus Fallschirmjäger-Eliteeinheiten bestanden, selbst eine Gegenoffensive starten würden. Tatsächlich gingen die russischen Truppen am 20. August zum Angriff über und versuchten, in Richtung Mykolajiw im Osten und Krywyj Rih im Norden vorzudringen. Die russischen Bataillonskampfgruppen, die nach der Bekanntgabe der ukrainischen Pläne für eine Gegenoffensive in das Gebiet vorgerückt waren, drangen bis zu 35 Kilometer tief in das von der Ukraine gehaltene Territorium ein und eroberten die Stadt Blahodatne, nur 45 Kilometer östlich von Mykolajiw.[24]

Als immer mehr Ukrainer Bedenken äußerten, ob es klug gewesen sei, die Gegenoffensive anzukündigen und damit einen russischen Vorstoß auf das rechte Dnipro-Ufer zu provozieren, kam am 29. August die Nachricht vom Beginn der lange versprochenen ukrainischen Offensive. Die Operative Gruppe Kachowka der ukrainischen Streitkräfte veröffentlichte eine Erklärung, wonach sie die Linien des russischen 109. Regiments durchbrochen habe, das formal zu den Streitkräften der »Donezker Volksrepublik« gehörte. »Die Ukraine hat eine hervorragende Chance, die Gebiete mithilfe von HIMARS zurückzuerobern«, hieß es in der Erklärung der Einsatzleitung. Das war eine höchst ungewöhnliche Ankündigung, noch dazu von einem Militärkommando, das der Öffentlichkeit völlig unbekannt war. Bis dahin galt als ungeschriebene Regel der ukrainischen Informationsstrategie in Kriegszeiten, dass wichtige Verlautbarungen nur vom Präsidenten, seinem Apparat oder dem Generalstab herausgegeben wurden, und zwar erst Tage nach den tatsächlichen Entwicklungen. Unklar blieb, warum die Operative Gruppe Kachowka damit vorgeprescht war, aber nur wenige stellten zu diesem Zeitpunkt eine solche Frage. Hauptsache, die lang erwartete Offensive hatte nicht nur begonnen, sondern auch einen unmittelbaren Erfolg erzielt.[25]

Die ukrainischen Truppen hatten tatsächlich die erste russische Verteidigungslinie durchbrochen, die aus Wehrpflichtigen der »Donezker Volksrepublik« bestand. Die meisten von ihnen hatte man gegen ihren Willen mobilisiert, und ihre Kampfmoral war bekanntermaßen niedrig. Doch die ukrainische Offensive kam schon bald zum Stillstand. Die Russen erhielten Verstärkung und stabilisierten ihre Front an der zweiten Verteidigungslinie. Am 2. September verkündete der russische Verteidigungsminister Schoigu die bereits etliche Tage zuvor erfolgte Einnahme des Dorfes Blahodatne und stellte die Fähigkeit der ukrainischen Streitkräfte zur Durchführung erfolgreicher Offensiven infrage. »Ich möchte betonen«, so Schoigu mit Blick auf den Beginn der ukrainischen Gegenoffensive im Süden, »dass diese Aktion von Selenskijs Leuten einzig mit dem Ziel geplant wurde, den westlichen Unterstützern die Illusion zu vermitteln, die ukrainischen Streitkräfte seien zu einem Sturmangriff in der Lage.«[26]

Der russische Vorstoß auf Mykolajiw war nun jedoch de facto beendet, während die Ukrainer weiter vorrückten. Ihren ersten großen Erfolg konnten sie am 4. September verbuchen. Das ukrainische Präsidialamt belegte dies mit einem Video, das zeigte, wie Soldaten die ukrainische Flagge über dem kurz zuvor zurückeroberten Dorf Wyssokopillja im Nordteil der von der russischen Armee kontrollierten Enklave am rechten Ufer hissten. Die ukrainischen Streitkräfte hatten das Dorf eingenommen, nachdem sich nicht zwangsmobilisierte Rekruten der Donbas-»Republik«, sondern russische Eliteeinheiten vor der drohenden Umzingelung zurückgezogen hatten. »Diese Elitetruppen sind Hals über Kopf geflohen und haben alles, was sie hatten, zurückgelassen, Waffen wie Ausrüstung. Sie haben sich schändlich aus dem Staub gemacht«, erklärte Aleksandr Samojlenko, Vorsitzender des Regionalrats von Cherson. Präsident Selenskyj kommentierte die Rückeroberung von Wyssokopillja mit den Worten: »Die ukrainischen Flaggen kehren an Orte zurück, wo sie von Rechts wegen hingehören.«[27]

Trotz der Feierstimmung in Kyjiw konnte man Wyssokopillja kaum als Verwaltungszentrum oder Verkehrsknotenpunkt von Bedeutung bezeichnen. Das im 19. Jahrhundert von deutschen Bauern in der Südukraine unter dem Namen Kronau gegründete Dorf war eine der nördlichsten Siedlungen der Region, 146 Kilometer nördlich von Cherson gelegen. Oleksij Arestowytsch zufolge hatten sich die Russen seit Ende Juli in einer taktischen Umzingelung befunden, was vermuten ließ, dass der Sieg von langer Hand vorbereitet war. Die Einnahme des Dorfes war weniger ein militärischer als vielmehr ein PR-Erfolg. Die ukrainische Öffentlichkeit brauchte gute Nachrichten, denn solche hatte es schon länger nicht mehr gegeben, stattdessen nur Versprechungen von der baldigen Offensive. Selenskyj konnte nach all den großen Tönen endlich etwas Handfestes vorweisen, sowohl gegenüber seinem Volk als auch im Ausland.[28]

Gute Nachrichten von der Südfront waren besonders willkommen, da es an der Ostfront nicht vielversprechend aussah. Dort setzten die Russen ihre Offensive fort und meldeten am 6. September die Eroberung zweier Dörfer an der Grenze zum Donbas. Tags darauf verkündete der russische Generalstab die Einnahme des Ortes Kodema, was auf eine weitere russische Offensive gegen die ukrainischen Stellungen bei Bachmut schließen ließ. Dies war der Hauptvorstoß Russlands, der auf die Besetzung der gesamten Donezk-Region abzielte. Am selben Tag gab das russische Verteidigungsministerium bekannt, die ukrainischen Streitkräfte hätten ihre Angriffe in der Nähe von Cherson und Beryslaw am rechten Dnipro-Ufer aufgrund hoher Verluste eingestellt.[29]

Es entbehrt nicht der Ironie, dass dies die vorerst letzte Erfolgsmeldung des russischen Militärs sein sollte. Zum Zeitpunkt ihrer Veröffentlichung befanden sich die russischen Streitkräfte bereits in der Defensive. Zur Überraschung Moskaus hatte eine neue ukrainische Großoffensive dort begonnen, wo die russischen Kommandeure am wenigsten darauf vorbereitet waren – nördlich des Donbas, in der Region Charkiw. Im Gegensatz zu der von Selenskyj und seinem Team öffentlich angekündigten südlichen Gegenoffensive wurde diese unter völliger Geheimhaltung vorbereitet und zeigte sofort erste Ergebnisse. Ein prominenter politischer Kommentator, der Ukrainer Taras Beresowez, deutete gegenüber Reportern des *Guardian* sogar an, dass die im Voraus angekündigte Gegenoffensive im Süden »dazu gedacht war, Russland auszutricksen«.[30]

## EIN KOSAKENÜBERFALL

Die ukrainische Gegenoffensive südlich von Charkiw begann am 6. September, dem Tag, an dem die Internationale Atomenergie-Organisation (IAEO) ihren Bericht vorlegte, aus dem hervorging, dass in den Turbinenhallen des Atomkraftwerks Saporischschja russisches Militärgerät lagerte. Die Nachricht von der Gegenoffensive kam nicht von ukrainischer Seite, wie beim Vormarsch im Süden, sondern von russischen Militärbloggern, die ihrem Ärger über den Erfolg des ukrainischen Überraschungsangriffs auf die Stadt Balaklija nahe der russisch-ukrainischen Frontlinie südöstlich von Charkiw Luft machten. Satellitenbilder belegten die Anwesenheit ukrainischer Verbände am Stadtrand von Balaklija. Sie bestätigten auch frühere Berichte, wonach sich die russischen Truppen auf dem Rückzug befanden und dabei Brücken sprengten, um den ukrainischen Vormarsch zu stoppen oder zu verlangsamen.[31]

Die ukrainische Offensive überraschte nicht nur die russischen Streitkräfte, sondern auch westliche Militärexperten. Diese waren zudem verblüfft, dass die Russen die Offensive nicht vorhergesehen hatten und offenbar unfähig waren, sie aufzuhalten. Phillips O'Brien, Professor für strategische Studien an der Universität St. Andrews in Großbritannien, schrieb am Morgen des 6. September auf Twitter: »Wenn den Ukrainern bei Charkiw eine operative Überraschung gelungen ist, so zeigt das den desolaten Zustand des russischen Militärs. Ich bin davon ausgegangen, dass dank der vielen verschiedenen Überwachungsinstrumente (von Satelliten über Drohnen bis hin zu Cybereinrichtungen und anderem) solche operativen Überraschungen unmöglich seien.« Experten des in Washington ansässigen Institute for the Study of War lieferten am selben Tag eine mögliche Erklärung für den Erfolg der Ukrainer. »Der ukrainische Gegenangriff in Charkiw am 6. September ist vermutlich auf eine günstige Konstellation zurückzuführen, namentlich darauf, dass russische Kräfte aus dem Gebiet verlegt wurden, um die russischen Stellungen gegen die ukrainische Gegenoffensive Charkiw in der Oblast Cherson zu verstärken«, hieß es im Tagesbulletin des Instituts.[32]

Die ukrainischen Truppen wurden von Generaloberst Oleksandr Syrskyj befehligt, der im Februar Kyjiw gerettet und die russischen Verbände im März zum Rückzug aus der ukrainischen Hauptstadt gezwungen hatte. Präsident Selenskyj dankte den Offizieren und Soldaten dieser Einheiten am 8. September, dem zweiten Tag der Offensive. Er belobigte insgesamt fünf Brigaden: eine Luftlande-, eine Panzer-, eine Sturm-, eine Artillerie- und eine Infanteriebrigade. Als Erstes pries er die Leistung der 25. Luftlandebrigade, die wenige Monate vor Kriegsbeginn den Ehrennamen Sitscheslaw-Brigade erhalten hatte, im Gedenken an die glorreiche Vergangenheit der Saporoger Sitsch. Auch der Name einer anderen Brigade, die an der Operation teilnahm, verwies auf die kosakische Vergangenheit. Die 92. Panzerbrigade war nach Iwan Sirko benannt, einem Saporoger Kosakenführer des 17. Jahrhunderts, der für seine waghalsigen Überfälle bekannt war.[33]

Die nach Kosaken benannten ukrainischen Formationen, aber auch sonstige ukrainische Truppen wandten nun eine Taktik an, die sehr an die Kriegführung der Kosaken erinnerte: Sie attackierten den Feind dort, wo er sie am wenigsten erwartete, durchbrachen die feindlichen Linien gleichzeitig an mehreren Stellen und griffen die Russen von hinten an, damit diese den Eindruck gewannen, bereits eingekesselt zu sein, und in Panik gerieten. Gegenüber der russischen Streitmacht, die aus bis zu zwölf Bataillonskampfgruppen bestand, waren die Ukrainer zwar zahlenmäßig unterlegen, aber sie demonstrierten ihr Geschick, Artillerie, Infanterie und Luftwaffe so aufeinander abzustimmen, dass es an der russischen Front zu einem »kaskadenartigen Zusammenbruch« kam, wie Experten dies bezeichnen. Das Erbe der Kosaken und die Ausbildung nach NATO-Standard, bei der vor allem auf die Initiativkraft der Feldkommandeure der mittleren Ebene gesetzt wird – ganz anders als im stark zentralisierten Befehls- und Kontrollsystem der sowjetischen und nunmehr russischen Armee –, trugen Früchte.[34]

Die Ukrainer stießen in ein Gebiet vor, das mit kaum mehr als einer ersten Verteidigungslinie gesichert war, da man die russischen Einheiten für die zweite und dritte Linie nach Süden verlegt hatte. So mussten die aus der Marionetten-»Republik« Luhansk zwangsmobilisierten Kämpfer die Stellung halten, mithin die am wenigsten motivierten Truppen, die Moskau aufbieten konnte. In Werbiwka, dem ersten Dorf, das die ukrainischen Verbände zu Beginn der Offensive einnahmen, waren an die 100 dieser Soldaten im Einsatz. Sie kampierten in den von den Einwohnern verlassenen Häusern, beschlagnahmten deren Autos und konfiszierten auch sonst alles, wonach ihnen war. Wer sich darüber beschwerte, erhielt von den russischen Soldaten einen Schlag mit dem Gewehrkolben vor die Brust. Die Russen gaben gegenüber den Einheimischen offen zu, dass sie für Geld kämpften, und verzichteten auf jedwede ideologischen Bekehrungsversuche. Als ukrainische Truppen die russischen Stellungen im Dorf beschossen, »rannten die Soldaten in die Häuser, warfen ihre Uniformen weg und zogen sich an Kleidung über, was immer sie fanden«, berichtete der Schweißer Witalij Bytschok, der in dem Dorf wohnte. »Dann machten sie sich in kleinen Gruppen aus dem Staub.«[35]

Die ukrainische Armee zog von Werbiwka Richtung Balaklija weiter. Vor dem Krieg hatte die Stadt 30 000 Einwohner gezählt. Jetzt befand sich dort eine russische Garnison mit schnellen Eingreiftruppen der Russischen Garde aus Samara und Ufa, der Hauptstadt Baschkortostans. Die Ukrainer umgingen die Stadt und rückten weiter östlich in das von den Russen kontrollierte Gebiet vor. Die Gardisten waren nun eingekesselt und verfielen in Panik. Als Erste flohen die Offiziere aus Balaklija und ließen ihre Truppen damit im Stich. »Ihr habt uns zurückgelassen, ihr seid einfach abgehauen«, hörten Einwohner Balaklijas russische Soldaten über Funk ihre Kommandeure beschimpfen. Wenig später suchten auch die einfachen Soldaten das Weite und ließen Kleidung, Vorräte, Munition und schwere Waffen zurück. »Lastwagen fuhren hupend durch die Stadt, die Soldaten sprangen auf und machten sich davon«, erzählte der dort lebende Ihor Lewtschenko einem Reporter. »Sie hatten keinen Kampfgeist, sondern nur die Hosen gestrichen voll.«[36]

Am 8. September, dem dritten Tag der Offensive, rückten die ukrainischen Truppen in Balaklija ein. Zu diesem Zeitpunkt hatten sie bereits 20 Siedlungen befreit und waren bis zu 50 Kilometer weit in das vom Feind gehaltene Gebiet vorgedrungen. Dann zogen sie ostwärts weiter Richtung Kupjansk, offenbar ihr eigentliches Ziel. Kupjansk hatte vorübergehend als Hauptstadt des russisch okkupierten Teils der Region Cherson gedient und war ein wichtiger Verkehrsknotenpunkt von der Größe Balaklijas; vor dem Krieg hatten rund 27 000 Menschen dort gelebt. Die Eisenbahnlinie verband Kupjansk mit Russland im Osten und zwei russischen Hochburgen in den besetzten Teilen der Ukraine, Wowtschansk im Norden und Isjum im Süden. Daher war das am Fluss Oskil gelegene Kupjansk für jede Schlacht in der Region von strategischer Bedeutung. Mit der Einnahme dieser Stadt wäre auch die wichtigste Nachschublinie für die russischen Truppen in Wowtschansk und Isjum unterbrochen, wo sich große russische Einheiten befanden.[37]

Die russischen Kommandeure erkannten die Bedeutung von Kupjansk für ihre Stellung in der Region, vermochten aber die ukrainische Offensive nicht aufzuhalten. Ihre Front brach einfach zusammen, die Truppen flohen in Panik, und Verstärkungen waren keine verfügbar, da die kampfbereitesten und motiviertesten Einheiten am rechten Dnipro-Ufer bei Cherson und Beryslaw gebunden waren. Das russische Kommando schickte nach Kupjansk, was immer es an Truppen in Russland zu dieser Zeit noch auftreiben konnte. Im russischen Fernsehen waren Transportflugzeuge zu sehen, die rund um die Uhr schwere Waffen in die Region beförderten, und Fahrzeugkolonnen, die die russisch-ukrainische Grenze auf ihrem Weg zur Front überquerten. Die Nachrichtensprecher bezeichneten die eilig zusammengezogenen Verbände als »die Mutigen«. Viele von ihnen kamen im ukrainischen Artilleriefeuer um, noch bevor sie ihr Einsatzziel erreicht hatten, wozu unter anderem auch Informationen beitrugen, die die Ukrainer den russischen Fernsehberichten verdankten. Am 9. September befanden sich die ukrainischen Verbände bereits in den Außenbezirken von Kupjansk. Tags darauf erreichten sie das Stadtzentrum. Von dort veröffentlichten sie ein Foto in den sozialen Medien, das Soldaten der 92. Iwan-Sirko-Panzerbrigade vor dem Gebäude der Stadtverwaltung von Kupjansk zeigt, wie sie die russische Trikolore mit ihren Stiefeln zertrampeln. Das Bild ging viral.[38]

Der folgenreichste Teil der Kupjansk-Operation war die Unterbrechung der durch die Stadt führenden Eisenbahnverbindungen nach Wowtschansk und Isjum. Schließlich entschied die russische Militärführung, dass ein geordneter Rückzug besser sei als eine kopflose

Flucht, und kündigte öffentlich den Abzug der östlich des Oskil stationierten Einheiten an, angeblich zur Verstärkung der Truppen im Donbas, dem erklärtermaßen wichtigsten Ziel der russischen Militäraktivitäten an der Ostfront. Experten des Institute for the Study of War sagten den Fall von Isjum, dem Zentrum der größten Ansammlung russischer Militärverbände in der Region, innerhalb von 48 Stunden voraus und fügten mit Blick auf die ukrainischen Streitkräfte hinzu, »wenn sie das nicht schon jetzt geschafft haben«.[39]

Tatsächlich war die 25. Sitscheslaw-Brigade am 10. September in die Stadt eingedrungen, am selben Tag, an dem die Iwan-Sirko-Brigade in Kupjans einrückte. Die Ukrainer fanden eine Fülle von Kriegsgerät, Munitionsbeständen und Ausrüstungmaterial vor, die von den eilig abziehenden russischen Truppen zurückgelassen worden waren. Im Norden besetzten die ukrainischen Einheiten einige Tage später die Schlüsselstadt Wowtschansk und nahmen Stellungen nördlich von Charkiw und entlang der russisch-ukrainischen Grenze ein. Dies war eine wichtige Entwicklung, die einen weiteren russischen Beschuss der leidgeprüften Stadt verhinderte. Am 14. September, dem neunten Tag der Operation, gab das ukrainische Verteidigungsministerium die Befreiung eines 8500 Quadratkilometer großen Teils des ukrainischen Territoriums bekannt, der 388 Städte, Dörfer und Siedlungen mit insgesamt fast 150 000 Einwohnern umfasste.[40]

Am selben Tag stattete Wolodymyr Selenskyj der befreiten Stadt Isjum in Begleitung von Generaloberst Oleksxandr Syrskyj, dem Kommandeur der Offensive, einen Überraschungsbesuch ab. Selenskyj begrüßte seine Soldaten, die eifrig Selfies mit dem Präsidenten machten, und half, die ukrainische Flagge über der Stadt zu hissen. »Wenn wir früher nach oben schauten, haben wir immer nach blauem Himmel und Sonnenschein gesucht«, sagte Selenskyj. »Aber jetzt suchen wir und vor allem die Menschen in den vorübergehend besetzten Gebieten, wenn sie nach oben schauen, nur noch eines – die Flagge unseres Staates. Sie bedeutet, dass die Helden hier sind. Sie bedeutet, dass der Feind fort ist; er ist geflohen.« Was der Feind zurückließ, waren Gräber mit mehr als 440 Leichen, und es gab Berichte über Massenverhaftungen, -vergewaltigungen und -hinrichtungen, die an die russische Besetzung von Butscha erinnerten. »Russland hinterlässt überall den Tod und muss zur Verantwortung gezogen werden«, erklärte Selenskyj nach seiner Rückkehr aus Isjum.[41]

Selenskyjs Besuch war sehr mutig gewesen, denn die Front verlief nur einige Dutzend Kilometer entfernt. Nach einem langen und ungeordneten Rückzug gelang es den Russen schließlich, ihre Linien zu stabilisieren. Von Kupjansk im Norden bis fast nach Isjum im Süden nutzten sie den Oskil und seinen Stausee als Verteidigungsstellung. Südlich des Oskil-Stausees konnten die ukrainischen Streitkräfte zwar die für ihr orthodoxes Kloster bekannte Stadt Swjatohirsk einnehmen, doch die Russen errichteten um die weiter östlich von Swjatohirsk gelegene Stadt Lyman eine wirksame Abwehrlinie. Daher verlangsamten die Ukrainer ihren Vormarsch in diesem Gebiet, setzten aber die Gegenoffensive fort. Ende des Monats hatten sie die russischen Truppen bei Lyman eingekesselt, was einen weiteren schweren Schlag für die Moral der Russen und ihre Verteidigungsanlagen in der Region bedeutete.[42]

## DIE RÜCKEROBERUNG CHERSONS

Die Charkiw-Offensive beendete die festgefahrene Situation, die an der Front entstanden war, nachdem die Ukrainer Sjewerodonezk und Lysytschansk im Donbas verloren hatten. »Die Ukraine hat die Initiative ergriffen, und die Ukraine kann jetzt entscheiden, worauf sie sich konzentriert«, kommentierte der polnische Verteidigungsexperte Konrad Muzyka das Geschehen in einem Interview mit der *Financial Times*. Es war der Beginn der dritten Kriegsphase: Die erste war durch russische Vorstöße gekennzeichnet und hatte trotz eines Rückschlags in der Schlacht um Kyjiw bis Anfang Juli gedauert. Die zweite Phase, in der sich die Frontlinien nicht mehr bewegten, dauerte mehr als zwei Monate. In der dritten Phase schließlich ergriff die Ukraine die Initiative. In voller Übereinstimmung mit westlichen Beobachtern behauptete Putins nationalistischer Kritiker Igor Girkin nun, dass »der Gegner den Kampf um die Initiative bereits gewonnen hat«.[43]

Die überraschende und rasante Offensive in der Region Charkiw zeigte, dass die Ukrainer an mehr als nur einer Front vorrücken konnten. Ihre langsame Offensive am rechten Dnipro-Ufer bei Cherson und Beryslaw ging weiter, während die ukrainischen Truppen Gebiete im Osten des Landes zurückeroberten. Anders, als es manche Beobachter behaupteten, handelte es sich beim ukrainischen Vorgehen im Süden nie um bloße Zerstörungsaktionen, sondern um eine gut geplante und durchgeführte Operation. Die Planungen für die Gegenoffensive hatten im Hochsommer begonnen, nach der Aufforderung von Präsident Selenskyj an seine Kommandeure, einen Vorstoß vorzubereiten, der es der Ukraine ermöglichen sollte, den Süden zurückzuerobern und Mariupol vom Rest des von Russland gehaltenen Gebiets abzuschneiden.

Laut einem Bericht der *New York Times* hatten sich die Ukrainer nach der Order ihres Präsidenten sofort an die Arbeit gemacht, aber ihre amerikanischen Berater hielten es für fraglich, ob eine derart groß angelegte Operation ohne erhebliche ukrainische Verluste gelingen konnte. Darüber hinaus ließ ein von amerikanischen und ukrainischen Militärs durchgeführtes Planspiel einen Misserfolg erwarten und legte deshalb den Schluss nahe, dass die Ukrainer ihre Ambitionen zurückschrauben sollten. Doch nachdem der amerikanische Geheimdienst bestätigt hatte, dass die Russen ihre Truppen nach Süden verlegten und dadurch ihre Nordflanke entblößten, schlugen die Ukrainer zwei Operationen statt nur einer vor – eine sich langsam entwickelnde in der Region Cherson und eine schnelle bei Charkiw. Die Amerikaner und Briten prüften die neuen Pläne und gaben ihnen schließlich ihren Segen. Nun lag es an den Ukrainern – und sie setzten ihr Vorhaben mit Bravour um.[44]

Ein wichtiges Ergebnis des ukrainischen Vorstoßes war die Erkenntnis in den Hauptstädten der Welt, von Moskau bis Washington, dass die ukrainischen Streitkräfte nicht nur imstande waren, ihre Stellungen zu halten, sondern dass sie auch große Offensiven durchzuführen vermochten. Die westlichen Unterstützer der Ukraine konnten nun überzeugend argumentieren, dass der beste Weg zur Beendigung des Krieges darin bestand, den Ukrainern die für den Sieg über Russland nötigen Mittel an die Hand zu geben. »Sie werden jetzt niemanden mehr hören, der sich gegen mehr Waffen ausspricht, sondern nur noch einen Chor von Befürwortern und ein oder zwei, die schweigen«, erklärte ein hochrangiger europäischer Diplomat gegenüber der *Financial Times* mit Blick auf ein Treffen westlicher Verteidigungsminister, bei dem künftige Waffenlieferungen an die Ukraine diskutiert wurden. »Es ist zu 100 Prozent zutreffend, dass mehr Waffen mehr ukrainisches Territorium bedeuten. Und weniger Blut, weniger Tränen«, sagte ein anderer Offizieller.[45]

Die ukrainische Gegenoffensive im Nordosten war ein schwerer Schlag für Putin und beeinträchtigte sein Ansehen in der russischen Öffentlichkeit. Bei ihrem Beginn am 6. September befand er sich gerade im Fernen Osten Russlands, um mit seinem Verteidigungsminister Sergei Schoigu und seinem Generalstabschef General Waleri Gerassimow Militärübungen zu verfolgen. Putin äußerte sich nicht öffentlich zu der Niederlage bei Charkiw. Am 10. September – die Ukrainer hatten soeben Kupjansk und Isjum zurückerobert – nahm er an der feierlichen Eröffnung eines Riesenrads in Moskau teil. Kurioserweise stürzte es nur wenige Stunden nach Putins Besuch in sich zusammen. Als Putin am 30. September 2022 die Annexion der ukrainischen Oblaste Donezk, Luhansk, Saporischschja und Cherson durch die Russische Föderation verkündete, war die ukrainische Gegenoffensive nach wie vor voll im Gange und strafte so die feierliche Zeremonie in Moskau Lügen.

Innerhalb Russlands gab es Anzeichen, dass sowohl aufseiten der Liberalen als auch der Nationalisten der Widerstand gegen das Regime wuchs. Dutzende Mitglieder lokaler Räte, vor allem in Sankt Petersburg und Moskau, forderten mit Verweis auf seinen Krieg gegen die Ukraine den Rücktritt des Diktators. »Wir, die kommunalen Abgeordneten Russlands, sind der Überzeugung, dass die Handlungen des russischen Präsidenten Wladimir Putin der Zukunft Russlands und seiner Bürger schaden«, hieß es in einer der Petitionen. »Wir fordern den Rücktritt von Wladimir Putin vom Amt des Präsidenten der Russischen Föderation.« Igor Girkin, Sprachrohr der ultranationalistischen Lobby der Kriegsbefürworter, raunte von einem möglichen »Verrat« innerhalb des Zirkels um Putin. Zwar wagte er es nicht, Putin selbst zu beschuldigen, aber Girkins Gefolgsleute verstanden sehr wohl, dass ihr Guru den Präsidenten und seinen Verteidigungsminister persönlich für das Scheitern der »militärischen Spezialoperation« und das Zögern, eine Generalmobilmachung anzuordnen, verantwortlich machte.[46]

Putin war gefangen zwischen der zunehmenden Kriegsmüdigkeit in den russischen Großstädten, die die Mobilisierung dringend benötigter Truppen problematisch und gefährlich für das Regime erscheinen ließ, und den nationalistischen Forderungen, eine solche Mobilisierung endlich anzuordnen. Um den Kreml aus der Schusslinie zu nehmen, wies Putin seine regionalen Statthalter, darunter den tschetschenischen Machthaber Ramsan Kadyrow, an, eigene Mobilisierungskampagnen in ihren Zuständigkeitsbereichen auf den Weg zu bringen. Er trat außerdem in die Fußstapfen Stalins und nutzte das Strafvollzugssystem für die Lösung seines Rekrutierungsproblems: Stalin hatte die Insassen der Gulags nicht nur als Sklavenarbeiter für den Aufbau der Industrie ausgebeutet, sondern sie auch zur Aufstockung der Roten Armee während des Zweiten Weltkriegs herangezogen. Putin griff nun zur gleichen Methode, um die Lage an seiner ukrainischen Front zu retten, doch seine Bemühungen erwiesen sich als unzureichend.[47]

Kurz nach der russischen Niederlage bei Charkiw ging ein Video im Internet viral. Es zeigt den als »Putins Koch« bekannten Jewgeni Prigoschin, einen dem Kreml nahestehenden Geschäftsmann und ehemaligen Sträfling, bei einem Besuch in einem Straflager, wo er Kriminelle für Söldnerfirmen des Kremls, darunter die von Prigoschin mitfinanzierten Gruppen Wagner und Liga, anzuwerben versucht. Prigoschin versprach den Häftlingen Geld und Begnadigung durch den Präsidenten, wenn sie sich seinen Verbänden anschlössen. Das war Putins erste Antwort auf Girkin und andere, die eine Mobilmachung forderten. Dann, am 21. September, traf er nach einigem Zögern seine Entscheidung und ordnete die Mobilisierung der Reservisten an. Allem Anschein nach war er zu dem Schluss gekommen, dass die Unzufriedenheit in Russland eine geringere Bedrohung für sein Regime darstellte als die Gefahr, den Krieg in der Ukraine zu verlieren. Die Proteste in Tschetschenien, Dagestan und anderen ethnischen Enklaven Russlands zwangen ihn nur wenig später dazu, »Auswüchse« bei der Mobilmachung einzugestehen. Dennoch wurde sie weitergeführt.[48]

Während Militärkommissionen russische Männer zum Dienst in der Armee verpflichteten und sie ohne jegliche Ausbildung an die Front schickten, fanden in vier teilweise besetzten Oblasten der Ukraine Putins Scheinreferenden statt. Um deren Erfolg zu garantieren, suchten bewaffnete Soldaten die ukrainischen Bürger in deren Wohnungen auf und nötigten sie, für die russische Annexion ihrer Regionen zu stimmen. Als Putin am 30. September 2022 Dekrete zur förmlichen Annexion von vier ukrainischen Oblasten unterzeichnete, von denen manche wie etwa die Stadt Saporischschja mit ihren rund 750 000 Einwohnern unter ukrainischer Kontrolle standen, verkündete er, hiermit vollziehe er den »Willen von Millionen«.[49]

In seiner »Annexions«-Rede zitierte Putin seinen Lieblingsphilosophen Iwan Iljin und wiederholte viel Bekanntes aus früheren Äußerungen. So erinnerte er an die imperiale Geschichte Neurusslands – ein Begriff, mit dem er nun die Oblaste Cherson und Saporischschja bezeichnete –, beklagte die Zerstörung der UdSSR, dieses »großen Landes«, und sprach von der angeblich freien Entscheidung von »Millionen von Menschen, die sich aufgrund ihrer Traditionen, ihrer Kultur, Religion und Sprache als Teil Russlands betrachten«. Das alles überwölbende Thema der Rede war jedoch Putins Hass auf »den Westen«, den er nicht weniger als 33-mal erwähnte. Der Westen, so Putin, sei schuld an der »Ausplünderung Indiens und Afrikas«, an »den Kriegen Englands und Frankreichs gegen China« und an der wirtschaftlichen Not in der postsowjetischen Ära. Der Westen betreibe Neokolonialismus – eine bizarre Behauptung aus dem Munde des Staatschefs eines ehemaligen Imperiums, das nun einen Kolonialkrieg gegen seine ehemaligen Untertanen führte. Der Westen, so Putin, suche »weiterhin nach einer Gelegenheit, uns einen Schlag zu versetzen, Russland zu schwächen und zu zerbrechen – wovon er schon immer geträumt hat –, unseren Staat zu spalten und unsere

Völker gegeneinander aufzuhetzen und sie zu Armut und Ausrottung zu verdammen«.[50]

Die unfreiwillige Ironie dabei war, dass genau in dem Moment, als Putin seine Rede hielt, die ukrainischen Streitkräfte die Umzingelung von etwa 5500 russischen Soldaten bei der Stadt Lyman in der soeben »annektierten« ukrainischen Oblast Donezk abschlossen. Tags darauf fiel Lyman in die Hände der Ukrainer und war damit die erste Stadt in dem offiziell annektierten Gebiet, aus der die russischen Streitkräfte vertrieben wurden. Im Lauf der folgenden Woche konnten in der Region Cherson, wo die russische Front zusammengebrochen war, über 60 Siedlungen von den Ukrainern zurückerobert werden. Für die Russen sollte es sogar noch schlimmer kommen: Am 8. Oktober, einen Tag nach Putins Feier zu seinem 70. Geburtstag mit einer von der Regierung organisierten Kundgebung in seiner Heimatstadt Sankt Petersburg, ging der ukrainische Traum von der Sprengung der auf die Krim führenden Kertsch-Brücke in Erfüllung: Eine gewaltige Explosion zerstörte zwei Abschnitte der Autobahnbrücke und beschädigte die Eisenbahnbrücke. Putin reagierte mit einem massiven Raketenangriff auf Kyjiw und andere ukrainische Städte – das wurde sein neues Kriegsziel: die Zerstörung der ukrainischen Wirtschaft und des Widerstandswillens der Ukrainer.[51]

Doch die Ukrainer kämpften weiter. Der erfolgreiche Angriff auf die Krim-Brücke verschärfte die enormen logistischen Probleme, die Russland bereits bei der Versorgung seiner militärischen Verbände am rechten Dnipro-Ufer innerhalb und im Umkreis der Stadt Cherson hatte. Als die ukrainischen Streitkräfte ihre HIMARS-Angriffe auf die russischen Pontonbrücken über den Dnipro fortsetzten, wuchs der Druck auf die russischen Streitkräfte, ihre Verluste zu begrenzen und sich vom rechten Ufer zurückzuziehen. Am 18. Oktober, zehn Tage nach dem ukrainischen Angriff auf die Krim-Brücke, kündigte General Sergei Surowikin, der neu ernannte Kommandeur der russischen Operationen in der Ukraine, »schwierige Entscheidungen« in Bezug auf die russischen Truppen in und bei Cherson an. In den folgenden Tagen verlegten die Russen ihre militärischen und zivilen Verwaltungen auf das linke Dnipro-Ufer und begannen mit dem Abtransport von militärischem Gerät und Kunstgegenständen, darunter Gemälde aus lokalen Museen, Sammlungen seltener Bücher und sogar die sterblichen Überreste von Grigori Potjomkin, dem Günstling Katharinas II. und ersten russischen Generalgouverneur der Region, der in Cherson begraben lag. Die Russen kündigten auch die Evakuierung der Zivilbevölkerung an und missbrauchten sie als menschliche Schutzschilde gegen ukrainische Artillerieangriffe, während sie ihre Truppen und Ausrüstung über die Dnipro-Übergänge verlegten.

Am 9. November schlug Surowikin dann in einem im Fernsehen übertragenen Treffen mit dem russischen Verteidigungsminister Sergei Schoigu den Rückzug der russischen Truppen auf das linke Flussufer vor. Der General begründete dies mit den mangelnden Erfolgsaussichten der russischen Armee auf dem rechten Ufer. Schoigu, der behauptete, dass die wichtigste Aufgabe für ihn und Surowikin darin bestehe, das Leben russischer Soldaten zu retten, gab seine Zustimmung und ordnete den Rückzug an. Damit übernahm er die politische Verantwortung für den für Putin demütigenden Rückzug aus der Hauptstadt einer Region, die gerade zum Teil der Russischen Föderation erklärt worden war.[52]

Die Ukrainer waren überrascht, mit welchem Tempo die Russen den Dnipro überschritten. Am 10. November, dem Tag nach Surowikins Stellungnahme im Fernsehen, schätzte der ukrainische Verteidigungsminister Oleksij Resnikow, dass die russischen Truppen bis zu einer Woche brauchen würden, um ihre Stellungen in und um Cherson zu räumen. Doch als Resnikow dies sagte, zogen die Russen bereits aus der Region ab, wobei sie das Gebiet plünderten und kleinere und größere Brücken hinter sich sprengten. Sie begannen den Rückzug in der Nacht des 8. November, noch vor der öffentlichen Ankündigung Surowikins, und verließen die Stadt Cherson am 11. November.

Noch vor dem Einmarsch der ukrainischen Armee hissten die Bürger von Cherson die ukrainische Fahne über dem Gebäude der Stadtverwaltung. Die ukrainischen Spezialeinheiten, die als Erste einrückten, wurden von einer jubelnden Menge im Stadtzentrum empfangen. Sie begannen sofort, die russischen Propagandabilder mit der

Aufschrift »Russland ist für immer hier« von den Plakatwänden zu entfernen. Im Internet kursierten zahllose mit Photoshop bearbeitete Bilder dieser Plakatwände, auf denen nun »Russland ist hier bis zum 11. November« zu lesen war.[53]

Die ukrainische Belagerung der russischen Truppen am rechten Dnipro-Ufer hatte endlich die Ergebnisse gebracht, die Oleksij Resnikow bei der Ankündigung der Gegenoffensive im Juli erhofft hatte. Den Ukrainern gelang es, das einzige regionale Zentrum zu befreien, das die Russen hatten besetzen können, und zwar ohne einen Frontalangriff auf die Stadt. Der Unterschied zwischen Mariupol, das von den Russen nach seiner fast vollständigen Zerstörung eingenommen wurde, und Cherson, das von den Ukrainern ohne Straßenkämpfe zurückerobert wurde, hätte nicht deutlicher sein können: Die Stadt blieb weitgehend unversehrt. Das war in der übrigen Region nicht der Fall. Beim Rückzug der Russen zerstörten sie jede Brücke, die sie jemals überquert hatten, ein klares Zeichen dafür, dass sie nicht vorhatten, in absehbarer Zeit wiederzukommen. Russland war dabei, den Krieg zu verlieren, den es in dem verzweifelten Versuch begonnen hatte, seinen Status als Supermacht wiederzuerlangen. Einige US-amerikanische Beobachter glaubten in Putins Verlust von Cherson einen Wendepunkt im Krieg zu sehen, der die Ukrainer in die Lage versetzen würde, den Rest des Südens, einschließlich der 2014 annektierten Krim, zurückzuerobern. Bei seinem Überraschungsbesuch in Cherson am 12. November erklärte Präsident Selenskyj, Frieden bedeute für ihn die Befreiung des gesamten ukrainischen Territoriums.[54]

Die ukrainischen Erfolge bei Cherson wurden nicht nur von den Ukrainern, sondern auch von ihren Verbündeten im Westen gefeiert. »Cherson ist ein Schritt in Richtung Sieg und zeigt, was erreicht werden kann, wenn die westliche militärtechnische Unterstützung nicht nachlässt«, schrieb Jack Watling vom Royal United Services Institute kurz nach dem russischen Rückzug vom rechten Dnipro-Ufer. Zu diesem Zeitpunkt hatte das Vereinigte Königreich 2,3 Milliarden Pfund, also mehr als 2,7 Milliarden Dollar, an militärischer Unterstützung für die Ukraine zugesagt und leistete damit nach den Vereinigten Staaten, die 19,3 Milliarden Dollar zur Verfügung stellten, den zweitgrößten Beitrag, um Russland aufzuhalten. Die ukrainischen Gegenoffensiven im Osten und Süden wären ohne diese massive Militärhilfe so gut wie unmöglich gewesen. Doch die westliche Hilfe erfolgte nicht sofort und nicht ohne Zögern und Diskussionen, insbesondere unter den europäischen Verbündeten der Ukraine.[55]

# KAPITEL 12
# DIE RÜCKKEHR DES WESTENS

Über das Königsschloss im Zentrum von Warschau war bereits die Dunkelheit des Frühlingsabends hereingebrochen, als US-Präsident Biden dort eintraf, um eine wegweisende Rede seiner Präsidentschaft zu halten, wie Vertreter des Weißen Hauses Journalisten versicherten.

Es war 18:15 Uhr am 26. März 2022, dem 30. Kriegstag. Ein paar Stunden zuvor hatten die Russen die ukrainische Großstadt Lwiw nahe der polnischen Grenze mit Raketen angegriffen, eine unmissverständliche Botschaft an Biden, dass er in Moskaus Hinterhof – oder dem, was Moskau dafür hielt – nicht willkommen war. Bidens mittlerweile dreitägige diplomatische Europareise hatte in Brüssel mit Gipfeltreffen der Europäischen Union und der NATO zum Thema der russischen Aggression gegen die Ukraine begonnen. Die nächste Station war nun Warschau, wo der Präsident mit polnischen Politikern und Mitgliedern der ukrainischen Regierung zusammentraf, darunter auch der ukrainische Verteidigungsminister Oleksij Resnikow und Außenminister Dmytro Kuleba. Außerdem besuchte Biden einen Ort nahe der polnisch-ukrainischen Grenze, wo er mit ukrainischen Flüchtlingen sprach. Zu diesem Zeitpunkt hatten bereits 3,5 Millionen Menschen ihre Heimat verlassen und in Polen und anderen ost- und mitteleuropäischen Ländern Zuflucht gefunden.[1]

Nun gesellten sich einige dieser Flüchtlinge zu den polnischen und ukrainischen Würdenträgern im Warschauer Königsschloss, wo sie auf die Ansprache des amerikanischen Präsidenten warteten. Als Biden schließlich vor der Menge erschien, wurde er mit Applaus und amerikanischen wie auch polnischen Fahnen begrüßt. Überall leuchteten Handys auf, um diesen historischen Augenblick einzufangen. Biden traf sofort einen Nerv bei seinem Publikum, als er Polens Lieblingssohn zitierte, Papst Johannes Paul II.: »Fürchtet euch nicht!« Johannes Paul hatte diese Worte im Sommer 1979 gesprochen, bei seinem ersten Besuch als Papst in seiner Heimat. Damals hatten sie wie ein Aufruf geklungen, die Furcht vor dem tyrannischen Kommunistenstaat zu überwinden. »Angesichts eines grausamen und brutalen Regierungssystems trug diese Botschaft vor 30 Jahren zum Ende der sowjetischen Unterdrückung in Mittel- und Osteuropa bei«, sagte der Präsident und stellte anschließend eine direkte Verbindung zwischen Polen im Jahr 1979 und der Ukraine im Jahr 2022 her. »Es war eine Botschaft, die auch den Sieg über die Grausamkeit und Brutalität dieses ungerechten Krieges davontragen wird.«[2]

Mit seinem Verweis auf den Papst stellte Biden nicht nur eine Verbindung zu seinem Publikum her, sondern ließ auch anklingen, dass es eine Kontinuität zwischen dem jetzigen Krieg und dem Kalten Krieg gab. »Wir sind aus dem großen Kampf für die Freiheit neu erwachsen: dem Kampf zwischen Demokratie und Autokratie, zwischen Freiheit und Unterdrückung, zwischen einer regelbasierten Ordnung und einer Ordnung, die von roher Gewalt beherrscht wird«, erklärte Biden und warnte, die gegenwärtige Krise werde nicht binnen weniger Tage oder Wochen vorübergehen, sondern es werde Jahre, wenn nicht gar Jahrzehnte dauern, sie zu überwinden. »Auch diese Schlacht wird nicht in Tagen oder Monaten gewonnen werden. Wir müssen uns für den langen Kampf, der vor uns liegt, wappnen.« Er definierte den neuen Kampf in der Sprache des Kalten Krieges.[3]

Seine Rede hatte aber auch noch einen anderen Beiklang. Anders als solche ausgewiesenen Kalten Krieger wie Winston Churchill und Ronald Reagan, die direkte Angriffe auf ihre Gegner vermieden hatten – Reagans Aufforderung an Gorbatschow, »diese Mauer niederzureißen«, war eine Ausnahme –, ging Biden schnurstracks auf seinen Erzfeind, Wladimir Putin, los. »Putin besitzt die Frechheit zu behaupten, er ›entnazifiziere‹ die Ukraine. Das ist eine Lüge. Es ist einfach nur zynisch, und das weiß er auch. Und es ist auch obszön«, erklärte Biden der Menge, bevor er vom Präsidenten der Ukraine, Wolodymyr Selenskyj, sprach, der demokratisch gewählt worden sei und dessen jüdische Vorfahren großenteils während des Holocaust ermordet worden seien. »Und Putin besitzt die Dreistigkeit, wie alle Autokraten vor ihm, zu glauben, dass Macht Recht schafft«, fuhr Biden fort und schloss mit einem emotionalen Ausbruch, der nicht in seinem Manuskript stand: »Um Gottes willen, dieser Mann darf nicht an der Macht bleiben.«[4]

Das Weiße Haus gab eine Stellungnahme heraus, in der es diesen Satz herunterzuspielen versuchte: Bidens Worte bedeuteten nicht, dass die Amerikaner in ihren Beziehungen zu Russland auf einen Regimewechsel abzielten. Dennoch entsprachen sie eindeutig dem Geist von Bidens früheren Bemerkungen über Putin. Im März 2021 hatte er öffentlich der Aussage eines Interviewers zugestimmt, Putin sei ein Mörder, es dann allerdings für nötig gehalten, sich dem russischen Präsidenten gegenüber zu rechtfertigen. Diesmal deutete jedoch nichts darauf hin, dass wieder eine relativierende Erklärung oder eine lauwarme Entschuldigung folgen würde. Bei einem Treffen mit ukrainischen Flüchtlingen in der Warschauer Sportarena bezeichnete Biden Putin als »Schlächter«.[5]

Dieser Angriff erinnerte an Winston Churchills verbale Attacke auf eine nicht weniger widerwärtige Gestalt in einer Rede vom 22. Juni 1941. »Hitler ist ein Ungeheuer an Verruchtheit, unersättlich in seiner Blut- und Raubgier«, hatte Churchill in einer Radiosendung erklärt. »Nicht zufrieden damit, Europa den Fuß auf den Nacken gesetzt zu haben oder es mit den verschiedenen Formen gemeiner Unterwerfung zu terrorisieren, muss er sein Werk des Niedermetzelns und Verwüstens auch an den ungeheuren Massen Russlands und Asiens üben.« Wie es die Ironie der Geschichte wollte, hatte er die Rede genau am Tag von Hitlers Einmarsch in die Sowjetunion gehalten und darin eine gewisse Solidarität mit Stalin zum Ausdruck gebracht.[6]

Obwohl die Biden-Administration mit allem Nachdruck klarzustellen versuchte, dass die Vereinigten Staaten nicht direkt in den russisch-ukrainischen Krieg einzugreifen beabsichtigten, erinnerte die Rhetorik des Präsidenten stark an den Kalten Krieg. In dieser

Tradition wurde seine Rede unter dem Titel »Vereinte Maßnahmen der freien Welt zur Unterstützung der Menschen in der Ukraine« veröffentlicht. Viermal war darin vom »Westen« oder der »westlichen Welt« die Rede, und die Wörter »frei« und »Freiheit« kamen 20-mal vor.[7]

Niemand von denen, die Bidens Rede an jenem Märzabend in Warschau hörten oder sie in aller Welt im Fernsehen sahen, zweifelte daran, dass die Vereinigten Staaten zurück in Europa waren, um ihre Verbündeten im Freiheitskampf gegen einen alten Feind anzuführen, und dass der Westen als Ganzes an diesem Kampf beteiligt war. Das gemeinsame Vorgehen von Amerikanern und Europäern – Bereitstellung militärischer und wirtschaftlicher Unterstützung für die Ukraine, Aufnahme von Flüchtlingen und als umstrittenster Punkt die Verhängung gemeinsamer Sanktionen gegen Russland – deutete auf eine Wiederbelebung der Allianz aus der Ära des Kalten Krieges hin.

## DIE SANKTIONSKOALITION

Joseph Biden hatte schon lange vor dem Februar 2022 mit dem Aufbau einer transatlantischen Front gegen die russische Aggression begonnen. Zunächst hatte der Schwerpunkt auf Sanktionen gegen Einzelpersonen gelegen, die für Russlands Angriff im Jahr 2014 verantwortlich waren und in der russischen Wirtschaft eine wichtige Rolle spielten. Die ersten Sanktionen erließen die Vereinigten Staaten und die Europäische Union nach Russlands Annexion der Krim und dem Beginn des hybriden Krieges im Donbas. Diplomaten und Ökonomen in Washington und den europäischen Hauptstädten waren aber schon bald mit der Vorbereitung weiterer Sanktionen für den Fall beschäftigt, dass Putin der Ukraine tatsächlich den Krieg erklären würde. Die öffentliche Diskussion über mögliche neue Sanktionen sollte ihn davon abhalten.

Ende Januar erklärte das Weiße Haus, die Vereinigten Staaten und ihre europäischen Partner seien bereit, »2014 noch nicht in Betracht gezogene massive Konsequenzen« zu ergreifen. Eine Woche vor Kriegsbeginn sprach Vizepräsidentin Kamala Harris auf der Sicherheitskonferenz in München eine ähnliche, aber spezifischere Drohung aus: »Wir haben gemeinsam wirtschaftliche Maßnahmen vorbereitet, die wir schnell, hart und einmütig vornehmen werden. Wir werden weitreichende finanzielle Sanktionen und Exportkontrollen verhängen. Wir werden Russlands Finanzinstitutionen und Schlüsselindustrien ins Visier nehmen. Und wir werden diejenigen ins Visier nehmen, die sich mitschuldig machen, ebenso wie diejenigen, die diese ungerechtfertigte Invasion unterstützen und ihr Vorschub leisten.« Wie auch immer die Reaktion in Moskau aussehen würde, diesmal bluffte der Westen nicht: Biden hatte in der Tat eine mächtige Sanktionskoalition geschmiedet.[8]

Am 21. Februar kündigte Putin das Minsker Abkommen auf und erkannte zugleich die »Unabhängigkeit« seiner Marionettenstaaten im Donbas an. Unmittelbar darauf traten die Sanktionen in Kraft. Die Vereinigten Staaten untersagten sofort jegliche Wirtschaftsbeziehungen zu den Marionettenstaaten, und die Europäische Union verhängte ein Einreiseverbot für fünf prominente Russen und fror ihr Vermögen ein. Das war jedoch nur der Anfang: Tags darauf wurden weitere Sanktionen bekannt gegeben. Die Vereinigten Staaten ergriffen Maßnahmen, die russischen Unternehmen die Geldaufnahme auf internationalen Märkten unmöglich machten und finanzielle Transaktionen zweier russischer Banken und dreier Oligarchengruppen blockierten. Europa zog kurz darauf nach: Die deutsche Regierung stoppte das Genehmigungsverfahren für die 11 Milliarden Dollar teure Gaspipeline Nord Stream II, das Kernstück der wirtschaftlichen Zusammenarbeit zwischen Berlin und Moskau in den Jahren zuvor.[9]

All dies geschah, bevor russische Panzer und Soldaten die ukrainische Grenze überquerten. Die Botschaft lautete: Diesmal sind wir uns einig, und wir meinen es ernst. Putin ignorierte es. Der Beginn des Krieges löste eine neue Sanktionswelle aus. Die asiatischen Verbündeten, darunter Südkorea und Taiwan, schlossen sich den Vereinigten Staaten und Europa an. Schon vor Ende Februar 2022 waren in aller Welt russische Vermögenswerte in Höhe von rund einer Billion Dollar eingefroren, wobei die 630 Milliarden Dollar Devisenreserven der russischen Zentralbank den Löwenanteil ausmachten. »Der Westen erklärt Russland den Wirtschaftskrieg«, lautete eine Schlagzeile der einflussreichen amerikanischen Online-Publikation *Politico*.[10]

Im Verlauf von zehn Kriegsmonaten, zwischen dem 23. Februar und dem 16. Dezember 2022, einigten sich die Vereinigten Staaten und die Europäische Union auf neun gegen Russland gerichtete Sanktionspakete. Zum ersten Mal wurden Wladimir Putin persönlich, der russische Außenminister Sergei Lawrow und Hunderte Mitglieder der politischen und wirtschaftlichen Elite Russlands sanktioniert, darunter Moderatoren von Fernsehsendungen, die sich für Kriegspropaganda und die Verbreitung von Desinformation im In- und Ausland hergaben. Diese Sanktionen gegen Einzelpersonen umfassten Einreiseverbote und das Einfrieren von Vermögenswerten. Die Europäische Union erließ auch ein Verbot des Sendebetriebs russischer Staatsmedien auf ihrem Gebiet, vor allem der wichtigsten Sprachrohre des Kremls, Sputnik und Russia Today.

Die Sanktionen im Finanzsektor führten dazu, dass mehr als die Hälfte von Russlands Reserven eingefroren und die Verwendung von Euro-Banknoten bei EU-Transaktionen in oder mit Russland verboten wurden. Der Ausschluss russischer Banken vom SWIFT-System hatte zur Folge, dass sie keine internationalen Finanztransaktionen in Fremdwährungen mehr durchführen konnten. Neue Technologien, insbesondere solche, die bei der russischen Waffenproduktion zum Einsatz kamen oder kommen konnten (neue russische Waffen wurden allesamt mithilfe westlicher Technologie und mit Mikrochips aus dem Ausland gebaut), waren für Moskau von nun an unerreichbar.

Länder, die sich an den Sanktionen beteiligten, durften kein Gold aus Russland mehr kaufen, einführen oder transferieren. Rohöl und raffinierte Erdölerzeugnisse aus Russland wurden mit einem Bann und mit Embargos belegt. Die Europäische Union vereinbarte, den Import von russischem Öl auf dem Seeweg binnen sechs bis acht Monaten zu beenden und damit ihren Verbrauch um 90 Prozent zu verringern. Diese Maßnahmen passten zur grünen Agenda der EU, mit der die Kohlendioxidemissionen reduziert werden sollten, wurden jedoch vor allem eingeführt, um die Einnahmen der russischen Regierung und damit deren finanzielle Mittel zur Kriegsführung zu begrenzen. Moskaus Einkünfte allein aus solchen Geschäften beliefen sich auf eine Milliarde Dollar pro Tag. Im Dezember einigten sich die Staaten der Europäischen Union auf einen Preisdeckel für russisches Öl bei Verkäufen in Länder außerhalb der EU. Schätzungen zufolge verursachten das Embargo und der Preisdeckel Einnahmenausfälle in Höhe von 120 Millionen US-Dollar pro Tag für den russischen Staat.[11]

## WAFFEN FÜR DIE UKRAINE

»Die Vögel kommen angeflogen, als kehrten sie aus einem Wirbelwind zurück!«, schrieb der ukrainische Verteidigungsminister, Oleksij Resnikow, am 11. Februar 2022 auf seiner Facebook-Seite. Dann erklärte er, was er damit meinte: »Aus den Vereinigten Staaten sind weitere 90 Tonnen Munition für die Streitkräfte der Ukraine eingetroffen.« Er schätzte das Gesamtgewicht der gespendeten Militärhilfe auf 1300 Tonnen. Solche Posts mit den Bildern von Waffen, die aus ausländischen Flugzeugen entladen wurden, stärkten die ukrainische Moral und trugen dazu bei, dass der russische Angriff auf Kyjiw in den ersten Tagen der Invasion abgewehrt werden konnte.[12]

Die Waffen kamen von einer Reihe europäischer Verbündeter der Ukraine mit Großbritannien an der Spitze, aber die meisten stammten aus den Vereinigten Staaten. Am 26. Februar genehmigte Präsident Biden ein Militärhilfe-Paket im Wert von 350 Millionen Dollar. In Washington arbeiteten Anwaltskanzleien und Lobbyisten rund um die Uhr, manchmal sogar pro bono, um der Regierung bei der Zusammenstellung dieses Pakets zu helfen. Es war ein entscheidender Kurswechsel. Im Frühling 2021 hatte Washington bereits ein 100 Millionen Dollar schweres Militärhilfe-Paket für die Ukraine vorbereitet, es dann jedoch auf Eis gelegt, weil man sich einen Durchbruch beim Genfer Gipfel mit Putin im Juni erhoffte. Im August war ein 60-Millionen-Dollar-Paket angekündigt worden, aber die Ukraine hatte die

Waffen und die Munition erst im November vollständig erhalten. Im Dezember 2021, als die ukrainische Krise zu wachsenden internationalen Spannungen führte, hatte Bidens Weißes Haus von Kongressabgeordneten gedrängt werden müssen, die von den Ukrainern erbetenen Stinger- und Javelin-Raketen zu liefern. Die Regierung hatte zu diesem Zeitpunkt gezögert, änderte ihre Haltung dann aber nach dem Kriegsausbruch.[13]

Als klar wurde, dass die Ukrainer erfolgreich Widerstand leisteten und dass jede Unterstützung, die sie erhielten, ihre Kampfkraft erhöhte und nicht in feindliche Hände fiel wie die amerikanischen Lieferungen an die afghanische Armee ein paar Monate zuvor, traf endlich Kriegsgerät in großen Mengen ein. Siebzig Prozent der Waffen aus dem von Biden am 26. Februar genehmigten Paket wurden der Ukraine binnen fünf Tagen geliefert. Sie kamen großenteils von amerikanischen Basen in Deutschland und überquerten die polnische und rumänische Grenze, bevor die vom ukrainischen Widerstand schockierte russische Armee irgendwelche Gegenmaßnahmen ergreifen konnte. Die Ukrainer wussten das gelieferte Material zu nutzen. »Wir waren alle ungeheuer beeindruckt, wie effizient die ukrainischen Streitkräfte die von uns zur Verfügung gestellte Ausrüstung eingesetzt haben«, erklärte die hochrangige Russland-Spezialistin des Pentagons, Laura Cooper, der *New York Times*.[14]

Bald sollte noch weitaus mehr Unterstützung eintreffen. Am 16. März kündigte Biden zusätzliche 800 Millionen Dollar Militärhilfe für die Ukraine an. Dadurch stieg der Gesamtbetrag, den er in der Woche zuvor genehmigt hatte, auf eine Milliarde Dollar. Eine weitere Milliarde würde folgen. Das neue Paket beinhaltete 800 Stinger-Flugabwehrsysteme, zusätzlich zu den 600 bereits gelieferten. Hinzu kamen 2000 Javelin-Panzerabwehrwaffen, womit deren Gesamtzahl auf 4600 stieg. Neu im Hilfsprogramm waren 100 taktische unbemannte Fluggeräte, also Kampfdrohnen. Am 21. April kündigte das Weiße Haus weitere Militärhilfe in Höhe von zusätzlichen 800 Millionen Dollar an. Zu diesem Paket gehörten Switchblade-Kamikazedrohnen und Haubitzen, Artilleriegeschütze mit hoher Reichweite. »Wir befinden uns jetzt in einem kritischen Zeitfenster, in dem die Weichen für die nächste Phase dieses Krieges gestellt werden«, erklärte Biden hinsichtlich der neuen Hilfen.[15]

Der russische Rückzug aus Kyjiw und der Nordukraine markierte in der Tat ein neues Stadium des Krieges. Es begann mit einem Schock – mit schrecklichen Nachrichten und herzzerreißenden Bildern von Verbrechen, die von den abziehenden russischen Truppen in Butscha und anderen ukrainischen Städten und Dörfern begangen worden waren. Die Welt reagierte entsetzt und brachte ihre Überzeugung zum Ausdruck, dass die Kriegsverbrecher besiegt und zur Strecke gebracht werden müssten. Die Ukrainer hatten sich dazu als fähig erwiesen, sofern sie umfassende militärische Unterstützung erhielten: Es genügte nicht, die russischen Nachschublinien mit Javelin- und Drohnenangriffen zu unterbrechen. Die Russen mit ihren viel kürzeren und gut geschützten Nachschublinien im Süden und Osten der Ukraine konnten nur mit Panzern und Flugzeugen vertrieben werden. Osteuropäische NATO-Mitglieder, die sowjetische Waffen geerbt hatten, mit denen die Ukrainer vertraut waren, schafften bereits so viele wie möglich in die Ukraine. Nun kam es darauf an, dass die Vereinigten Staaten und ihre westeuropäischen Partner mehr lieferten.

Biden war bereit, die Ukraine in noch stärkerem Maße zu unterstützen. Ein neues amerikanisches Militärhilfe-Programm wurde am 9. Mai angekündigt, dem russischen »Tag des Sieges«, an dem Wladimir Putin auf dem Roten Platz in Moskau eine Parade abhielt. Im zeitlichen Zusammentreffen dieses Leih- und Pachtprogramms für die Ukraine, das Biden vom Kongress erbeten und erhalten hatte, mit Russlands »Tag des Sieges« lag eine traurige Ironie. Die Vereinigten Staaten hatten seit dem Zweiten Weltkrieg kein Leih- und Pachtprogramm für einen Verbündeten mehr aufgelegt, und die damaligen Verbündeten waren das Vereinigte Königreich und die Sowjetunion gewesen. Die USA hatten seinerzeit mehr als 50 Milliarden Dollar (nach heutigem Wert 690 Milliarden Dollar) zur Verfügung gestellt, wobei mehr als die Hälfte dieses Betrags an das Vereinigte Königreich und ungefähr ein Fünftel an die Sowjetunion ging. Das neue Leih- und Pachtgesetz erlaubte es dem Präsidenten, der Ukraine Militärhilfe in Höhe von bis zu 33 Milliarden Dollar zu bewilligen, zusätzlich zu den seit Kriegsbeginn bereits für diesen Zweck aufgewendeten 3,8 Milliarden. Das Repräsentantenhaus verabschiedete das Gesetz mit der überwältigenden Mehrheit von 417 zu 10 Stimmen. »Die Kosten für den Kampf sind nicht gerade gering, aber der Aggression nachzugeben käme uns noch teurer zu stehen«, erklärte Biden, als er das Gesetz unterzeichnete.[16]

Nun waren die Vereinigten Staaten also zum ersten Mal seit Mitte des 20. Jahrhunderts wieder in einen solchen Krieg hineingezogen worden. Und wie im März 1941, als Präsident Franklin D. Roosevelt das ursprüngliche Leih- und Pachtgesetz unterzeichnet hatte, traten die USA auch diesmal nicht direkt in den Krieg ein. Genau wie damals bestand das Ziel darin, Opfern von Aggression zu helfen. Die Biden-Regierung war entschlossen, Russland als Gefahr für den Frieden nicht nur in der Ukraine, sondern in aller Welt auszuschalten, seine Niederlage im gegenwärtigen Krieg sicherzustellen und es so zu schwächen, dass es möglichst keine weiteren Kriege mehr führen konnte. Das war das Leitmotiv der Äußerungen von Verteidigungsminister Lloyd Austin, der zusammen mit Außenminister Antony Blinken Kyjiw am 25. April einen Überraschungsbesuch abgestattet hatte. »Wir möchten Russland in einem Maße geschwächt sehen, dass es so etwas wie die Invasion in die Ukraine nicht noch einmal unternehmen kann«, sagte Austin tags darauf, als er aus Kyjiw kommend in Polen eintraf. Er fügte hinzu: »Wir glauben, dass wir siegen können«, und verbesserte sich dann: »Sie können siegen, wenn sie die richtige Ausrüstung, die richtige Unterstützung erhalten.«

Später an diesem Tag traf sich Austin auf der amerikanischen Luftwaffenbasis Ramstein in Rheinland-Pfalz mit dem Vorsitzenden des Vereinigten Generalstabs, General Mark A. Milley, dem ukrainischen Verteidigungsminister Oleksij Resnikow sowie militärischen und zivilen Amtsträgern aus mehr als 40 Ländern. Am Haupttisch saßen Vertreter der Vereinigten Staaten, der Ukraine und Deutschlands. Unter den Teilnehmern waren nicht nur Delegierte von NATO-Mitgliedstaaten, sondern unter anderem auch aus Israel, Marokko und Katar. Der japanische Verteidigungsminister war online zugeschaltet. Sie waren zusammengekommen, um die Koordination und Beschleunigung der Militärhilfe an die Ukraine zu besprechen. »Wir werden weiterhin Himmel und Hölle in Bewegung setzen«, erklärte Austin den versammelten Journalisten, um seine Entschlossenheit und die seiner Kollegen zu betonen, der Ukraine bei der Verteidigung ihrer Unabhängigkeit zu helfen. Die Teilnehmer vereinbarten Sofortmaßnahmen, richteten ein Koordinationszentrum für die Organisierung der Hilfsmaßnahmen ein und beschlossen regelmäßige monatliche Konferenzen.[17]

Es war die erste Zusammenkunft der »Beratenden Gruppe zur Verteidigung der Ukraine« – im Grunde eine neue Kriegskoalition. In puncto Initiative, politische Schlagkraft und Quantität wie Qualität gegenwärtiger und künftiger Waffenlieferungen gaben die Vereinigten Staaten den Ton an, aber die Hilfe der anderen Teilnehmer war ebenfalls von elementarer Bedeutung. In Ramstein war die freie Welt versammelt, von der Präsident Biden einen Monat zuvor in Warschau gesprochen hatte. Wie sich die Dinge im Krieg und in der Welt insgesamt weiterentwickeln würden, hing davon ab, ob die Gruppe ihre Einigkeit wahren konnte. Das gelang ihr nicht nur, sondern sie erhöhte die Anzahl ihrer Mitglieder bis zum Herbst 2022 sogar auf über 50 Länder. Die militärischen Hilfslieferungen dieser Gruppe ermöglichten es der Ukraine, im September dieses Jahres die Initiative auf dem Schlachtfeld zurückzugewinnen.[18]

## BRITISCHE VORREITER

Im Juni 2022 veröffentlichte die ukrainische *Forbes*-Ausgabe eine Liste von 20 Freunden der Ukraine – jene Länder, die am meisten zu ihrer Verteidigung beigetragen hatten. Die Vereinigten Staaten waren der unangefochtene Spitzenreiter; sie hatten dafür 46 Milliarden Dollar (0,22 Prozent ihres BIP) bereitgestellt. In der Liste waren jedoch auch Besuche nationaler Spitzenpolitiker in Kyjiw und andere Formen der Unterstützung verzeichnet, darunter die Beteiligung an Sanktionen gegen Russland, durch die Polen noch vor den Vereinigten Staaten landete und mit 97 von 100 möglichen Punkten zum unangefochtenen Sieger wurde. Hinsichtlich des für die Unterstützung der Ukraine aufgewendeten BIP-Anteils lag Estland mit 0,81 Prozent an der Spitze, gefolgt von Lettland mit 0,72 Prozent und Polen mit 0,26 Prozent. Das Vereinigte Königreich stand bei 0,18 Prozent, während Frankreich 0,08 Prozent, Deutschland 0,06 Prozent und Italien 0,03 Prozent ihres jeweiligen BIPs beigetragen hatten.[19]

Diese unterschiedlichen Prozentanteile der europäischen Unterstützung für die Ukraine verrieten einiges über die Spaltungen im westlichen Block, was den Krieg in der Ukraine betraf, auch wenn die europäischen Hauptstädte Putins ungerechtfertigte Aggression gegen ein souveränes Land in noch nie da gewesener Einmütigkeit verurteilten. Die baltischen Staaten – ehemalige Sowjetrepubliken, die der EU und der NATO beigetreten waren, sich aber dennoch von Russland bedroht fühlten – befürchteten, sie könnten nach einem Sieg Putins in der Ukraine als Nächste an der Reihe sein. Demgemäß bildeten sie die am stärksten proukrainische Gruppe in Europa. Ihre Position kam am besten in den Worten von Estlands Premierministerin Kaja Kallas zum Ausdruck, die in einer Rede in Berlin erklärte, Gas sei vielleicht teuer, die Freiheit jedoch unbezahlbar. »Jede Regierung muss selbst entscheiden, welche Last sie ihrer Bevölkerung aufbürden kann. Zugleich müssen wir unserer Bevölkerung aber eines klarmachen: Was heute das Problem unseres Nachbarn ist, wird morgen unser Problem sein. Wenn das Haus unseres Nachbarn in Flammen steht, sind auch wir in Gefahr.«[20]

Ebenso großen Einsatz für die Belange der Ukraine zeigte eine von Polen angeführte Gruppe ehemaliger osteuropäischer Satelliten der UdSSR, zu der auch Slowenien und Tschechien gehörten. Obwohl Mitglieder der EU und der NATO, beunruhigte sie die Vorstellung, dass russische Truppen an ihren Grenzen aufmarschieren könnten. Sie mobilisierten nicht nur ihre diplomatischen, ökonomischen und militärischen Ressourcen, um der Ukraine bei der Selbstverteidigung zu helfen, sondern nahmen auch die meisten ukrainischen Flüchtlinge auf – allein in Polen wurden mehr als 3,5 Millionen freundlich empfangen, bekamen ein Dach über dem Kopf und etwas zu essen. Die einzige Ausnahme in dieser Gruppe war Ungarn unter seinem Machthaber Viktor Orbán, der sich für sein illiberales populistisches Regime jenes zum Vorbild nahm, das von Wladimir Putin errichtet worden war, seinem vielleicht engsten politischen Verbündeten. Abgesehen von Orbáns politischen Sympathien für Moskau ging es dabei auch um knallharte Berechnung: Da er für den Löwenanteil der ungarischen Energieversorgung auf Russland angewiesen war, gewährte Orbán der antirussischen Koalition nur begrenzte Unterstützung und sprach sich gegen Waffenhilfe für Kyjiw wie auch gegen das vom kollektiven Westen verhängte Sanktionsregime aus.[21]

Die nicht unmittelbar von einer Invasion bedrohten Länder des »alten Europas« teilten sich in zwei Gruppen auf. Eine Klasse für sich war das Vereinigte Königreich, das die Europäische Union verlassen hatte, nun jedoch sehr entschlossen wieder in der europäischen Politik mitmischte. London wurde zum Anführer der proukrainischen europäischen Front, indem es mehr Geld für die ukrainische Sache bereitstellte als jedes andere Land außer den Vereinigten Staaten – mehr als fünf Milliarden Dollar, Stand Juni 2022. Deutschland, Frankreich und Italien rangierten weiter unten auf dieser Liste. Ihre führenden Politiker zögerten, Sanktionen gegen Russland einzuleiten, und waren auch nicht gewillt, umfangreiche militärische Unterstützung zu leisten. Vor dem Krieg und in dessen erster Phase versuchten sie sich als mögliche Vermittler bei künftigen Friedensgesprächen ins Spiel zu bringen, statt sich als Beteiligte an einem politischen, ökonomischen und militärischen Konflikt zu betrachten, der nicht nur die Ukraine, sondern ganz Europa bedrohte.[22]

Der britische Premierminister Boris Johnson tat sich auf europäischer Ebene schon früh als Streiter für die Ukraine und ihre Interessen hervor. Am 10. April, kurz nach dem russischen Rückzug aus den Vororten von Kyjiw, besuchte er als erster hochrangiger westlicher Politiker Wolodymyr Selenskyj und spazierte mit ihm durchs Stadtzentrum. Ein Kyjiwer Bürger mittleren Alters dankte Johnson vor laufender Kamera für seinen Einsatz für die Ukraine und erklärte ihm, er stünde für immer in seiner Schuld. Johnsons Name, mittlerweile landauf, landab bekannt, wurde zum Symbol der westlichen

Unterstützung für die Ukraine. Gut informierten ukrainischen Journalisten zufolge gelangten Selenskyj und sein Team durch Johnsons Besuch in Kyjiw und die Enthüllung der russischen Kriegsverbrechen im Kyjiwer Vorort Butscha zehn Tage zuvor zu der Überzeugung, dass Verhandlungen mit Russland in diesem Stadium des Krieges unmöglich und sinnlos waren. Johnsons Stippvisite öffnete auch die Tür für Besuche anderer westlicher Spitzenpolitiker in Kyjiw, unter ihnen der amerikanische Verteidigungsminister Lloyd Austin und Außenminister Antony Blinken später im selben Monat.[23]

Vor allem in Großbritannien sah sich Johnson häufig mit dem Vorwurf konfrontiert, er nutze seine Rolle als selbst ernannter oberster Cheerleader für die Ukraine, um von der parlamentarischen Untersuchung seiner Rolle als Gastgeber von Partys zu einer Zeit abzulenken, als die von der Regierung erlassenen Covid-Restriktionen solche Zusammenkünfte verboten hatten. Wenn seine Kritiker recht hatten, dann wusste Johnson fraglos, was er tat. Während des ersten Monats nach der russischen Invasion war die Sympathie der britischen Öffentlichkeit für die Ukraine enorm stark. Mit derselben Intensität verurteilte sie Russlands Handlungsweise und artikulierte den Wunsch, Großbritannien vom Einfluss zahlreicher russischer Oligarchen zu befreien, die London zu ihrem Zweit- oder sogar Erstwohnsitz gemacht hatten und in den Augen vieler Bürger die britische Politik und Kultur mit ihrem Geld korrumpierten. Ein Buch des Journalisten Oliver Bullough über dieses Thema mit dem Titel *Butler to the World*, das im März 2022 erschien, wurde sofort ein Bestseller.

Anfang Juni 2022 listete Johnsons enge Verbündete, Außenministerin Liz Truss, in einer Erklärung anlässlich des 100. Kriegstages diverse Formen britischer Unterstützung für die Ukraine auf. Sie begann mit den vom Vereinigten Königreich erlassenen Sanktionen gegen 1000 russische Personen sowie 100 Organisationen und Unternehmen, darunter Oligarchen mit einem Gesamtvermögen von mehr als 117 Milliarden britischen Pfund. Johnson war von seinen Gegnern und der breiten Öffentlichkeit heftig dafür kritisiert worden, dass er einem dieser Oligarchen, Jewgeni Lebedew, dem Sohn eines ehemaligen KGB-Agenten, ohne ordnungsgemäße Sicherheitsüberprüfung zu einem Sitz im Oberhaus verholfen hatte. Anderen Vorwürfen zufolge hatte die Konservative Partei des Premierministers Geld von Spendern mit Verbindungen zu russischen Oligarchen angenommen. Nun räumten Johnson und Truss jedoch mit ihren Beziehungen zu den Oligarchen auf. Außerdem konnten sie auf umfangreiche Hilfen für die Ukraine verweisen. Obwohl es für ukrainische Flüchtlinge noch immer sehr schwierig war, nach Großbritannien zu gelangen – und für britische Familien, ihre Visa-Anträge zu unterstützen –, lieferte das Vereinigte Königreich der Ukraine 1000 Raketen und bildete 22 000 ihrer Soldaten aus.[24]

Boris Johnsons Unterstützung der Ukraine war zweifellos zum Teil innenpolitisch motiviert, aber der Premierminister hatte darüber hinaus auch eine internationale Agenda. Als Autor eines Bestsellers über Winston Churchill, der seinem Helden nachzueifern versuchte, war Johnson darauf bedacht, Großbritanniens traditionelle Rolle als wichtiger europäischer und durchaus auch globaler politischer Akteur trotz des enormen Schadens für seinen internationalen Ruf durch den Brexit zu bewahren. »Oh, welche Ironie!«, schrieb der *Guardian*, wie immer kritisch gegenüber dem Premierminister, Mitte Mai 2022. »Boris Johnson, der als Brexit-Rädelsführer der EU den Rücken gekehrt hat, schwingt sich angesichts der russischen Aggression nun kühn zum obersten Verteidiger Europas auf. Eine Übertreibung? Ja, aber hinter dem Hype versteckt sich eine faszinierende Story. [...] Johnson benutzt die Ukraine-Krise, um sich mit einigen alten europäischen Verbündeten zu versöhnen. Sein Ziel: das Vereinigte Königreich wieder als kontinentale Macht zu etablieren.«[25]

Der russisch-ukrainische Krieg lieferte London in der Tat eine Gelegenheit, alte Allianzen mit den osteuropäischen und nordischen Ländern aufzuwärmen, die traditionell skeptisch in Bezug auf die Macht von Brüssel und im Fall Polens und der baltischen Staaten auch unzufrieden mit der lauwarmen Haltung der Länder des »alten Europas« gegenüber der russischen Aggression waren. Johnson hatte die Entscheidung der finnischen und schwedischen Regierung, im Jahr 2022 der NATO beizutreten, begrüßt und von Herzen unterstützt. 2017 hatten sich beide Länder an der vom Vereinigten Königreich angeführten Joint Expeditionary Force beteiligt, einer Eingreiftruppe nordeuropäischer NATO-Länder, zu denen Norwegen, Dänemark, Island, die Niederlande und die baltischen Staaten gehörten. Die Expeditionary Force wurde zu einer im Entstehen begriffenen europäischen Armee – zu jener Streitmacht, von der Frankreich gesprochen hatte, die Großbritannien jedoch aktiv auf die Beine stellte. Im März lud Johnson die führenden Politiker der Expeditionary-Force-Länder nach London ein, wo Präsident Selenskyj sich per Videoschalte mit der Bitte um militärische Unterstützung an sie wandte.

Johnson bezog auch die osteuropäischen Länder ein und versuchte, unter Londons Schirmherrschaft eine paneuropäische Struktur zu erschaffen, zu der auch die Ukraine gehören sollte. Im Februar, weniger als eine Woche vor der Invasion, gaben London, Warschau und Kyjiw die Gründung einer britisch-polnisch-ukrainischen Militärinitiative bekannt, die der ukrainische Außenminister, Dmytro Kuleba, als »dreiseitiges Kooperationsformat« bezeichnete. Berichten in italienischen Medien zufolge schlug Johnson Selenskyj bei seinem Besuch in Kyjiw im April vor, einen potenziellen Rivalen der Europäischen Union zu gründen – ein vom Vereinigten Königreich angeführtes europäisches Commonwealth unter Einschluss Polens, der baltischen Staaten und der Ukraine. Für Johnson war mit dem Brexit offenkundig keine Abkehr von der europäischen Politik verbunden. Er plante ein alternatives Machtzentrum anstelle von Brüssel und stellte die Legitimität der in Paris und Berlin konzipierten Russland-Politik infrage, der die wirtschaftlichen Belange des »alten Europas« mehr galten als die Sicherheitsbelange des neuen.[26]

## DEUTSCHE ÄNGSTE

Russlands Einmarsch in die Ukraine war ein schwerer Schlag für die auf Förderung der wirtschaftlichen Zusammenarbeit mit Russland orientierte Politik der altgedienten und unlängst aus dem Amt geschiedenen deutschen Bundeskanzlerin Angela Merkel, die damit nicht nur Deutschlands und Europas Energieprobleme lösen, sondern aus Russland auch einen zuverlässigen wirtschaftlichen und politischen Verbündeten machen wollte. Merkels Russland-Politik stieß in Deutschland während ihrer langen Amtszeit – vom November 2005 bis zum Dezember 2021 – nur selten auf Kritik. Das Abkommen Minsk II, das im Februar 2015 die aktive Phase des russisch-ukrainischen Krieges im Donbas beendete, wurde unter ihrer Mitwirkung ausgehandelt, und sie spielte eine wichtige Rolle bei der Verhängung und Aufrechterhaltung der deutschen und europäischen Sanktionen gegen Russland nach Putins Annexion der Krim.

Merkel kümmerte sich auch um politische Unterstützung für den Bau von Nord Stream II, der Gas-Pipeline von Russland nach Deutschland oder, genauer, zur Gemeinde Lubmin in ihrem Bundestagswahlkreis. Dieses nach der Verhängung von Sanktionen realisierte Projekt wurde im Ausland kritisiert, zu Hause jedoch weitgehend positiv aufgenommen. Als Merkel im Dezember 2021 aus dem Amt schied, wurde sie für ihre zahlreichen politischen Errungenschaften gefeiert, und es gab kaum Grund zu der Annahme, dass Nord Stream II nicht in Betrieb gehen würde. Selbst die amerikanische Opposition war nach Bidens Amtsantritt verstummt. Deutschland war im Begriff, sich noch stärker von russischem Gas abhängig zu machen, und man glaubte, Russlands dringender Bedarf an Einnahmen aus Geschäften mit dem Westen werde Putin freundlicher gegenüber dem kollektiven Europa stimmen.[27]

Obwohl am Horizont bereits dunkle Wolken aufzogen – die USA und das Vereinigte Königreich warnten die Welt vor der unmittelbar bevorstehenden russischen Aggression gegen die Ukraine –, glaubten viele in Deutschland, das Problem ließe sich mit Zugeständnissen an Russland lösen. Im Januar sagte ein deutscher Marineoffizier, Vizeadmiral Kay-Achim Schönbach, im Rahmen einer aufgezeichneten Diskussion, die Krim werde sowieso russisch bleiben, und Putin wolle nur, dass man ihm ein wenig Respekt erweise. »Es ist leicht, ihm den Respekt zu zollen, den er einfordert – und wahrscheinlich sogar verdient«, konstatierte Schönbach, nachdem er ausgerufen hatte: »Und, mein Gott, jemandem Respekt zu zollen, kostet wenig, ja gar nichts.« Die Aufzeichnung wurde publik und ging viral, sodass

Schönbach zurücktreten musste. Seine Worte spiegelten gleichwohl die Denkweise der politischen, militärischen und wirtschaftlichen Elite in Deutschland zum damaligen Zeitpunkt wider.[28]

Angela Merkels Nachfolger, der 63-jährige Sozialdemokrat Olaf Scholz, war schon kurz nach seinem Amtsantritt im Dezember 2021 mit der internationalen Krise konfrontiert, die von Putins Forderung, die NATO-Grenzen sollten nach Westen verschoben werden, und der Konzentration russischer Truppen an den ukrainischen Grenzen ausgelöst wurde. Was noch ein paar Monate zuvor als Merkels kluge Russland-Politik gegolten hatte, wurde nun zunehmend als Beschwichtigung eines Aggressors empfunden. Das internationale Klima wandelte sich, und Nord Stream II geriet plötzlich in Schwierigkeiten: Deutschlands Verbündete, insbesondere die Vereinigten Staaten, verlangten von der deutschen Regierung, das Zertifizierungsverfahren für die umstrittenen Pipeline zu stoppen.

Im Februar kam Scholz zu einem Besuch nach Washington und stimmte Biden anscheinend zu, dass die Zertifizierung von Nord Stream II ausgesetzt werden müsse, falls Putin einen Krieg begann. »Wenn es zu einer militärischen Aggression gegen die Ukraine kommt, dann wird es harte, gemeinsam vereinbarte, weitreichende Sanktionen geben. Es wird sehr, sehr hohe Kosten für Russland haben, einen solchen Schritt zu tun«, erklärte Scholz auf einer gemeinsamen Pressekonferenz mit seinem amerikanischen Gastgeber. Dann flog er nach Moskau, um Putin von seinen Kriegsplänen abzubringen, indem er ihm versicherte, die Ukraine werde in den nächsten 30 Jahren garantiert nicht in die NATO aufgenommen. Nachdem er dort abgeblitzt war, legte er auf dem Rückweg nach Deutschland einen Zwischenstopp in Kyjiw ein. Selenskyj erinnerte ihn sofort daran, dass Nord Stream II eine geopolitische Waffe der Russen sei, und sein Besuch löste in der ukrainischen Hauptstadt wenig Begeisterung aus. Während die USA, das Vereinigte Königreich und die Osteuropäer der Ukraine bereits mit Waffen halfen, bot Deutschland 5000 Helme an. Der Bürgermeister von Kyjiw, Vitali Klitschko, ein ehemaliger Profi-Boxer und mehrfacher Schwergewichtsweltmeister, der in Deutschland gelebt hatte und dort noch immer Prominentenstatus besaß, witzelte, die nächste Lieferung Deutschlands an die Ukraine werde wohl aus Kissen bestehen.[29]

Der Beginn des umfassenden Krieges am 24. Februar überraschte Scholz und die politische Elite Deutschlands vollständig. »Wir sind in einer anderen Welt aufgewacht«, konstatierte Außenministerin Annalena Baerbock. Am 27. Februar gab Scholz in einer bis dato einmaligen Sonntagssitzung des Bundestags eine wichtige Änderung der deutschen Außenpolitik bekannt: Am Vortag hatte die Regierung die Lieferung von 1000 Panzerabwehrwaffen und 500 Boden-Luft-Raketen an die Ukraine genehmigt. Estland und die Niederlande bekamen nun das Plazet für ihre zuvor stets abgelehnten Bitten, einige der in ihrem Besitz befindlichen deutschen Waffen an die Ukraine weitergeben zu dürfen. Am verblüffendsten war jedoch die Entscheidung, 100 Milliarden Euro in die deutsche Verteidigung zu stecken und die Militärausgaben des Landes auf mehr als zwei Prozent des BIP zu erhöhen, eine NATO-Zielmarke, die Deutschland bislang ignoriert hatte.

Scholz begründete die Änderung seiner Regierungspolitik auf zwei Ebenen. Die erste war moralischer und ethischer Natur. Die Ukraine sei Opfer einer ungerechtfertigten Aggression geworden, erklärte er, und Deutschland werde ihr beistehen. Die zweite Ebene war geopolitisch. »Mit dem Überfall auf die Ukraine will Putin nicht nur ein unabhängiges Land von der Weltkarte tilgen; er zertrümmert die europäische Sicherheitsordnung, wie sie seit der Schlussakte von Helsinki fast ein halbes Jahrhundert Bestand hatte«, sagte der Bundeskanzler. Er bezog sich auf die Schlussakte der Konferenz über Sicherheit und Zusammenarbeit in Europa (KSZE) von 1975, die die internationalen Grenzen nach dem Zweiten Weltkrieg anerkannte, darunter die der beiden deutschen Staaten. Die Ukraine hatte die Schlussakte im Jahr 1992 ebenfalls unterzeichnet, zusammen mit anderen postsowjetischen Ländern. Folglich stellte die Verletzung der territorialen Integrität der Ukraine laut Scholz einen Angriff auf die Integrität und Sicherheit aller europäischen Staaten dar, auch der 1990 wiedervereinigten Bundesrepublik Deutschland.

Putin, so Scholz, wolle »die Verhältnisse in Europa nach seinen

Vorstellungen grundlegend neu ordnen, und dabei schreckt er nicht zurück vor militärischer Gewalt«. Der Kanzler gab einer Einzelperson die Schuld an dem Krieg, nicht einem Land oder einer Nation. »Putin, nicht das russische Volk, hat sich für den Krieg entschieden. Deshalb gehört es deutlich ausgesprochen: Dieser Krieg ist Putins Krieg«, erklärte Scholz vor dem Bundestag. Obgleich Deutsche seiner Generation niemals die Verantwortung ihrer Nation für »Hitlers Krieg« in Zweifel ziehen würden, war Scholz nicht gewillt, dieselben Maßstäbe auch an die Russen anzulegen – sie als aggressives Volk zu bezeichnen, war im Nachkriegsdeutschland ein Tabu gewesen. Umfrageergebnisse zeigten jedoch bald, wie stark die Unterstützung der russischen Bevölkerung für die »militärische Spezialoperation« ihrer Regierung in der Ukraine war. Scholz mahnte auch öffentlich, dass ein weiterer Weltkrieg verhindert werden müsse. Die deutsche Regierung schloss sich der transatlantischen Allianz an, allerdings erst spät, nur widerstrebend und mit etlichen Einschränkungen.[30]

Obwohl Scholz und seine Regierung eine »Zeitenwende« in der Außenpolitik verkündet hatten, gelang es ihnen nicht, die Initiative auf dem europäischen Schauplatz zurückzugewinnen. Dort gaben nun die Vereinigten Staaten, Großbritannien und die osteuropäischen Länder den Ton an, und sie bestanden alle auf stärkerer Unterstützung für die Ukraine. Einige Mitglieder der deutschen Regierung wie auch andere wichtige Bundestagspolitiker vertraten dieselbe Meinung, aber Scholz zögerte, ihren Rat zu befolgen. Im Mai 2022 kritisierte ein deutscher Politikwissenschaftler, »beim Embargo gegen Russland und den Waffenlieferungen für die Ukraine« vollziehe seine Strategie »meistens das eher zögerlich nach, was die Partner schon etwas früher gemacht haben«.[31]

Als Wolodymyr Selenskyj Mitte März eingeladen wurde, per Videoschalte aus Kyjiw eine Ansprache an den Bundestag zu halten, nahm er kein Blatt vor den Mund, sondern brachte seine Kritik an der vorherigen deutschen Regierung zum Ausdruck. Scholz' Vorgängerin und Vorvorgänger, so Selenskyj, hätten den Beitritt der Ukraine zur NATO und zur EU blockiert, die russische Aggression durch ihre Gasgeschäfte mit Moskau finanziert und Sanktionen gegen den

Aggressor hinausgezögert. Die deutsche Regierung habe eine neue Berliner Mauer in Europa errichtet, sagte Selenskyj, und sein Land befinde sich auf der falschen Seite. Dann appellierte er an den neuen Regierungschef: »Herr Bundeskanzler Scholz! Reißen Sie diese Mauer nieder. Geben Sie Deutschland die Führung, die es verdient und auf die Ihre Nachfahren nur stolz sein können. Unterstützen Sie uns. Unterstützen Sie den Frieden. Unterstützen Sie jeden Ukrainer. Stoppen Sie den Krieg. Helfen Sie uns, ihn zu stoppen.« Die Ansprache begann und endete mit stehenden Ovationen der deutschen Abgeordneten, aber Scholz' neue Rhetorik brachte politisch nicht viel Neues zuwege: Die deutsche Regierung sagte Militärhilfe zu, ohne sie zu liefern.[32]

Selenskyj hielt den Druck auf Berlin aufrecht. Anfang April, nachdem in Butscha die Leichen der von russischen Soldaten ermordeten Zivilisten entdeckt worden waren, lud Selenskyj Angela Merkel und den ehemaligen französischen Präsidenten Nicolas Sarkozy öffentlich und ostentativ dazu ein, »Butscha zu besuchen und sich anzusehen, wohin die Politik der Zugeständnisse an Russland während der letzten 14 Jahre geführt hat. Sehen Sie sich die gefolterten und hingeschlachteten Ukrainer mit eigenen Augen an.« Dann erinnerte er das Publikum an den Jahrestag des Bukarester Gipfels von 2008, auf dem die beiden mittlerweile abgetretenen europäischen Spitzenpolitiker den Zugang der Ukraine zur Allianz blockiert und »die Grauzone«, wie der ukrainische Präsident es nannte, aufrechterhalten hätten, »in der Moskau glaubt, dass es alles darf. Sogar die schrecklichsten Kriegsverbrechen begehen.«[33]

Kurz nach Boris Johnsons Besuch in Kyjiw lehnte Selenskyj das Angebot des deutschen Bundespräsidenten Frank-Walter Steinmeier ab, die ukrainische Hauptstadt zu besuchen. Ukrainische Regierungsbeamte begründeten das mit dem in der Ukraine weitverbreiteten Image von Steinmeier als Unterstützer Russlands. Steinmeier war früher bereits Kanzleramtschef von Bundeskanzler Gerhard Schröder gewesen, der nach dem Ende seiner politischen Laufbahn Cheflobbyist für russische Erdgasprojekte in Deutschland geworden war. Aber noch wichtiger für die Ukrainer war Steinmeiers Rolle als Außenminister in Angela Merkels Regierung, in der er die »Steinmeier-Formel« für die Umsetzung des mit Merkels Hilfe ausgehandelten Minsker Abkommens von 2015 entwickelt hatte – eines Abkommens, das, wie man in der Ukraine allgemein glaubte, Russland begünstigt habe.[34]

Dass Selenskyj Deutschland derart an den Pranger stellte, schien jedoch nichts zu bewirken, denn Scholz widerstand dem Druck aus dem Ausland ebenso wie dem der deutschen Öffentlichkeit. Ende Mai war die Hälfte der deutschen Bevölkerung der Überzeugung, ihr Land unterstütze die Ukraine nicht in ausreichendem Maße, und auch viele Minister in Scholz' Regierungskoalition zeigten sich frustriert von den nicht eingehaltenen deutschen Versprechungen, die Ukraine mit schweren Waffen zu versorgen. Der Bundestagsabgeordnete Johann Wadephul (CDU) warf dem Kanzler vor, er versuche, »tatsächliche Lieferungen durch Ankündigungen zu ersetzen«. Der ukrainische Außenminister, Dmytro Kuleba, brachte die Enttäuschung seiner Regierung über Scholz so zum Ausdruck: »Es gibt Länder, bei denen wir auf Lieferungen warten, und andere Länder, bei denen wir es inzwischen satthaben zu warten. Deutschland gehört zur zweiten Gruppe.«[35]

Scholz hat die Gründe für seine Hinhaltetaktik nie offengelegt. Er spielte eindeutig auf Zeit, in der Hoffnung, der Krieg würde irgendwie enden, ohne dass Deutschland die versprochenen schweren Waffen liefern müsste. Es gab jedoch zumindest zwei Gründe für sein Lavieren, und beide hatten mit Russland zu tun. Der erste war historischer und psychologischer Art: Seit dem Zweiten Weltkrieg hegten die Deutschen Schuldgefühle wegen ihrer Kriegsverbrechen an »den Russen«, obwohl Hitlers Krieg im Osten in erster Linie gegen Ukrainer und Belarussen auf deren Gebiet geführt worden war, und sie wollten nicht noch einmal etwas tun, was als Aggression gegen »Russland« im weitesten Sinn ausgelegt werden konnte. Der zweite Grund war wirtschaftlicher Natur: 55 Prozent des in Deutschland verbrauchten Erdgases stammten aus Russland.[36]

Demgemäß stellte sich Olaf Scholz zuallererst als Friedensstifter dar, als potenzieller Vermittler bei künftigen Friedensgesprächen statt als kompromissloser Unterstützer der Ukraine – eine Rolle, die bereits Washington und London übernommen hatten, assistiert von den führenden Politikern der baltischen und osteuropäischen Staaten.

## DIE FRIEDENSSTIFTER

Kein anderer europäischer Spitzenpolitiker arbeitete so lange und so hart für die Lorbeeren des Friedensstifters im neuesten Stadium des russisch-ukrainischen Krieges wie der französische Präsident Emmanuel Macron. Im Dezember 2019 hatte er als Gastgeber des ersten und einzigen Zusammentreffens von Putin und Selenskyj fungiert, das mit einem positiven Ausklang endete, aber wenige positive Resultate erbrachte. Im Februar 2022 war Macron einer der letzten hochrangigen westlichen Besucher in Moskau und Kyjiw, wo er ein Abkommen auszuhandeln versuchte, das den Krieg verhindern sollte.[37]

Macron hatte das lange von Paris vertretene Konzept, Russland als Gegengewicht zu den Vereinigten Staaten und zu Deutschland in Europa zu integrieren, nie aufgegeben. Es war während Mitterands Amtszeit in der Gorbatschow-Ära entstanden, mit dem Zusammenbruch der UdSSR dann jedoch wieder in der Versenkung verschwunden. Macron hoffte nun, eine neue Sicherheitsordnung in Europa erschaffen zu können, die auch Russland einbeziehen und die Rolle der Amerikaner als Garanten der europäischen Sicherheit schwächen würde. »Macrons Ziel besteht darin, einen Dialog über die Rolle der NATO in Europa und in der Ukraine zu initiieren und möglicherweise zu einem neuen Waffenkontrollvertrag zu gelangen, einer Art Helsinki 2.0«, behauptete Carole Grimaud Potter vom Center for Russia and Eastern Europe Research in Genf ein paar Tage vor Putins Invasion. »Er weiß, es wird Zeit brauchen, und die NATO und die EU werden einigen Forderungen Russlands nachgeben müssen, [weil Russland] Sicherheitsgarantien erhalten und die mit dem Verschwinden der UdSSR verlorene Macht zurückgewinnen will.«[38]

Ende Mai 2022 versuchte Macron gemeinsam mit Scholz, Putin zur Beendigung des Krieges zu bewegen. In einer Telefonkonferenz baten sie Putin um einen Waffenstillstand, den Rückzug russischer Truppen und die Aufnahme direkter Verhandlungen mit Selenskyj. Aus dieser Initiative wurde jedoch nichts, weil Putin sich über westliche Waffenlieferungen an die Ukraine beklagte. Immerhin versprach er Macron und Scholz, die massive Nahrungsmittelknappheit zu lindern, die er durch die Blockade der ukrainischen Schwarzmeerhäfen und die Okkupation der Häfen am Asowschen Meer erzeugt hatte. Die Ukraine konnte ihren Weizen nicht mehr exportieren, und ohne ihn stand Afrika an der Schwelle zu einer Hungersnot, die grenzüberschreitende Flüchtlingsströme von Hunderttausenden, wenn nicht Millionen Menschen auslösen konnte. Putin hatte die Schuld an der heraufziehenden Nahrungsmittelkrise öffentlich dem Westen zugewiesen und den Ukrainern vorgeschlagen, ihr Getreide entweder durch von Russland besetzte Häfen zu verschiffen und damit deren faktische Okkupation anzuerkennen oder die Häfen von Odesa zu entminen, wodurch die Stadt russischen Angriffen vom Meer her schutzlos ausgesetzt gewesen wäre.[39]

Ein paar Tage nach der Telefonkonferenz mit Putin und Scholz gab Macron ein Interview, in dem er von Frankreichs Rolle als vermittelnder Kraft sprach und dem Westen riet, Russland nicht zu demütigen, »damit wir an dem Tag, an dem die Kämpfe aufhören, mit diplomatischen Mitteln einen Ausweg finden können«. Dieser Rat kam in Kyjiw nicht besonders gut an. Außenminister Dmytro Kuleba twitterte tags darauf: »Aufforderungen, Russland nicht zu demütigen, demütigen nur Frankreich und jedes andere Land, das so etwas fordert. Russland demütigt sich nämlich selbst. Wir sollten uns alle lieber darauf konzentrieren, wie wir Russland auf seinen Platz verweisen können. Das wird Frieden bringen und Leben retten.« Macron hatte zuvor schon öffentlich davor gewarnt, Russland zu demütigen, aber nun reagierten die Ukrainer zum ersten Mal auf diese Weise.[40]

Selenskyj, den Macron in der Zeit, als der junge und unerfahrene ehemalige Comedian Präsident eines Landes im Kriegszustand geworden war, mit der internationalen Politik vertraut gemacht hatte, respektierte fraglos seinen französischen Mentor, hatte jedoch auch genug von Macrons Friedensinitiativen, die in Kyjiws Augen nur

Russland nützten. Selenskyj lehnte die Idee, die ihm Macron angeblich nahegelegt hatte, nämlich ukrainisches Gebiet gegen Frieden zu tauschen, öffentlich ab. Kyjiwer Diplomaten gefiel die in den Medien verbreitete Bemerkung des französischen Präsidenten nicht, es werde noch Jahrzehnte dauern, bis die Ukraine der Europäischen Union beitreten könne. Macron schlug vor, die Ukraine solle einer »parallelen europäischen Gemeinschaft« beitreten – einem europäischen Sicherheitsbündnis für Nicht-EU-Mitglieder. Auch dieser Vorschlag wurde in Kyjiw verworfen. Selenskyj wollte den Kandidatenstatus für die Ukraine in der bestehenden Europäischen Union, keine vagen Versprechungen bezüglich der Aufnahme in einen künftigen parallelen Verbund.[41]

Scholz und Macron, Deutschland und Frankreich waren nicht die einzigen Angehörigen des »alten Europas«, die auf ein schnelles Ende des Krieges drängten und dafür ukrainische Zugeständnisse verlangten. Der Italiener Mario Draghi schloss sich ihnen vorbehaltlos an. Während die meisten Italiener mit der Ukraine sympathisierten, reagierten die italienischen Medien und die Öffentlichkeit insgesamt skeptischer, wenn es um militärische Unterstützung für die Ukraine und die ökonomische Bestrafung Russlands ging. Das lag an den traditionell prorussischen Sympathien der italienischen Linken, der Faszination für Putin bei einigen Vertretern der Rechten und der Ablehnung einer vermeintlichen amerikanischen Hegemonie in Europa sowohl bei den Linken wie auch bei den Rechten. 56 Prozent der Italiener hielten die amerikanische Position zum Krieg für »stur«, und 62 Prozent waren der Meinung, der Westen solle einen Weg finden, den militärischen Konflikt zu beenden, »koste es, was es wolle«.

Im Mai, als die Umfrage durchgeführt wurde, besuchte Draghi Joseph Biden in Washington, um eine schlichte Botschaft zu überbringen: Während die Vereinigten Staaten bereit waren, die Ukrainer zu unterstützen, bis das russische Aggressionspotenzial vollständig beseitigt oder signifikant verringert worden war, wollte Europa, also das »alte Europa«, dass der Krieg so schnell wie möglich endete. Zu welchen Bedingungen? Außenminister Luigi di Maio legte dem Generalsekretär der UN und seinen Kollegen in den G7-Ländern einen Vierpunkteplan vor. Kyjiw erhielt ebenfalls eine Kopie, genauso wie Moskau. Der Plan forderte einen Waffenstillstand und die Entmilitarisierung der Frontlinie unter Aufsicht der Vereinten Nationen, die Aufnahme von Verhandlungen über den neutralen Status der Ukraine und Verhandlungen zwischen Moskau und Kyjiw über den Status der Krim und des Donbas. Die russisch-ukrainischen Gespräche sollten zu einem multilateralen Abkommen über Frieden und Sicherheit in Europa führen, wobei Letzteres deutlich an Macrons Ideen erinnerte. Sobald die russischen Truppen aus der Ukraine abgezogen wären, würden die westlichen Sanktionen gegen Russland aufgehoben werden.[42]

Washington begrüßte den Plan als Friedensinitiative, während Kyjiw schwieg und Moskau ihn als »nicht ernst gemeint« zurückwies. Der russische Außenminister Sergei Lawrow erteilte den Autoren des Plans eine Abfuhr, indem er ihnen vorwarf, sie würden die Geschichte der Krise nicht kennen. Allerdings erläuterte er nicht näher, an welchen Teil der Geschichte er dabei dachte. Damit waren die Versuche der führenden Politiker des »alten Europas«, sich zu Vermittlern aufzuschwingen, gescheitert, was sich nicht nur am abfälligen Tweet des ukrainischen Außenministers zu Macrons Aufforderung zeigte, Russland nicht zu demütigen, sondern auch an der Bemerkung seines russischen Amtskollegen über die mangelhaften Geschichtskenntnisse der Italiener.[43]

## GEMEINSAME FRONT

Anfang Juni war der Friedenskreuzzug der europäischen Spitzenpolitiker an sein Ende gelangt. Ihre Bemühungen waren entweder rundheraus abgelehnt worden oder hatten nur geringen Erfolg gehabt, weil sie zunehmend nach Appeasement rochen. Die Initiative, wenn nicht die Führerschaft in europäischen Angelegenheiten schien in die Hände von Außenseitern überzugehen. Ein Kurswechsel war unumgänglich.

Am Abend des 16. Juni starteten Macron, Scholz und Draghi ihr riskantestes Unterfangen seit Beginn des Krieges. Das Risiko war nicht nur politischer, sondern auch physischer Natur. Sie flogen nach Polen, wo sie einen Zug über die ukrainische Grenze nach Kyjiw bestiegen. Das Heulen der Luftschutzsirenen verfolgte sie, als sie sich der ukrainischen Hauptstadt näherten. Jetzt kamen sie nicht mehr, um Selenskyj zu erklären, wie ein Frieden mit Moskau aussehen sollte, sondern um ihre Unterstützung für jedweden von Kyjiw vertretenen Standpunkt zu bekunden und vor dem Gericht der öffentlichen Meinung zu denjenigen Politikern aufzuschließen, die Kyjiw vor ihnen besucht hatten – Boris Johnson, der polnische Präsident Andrzej Duda und die Amerikaner. Biden selbst war zwar nicht in Kyjiw gewesen, dafür aber sein Außen- und sein Verteidigungsminister, und seine Frau, Jill Biden, hatte Anfang Mai dem westlichsten Regionalzentrum der Ukraine, Uschhorod, einen Besuch abgestattet.[44]

In Kyjiw fragten sich viele besorgt, welche Botschaft das Trio für Selenskyj mitbrachte. Macron, der am Kyjiwer Bahnhof mit Reportern sprach, versuchte die Ukrainer zu beruhigen; er bezeichnete den Besuch als »Botschaft der europäischen Einheit und der Unterstützung, adressiert an die Ukrainerinnen und Ukrainer«, und man werde dabei »sowohl über die Gegenwart als auch über die Zukunft sprechen«. Die drei Staats- und Regierungschefs trafen sich in Kyjiw mit Selenskyj und unternahmen dann einen Rundgang durch Irpin und Butscha, wo sie sich die von den russischen Truppen verursachten Zerstörungen ansahen. Macron kam auf seine früheren Äußerungen zurück, man dürfe Russland nicht demütigen. »Heute führt Russland Krieg gegen die Ukraine. Wie in aller Welt könnte ich einem Ukrainer erklären, man dürfe Russland, das russische Volk und auch seine Führer nicht demütigen?«, sagte Macron zu den Reportern. »Heute müssen die Ukrainer in diesem Krieg den Sieg erringen. Frankreich unterstützt die Ukraine klar und eindeutig, damit sie siegt.«

Macron und seine Begleiter waren bereit, Selenskyj die Entscheidung über die Siegesbedingungen zu überlassen. Selenskyj erklärte seinerseits, Macron und er hätten in ihren Beziehungen eine neue Seite aufgeschlagen, und ließ die »Russland nicht demütigen«-Bemerkungen außer Acht. »Selenskyj muss definieren, was für ihn ein militärischer Sieg wäre«, kommentierte ein Mitglied von Macrons Delegation. »Wir sind für einen vollständigen Sieg mit der Rückgewinnung der [ukrainischen] territorialen Integrität unter Einschluss aller von den Russen eroberten Gebiete, auch der Krim.« Macron versprach, die französischen Waffenlieferungen an die Ukraine zu verstärken. Das »alte Europa« unterstützte die Ukraine nun in vollem Umfang, nicht nur rhetorisch, sondern auch diplomatisch und institutionell, und war bereit, sie als potenzielles Mitglied der Europäischen Union zu behandeln.[45]

Einen Tag nach dem Besuch von Macron, Scholz und Draghi in Kyjiw empfahl die Europäische Kommission den Staatschefs der EU-Staaten, der Ukraine den Status eines Beitrittskandidaten zu gewähren. Das Europaparlament unterstützte die Empfehlung der Kommission mit 529 Ja-Stimmen, 45 Gegenstimmen und 14 Enthaltungen. Die europäischen Staatschefs billigten die Entschließung. Die Ukraine hatte sich sofort nach dem Einmarsch um den Kandidatenstatus beworben und wurde nun zusammen mit der benachbarten Republik Moldau aufgenommen, deren Region Transnistrien vom russischen Militär zum Ziel erklärt worden war – ihrer nächsten Station nach Odesa. Der Kandidatenstatus war de facto eine Einladung, der Europäischen Union beizutreten: Obwohl die Aufnahme nicht garantiert war und bis dahin noch Jahre, wenn nicht gar Jahrzehnte vergehen konnten, bekam die Ukraine durch die Entschließung Zugang zu einer Reihe von EU-Programmen, und die europäische Gemeinschaft sandte damit ein deutliches Signal an Russland, dass sie bereit war, der Ukraine zur Seite zu stehen.[46]

Am 29. Juni, drei Tage nach der Entscheidung des Europarats über den Kandidatenstatus für die Ukraine und die Republik Moldau, zeigte sich die transatlantische Einheit gegen die russische Aggression erneut. Beim NATO-Gipfeltreffen in Madrid wurden Finnland und Schweden, die sich im Gefolge des russischen Einmarschs in die Ukraine um die Mitgliedschaft beworben hatten, förmlich zum Beitritt eingeladen. Die Einwände der Türkei gegen die Einladung, die damit begründet wurden, dass beide Länder von Istanbul als Terroristen gebrandmarkte türkische Flüchtlinge aufgenommen hätten, waren am Abend des Gipfels ausgeräumt. Die Entscheidung war in mehr als einer Hinsicht historisch. Finnland, das eine 1340 Kilometer lange Grenze mit Russland hat und der NATO zur Zeit des Kalten Krieges ferngeblieben war, trat der Allianz nun bei, während Schweden seine mehr als 200 Jahre währende politische Neutralität aufgab.[47]

Es gab noch einen weiteren historischen Moment beim Madrider Gipfel. In der von der Pressestelle herausgegebenen Gipfelerklärung wurde Russland erstmals seit dem Ende des Kalten Krieges wieder als »größte und unmittelbarste Bedrohung für die Sicherheit der Verbündeten« bezeichnet. Die NATO-Mitglieder versprachen weitere Unterstützung für die Kriegsanstrengungen der Ukraine. »Wir werden die politische und praktische Unterstützung für unseren engen Partner, die Ukraine, fortsetzen und weiter erhöhen, während diese ihre Souveränität und territoriale Unversehrtheit weiter gegen die russische Aggression verteidigt. Gemeinsam mit der Ukraine haben wir ein verstärktes Unterstützungspaket beschlossen«, hieß es in der Erklärung. Außerdem vereinbarten die Teilnehmer, zusätzliche Truppen an den Ostgrenzen der Allianz einzusetzen, und verpflichteten sich, ihre acht Kampfgruppen von Bataillons- auf Brigade-Größe aufzustocken, wann und wo man es für erforderlich hielt.[48]

Putin war alles andere als erfreut. Er hatte Finnland gewarnt, dass dessen Mitgliedschaft in der Allianz den Beziehungen zwischen Moskau und Helsinki schaden würde, musste nun jedoch die neue Realität akzeptieren. Er spielte die Bedeutung der Mitgliedschaft Schwedens und Finnlands in der NATO herunter; schließlich habe Russland keine territorialen Streitigkeiten mit ihnen, anders als mit der Ukraine. Die Streitigkeiten, an die er dabei dachte, betrafen die Krim. Gerade um solche Streitigkeiten zu vermeiden, trat Finnland, das von 1809 bis 1917 unter kaiserlicher russischer Herrschaft gestanden hatte und dessen Territorium von Stalin 1940 teilweise annektiert worden war, nun der Allianz bei.[49]

Der Westen war wieder in voller Stärke zurück. Trotz der verschiedenen und manchmal im Widerspruch zueinander stehenden Interessen und Ziele der Vereinigten Staaten und Europas sowie der unterschiedlich stark ausgeprägten Bereitschaft, Sanktionen mitzutragen oder die Ukraine zu bewaffnen, gelang es Washington und seinen europäischen Verbündeten angesichts von Russlands Aggression und der Gefahr, die sie für Europa und die internationale Ordnung darstellte, enger zusammenzurücken und eine gemeinsame Plattform zu entwickeln. Das war nicht die Reaktion, die Putin sich vorgestellt hatte, als er den Angriff auf die Ukraine beschloss. Seine Aggression im Jahr 2014 war mit dem Versuch verbunden gewesen, Kyjiw an der Unterzeichnung eines Assoziierungsabkommens mit der Europäischen Union zu hindern. Nun war die Ukraine zum Beitrittskandidaten der EU avanciert. Putins Vorwand für die Invasion im Jahr 2022 war die Osterweiterung der NATO und Russlands Wunsch gewesen, westliche Armeen von seinen Grenzen fernzuhalten. Jetzt war die Ukraine nicht nur ein »enger Partner« der NATO, sondern die Grenzen der Allianz selbst waren dank Finnlands Mitgliedschaft bis auf weniger als 200 Kilometer an Sankt Petersburg herangerückt, den Geburtsort und die Heimatstadt Putins und seiner engsten Getreuen.[50]

# KAPITEL 13

# DIE HINWENDUNG NACH ASIEN

Der nuklear betriebene Flugzeugträger USS *Ronald Reagan* verließ am 25. Juli 2022 zusammen mit seinem Begleitverband Singapur und nahm nordöstlichen Kurs Richtung Südchinesisches Meer und Taiwan. Einige Tage später wurde die *Ronald Reagan* 115 Seemeilen vom Fiery-Cross-Atoll entfernt gesichtet, einer von China okkupierten und militärisch befestigten Insel, auf die auch Taiwan, Vietnam und die Philippinen Anspruch erheben. Zwei Schiffe der chinesischen Marine, ein Zerstörer und eine Fregatte, erschienen in der Nähe. Wenig später trafen weitere amerikanische und chinesische Schiffe in dem Gebiet ein, was viele Beobachter befürchten ließ, ein unbeabsichtigter Zwischenfall könnte zu einer militärischen Konfrontation zwischen den beiden Mächten führen.[1]

Die Spannungen zwischen den Vereinigten Staaten und China hatten sich bereits seit Wochen aufgebaut, als Gerüchte aufkamen, Nancy Pelosi, Sprecherin des US-Repräsentantenhauses und somit dritthöchste Vertreterin der Vereinigten Staaten, wolle Taiwan einen Besuch abstatten – der Insel, die Peking als abtrünnige Provinz betrachtet. Kurz zuvor hatte Präsident Biden Taiwan versichert, es gegen jedwede militärische Aggression zu schützen. Als sich die Nachricht von Pelosis geplantem Besuch verbreitete und die Proteste aus Peking immer lauter wurden, verlegte die Siebte US-Flotte die *Ronald Reagan* und ihren Begleitverband näher an Taiwan. China betrachtete Pelosis Vorhaben als Verstoß gegen die Ein-China-Politik, der zufolge Taiwan als Teil Chinas gilt; dies war von der US-Regierung Ende der 1970er Jahre anerkannt worden. Ein chinesischer Journalist riet dem chinesischen Militär sogar, Pelosis Flugzeug abzuschießen, falls es Taiwan ansteuere. Und das chinesische Außenministerium drohte den Vereinigten Staaten mit »energischen Maßnahmen«. Daraufhin bekräftigte das Weiße Haus sein Bekenntnis zur »Ein-China-Politik«.[2]

Am 28. Juli, als die *Ronald Reagan* beim Fiery-Cross-Atoll kreuzte und die Chinesen ihre Drohung verkündeten, führten Biden und der chinesische Staatschef Xi Jinping ein Telefongespräch von zwei Stunden und siebzehn Minuten. Es ging dabei um Taiwan, und laut dem chinesischen Gesprächsprotokoll warnte Xi den amerikanischen Präsidenten davor, »mit dem Feuer zu spielen«. Bereits vor dem Telefonat hatte Biden erklärt, aufgrund der Lageeinschätzung des US-Militärs halte er den Besuch Pelosis in Taiwan »im Moment für keine gute Idee«. China, die größte oder zweitgrößte Volkswirtschaft der Welt, verfügt auch über die weltweit größte Marine.[3]

Ungeachtet Pekings hitziger Rhetorik und Washingtons Mahnung zur Vorsicht traf Pelosi am 2. August 2022 im Rahmen ihrer Pazifik-Reise in Taiwan ein. Ihre Visite sei ein Symbol für »Amerikas unerschütterliches Engagement zur Unterstützung von Taiwans lebendiger Demokratie«, verkündete sie. Am Flughafen begrüßten sie taiwanesische Bürger mit blau-gelben Corona-Masken (die Farben der ukrainischen Flagge) und Schildern, auf denen »Freedom and Friendship« und »Taiwan ≠ China« zu lesen war. Die chinesischen Medien berichteten, dass Militärjets der Volksbefreiungsarmee über der Straße von Taiwan patrouillierten. Tatsächlich waren 20 chinesische Kampfflugzeuge, darunter auch russische Sukhoi SU-30, in die taiwanesische Luftverteidigungszone eingedrungen. Sowohl das chinesische als auch das russische Außenministerium verurteilten den Besuch, und die chinesische Armee kündigte an, im Laufe der Woche Militärübungen mit scharfer Munition rund um die Insel abzuhalten.[4]

Pelosis Taiwan-Besuch rief die schwerste Krise in den amerikanisch-chinesischen Beziehungen seit Ende des Kalten Krieges hervor. Ihre Visite wurde von beiden Parteien im Kongress gutgeheißen, wobei die Demokraten eine härtere Haltung ihres Landes gegenüber

Peking und in Bezug auf Menschenrechte und Demokratie, die Republikaner jedoch eine aggressivere Wirtschafts- und Handelspolitik forderten. Im Weißen Haus hingegen war man über die Krise alles andere als erfreut. Biden und sein Stab taten ihr Bestes, eine diplomatische und wirtschaftliche Konfrontation mit Russland und und China zugleich zu vermeiden, und bemühten sich nach Kräften, China davon abzuhalten, noch engere Beziehungen zu seinem nördlichen Nachbarn zu knüpfen.[5]

Die Leitsätze der China-Politik der Regierung Biden hatte Außenminister Antony Blinken Ende Mai in einer Rede an der George Washington University formuliert. Doch bevor er auf die politische Agenda der USA gegenüber China zu sprechen kam, äußerte er sich erst einmal zu Russland. »Der russische Präsident Wladimir Putin stellt gegenwärtig zweifellos eine Bedrohung dar«, erklärte Blinken seinen Zuhörern. »Mit seinem Angriff auf die Ukraine vor drei Monaten hat er auch die Grundsätze der Souveränität und der territorialen Integrität angegriffen, die in der UN-Charta verankert sind und alle Länder davor schützen sollen, erobert oder genötigt zu werden.« Nach Blinkens Ansicht würde Russland jedoch damit scheitern. »So viele Länder haben sich zusammengeschlossen, um sich dieser Aggression zu widersetzen, weil sie darin einen direkten Angriff auf die Eckpfeiler ihres eigenen Friedens und ihrer Sicherheit sehen«, fuhr er fort und kam dann auf Putin selbst zu sprechen: »Anstatt Russlands Stärke zu bewahren, hat er sie untergraben. Und anstatt die internationale Ordnung zu schwächen, hat er Länder zur Verteidigung dieser Ordnung zusammengebracht.«[6]

Bei China lag die Sache anders. Dessen Politik bezeichnete Blinken als die »ernsthafteste langfristige Herausforderung für die internationale Ordnung«. China sei »das einzige Land, das sowohl die Absicht hat, die internationale Ordnung neu zu gestalten, als auch in zunehmendem Maße über die dafür notwendige wirtschaftliche, diplomatische, militärische und technologische Macht verfügt«, erklärte Blinken und ergänzte: »Pekings Vision würde uns von den universellen Werten abbringen, die in den letzten 75 Jahren einen Großteil des weltweiten Fortschritts ermöglicht haben.« Blinken versicherte den Zuhörern, dass »wir nicht auf einen Konflikt oder einen neuen Kalten Krieg aus sind. Im Gegenteil, wir sind entschlossen, beides zu vermeiden.«

Mit den Schlagworten »investieren, abstimmen, konkurrieren« skizzierte Blinken die Formel, mit der China gestoppt und künftige Konflikte verhindert werden sollten. »Wir werden in die Grundlagen unserer Stärke hier zu Hause investieren – unsere Wettbewerbsfähigkeit, unsere Innovationskraft, unsere Demokratie«, versicherte er seinen Zuhörern. »Wir werden unsere Bemühungen mit unserem Netz von Verbündeten und Partnern abstimmen und gemeinsam handeln, in gemeinsamer Zielsetzung. Diese beiden Schlüsselfaktoren werden es uns ermöglichen, mit China zu konkurrieren, um unsere Interessen zu verteidigen und unsere Zukunftsvision in die Realität umzusetzen.«[7]

Das erinnerte an die sowjetische Politik der »friedlichen Koexistenz« und des wirtschaftlichen Wettbewerbs mit dem kapitalistischen Westen, die in den 1950er Jahren die chinesisch-sowjetische Spaltung herbeigeführt hatte. Damals hatte Peking eine konfrontativere Haltung gegenüber dem Westen eingenommen, sowohl militärisch als auch wirtschaftlich. Das neue Peking hingegen wollte keine Beschränkungen bei seiner wirtschaftlichen Entwicklung hinnehmen. Wang Wenbin, Sprecher des chinesischen Außenministeriums, erklärte, die Vereinigten Staaten seien bestrebt, »Chinas Entwicklung einzudämmen und zu unterdrücken und die Hegemonie der USA aufrechtzuerhalten«. Er verurteilte die Bildung von Bündnissen gegen China und bezeichnete internationale Regeln als Versuch der Vereinigten Staaten und ihrer Verbündeten, anderen etwas aufzuzwingen. »Was die regelbasierte internationale Ordnung betrifft, die die USA verfechten, so kann jeder verständige Mensch erkennen, dass es sich dabei um nichts anderes als um Regeln handelt, die von den USA und einigen anderen Ländern mit dem Ziel formuliert wurden, die von den USA dominierte internationale Ordnung festzuschreiben«, erklärte Wang Wenbin.[8]

Die beiden größten Volkswirtschaften der Welt, die USA und China, befanden sich auf Kollisionskurs, und obwohl keiner von beiden die direkte Konfrontation suchte, verschärfte der russische Krieg gegen die Ukraine die Spannungen zwischen den Großmächten und beschleunigte die Umstrukturierung der nach dem Ende des Kalten Krieges geschaffenen Weltordnung. Die von den USA dominierte unipolare Welt, die mit dem Ende des Kalten Krieges Anfang der 1990er Jahre an die Stelle der bipolaren Welt getreten war, sah sich der bisher größten Bedrohung gegenüber.[9]

## WASHINGTONS DILEMMA

Den ersten heftigen Schlag versetzte der unipolaren amerikanischen Welt ausgerechnet jener Mann, der sie mit aller Macht verteidigen und erhalten wollte – US-Präsident George W. Bush.

Bush begann den Afghanistankrieg als direkte Reaktion auf den al-Qaida-Anschlag vom 11. September 2001; anderthalb Jahre später entsandte er amerikanische Truppen in den Irak, um den Krieg gegen das Regime von Saddam Hussein zum Abschluss zu bringen, den sein Vater, Präsident George H. W. Bush, 1991 begonnen, aber nicht zu Ende gebracht hatte. Die beiden Kriege demonstrierten das neue Selbstverständnis der USA bezüglich ihrer Rolle in der Welt und basierten auf zwei grundlegenden Paradigmen, die aus der neokonservativen Wende im amerikanischen außenpolitischen Establishment hervorgegangen waren. Das erste besagte, dass ein Präventivkrieg zulässig, ja sogar wünschenswert sei, wenn er dem Erhalt der amerikanischen Vormachtstellung in der nach dem Kalten Krieg entstandenen unipolaren Welt diente. Das zweite war ideologischer Natur und postulierte die Umwandlung der Welt in eine Gemeinschaft demokratischer Staaten. Die in diesen Paradigmen vorgesehenen Kriege waren als begrenzte militärische Einsätze gedacht, doch in Wirklichkeit eskalierten sie zu langwierigen Konflikten kolonialer Art, die die politischen, wirtschaftlichen und militärischen Schwächen der USA offenbarten und die Gefahren einer Überdehnung aufzeigten.[10]

Präsident Barack Obama wollte die Kriege in Irak und Afghanistan beenden, sich aus dem Nahen Osten zurückziehen und sich auf den

Pazifikraum konzentrieren. Diese »Hinwendung zu Asien« könnte auf Obamas Hintergrund zurückzuführen sein – er war auf Hawaii aufgewachsen und hatte einen Teil seiner Kindheit in Indonesien verbracht –, aber mehr als alles andere war sie der Erkenntnis geschuldet, dass die Kampfansage an die wirtschaftliche, politische und möglicherweise sogar militärische Macht der USA auf lange Sicht von China kam, einem schnell aufstrebenden Rivalen, der Japan 2010 als zweitgrößte Volkswirtschaft der Welt abgelöst hatte. Mit einem jährlichen Wachstum von 10 Prozent war China drauf und dran, auch die US-Wirtschaft zu überholen, und tatsächlich stieg es 2014 zur weltweit größten Volkswirtschaft auf, wenn man sein BIP auf der Grundlage von Kaufkraftparitäten (PPP) maß. Obama hoffte, durch den Abzug der amerikanischen Truppen aus dem Nahen Osten den Handel und die politischen Allianzen im Pazifikraum stärken und so der wachsenden wirtschaftlichen und politischen Macht Chinas dort etwas entgegensetzen zu können.[11]

Was Russland betraf, wollte Präsident Obama einen Neubeginn einleiten; für die wachsenden Spannungen zwischen Moskau und Washington machte er seine Vorgänger, George W. Bush und dessen Team, verantwortlich. Die Obama-Biden-Regierung bemühte sich um eine Verbesserung der Beziehungen zu Russland, die im Vorjahr durch Washingtons Bestreben, die Ukraine und Georgien zum NATO-Beitritt einzuladen, und durch den Einmarsch Russlands in Georgien erheblich beschädigt worden waren. Nicht nur, dass der georgische »Vorfall« vollständig verziehen und die Pläne für eine NATO-Mitgliedschaft der Ukraine und Georgiens aufgegeben wurden, das Weiße Haus verwarf auch das Vorhaben der Bush-Administration, Raketenabwehrsysteme in Osteuropa zu stationieren. Putin, der damals vom Amt des Präsidenten in das des Ministerpräsidenten wechselte, lobte diese Entscheidung.

Im März 2009 sorgte die neue US-Außenministerin Hillary Clinton für Schlagzeilen, als sie ihrem russischen Amtskollegen Sergei Lawrow ein Souvenir überreichte – einen roten »Reset«-Button. »Ich möchte Ihnen ein kleines Geschenk machen, das symbolisiert, was Präsident Obama, Vizepräsident Biden und ich gesagt haben: ›Wir wollen unsere Beziehungen neu gestalten, und deshalb werden wir es gemeinsam tun.‹« Als die beiden lächelnd miteinander scherzten, schien für die ehemaligen Rivalen aus der Zeit des Kalten Krieges eine glänzende Zukunft anzubrechen. Aber es blieben auch Fragen zu den Absichten Russlands und deren Einschätzung seitens der neuen US-Regierung offen. Der Button, den Clinton Lawrow überreichte, war mit einer falschen Übersetzung des Wortes »Reset« versehen. Auf Russisch stand darauf *peregruzka* (Überlastung) statt *perezagruzka* (Neustart). »Wir haben uns sehr bemüht, den korrekten russischen Begriff zu finden. Haben wir es richtig gemacht?«, fragte Clinton. »Sie haben den falschen genommen«, lautete die Antwort.[12]

Trotz des Missgeschicks mit dem Button führten die verbesserten amerikanisch-russischen Beziehungen zur Unterzeichnung eines neuen START-Vertrags zur Reduzierung der Atomwaffenarsenale beider Supermächte durch Obama und den neuen russischen Präsidenten Dmitri Medwedew. Moskau und Washington arbeiteten auch bei den Sanktionen gegen Iran zusammen. Dank der Beilegung der »russischen Frage« konnte die Regierung Obama im Herbst 2011 guten Gewissens eine »Hinwendung« nach Asien verkünden. »Nachdem wir 2009 den Reset-Button gedrückt hatten, haben wir bis 2012 in der Zusammenarbeit mit Russland viel erreicht, was die Förderung unserer gemeinsamen Interessen und, wie ich meine, auch die Interessen Europas angeht«, verkündete Joseph Biden im Februar 2015. Zu diesem Zeitpunkt zeichneten sich neue Wolken schon nicht mehr nur am Horizont ab, sondern sie verdunkelten den Himmel über den russisch-amerikanischen Beziehungen bereits vollständig.[13]

Der Hauptverursacher dieser Wolken war Wladimir Putin, der im Mai 2012 für eine dritte Amtszeit ins Präsidentenamt zurückkehrte. Putin war davon überzeugt, dass die Massenproteste in Moskau Ende 2011, am Vorabend der russischen Parlamentswahlen und seiner Rückkehr auf den Präsidentenstuhl, von den Vereinigten Staaten gesteuert worden waren. Er machte Hillary Clinton persönlich für diese vermeintliche Einmischung in die inneren Angelegenheiten Russlands verantwortlich, da sie eine offizielle Erklärung abgegeben hatte, in der sie die Fairness der russischen Parlamentswahlen infrage stellte. Das russische Volk, so hieß es in dem Statement, »verdient es, dass seine Stimme gehört wird und dass seine Stimmen gezählt werden, und das bedeutet, es verdient faire, freie und transparente Wahlen und Führungspersonen, die ihm gegenüber rechenschaftspflichtig sind«. Putin warf Clinton vor, die Proteste provoziert zu haben.[14]

Nach Russlands Annexion der Krim im März 2014 und dem Beginn seines hybriden Krieges im Donbas verhängte der Westen, angeführt von den USA, Strafsanktionen gegen Russland. Das beendete den »Neustart« der Beziehungen zwischen Washington und Moskau mit einer »Überlastung«, die Russland dazu brachte, sich in die amerikanischen Präsidentschaftswahlen 2016 einzumischen. Nach Angaben der US-Geheimdienste hatte Putin persönlich das Cyberhacking der Computerserver des Demokratischen Nationalkomitees und der angegliederten Einrichtungen der Demokratischen Partei sowie von deren Wahlkampffunktionären angeordnet. Elf russische Geheimdienstmitarbeiter wurden angeklagt, die Server von Clintons Präsidentschaftskampagne gehackt und Hunderte gestohlener E-Mails veröffentlicht zu haben, die ihre Bewerbung um die Präsidentschaft unterminierten. Eine russische Troll-Farm in Sankt Petersburg, der Geburtsstadt Putins, richtete Tausende von Konten in den sozialen Medien ein und verbreitete Desinformationen an Millionen US-Wähler, um Hillary Clinton in Verlegenheit zu bringen und die amerikanische Demokratie zu diskreditieren.[15]

Hauptnutznießer der russischen Einmischung war der republikanische Präsidentschaftskandidat Donald Trump. Im Laufe seines Wahlkampfs und seiner Amtszeit im Oval Office übte er nicht ein einziges Mal Kritik an Wladimir Putin, an der russischen Politik oder der »souveränen Demokratie« des Kremls. Wie Obama räumte auch Trump der asiatisch-pazifischen Region außenpolitische Priorität ein, aber seine Hinwendung nach Asien unterschied sich deutlich von der seines Vorgängers. Trump zog sich aus dem von Obama ausgehandelten Transpazifik-Abkommen zurück und begann einen Handelskrieg mit China, indem er Zölle auf chinesische Importe in die Vereinigten Staaten im Wert von Hunderten Milliarden Dollar erhob.

Langwierige, komplizierte Verhandlungen führten zum Abschluss eines neuen US-Handelsabkommens mit Peking, das es Trump ermöglichte, sich zum Sieger des Handelskriegs zu erklären und China an verschiedenen Fronten anzugreifen; beispielsweise warf er Peking vor, am Ausbruch der Corona-Pandemie schuld zu sein und unfaire Handelspraktiken zu betreiben. Im Jahr 2020, Trumps letztem Amtsjahr, verhängten die Vereinigten Staaten Sanktionen gegen 90 chinesische Unternehmen und Einzelpersonen, womit jede zehnte amerikanische Sanktionsmaßnahme zu dieser Zeit gegen China gerichtet war. Zweifellos betrachteten Trump und seine Berater China als unmittelbare Bedrohung für die Interessen der USA, wodurch Russland, dessen Wirtschaft nicht einmal zu den zehn größten der Welt zählte, zu einem zweitrangigen Gegner wurde.[16]

Obschon Trump seine Bewunderung für Putin und dessen autoritäre Herrschaft kaum verbergen konnte, bezog seine Regierung eine härtere Position gegenüber Russland und unterstützte die Ukraine in ihrem hybriden Krieg mit Moskau stärker als die vorangegangenen US-Regierungen. Obama hatte der Ukraine die Lieferung schwerer Waffen verweigert, obwohl sich der Kongress parteiübergreifend dafür ausgesprochen hatte. Trump hingegen genehmigte den Verkauf von Waffen im Wert von 47 Millionen Dollar an die Ukraine, darunter Panzerabwehrraketen vom Typ Javelin. Es liegt eine gewisse Ironie darin, dass es ausgerechnet die US-Militärhilfe für die Ukraine war, die den Hintergrund für das erste Amtsenthebungsverfahren des Repräsentantenhauses gegen Trump im Dezember 2019 bildete. Zu Beginn dieses Jahres hatte Trump vergeblich versucht, die Zustimmung des Kongresses zu Waffenlieferungen an die Ukraine als Druckmittel gegenüber dem neu gewählten ukrainischen Präsidenten Wolodymyr Selenskyj zu verwenden, damit dieser eine Untersuchung gegen Joseph Bidens Sohn Hunter und dessen angeblich fragwürdige Geschäftsaktivitäten in der Ukraine einleitete.[17]

Im Jahr 2019 empfahlen einflussreiche Experten der RAND Corporation, dass Washington sich auf China und nicht auf Russland als Hauptbedrohung für die Vereinigten Staaten konzentrieren solle. Präsident Biden, seit Januar 2021 im Amt, nahm diesen Rat ernst. Er und seine Regierung behielten die China-Politik seines Vorgängers in den Grundzügen bei, sodass sich unter Bidens Ägide die Beziehungen zu Peking nicht wesentlich verbesserten, schon gar nicht, als die Vereinigten Staaten einen politischen Boykott der von China ausgerichteten Olympischen Winterspiele 2022 erklärten. Zugleich verschlechterte sich das Verhältnis Washingtons zu Moskau sogar noch weiter, über den Tiefpunkt während Trumps Präsidentschaft hinaus.

Bidens Berater definierten die Politik der Regierung gegenüber Russland als Schaffung »stabiler und berechenbarer Beziehungen«. »Dieses Mantra der ›stabilen und berechenbaren Beziehungen‹ bedeutet doch nichts anderes, als dass Russland nicht mehr ganz oben auf der Tagesordnung steht«, erklärte Samuel Charap, ehemals Russland-Berater der Regierung Obama, in einem Interview mit National Public Radio im Dezember 2021. »Dadurch gehen die USA Problemen aus dem Weg, und die obersten Entscheidungsträger vergeuden damit keine Zeit.« Dann fügte er hinzu: »Bloß funktioniert das nicht.« Die Politik der Regierung Biden scheiterte in dieser Hinsicht an Putins zunehmend aggressiver Haltung. Im Herbst 2021 hatte Russland China als Hauptgegner der Vereinigten Staaten und der von den USA favorisierten internationalen Ordnung abgelöst. Die Hinwendung zum asiatisch-pazifischen Raum würde warten müssen, bis die Vereinigten Staaten nicht mehr gezwungen wären, sich voll und ganz auf Russland zu konzentrieren.[18]

## DAS ÖSTLICHE BÜNDNIS

Anfang Februar 2022, als Putin sich bereits zum Einmarsch in die Ukraine entschlossen hatte, flog er nach Peking, um dort als Ehrengast von Xi Jinping an der Eröffnungsfeier der Olympischen Winterspiele teilzunehmen.

Auf dem Foto, das die Begegnung der beiden zeigt, wahrt Putin keineswegs die körperliche Distanz zu seinem chinesischen Amtskollegen, auf die er in den Wochen zuvor bei Treffen mit westlichen Staatsführern penibel geachtet hatte. In ihrer langatmigen gemeinsamen Erklärung hoben Xi und Putin die Freundschaft zwischen ihren beiden Staaten hervor, die »keine Grenzen« kenne; auch gebe es »keine ›verbotenen‹ Bereiche der Zusammenarbeit« – eine beschönigende Formulierung für militärische Kooperation. Allerdings bedeutete oder begründete diese Erklärung kein formelles Bündnis, da China die internationale Ordnung nach wie vor als hierarchisch betrachtet und Russland nicht als ebenbürtig ansieht, weder historisch noch kulturell, geschweige denn im Hinblick auf seine Wirtschaftskraft und sein ökonomisches Potenzial. Dennoch bekräftigten Xi und Putin, dass »die neuen zwischenstaatlichen Beziehungen zwischen Russland und China den politischen und militärischen Allianzen der Ära des Kalten Krieges überlegen« seien.

Zur konkreten Ausgestaltung dieser Partnerschaft wurde nichts verlautbart, hingegen gab es sehr wohl eindeutige Äußerungen zur Geopolitik. Xi hatte bereits zuvor öffentlich Putins Widerstand gegen die Osterweiterung der NATO unterstützt, die zentrale Rechtfertigung des Kreml-Herrschers für seine bevorstehende Aggression. Putin wiederum stellte sich hinter Chinas Ansprüche auf Taiwan, und beide Staatschefs erklärten sich darin einig, dass sie die Pläne der USA ablehnten, »eine globale Raketenabwehr zu entwickeln und deren Elemente in verschiedenen Regionen der Welt zu stationieren, verbunden mit dem Aufbau von Kapazitäten für hochpräzise nichtnukleare Waffen für Entwaffnungsschläge und andere strategische Ziele«.[19]

Unklar blieb, inwieweit der bevorstehende Krieg in der Ukraine auf dem Gipfeltreffen thematisiert wurde, aber Putin konnte es sich eigentlich nicht leisten, seine genauen Kriegspläne darzulegen, sonst hätte er die »Freundschaft ohne Grenzen« beendet, bevor sie begann. Nach Erkenntnissen westlicher Geheimdienste wollte Xi vermeiden, dass der Krieg vor der Abschlusszeremonie der Olympischen Spiele begann, damit die Aufmerksamkeit der Welt nicht von seinem großen Erfolg abgelenkt würde. Dies war vermutlich der Grund, weshalb Putin seine Entscheidung, die Minsker Vereinbarungen mit der Ukraine aufzukündigen, erst am 21. Februar, dem Tag nach dem Ende der Olympischen Spiele, der Weltöffentlichkeit präsentierte. Die Chinesen rechneten offenbar eher mit einer kurzfristigen Polizeiaktion, wie sie Putin zu Beginn seiner Aggression angekündigt hatte, als mit einer breit angelegten Invasion, denn sie rieten ihren in Kyjiw lebenden Staatsangehörigen keineswegs, schleunigst das Land zu verlassen oder sich Vorräte zu besorgen, wohingegen das Personal der westlichen Botschaften sich beeilte, aus der Stadt und dem Land herauszukommen. Überrascht vom Ausmaß der Invasion, begann China erst am vierten Kriegstag mit der Evakuierung seiner Bürger aus Kyjiw, die erst eineinhalb Wochen später abgeschlossen war.[20]

Putin kehrte aus Peking mit der Erwartung zurück, auf Chinas Neutralität und potenzielle Unterstützung bei der bevorstehenden Konfrontation mit dem Westen zählen zu können. Tatsächlich versicherte Peking, in diesem Krieg neutral zu bleiben. Einer Verlautbarung des chinesischen Außenministeriums zufolge erwiderte Xi in einem Telefonat mit Putin auf dessen Beschwerden über die NATO und die Vereinigten Staaten, die »Russlands legitime Sicherheitsbedenken« ignoriert hätten, es sei notwendig, »die vernünftigen Sicherheitsbedenken jedes Landes zu respektieren und einen ausgewogenen, effektiven und nachhaltigen europäischen Sicherheitsmechanismus zu etablieren«, und dies müsse auf dem Verhandlungsweg geschehen. Xi, der eindeutig ein schnelles Ende der »militärischen Operation« wollte, habe hinzugefügt: »China unterstützt Russland dabei, das Problem auf dem Verhandlungsweg mit der Ukraine zu lösen.« Des Weiteren habe er seinen Amtskollegen daran erinnert, dass »China seit Langem die grundsätzliche Position vertritt, die Souveränität und territoriale Integrität aller Länder zu respektieren und sich an die Ziele und Grundsätze der UN-Charta zu halten«.[21]

China, das vor dem Krieg stark in die Ukraine investiert hatte, weigerte sich, die russische Annexion der Krim im Jahr 2014 anzuerkennen, und hatte wenig Grund, Russland bei seinem Angriff auf Kyjiw zur Seite zu stehen, da es die Souveränität und territoriale Integrität von Staaten sehr wohl schätzte – das war schließlich das Hauptargument für seinen Anspruch auf Taiwan. Außerdem setzte China in der Außenpolitik vor allem auf seine wirtschaftlichen Einflussmöglichkeiten zur Durchsetzung seiner Interessen und betrachtete militärische Interventionen nur als letztes Mittel. Russland hingegen standen kaum andere als militärische Mittel zur Verfügung, um sich als Großmacht zu behaupten, und wie die Anfangsphase der Invasion in der Ukraine zeigen sollte, waren selbst diese nicht sehr wirkungsvoll.

Sollte der Krieg jedoch nach Putins Vorstellungen verlaufen, wäre China in mehrfacher Hinsicht Nutznießer seines Siegs. Der Fall der Ukraine würde das Ansehen der Vereinigten Staaten in der Welt weiter schwächen, Risse im euro-atlantischen Bündnis bewirken und die Aufmerksamkeit des Westens wieder auf die Auseinandersetzung mit Moskau lenken. Das würde es China ermöglichen, sich der ständigen amerikanischen Beobachtung und Kritik zu entziehen und gleichzeitig sein wirtschaftliches und militärisches Potenzial weiter auszubauen sowie seine Position im Ausland zu stärken.[22]

Doch die Dinge liefen für Putin und damit auch für Xi nicht wie geplant. Der erfolgreiche ukrainische Widerstand gab dem Westen Grund, Anlass und Zeit, sich zu vereinen wie nie zuvor – schlechte Neuigkeiten für die chinesische Führung, die auf Uneinigkeit nicht nur zwischen den Vereinigten Staaten und Europa, sondern auch innerhalb Europas selbst gesetzt hatte. Die Auswirkungen des Krieges auf die Weltwirtschaft – der Anstieg der Energiepreise und die Verlangsamung des Aufschwungs nach dem Ende der Corona-Pandemie – waren ein schwerer Schlag für Peking. Auch das Ansehen Chinas litt unter der engen öffentlichen Verbindung zwischen Xi und Putin, der sich als rücksichtsloser Störer der Weltordnung mit einer Armee erwies, die nicht in der Lage war, einen modernen Krieg zu führen. Die Unfähigkeit Russlands, seine Kriegsziele zu erreichen, war für Xi zudem ein Warnsignal, was die Aussichten auf eine erfolgreiche Invasion Taiwans betraf. Kurzum, die Ergebnisse von Putins »militärischer Spezialoperation« waren allesamt schlecht für China.[23]

Der Wandel in Pekings Haltung gegenüber dem Krieg spiegelte sich in der chinesischen Medienberichterstattung wider. Nach anfänglicher Unsicherheit und einigem Zögern übernahmen die staatlichen Medien die russische Darstellung des Krieges als »Spezialoperation«, die lediglich eine Antwort auf die aggressive Haltung des Westens sei und planmäßig verlaufe. Sie unterließen es, den Krieg als »Invasion« zu bezeichnen, und hielten mit einigen kleinen Abweichungen an dieser Linie fest. Doch je länger der Krieg dauerte, ohne dass sich ein schneller Sieg Russlands abzeichnete, desto öfter äußerten die chinesischen Medien Kritik an der Invasion.

Am 30. April 2022 verbreitete die staatliche Nachrichtenagentur Xinhua eine Stellungnahme des ukrainischen Außenministers Dmytro Kuleba, in der er die negativen Folgen des Krieges für China darlegte. »Russland gefährdet das von der chinesischen Führung betriebene Projekt der Neuen Seidenstraße«, erklärte Kuleba und fuhr fort: »Dieser Krieg steht nicht im Einklang mit Chinas Interessen. Die weltweite Nahrungsmittelkrise und die ökonomischen Probleme [...] werden eine ernsthafte Bedrohung für die chinesische Wirtschaft darstellen.« Deshalb sei China gut beraten, Russland zu zügeln.[24]

Indes klopfte Putin nach dem Rückschlag bei seinen militärischen Bemühungen in den ersten Kriegswochen erneut bei Xi Jinping an und bat um militärische Ausrüstung und wirtschaftliche Unterstützung. Xi konnte es sich kaum leisten, Putin eine Absage zu erteilen, da er Russland mit seinen riesigen Rohstoffvorräten in seinem Einflussbereich behalten wollte. Aber er konnte auch die Vereinigten Staaten und Europa, Chinas größte Märkte, nicht außer Acht lassen, die Sanktionen gegen Russland und im weiteren Sinne gegen jedes Land verhängt hatten, das gegen ihr Sanktionsregime verstieß. Der chinesische Außenminister Wang Yi ließ verlautbaren, China missbillige die westlichen Sanktionen gegen Russland. Das Problem war nur, dass China sich nicht über sie hinwegsetzen konnte.[25]

Am 18. März warnte Präsident Biden während einer Online-Konferenz mit Xi den chinesischen Staatschef vor den »Auswirkungen und Konsequenzen, falls China Russland bei seinen brutalen Angriffen auf ukrainische Städte und Zivilisten materiell Hilfe leistet«. Xi konterte, indem er zu verstehen gab, dass die Chinesen den Krieg keineswegs guthießen, und erinnerte Biden an die gemeinsame »internationale Verantwortung«. Doch die Botschaft kam an. Pekings Wirtschaftswachstum hing nach wie vor von der internationalen Sicherheits-, Wirtschafts- und Finanzordnung ab, für die Washington eintrat. Angeblich wies Xi seine Beamten an, Möglichkeiten zu finden, wie man Russland unterstützen konnte, ohne gegen die Sanktionen zu verstoßen. »Wir verstehen [Moskaus] missliche Lage. Aber wir können unsere eigene Situation in diesen Gesprächen mit Moskau nicht ignorieren«, erklärte ein ungenannter chinesischer Regierungsvertreter.[26]

## DIE RÜCKKEHR DER OSMANEN

Am 18. Juli 2022 unternahm Wladimir Putin seine erste Auslandsreise seit Kriegsbeginn. Er besuchte Satellitenstaaten und Verbündete in Zentralasien. Anschließend machte er sich auf den Weg nach Teheran – ein deutliches Zeichen für seine Isolation auf der Weltbühne und zugleich ein Symbol für seine Hinwendung zum Osten.[27]

Mit seiner Reise wollte Putin die antiwestliche Solidarität mit dem Iran stärken, einem Land, gegen das die Vereinigten Staaten und die Europäische Union seit Jahrzehnten Sanktionen verhängen. Aber es ging Putin auch um seine Kriegsanstrengungen in der Ukraine. Nachdem Moskau dort im Hightech-Krieg gegen die amerikanischen HIMARS sowie amerikanische und türkische Drohnen den Kürzeren gezogen hatte, hielt er nun im Nahen Osten Ausschau nach einer neuen Generation von Waffen – eine demütigende Wendung angesichts der Tatsache, dass Russland diese Region jahrzehntelang mit Kriegsgerät beliefert hatte. Besonders interessiert waren die Russen an den iranischen Drohnen Shahed 129 und Shahed 191. Putin sprach auch mit einem anderen Besucher der iranischen Hauptstadt über Drohnen, dem türkischen Ministerpräsidenten Recep Tayyip Erdoğan. Sie trafen sich in Begleitung des Obersten Führers des Iran, Ayatollah Ali Chamenei, und hatten noch eine weitere, separate Zusammenkunft, die mehr Aufmerksamkeit in den Medien und der Öffentlichkeit erregte als jeder andere Teil des Gipfeltreffens.[28]

Etwa eine Minute vor Beginn ihrer Gespräche wurde Putins unglücklicher Gesichtsausdruck auf einem Video festgehalten, das im Internet rasch Verbreitung fand. Der Kreml-Führer musste vor laufenden Fernsehkameras darauf warten – wenngleich nur für 50 Sekunden –, dass sein türkischer Amtskollege den Raum betrat. Der russische Präsident sah mürrisch und gedemütigt drein: Normalerweise war er es, der andere Staatsoberhäupter warten ließ. »Diese 50 Sekunden, in denen Erdoğan Putin vor den Kameras warten ließ, sprechen Bände darüber, wie viel sich nach der Ukraine geändert hat«, twitterte Joyce Karam, eine leitende amerikanische Korrespondentin der in Abu Dhabi erscheinenden Zeitung *The National.* »Es ist auch eine süße Rache für Erdoğan, der 2020 von Putin gedemütigt wurde, als dieser ihn in Russland zwei Minuten warten ließ, um ihm seine Macht zu demonstrieren«, fügte Karam in einem Kommentar zu ihrem Tweet hinzu, der in den ersten Stunden nach der Veröffentlichung drei Millionen Mal und in den folgenden Tagen weitere drei Millionen Mal aufgerufen wurde.[29]

Im März 2020 hatte Putin Erdoğan sowie Dutzende türkische Regierungsvertreter und Berater, die ihn nach Moskau begleiteten, zwei Minuten lang im Vorraum des Kreml-Sitzungssaals warten lassen, ebenfalls vor laufenden Kameras. Das Video der gedemütigten Türken, die vor den geschlossenen Türen standen, wurde sodann im russischen Fernsehen gezeigt. Dies war Putins Art, seinen Sieg in Syrien öffentlich zur Schau zu stellen: Erdoğan war nach Moskau gekommen, um Putin um einen Waffenstillstand bei den Kämpfen zwischen den von Russland unterstützten Truppen von Präsident Baschar al-Assad und den von der Türkei unterstützten Rebellen in der Provinz Idlib zu bitten.

Putin gab Erdoğan, was er wollte, und stoppte den Vormarsch von al-Assad in der für die Türkei strategisch wichtigen Region, jedoch nicht ohne ihn noch weiter zu demütigen. Den Vorraum, in dem die türkische Delegation wartete, schmückten Porträts russischer Generäle, darunter Alexander Suworow, der in den Kriegen des Russischen Reichs gegen die osmanischen Türken in der zweiten Hälfte des 18. Jahrhunderts den Sieg davongetragen hatte. Der Sitzungssaal, den Erdoğan schließlich betreten durfte, war mit einer mächtigen Statue von Katharina der Großen dekoriert, der damaligen Kriegsherrin. Und als die beiden Staatsoberhäupter für ein gemeinsames Foto posierten, hatte man hinter ihren Stühlen eine Uhr aus der Zarenzeit postiert, verziert mit Bronzearbeiten, die eine Szene aus dem

Krieg von 1877–1878 zeigten, in dem Russland ebenfalls über die Türkei triumphiert hatte.[30]

Die Russen bestritten, dass sie Erdoğan und seine Delegation bewusst hätten warten lassen oder den Ort für das Treffen mit Putin in böser Absicht gewählt hätten. Den türkischen Ministerpräsidenten und sein Gefolge kostete es jedoch erhebliche Mühe, die türkischen Medien davon zu überzeugen, dass das diplomatische Protokoll, dem sie in Russland unterworfen waren, nichts Ungewöhnliches enthalten habe und sie sich keineswegs beleidigt fühlten. Jetzt, im Juli 2022, war es an Putin, Gleichmut über seinen Empfang in Teheran zu heucheln, obwohl die Grimassen, die er auf dem Video zog, und seine Körpersprache etwas anderes vermuten ließen. Erdoğan war auch deshalb nach Teheran gekommen, um Russland und den Iran um Unterstützung für seine geplante Militäroperation in Syrien zu bitten, mit der er eine Pufferzone zwischen der Türkei und den syrischen Rebellen schaffen wollte. Dieses Mal war er jedoch nicht nur Bittsteller, sondern wurde auch selbst um einen Gefallen gebeten.

Putin dankte Erdoğan für dessen Rolle bei den russisch-ukrainischen Verhandlungen über den Export ukrainischen Getreides aus den Häfen von Odesa. Außerdem beabsichtigte er, türkische bewaffnete Drohnen des Typs Bayraktar TB2 zu kaufen. Diese hatten sich in ukrainischer Hand gegen russische Truppen hervorragend bewährt, und nun wollte der russische Staatschef, dass Erdoğan in Russland eine Drohnenfabrik bauen ließ. Die Bayraktars wurden von Baykar, einem Unternehmen im Besitz von Erdoğans Schwiegersohn, dem Erfinder und Unternehmer Selçuk Bayraktar, hergestellt und in die Ukraine geliefert. Während Erdoğans Reise nach Moskau im Jahr 2020 hatten sich die russischen Medien noch über die Leistung türkischer Drohnen im Syrienkrieg lustig gemacht. Doch jetzt wollte Putin, dem Israel die Lieferung von Drohnen verweigert hatte, genau diese türkischen Waffen für sich haben. Erdoğan lehnte ab. Tags zuvor hatte Haluk Bayraktar, Selçuks Bruder und Geschäftsführer der Firma Baykar, erklärt, das Unternehmen werde seine Drohnen »niemals« nach Russland liefern.[31]

Erdoğan, der zuvor die Beschwerden Russlands über die Lieferung türkischer Drohnen an die Ukraine ignoriert hatte, war nicht bereit nachzugeben. Er hatte kein Interesse daran, dass Russland in der Ukraine die Oberhand gewann. Istanbul und Moskau, später Sankt Petersburg und dann erneut Moskau waren in der nördlichen Schwarzmeerregion jahrhundertelang Rivalen gewesen, und nicht immer hatte Russland den Sieg davongetragen. Putin hatte mit der Wahl Moskaus als Ort für sein Treffen mit Erdoğan im Jahr 2020 etwas anderes zu suggerieren versucht. Im 16. Jahrhundert hatten osmanische Truppen zusammen mit Krimtataren, den regionalen Vasallen der Osmanen, Moskau angegriffen und niedergebrannt und Iwan den Schrecklichen gezwungen, aus der Hauptstadt zu fliehen. Im 17. Jahrhundert kämpften die Osmanen in der Ukraine gegen moskowitische Truppen und stellten sich auf die Seite der ukrainischen Kosaken, die sich sowohl gegen Warschau als auch gegen Moskau aufgelehnt hatten. Und im 19. Jahrhundert schließlich besiegten die Osmanen im Verbund mit den Briten und Franzosen Russland im Krimkrieg und erzwangen die Entmilitarisierung der Halbinsel.[32]

Die russisch-türkische Rivalität in der Region beschränkte sich nicht auf die Vergangenheit. Die Krimtataren, die indigene Bevölkerung der Krim, teilten mit der muslimischen Türkei nicht nur Abschnitte ihrer Geschichte, sondern auch ihre Religion. Zudem lebten etwa eine Million Krimtataren in der türkischen Diaspora – das Ergebnis eines Exodus von der Krim nach der Annexion der Halbinsel durch Russland im 18. und dem Krimkrieg im 19. Jahrhundert. Istanbul erkannte die russische Annexion der Krim im Jahr 2014 nicht an und unterstützte die Führer der Krimtataren, die in Kyjiw Zuflucht fanden. Außerdem verpflichtete sich die Türkei zu Beginn des neuen Krieges, den Krimtataren beizustehen. Darüber hinaus erwies sich Istanbul 2020 als eine Macht, mit der man im Kaukasus rechnen musste, als eine von der Türkei versorgte und ausgebildete aserbaidschanische Armee die von Russland unterstützten armenischen Streitkräfte in Berg-Karabach zurückschlug. Die Russen entsandten Friedenstruppen, um ihre Präsenz in der Region zu festigen, doch nun mussten sie sich mit dem wachsenden türkischen Einfluss in einem Gebiet auseinandersetzen, das seit Jahrzehnten als Moskaus Hinterhof gegolten hatte.[33]

Sollte die Ukraine von Russland besiegt werden, wären die türkischen Interessen nicht nur im postsowjetischen Raum, sondern auch in der Schwarzmeerregion gefährdet, wo Istanbul gute Beziehungen zu Georgien, Bulgarien und Rumänien aufgebaut hatte – alles in dem Bemühen, das immer selbstbewusster auftretende Russland in Schach zu halten. Um Putin ein Hindernis in den Weg zu legen, nutzte die Türkei ihre Befugnisse aus dem Montreux-Abkommen von 1936, das ihr erlaubte, russischen Kriegsschiffen den Zugang vom Atlantik über das Mittelmeer ins Schwarze Meer zu verwehren. Die Lieferung von Bayraktar-Drohnen war eine weitere symbolische und handfeste Geste, die die Türkei und Erdoğan in Kyjiw zu geschätzten Verbündeten machte.[34]

Obschon Erdoğan Kyjiw unterstützte, wollte er zugleich die Beziehungen zu Russland, das Gas in die Türkei und über die Türkei in den Balkan und das übrige Südosteuropa lieferte, nicht beschädigen. Die Millionen russischer Feriengäste waren wichtig für die türkische Tourismusindustrie, die jährlich 30 Milliarden Dollar einnahm, und Russland stellte einen wichtigen Markt für die türkische Wirtschaft dar. Erdoğan bot Putin eine Form der Neutralität an, die kein anderes NATO-Land beziehen konnte, und eine Plattform für Verhandlungen mit aller Welt, die ihm ansonsten fehlte. Die Türkei lehnte es ab, sich den übrigen NATO-Verbündeten anzuschließen und Sanktionen gegen Russland zu verhängen, und versuchte sogar, die Aufnahme Schwedens und Finnlands in das Bündnis zu blockieren. Mit öffentlicher Kritik an Putin und dem Vorgehen Russlands war Erdoğan mehr als zurückhaltend. All das gelang ihm, ohne die Beziehungen seines Landes zu den Vereinigten Staaten, Europa oder der Ukraine zu beeinträchtigen.[35]

Da Erdoğan sowohl Russland als auch der Ukraine Vorteile bieten konnte, entwickelte er sich bald zu einem wichtigen Vermittler in den Beziehungen zwischen den beiden Ländern, aber auch zwischen ihnen und dem Rest der Welt. Ende März war Erdoğan Gastgeber einer wichtigen Gesprächsrunde zwischen ukrainischen und russischen Vertretern im Istanbuler Dolmabahçe-Palast, die Russland dazu nutzte, seinen Rückzug aus der Region Kyjiw anzukündigen. Die ukrainische Delegation erklärte sich bereit, die Bemühungen des Landes um einen NATO-Beitritt aufzugeben und im Gegenzug ein kollektives Abkommen zu schließen, in dem acht Länder die Souveränität und territoriale Integrität der Ukraine garantieren würden. Nachfolgende Gespräche gerieten durch die Enthüllungen über russische Kriegsverbrechen in Butscha und anderen Städten nahe der ukrainischen Hauptstadt ins Stocken, aber die Türkei blieb der von beiden Konfliktparteien bevorzugte Treffpunkt für den diplomatischen Austausch.[36]

Im Juni gelang Erdoğan etwas, woran Emmanuel Macron und Olaf Scholz gescheitert waren. Er half bei der Aushandlung eines russisch-ukrainischen Abkommens über die Wiederaufnahme ukrainischer Getreidelieferungen aus den Häfen von Odesa, die Russland blockiert hatte.[37] Die Übereinkunft wurde am 22. Juli geschlossen und ermöglichte die Verschiffung von 20 Millionen Tonnen Getreide aus der Vorjahresernte und von weiteren Millionen Tonnen aus der neuen. Die Ukraine sollte durch das Abkommen fast zehn Milliarden Dollar einnehmen. Russland wurde von den Vereinigten Staaten und der Europäischen Union mit einer Lockerung der Sanktionen gegen seine landwirtschaftlichen und agrarbezogenen Exporte belohnt. Aber Erdoğan war der Hauptgewinner. Ihm wurde zugestanden, aus der Ukraine exportiertes Getreide mit einem Preisnachlass von 25 Prozent zu erwerben – ein gutes Geschäft für den Staatschef eines Landes, dessen Wirtschaft ins Trudeln geraten war und dessen Inflation bei 80 Prozent lag. Seine wichtigste Leistung bestand jedoch darin, dass er viele Menschen vor Hunger oder gar dem Hungertod bewahrte – verschiedene afrikanische Länder waren auf ukrainisches Getreide angewiesen, wenn sie eine Hungersnot verhindern wollten, und auch Europa profitierte von dem Getreide, weil sich dadurch eine weitere humanitäre Katastrophe und Flüchtlingskrise an seinen Küsten abwenden ließ.[38]

Einen Tag nach der Unterzeichnung des Getreideabkommens

durch Verteidigungsminister Sergei Schoigu in Istanbul nahm Russland die Häfen von Odesa unter Raketenbeschuss – vielleicht als Rache für die 50 Sekunden, die Putin vor dem Treffen mit Erdoğan in Teheran hatte warten müssen. Doch das von Erdoğan ausgehandelte Abkommen überstand diesen und noch andere Raketenangriffe. Die Türkei erwies sich in Zusammenarbeit mit den Vereinten Nationen als Garant des Abkommens, und die Ukrainer hießen zwei türkische Marineschiffe und ein U-Boot willkommen, die aus dem Mittelmeer ins Schwarze Meer einfuhren, um dort den Getreidetransport zu schützen. Das erste ukrainische Schiff, beladen mit 25 000 Tonnen Getreide, verließ Odesa am 1. August in Richtung Istanbul. Als Russland Anfang November unter Berufung auf einen ukrainischen Angriff auf die russische Marine im Schwarzen Meer das Abkommen aufkündigte, erklärte Erdoğan, die Ausfuhr des ukrainischen Getreides werde mit oder ohne Russlands Zustimmung fortgesetzt. Nach einem Telefongespräch mit dem türkischen Präsidenten musste Putin eine Kehrtwende vollziehen und das Abkommen wieder anerkennen.[39]

Der Krieg, der die Türkei zu schwächen und in zahlreiche internationale Auseinandersetzungen zu verwickeln drohte, wurde von Erdoğan geschickt genutzt, um sich und sein Land als regionale Führungsmacht nicht nur im muslimischen Nahen Osten, sondern auch im postsowjetischen Raum und als politischen Akteur auf der Weltbühne zu etablieren. Der Aufstieg der Türkei zu dieser Rolle wurde durch den Krieg beschleunigt und durch die zahlreichen Rückschläge ermöglicht, die Russland in den ersten Monaten sowohl auf dem Schlachtfeld als auch auf diplomatischer Ebene erlitten hatte. Der Prestigegewinn der Türkei schwächte Russland weiter und zwang Putin, wie im Falle seines Besuchs in Teheran, auf diejenigen zu warten, die er zuvor hatte warten lassen.

## DIE ABSCHOTTUNG DES WESTENS

Die Erwartungen Moskaus hinsichtlich der Reaktion des Westens auf die »Militäroperation«, die Putin einzuleiten gedachte, fasste der ehemalige russische Präsident Dmitri Medwedew am 21. Februar 2022 zusammen. Er äußerte sich im Rahmen der im Fernsehen übertragenen Diskussionen des russischen Sicherheitsrates über die Aufkündigung der Minsker Vereinbarungen durch Russland.

»Es wird schwierig werden«, sagte Medwedew, »aber nach einiger Zeit werden sich die Spannungen um unser Land herum auf diese oder jene Weise auflösen, wenn wir geschickt mit der Situation umgehen – und ich habe den Eindruck, dass wir das unter der Führung des Präsidenten gut hinbekommen. Nicht schnell, nicht auf einen Schlag, aber die menschliche Geschichte ist so angelegt, dass die Leute früher oder später der Sache überdrüssig werden und uns auffordern werden, zu Gesprächen und Verhandlungen über alle Fragen der strategischen Sicherheit zurückzukehren.«[40]

Die einheitliche Reaktion des Westens überraschte Wladimir Putin und diejenigen in seinem Umfeld, die an der Entscheidung über die Entfesselung eines umfassenden Krieges gegen die Ukraine beteiligt waren. Allerdings hatten die von den Vereinigten Staaten und Europa verhängten Sanktionen kaum unmittelbare Folgen für die Kapazitäten Russlands zur Fortsetzung des Kriegs, auch weil Europa weiterhin russisches Erdgas bezog. In den etwas mehr als zwei Monaten nach Beginn der Invasion zahlten die Europäer für Energielieferungen aus der Russischen Föderation 46 Milliarden Dollar. Hinsichtlich des Gasverbrauchs war Europa zu 40 Prozent von Russland abhängig, und das Beste, was die EU unter den gegebenen Umständen tun konnte, war, diesen Anteil innerhalb eines Jahres um zwei Drittel zu reduzieren. Ein sofortiger Importstopp von russischem Gas hätte zu großen wirtschaftlichen und sozialen Problemen geführt. Allein in Deutschland hätte dies den Verlust von 400 000 Arbeitsplätzen und soziale Verwerfungen zur Folge gehabt.[41]

Die in die Höhe schnellenden Energiepreise, angeheizt durch Kriegsängste und Lieferunterbrechungen sowie durch Sanktionen gegen die Einfuhr von russischem Gas und Öl, trugen Moskau sogar noch größere Einnahmen ein. Die Verbraucher erlebten einen sprunghaften Preisanstieg, sowohl bei den Heizkosten als auch an den Zapfsäulen der Tankstellen: In Europa erhöhten sich die Kosten für Erdgas um 20 Prozent. Mit den Ölpreisen stiegen auch die Preise für Benzin. In Spanien kletterte der Preis für einen Liter Diesel innerhalb eines Jahres um mehr als 50 Prozent, von 1,20 auf 1,90 Euro. In den Vereinigten Staaten erhöhte sich der Benzinpreis in einer Woche im März 2022 um 55 Cent und brach damit den 13 Jahre alten Rekord von 4,10 Dollar pro Gallone.[42]

Die exorbitanten Öl- und Gaspreise waren geradezu ein Glücksfall für Russland; damit ließen sich die Sanktionen kompensieren, zumindest kurzfristig. Einigen Schätzungen zufolge könnte Russland im Jahr 2022 einen Mehrerlös von 250 Milliarden Dollar erzielen, womit ein Großteil der vom Westen zu Kriegsbeginn eingefrorenen Vermögenswerte ausgeglichen wäre. Russland gelang es auch, den durch die Sanktionen bewirkten finanziellen Schock zu überwinden. Der Rubel, der zunächst rund 60 Prozent an Wert verlor, erholte sich bis Ende März dank der Maßnahmen der ebenfalls unter Sanktionen stehenden Russischen Zentralbank. Sie verdoppelte die Zinssätze und schloss den Aktienmarkt für einen Monat. Zur Steigerung der Nachfrage nach Rubel verlangte Moskau, dass fortan die Gasimporte in russischer Währung zu bezahlen seien, und unterbrach die Lieferungen an Polen und Bulgarien, als beide Länder dies verweigerten. Offenbar versuchte Putin gezielt, Polen zu bestrafen, verschonte aber zugleich andere Länder, wohl um das europäische Sanktionsbündnis zu spalten. Im Mai verfuhr er mit Finnland ebenso, vermutlich auch als Vergeltung für die Entscheidung Helsinkis, der NATO beizutreten.[43]

Die steigenden Gaspreise schmerzten nicht nur Europa, sondern auch die Vereinigten Staaten. Um dem Anstieg zu bremsen, ordnete Präsident Biden die Freigabe von 180 Millionen Barrel Öl aus den nationalen Vorräten an. Dies erwies sich jedoch als nur provisorische und unzureichende Maßnahme. Die Situation machte es erforderlich, auf die weltweit größten Ölproduzenten – Iran, Venezuela und Saudi-Arabien – einzuwirken. Die beiden erstgenannten Länder waren jedoch mit Sanktionen belegt, und die Saudis gaben sich unkooperativ, seit US-Geheimdienste aufgedeckt hatten, dass der saudische Kronprinz Mohammed bin Salman den Mord an dem im Exil lebenden saudischen Journalisten Jamal Khashoggi beauftragt hatte. Im Juli blieb Biden schließlich nichts anderes übrig, als nach Saudi-Arabien zu reisen, um die durch den Krieg verursachte Energiekrise zu entschärfen – zum Missfallen vieler seiner Anhänger. Als die Saudis sich weigerten, die Produktion zu erhöhen, führte das zu einem sofortigen Anstieg der Ölpreise. Erst Ende November, als die Biden-Administration zu der Auffassung gelangte, dass dem Kronprinzen im Zivilverfahren um den Fall Khashoggi umfassende Immunität zu gewähren sei, unterstützten auch die Saudis die Produktionssteigerung der OPEC-Länder.[44]

Auch wenn die Sanktionen nicht die Beendigung des Krieges bewirkten und nicht nur Russland zusetzten, sondern auch den Ländern, die sie verhängten, ist nicht zu übersehen, welch bedeutende geopolitische Veränderung sie im Hinblick auf Russlands wirtschaftliche und folglich auch politische Beziehungen zum kollektiven Westen herbeiführten. Die Notwendigkeit der Konsensfindung erschwerte es zwar den EU-Mitgliedstaaten, sich auf die Verhängung von Sanktionen zu einigen, doch ebendies erschwert auch deren Aufhebung. Die Sanktionen werden daher wahrscheinlich für Jahre, wenn nicht Jahrzehnte in Kraft bleiben. Und ihre Auswirkungen auf die russische Wirtschaft wurden zu Kriegsbeginn sofort deutlich. In den ersten Monaten des Krieges verließen mehr als 1000 internationale Unternehmen, die 40 Prozent des russischen BIP repräsentierten, die Russische Föderation, einige unter dem Druck der Sanktionen, andere freiwillig, um keine Imageschäden zu riskieren.[45]

Berichten zufolge mussten russische Unternehmen, darunter auch Zulieferer für das Militär, ihre Fabrikation aus Mangel an Mikrochips und Bauteilen einstellen, die gemeinhin aus Ländern importiert werden, die sich an den Sanktionen beteiligen. Siebzig Prozent der Verkehrsflugzeuge blieben am Boden, nachdem Boeing und Airbus keine Ersatzteile mehr lieferten. Die russischen Importe sanken dramatisch, wobei die Einfuhren von Industriegütern aus den weltweit neun größten Volkswirtschaften um 51 Prozent zurückgingen. Der Import von Mikrochips brach mit einem Minus von 90 Prozent fast vollständig ein, bei der Automobilproduktion betrug der Rückgang 64 Prozent. Im Oktober 2022 sank die Erdgasproduktion im Vergleich zum Vorjahresmonat um 20 Prozent, ebenso hohe Verluste waren bei den Einnahmen aus dem Nicht-Energie-Sektor zu verzeichnen. Nach Angaben der russischen Zentralbank fiel das BIP im zweiten und dritten Quartal des Jahres um 4,1 beziehungsweise 4 Prozent, im vierten Quartal rechnete man mit einem Rückgang um 7,1 Prozent. Die russische Wirtschaft schrumpfte, was die Fähigkeit des Kremls zur Kriegsführung beeinträchtigte und zu den sozialen Spannungen im Land beitrug.[46]

Die Abkehr Europas von russischem Öl und das Bestreben, den Verbrauch von russischem Gas drastisch zu senken, führten dazu, dass der europäische Markt für russische Energie viel früher geschlossen wurde, als die Verfechter von Europas langfristiger Strategie – Erreichung von Netto-Null-Emissionen bis 2050 – erwartet hatten. Der Verlust der lukrativsten europäischen Märkte verheißt nichts Gutes für ein Land, dessen Staatseinnahmen zu 60 Prozent durch Energieexporte erwirtschaftet wurden. Deutschland, das vor dem Krieg zu 55 Prozent von russischem Gas abhängig war, reduzierte diesen Anteil in den ersten Kriegsmonaten auf etwas mehr als ein Drittel seines Bedarfs. Außerdem wurden Pläne für den Bau neuer LNG-Terminals für amerikanisches Flüssiggas geschmiedet. Im Juli 2022 importierte Europa bereits mehr LNG aus den Vereinigten Staaten, als es zuvor an Erdgas in Russland eingekauft hatte.[47]

Diese europäischen Entwicklungen führten im Kreml zu erheblicher Frustration. Im Mai bezeichnete Putin auf einer Tagung zur Entwicklung der russischen Ölindustrie, die sich ohne westliche Technologiehilfe auf harte Zeiten einstellte, die Energiepolitik der EU als selbstmörderisch. »Es liegt auf der Hand, dass durch den Export der russischen Energieressourcen in andere Regionen der Welt Europa sein Potenzial zur Steigerung der Wirtschaftstätigkeit einbüßen wird. Eine solche wirtschaftliche Strafaktion ist Selbstmord«, erklärte er. Nur wenige in Russland und andernorts bezweifelten, dass mit den »anderen Regionen« China gemeint war. Der Weg dahin war bereits vor dem Krieg geebnet worden, als der staatliche russische Großkonzern Gazprom im Rahmen von Putins Besuch in Peking mit seinem chinesischen Partner ein Abkommen über die Lieferung von 10 Milliarden Kubikmetern Erdgas pro Jahr aus dem russischen Fernen Osten schloss. Der Gesamtwert der im Rahmen des Besuchs abgeschlossenen Öl- und Gasverträge belief sich Schätzungen zufolge auf 117,5 Milliarden Dollar.[48]

Mit dem Ausbruch des Krieges wurde nicht nur China, sondern auch Indien zum Nutznießer der russischen Ostorientierung in puncto Öl- und Gasexport. Wie China bekräftigte auch Indien sein Bekenntnis zu den Grundsätzen der staatlichen Souveränität und der Unverletzlichkeit internationaler Grenzen, weigerte sich jedoch, Russland öffentlich für seine Aggression gegen die Ukraine zu verurteilen oder auch nur zu kritisieren. Damit stellte sich die größte Demokratie der Welt auf die Seite der autoritären russischen Regierung und belastete die Beziehungen zu ihrem wichtigsten Verbündeten, den Vereinigten Staaten.

Die von Neu-Delhi verfolgte Politik der »strategischen Ambiguität« war tief in der Geschichte verwurzelt, denn Indien betrachtete Moskau seit den Zeiten des Kalten Krieges als strategischen Partner. So hatte die indische Regierung sich seinerzeit geweigert, die sowjetische Niederschlagung des ungarischen Aufstands 1956 und die Invasionen in der Tschechoslowakei 1968 und in Afghanistan 1979 zu verurteilen. Indiens formell neutrale, aber im Grunde moskautreue Haltung hat jedoch nicht nur historische Gründe. Russische Waffenlieferungen waren einer der Faktoren, die Neu-Delhis Position bestimmten; der Wunsch, Russland nicht näher an China und Pakistan – Indiens Hauptkonkurrenten in der Region – heranrücken zu lassen, war ein weiterer; und schließlich gab es die verlockende wirtschaftliche Möglichkeit des Zugangs zu russischen Energieressourcen zu Schleuderpreisen.[49]

Im Mai 2022 kauften China und Indien bereits 2,4 Millionen Barrel russisches Öl pro Tag – die Hälfte der Ölexporte Moskaus – mit

Preisnachlässen von bis zu 30 Prozent. Indien steigerte seine Ölkäufe aus Russland von 33 000 Barrel im Juni 2021 auf 1,15 Millionen Barrel im Juni 2022 und verzichtete auf das teurere irakische Öl. Neu-Delhi stoppte seine Ölimporte aus Mexiko und reduzierte seinen Bezug von amerikanischem, nigerianischem und saudi-arabischem Öl. Im Juni 2022 überholte Russland Saudi-Arabien als Hauptlieferant von Öl nach China. Chinas Erdgasimporte aus Russland wurden 2021 um 22 Prozent verbilligt und mussten zu Kriegsbeginn weiter verbilligt werden, was es Indien ermöglichte, die LNG-Käufe aus den Vereinigten Staaten fast vollständig einzustellen und auf russische Lieferanten umzusteigen. Europa sah in der Neuordnung der weltweiten Energieversorgung einen Silberstreif am Horizont: Man erwartete, dass die russischen Erdgaslieferungen an Indien die Nachfrage des Landes nach verflüssigtem Erdgas verringerten, wodurch es für die Europäer billiger und einfacher würde, LNG zu kaufen.[50] In den ersten zehn Monaten des Jahres 2022 stiegen die russischen Energieexporte nach Indien wertmäßig um 64 Prozent und mengenmäßig um 10 Prozent, aber im November begann China, den Einkauf von russischem Öl zu drosseln, da es über das bevorstehende EU-Importverbot für russisches Rohöl besorgt war. Die Menge an russischem Öl und Gas, die Indien zu kaufen bereit ist, ohne seine Energiesicherheit zu gefährden und sich wie Deutschland und andere Mitglieder der Europäischen Union zu sehr von Moskau abhängig zu machen, ist begrenzt. Dennoch wird China der Hauptnutznießer von Moskaus Hinwendung zum Osten sein. Da Putin kaum andere Abnehmer hat, wird er den traditionellen chinesischen Forderungen nach einer Einschränkung der russischen Militärverkäufe an Indien, Russlands wichtigsten Waffenmarkt, nun eher nachgeben und zugleich immer größere Preisnachlässe anbieten müssen, um China davon zu überzeugen, mehr von seinem Öl zu kaufen.[51]

Als Putin und Xi Mitte September 2022 beim Treffen der Shanghaier Organisation für Zusammenarbeit im usbekischen Samarkand zusammenkamen, wurde klar, dass der Krieg in der Ukraine und die jüngste Niederlage der russischen Armee in Charkiw die chinesische Position in der sogenannten Keine-Grenzen-Allianz gestärkt und die russische geschwächt hatte. Bei diesem Treffen nahm der russische Präsident die »Fragen und Bedenken« Chinas in Bezug auf den Krieg in der Ukraine nolens volens zur Kenntnis. Für das persönliche Treffen mit Xi musste Putin das Hotel in Samarkand aufsuchen, in dem die chinesische Delegation während des Gipfels logierte – ein deutlicher Hinweis, dass China nicht nur der ranghöhere Partner in der Beziehung ist, sondern auch in Russlands zentralasiatischem Hinterhof das Sagen hat. Vor dem Gipfel besuchte Xi Kasachstan, einen langjährigen russischen Verbündeten, der sich durch die Aggression des Kremls gegen die Ukraine bedroht fühlte. Xi versicherte der kasachischen Führung die Unterstützung Chinas für die territoriale Integrität des Landes. Russland war das einzige Land, gegenüber dem eine solche Garantie Sinn ergab.[52]

Als die Staats- und Regierungschefs der G20, der Gruppe der weltgrößten Volkswirtschaften, Mitte November auf Bali in Indonesien zusammenkamen, fiel vor allem auf, dass Putin nicht an dem Treffen teilnahm. Er befürchtete wohl, dass die Vertreter des Westens wie der neue britische Premier Rishi Sunak ihn wegen seiner Aggression gegen die Ukraine zur Rede stellen würden. Selenskyj hingegen war per Video zugeschaltet, und Biden und Xi führten vor Beginn des Gipfels ein längeres Gespräch. Sie schienen sich in zwei Punkten einig zu sein: Eine Konfrontation zwischen den beiden größten Volkswirtschaften galt es zu vermeiden, und Putin sollte davon abgehalten werden, in der Ukraine Atomwaffen einzusetzen. »Die Welt ist groß genug, dass sich beide Länder entwickeln und gemeinsam gedeihen können«, twitterte Hua Chunying, die Sprecherin des chinesischen Außenministeriums. Laut dem US-Bericht über das Treffen stimmten die zwei Staatsoberhäupter darin überein, dass »ein Atomkrieg niemals geführt werden darf und niemals gewonnen werden kann«. Die Chinesen wollten diese Aussage weder bestätigen noch dementieren, was darauf schließen lässt, dass sie korrekt ist.[53]

Russlands Überfall auf die Ukraine belastete das russisch-chinesische Bündnis und verschob dessen innere Gewichte. Im Juni 2022, einige Monate vor dem Gipfel in Samarkand und Putins Nichterscheinen in Bali, titulierte *Politico* bereits Putin als »Chinas neuen

Vasallen«. In einem Interview mit der Website prognostizierte der amerikanische Sicherheitsstratege Matthew Kroenig, dass »sich das aus dem Kalten Krieg bekannte Muster umkehren und Russland der Juniorpartner eines mächtigeren Chinas sein wird«.[54] Die Geschichte wiederholte sich auf eine neue und unvorhersehbare Weise.

# EPILOG

## DIE NEUE WELTORDNUNG

Dieses Buch entstand zwischen März 2022 und Dezember 2022, im ersten Jahr von Russlands groß angelegtem Krieg gegen die Ukraine. Als ich das Manuskript fertigstellte, ließ sich kaum vorhersagen, wann und wie dieser Krieg enden würde, aber die ersten zwölf Monate hatten immerhin genug Anhaltspunkte für eine Einschätzung der lokalen und globalen Veränderungen geliefert, welche die Zukunft der Ukraine, Russlands, Europas und der restlichen Welt beeinflussen und wahrscheinlich sogar bestimmen werden.

Der russisch-ukrainische Krieg ist der jüngste militärische Konflikt in der langen Geschichte nationaler Befreiungskriege, die bis zur amerikanischen Revolution zurückreicht. Er gehört auch zu der langen Reihe von Kriegen, die den Abstieg und Zerfall von Imperien begleitet haben, vom spanischen bis zum osmanischen und österreichisch-ungarischen und dann vom britischen und französischen bis zum niederländischen, belgischen und portugiesischen Reich. Wir wissen, wie diese Kriege endeten – mit der politischen Souveränität ehemaliger Kolonien und abhängiger Gebiete sowie dem damit einhergehenden Abstieg ehemaliger Weltreiche zu postimperialen Nationalstaaten.

Durch die Abwehr des russischen Angriffs und die Mobilisierung ihrer eigenen Kräfte und der halben Welt zur Verteidigung ihrer Souveränität und territorialen Integrität hat die Ukraine ihre Existenz als unabhängiger Staat und unabhängige Nation gesichert. Der Krieg, oftmals als russischer Krieg in der oder gegen die Ukraine bezeichnet, wurde tatsächlich zu einem russisch-ukrainischen Krieg, bei dem die Invasoren nicht nur mit dem Widerstand von Partisanengruppen, sondern mit dem einer starken regulären Armee konfrontiert waren. Der ukrainische Staat erwies sich als fähig, auch im Kriegszustand in einem Maße weiterzubestehen und zu funktionieren, wie es nur wenigen Staaten in der Nachbarschaft der Ukraine während der Kriege des 20. Jahrhunderts gelungen war.

Einiges spricht dafür, dass die ukrainische Nation vereinter und mit stärkerer Identität als zu jedem anderen Zeitpunkt ihrer modernen Geschichte aus diesem Krieg hervorgehen wird. Darüber hinaus wird der erfolgreiche Widerstand der Ukraine gegen die russische Aggression zweifellos auch Russlands eigene Nationenbildung fördern. Russland und seinen Eliten bleibt jetzt kaum noch etwas anderes übrig, als die Identität ihres Landes neu zu definieren, indem sie nicht nur mit dem Imperialismus der zaristischen Vergangenheit brechen, sondern auch mit dem anachronistischen Modell einer russischen Nation, die aus Russen, Ukrainern und Belarussen besteht. Unter enorm hohen Kosten und mit einem gewaltigen Blutzoll ihrer Bürger beendet die Ukraine die Ära russischer Dominanz in einem großen Teil Osteuropas und stellt Moskaus Anspruch auf die Vormacht im restlichen postsowjetischen Raum infrage.

Die Auswirkungen des russisch-ukrainischen Krieges sind bereits weit über die ehemaligen Besitzungen der Romanows und der sowjetischen Machthaber hinaus zu spüren. Dank der beispiellosen Solidarität der internationalen Gemeinschaft, die der ukrainischen Regierung und dem ukrainischen Volk mit politischer, wirtschaftlicher und militärischer Unterstützung in bisher nicht gekanntem Ausmaß zur Seite steht, hat die Ukraine dem russischen Angriff standgehalten und sich verteidigt. Für viele Freunde der Ukraine ist dieser Krieg nicht nur der größte und opferreichste militärische Konflikt in Europa seit dem Ende des Zweiten Weltkriegs, sondern auch der erste große Krieg seit dem Sieg über den Nationalsozialismus, in dem es nur wenige Grautöne bezüglich seiner moralischen Dimensionen gibt. Es ist der erste »gute Krieg« seit dem globalen Konflikt 1939–1945, in dem von Anbeginn feststeht, wer der Aggressor ist und wer das Opfer, wer der Schurke ist und wer der Held und auf wessen Seite man stehen möchte.

Russlands Aggression gegen die Ukraine führte zu einem Krieg des 19. Jahrhunderts, der mit Taktiken des 20. Jahrhunderts und Waffen des 21. Jahrhunderts ausgetragen wird. Sein ideologischer Unterbau besteht aus Vorstellungen von territorialer Expansion, wie sie für die russische Kaiserzeit kennzeichnend waren; seine Strategie entlieh der Kreml Handbüchern der Sowjetarmee aus dem Zweiten Weltkrieg und der Nachkriegszeit; und seine wichtigsten Merkmale sind nicht nur Präzisionslenkwaffen, sondern auch Aufklärungssatelliten und Cyber-Kriegsführung, die in unterschiedlichem Grad von beiden Seiten eingesetzt werden. Der Krieg brachte von Anfang an eine nukleare Bedrohung für die ganze Welt mit sich. Russlands Besetzung der Atomkraftwerke Tschernobyl und Saporischschja in den ersten Tagen des Konflikts stellte eine evidente und allgegenwärtige Gefahr für einen Teil Europas und des Nahen Ostens dar und warf darüber hinaus Fragen hinsichtlich der Sicherheit nuklearer Anlagen in aller Welt auf.

Bei vielen Menschen riefen Russlands Aggression gegen die Ukraine und die Mobilisierung des Westens und seiner Verbündeten im Kampf gegen diese Aggression Bilder aus dem Kalten Krieg wach. Tatsächlich ließ der neue Krieg alte Animositäten wieder aufleben; eingerostete Bündnisse wurden erneuert, und alte Verwerfungslinien brachen abermals auf. Der Kalte Krieg lieferte auch die Sprache und den Erklärungsrahmen zur Beschreibung und zum Verständnis des neuen globalen Konflikts. Es besteht jedoch kaum ein Zweifel daran, dass die Welt heute trotz zahlreicher Parallelen zur Vergangenheit in ein neues Zeitalter eintritt. Die mit dem Ende des Kalten Krieges einhergehende Friedensdividende ist im Verlauf der letzten 30 Jahre vollständig aufgezehrt, wenn nicht gar vergeudet worden. Die Welt kehrt in einem seit dem Fall der Berliner Mauer im Jahr 1989 nicht mehr erlebten Ausmaß in die Ära der Großmachtrivalitäten zurück. Wie nichts sonst hat der russisch-ukrainische Krieg die Fundamente der Ordnung nach dem Kalten Krieg unterhöhlt und damit Prozesse ausgelöst, die zur Entstehung einer neuen internationalen Ordnung führen werden.

Der unipolaren amerikanischen Welt, Nachfolgerin der bipolaren sowjetisch-amerikanischen aus der Zeit des Kalten Krieges, mangelte es nie an Kritikern und Gegnern. Sie erschienen schon kurz nach der Auflösung der Sowjetunion auf der Bildfläche, traten jedoch mit dem Anbruch des 21. Jahrhunderts in den Vordergrund. Zu ihnen gehörten staatliche wie nichtstaatliche Akteure. Der radikale Islam, vertreten von den führenden Köpfen Al-Qaidas und des »Islamischen Staates« im Irak und in der Levante, schürte die Revolte gegen die amerikanische Dominanz im Nahen Osten. Ein mit antiwestlichen Einstellungen und einem Kreuzzug zum Schutz »traditioneller Werte« verbundener Nationalismus bereitete den Boden für offene Kampfansagen an die internationale Ordnung durch ein immer totalitäreres Russland wie auch für subtilere Kampfansagen seitens des nach wie vor kommunistischen Chinas, dessen führende Politiker gelernt haben, die existierende Ordnung zu ihrem Vorteil zu nutzen, obwohl sie gern an die Stelle der Vereinigten Staaten als deren Führungs- und Schutzmacht treten würden, weil sie dann die Spielregeln ändern könnten.

Das gemeinsame Ideal aller Herausforderer war eine multipolare Welt, die weniger auf dem Westfälischen Modell staatlicher Souveränität als vielmehr auf dem Großmachtmodell von Einflusssphären basierte. Sowohl Moskau als auch Peking forderten eine Rückkehr zu der Welt, die von der Jalta-Konferenz 1945 angeblich in Einflusssphären aufgeteilt worden war. Die Ironie der Geschichte liegt darin, dass dies ein Irrtum ist: Bei der Konferenz hatte Präsident Franklin D. Roosevelt nicht nur dem Prinzip von Einflusssphären eine Absage erteilt, sondern auch Stalins Anspruch auf alleinige Kontrolle über Osteuropa.

Washington stellte sich der Herausforderung, indem es sich weigerte, den postsowjetischen Raum als Russlands Einflusssphäre und das Südchinesische Meer als chinesisches Meer anzuerkennen. Durch Russlands Einmarsch in Georgien 2008 und seinen Krieg gegen die Ukraine, der zur Annexion der Krim und zur Gründung von Marionettenstaaten in der ukrainischen Donbas-Region führte, verwandelte sich ein rein diplomatischer und ökonomischer Wettstreit zwischen Russland und dem Westen in einen militärischen Konflikt.

Die USA waren jedoch so sehr damit beschäftigt, Kriege im Nahen und Mittleren Osten zu führen (oder sich aus ihnen zurückzuziehen), dass sie auf Russlands Kampfansage an die etablierte internationale Ordnung lediglich mit Wirtschaftssanktionen reagierten.

Der stümperhafte amerikanische Abzug aus Afghanistan im Jahr 2021 ließ die Vereinigten Staaten unentschlossen und stark geschwächt erscheinen, was Putin ermutigte, sein Glück in der Ukraine zu versuchen. Durch die Beendigung dieses Militäreinsatzes bekamen die USA allerdings auch freie Hand im Umgang mit der neuen Herausforderung aus Russland. Putins groß angelegte Invasion im Februar 2022 und vor allem der hartnäckige Widerstand der Ukraine verschafften den Vereinigten Staaten Zeit und Gelegenheit zur Mobilisierung innerer und internationaler Ressourcen, sodass sie die russische Herausforderung nicht nur mit noch härteren Sanktionen, sondern auch mit der militärischen Unterstützung der Ukraine abzuwehren vermochten.

Die amerikanische Reaktion auf den Krieg zeigt, dass die USA ihren Status als dominante Weltmacht aufrechterhalten und imstande sind, alte Bündnisse wiederzubeleben, neue zu schließen und die Entstehung konkurrierender Bündnisse mithilfe ihrer finanziellen und ökonomischen Instrumente zu verhindern. Es gelang Washington, schon im Vorhinein eine beeindruckende Koalition gegen Russlands Aggression zu schmieden, wobei es von der Unterstützung des Vereinigten Königreichs und der von Polen angeführten Länder der Ostflanke der NATO und der EU profitierte. Diese Koalition brachte sogar Staaten des »alten Europas« dazu, sich ihr anzuschließen, allen voran Deutschland, Frankreich und Italien, die traditionell bestrebt waren, Russland nicht zu verärgern. Die Entscheidungen Finnlands und Schwedens, sich um die NATO-Mitgliedschaft zu bewerben, stärkten den amerikanischen Einfluss in Europa im Vergleich zu der Zeit vor dem Krieg noch mehr.

Der Krieg begrub Russlands Hoffnungen, ein neues globales Zentrum in jener multipolaren Welt zu werden, von der russische Politiker und Diplomaten seit den 1990er Jahren träumten. Er legte Schwächen nicht nur bei Russlands eindeutig überschätzter Armee offen, sondern auch in Bezug auf sein wirtschaftliches Potenzial. In diesem Kontext waren die schwedischen und finnischen NATO-Beitrittsgesuche nicht nur Reaktionen auf die Gefahr, die von Putins Schurkenregime ausging, sondern beruhten auch auf der Erkenntnis, dass ein stark geschwächtes Russland nicht in der Lage sein würde, etwas gegen diesen Schritt zu unternehmen.

Russland hingegen hat so gut wie keine Verbündeten mehr. Es zwang den belarussischen Machthaber Alexander Lukaschenko, den es 2020 vor der Revolte seines eigenen Volkes gerettet hatte, ihm die Nutzung belarussischen Gebiets für seinen Angriff auf die Ukraine zu gestatten, konnte ihn aber nicht dazu bewegen, selbst in den Krieg einzutreten. Noch weniger Unterstützung gab es von den Mitgliedern der OVKS (Organisation des Vertrags über kollektive Sicherheit), des von Russland angeführten Militärbündnisses der ehemaligen Sowjetrepubliken Armenien, Kasachstan, Kirgisistan, Tadschikistan und Usbekistan. Außerhalb der ehemaligen Sowjetunion bestand Russlands größter diplomatischer Erfolg in der Allianz mit Iran und der Neutralität der Türkei, die die Isolation und Schwächung Russlands nutzte, um sich als eine Regionalmacht über den Nahen Osten hinaus zu etablieren.

China setzte seiner Vereinbarung zur »unbegrenzten« Kooperation mit Russland schon wenige Wochen nach der Unterzeichnung Grenzen. Während Peking öffentlich seine mit Russland geteilte Besorgnis über die Haltung der NATO in Europa zum Ausdruck brachte, gewährte es Moskau nur in begrenztem Maße politische und ökonomische Unterstützung, aber, soweit man derzeit weiß, keinerlei Militärhilfe. Auf diese Weise konnte China weiterhin von der bestehenden internationalen Ordnung profitieren und finanzielle und ökonomische Sanktionen seitens der USA vermeiden, die womöglich den internationalen Handel gestört und Chinas Wirtschaft empfindlich getroffen hätten. China konnte kaum verhindern, dass es von der offenkundigen Schwäche seines russischen Kompagnons in Mitleidenschaft gezogen wurde, aber die imposante Rückkehr der Vereinigten Staaten in die internationale Arena und der neue Geist der Einheit innerhalb der Europäischen Union sowie zwischen den Vereinigten

Staaten und der EU beunruhigten Peking weitaus mehr. Kein anderes Land hat momentan so gute Chancen wie China, größter Nutznießer des gegenwärtigen Krieges und der durch den Konflikt entstandenen Feindschaft zwischen Russland und dem Westen zu werden.

In politischer und ökonomischer Hinsicht hat der Krieg eine Große Mauer zwischen Europa und Russland errichtet, die noch höher werden wird, wenn die Vereinigten Staaten und die Europäische Union die Versorgung Europas mit russischem Öl und Gas weiter reduzieren. Peking hat bereits von der einsetzenden europäischen Diversifizierung und der neuen Ausrichtung von Russlands Energieexporten nach Osten profitiert. Es wird noch mehr profitieren, weil Russland sich den chinesischen Markt als Ersatz für entgangene Einnahmen aus Europa sichern will und darum kaum in der Lage sein dürfte, vorteilhafte Preise für Öl und Gas auszuhandeln. China wird in seiner Rivalität mit den Vereinigten Staaten zwar keinen wirtschaftlich starken russischen Verbündeten haben, dafür aber jede Menge billiges Öl und Gas als Treibstoff für diesen Konkurrenzkampf bekommen.

Angesichts der wahrscheinlichen geopolitischen Schwächung, wenn nicht gar Implosion Russlands und seiner wachsenden Abhängigkeit vom Osten wie auch der anhaltenden Wiederannäherung zwischen Europa und den Vereinigten Staaten hat der Krieg in der Ukraine zur Polarisierung der Welt zwischen den beiden wirtschaftlichen Supermächten USA und China sowie zwischen den beiden Lagern der auf sie ausgerichteten Länder beigetragen. Der Westen hat sein Bündnis aus der Zeit des Kalten Krieges erneuert, verstärkt durch neue Mitglieder in Osteuropa, dem Baltikum und Skandinavien, während es im Osten eine Tendenz zur Neubegründung der sino-russischen Allianz aus den 1950er Jahren gibt, der gefährlichsten Phase des Kalten Krieges.

Während die Vereinigten Staaten noch immer den Westen anführen, gab es im Osten einen Rollentausch: China hat das Steuer übernommen, und Russland ist nun der ärmere und waghalsigere Bündnispartner – die Rolle, die ursprünglich China innehatte. Der Ukraine fällt in diesem Szenario der Part Deutschlands im Kalten Krieg zu – das Staatsgebiet aufgeteilt zwischen zwei globalen Sphären und Wirtschaftsblöcken. Und wie in der Vergangenheit gibt es blockfreie Länder, so etwa Indien, das gegenwärtig noch Neutralität wahrt, sich aufgrund seiner schwierigen Beziehungen zu China aber in Zukunft vielleicht für eine Seite entscheiden muss.

Es gibt klare Anzeichen dafür, dass es sich bei Russlands Abkehr vom Westen nicht um eine vorübergehende Phase handelt. Aber wie dauerhaft oder beständig dieser Trend angesichts der Ungewissheit von Russlands Beziehungen zu Europa und den Vereinigten Staaten einerseits und zu China andererseits sein wird, ist schwieriger vorherzusagen. Während des Kalten Krieges waren die russisch-chinesischen Beziehungen weder einfach noch unbelastet; sie variierten vom engen Bündnis der frühen 1950er Jahre über die sowjetische Drohung mit einem Nuklearangriff auf China in den 1960er Jahren bis zur Entstehung der besonderen Beziehungen zwischen Amerika und China in den 1970er Jahren.

Die technologische Konkurrenz zwischen Russland und China, ihr Wettstreit um Einfluss in Zentralasien und Chinas niemals aufgegebene Ansprüche auf Teile von Russlands heutigem Sibirien und Fernen Osten, verbunden mit dem Zustrom chinesischer Staatsbürger in diese spärlich besiedelten Gebiete, lassen Reibungsflächen und mögliche künftige Konfliktlinien erahnen. Doch ob Russland sich am Ende auf die Seite des einen oder des anderen Machtzentrums schlägt, wird wahrscheinlich keine Auswirkungen auf den allgemeinen Trend zu einer bipolaren Weltordnung haben.

Die Weltordnung, die am Morgen des 24. Februar 2022 existierte, als Russlands Invasion begann, hat den Angriff überstanden, aber in dem umfassenden russisch-ukrainischen Krieg ist der sich abzeichnende Trend hin zu ihrer Transformation so deutlich zutage getreten wie nie zuvor. Statt den Weg zu der multipolaren Welt zu bahnen, auf die Russland seine Hoffnungen setzte, hat der Konflikt eine Rückkehr zur bipolaren Welt des Kalten Krieges vorgezeichnet, deren Zentren nun nicht mehr Washington und Moskau, sondern Washington und Peking heißen werden.

# DANK

Dieses Buch entstand aus dem Schock, dem Schmerz, der Frustration und dem Zorn heraus, die vom Beginn der groß angelegten russischen Aggression gegen die Ukraine am 24. Februar 2022 ausgelöst wurden. Ich möchte allen Menschen danken, die dazu beigetragen haben, dass ich die von dem Krieg in mir wachgerufenen Gefühle in die Energie umwandeln konnte, die ich für die Arbeit an diesem Buch benötigte.

Meine Agentin Sarah Chalfant war es, die mir vorschlug, etwas über den Krieg zu schreiben, der vor unser aller Augen Gestalt annahm. Auch John Glusman von W. W. Norton sowie Casiana Ionita und das Redaktionsteam bei Penguin Books waren von dieser Idee sehr angetan. Andrew Wylie verdanke ich außerordentlich nützliche Ratschläge, was den Rahmen und den Inhalt des Buches betrifft. Die Diskussionen während meines Sabbaticals am Institut für die Wissenschaften vom Menschen in Wien, wo ich als Andrei Sheptyts'kyj Senior Fellow des Programms »Ukraine in European Dialogue« im Februar 2022 eintraf, ein paar Wochen vor dem Einmarsch, waren mir bei den Recherchen und der Arbeit an diesem Text eine große Hilfe.

Ich danke Timothy Snyder, der mir als Erster riet, mein Harvard-Sabbatical in Wien zu verbringen. Mein Dank gilt auch dem Rektor des Instituts, Misha Glenny, ebenso wie den Permanent Fellows Ivan Krastev, Ivan Vejvoda, Dariusz Stola und last but not least Kate Younger für die Erkenntnisse, die sie mir zuteilwerden ließen. Als Forschungsleiterin des Programms »Ukraine in European Dialogue« hat Kate mir zusammen mit ihrer wunderbaren Assistentin Lidiia Akryshora geholfen, mich in Wien heimisch zu fühlen, und eine Reihe von Hilfsprojekten für Wissenschaftler in der Ukraine initiiert, an denen meine Kollegen und ich in Harvard sehr gern teilgenommen haben.

Obwohl ich mich mein Leben lang hauptsächlich mit der Geschichte der Ukraine und Russlands beschäftigt habe, waren für dieses Buch eine Menge neuer Recherchen erforderlich, die nach den Maßstäben eines Historikers in Rekordzeit erfolgen mussten. Ich möchte meiner Frau, Olena, dafür danken, dass sie mein langes europäisches Sabbatical ertragen und mir nach meiner Rückkehr aus Wien erlaubt hat, mich vollständig auf dieses Buch zu konzentrieren. Ebenso danke ich meinem Freund und bewährten Lektor meiner früheren Werke, Myroslav Yurkevich, für sein Lektorat des vorliegenden Textes und meinen Verlegern für die Bereitschaft, ihre Produktionspläne umzustellen und die Veröffentlichung dieses Buches vorzuziehen.

Am 10. Juli 2022, als ich gerade an den Kapiteln über den Kriegsverlauf im Donbas arbeitete, schickte mir Andrij Schewtschenko, ein prominenter ukrainischer Politiker und ehemaliger Botschafter der Ukraine in Kanada, eine E-Mail mit einem angehängten Foto. Es zeigt einen jungen Mann in Militäruniform, der die ukrainische Übersetzung meines Buches *Forgotten Bastards of the Eastern Front* liest, in dem die Erfahrungen amerikanischer Piloten auf ukrainischen Luftwaffenstützpunkten im Zweiten Weltkrieg geschildert werden. Andrij schrieb mir dazu, der Mann auf dem Foto sei sein jüngerer Bruder, Leutnant Jewhen Olefirenko, der ein paar Tage zuvor bei der Stadt Bachmut im Donbas im Kampf gefallen sei. Das Foto von Jewhen mit meinem Buch war eines der letzten, die von ihm gemacht wurden. In meiner Antwort an Andrij rang ich um die richtigen Worte. Ich fand keine; es gab sie nicht. Mitte Oktober kamen weitere tragische Nachrichten aus Bachmut. Mein wenige Monate zuvor dienstverpflichteter Cousin Andrij Cholopow war durch feindliches Feuer in der Nähe dieser Stadt ums Leben gekommen. Erneut fehlten mir die richtigen Worte, um seine Angehörigen zu trösten. In meiner Korrespondenz mit Jewhens Bruder Andrij Schewtschenko versprach ich, zu tun, was immer ich konnte, um dafür zu sorgen, dass die Helden der neuen Ostfront nicht vergessen würden. Ich widme dieses Buch dem Andenken an Andrij und Jewhen und an die vielen Tausend Ukrainerinnen und Ukrainer, die ihr Leben geopfert haben, um ihr Land und die Freiheit vieler Millionen Menschen in der Ukraine und anderswo zu verteidigen.

# ANMERKUNGEN

## VORWORT DEN KRIEG VERSTEHEN

1 Ivo Mijnssen, »Putin will das Russische Reich wiederaufleben lassen – eine Loslösung der Ukraine akzeptiert er nicht«, *Neue Zürcher Zeitung*, 5. März 2022, https://www.nzz.ch/international/krieg-gegen-die-ukraine/putin-will-das-russische-reich-wieder-aufleben-lassen-ld.1672561?reduced=true; Isaac Chotiner, »Vladimir Putin's Revisionist History of Russia and Ukraine«, *New Yorker*, 23. Februar 2022, https://www.newyorker.com/news/q-and-a/vladimir-putins-revisionist-history-of-russia-and-ukraine

## KAPITEL 1 DER KOLLAPS EINES IMPERIUMS

1 Serhii Plokhy, *The Last Empire. The Final Days of the Soviet Union* (New York 2015), S. 374–377.

2 Mikhail Gorbachev, *Zhizn' i reformy*, 2 Bde. (Moskau 1995), Bd. 1, S. 5–8; »Obrashchenie k sovetskim grazhdanam. Vystuplenie po televideniiu prezidenta SSSR«, in *1000(0) kliuchevykh dokumentov po sovetskoi i rossiiskoi istorii* https://www.1000dokumente.de/index.html?c=dokument_ru&dokument=0020_rue&object=translation&l=ru

3 »Independence – over 90 % vote yes in referendum; Kravchuk elected president of Ukraine«, *Ukrainian Weekly*, 8. Dezember 1991; Pål Kolstø, *Russians in the Former Soviet Republics* (Bloomington, IN, 1995), S. 191.

4 Vladislav M. Zubok, *Collapse. The Fall of the Soviet Union* (New Haven und London 2021), S. 386 f.

5 Plokhy, *The Last Empire*, S. 295–318.
6 Anatolii Cherniaev, *1991 god*, S. 97 und 113, https://nsarchive.gwu.edu/rus/text_files/Chernyaev/1991.pdf
7 Zbigniew Brzezinski, »The Premature Partnership«, *Foreign Affairs*, März / April 1994 https://www.foreignaffairs.com/articles/russian-federation/1994-03-01/premature-partnership
8 Simon Franklin und Jonathan Shepard, *The Emergence of Rus, 750–1200* (London 2014); Mykhailo Hrushevsky, *History of Ukraine-Rus'*, hg. von Frank Sysyn et al., Bde. 1 und 2 (Edmonton und Toronto 1997 und 2021).
9 Aleksei Tolochko, *Kievskaia Rus' i Malorossiia v XIX veke* (Kyjiw 2012).
10 Serhii Plokhy, *The Lost Kingdom. The Quest for Empire and the Making of the Russian Nation from 1470 to the Present* (New York 2017), S. 3–18.
11 Isabel de Maradiaga, *Ivan the Terrible* (New Haven und London, 2006); Charles Halperin, *Ivan the Terrible. Free to Reward and Free to Punish* (Pittsburgh, PA, 2019).
12 Chester S. L. Dunning, *Russia's First Civil War. The Time of Troubles and the Founding of the Romanov Dynasty* (University Park, PA, 2001).
13 Serhii Plokhy, »Empire or Nation?«, in ders., *Ukraine and Russia. Representations of the Past* (Toronto 2008), S. 19 f.
14 Robert Frost, *The Oxford History of Poland-Lithuania,* Bd. 1, *The Making of the Polish-Lithuanian Union, 1385–1569* (Oxford 2018), S. 405–494.
15 Serhii Plokhy, *The Cossacks and Religion in Early Modern Ukraine* (Oxford 2011), S. 176–333; Mykhailo Hrushevsky, *History of Ukraine-Rus'*, hg. von Frank Sysyn et al., Bde. 7–10 (Edmonton und Toronto 1999–2010).
16 Tatiana Tairova-Yakovleva, *Ivan Mazepa and the Russian Empire* (Montreal 2020).
17 Zenon Kohut, *Russian Centralism and Ukrainian Autonomy. Imperial Absorption of the Hetmanate, 1760 s–1830 s* (Cambridge, MA, 1989); Plokhy, *Lost Kingdom*, S. 55–70.

18 Andreas Kappeler, *Rußland als Vielvölkerreich. Entstehung – Geschichte – Zerfall* (München 1992), S. 204–220.

19 Alexei Miller, »›Official Nationality‹? A Reassessment of Count Sergei Uvarov's Triad in the Context of Nationalism Politics«, in ders., *The Romanov Empire and Nationalism. Essays in the Methodology of Historical Research* (Budapest 2008).

20 Plokhy, *Lost Kingdom*, S. 81–91.

21 Ebd, S. 105–136.

22 Alexei Miller, *The Ukrainian Question. Russian Empire and Nationalism in the Nineteenth Century* (Budapest 2003), S. 117–210.

23 John-Paul Himka, »The Construction of Nationality in Galician Rus': Icarian Flights in Almost All Directions«, in *Intellectuals and the Articulation of the Nation*, hg. von Ronald G. Suny und Michael D. Kennedy (Ann Arbor 1999), S. 109–164; Yaroslav Hrytsak, »›Icarian Flights in Almost All Directions‹ Reconsidered«, *Journal of Ukrainian Studies* 35–36 (2010–2011), S. 81–89.

24 Miller, *The Ukrainian Question*, S. 211–219; Thomas Prymak, *Mykhailo Hrushevsky. The Politics of National Culture* (Toronto 1987).

25 Kirill A. Fursov, »Russia and the Ottoman Empire: The Geopolitical Dimension«, *Russian Studies in History* 57, Nr. 2 (2018), S. 99–102; Jonathan E. Ladinsky, »Things Fall Apart: The Disintegration of Empire and the Causes of War«, phil. Diss., Massachusetts Institute of Technology, Dept. of Political Science, 2001, S. 70–219, https://dspace.mit.edu/handle/1721.1/8758

26 Jane Burbank und Frederick Cooper, *Imperien der Weltgeschichte. Das Repertoire der Macht vom alten Rom und China bis heute* (Frankfurt am Main / New York 2012), S. 490–496.

27 Laura Engelstein, *Russia in Flames. War, Revolution, Civil War 1914–1921* (Oxford 2017), S. 29–100 und 361–582.

28 Wladimir Putin, »Obrashchenie prezidenta Rossiiskoi Federatsii«, 21. Februar 2022, http://kremlin.ru/events/president/news/67828 (dt. Übers.: https://zeitschrift-osteuropa.de/blog/putin-rede-21.2.2022/)

29 Serhii Plokhy, *Das Tor Europas. Die Geschichte der Ukraine* (Hamburg 2022), S. 300–306.

30 Terry Martin, *The Affirmative Action Empire. Nations and Nationalism in the Soviet Union, 1923–1939* (Ithaca, NY, 2001), Kap. 1–3; Roman Szporluk, »Lenin, ›Great Russia,‹ and Ukraine«, *Harvard Ukrainian Studies* 28 (1) (2006), S. 611–626.
31 Plokhy, *Lost Kingdom*, S. 211–244.
32 Martin, *The Affirmative Action Empire*, Kap. 3, S. 6–9.
33 Serhii Plokhy, »Der Ruf des Blutes«, in ders., *Die Frontlinie. Warum die Ukraine zum Schauplatz eines neuen Ost-West-Konflikts wurde* (Hamburg 2022), Kap. 9, S. 195–240; »U Chervonii armii voiuvalo blyz'ko 6 mil'ioniv ukraïntsiv–istoryky«, *Ukraïns'ka pravda*, 5. Mai 2014, https://www.istpravda.com.ua/short/2014/05/6/142776/
34 Paul R. Magocsi, *The History of Ukraine. The Land and Its Peoples*, 2. Aufl. (Toronto 2010), S. 666–683; John-Paul Himka, »The Organization of Ukrainian Nationalists, the Ukrainian Police, and the Holocaust«, https://www.academia.edu/1071550/The_Organization_of_Ukrainian_Nationalists_the_Ukrainian_Police_and_the_Holocaust; Aleksandr Solzhenitsyn, *Arkhipelag Gulag, 1918–1956* in *Sobranie sochinenii v 30-ti tomakh* (Moskau 2006), Bd. 6, bk. 3, Kap. 2.
35 William Taubman, *Khrushchev. The Man and His Era* (New York 2012), S. 208–324.
36 Mark Kramer, »Why Did Russia Give Away Crimea Sixty Years Ago?«, *Cold War International History Project*, https://www.wilsoncenter.org/publication/why-did-russia-give-away-crimea-sixty-years-ago; »Vkhodzhennia Kryms'koï oblasti do skladu URSR«, *Mynule i teperishnie* https://mtt.in.ua/ist-ukr_1953–1964_vhodzhennya-krymu-do-ursr/
37 John P. Willerton, »Patronage Networks and Coalition Building in the Brezhnev Era«, *Soviet Studies* 39, Nr. 2 (April 1987), S. 175–204; Ben Fowkes, »The National Question in the Soviet Union under Leonid Brezhnev: Policy and Response«, in *Brezhnev Reconsidered*, hg. von Edwin Bacon und Mark Sandle (New York 2002), S. 68–89.
38 »Osnovnye pokazateli razvitiia narodnogo khoziaistva soiuznykh

respublik«, Teil 1, in *Strana Sovetov za 50 let. Sbornik statisticheskikh materialov* (Moskau 1967), https://istmat.org/node/17051

39 Ebd.

40 »Vsesoiuznaia perepis' naseleniia 1959 goda. Natsional'nyi sostav naseleniia po respublikam SSSR«, *Demoskop Weekly*, http://www.demoscope.ru/weekly/ssp/sng_nac_59.php?reg=1; »Material'no-tekhnicheskaia baza narodnogo khoziaistva i ee tekhnicheskoe perevooruzhenie i rekontsruktsiia«, in *Narodnoe khoziaistvo SSSR za 70 let,* https://istmat.org/node/9264

41 Vasyl Markus und Roman Senkus, »Shelest, Petro«, Internet Encyclopedia of Ukraine, http://www.encyclopediaofukraine.com/display.asp?linkpath=pages%5CS%5CH%5CShelestPetro.htm; Lowell Tillett, »Ukrainian Nationalism and the Fall of Shelest«, *Slavic Review* 34, Nr. 4 (Dezember 1975), S. 752–768.

42 Archie Brown, *Der Gorbatschow-Faktor. Wandel einer Weltmacht* (Frankfurt am Main 2000), S. 429–433; Zubok, *Collapse*, S. 98–125.

43 Mark R. Beissinger, *Nationalist Mobilization and the Collapse of the Soviet State* (Cambridge, UK, 2002), S. 1–146.

44 Bohdan Nahaylo, *The Ukrainian Resurgence* (London 1999).

45 Plokhy, *The Last Empire*, S. 275–316.

46 Zubok, *Collapse*, S. 365–426; Plokhy, *The Last Empire*, S. 220 und 326.

47 Jegor Gajdar, *Der Untergang eines Imperiums* (Wiesbaden 2016), S. 21–33; Jack Matlock, *Autopsy on an Empire. The American Ambassador's Account of the Collapse of the Soviet Union* (New York 1995).

48 George F. Kennan, »Witness to the Fall«, *New York Review of Books*, 16. November 1995, https://www.nybooks.com/articles/1995/11/16/witness-tothe-fall/

49 Dominic Lieven, *The Russian Empire and Its Rivals* (New Haven und London 2001), S. 366 f.

50 Burbank und Cooper, *Imperien der Weltgeschichte*, S. 404–430; Lieven, *The Russian Empire*, S. 343–412.

51 Misha Glenny, *Jugoslawien. Der Krieg, der nach Europa kam*

(München 1993); Michael Ignatieff, *Virtual War. Kosovo and Beyond* (New York 2000); Catherine Baker, *The Yugoslav Wars of the 1990s* (New York 2015).

## KAPITEL 2 DEMOKRATIE UND AUTOKRATIE

1 Jonathan Steele und David Hearst, »Yeltsin Crushes Revolt«, *Guardian*, 5. Oktober 1993, https://www.theguardian.com/world/1993/oct/05/russia.davidhearst; »History in REAL TIME: Relive the #1993 Russian Parliament siege«, *RT*, 3. Oktober 2013, https://www.rt.com/news/parliament-siege-yeltsin-timeline691

2 *Moskva. Osen'-93. Khronika protivostoianiia* (Moskau 1995), S. 530–533; »25 Years Ago: The Day The Russian White House Was Shelled«, YouTube, https://www.youtube.com/watch?v=3PJuIVIZ72k

3 Timothy J. Colton, *Yeltsin. A Life* (New York 2008), S. 393–444.

4 Mykhailo Minakov, Georgiy Kasianov und Matthew Rojansky (Hg.), *From »the Ukraine« to Ukraine. A Contemporary History, 1991–2021* (Stuttgart 2021), S. 169–206 und 321–358.

5 Paul D'Anieri, *Ukraine and Russia. From Civilized Divorce to Uncivil War* (Cambridge, UK, 2019), S. 3 f. und 15; Andrew Wilson, *Ukraine's Orange Revolution* (New Haven und London 2005).

6 Natal'ia Rimashevskaia, »Sotsial'nye posledstviia ėkonomicheskikh transformatsii v Rossii«, *Sotsiologicheskie issledovaniia*, Nr. 6 (1997), S. 55–65; Branko Milanovic, *Income, Inequality, and Poverty during the Transformation from Planned to Market Economy* (Washington, DC, 1998), S. 186.

7 David M. Kotz und Fred Weir, *Russia's Path from Gorbachev to Putin. The Demise of Soviet System and the New Russia* (London und New York 2007), S. 155–210.

8 Colton, *Yeltsin*, S. 272–277.

9 Petr Aven und Alfred Kokh, *Gaidar's Revolution. The Inside Account of the Economic Transformation of Russia* (London und New York 2013), S. 325 ff. Vgl. »Russian Defense Minister Pavel Grachev Oral History Excerpt«, National Security Archive,

https://nsarchive.gwu.edu/document/16854-document-12-russian-defense-minister-pavel

10 »Memorandum of Telephone Conversation: Telcon with President Boris Yeltsin of Russian Federation«, 5. Oktober 1993, National Security Archive, https://nsarchive.gwu.edu/document/16847-document-05-memorandum-telephone-conversation

11 Svetlana Savranskaya, »A Quarter Century after the Storming of the Russian White House«, National Security Archive, https://nsarchive.gwu.edu/briefing-book/russia-programs/2018-10-04/yeltsin-shelled-russian-parliament-25-years-ago-us-praised-superb-handling

12 Boris Yeltsin, »Prezident Rossii otvechaet na voprosy gazety ›Izvestiia‹«, *Izvestiia*, 16. November 1993.

13 »Rezul'taty vyborov v Dumu 1-go sozyva, 12 December 1993«, *Federal'noe sobranie. Sovet Federatsii. Fond razvitiia parlamentarizma v Rossii, 1994–1996*. Digitale Ausgabe, 2000 http://www.politika.su/fs/gd1rezv.html

14 Colton, *Yeltsin*, S. 280 f.

15 Timothy J. Colton, »Superpresidentialism and Russia's Backward State«, *Post-Soviet Affairs* 11, Nr. 2 (1995): S. 144–148; M. Steven Fish, *Democracy Derailed in Russia. The Failure of Open Politics* (New York 2005), S. 114–245.

16 Milanovic, *Income, Inequality, and Poverty*, S. 186; Gwendolyn Sasse, »Ukraine: The Role of Regionalism«, *Journal of Democracy* 21, Nr. 3 (Juli 2010): S. 99–106; Andrew Wilson, *Ukrainian Nationalism in the 1990s. A Minority Faith* (Cambridge, UK, 1997).

17 Lucan Way, *Pluralism by Default. Weak Autocrats and the Rise of Competitive Politics* (Baltimore, MD, 2015), S. 43 f.; Wilson, *Ukrainian Nationalism.*

18 Yitzhak M. Brudny und Evgeny Finkel, »Why Ukraine Is Not Russia: Hegemonic National Identity and Democracy in Russia and Ukraine«, *East European Politics and Societies and Cultures* 25, Nr. 4 (Dezember 2011): S. 813–833.

19 Serhii Plokhy, *The Last Empire. The Final Days of the Soviet Union* (New York 2014), S. 24–72.

20 Paul Robert Magocsi, *A History of Ukraine. The Land and Its Peoples*, 2. Auflage (Toronto 2010), S. 725–750.

21 Taras Kuzio, *Ukraine. State and Nation Building* (London und New York 1998).

22 Brudny and Finkel, »Why Ukraine Is Not Russia«, https://journals.sagepub.com/doi/full/10.1177/0888325411401379

23 »Russia GDP Growth Rate 1990–2022«, *Macrotrends*, https://www.macrotrends.net/countries/RUS/russia/gdp-growth-rate; »Ukraine GDP 1987–2022«, *Macrotrends*, https://www.macrotrends.net/countries/UKR/ukraine/gdp-gross-domestic-product; Volodymyr Holovko und Larysa Iakubova, *Ukraïna i vyklyky post-totalitarnoho tranzytu, 1990–2019* [=*Ukraïna: Narysy istoriï*, hg. von Valerii Smolii, Bd. 3] (Kyjiv 2021), S. 51–55; D'Anieri, *Ukraine and Russia*, S. 37 f.

24 D'Anieri, *Ukraine and Russia*, S. 45.

25 Holovko und Iakubova, *Ukraïna i vyklyky*, S. 59–65; D'Anieri, *Ukraine and Russia*, S. 71 f.

26 Verfassung der Ukraine mit Änderungen gemäß dem Gesetz der Ukraine Nr. 2222-IV vom 8. Dezember 2004, Venice Commission, https://web.archive.org/web/20120427012054/http://www.venice.coe.int/docs/2006/CDL percent282006 percent29070-e.pdf; Serhiy Kudelia und Georgiy Kasianov, »Ukraine's Political Development after Independence«, in Minakov et al. (Hg.), *From »the Ukraine« to Ukraine*, S. 9–52; Mykhailo Minakov und Matthew Rojansky, »Democracy in Ukraine«, ebd., S. 321–358.

27 Brudny und Finkel, »Why Ukraine Is Not Russia«.

28 Colton, *Yeltsin*, S. 282 und 356.

29 Kotz und Weir, *Russia's Path from Gorbachev to Putin*, S. 259–264; Colton, *Yeltsin*, S. 351.

30 Colton, *Yeltsin*, S. 356 f.; Johanna Granville, »Demokratizatsiya and Prikhvatizatsiya: The Russian Kleptocracy and Rise of Organized Crime«, *Demokratizatsiya* (Sommer 2003), S. 448–457.

31 Michael McFaul, *Russia's 1996 Presidential Election. The End of Polarized Politics* (Stanford, CA, 1997).

32 Colton, *Yeltsin*, S. 409 f. und 414; Abigail J. Chiodo und Mi-

chael T. Owyang, »A Case Study of a Currency Crisis: The Russian Default of 1998«, *Federal Reserve Bank of St. Louis Review* 84, Nr. 6 (November / Dezember 2002): S. 7–18, https://research.stlouisfed.org/publications/review/2002/11/01/a-case-study-of-a-currency-crisis-the-russian-default-of-1998

33 Colton, *Yeltsin*, S. 421 f. und 425 f.

34 Ebd., S. 430 f.

35 Steven Lee Myers, *Putin – der neue Zar. Seine Politik – sein Russland* (Zürich 2016), S. 180–188.

36 John B. Dunlop, *Russia Confronts Chechnya. Roots of a Separatist Conflict* (Cambridge, UK, 1998); James Hughes, *Chechnya. From Nationalism to Jihad* (Philadelphia, PA, 2011), S. 1–93; Fiona Hill und Clifford G. Gaddy, *Mr. Putin. Operative in the Kremlin* (Washington, DC, 2015), S. 29 ff.

37 Hughes, *Chechnya*, S. 94–161.

38 »Russian bomb scare turns out to be anti-terror drill«, CNN, 24. September 1999, http://edition.cnn.com/WORLD/europe/9909/24/russia.bomb.01/; Myers, *Putin – der neue Zar*, S. 203–227 und 240–244.

39 Olga Oliker, *Russia's Chechen Wars 1994–2000. Lessons from Urban Combat* (Santa Monica, CA, 2000), S. 41–79.

40 Myers, *Putin – der neue Zar*, S. 216–246; »Russia, Presidential Elections, 2000«, *Electoral Geography*, https://www.electoralgeography.com/en/countries/r/russia/2000-president-elections-russia.html

41 Sarah Whitmore, *State Building in Ukraine. The Ukrainian Parliament, 1990–2003* (London und New York 2004) S. 66–91, S. 106; Holovko et al., *Ukraïna i vyklyky*, S. 72 ff.

42 Holovko und Iakubova, *Ukraïna i vyklyky*, S. 77 ff.; Wilson, *Ukraine's Orange Revolution*, S. 42–45.

43 Serhii Plokhy, *Das Tor Europas. Die Geschichte der Ukraine* (Hamburg 2022), S. 463–467; Wilson, *Ukraine's Orange Revolution*, S. 45–50; Holovko und Iakbuva, *Ukraïna i vyklyky*, S. 76.

44 Holovkound Iakubova, *Ukraïna i vyklyky*, S. 80 und 82; Dieter Nohlen und Philip Stöver (Hg.), *Elections in Europe. A Data*

*Handbook* (Baden-Baden 2010), S. 1976, 1969, 1985 f.; Serhy Yekelchyk, *The Conflict in Ukraine. What Everyone Needs to Know* (New York 2015), S. 87–89.

45 Holovko und Iakubova, *Ukraïna i vyklyky*, S. 84–85; Wilson, *Ukraine's Orange Revolution*, S. 51–60; J. V. Koshiw, *Beheaded. The Killing of a Journalist* (Reading, UK, 2003).

46 D'Anieri, *Ukraine and Russia*, S. 104–113; Holovko und Iakubova, *Ukraïna i vyklyky*, S. 87.

47 Koshiw, *Beheaded*; Wilson, *Ukraine's Orange Revolution*, S. 51–60 und 93–96; D'Anieri, *Ukraine and Russia*, S. 107–113.

48 D'Anieri, *Ukraine and Russia*, S. 127 f.; Wilson, *Ukraine's Orange Revolution*, S. 70–93; Holovko und Iakubova, *Ukraïna i vyklyky*, S. 87 ff.

49 Wilson, *Ukraine's Orange Revolution*, S. 93–104; Holovko und Iakubova, *Ukraïna i vyklyky*, S. 98 f.

50 Wilson, *Ukraine's Orange Revolution*, S. 105–121; Holovko und Iakubova, *Ukraïna i vyklyky*, S. 101 f.

51 Taras Kuzio, »Nationalism, Identity and Civil Society in Ukraine: Understanding the Orange Revolution«, *Communist and Post-Communist Studies* 43, Nr. 3 (September 2010): S. 285–296; Mark R. Beissinger, »The Semblance of Democratic Revolution: Coalitions in Ukraine's Orange Revolution«, *American Political Science Review* 107, Nr. 3 (August 2013): S. 574–592; Wilson, *Ukraine's Orange Revolution*, S. 122–138; Holovko und Iakubova, *Ukraïna i vyklyky*, S. 102–106.

52 Wilson, *Ukraine's Orange Revolution*, S. 138–155; Holovkound Iakubova, *Ukraïna i vyklyky*, S. 109.

53 Leonid Kuchma, *Ukraina – ne Rossiia* (Moskau 2003); »Vystuplenie prezidenta Ukrainy Leonida Kuchmy na prezentatsii knigi »Ukraina – ne Rossiia« v Moskve, 3. September 2003, http://supol.narod.ru/archive/books/cuchma.htm

## KAPITEL 3 NUKLEARE IMPLOSION

1 Serhii Plokhy und M. E. Sarotte, »The Shoals of Ukraine: Where American Illusions and Great Power Politics Collide«, *Foreign Affairs* 99, Nr. 1 (2020), S. 81–95, hier S. 84.

2 »Deklaratsiia pro derzhavnyi suverenitet Ukraïny«, *Vidomosti Verkhovnoï Rady URSR*, 1990, Nr. 31, S. 429, https://zakon.rada.gov.ua/laws/show/55-12#Text; Mariana Budjeryn, »Looking Back: Ukraine's Nuclear Predicament and the Nonproliferation Regime«, *Arms Control Today* 44 (Dezember 2014), S. 35–40.

3 D'Anieri, *Ukraine and Russia*, S. 48 f.; Deborah Sanders, *Security Cooperation between Russia and Ukraine in the Post-Soviet Era* (New York 2001), S. 43 f.

4 »Zaiava pro bez'iadernyi status Ukraïny«, Verkhovna Rada Ukraïny, https://zakon.rada.gov.ua/laws/show/1697-12#Text; Yuri Kostenko, *Ukraine's Nuclear Disarmament: A History* (Cambridge, MA, 2021), S. 41; Sanders, *Security Cooperation,* S. 43 f.

5 Stanislav Smagin, »Memorandum Voshchanova. Kak El'tsin napugal Ukrainu i Kazakhstan«, *Ukraina.ru*, 26. August 2020, https://ukraina.ru/history/20200826/1028666047.html

6 Smagin, »Memorandum Voshchanova«; Aleksandr Solzhenitsyn, »Kak nam obustroit' Rossiiu«, *Komsomol'skaia pravda*, 18. September 1990.

7 Serhii Plokhy, *The Last Empire: The Final Days of the Soviet Union* (New York, 2014), S. 178–182; Taras Kuzio, *Ukraine–Crimea–Russia: Triangle of Conflict* (Stuttgart 2014), S. 7; Vsevolod Vladimirov, »Zabytyi ul'timatum«, *Sovershenno sekretno*, 10. August 2022, https://www.sovsekretno.ru/articles/zabytyy-ultimatum/

8 »Pavel Voshchanov: kak ia ob »iavlial voinu Ukraine«, *Viperson*, 23. Oktober 2003, http://viperson.ru/articles/pavel-voschanov-kak-ya-ob-yavlyal-voynu-ukraine

9 »Ethnic Composition of Crimea«, International Committee for Crimea, https://iccrimea.org/population.html

10 Jeff Berliner, »Yeltsin Turns Up on Black Sea«, UPI, 28. Januar 1992, https://www.upi.com/Archives/1992/01/28/Yeltsin-turns-up-on-Black-Sea/7315696574800; Victor Zaborsky, »Crimea and the Black Sea Fleet in Russian-Ukrainian Relations«, Diskussionspapier, Belfer Center for Science and International Affairs, September 1995, https://www.belfercenter.org/publication/crimea-and-blacksea-fleet-russian-ukrainian-relations

11 Gwendolyn Sasse, *The Crimea Question. Identity, Transition and Conflict* (Cambridge, MA, 2007); Serhii Plokhy, »History and Territory«, in ders., *Ukraine and Russia. Representations of the Past* (Toronto 2008), S. 165 ff. und 326.

12 Serhii Plokhy, »The City of Glory«, in ders., *Ukraine and Russia*, S. 182–195; ders., »The Ghosts of Pereiaslav«, ebd., S. 196–212.

13 Zaborsky, »Crimea and the Black Sea Fleet in Russian-Ukrainian Relations«; Alexander J. Motyl, *Dilemmas of Independence. Ukraine after Totalitarianism* (New York 1993), S. 106; Sasse, *The Crimea Question,* S. 227–231; Natalya Belitser, »The Transnistrian Conflict«, in *»Frozen Conflicts« in Europe,* hg. von Anton Bebler (Opladen, Berlin und Toronto 2015), S. 45–56.

14 Evgeniia Koroleva, »Khronika anneksii. Kak s posiagatel'stvami na Krym stalkivalis' poocheredno vse prezidenty Ukrainy«, *Fokus*, 28. Februar 2021, https://focus.ua/politics/475914-hronika-anneksii-kak-s-posyagatelstvami-na-krym-stalkivalis-poocheredno-vse-prezidenty-ukrainy; V. Bezkorovainyi, »Masandrivs'kyi protokol. Dzherela i naslidky«, *Universum*, Nr. 3/4 (2011), https://zakon.rada.gov.ua/laws/show/643_054#Text; D'Anieri, *Ukraine and Russia*, S. 40 f.

15 »Uhoda mizh Ukraïnoiu ta Rosiis'koiu Federatsiieiu pro poetapne vrehuliuvannia problem Chornomors'koho flotu«, 15. April 1994, https://zakon.rada.gov.ua/laws/show/643_128#Text; D'Anieri, *Ukraine and Russia*, S. 78 f.

16 Zaborsky, »Crimea and the Black Sea Fleet in Russian-Ukrainian Relations«, https://www.belfercenter.org/publication/crimea-and-blacksea-fleet-russian-ukrainianrelations; D'Anieri, *Ukraine and Russia*, S. 80.

17 Sergei Shargorodsky, »Ukraine Suspends Removal of Tactical Nuclear Weapons with Am-Soviet-Unrest«, *Associated Press*, 12. März 1992, https://apnews.com/f040f8c662d7eb5cc26b7056aafc2dac; Steven Pifer, *The Eagle and the Trident. U. S.-Ukraine Relations in Turbulent Times* (Washington, DC, 2017), S. 11.

18 D'Anieri, *Ukraine and Russia*, S. 50 f.

19 John J. Mearsheimer, »The Case for a Ukrainian Nuclear Deterrent«, *Foreign Affairs* 72, Nr. 3 (Sommer 1993). S. 50–66.

20 D'Anieri, *Ukraine and Russia*, S. 52 f.; Budjeryn, »Looking Back«; »Nuclear Disarmament. Ukraine«, Nuclear Threat Initiative, https://www.nti.org/analysis/articles/ukraine-nuclear-disarmament/; Eugene M. Fishel, *The Moscow Factor. US Policy toward Sovereign Ukraine and the Kremlin* (Cambridge, MA, 2022), S. 85–114.

21 Budapest Memorandums on Security Assurances, 1994, Council on Foreign Relations, https://web.archive.org/web/20140317182201/http://www.cfr.org/arms-control-disarmament-and-nonproliferation/budapest-memorandums-security-assurances-1994/p32484#

22 Lara Jakes, Edward Wong und Michael Crowley, »America's Road to the Ukraine War«, *New York Times*, 24. April 2022, https://www.nytimes.com/2022/04/24/us/politics/russia-ukraine-diplomacy.html; Jane Perlez, »Economic Collapse Leaves Ukraine with Little to Trade but Its Weapons«, *New York Times*, 13. Januar 1994; Macrotrends, https://www.macrotrends.net/countries/UKR/ukraine/inflation-rate-cpi; Serhii Plokhy, *Das Tor Europas. Die Geschichte der Ukraine* (Hamburg 2022), S. 454 und 485; »Ukraine Inflation Rate 1993–2021«.

23 Dieter Nohlen und Philip Stöver (Hg.), *Elections in Europe. A Data Handbook* (Baden-Baden 2010), S. 1976.

24 Andrew D. Sorokowski, »Treaty on Friendship, Cooperation, and Partnership between Ukraine and the Russian Federation«, *Harvard Ukrainian Studies* 20 (1996), S. 319–329, http://www.jstor.org/stable/41036701; Spencer Kimball, »Bound by Treaty:

Russia, Ukraine and Crimea«, *DW*, 11. November 2014, https://www.dw.com/en/bound-by-treaty-russia-ukraine-and-crimea/a-17487632

25 »Nuclear Disarmament. Ukraine«, Nuclear Threat Initiative, https://www.nti.org/analysis/articles/ukraine-nuclear-disarmament/; »Tretia pislia Rosiï ta SShA. Iak vyhliadav iadernyi potentsial Ukraïny«, YouTube, https://www.youtube.com/watch?v=Kedw7IhwnCc; Postanovlenie Gosudarstvennoi Dumy federal'nogo sobraniia Rossiiskoi Federatsii ot 25.12.1998 Nr. 3459 II GD, O federal'nom zakone »O ratifikatsii Dogovora o druzhbe, sotrudnichestve i partnerstve mezhdy Rossiiskoi Federatsiei i Ukrainoi«, *Sbornik zak*onov, http://sbornik-zakonov.ru/184970.html

26 »The Accession of Poland, the Czech Republic and Hungary to NATO«, Warsaw Institute Date: 29. März 2021, https://warsawinstitute.org/accession-poland-czech-republic-hungary-nato/#:~:text=During%20the%20NATO%20summit%20in,countries%20officially%20began%20accession%20talks

27 Bill Clinton, »Remarks at a Reception for the Opening of the United States Holocaust Memorial Museum«, 21. April 1993, The American Presidency Project, https://www.presidency.ucsb.edu/documents/remarks-reception-for-the-opening-the-united-states-holocaust-memorial-museum

28 »›Banal Conversation‹: What Is Behind the Historical Dialogue between Lech Walesa and Bill Clinton about the ›Danger‹ of Russia«, *Teller Report*, 13. Februar 2020, https://www.tellerreport.com/news/2020-02-13---%E2%80%9Cbanal-conversation%E2%80%9D--what-is-behind-the-historical-dialogue-between-lech-walesa-and-bill-clinton-about-the-%E2%80%9Cdanger%E2%80%9D-of-russia-.HklyX8XQ8.html; M. E. Sarotte, *Not One Inch. America, Russia, and the Making of Post-Cold War Stalemate* (New Haven und London 2021), S. 161.

29 Sarotte, *Not One Inch*, S. 55.

30 Ebd., S. 11; ders., »The Betrayal Myth behind Putin's Brinkmanship«. *Wall Street Journal*, 7. Januar 2022, https://www.wsj.

com/articles/the-betrayal-myth-behind-putins-brinkmanship-11641568161; D'Anieri, *Ukraine and Russia*, S. 61.

31 Sarotte, *Not One Inch*, S. 161.

32 Ebd., S. 142 und 163–166.

33 Ebd., S. 165; Samuel Charap und Timothy J. Colton, *Everyone Loses. The Ukraine Crisis and the Ruinous Contest for Post-Soviet Eurasia* (New York 2016), S. 41.

34 Charap und Colton, *Everyone Loses*, S. 42; Sarotte, *Not One Inch*, S. 166; John Borawski, »Partnership for Peace and Beyond«, *International Affairs* 71, Nr. 2 (April 1995), S. 233–246.

35 D'Anieri, *Ukraine and Russia*, S. 65 f., 92.

36 NATO-Gipfel in Madrid, 8.–9. Juli 1997, https://www.nato.int/docu/comm/1997/970708/home.htm; Bill Clinton, »Memorandum of Conversation – President Leonid Kuchma of Ukraine«, 5. Juni 2000, Clinton Digital Library, https://clinton.presidentiallibraries.us/items/show/101663; Sarotte, »The Betrayal Myth behind Putin's Brinkmanship«.

37 »March 24, 1999: NATO Bombs Yugoslavia«, This Day in History, https://www.history.com/this-day-in-history/nato-bombs-yugoslavia

38 Thomas W. Lippman, »Russian Leader Cancels Trip in Protest«, *Washington Post*, 24. März 1999, A22, https://www.washingtonpost.com/wp-srv/inatl/daily/march99/russia032499.htm; Charap und Colton, *Everyone Loses*, S. 47 f.

## KAPITEL 4 DAS NEUE OSTEUROPA

1 Vladimir Putin, »Speech to Representatives of the US Public and Political Leaders«, 14. November 2001, President of Russia, http://www.en.kremlin.ru/events/president/transcripts/21398

2 Angela Stent, »The Impact of September 11 on US-Russian Relations«, *Brookings*, 8. September 2021, https://www.brookings.edu/blog/order-from-chaos/2021/09/08/the-impact-of-september-11-on-us-russian-relations/; Samuel Charap und Timothy J. Colton,

*Everyone Loses. The Ukraine Crisis and the Ruinous Contest for Post-Soviet Eurasia* (New York 2016), S. 67 f.

3 Wade Boese, »Russia Declares Itself No Longer Bound by START II«, *Arms Control Association*, Juli / August 2002, https://www.armscontrol.org/act/2002-07/news/russia-declares-itself-longer-bound-start-ii; Susan B. Glasser, »Tensions with Russia Propel Baltic States toward NATO«, *Washington Post*, 7. Oktober 2002; Simon Lunn, »The NATO-Russia Council: Its Role and Prospects«, European Leadership Network, Policy Brief, November 2013.

4 Paul D'Anieri, *Ukraine and Russia. From Civilized Divorce to Uncivil War* (Cambridge, UK, 2019), S. 129 und 133; Volodymyr Holovko und Larysa Iakubova, *Ukraïna i vyklyky post-totalitarnoho tranzytu, 1990–2019 [=Ukraïna: Narysy istoriï*, hg. von Valerii Smolii, Bd. 3] (Kyjiw 2021), S. 100.

5 Steven L. Myers, *Putin – der neue Zar. Seine Politik – Sein Russland* (Zürich 2016), S. 300–340; Dieter Nohlen und Philip Stöver (Hg.), *Elections in Europe. A Data Handbook* (Baden-Baden 2010), S. 1642; Dov Lynch, »›The Enemy is at the Gate‹: Russia after Beslan«, *International Affairs* 81, Nr. 1 (Januar 2002), S. 141–161.

6 Myers, *Putin – der neue Zar*, S. 341–393; D'Anieri, *Ukraine and Russia*, S. 148 ff.; Andrew Wilson, *Ukraine's Orange Revolution* (New Haven und London 2005), S. 174–183; Lincoln A. Mitchell, *The Color Revolutions* (Philadelphia, PA, 2012).

7 Askold Krushelnycky, »Ukraine: A Look at Kyiv's Motives for Seeking NATO Membership«, Radio Free Europe / Radio Liberty, 30. Mai 2002, https://www.rferl.org/a/1099856.html; Jakob Hedenskog, *Ukraine and NATO: Deadlock or Re-Start?*, Swedish Research Agency, Dezember 2006, S. 59–63; Grigoriy M. Perepelytsia, »NATO and Ukraine: At the Crossroads«, *NATO Review*, 1. April 2007, https://www.nato.int/docu/review/articles/2007/04/01/nato-and-ukraine-at-the-crossroads/index.html

8 »Opening statement by Viktor Yushchenko, President of Ukraine at the press conference following the meeting of the

NATO-Ukraine Council at the level of Heads of State and Government«, NATO-Gipfel, 22. Februar 2005, https://www.nato.int/docu/speech/2005/s050222g.htm; »NATO-Russia Relations: The Background«, Media Backgrounder, NATO, März 2020, https://www.nato.int/nato_static_fl2014/assets/pdf/2020/4/pdf/2003-NATO-Russia_en.pdf

9 D'Anieri, *Ukraine and Russia*, S. 12 f.

10 Rajan Menon und Eugene Rumer, *Conflict in Ukraine. The Unwinding of the Post-Cold War Order* (Cambridge, MA, und London, 2015), S. 41–44; D'Anieri, *Ukraine and Russia*, S. 155 ff.; Margarita M. Balmaceda, *Russian Energy Chains. The Remaking of Technopolitics from Siberia to the European Union* (New York 2021), S. 91–104.

11 Vladimir Putin, »Speech and the Following Discussion at the Munich Conference on Security Policy«, 10. Februar 2007, President of Russia, http://en.kremlin.ru/events/president/transcripts/24034

12 Rob Watson, »Putin's Speech: Back to Cold War?«, BBC, 10. Februar 2007, http://news.bbc.co.uk/2/hi/europe/6350847.stm; Luke Harding, »Bush Backs Ukraine and Georgia for Nato Membership«, *Guardian*, 1. April 2008, https://www.theguardian.com/world/2008/apr/01/nato.georgia; Charap und Colton, *Everyone Loses*, S. 88; D'Anieri, *Ukraine and Russia*, S. 162.

13 Illya Labunka, »Ukraine Seeks NATO Membership Action Plan«, *Ukrainian Weekly*, 27. Januar 2008; »Joint Address to the NATO Secretary General«, ebd., S. 3, http://www.ukrweekly.com/archive/pdf3/2008/The_Ukrainian_Weekly_2008-04.pdf

14 D'Anieri, *Ukraine and Russia*, S. 162 f.; Labunka, »Ukraine Seeks NATO Membership Action Plan«.

15 Charap und Colton, *Everyone Loses*, S. 87.

16 »Bucharest Summit Declaration«, issued by the Heads of State and Government participating in the meeting of the North Atlantic Council in Bucharest on 3 April 2008, NATO, https://www.nato.int/cps/en/natolive/official_texts_8443.htm

17 Jan Maksymiuk, »Is Ukraine Prepared To Maintain Its Tough

Stand Against Russia?«, Radio Free Europe / Radio Liberty, 15. August 2008, https://www.rferl.org/a/Is_Ukraine_Prepared_To_Maintain_Its_Tough_Stand_Against_Russia/1191251.html; Charap und Colton, *Everyone Loses*, S. 91–94; Svante E. Cornell und Frederick S. Starr, *The Guns of August 2008. Russia's War in Georgia* (Armonk, NY, 2009); Ronald D. Asmus, *A Little War That Shook the World. Georgia, Russia, and the Future of the West* (New York 2010).

18 Ivan Watson und Maxim Tkachenko, »Russia, Ukraine agree on naval-base-for-gas deal«, CNN, 21. April 2010, http://www.cnn.com/2010/WORLD/europe/04/21/russia.ukraine/index.html; Menon und Rumer, *Conflict in Ukraine*, S. 44–52.

19 Vladimir Putin, »Novyi integratsionnyi proekt dlia Evrazii – budushchee, kotoroe rozhdaetsia segodnia«, *Izvestiia*, 3. Oktober 2011, https://sroportal.ru/publications/novyj-integracionnyj proekt-dlya-evrazii-budushhee-kotoroe-rozhdaetsya-segodnya/

20 Putin, »Novyi integratsionnyi proekt dlia Evrazii« (dt. Übers. zitiert nach Uwe Halbach, »Wladimir Putins Eurasische Union«, Deutsches Institut für Internationale Politik und Sicherheit, https://www.swp-berlin.org/publications/products/aktuell/2011A51_hlb_ks.pdf)

21 Fiona Hill und Clifford G. Gaddy, *Mr. Putin. Operative in the Kremlin* (Washington, D. C.), S. 358–362.

22 Serhii Plokhy, *Das Tor Europas*, S. 470; D'Anieri, *Ukraine and Russia*, S. 184.

23 D'Anieri, *Ukraine and Russia*, S. 92; Plokhy, *Das Tor Europas*, S. 470 f.

24 D'Anieri, *Ukraine and Russia*, S. 204 f.

25 »Eased Russian customs rules to save Ukraine $1.5 bln in 2014, says minister«, *Interfax*, 18. Dezember 2013, https://en.interfax.com.ua/news/economic/182691.html; D'Anieri, *Ukraine and Russia*, S. 200–203; Plokhy, *Das Tor Europas*, S. 473.

26 Interview mit Hennadii Moskal in der Fernsehsendung *Gordon*, 21. Januar 2018, https://www.youtube.com/watch?v=ZSer846Y1_8&t=0s

27 »Meeting with President of Ukraine Viktor Yanukovych«, 17. Dezember 2013, President of Russia, http://kremlin.ru/events/president/news/19849; »Dekabr' 2013 goda, rabochii vizit Prezidenta Ukrainy v Moskvu«, *Levyi Bereg*, 17. Dezember 2013, https://lb.ua/news/2013/12/17/247980_dekabr_2013t_goda_rabochiy_vizit.html

28 Plokhy, *Das Tor Europas*, S. 472; »Shturm barykad. 11 hrudnia. Nich ta ranok suprotyvu«, *Ukraïns'ka pravda*, 11. Dezember 2013, https://www.pravda.com.ua/articles/2013/12/11/7005267/; »Top U. S. official visits protesters in Kiev as Obama admin. ups pressure on Ukraine president Yanukovich«, *CBS News*, 11. Dezember 2013, https://www.cbsnews.com/news/us-victoria-nuland-wades-into-ukraine-turmoil-over-yanukovich/

29 Serhii Leshchenko, »Taiemna zustrich Ianukovycha z Putinym ta inshi sekrety z mizhyhirs'koho notatnyka«, *Ukraïns'ka pravda*, 11. März 2014, https://www.pravda.com.ua/articles/2014/03/11/7018404/; »Ianukovych zibravsia do Rosiï–dzherelo. Povidomliaiut', shcho prezydent 8 sichnia taiemno zustrichavsia z Putinym,« *Livyi bereh*, 31. Januar 2014, https://lb.ua/news/2014/01/31/253927_yanukovich_sobralsya_rossiyu.html

30 D'Anieri, *Ukraine and Russia*, S. 216 ff.; »Mizh nevoleiu i nezalezhnistiu, 18–22 liutoho 2014«, *Ukraïns'ka pravda*, 18. Februar 2015, https://www.istpravda.com.ua/articles/2015/02/18/147385/

31 »Mizh nevoleiu i nezalezhnistiu, 18–22 liutoho 2014«.

32 D'Anieri, *Ukraine and Russia*, S. 217 und 219–220.

33 »Mizh nevoleiu i nezalezhnistiu, 18–22 liutoho 2014«; Dmytro Ievchyn, Inna Anitova und Nataliia Nedel'ko, »Iak Ianukovych utikav do Krymu: svidchennia ochevydtsiv«, *Krym.realiï*, 1. März 2018, https://ua.krymr.com/a/29070914.html

34 »Mizh nevoleiu i nezalezhnistiu, 18–22 liutoho 2014«; »Rada skynula Ianukovycha, iakyi unochi vtik do Rosiï, Khronika revoliutsii hidnosti«, *Ukrinform*, 22. Februar 2021, https://www.ukrinform.ua/rubric-society/3193991-rada-skinula-anukovica-akij-unoci-vtik-do-rosii.html; »Vtecha eks-haranta: iak Ianukovych u 2014 rotsi tikav z Ukraïny«, *UNIAN*, 21. Februar 2020,

https://www.unian.ua/politics/10883561-vtecha-eks-garanta-yak-yanukovich-u-2014-roci-tikav-z-ukrajini.html

## KAPITEL 5 DER ERÖFFNUNGSZUG: DIE KRIM

1 Aleksandr Solzhenitsyn, »Russkii vopros v kontse XX veka«, *Novyi mir*, Nr. 7 (1994); Vladimir Putin, »Message to the Federal Assembly of the Russian Federation«, 25. April 2005, http://kremlin.ru/events/president/transcripts/22931; Serhii Plokhy, *Lost Kingdom: The Quest for Empire and the Making of the Russian Nation from 1470 to the Present* (New York 2017), S. 312–315.

2 Ernest Gellner, *Nationalismus und Moderne* (Hamburg 1995), S. 8.

3 Julia Rubin, »Meditations on Russia: Yeltsin Calls for New National ›Idea‹«, *AP*, 2. August 1996, https://apnews.com/article/122cd732a8cf8b35989afeec4db69dcd; Vera Tolz, »The Search for a National Identity in the Russia of Yeltsin and Putin«, in Yitzhak Brudny, Jonathan Frankel und Stefani Hoffman (Hg.), *Restructuring Post-Communist Russia* (Cambridge, UK, 2004), S. 160–178.

4 Timothy Snyder, *Der Weg in die Unfreiheit. Russland, Europa, Amerika* (München 2022), S. 92–99; Marlene Laruelle, »Scared of Putin's Shadow: In Sanctioning Dugin, Washington Got the Wrong Man«, *Foreign Affairs*, 25. März 2015, https://www.foreignaffairs.com/articles/russian-federation/2015-03-25/scared-putins-shadow; http://newfascismsyllabus.com/contributions/into-the-irrational-core-of-pure-violence-on-the-convergence-of-neo-eurasianism-and-the-kremlins-war-in-ukraine/

5 Plokhy, *Lost Kingdom*, S. 121–153; Alexei Miller, *The Ukrainian Question. Russian Empire and Nationalism in the 19th Century* (Budapest 2003), S. 24ff.

6 Snyder, *Der Weg in die Unfreiheit*, S. 24–44.

7 Aleksandr Solzhenitsyn, *Kak nam obustroit' Rossiiu?* (Paris 1990); ders., »Russkii vopros v kontse XX veka« (1994); ders.,

*Rossiia v obvale* (Moskau 1998), S. 79 (dt.: *Rußland im Absturz*, Wien / Köln / Weimar 1999).

8 »Putin vozlozhil tsvety k nadgrobiiam Denikina, Il'ina i Shmeleva«, *Vesti.ru*, 24. Mai 2009, https://www.vesti.ru/article/2180162

9 Plokhy, *Lost Kingdom*, S. 326.

10 »Putin vozlozhil tsvety k nadgrobiiam Denikina, Il'ina i Shmeleva«.

11 »Putin: Krym prisoedinili, chtoby ne brosat' natsionalistam«, *BBC News*, 9. März 2015, https://www.bbc.com/russian/international/2015/03/150309_putin_crimea_annexion_film

12 Antonina Dolomanzhi, »Ianukovych 11 raziv hovoryv z Putinym pid chas naikryvavishykh podii Majdanu – prokuror«, *UNIAN*, 17. November 2021, https://www.unian.ua/politics/yanukovich-11-raziv-govoriv-z-putinim-pid-chas-naykrivavishih-podiy-maydanu-prokuror-novini-ukrajina-11612860.html; »Uhoda pro vrehuliuvannia kryzy v Ukraïni«, *Ukraïns'ka pravda*, 21. Februar 2014, https://www.pravda.com.ua/articles/2014/02/21/7015533/; Valerii Kal'nysh, Kirill Mikhailov, Sergei Minenko und Boris Iunakov, »21 fevralia 2014 goda, piatnitsa«, *Novoe vremia*, Nr. 5 (16. Februar 2015), https://newtimes.ru/articles/detail/94681

13 »Putin rasskazal, kak pomog Ianukovichu vyekhat' iz Ukrainy«, *ATN*, 24. Oktober 2014, https://atn.ua/world/putin-rasskazal-kak-pomog-janukovichu-vyehat-iz-ukrainy-151693/; Konstantin Remchukov, »What Vladimir Putin is Really Thinking. The person who has had to deal with Russia's new challenge is Putin and Putin alone«, *National Interest*, 6. Juli 2022, https://nationalinterest.org/feature/what-vladimir-putin-really-thinking-203422?page=0%2C1; Ben Rhodes, *Im Weißen Haus. Die Jahre mit Barack Obama*, (München 2020), S. 363 f.

14 »Putin rasskazal, kak pomog Ianukovichu vyekhat' iz Ukrainy«.

15 »V Khar'kov edut boeviki, a v Krymu snimaiut ukrainskie flagi. V regionakh Ukrainy nastupilo napriazhennoe ozhidanie«, *Mangazeia. Informatsionnoe agentstvo*, 26. Februar 2014, https://www.mngz.ru/russia-world-sensation/366198-v-harkov-edut-boeviki-a-v-krymu-snimayut-ukrainskie-flagi-v-regionah-

ukrainy-nastupilo-napryazhennoeozhidanie.html; »Ofitsiine vidstoronennia Ianukovycha vid vlady: khronika podii«, *5 kanal*, 22. Februar 2018, https://www.5.ua/suspilstvo/ofitsiine-vidstoronennia-yanukovycha-vid-vlady-165461.html; »V gostiakh u Gordona: Dobkin, Kernes, Avakov, zhaba Poroshenko, ubiistvo Kushnareva«, 6. Oktober 2020, YouTube, https://www.youtube.com/watch?v=xcdcdDR8toc; »Vystup Ianukovycha na z'ïzdi v Kharkovi 22 liutoho 2014 roku mih vidkryty shliakh tankam Putina na Kyïv – Turchynov«, *Hordon,* 22. Februar 2019, https://gordonua.com/ukr/news/Majdan/vistup-janukovicha-na-z-jizdi-v-harkovi-22-ljutogo-2014-roku-moglo-vidkriti-shljah-tankam-putina-na-kijiv-turchinov-759148.html; »Kharkivs'kyi z'ïzd oholosyv pro kontrol' nad chastynoiu Pivdnia i Skhodu«, *BBC News,* 22. Februar 2014, https://www.bbc.com/ukrainian/politics/2014/02/140222_kharkiv_nk; »Z'ïzd u Kharkovi: my proty separatyzmu, my za iedynu Ukraïnu«, *Krym.realiï*, 22. Februar 2014, https://ua.krymr.com/a/25348311.html

16 »›Ego by prosto unichtozhili‹, Vladimir Putin rasskazal o spasenii Ianukovicha«, *Vesti.ru*, 15. März 2015, https://www.vesti.ru/article/1720038; »Putin rasskazal, kak pomog Ianukovichu vyekhat' iz Ukrainy«.

17 »Putin dal ukazanie anneksirovat' Krym v noch' na 23 fevralia – Ponomarev«, *Ukraïns'ka pravda*, 13. Februar 2018, https://www.pravda.com.ua/rus/news/2018/02/14/7171592/

18 »›Ego by prosto unichtozhili‹, Vladimir Putin rasskazal o spasenii Ianukovicha«; »Telokhranitel' rasskazal sudu v Kieve, kak Ianukovich bezhal v Rossiiu«, *BBC News*, 18. Januar 2018, https://www.bbc.com/russian/news-42740229

19 Ebd.; »Telokhranitel' rasskazal sudu v Kieve, kak Ianukovich bezhal v Rossiiu«; »Ianukovicha v Khar'kove i Donetske presledovali ›vooruzhennye boeviki‹, – okhrannik«, *BBC News*, 16. Juli 2018, https://www.bbc.com/ukrainian/news-russian-44847511

20 »›Ego by prosto unichtozhili‹, Vladimir Putin rasskazal o spasenii Ianukovicha«; »Ianukovicha v Khar'kove i Donetske presledovali ›vooruzhennye boeviki‹«; »›Putin rasskazal, kak pomog Ianukovi-

chu vyekhat‹ iz Ukrainy«; »Telokhranitel' rasskazal sudu v Kieve, kak Ianukovich bezhal v Rossiiu«.

21 »V gostiakh u Gordona: Dobkin, Kernes, Avakov, zhaba Poroshenko, ubiistvo Kushnareva«.

22 D'Anieri, *Ukraine and Russia*, S. 226.

23 »Ukraine Crimea: Rival rallies confront one another«, *BBC News*, 26. Februar 2014, https://www.bbc.com/news/world-europe-26354705; »V Khar'kov edut boeviki, a v Krymu snimaiut ukrainskie flagi«; Viktoriia Veselova, »Plenki Glaz'eva: kto i kak koordiniroval iz Rossii sobytiia 'krymskoi vesny«, *Krym.realii*, 26. Dezember 2017, https://ru.krymr.com/a/28933736.html; Sergei Chasovskikh, *Novorossiia. God voiny* (Moskau 2018).

24 »Stenohrama zasidannia RNBO Ukraïny u zv'iazku z pochatkom rosiis'koï ahresiï v Krymu«, *Ukraïns'ka pravda*, 22. Februar 2016, https://www.pravda.com.ua/articles/2016/02/22/7099911/

25 »Stenohrama zasidannia RNBO Ukraïny«.

26 D'Anieri, *Ukraine and Russia*, S. 227; »Ianukovych prosyv Putina vvesty viis'ka v Ukraïnu«, *Livyi bereh*, 3. März 2014, https://lb.ua/news/2014/03/03/258044_yanukovich_poprosil_putina_vvesti.html; »Ianukovych vyznav, shcho prosyv Putina vvesty viis'ka v Ukraïnu«, *Livyi bereh*, 2. März 2018, https://lb.ua/news/2018/03/02/391645_yanukovich_priznal_prosil_putina.html

27 »Putin dumaet, chto v Ukraine Ianukovicha mogli ubit'«, *Segodnia*, 4. März 2014, https://politics.segodnya.ua/politics/putin-dumaet-chto-vukraine-yanukovicha-mogli-ubit-500420.html; »Putin: My ne rassmatrivaem variant prisoedineniia Kryma«, *Vedomosti*, 4. März 2014, https://www.vedomosti.ru/politics/articles/2014/03/04/putin-nachal-press-konfernenciyu

28 D'Anieri, *Ukraine and Russia*, S. 228 f.; Carol Morello, Pamela Constable und Anthony Faiola, »Crimeans vote in referendum on whether to break away from Ukraine, join Russia«, *Washington Post*, 17. März 2014; Jason Samuel, »The Russian Constitu-

tional Path to the Annexation of Crimea«, *Jurist*, 25. Mai 2014, https://www.jurist.org/commentary/2014/05/jason-samuelrussia-crimea/

29 Andrei Zubov, »Ėto uzhe bylo«, *Vedomosti*, 1. März 2014; »Iz MGIMO uvolen professor Andrei Zubov«, *BBC News*, 24. März 2014, https://www.bbc.com/russian/rolling_news/2014/03/140324_rn_professor_mgimo_fired

30 Gellner, *Nationalismus und Moderne* (Hamburg 1995), S. 8–10; »Anschluss and World War II«, *Britannica,* https://www.britannica.com/place/Austria/Anschluss-and-World-War-II; Keren Yarhi-Milo, *Knowing the Adversary: Leaders, Intelligence, and Assessment of Intentions in International Relations* (Princeton, NJ, 2014), S. 69–98; Rick Noack, »Why do nearly 40 percent of Germans endorse Russia's annexation of Crimea?«, *Washington Post*, 28. November 2014.

## KAPITEL 6 AUFSTIEG UND FALL VON »NEURUSSLAND«

1 Serhii Plokhy, »Das Imperium schlägt zurück«, in: ders., *Die Frontlinie. Warum die Ukraine zum Schauplatz eines neuen Ost-West-Konflikts wurde* (Hamburg 2022), S. 319 f.; Rajan Menon und Eugene Rumer, *Conflict in Ukraine. The Unwinding of the Post-Cold War Order* (Cambridge, MA, und London 2015), S. 81–85; Serhy Yekelchyk, *The Conflict in Ukraine. What Everyone Needs to Know* (New York 2015), S. 128–131.

2 Vladimir Putin, »Address by President of the Russian Federation«, 18. März 2014, http://en.kremlin.ru/events/president/news/20603; Fiona Hill und Clifford G. Gaddy, *Mr. Putin. Operative in the Kremlin* (Washington, DC, 2015), S. 368 f.

3 »Putin sozdal krymskii federal'nyi okrug«, *BBC News*, 21. März 2014, https://www.bbc.com/russian/russia/2014/03/140321_crimea_putin_federal_district

4 »MID Rossii predlozhil sdelat' Ukrainu federatsiei«, *Vedomosti*, 17. März 2014, https://www.vedomosti.ru/politics/articles/2014/03/17/mid-rossii-predlozhil-sdelat-ukrainu-federaciej

5 »Lavrov nastaivaet na federalizatsii Ukrainy«, *Polit.ru*, 31. März 2014, https://m.polit.ru/news/2014/03/31/lavrov/; »MID Ukrainy zaiavil ob otkaze vlastei ot federalizatsii strany«, *Polit.ru*, 1. April 2014, https://m.polit.ru/news/2014/04/01/federalization/; Julian Borger und Alec Luhn, »Ukraine crisis: Geneva talks produce agreement on defusing conflict«, *Guardian*, 17. April 2014, https://www.theguardian.com/world/2014/apr/17/ukraine-crisis-agreement-us-russia-eu; »Ukraine crisis: Deal to ›de-escalate‹ agreed in Geneva«, *BBC News*, 17. April 2014, https://www.bbc.com/news/world-europe-27072351

6 Lidia Kelly, »Russian politician proposes new divisions of Ukraine«, *Reuters*, 24. März 2014, https://www.reuters.com/article/ukraine-crisis-partition-letter/russian-politician-proposes-new-divisions-of-ukraine-idUSL5N0ML1LO20140324; »Former Polish FM Says Putin Offered to Divide Ukraine With Poland«, *Radio Free Europe/Radio Liberty*, 21. Oktober 2014, https://www.rferl.org/a/26647587.html

7 Kelly, »Russian politician proposes new divisions of Ukraine«; »President Vladimir Putin met with Polish Prime Minister Donald Tusk«, President of Russia, 8. Februar 2008, http://en.kremlin.ru/events/president/news/43774; Marcel H. Van Herpen, *Putin's Wars. The Rise of Russia's New Imperialism* (Lanham, Boulder, New York und London 2015), S. 4 f.

8 Linda Kinstler, »In eastern Ukraine, protestors are chanting ›New Russia‹ – an old term that's back in fashion«, *New Statesman*, 8. April 2014, https://www.newstatesman.com/politics/2014/04/eastern-ukraine-protestors-are-chanting-new-russia-old-term-sback-fashion; Veselova, »Plenki Glaz'eva: kto i kak koordiniroval iz Rossii sobytiia ›krymskoi vesny‹«; »Direct Line with Vladimir Putin«, President of Russia, 17. April 2014, http://kremlin.ru/events/president/news/20796

9 Marlene Laruelle, *Russian Nationalism: Imaginaries, Doctrines, and Political Battlefields* (London und New York 2019), S. 196.

10 D'Anieri, *Ukraine and Russia*, S. 234 f. und 240 f.; Michael Kofman, Katya Migacheva, Brian Nichiporuk, Andrew Radin,

Olesya Tkacheva und Jenny Oberholtzer, *Lessons from Russia's Operations in Crimea and Eastern Ukraine* (Santa Monica, CA, 2019), S. 39 f.

11 Plokhy, *Das Tor Europas*, S. 476; Yuri Zhukov, »Trading Hard Hats for Combat Helmets: The Economics of Rebellion in Eastern Ukraine«, *Journal of Comparative Economics* 44, Nr. 1 (Oktober 2015), S. 1–15; vgl. ders., »The Economics of Rebellion in Eastern Ukraine«, *Vox Ukraine*, 10. November 2015, https://voxukraine.org/en/the-economics-of-rebellion-in-eastern-ukraine/

12 Laruelle, *Russian Nationalism*, S. 196–206; Marlene Laruelle, »Back from Utopia: How Donbas Fighters Reinvent Themselves in a Post-Novorossiya Russia«, *Nationalities Papers* 47, Nr. 5 (2019), S. 719–733.

13 Paul Sonne und Philip Shishkin, »Pro-Russian Commander in Eastern Ukraine Sheds Light on Origin of Militants«, *Wall Street Journal*, 26. April 2014, https://www.wsj.com/articles/SB10001424052702304788404579526160643349256

14 »Poroshenko: ›No negotiations with separatists‹«, *DW*, 8. Mai 2014, https://www.dw.com/de/poroschenko-keine-verhandlungen-mit-separatisten/a-17618304; Alec Luhn und Shaun Walker, »Poroshenko promises calm ›in hours‹ amid battle to control Donetsk airport«, *Guardian*, 26. März 2015.

15 »Donetsk militants send 34 pro-Russian separatist bodies to Russia – leader«, *Kyiv Post*, 30. Mai 2014, https://www.kyivpost.com/article/content/war-against-ukraine/donetsk-militants-send-34-pro-russian-separatists-bodies-to-russia-leader-350016.html; Christopher Miller, »Ukrainian Forces Seize Crucial Port City from Pro-Russia Separatists«, *Mashable*, 13. Juni 2014, https://mashable.com/archive/ukraine-seize-port-city-russia-separatists

16 »Ukraine crisis: Rebels abandon Sloviansk stronghold«, *BBC News*, 5. Juli 2014, https://www.bbc.com/news/world-europe-28174104; Karoun Demirjian und Michael Birnbaum, »Russia warns Ukraine of ›irreversible consequences‹ after cross-border shelling«, *Washington Post*, 13. Juli 2014, https://www.washingtonpost.com/world/russia-warns-ukraineof-irreversible-consequences-

after-cross-border-shelling/2014/07/13/d2be1bb0-0a85-11e4-8341-b8072b1e7348_story.html; »Ukrainian Troops Were Likely Shelled from Russian MRLS Tornado in Zelenopillia«, *Censor.net*, 15. Juli 2014, https://censor.net/en/news/293840/ukrainian_troops_were_likely_shelled_from_russian_mrls_tornado_in_zelenopillia

17 »Update in criminal investigation MH17 disaster«, Openbaar Ministerie, 24. Mai 2018, https://web.archive.org/web/20180524222602/https://www.om.nl/onderwerpen/mh17-crash/@103196/update-criminal-0/; Michael Walsh und Larry McShane, »Malaysia Airlines Flight 17 shot down by surface-to-air missile in what Ukrainian president calls ›act of terrorism‹«, *New York Daily News*, 18. Juli 2014, https://www.nydailynews.com/news/world/malaysian-airlinesplane-crashes-ukrainerussian-border-article-1.1870413; »MH17 plane crash: EU to widen Russia sanctions«, *BBC News*, 22. Juli 2014, https://www.bbc.com/news/uk-28415248

18 »Sylam ATO nareshti vdalosia rozdilyty terorystiv na Donbasi na dvi hrupy«, *TSN*, 3. August 2014, https://tsn.ua/ukrayina/silam-ato-nareshti-vdalosya-rozdiliti-teroristiv-na-donbasi-na-dvi-grupi-361740.html

19 »V Amvrosievku voshli rossiiskie voiska bez znakov otlichiia«, *Liga.novyny*, 24. August 2014, https://news.liga.net/politics/news/v_amvrosievku_voshli_rossiyskie_voyska_istochnik; »Captured Russian troops in Ukraine by accident«, *BBC News*, 26. August 2014, https://www.bbc.com/news/world-europe-28934213; »Fears of massacre after accusations Russians reneged on safe passage for Ukrainian forces«, *Daily Telegraph*, 31. August 2014; Taras Kuzio, *Putin's War against Ukraine. Revolution, Nationalism, and Crime* (Toronto 2017), S. 253.

20 »Protokol po itogam konsul'tatsii Trekhstoronnei kontaktnoi gruppy«, chrome-extension://efaidnbmnnnibpcajpcglclefindmkaj/https://www.osce.org/files/f/documents/a/a/123258.pdf; D'Anieri, *Ukraine and Russia*, S. 247.

21 Shaun Walker und Oksana Grytsenko, »Ukraine forces admit loss of Donetsk airport to rebels«, *Guardian*, 21. Januar 2015, https://www.theguardian.com/world/2015/jan/21/russia-ukraine-war-fighting-east; »Debal'tseve battle: Pro-Russian and Ukrainian forces agree to humanitarian corridor for civilians«, *International Business Times*, 6. Februar 2015; »Ukraine troops, pro-Russia rebels intensify clashes«, *CBS News*, 10. Februar 2015, https://www.cbsnews.com/news/ukraine-troops-pro-russia-rebels-intensify-clashes/; Kuzio, *Putin's War*, S. 256.

22 »Minsk agreement on Ukraine crisis: text in full«, *Daily Telegraph*, 12. Februar 2015.

23 Laruelle, »Back From Utopia: How Donbas Fighters Reinvent Themselves in a Post-Novorossiya Russia«; »Donbas Doubles: The Search for Girkin and Plotnitsky's Cover Identities«, *Bellingcat*, 18. Juli 2022, https://www.bellingcat.com/news/2022/07/18/donbas-doubles-the-search-for-girkin-and-plotnitskys-cover-identities/; »GRU-shnik Girkin zaiavil«, YouTube, https://www.youtube.com/shorts/6RHeRkTzjmo

24 Sviatoslav Khomenko, »Kto za kogo golosoval: elektoral'naia geografiia prezidentskikh vyborov«, *BBC News*, 28. Mai 2014, https://www.bbc.com/ukrainian/ukraine_in_russian/2014/05/140528_ru_s_electoral_geography; »Obrobleni 100 % biuleteniv: Poroshenko peremih u pershomu turi«, *BBC News*, 29. Mai 2014, https://www.bbc.com/ukrainian/politics/2014/05/140529_poroshenko_vote_count_dt; Serhii Plokhy, *Das Tor Europas*, S. 478 ff.

25 »Kazhdyi sam po sebe: Boiko i Medvedchuk idut v radu otdel'no ot Akhmetova i Novinskogo«, *Kyïvvlada*, 6. Juni 2019, https://kievvlast.com.ua/vybory/kazhdyj-sam-po-sebe-bojko-i-medvedchuk-idut-v-radu-otdelno-ot-ahmetova-i-novinskogo

26 Oxana Shevel, »Decommunization in Post-Euromaidan Ukraine: Law and Practice«, *Ponaris Eurasia, Policy Memos*, 11. Januar 2016, https://www.ponarseurasia.org/decommunization-in-post-euromaidan-ukraine-law-and-practice/; Serhii Plokhy, *Die Frontlinie*, S. 381–386.

27 Pavel Polityuk, »Ukraine passes language law, irritating presi-

dent-elect and Russia«, *Reuters*, 25. April 2019, https://www.reuters.com/article/us-ukraine-parliament-language-idUSKCN1S111N; »Language, Revolution of Dignity Project, Contemporary Atlas, Digital Atlas of Ukraine«, Harvard Ukrainian Research Institute, https://gis.huri.harvard.edu/language-module

28 Marina Presenti, »Ukraine's cultural revival is a matter of national security«, *Atlantic Council*, 19. Januar 2021, https://www.atlanticcouncil.org/blogs/ukrainealert/ukraines-cultural-revival-is-a-matter-of-national-security/l

29 Andriy Mykhaleyko, »The New Independent Orthodox Church in Ukraine«, *Comparative Southeast European Studies* 67, Nr. 4 (2019), S. 476–499, https://www.degruyter.com/document/doi/10.1515/soeu-2019-0037/html; »Transfer of Parishes«, Religious Revolution, Revolution of Dignity Project, Contemporary Atlas, MAPA: Digital Atlas of Ukraine, https://gis.huri.harvard.edu/transfer-parishes

30 Plokhy, *Das Tor Europas*, S. 483 ff.

31 Steven Pifer, »Poroshenko Signs EU-Ukraine Association Agreement«, *Brookings*, 27. Juni 2014, https://www.brookings.edu/blog/up-front/2014/06/27/poroshenko-signs-eu-ukraine-asso ciation-agreement/; »Visas: Council confirms agreement on visa liberalisation for Ukrainians«, European Council, Council of the European Union, 2. März 2017, https://www.consilium.europa.eu/en/press/press-releases/2017/03/02/visa-liberalisation-ukraine/; Plokhy, *Das Tor Europas*, S. 485–488.

## KAPITEL 7 PUTINS KRIEG

1 »Putin u menia sprashival, chto o nem napishut v uchebnikakh: glavred »Ėkha« o lichnom razgovore s prezidentom RF«, *Pervyi Russkii*, 20. August 2019, https://tsargrad.tv/news/putin-u-menja-sprashival-chto-o-nem-napishut-v-uchebnikah-glavred-jeha-o-lichnom-razgovore-s-prezidentom-rf_213278

2 Fiona Hill und Clifford G. Gaddy, *Mr. Putin. Operative in the Kremlin* (Washington, DC, 2015), S. 64 ff.

3 Putin, »On the Historical Unity of the Russians and Ukrainians«, http://en.kremlin.ru/events/president/news/66181.
4 Serhii Plokhy, *Lost Kingdom. The Quest for Empire and the Making of the Russian Nation from 1470 to the Present* (New York 2017), S. 89 ff.
5 Putin, »On the Historical Unity of the Russians and Ukrainians«.
6 Ebd., S. 1.
7 Serhii Rudenko, *Selenskyj. Eine politische Biographie* (München 2022).
8 Katya Gorchinskaya, »A brief history of corruption in Ukraine: the Poroshenko Era. The candyman can't confect a system to contain graft«, *Eurasianet*, 11. Juni 2020.
9 »How Volodymyr Selenskyj beat Petro Poroshenko in Ukraine«, *DW*, 24. April 2019, https://www.dw.com/en/how-volodymyr-Selenskyj-beat-petro-poroshenko-in-ukraine/a-48437457
10 Taras Kuzio, »Russia is quietly occupying Ukraine's information space«, *Atlantic Council*, 27. Juni 2020, https://www.atlanticcouncil.org/blogs/ukrainealert/russia-is-quietly-occupying-ukraines-information-space/; »Ukraine election: Comedian Zelensky wins presidency by landslide«, *BBC News*, 22. April 2019, https://www.bbc.com/news/world-europe-48007487; Leonid Nevzlin, Interview mit Dmitrii Gorgon, *V gostiakh u Gordona*, 1. August 2022, https://www.youtube.com/watch?v=Iw6A_b7p_2s&t=2956s
11 Andrei Bogdan, »V gostiakh u Gordona«, 14. Dezember 2022, YouTube, https://www.youtube.com/watch?v=QBZM_LBToQM; Oksana Torop, »Chy nablyzyvsia Zelens'kyi do myru na Donbasi?«, *BBC News*, 19. Mai 2020, https://www.bbc.com/ukrainian/features-52542365
12 »Ukraine hopes to get MAP at NATO summit next year–Taran«, *Ukrinform*, 1. Dezember 2020, https://www.ukrinform.net/rubric-defense/3146549-ukraine-hopes-to-get-map-at-nato-summit-next-year-taran.html
13 Yuras Karmanau, »Ukraine shuts TV channels owned by Russia-friendly tycoon«, *ABC News*, 3. Februar 2021, https://abcnews.

go.com/Business/wireStory/ukraine-shuts-tv-channels-owned-russia-friendly-tycoon-75661067

14 Aleksei Titov, »Putin vpervye prokomentiroval zakrytie kanalov Medvedchuka«, *Obozrevatel*, 17. Februar 2022, https://news.obozrevatel.com/russia/putin-vpervyie-prokommentiroval-zakryitie-kanalov-medvedchuka.htm

15 Dan Sabbagh, »Ukraine urges Nato to hasten membership as Russian troops gather«, *Guardian*, 6. April 2021, https://www.theguardian.com/world/2021/apr/06/ukraine-pressures-nato-for-membership-as-russia-amasses-troops-at-border; Amy Mackinnon, Jack Detsch und Robbie Gramer, »Near Ukraine Puts Team Biden on Edge: Is Russia Testing the Waters or Just Testing Biden?«, *Foreign Policy*, 2. April 2021, https://foreignpolicy.com/2021/04/02/russia-ukraine-military-biden/; Mykola Bielieskov, »The Russian and Ukrainian Spring 2021 War Scare«, Center for Strategic and International Studies, 21. September 2021, https://www.csis.org/analysis/russian-and-ukrainian-spring-2021-war-scare

16 Gordon Corera, »Ukraine: Inside the spies' attempts to stop the war«, *BBC News*, 9. April 2022, https://www.bbc.com/news/world-europe-61044063; Holly Ellyatt, »Biden and Putin conclude high-stakes diplomacy at Geneva summit«, *CNBC News*, 16. Juni 2021, https://www.cnbc.com/2021/06/16/putin-biden-summit-ingeneva-2021.html

17 Shane Harris, Karen DeYoung, Isabelle Khurshudyan, Ashley Parker und Liz Sly, »Road to war: U. S. struggled to convince allies, and Zelensky, of risk of invasion«, *The Washington Post*, 16. August 2022, https://www.washingtonpost.com/national-security/interactive/2022/ukraine-road-to-war/?itid=hp-top-tablemain

18 Ebd.; Corera, »Ukraine: Inside the spies' attempts to stop the war«; »Russia planning massive military offensive against Ukraine, involving 150,000 troops«, *Washington Post*, 3. Dezember 2021, https://www.washingtonpost.com/national-security/russia-ukraine-invasion/2021/12/03/98a3760e-546b-11ec-8769-2f4ecdf7a2ad_story.html

19 Andrew Roth, »Russia issues list of demands it says must be met to lower tensions in Europe«, *Guardian*, 17. Dezember 2021, https://www.theguardian.com/world/2021/dec/17/russia-issues-list-demands-tensions-europe-ukraine-nato

20 Harris et al., »Road to war: U. S. struggled to convince allies, and Zelensky, of risk of invasion«.

21 Aishvarya Kavi, »Biden Warns U. S. Won't Send Troops to Rescue Americans in Ukraine«, *New York Times*, 10. Februar 2022, https://www.nytimes.com/2022/02/10/us/biden-ukraine.html; Julian Borger, »Biden threatens Putin with personal sanctions if Russia invades Ukraine«, *Guardian*, 26. Januar 2022, https://www.theguardian.com/world/2022/jan/26/biden-threatens-putin-with-personal-sanctions-if-russia-invades-ukraine; Dan Sabagh, »US and UK intelligence warnings vindicated by Russian invasion«, *Guardian*, 24. Februar 2022, https://www.theguardian.com/us-news/2022/feb/24/us-uk-intelligence-russian-invasion-ukraine

22 Illia Ponomarenko, »US delivers 300 more Javelins to Ukraine«, *Kyiv Independent*, 26. Januar 2022, https://kyivindependent.com/national/us-delivers-300-morejavelins-to-ukraine/; Zach Dorfman, »CIA-trained Ukrainian paramilitaries may take central role if Russia invades«, *Yahoo!News*, 13. Januar 2022, https://news.yahoo.com/cia-trained-ukrainian-paramilitaries-may-take-central-role-if-russia-invades-185258008.html; Eliot A. Cohen, »Arm the Ukrainians Now!«, *Atlantic*, Februar 2022, https://www.theatlantic.com/ideas/archive/2022/02/putin-russia-invasion-ukraine-war/621182/

23 Readout of President Biden's Video Call with President Vladimir Putin of Russia, 7. Dezember 2021, https://www.whitehouse.gov/briefing-room/statements-releases/2021/12/07/readout-of-president-bidens-video-call-with-president-vladimir-putin-of-russia/; Readout of President Biden's Video Call with European Leaders on Russia and Ukraine, 24. Januar 2022, https://www.whitehouse.gov/briefing-room/statements-releases/2022/01/24/readout-of-presidentbidens-video-call-with-european-leaders-

on-russia-and-ukraine/; Michael Crowley und David E. Sanger, »U. S. and NATO Respond to Putin's Demands as Ukraine Tensions Mount«, *New York Times,* 26. Januar 2022, https://www.nytimes.com/2022/01/26/us/politics/russia-demands-us-ukraine.html; Serhii Plokhy, »The empire returns: Russia, Ukraine and the long shadow of the Soviet Union«, *Financial Times*, 28. Januar 2022, https://www.ft.com/content/0cbbd590-8e48-4687-a302-e74b6f0c905d

24 Anton Troianovski und David E. Sanger, »Russia Issues Subtle Threats More Far-Reaching Than a Ukraine Invasion«, *New York Times*, 16. Januar 2022, https://www.nytimes.com/2022/01/16/world/europe/russia-ukraine-invasion.html; Rafael Bernal, »Russia suggests military deployments to Cuba, Venezuela an option«, *The Hill*, 13. Januar 2022, https://thehill.com/policy/defense/589595-russia-suggests-military-deployments-to-cuba-venezuela-an-option/

25 Manohla Dragis, »›Munich: The Edge of War‹ Review: ›Well Navigated, Sir‹ (Not!)«, *New York Times*, 20. Januar 2022, https://www.nytimes.com/2022/01/20/movies/munich-the-edge-of-war-review.html

26 Harris et al., »Road to war: U. S. struggled to convince allies, and Zelensky, of risk of invasion«.

27 Ebd.; Readout of President Biden's Call with President Zelenskyy of Ukraine, 27. Januar 2022, https://www.whitehouse.gov/briefing-room/statements-releases/2022/01/27/readout-of-president-bidens-call-with-president-zelenskyy-of-ukraine-2/; »Zelens'kyi: panika koshtuvala Ukraïni 15,5 mlrd«, *BBC News*, 28. Januar 2022, https://www.bbc.com/ukrainian/news-60171082; Christo Grozev interview, https://m.youtube.com/watch?v=ekQB8pOwsC4

28 Matthew Luxmoore und Bojan Pancevski »Russia, Ukraine Talks Falter as Scope for Diplomatic Solution Narrows«, *The Wall Street Journal*, 10. Februar 2022; »Exclusive: As war began, Putin rejected a Ukraine peace deal recommended by aide«, *Reuters*, 14. September 2022, https://www.reuters.com/world/

asia-pacific/exclusive-war-began-putin-rejected-ukraine-peace-deal-recommended-by-his-aide-2022-09-14/

29 Harris et al., »Road to war: U.S. struggled to convince allies, and Zelensky, of risk of invasion«; »Ukraine's president told Biden to ›calm down‹ Russian invasion warnings, saying he was creating unwanted panic: report«, *Business Insider*, 28. Januar 2022, https://www.businessinsider.com/ukraine-president-toldbiden-calm-down-russian-invasion-warnings-report-2022-1; Marta Bondarenko, »Dosyt' siiaty paniku cherez viinu«, *Fakty*, 29. Januar 2022, https://fakty.com.ua/ua/ukraine/polituka/20220129-dosyt-siyaty-paniku-cherez-vijnu-zelenskyj-dorikaye-zahidnym-lideram-shho-pyshut-zakordonni-zmi-pro-preskonferencziyu-prezydenta/

30 »Vystup Prezydenta Ukraïny na 58-i Miunkhens'kii konferentsiï z pytan' bezpeky«, Prezydent Ukraïny, 19. Februar 2022, https://www.president.gov.ua/news/vistup-prezidenta-ukrayini-na-58-j-myunhenskij-konferenciyi-72997

31 »Zelensky's full speech at Munich Security Conference«, *Kyiv Independent*, 19. Februar 2022, https://kyivindependent.com/national/zelenskys-full-speech-at-munich-security-conference/; Patrick Wintour, »Memory of 1938 hangs heavy in Munich as Ukrainian president calls for action«, *Guardian*, 20. Februar 2022, https://www.theguardian.com/world/2022/feb/20/memory-of-1938-munich-ukrainian-president-zelenskiy-russia

32 Roman Romaniuk, »From Zelenskyy's ›surrender‹ to Putin's surrender: how the negotiations with Russia are going«, *Ukraïns'ka pravda*, 5. Mai 2022, https://www.pravda.com.ua/eng/articles/2022/
05/5/7344096/

33 Sergei Markov, »Putin ne mozhet uiti ot vlasti, ostaviv Ukrainu okkupirovannoi«, Sovet po vneshnei i oboronnoi politike, 27. Dezember 2021, http://svop.ru/main/40348/; »Putin's worsening health set to be a determining factor in Russia's policy over the next four years«, Robert Lansing Institute, 29. September 2021, https://lansinginstitute.org/2021/09/29/putins-worsening-

health-set-to-be-a-determining-factor-in-russias-policy-over-the-next-four-years/

34 Plokhy, *Lost Kingdom*, S. 331–32; Paul D'Anieri, *Russia and Ukraine: From Civilized Divorce to Uncivil War* (Cambridge, UK, 2019), S. 193 f.

35 Edmonds, »Start with the Political: Explaining Russia's Bungled Invasion of Ukraine«; »Otkrytoe pis'mo generala Ivashova – Putinu«, https://proza.ru/2022/02/07/189

36 *Russia's War in Ukraine: Military and Intelligence Aspects*, 1; »Oh, How They Lied. The Many Times Russia Denied Ukraine Invasion Plans«, *Polygraph.Info*, 9. März 2022, https://www.polygraph.info/a/fact-check-russia-lies-ukraine-war/31745164.html; »Putin vral, chto voiny s Ukrainoi ne budet. Khronologiia obmana prezidenta RF«, *DW*, 24. Februar 2022, https://www.dw.com/ru/putin-vral-chto-vojny-s-ukrainoj-ne-budet-hronologija-obmana/a-60904218

37 »Bol'shoe zasedanie Soveta bezopasnosti Rossii. Priamaia transliatsiia«, 21. Februar 2022, https://www.1tv.ru/shows/vystupleniya-prezidenta-rossii/vneocherednoe-zasedanie-soveta-bezopasnosti-rossii/bolshoe-zasedanie-soveta-bezopasnosti-rossii-pryamaya-translyaciya

38 Aleksandr Iuzovskii, »Khristo Grozev: dazhe Lavrov byl shokirovan nachalom voiny v Ukraine«, MINEWSS, 6. Mai 2022, https://mignews.com/news/politic/hristo-grozev-dazhe-lavrov-byl-shokirovan-nachalom-vojny-v-ukraine.html

39 Ansprache des Präsidenten der Russischen Föderation, 21. Februar 2022, 22:35, Kreml, Moskau, http://en.kremlin.ru/events/president/news/20603

40 Serhii Plokhy, »Casus Belli: Did Lenin Create Modern Ukraine?«, Harvard Ukrainian Research Institute, 27. February 2022, https://huri.harvard.edu/news/serhii-plokhii-casus-belli-did-lenin-create-modern-ukraine.

41 »Ansprache des Präsidenten der Russischen Föderation«, 24. Februar 2022, http://en.kremlin.ru/events/president/news/67843

42 Dan Sabbagh, »Russia is creating lists of Ukrainians ›to be killed

or sent to camps‹, US claims«, *Guardian*, 21. Februar 2022, https://www.theguardian.com/world/2022/feb/21/us-claims-russia-creating-lists-of-ukrainians-to-bekilled-or-sent-to-camps-report

43 »Ansprache des Präsidenten der Russischen Föderation«, 24. Februar 2022; Magdalena Kaltseis, »Russia's invasion of Ukraine: The first day of the war in Russian TV talk shows«, Forum for Ukrainian Studies, 11. Mai 2022, https://ukrainian-studies.ca/2022/05/11/russias-invasion-of-ukraine-the-first-day-of-the-war-in-russian-tv-talk-shows/; »Russia won't invade Ukraine, intends to protect DPR, LPR within their borders, MP says«, *TASS Russian News Agency*, 24. Februar 2022, https://tass.com/politics/1409525?utm_source=google.com&utm_medium=organic&utm_campaign=google.com&utm_referrer=google.com

44 Ol'ha Hlushchenko, »U mistakh Ukraïny chutni vybukhy«, *Ukraïns'ka pravda*, 24. Februar 2022, 05:37, https://www.pravda.com.ua/news/2022/02/24/7325223/; »U Kyievi i Kharkovi pochalysia raketni udary«, *Ukraïns'ka pravda*, 24. Februar 2022, 05:53, https://www.pravda.com.ua/news/2022/02/24/7325224/; »Rosiiany atakuvaly kordon u 5 oblastiakh i z Krymu«, *Ukraïns'ka pravda*, 24. Februar 2022, 07:17, https://www.pravda.com.ua/news/2022/02/24/7325234/

45 *Russia's War in Ukraine: Military and Intelligence Aspects,* Updated 27. April 2022, Congressional Research Service, S. 3–4, https://crsreports.congress.gov R47068

46 *Al Jazeera* Staff, »Russia facing setbacks in Ukraine, US intelligence officials say«, *Al Jazeera*, 8. März 2022, https://www.aljazeera.com/news/2022/3/8/russia-facing-setbacks-in-ukraine-us-intelligence-officials-say; »Budut antifashistskie vosstaniia: Sergei Markov o planakh Rossii v konflikte s Ukrainoi«.

47 »Budut antifashistskie vosstaniia: Sergei Markov o planakh Rossii v konflikte s Ukrainoi«.

## KAPITEL 8 VOR DEN TOREN KYJIWS

1 Simon Shuster, »Inside Zelensky's World«, *Time*, 28. April 2022, https://time.com/6171277/volodymyr-zelensky-interview-ukraine-war/; Christo Grozev, Interview mit *@Prodolzhenie sleduet*, 16. Juni 2022, https://m.youtube.com/watch?v=ekQB8pOwsC4, 24:00.

2 Sevgil' Musaieva, »Oleksii Danilov: Rosiia rozpadet'sia shche pry nashomu zhytti«, *Ukraïns'ka pravda*, 22. April 2022, https://www.pravda.com.ua/articles/2022/04/22/7341267/

3 Paul Sonne, Isabelle Khurshudyan, Serhiy Morgunov und Kostiantyn Khudov, »Battle for Kyiv: Ukrainian valor, Russian blunders combined to save the capital«, *The Washington Post*, 24. August 2022, https://www.washingtonpost.com/national-security/interactive/2022/kyiv-battle-ukraine-survival/; Roman Kravets' und Roman Romaniuk, »Try naidovshi dni liutoho. Iak pochalasia velyka viina, v iaku nikhto ne viryv«, *Ukrains'ka Pravda*, 5. September 2022, https://www.pravda.com.ua/articles/2022/09/5/7366059/

4 »Rosiia napala na Ukraïnu«, *Ukraïns'ka pravda*, 24. Februar 2022, https://www.pravda.com.ua/articles/2022/02/24/7325239/

5 Valentyna Romanenko, »Viis'kovi do ostann'oho spodivalysia, shcho RF pide v nastup til'ky cherez Donbas–bryhadnyi heneral«, *Ukraïns'ka pravda*, 4. Juni 2022, https://www.pravda.com.ua/news/2022/06/4/7350496/

6 »Budut antifashistskie vosstaniia: Sergei Markov o planakh Rossii v konflikte s Ukrainoi«, *Biznes. Onlain*, 25. Februar 2022, https://www.business-gazeta.ru/article/540893

7 Avid M. Herszenhorn und Paul McLeary, »Ukraine's ›iron general‹ is a hero, but he's no star«, *Politico*, 8. April 2022; Simon Shuster und Vera Bergengruen, »Inside the Ukrainian Counterstrike that Turned the Tide of the War«, *Time*, 26. September 2022, https://time.com/6216213/ukraine-military-valeriy-zaluzhny/; Sonne et al., »Battle for Kyiv: Ukrainian valor, Russian blunders combined to save the capital«.

8 »Rosiis'ki viis'ka z Bilorusi uviishly do Chornobyl's'koï zony–Herashchenko«, *Ukraïns'ka pravda*, 24. Februar 2022, 16:40, https://www.radiosvoboda.org/a/news-rosiiski-viiska-bilorus-chornobylska-zona/31721085.html; Ari Saito und Maria Tsvetkova, »The Enemy Within«, *Reuters*, 28. Juli 2022, https://www.reuters.com/investigates/special-report/ukraine-crisis-russia-saboteurs/

9 Erin Doherty und Ivana Saric, »Russian military forces seize Chernobyl nuclear plant«, *Axios*, 24. Februar 2022, https://www.axios.com/2022/02/24/ukraine-zelensky-chernobyl-nuclear-power-plant; Meghan Kruger, »15 new Chernobyls: A Survivor's fears about Putin's War«, *The Washington Post*, 2. März 2022, https://www.washingtonpost.com/opinions/2022/03/02/ukraine-war-nuclear-chernobyl-zaporizhia-reactor/; Tobin Harshaw, »Another Chernobyl Disaster? Russian Invaders Are Taking the Risk. A Q&A with atomic energy expert Serhii Plokhii on Putin's new form of ›nuclear terrorism‹«, *Bloomberg*, 11. März 2022; Serhii Plokhy, »Poisoned legacy: why the future of power can't be nuclear«, *Guardian*, 14. Mai 2022; »Nuclear plants could become dirty bombs in Ukraine, warns Serhii Plokhy«, *Economist*, 16. Juni 2022, https://www.economist.com/by-invitation/2022/06/16/nuclear-plants-could-become-dirty-bombs-in-ukraine-warns-serhii-plokhy

10 *Russia's War in Ukraine: Military and Intelligence Aspects*, 4; Mykhailo Zhyrokhov, »Bytva za Kyïv: iak kuvalasia peremoha ukraïns'koï armiï«, *Apostrof*, 7. April 2022, https://apostrophe.ua/ua/article/society/2022-04-07/bitva-za-kiev-kak-kovalas-pobeda-ukrainskoy-armii/45241; »ZSU znyshchyly kadyrivtsiv, iaki planuvaly vbyty Zelens'koho–rozvidka«, *Ukraïns'ka pravda*, 1. März 2022, https://www.pravda.com.ua/news/2022/03/1/7327224/

11 Zhyrokhov, »Bytva za Kyïv: iak kuvalasia peremoha ukraïns'koï armiï«; Sebastian Roblin, »Pictures: In Battle for Hostomel, Ukraine Drove Back Russia's Attack Helicopters and Elite Paratroopers«, *1945*, 25. Februar 2022, https://www.19fortyfive.com/2022/02/pictures-in-battlefor-hostomel-ukraine-drove-

back-russias-attack-helicopters-and-elite-paratroopers/; James Marson, »Putin Thought Ukraine Would Fall Quickly. An Airport Battle Proved Him Wrong«, *Wall Street Journal*, 3. März 2022, https://www.wsj.com/articles/putin-thought-ukraine-would-fall-quickly-an-airport-battle-proved-him-wrong-11646343121; »Hostomel's'kyi kapkan: iak ukraïns'ki voïny znyshchuvaly ›slavnozvisnyi‹ rosiis'kyi desant pid Kyievom«, YouTube, 3. Juni 2022, https://www.youtube.com/watch?v=iB1vApynTiE; Sonne et al., »Battle for Kyiv: Ukrainian valor, Russian blunders combined to save the capital«.

12 Zhyrokhov, »Bytva za Kyïv: iak kuvalasia peremoha ukraïns'koï armiï«; »Terminovo. Okupanty namahaiut'sia vysadyty desant u Vasyl'kovi, idut' boï«, *Ukrinform*, 26. Februar 2022, 01:35, https://www.ukrinform.ua/rubric-ato/3413199-okupanti-namagautsa-visaditi-desant-u-vasilkovi-jdut-boi.html; »Vasyl'kiv pid kontrolem ukraïns'kykh viis'kovykh, boï zakinchuit'sia – vlada«, Radio Liberty, 26. Februar 2022, 07:38, https://www.radiosvoboda.org/a/news-vasylkiv-boyi/31724428.html; »Russian-Belarusian maneuvers: Concern and mistrust near the Ukrainian border«, *DW*, 15. Februar 2022, https://www.dw.com/de/wie-anwohner-die-russisch-belarussischen-manöver-erleben/a-60787037

13 Zhyrokhov, »Bytva za Kyïv: iak kuvalasia peremoha ukraïns'koï armiï«; Romanenko, »Viis'kovi do ostann'oho spodivalysia, shcho RF pide v nastup til'ky cherez Donbas«.

14 Mykhaylo Zabrodskyi, Dr. Jack Watling, Oleksandr V Danylyuk und Nick Reynolds, *Preliminary Lessons in Conventional Warfighting from Russia's Invasion of Ukraine: February–July 2022* (London: Royal United Services Institute for Defence Studies, 2022), S. 1; »Brytans'ka rozvidka nazvala kliuchovyi factor ostannikh taktychnykh uspikhiv RF na Donbasi«, *Ukraïns'ka pravda*, 4. Juni 2022, https://www.pravda.com.ua/news/2022/06/4/7350474/; Yaroslav Trofimov, »Ukrainian Forces Repel Russian Attack on Kyiv, Prepare for Next Assault«, *Wall Street Journal*, 26. Februar 2022, https://www.wsj.

com/articles/russias-assault-on-ukraine-presses-forward-as-street-battles-rage-inkyiv-11645864200; Zhyrokhov, »Bytva za Kyïv: iak kuvalasia peremoha ukraïns'koï armiï«; Iryna Balachuk, »Pid Kyievom pidirvaly mosty, shchob zupynyty voroha«, *Ukraïns'ka pravda*, 25. Februar 2022, https://www.pravda.com.ua/news/2022/02/25/7325670/; Anjali Singhvi, Charlie Smart, Mika Gröndahl und James Glanz, »How Kyiv Has Withstood Russia's Attacks«, *New York Times*, 2. April 2022, https://www.nytimes.com/interactive/2022/04/02/world/europe/kyiv-invasion-disaster.html

15 »Brytans'ka rozvidka nazvala kliuchovyi faktor ostannikh taktychnykh uspikhiv RF na Donbasi«.

16 »Putin prizval ukrainskikh voennykh vziat' vlast' v svoi ruki«, *Vedomosti*, 25. Februar 2022, https://www.vedomosti.ru/politics/news/2022/02/25/911011-putin-prizval-ukrainskih-voennih-vzyat-vlast; Christo Grozev, Interview mit *@Prodolzhenie sleduet*, 16. Juni 2022, https://m.youtube.com/watch?v=ekQB8pOwsC4 (14:16); Mykhaylo Zabrodskyi, Dr. Jack Watling, Oleksandr V Danylyuk und Nick Reynolds, *Preliminary Lessons in Conventional Warfighting from Russia's Invasion of Ukraine: February–July 2022* (London: Royal United Services Institute for Defence Studies, 2022), S. 25.

17 Jeffrey Edmonds, »Start with the Political: Explaining Russia's Bungled Invasion of Ukraine«, *War on the Rocks*, 28. April 2022, https://warontherocks.com/2022/04/start-with-the-political-explaining-russias-bungled-invasion-of-ukraine/

18 Sharon Braithwaite, »Zelensky refuses US offer to evacuate, saying ›I need ammunition, not a ride‹«, *CNN*, 26. Februar 2022, https://edition.cnn.com/2022/02/26/europe/ukraine-zelensky-evacuation-intl/index.html

19 »Zelens'kyi maie naivyshchyi reitynh doviry hromadian sered politykiv – opytuvannia«, *Interfax-Ukraina*, 23. Februar 2022, https://ua.interfax.com.ua/news/political/800817.html%2041/57

20 »Vira ukraïntsiv u peremohu shchodnia zrostaie i zaraz siahnula 88 % – opytuvannia«, *Khmarochos*, 2. März 2022,

https://hmarochos.kiev.ua/2022/03/02/vira-ukrayinécziv-u-peremogu-shhodnya-zrostaye-j-zaraz-syagnula-88-opytuvannya/; »Doslidzhennia: Maizhe 80 % ukraïntsiv viriat' u peremohu Ukraïny u viini z Rosiieiu«, *Detektor.media*, 8. März 2022, https://detector.media/infospace/article/197289/2022-03-08-doslidzhennya-mayzhe-80-ukraintsiv-viryat-u-peremogu-ukrainy-u-viyni-z-rosiieyu/

21 Valentyna Romanova und Andreas Umland, »Kennan Cable No. 44: Ukrainian Local Governance Prior to Euromaidan: The Pre-History of Ukraine's Decentralization Reform«, Kennan Institute, https://www.wilsoncenter.org/publication/kennan-cable-no-44-ukrainian-local-governance-prior-to-euromaidan-the-pre-history; »Decentralisation in Ukraine: A Successful Reform«, Council of Europe, Democratic Government Newsroom, Kyiv, Ukraine, 28. Juli 2021, https://www.coe.int/en/web/good-governance/-/decentralisation-in-ukraine-a-successful-reform; Nataliya Gumenyuk, »Russia's Invasion is Making Ukraine More Democratic«, *Atlantic*, 13. Juli 2022, https://www.theatlantic.com/ideas/archive/2022/07/russianinvasion-ukraine-democracy-changes/661451/

22 Trofimov, »Ukrainian Forces Repel Russian Attack on Kyiv«; Ivan Boiko, »Zakhyst Kyieva: stalo vidomo, chym ozbroïly teroboronu stolytsi«, *UNIAN*, 3. März 2022, https://www.unian.ua/war/oborona-kiyeva-stalo-vidomo-chimozbrojili-teroboronu-stolici-novini-kiyeva-11728030.html

23 Richard Engel, Lauren Egan und Phil McCausland, »Ukraine tells Russia ›die or surrender‹ as its Kyiv counterattack pushes back invaders«, *NBC News*, 24. März 2022, https://www.nbcnews.com/news/world/ukraine-tells-russia-die-surrender-kyiv-counterattack-drives-invaders-rcna21197; Alex Vershinin, »Lessons From the Battle for Kyiv«, *Russia Matters*, 21. April 2022, https://www.russiamatters.org/analysis/lessons-battle-kyiv

24 Andrei Soldatov, »Why is a Russian Intelligence General in Moscow Lefortovo Prison?«, *Moscow Times*, 12. April 2022, https://www.themoscowtimes.com/2022/04/11/why-is-a-russian-

intelligence-general-in-moscow-lefortovo-prison-a77301; Reid Sandish, »Interview: Why The ›Failure‹ Of Russian Spies, Generals Is Leading To ›Apocalyptic‹ Thinking in the Kremlin«, *Radio Free Europe/Radio Liberty*, 8. Mai 2022, https://www.rferl.org/a/russia-ukraine-war-setbacks-strategy-generals-putin/31839737.html; Roman Anin, »Kak Putin prinial reshenie o voine«, *Vazhnye istorii*, 16. Mai 2022, https://istories.media/opinions/2022/05/16/kak-putin-prinyal-reshenie-o-voine/

25 »›My voobshche-to mirotvortsy. No vam vsem p@zdets…‹ 35 dniv okupatsiï sela Obukhovychi–vid trahediï do farsu«, *Ukraïns'ka pravda*, 18. Mai 2022, https://www.pravda.com.ua/articles/2022/05/18/7346648/

26 »Terminovo. Rosiis'ki zaharbnyky zastrelyly mera Hostomelia pid chas rozdachi dopomohy«, *Ukrinform*, 3. März 2022, https://www.ukrinform.ua/rubric-ato/3422459-rosijski-zagarbniki-zastrelili-mera-gostomela-pid-cas-rozdaci-dopomogi.html; Iana Korniichuk, »Pislia vbyvstva rosiiany zaminuvaly tilo mera Hostomelia«, *Slidstfo.Info*, 10. März 2022, https://www.slidstvo.info/warnews/pislya-vbyvstva-rosiyany-zaminuvaly-tilo-miskogo-golovy-gostomelya/; Ol'ha Kyrylenko, »Dyiavol nosyt' formu rosiis'koho soldata. Iak katuvaly na Kyïvshchyni«, *Ukraïns'ka pravda*, 6. April 2022, https://www.pravda.com.ua/articles/2022/04/6/7337625/

27 Svitlana Kizilova, »Bucha pislia vazhkykh boïv: spaleni vorozhi kolony, poshkodzheni khaty. Ie vtraty«, *Ukraïns'ka pravda*, 28. Februar 2022, https://www.pravda.com.ua/news/2022/02/28/7326868/; Ol'ha Kyrylenko, »Pochaly rozstriliuvaty, koly zrozumily, shcho Kyïv ïm ne vziaty–mer Buchi Anatolii Fedoruk«, *Ukraïns'ka pravda*, 8. April 2022, https://www.pravda.com.ua/articles/2022/04/8/7338142/

28 Liena Chychenina, »Budennist' zla. Mii dosvid spilkuvannia z rosiis'kymy viis'kovymy v Buchi«, *Detektor media*, 12. April 2022, https://detector.media/infospace/article/198343/2022-04-13-budennist-zla-miy-dosvid-spilkuvannya-z-rosiyskymy-viyskovymy-v-buchi/

29 Svitlana Kizilova, »Vbyvstvo na rozi Vodoprovidnoï ta Iabluns'koï. Rizanyna v Buchi«, *Ukraïns'ka pravda*, 18. April 2022, https://www.pravda.com.ua/articles/2022/04/18/7340436/

30 »Bucha killings: Satellite image of bodies site contradicts Russian claims«, *BBC News*, 11. April 2022, https://www.bbc.com/news/60981238; Kyrylenko, »Pochaly rozstriliuvaty, koly zrozumily, shcho Kyïv ïm ne vziaty«; Chychenina, »Budennist' zla«.

31 Vladyslav Verstiuk, *Dumky z pidvalu (Dumky ta refleksiï voiennoï doby, Diariush istoryka)*. Vstupne slovo Hennadiia Boriaka (Kyjiw 2022), http://resource.history.org.ua/cgi-bin/eiu/history.exe?&I21DBN=ELIB&P21DBN=ELIB&S21STN=1&S21REF=10&S21FMT=elib_all&C21COM=S&S21CNR=20&S21P01=0&S21P02=0&S21P03=ID=&S21COLORTERMS=0&S21STR=0016524

32 Mariia Stepaniuk, »Radiatsiina panika: Denysenko rozpoviv, chomu viis'ka RF idut' iz Chornobyl's'koï zony«, *Fakty*, 31. März 2022, https://www.stopcor.org/ukr/section-suspilstvo/news-vijska-rf-vijshli-z-chornobilskoi-zoni-energoatom-3103-2022.html; »ChAES Nezstrumlena. Ukraïns'ki enerhetyky vedut' perehovory z viis'kovymy RF«, *BBC News*, 9. März 2022, https://www.bbc.com/ukrainian/news-60679062; Wendell Stevenson mit Marta Rodionova, »The inside story of Chernobyl during the Russian occupation«, *Economist*, https://www.economist.com/1843/2022/05/10/the-inside-story-of-chernobyl-during-the-russian-occupation

33 »HUR opryliudnylo spysok rosiis'kykh viis'kovykh, prychetnykh do zvirstv v Buchi«, *Ukraïns'ka pravda*, 4. April 2022, https://www.pravda.com.ua/news/2022/04/4/7337048/; Aliona Mazurenko, »U Buchi u brats'kykh mohylakh pokhovaly maizhe 3000 liudei, na vulytsi desiatky trupiv«, *Ukraïns'ka pravda*, 2. April 2022, https://www.pravda.com.ua/news/2022/04/2/7336702/; »Ukraine War: Biden accuses Russian troops of committing genocide in Ukraine«, *BBC News*, 13. April 2022, https://www.bbc.com/news/world-us-canada-61093300; Iurii Korohods'kyi, »Okupanty vbyly na Kyïvshchyni 1346 tsyvil'nykh–politsiia«,

*Livyi Bereh*, 17, Juli 2022, https://lb.ua/society/2022/07/17/523421_okupanti_vbili_kiivshchini_1346.html

34 Ukaz Prezidenta Rossiiskoi Federatsii ot 18.04.2022 № 215 »O prisvoenii 64 otdel'noi motostrelkovoi brigade pochetnogo naimenovaniia«, http://publication.pravo.gov.ru/Document/View/0001202204180025; Yousur Al-Hlou, Masha Froliak, Dmitriy Khavin, Christoph Koettl, Haley Willis, Alexander Cardia, Natalie Reneau und Malachy Browne, »Caught on Camera, Traced by Phone: The Russian Military Unit That Killed Dozens in Bucha«, *The New York Times*, 22. Dezember 2022.

35 Hannah Knowles, Paulina Firozi, Annabelle Timsit, Miriam Berger, Rachel Pannett, Julian Mark und Dan Lamothe, »Ukraine hopes for cease-fire as Istanbul hosts new talks«, *The Washington Post*, 28. März 2022, https://www.washingtonpost.com/world/2022/03/28/russiaukraine-war-news-putin-live-updates/; Kareem Fahim, David L. Stern, Dan Lamothe und Isabelle Khurshudyan, »Ukraine-Russia talks stir optimism, but West urges caution«, *The Washington Post*, 29. März 2022, https://www.washingtonpost.com/national-security/2022/03/29/ukraine-russia-turkey-negotiations/; Marco Djurica, »Zelenskiy says Russian ›war crimes‹ in Ukraine make negotiations harder«, *Reuters*, 4. April 2022, https://www.reuters.com/world/europe/ukraines-president-says-russian-actions-ukraine-make-negotiations-harder-2022-04-04/

36 »How many Ukrainian refugees are there and where have they gone?«, *BBC News*, 4. Juli 2022, https://www.bbc.com/news/world-60555472; »Cumulative number of people who crossed the Polish border from the war-stricken Ukraine as of July 2022«, *Statista*, https://www.statista.com/statistics/1293228/poland-ukrainian-refugees-crossing-the-polish-border/; Operational Data Portal. Ukraine Refugee Situation, The UN Refugee Agency, 30. August 2022, https://data.unhcr.org/en/situations/ukraine

37 Dylan Carter, »Tragedy and utter desolation: Ukraine refugees in Brussels tell their story«, *Brussels Times*, 24. März 2022, https://

www.brusselstimes.com/212576/tragedy-and-utter-desolation-ukraine-refugees-in-brussels-tell-their-story

38 Mark Armstrong, »Ukraine war: Long queues at Polish border as thousands flee the violence«, *Euronews*, 26. Februar 2022, https://www.euronews.com/2022/02/26/ukraine-invasion-long-queues-at-polish-border-as-thousands-flee-the-violence; Agnieszka Pikulicka-Wilczewska, »›It was hell‹: Long lines of Ukrainian refugees at Poland border«, *Aljazeera*, 27. Februar 2022, https://www.aljazeera.com/news/2022/2/27/ukraine-poland-border-refugees-medyka-russia-invasion

39 »Putin Knows What He's Doing With Ukraine's Refugees. This Is the World's Big Test«, *New York Times*, 1. April 2022, https://www.nytimes.com/2022/04/01/opinion/ukraine-russia-war-refugees.html; »UNHCR: A record 100 million people forcibly displaced worldwide«, *UN News*, 23. Mai 2022, https://news.un.org/en/story/2022/05/1118772

## KAPITEL 9 OSTFRONT

1 »Ukraine war exposes Russia military shortcomings: analysts«, *France 24*, 25. April 2022, https://www.france24.com/en/live-news/20220425-ukraine-war-exposes-russia-military-short comings-analysts; »Investigation: How is the Ukraine war redefining future conflict?«, *BBC Newsnight*, 12. Mai 2022, https://www.youtube.com/watch?v=sTQ5ZGHV9Zs; »War in Ukraine: why is Russia's army so weak?«, *Economist*, 9. Mai 2022, https://www.youtube.com/watch?v=x8C7aMeunE0

2 Volodymyr Kravchenko, *The Ukrainian-Russian Borderland: History versus Geography* (Montreal und Kingston 2022).

3 Jack Losh, »The Kharkiv Resistance Has Already Begun«, *Foreign Policy*, 24. Februar 2022, https://foreignpolicy.com/2022/02/24/russia-ukraine-war-resistance-kharkiv/; »Center for Countering Misinformation: Russian reports about surrendered 302nd anti-aircraft regiment in Kharkiv region fake«, *Interfax-Ukraine*, 27. Februar 2022, https://ua.interfax.com.ua/news/general/

803053.html; James Verini, »Surviving the Siege of Kharkiv«, *New York Times Magazine*, 19. Mai 2022, https://www.nytimes.com/interactive/2022/05/19/magazine/kharkiv-siege.html

4 Stuart Hughes, »Global cluster bomb ban comes into force«, *BBC News*, 1. August 2010, https://www.bbc.com/news/world-10829976

5 David L. Stern, »Dozens Wounded in Shelling of Kharkiv as Russia Strikes Buildings with Suspected Cluster Munitions«, *Washington Post*, 28. Februar 2022, https://www.washingtonpost.com/world/2022/02/28/kharkiv-rockets-shelling-russia-ukraine-war/; Lucia Binding, »Ukraine invasion: Three children among nine dead as footage shows Kharkiv apartment block being rocked by series of blasts«, *Sky News*, 1. März 2022, https://news.sky.com/story/ukraine-invasion-cluster-munition-strikes-buildings-in-kharkiv-as-dozens-killed-in-mass-shelling-12554056; »Rossiiskoi gruppirovke v Sirii nashli novogo komanduiushchego«, *RBK*, 2. November 2017, https://www.rbc.ru/politics/02/11/2017/59faf43e9a7947fe3ef01c99

6 Kateryna Novak, Facebook-Seite, https://www.facebook.com/ekaterina.novak.7/videos/475838344031641

7 Ebd.;https://suspilne.media/241327-vid-obstriliv-rf-zaginuv-zitel-cirkuniv-e-poraneni-u-harkovi-ta-oblasti/; Maryna Pohorilko, »U Kharkovi okupanty zavdaly udaru po mis'kradi, televezhi ta skynuly bombu na Palats Pratsi«, *Obozrevatel*, 2. März 2022, https://news.obozrevatel.com/ukr/society/u-harkovi-okupanti-zavdali-udaru-po-televezhi-i-skinuli-snaryad-na-palats-pratsi-foto-i-video.htm

8 »Ukrainian forces reach Russian border near Kharkiv«, YouTube, 16. Mai 2022, https://www.youtube.com/watch?v=qZVbN6GGUHs; »U Rosiï zvil'nyly ysokopostavlenykh komandyriv za provaly v Ukraïni–brytans'ka rozvidka«, *Ievropeis'ka pravda*, 19. Mai 2022, https://www.pravda.com.ua/news/2022/05/19/7347143/

9 »Kharkiv'iany–novi banderivtsi. Stavlennia u misti do Rosiï«, YouTube, 1. Juni 2022, https://www.youtube.com/watch?v=pw4FN6GrosY

10 »Military were withdrawn from Mariupol to avoid further aggravation«, *Kyiv Post*, 12. Mai 2014, https://web.archive.org/web/20140512222616/http://www.kyivpost.com/content/ukraine/military-werewithdrawn-from-mariupol-to-avoid-further-aggravation-347355.html; »Ukraine crisis: Kiev forces win back Mariupol«, *BBC News*, 13. Juni 2014, https://www.bbc.com/news/world-europe-27829773

11 Olena Bilozers'ka, »Batalion ›Azov‹: Bii za Mariupol'«, *Antykor*, Juni 2014, https://antikor.com.ua/ru/articles/7697-bataljjon_azov._bij_za_mariupolj; Vladislav Davidzon, »The Defenders of Mariupol«, *Tablet*, 17. Mai 2022, https://www.tabletmag.com/sections/news/articles/defenders-of-mariupol-azov

12 Roman Romaniuk, »›Ostriv nadii.‹ Iak vyishly i shcho zaraz iz zakhysnykamy ›Azovstali‹«, *Ukraïns'ka pravda*, 9. Juni 2022, https://www.pravda.com.ua/articles/2022/06/9/7351390/; »›My dosyt‹ mitsni, shchob krov'iu i potom vidvoiuvaty nashu zemliu …› – Heroi Ukraïny Denys Prokopenko«, *ArmiiaInform*, 23. März 2022, https://archive.ph/mPF7U; Aleksandar Vasovic, »Port city of Mariupol comes under fire after Russia invades Ukraine«, *Reuters*, 24. Februar 2022, https://www.reuters.com/world/europe/strategic-city-mariupol-wakes-blasts-russia-invades-ukraine-2022-02-24/; https://www.maritime-executive.com/article/russian-navy-carries-out-amphibious-assault-near-mariupol

13 Lee Brown, »Russian ›Butcher of Mariupol‹ blamed for worst Ukraine war atrocities«, *New York Post*, 24. März 2022, https://nypost.com/2022/03/24/butcher-of-mariupol-blamed-for-worst-russia-ukraine-atrocities/; »Russian Offensive Campaign Assessment, April 9«, Institute for the Study of War, 9. April 2022, https://www.understandingwar.org/backgrounder/russian-offensive-campaign-assessment-april-9

14 Will Stewart und Walter Finch, »Russia finally recovers the body of one of its seven dead generals a month after he was killed in Mariupol steel factory«, *Daily Mail*, 13. April 2022, https://www.dailymail.co.uk/news/article-10714981/Russia-recovers-body-

dead-general-MONTH-killed-Mariupol-steel-factory.html; Joel Gunter, »Siege of Mariupol: Fresh Russian attacks throw evacuation into chaos«, *BBC News*, 5. März 2022, https://www.bbc.com/news/world-europe-60629851; Khrystyna Bondarenko, Ivan Watson, Anne Claire Stapleton, Tom Booth und Alaa Elassar, »Mariupol residents are being forced to go to Russia, city council says«, *CNN*, 19. März 2022, https://edition.cnn.com/2022/03/19/europe/mariupol-shelter-commander-ukraine-intl/index.html

15 »Rosiis'ki viis'ka rozbombyly likarniu ta polohovyi v Mariupoli«, *BBC News*, 9. März 2022, https://www.bbc.com/ukrainian/news-60679065; »Ukraine says 1,170 civilians have been killed in Mariupol since Russian invasion«, *Reuters*, 9. März 2022, https://www.reuters.com/world/ukraine-says-1170-civilians-have-been-killed-mariupol-since-russian-invasion-2022-03-09/; Lori Hinnant, Mstyslav Chernov und Vasilisa Stepanenko, »AP evidence points to 600 dead in Mariupol theater airstrike«, *AP*, 4. Mai 2022, https://apnews.com/article/Russia-ukraine-war-mariupol-theater-c321a196fbd568899841b506afcac7a1; »Russia-Ukraine war: 21,000 civilians killed, Maior of Mariupol estimates«, *Jerusalem Post*, 19. April 2022, https://www.jpost.com/international/article-703925

16 Romaniuk, »Ostriv nadii«.

17 »Russian Offensive Campaign Assessment, April 9«, Institute for the Study of War, 23. April 2022, https://www.understandingwar.org/backgrounder/russian-offensive-campaign-assessment-april-23; Tim Lister und Olga Voitoivych, »Mariupol steel plant suffers ›heaviest airstrikes so far‹, Ukrainian official says«, *CNN*, 23. April 2022, https://edition.cnn.com/europe/live-news/russia-ukraine-war-news-04-28-22/h_dd62bedc8e546d2ac1e63fe1f9c5c89e

18 »What we know about the UN-led Azovstal steel plant evacuation in Mariupol«, ABC News, 1. Mai 2022, https://www.abc.net.au/news/2022-05-02/inside-the-mariupol-azovstal-steel-plan-evacuation/101029722

19 Romaniuk, »Ostriv nadii«.

20 Thomas Kingsley, »›Don't let them die‹: Wives of last remaining Azovstal fighters plead with Pope Francis for help«, *Independent*, Mittwoch, 11. Mai 2022, https://www.independent.co.uk/news/world/europe/azovstal-mariupol-pope-francis-ukraine-b2076587.html; »Zelensky reveals mediators in Azovstal talks«, *Ukrinform*, 21. Mai 2022, https://www.ukrinform.net/rubric-polytics/3488630-zelensky-reveals-mediators-in-azovstal-talks.html; Faustine Vincent, »›Ukraine needs its heroes to be alive‹: Soldiers from Azovstal evacuated to Moscow-controlled territory«, *Le Monde*, 18. Mai 2022, https://www.lemonde.fr/en/international/article/2022/05/18/ukraine-needs-its-heroes-to-be-alive-soldiers-from-azovstal-evacuated-to-moscow-controlled-territory_5983874_4.html; »Russia says nearly 1,000 Ukrainian soldiers in Mariupol steel plant have surrendered«, *Le Monde*, 18. Mai 2022, https://www.lemonde.fr/en/international/article/2022/05/18/nearly-1-000-ukrainian-soldiers-in-mariupol-steel-plant-have-surrendered-says-russia_5983880_4.html

21 »Ukraine war: Russia ›takes full control‹ of Azovstal steelworks in Mariupol«, *EuroNews*, 20. Mai 2022, https://www.euronews.com/2022/05/20/ukraine-war-live-us-congress-approves-40-billion-aid-package-for-ukraine; »Russian parliamentarian hints at possible exchange of Azovstal PoWs for detained Putin ally«, *Yahoo!News*, 21. Mai 2022, https://news.yahoo.com/russian-parliamentarian-hints-possible-exchange-194019876.html

22 »›Azovstal‹ mistse moieï smerti i moho zhyttia' – Dmytro Kozats'kyi«, *ArmiiaInform*, 20. Mai 2022, https://armyinform.com.ua/2022/05/20/svitlo-peremozhe-temryavu-voyin-polku-azov-zrobyv-unikalne-foto-zahysnyka-mariupolya/; »A Ukrainian soldier uploaded all his photos of Azovstal before he was captured. Here they are«, *Guardian*, 23. Mai 2022, https://www.theguardian.com/world/gallery/2022/Mai/23/inside-the-battle-for-the-azovstal-metalworks?fbclid=IwAR0t9GytQUHkg7zXlBONIKk6TOWZ01SZg2hhWsl5GbQSNyjpsMQ12twN7Jg

23 Shaun Walker, »Russia trades Azov fighters for Putin ally in biggest prisoner swap of Ukraine war«, *The Guardian*, 22. Sep-

tember 2022; »The author of the photos of the ›Azovstal‹ fighters received the Prix de la Photographie Paris award«, *The Odessa Journal*, 12. September 2022, https://odessa-journal.com/the-author-of-the-photos-ofthe-azovstal-fighters-received-the-prix-de-la-photographieparis-award/; »Azov fighters who survived Olenivka among those returning home in latest prisoner swap«, YAHOO! 22. September 2022, https://www.yahoo.com/now/azov-fighters-survived-olenivka-among-100800029.html

24 Todd Prince, »Russia's Capture of Azovstal: Symbolic Success, ›Pyrrhic‹ Victory?«, Radio Free Europe / Radio Liberty, 18. Mai 2022, https://www.rferl.org/a/azovstal-russia-ukraine-captured/31856565.html; »Stalo vidomo, skil'ky ukraïntsiv zalyshylos' u blokadnomu Mariupoli«, *Slovo i dilo*, 13. April 2022, https://www.slovoidilo.ua/2022/04/13/novyna/suspilstvo/stalo-vidomo-skilky-ukrayinecziv-zalyshylos-blokadnomu-mariupoli

25 »Shoigu vpervye za polmesiatsa kommentiruet voinu: glavnaia tsel' – Donbass, prizyv uvelichivat' ne budut«, *BBC News*, 29. März 2022, https://www.bbc.com/russian/features-60914131; »Lavrov zaiavil o nachale sleduiushchei fazy spetsoperatsii na Ukraine«, *RBK*, 19. April 2022, https://www.rbc.ru/politics/19/04/2022/625e7c329a794710da312799

26 Illia Ponomarenko, »EXPLAINER: What to expect from the Battle of Donbas, Russia's new offensive«, *Kyiv Independent*, 21. April 2022, https://kyivindependent.com/national/explainer-what-to-expect-from-the-battle-of-donbas-russias-new-offensive; »Ukraine war: Russia bombards cities as eastern offensive begins«, *BBC News*, 19. April 2022, https://www.bbc.com/news/world-europe-61145578

27 »Ukraine troops retreat from Popasna, Luhansk governor confirms«, *Reuters*, 8. Mai 2022, https://www.reuters.com/world/europe/chechnyas-kadyrov-says-his-soldiers-control-popasna-ukraine-disagrees-2022-05-08/; https://edition.cnn.com/europe/live-news/russia-ukraine-war-news-05-13-22/h_67faa3f08da188441de767341e390737; Tim Lister und Julia Kesaieva, »Ukrainian forces lose foothold in eastern town«, *CNN*, 13. Mai

2022, https://web.archive.org/web/20220516030015/https://www.nytimes.com/2022/05/15/world/europe/pro-russian-war-bloggers-kremlin.html

28 Ponomarenko, »EXPLAINER: What to expect from the Battle of Donbas, Russia's new offensive«; »The Russians drowned the tank company while fleeing from the ›Bilohorivka bridgehead‹«, *Militarnyi,* https://web.archive.org/web/20220514171048/https://mil.in.ua/en/news/the-russians-drowned-the-tank-company-while-fleeing-from-the-bilohorivka-bridgehead/; Tom Balmforth und Jonathan Landay, »Ukraine wages counteroffensive against Russian forces in east«, *Reuters*, 14. Mai 2022, https://www.reuters.com/world/europe/ukraine-collects-russian-dead-war-rages-multiple-fronts-2022-05-14/

29 »Fall of Severodonetsk is Russia's biggest victory since Mariupol«, *Aljazeera*, 25. Juni 2022, https://www.aljazeera.com/news/2022/6/25/fall-of-severodonetsk-is-russias-biggest-victory-since-mariupol

30 »Russian Offensive Campaign Assessment, June 23«, Institute for the Study of War, 23. Juni 2022, https://www.understandingwar.org/backgrounder/russian-offensive-campaign-assessment-june-23; »20 km on foot, the wounded were carried on their own, Zolote-Girske«, *Butusov Plus*, 14. Juli 2022, https://www.youtube.com/watch?v=Nyhle2faQ-w; »Russian Offensive Campaign Assessment, July 2«, Institute for the Study of War, 2. Juli 2022, https://www.understandingwar.org/backgrounder/russian offensive-campaign-assessment-july-2

31 Kim Sengupta, »Ukraine forces outgunned up to 40 to one by Russian forces, intelligence report reveals«, *Independent*, 9. Juni 2022, https://www.independent.co.uk/news/world/europe/ukraine-war-intelligence-russia-kyiv-military-b2096715.html; Isobel Koshiv, »We're almost out of ammunition and relying on western arms, says Ukraine«, *Guardian*, 10. Juni 2022, https://www.theguardian.com/world/2022/jun/10/were-almost-out-of-ammunition-and-relying-on-western-arms-says-ukraine; Dan Sabbagh, »Ukraine's high casualty rate could bring war to tipping

point«, *Guardian*, 10. Juni 2022, https://www.theguardian.com/world/2022/jun/10/ukraine-casualty-rate-russia-war-tipping-point

32 »Spetsoperatsiia, 4 iiulia: Shoigu dolozhil Putinu ob osvobozhdenii LNR«, *RIA Novosti*, 4. Juli 2022, https://ria.ru/20220704/spetsoperatsiya-1800226455.html

33 Gordon Corera, »Russia about to run out of steam in Ukraine – MI6 chief«, *BBC News*, 21. Juli 2022, https://www.bbc.com/news/world-europe-62259179

34 Jason Lemon, »Ukraine HIMARS Destroy More Than 100 ›High Value‹ Russian Targets: Official«, *Newsweek*, 22. Juli 2022, https://www.newsweek.com/ukraine-himars-destroy-high-value-russian-targets-1727253

35 »Shoigu otdal prikaz unichtozhit' amerikanskie HIMARS v Ukraine«, *Moscow Times*, 18. Juli 2022, https://www.moscowtimes.ru/2022/07/18/shoigu-otdal-prikazunichtozhit-amerikanskie-himars-v-ukraine-a22357; »Minoborony zaiavilo ob unichtozhenii chetyrekh HIMARS na Ukraine posle prikaza Shoigu«, *Kapital strany*, 22. Juli 2022, https://kapital-rus.ru/news/389029-minoborony_zayavilo_ob_unichtojenii_chetyreh_himars_na_ukraine_posle/; Jason Lemon, »Ukraine HIMARS Destroy More Than 100 ›High Value‹ Russian Targets: Official«, *Newsweek*, 22. Juli 2022, https://www.newsweek.com/ukraine-himars-destroy-high-value-russian-targets-1727253; Mia Jankowicz, »Russia hasn't destroyed any of the devastating HIMARS artillery given Ukraine, US says, contradicting Russia's claims«, *Insider*, 22. Juli 2022, https://www.businessinsider.com/russia-not-destroyed-himars-in-ukraine-despite-claims-pentagon-2022-7

36 Iurii Bratiuk, »U Pereiaslavi demontuvaly pam'iatnyk ›vozz'iednanniu‹ z Rosiieiu«, *Zaxid.net*, 7. Juli 2022, https://zaxid.net/u_pereyaslavi_demontuvali_pamyatnik_vozzyednannya_z_rosiyeyu_n1545835; Serhii Plokhy, »Vladimir Putin's war is banishing for good the outdated myth that Ukrainians and Russians are the same«, *Telegraph*, 3. März 2022, https://www.telegraph.co.uk/authors/s/sa-se/serhii-plokhy/

37 Margaret Besheer, »Ukraine's Cultural Heritage Under Attack, Official Says«, *Voice of America*, 15. Juli 2022, https://www.voanews.com/a/ukraine-s-cultural-heritage-under-attack-official-says/6661269.html; Andrei Krasniashchikh, »Kak gorit pod bombami russkaia kul'tura«, *Ukraïns'ka pravda*, 3. Mai 2022, https://www.pravda.com.ua/rus/columns/2022/05/3/7343653/

38 L. P. Shemeta, *Mark Bernes v pesniakh* (Kyjiw 2008), S. 169; »Kto zhe khochet voiny?«, *ZDF Magazin Royale*, 4. März 2022, https://www.youtube.com/watch?v=Cmk5-TM6eEw

39 Krasniashchikh, »Kak gorit pod bombami russkaia kul'tura«.

40 »Udar Rosiï po muzeiu Skovorody ie splanovanoiu aktsiieiu – Tkachenko«, *Ukrinform*, 7. Mai 2022, https://www.ukrinform.ua/rubric-culture/3477358-udar-rosii-po-muzeu-skovorodi-e-splanovanou-akcieu-tkacenko.html

41 Olenka Pevny, »Recreating a Monumental Past: Self-Identity and Ukraine's Medieval Monuments«, J. B. Rudnyckyj Memorial Lecture, University of Manitoba, https://www.researchgate.net/publication/337623350_Olenka_Pevny_RECREATING_A_MONUMENTAL_PAST_SELF-IDENTITY_AND_UKRAINE'S_MEDIEVAL_MONUMENTS; »Ukrainian cultural heritage is also under Russian bombing – Olenka Z Pevny«, *Breaking Latest News*, 19. März 2022; »Building of Chernihiv Collegium Cossack Baroque Architectural Style Historical Heritage of Ukraine«, YouTube, 17. November 2016, https://www.youtube.com/watch?v=kewDM45N8t4

42 Ivan Boiko, »U Chernihovi vnaslidok raketnoho udaru zruinovano istorychnu budivliu kintsia 30-kh rokiv XX stolittia«, *UNIAN*, 27. Februar 2022, https://www.unian.ua/war/u-chernigovi-vnaslidok-raketnogoudaru-zruynovano-istorichnu-budivlyu-kincya-30-h-rokiv-hh-stolittya-video-novini-vtorgnennya-rosiji-v-ukrajinu-11721241.html; John Marone, »They Came, They Shelled, They Left – Russia's Failed Advance in Northern Ukraine«, *Kyiv Post*, 12. April 2022, https://www.kyivpost.com/ukraine-politics/they-came-they-shelled-they-left-russias-failed-advance-in-northern-ukraine.html#:~:text=Just%20

as%20in%20the%20case,miles%20from%20the%20Russian%20 border; »Pislia nal'otiv rosiis'koï aviatsiï u Chernihovi zahynulo 47 osib–OVA«, *Espreso*, 4. März 2022, https://espreso.tv/pislya-nalotiv-rosiyskoi-aviatsii-uchernigovi-zaginulo-47-osib-ova

43 David Axe, »Ukraine's Best Tank Brigade Has Won the Battle For Chernihiv«, *Forbes*, 31. März 2022, https://www.forbes.com/sites/davidaxe/2022/03/31/ukraines-best-tank-brigade-has-won-the-battle-for-chernihiv/?sh=554db4c7db9a

44 »Iz profesora Hoholevs'koho vyshu peretvoryvsia na voïna ukraïns'koho viis'ka«, *Nizhyn.City*, 17. Mai 2022, https://nizhyn.city/articles/212963/iz-profesora-gogolevogo-vishu-peretvorivsya-na-voina-ukrainskogo-vijska?fbclid=IwAR2wLJtR6bcpyKZ641pFaX4uuGRjH5SgfzcYTIdCj5iXebe_hGgzE_LWrWw

45 Plokhy, »Vladimir Putin's war is banishing for good the outdated myth that Ukrainians and Russians are the same«.

46 Lena Rudenko, »Mitropolit UPTs MP ›poblagodaril‹ patriarkha Kirilla za prolituiu v Ukraine krov': vy otvetite pered Bogom«, *Apostrof*, 6. Juni 2022, https://apostrophe.ua/news/society/2022-06-06/mitropolit-upts-mp-poblagodaril-patriarha-kirilla-za-prolituyu-v-ukraine-krov-vyi-otvetite-pered-bogom/271059

47 »Postanova Soboru Ukraïns'koï Pravoslavnoï Tserkvy vid 27 travnia 2022 roku«, Ukraïns'ka Pravoslavna Tserkva, https://news.church.ua/2022/05/27/postanova-soboru-ukrajinskoji-pravoslavnoji-cerkvi-vid-27-travnya-2022-roku/; »Eparkhiia UPTs MP v okupirovannykh Roven'kakh reshila ne upominat' Onufriia kak predstoiatelia tserkvi«, *Gordonua.com*, 31. Mai 2022, https://gordonua.com/news/society/eparhiya-upc-mp-v-okkupirovannyh-rovenkah-reshila-ne-upominat-onufriya-kak-predstoyatelya-cerkvi-1611113.html

48 Plokhy, »Vladimir Putin's war is banishing for good the outdated myth that Ukrainians and Russians are the same«.

1 »U Kyievi vyshykuvalasia velychezna cherha za kul'tovoiu poshtovoiu markoiu«, *TSN*, 15. April 2022, https://kyiv.tsn.ua/u-kiyevi-vishikuvalasya-velicheznacherga-za-kultovoyu-poshtovoyu-markoyu-foto-2037919.html; »Rozibraly za try khvylyny: u Rozetka rozpovily, iak prodavaly marku z ›russkim korablem‹«, *Ekonomichna pravda*, 7. Mai 2022, https://www.epravda.com.ua/news/2022/05/7/686775/

2 Valentyna Romanenko, »Russkii korabl', idi na kh.i: zakhysnyky Zmiïnoho vidpovily vorohovi«, *Ukraïns'ka pravda*, 25. Februar 2022, https://web.archive.org/web/20220225021042/https://www.pravda.com.ua/news/2022/02/25/7325592/; Andrew Keen, »›Go Fuck Yourself.‹ On Putin's Propaganda and the Week in Ukrainian Resistance«, *Literary Hub*, 4. März 2022, https://lithub.com/go-fuck-yourself-on-putins-propaganda-and-the-week-in-ukrainian-resistance/

3 »Geroi mema ›Russkii voennyi korabl‹, idi na …' s ostrova Zmeinyi zhivy, no vziaty v plen«, *BBC News*, 25. Februar 2022, https://www.bbc.com/russian/news-60523774; »Ukraïna ta rosiia provely pershyi povnotsinnyi obmin viis'kovopolonennymy – detali«, *Slovo i dilo*, 24. März 2022, https://www.slovoidilo.ua/2022/03/24/novyna/bezpeka/ukrayina-ta-rosiya-provely-pershyj-povnoczinnyj-obmin-vijskovopolonenymy-detali

4 Alyona Silchenko, »Why is Crimea called Taurida?«, *Holos Krymu. Kul'tura*, 22. Juli 2020, https://culture.voicecrimea.com.ua/en/why-is-crimea-called-tavrida/

5 »Pervye chasy voiny: pochemu VSU priniali boi, no otstupili na iuge?«, *Krym realii*, 16. Juli 2022, https://www.youtube.com/watch?v=oeuVJp-ExPk (10:53); Ol'ha Kyrylenko, »Mer Novoï Kakhovky pro robotu v okupatsiï: ›Nas trymala dumka, shcho os'-os' povernut'sia ZSU, i vse bude harazd‹«, *Ukraïns'ka pravda*, 25. Juli 2022, https://www.pravda.com.ua/articles/2022/07/25/7359983/; »Na Trypil's'kii TES stavsia vybukh, okupanty zakhopyly Kakhovs'ku HES – Minenerho«, *Liha.Biznes*, 24. Fe-

bruar 2022, https://biz.liga.net/ua/ekonomika/tek/novosti/na-tripolskoy-tes-proizoshel-vzryv-okkupanty-zahvatili-kahovskuyu-ges-minenergo

6 Dariia Demianyk, »Okupanty zakhvatili Kakhovskuiu GES i podniali rossiiskii flag (video)«, *Glavkom*, 24. Februar 2022, https://glavcom.ua/ru/news/okkupanty-zahvatili-kahovskuyuges-i-podnyali-rossiyskiy-flag-video-824677.html

7 *Russia's War in Ukraine: Military and Intelligence Aspects*, Congressional Research Service, aktualisiert am 27. April 2022, S. 5, https://crsreports.congress.gov/product/pdf/R/R47068

8 Kateryna Tyshchenko, »V Khersonskoi oblasti proshli ucheniia, Zelenskii nabliudal«, *Ukraïns'ka pravda*, 12. Februar 2022, https://www.pravda.com.ua/rus/news/2022/02/12/7323753/; »Pervye chasy voiny: pochemu VSU priniali boi, no otstupili na iuge?«, https://www.youtube.com/watch?v=oeuVJp-ExPk (4:48).

9 »Pervye chasy voiny: pochemu VSU priniali boi, no otstupili na iuge?«, https://www.youtube.com/watch?v=oeuVJp-ExPk (6:05, 7:54).

10 Iuliia Zhukova, »Rossiia pustila vodu iz Ukrainy v anneksirovannyi Krym«, *Nastoiashchee vremia*, 22. April 2022, https://www.currenttime.tv/a/ukrainskuyu-vodu-siloy-vernuli-v-anneksirovannyy-krym-chtoby-zapolnit-vysohshiy-za-8let-kanal-voennye-rf-vzorvali-dambu-/31816486.html; Denys Karlovs'kyi, »Henshtab ZSU prokomentuvav chutky pro 'rozminuvannia' peresheiku z Krymom pered viinoiu«, *Ukraïns'ka pravda*, 25. April 2022, https://www.pravda.com.ua/news/2022/04/25/7342072/

11 »Tankist Ievhen Pal'chenko rozpoviv pro proryv cherez Antonivs'kyi mist na Khersonshchyni«, *Most*, 21. Juni 2022, https://most.ks.ua/news/url/tankist_jevgen_palchenko_rozpoviv_pro_proriv_cherez_antonivskij_mist_na_hersonschini; »Pervye chasy voiny: pochemu VSU priniali boi, no otstupili na iuge?«, https://www.youtube.com/watch?v=oeuVJp-ExPk (13:22).

12 »Pervye chasy voiny: pochemu VSU priniali boi, no otstupili na iuge?«, https://www.youtube.com/watch?v=oeuVJp-ExPk

(15:30); Iuliia Kovalysheva, »Zelens'kyi vruchyv ›Zolotu zirku‹ tankistu z Vinnychchyny«, *Suspil'ne*, 24. Mai 2022, https://suspilne.media/242756-zelenskij-vruciv-zolotu-zirku-tankistu-z-vinniccini/

13 »Rezantsev Iakov Vladimirovich«, *Myrotvorets*, https://myrotvorets.center/criminal/rezancev-yakov-vladimirovich/; Sevgil' Musaieva, »Ihor Kolykhaiev: Ne zabuvaite pro Kherson. Nam zaraz duzhe skladno«, *Ukraïns'ka pravda*, 5. April 2022, https://www.pravda.com.ua/articles/2022/04/5/7337193/

14 »›My ne imeli moral / nogo prava napadat' na dryguiu stranu.‹ Rossiiski desantnik napisal knigu o pervykh dniakh voiny«, *Meduza*, 11. August 2022, https://meduza.io/feature/2022/08/11/my-ne-imeli-moralnogo-prava-napadat-na-druguyu-stranu

15 »Enerhodar: liudy ne propuskaiut' kolonu RF v misto«, *Militarnyi*, 2. März 2022, https://mil.in.ua/uk/news/energodar-lyudy-ne-puskayut-tanky-v-misto/; »Viis'ka zaharbnyka aktyvizuvaly sproby zakhopyty Zaporiz'ku AES v Enerhodari«, *Ukrinform*, 3. März 2022, https://www.ukrinform.ua/rubric-ato/3419318-vijska-rosii-aktivizuvali-sprobi-zahopiti-zaporizku-aes.html

16 Liubov' Velichko, »Mir pod udarom. Kak Rossii grozit iadernoi katastrofoi na ukrainskikh AĖS i pochemu molchit MAGATE«, *PGNovosti*, 8. Juni 2022.

17 Olena Roshchina, »Zaporiz'ka AES pid kontrolem rosiis'kykh okupantiv«, *Ukraïns'ka pravda*, 4. März 2022, https://www.pravda.com.ua/news/2022/03/4/7328064/; Olena Roshchina, »V Enerhodari na proshchannia z heroiamy pryishly kil'ka soten' liudei«, *Ukraïns'ka pravda*, 7. März 2022, https://www.pravda.com.ua/news/2022/03/7/7329077/

18 Denys Karlovs'kyi, »Henshtab ZSU prokomentuvav chutky pro ›rozminuvannia‹ pereshyiku z Krymom pered viinoiu«, *Ukraïns'ka pravda*, 25. April 2022, https://www.pravda.com.ua/news/2022/04/25/7342072/

19 Musaieva, »Ihor Kolykhaiev: Ne zabuvaite pro Kherson«; »Ukrainian law enforcers detain former Crimea SBU department chief«, *NV*, 17. Juli 2022, https://english.nv.ua/nation/

ukraine-arrests-former-sbu-department-head-for-treason-ukraine-news-50256965.html; Svetlana Kizilova, »Zelenskii nakazal dvukh generalov SBU – lishil zvaniia za ›antigeroizm‹«, *Ukraïns'ka pravda*, 1. April 2022, https://www.pravda.com.ua/rus/news/2022/04/1/7336190/; Mariia Stepaniuk, »Shvydke zakhoplennia Khersonshchyny stalo mozhlyvym cherez zradu spivrobitnyka SBU Sadokhina«, *Fakty*, 18. Juni 2022, https://fakty.com.ua/ua/ukraine/suspilstvo/20220618-shvydke-zahoplennya-hersonshhyny-stalo-mozhlyvym-cherez-zraduspivrobitnyka-sbu-sadohina/; »Ukraine parliament removes security chief, Zelenskiy fires another top official«, *Reuters*, 19. Juli 2022.

20 Kyrylenko, »Mer Novoï Kakhovky pro robotu v okupatsiï«, https://www.radiosvoboda.org/a/news-fedorov-melitopol-obmin/31756706.html

21 Iryna Balachuk, »U Khersoni tysiachi liudei vyishly na mitynh proty okupanta, rosiiany vidkryly vohon'«, *Ukraïns'ka pravda*, 13. März 2022, https://www.pravda.com.ua/news/2022/03/13/7330971/; »Khersons'ka oblrada na ekstrennomu zasidanni vidkynula ideiu stvorennia ›KhNR‹«, *Ukraïns'ka pravda*, 12. März 2022, HTTPS://WWW.PRAVDA.COM.UA/NEWS/2022/03/12/7330824/

22 Musaieva, »Ihor Kolykhaiev: Ne zabuvaite pro Kherson«; Olena Rishchina, »Kherson: liudy vyishly na mitynh, okupanty rozpylyly sl'ozohonnyi haz«, *Ukraïns'ka pravda*, 22. März 2022, https://www.pravda.com.ua/news/2022/03/22/7333593/; »Russian Invaders Abduct Kherson Mayor Kolykhaev – Advisor Liashevska«, *Ukrainian News*, 28. Juni 2022, https://ukranews.com/en/news/865629-russian-invaders-abduct-kherson-mayor-kolykhaev-advisor-liashevska

23 »Berdiansk, Kherson, Kakhovka. Kak proshli proukrainskie mitingi 20 marta«, *BBC News*, 20. März 2022, https://www.bbc.com/russian/media-60814719; »Russia Sending teachers to Ukraine to Control what Students Learn«, *The Washington Post*, 18. Juli 2022, https://www.washingtonpost.com/world/2022/07/18/russiateachers-ukraine-rewrite-history/

24 »Dokumentiert: ›Was Russland mit der Ukraine tun sollte‹«, *Blätter für deutsche und internationale Politik*, Mai 2022, https://www.blaetter.de/ausgabe/2022/mai/dokumentiert-was-russland-mit-der-ukraine-tun-sollte

25 »Okupanty v Khersoni rozkleïly propahandysts'ki bilbordy: absurdni foto«, *24 Kanal*, 30. Mai 2022, https://24tv.ua/okupanti-hersoni-rozkleyili-propagandistski-bilbordi-absurdni_n1991218?fbclid=IwAR3z28WY9jvrJRRYMYiFZsRlikohErzAtdTZ5zlaYKuSrleRk5EZP_8DFUU; »Kherson region«, State Statistics Committee of Ukraine, https://web.archive.org/web/20071104211010/http://www.ukrcensus.gov.ua/eng/regions/reg_khers/

26 Mariya Petkova, »Russia-Ukraine war: The battle for Odesa«, *Aljazeera*, 9. März 2022, https://www.aljazeera.com/news/2022/3/9/russia-ukrainewar-the-battle-for-odesa

27 »U chomu pomylyvsia Putin i koly peremoha?«, *Krym realiï*, 14. Juni 2022, YouTube, https://www.youtube.com/watch?app=desktop&v=oUToxyp1mjs; Vira Kasiian, »ZSU razom z teroboronoiu vidstoialy Mykolaïv, komendants'ku hodynu skasuvaly«, *LB.ua*, 2. März 2022; »Mykolaïv povnistiu zvil'nyly vid rosiis'kykh okupantiv – holova ODA«, *Shpal'ta*, 5. März 2022, https://shpalta.media/2022/03/05/mikolaiv-povnistyu-zvilnili-vid-rosijskix-okupantiv-golova-oda/; https://lb.ua/society/2022/03/02/507677_zsu_razom_z_teroboronoyu_vidstoyali.html; »Heneral Marchenko bil'she ne komanduie oboronoiu Mykolaieva«, *Speaker News*, 7. April 2022, https://speakernews.com.ua/suspilstvo/general-marchenko-bilshe-ne-komanduye-oboronoyu-mykolayeva-20286

28 Yaroslav Trofimov, »Ukrainian Counteroffensive near Mykolaiv Relieves Strategic Port City«, *Wall Street Journal*, 18. März 2022; Ol'viia Aharkova, »Mer Voznesens'ka povidomyv pro vybukh dvokh mostiv u misti: nam dovelosia«, *RBK-Ukraïna*, 2. März 2022, https://www.rbc.ua/ukr/news/mer-voznesenska-soobshchil-vzryve-dvuh-mostov-1646246424.html; »Boi za Voznesensk. Kak ostanovili nastuplenie na Odessu«, *Inshe.TV*,

18. März 2022, https://inshe.tv/nikolaev/2022-03-18/665712; »U chomu pomylyvsia Putin i koly peremoha?«.

29 Joseph Trevithick und Tyler Rogoway, »Barrage Leaves Russian-Occupied Kherson Airbase in Flames«, *The Drive*, 15. März 2022; »Ukraïns'ki voïny znyshchyly 30 helikopteriv voroha na aerodromi Chornobaïvka bilia Khersonu«, *Armiia.inform*, 7. März 2022, https://armyinform.com.ua/2022/03/07/ukrayinski-voyinyznyshhyly-30-gelikopteriv-voroga-na-aerodromi-chornobayivka-bilya-hersonu/; »Sovetnik Zelenskogo: ›Po predvaritel'nym dannym, v rezul'tate VSU ubit general-leitenant RF Andrei Mordvichev‹«, *Novosti*, 18. März 2022, https://web.archive.org/web/20220318163649/https://theins.ru/news/249409; »Nardep soobshchil o gibeli ocherednogo komanduiushchego rossiiskoi armiei i generala«, *DonPress*, 25. März 2022, https://donpress.com/news/25-03-2022-nardep-soobschil-o-gibeli-ocherednogo-komanduyuschego-rossiyskoy-armiey-i-generala; Aleksandr Kovalenko, »Fenomen Chernobaevki kak on est'«, *Khartyia'97 %*, 29. März 2022, https://charter97.org/ru/news/2022/3/29/461181/

30 »Riatuval'ni roboty pislia vluchannia rakety okupantiv u budivliu Mykolaïvs'koi ODA tryvaiut' dosi«, *AAM*, 30. März 2022, https://aam.com.ua/2022/03/30/ryatuvalni-roboty/

31 »Odes'ke uzberezhzhia obstrilialy dva korabli rf–artyleriia ZSU vidihnala voroha«, *Ukrinform*, 21. März 2022, https://www.ukrinform.ua/rubric-ato/3435618-odeske-uzberezza-obstrilali-dva-korabli-rf-artileria-zsu-vidignala-voroga.html; Aleksandr Vel'mozhko, »Boiovi diï 27 bereznia: voroh namahavsia obstriliaty Odesu raketamy«, *Odesskii kur'er*, 27. März 2022, https://uc.od.ua/columns/alexvelmozhko/1241818

32 »Guided Missile Cruiser Moskva (ex-Slava), Project 1164/Slava Class«, Black Sea Fleet, https://www.kchf.ru/eng/ship/cruisers/slava.htm

33 Adam Taylor und Claire Parker, »›Neptune‹ Missile Strike Shows Strength of Ukraine's Homegrown Weapons«, *The Washington Post*, 15. April 2022; »How Did Ukraine Destroy the Moskva, a Large Russian Warship«, *Economist*, 20. April 2022.

34 Peter Suciu, »Moskva: The Story of Russia's Navy Warship That Ukraine Destroyed«, *1945*, 21. April 2022, https://www.19forty five.com/2022/04/moskva-the-story-of-russias-navy-wars-hip-that-ukraine-destroyed/; Viktoriia Andrieieva, »Znovu cherha: ponad 500 kyian ›poliuiut‹ na novu marku z korab-lem«, *Ukraïns'ka pravda*, 23. Mai 2022, https://life.pravda.com.ua/society/2022/05/23/248764/; »Intelligence Update. Update on Ukraine, May 19, 2022«, Defence Intelligence, https://img.pravda.com/images/doc/1/c/1c9f090-280075714-1488231861575174-1301885241671439071-n-original.jpg; Joe In-wood, »Moskva wreckage declared item of Ukrainian underwater cultural heritage«, *BBC News*, 22. April 2022.

35 Ilona Kivva, »Bytva za Chorne more: ukraïns'ka rozvidka poiasnyla navishcho okupantam Zmiïnyi«, *Zaborona*, 14. Mai 2022, https://zaborona.com/bytva-za-chorne-more-ukrayinska-rozvidka-poyasnyla-navishho-okupantam-zmiyinyj/; Max Hun-der und Tom Balmforth, »Russia abandons Black Sea outpost of Snake Island in victory for Ukraine«, *Reuters*, 30. Juni 2022, https://www.reuters.com/world/europe/russia-steps-up-attacks-ukraine-after-landmark-nato-summit-2022-06-30/; Joseph Golder, »Ukraine Hoists Flag on Snake Island After Russian Forces Withdraw«, *Newsweek*, 8. Juli 2022, https://www.news week.com/ukraine-hoists-flag-snake-island-after-russian-forces-withdraw-1722834

36 Dmitrii Akimov, »Rossiia otmechaet 350 let so dnia rozhdeniia Petra Velikogo«, *Smotrim*, 9. Juni 2022, https://smotrim.ru/article/2789489; »Putin posetil vystavku o Petre I na VDNKh«, *Vesti.ru*, 9. Juni 2022, https://www.vesti.ru/article/2790684

37 »Meeting with young entrepreneurs, engineers and scientists«, President of Russia, 9. Juni 2022, http://en.kremlin.ru/events/president/news/68606; »Putin compares himself to Peter the Great in Russian territorial push«, YouTube, 9. Juni 2022, https://www.youtube.com/watch?v=N2sfJjl7_Zk; »Address by the Presi-dent of the Russian Federation«, President of Russia, 24. Februar 2022, http://en.kremlin.ru/events/president/news/67843

38 Andrew Roth, »Putin compares himself to Peter the Great in quest to take back Russian lands«, *Guardian*, 10. Juni 2022, https://www.theguardian.com/world/2022/jun/10/putin-compares-himself-to-peter-the-great-in-quest-to-take-back-russian-lands

39 Lawrence Freedman, »Spirits of the Past. The Role of History in the Russo-Ukraine War«, *Comment is Freed*, 12. Juni 2022, https://samf.substack.com/p/spirits-of-the-past?s=w&utm_medium=web

40 »In Ukraine, they announced Zelensky's order to recapture the south of the country«, *West Observer*, 11. Juli 2022, https://westobserver.com/news/europe/in-ukraine-they-announced-zelenskys-order-to-recapture-the-south-of-the-country/; Andrii Tsapliienko, »The Ukrainian military hit the Antonovsky bridge in occupied Kherson, which connects the city with the left bank of the Dnieper«, *Odessa Journal*, 19. Juli 2022, https://odessa-journal.com/the-ukrainian-military-hit-the-antonovsky-bridge-in-occupied-kherson-which-connects-the-city-with-the-left-bank-of-the-dnieper/

41 Peter Beaumont, »Russian forces dig in as bloody Ukrainian counterattack anticipated in south«, *Guardian*, 22. Juli 2022, https://www.theguardian.com/world/2022/jul/22/ukrainian-counter-offensive-may-bring-war-to-bloodiest-phase-yet-say-analysts

42 Mauro Orru, »Ukraine's Occupied Kherson Seeks to Join Russia, Moscow-Installed Leader Says«, *Wall Street Journal*, 11. Mai 2022, https://www.wsj.com/livecoverage/russia-ukraine-latestnews-2022-05-11/card/ukraine-s-occupied-kherson-seeks-to-join-russia-moscow-installed-leader-says-WNFl1yxwOEkDVbG2Fpic; »Signs Multiply Russia Seeks Control of South Ukraine«, *Moscow Times*, 19. Mai 2022, https://www.themoscowtimes.com/2022/05/19/signs-multiply-russia-seeks-control-of-south-ukraine-a77739

43 »Novaia administratsiia Zaporozhskoi oblasti anonsirovala referendum o vkhozhdenii v sostav Rossii ›v tekushchem godu‹«,

*Meduza*, 8. Juni 2022, https://meduza.io/news/2022/06/08/novaya-administratsiya-zaporozhskoy-oblasti-anonsirovala-referendum-o-vhozhdenii-v-sostav-rossii-v-tekuschem-godu; »Prisoediniat zakhvachennye oblasti: v razvedke rasskazali o planakh Rossii po Ukraine«, *Fokus*, 13. Juli 2022, https://focus.ua/voennye-novosti/522002-prisoedinyat-zahvachennye-oblasti-v-razvedke-rasskazali-o-planah-rossii-po-ukraine; »RF pryznachyla svoho chynovnyka ›holovoiu uriadu‹ okupovanoï Zaporiz'koï oblasti«, *Ukraïns'ka pravda*, 18. Juli 2022, https://www.pravda.com.ua/news/2022/07/18/7358827/

44 White House Daily Briefing, 19. Juli 2022, https://www.c-span.org/video/?521824-1/white-house-briefs-russias-plans-annex-ukrainian-territory; Ivan Nechepurenko und Eric Nagourney, »Russia Signals That It May Want a Bigger Chunk of Ukraine«, *New York Times*, 20. Juli 2022, https://www.nytimes.com/2022/07/20/world/europe/putin-ukraine-invasion-russia-war.html

## KAPITEL 11 DIE GEGENOFFENSIVE

1 Maxim Tucker, »Ukraine has one million ready for fightback to recapture south«, *The Times*, 10. Juli 2022, https://www.thetimes.co.uk/article/ukraine-has-one-million-ready-for-fightback-to-recapture-south-3rhkrhstf

2 Kseniia Teslenko, »Vereshchuk zaklykaie meshkantsiv pivdennykh oblastei terminovo evakuiuvatysia«, *S'ohodni*, 9. Juli 2022, https://war.segodnya.ua/ua/war/vtorzhenie/vereshchuk-prizyvaet-zhiteley-yuzhnyh-oblastey-srochno-evakuirovatsya-1629727.html

3 »Ukraïna vede perehovory z derzhavamy-partneramy shchodo postachannia neobkhidnoï zbroï, ale ne varto rozholoshuvaty podrobytsi – prezydent«, *Zelens'kyi. Ofitsiine internet predstavnytstvo*, 11. Juli 2022, https://www.president.gov.ua/news/ukrayina-vede-peregovori-z-derzhavami-partnerami-shodo-posta-76417

4 Bohdan Prykhod'ko, »Velyka kontrataka chy zakhyst Kyieva? Chomu Ukraïna povidomliaie vorohovi pro nastup na Kher-

son?«, *S'ohodni*, 11. Juli 2022, https://www.segodnya.ua/ua/strana/podrobnosti/bolshayakontrataka-ili-zashchita-kieva-pochemu-ukraina-soobshchaetvragu-o-nastuplenii-na-herson-1630084.html

5 Roman Adrian Cybrivsky, *Along Ukraine's River: A Social and Environmental History of the Dnipro* (Budapest 2018), S. 104.

6 »Na Khersonshchyni zaharbnyky vidnovyly mist na hrebli Kakhovs'ko HES«, *Ukrinform*, 17. August 2022, https://www.ukrinform.ua/rubric-ato/3552348-na-hersonsini-zagarbniki-vidnovili-mist-na-grebli-kahovskoi-ges.html

7 »Antonovskii most«, Khersonshchina turisticheskaia, https://khersonregion.com/antonovskij-most/

8 »Viis'ka RF zvodiat' fortyfikatsiini sporudy bilia Antonivs'koho mostu na Khersonshchyni«, *Tsenzor.net*, 13. Juli 2022, https://m.censor.net/ua/news/3353971/viyiska_rf_zvodyat_fortyfikatsiyini_sporudy_bilya_antonivskogo_mostu_na_hersonschyni_ova; Mark Trevelyan, »Russia declares expanded war goals beyond Ukraine's Donbas«, *Reuters*, 20. Juli 2022, https://www.reuters.com/world/europe/lavrov-says-russias-objectives-ukraine-now-go-beyond-donbas-2022-07-20/

9 »Iak i chomu pochaly zlitaty zbroini sklady v tylu rosiis'kykh viis'k?«, *Arhument*, 9. Juli 2022, https://argumentua.com/novini/yak-chomu-pochali-zl-tati-v-pov-trya-zbroin-skladi-v-tilu-ros-iskikh-v-isk

10 Illia Ponomarenko, »What would a Ukrainian counter-offensive in Kherson look like?«, *Kyiv Independent*, 19. Juli 2022, https://kyivindependent.com/national/what-would-a-ukrainian-counter-offensive-in-kherson-look-like; »Okupanty povidomyly pro obstril Antonivs'koho mostu v Khersoni«, *Tsenzor.net*, 19. Juli 2022, https://m.censor.net/ua/news/3355088/okupanty_povidomyly_pro_obstril_antonivskogo_mostu_v_hersoni_udaru_zavdano_iz_himars_onovleno_video; »After Antonivskyi bridge explosion, occupiers may be left without ways to retreat from Kherson«, *Ukrainian News*, 20. Juli 2022, https://ukranews.com/en/news/870362-after-antonivskyi-bridge-explosion-occupiers-may-be-left-without-ways-to-retreat-from-kherson

11 »Video from Antonivka Road Bridge in Kherson shows extensive damage«, *Ukraïns'ka pravda*, *Yahoo*!, 27. Juli 2022, https://www.yahoo.com/video/video-antonivka-road-bridge-kherson-081127402.html; »›To consolidate the results‹: The Armed Forces of Ukraine report about new strikes on the main bridges of the Kherson region«, *Ukraïns'ka pravda*, 30. August 2022, https://www.pravda.com.ua/eng/news/2022/08/30/7365397/

12 »Kakhovs'kyi mist taky obvalyvsia«, *24 kanal,* 4. September 2022, https://www.youtube.com/watch?v=5kRZBNf8KY8; »Okupanty zaiavyly pro obstril mostu cherez richku Inhulets' pid Khersonom«, *Militarnyi*, 23. Juli 2022, https://mil.in.ua/uk/news/okupanty-zayavyly-pro-obstril-mostu-cherez-richku-ingulets-pid-hersonom/; David Axe, »The Bridge Battle in Southern Ukraine is Escalating«, *Forbes*, 31. Juli 2022, https://www.forbes.com/sites/davidaxe/2022/07/31/the-bridge-battle-in-southern-ukraine-is-escalating/

13 »Heneral Marchenko povernuvsia do Mykolaieva z novym zavdanniam«, *Texty.org.ua*, 27. Juli 2022, https://texty.org.ua/fragments/107345/general-marchenko-povernuvsya-do-mykolayeva-z-novym-zavdannyam/; »Partyzany u Melitopoli pidirvaly zaliznychnyi mist«, *TSN*, 14. August 2022, https://tsn.ua/ato/partizani-u-melitopoli-pidirvali-zaliznichniy-mist-okupanti-v-isterici-rozshukuyut-patriotiv-ukrayini-2134282.html; »U Melitopoli partyzany pidirvaly rosiis'ku viis'kovu bazu ta fsb-shnykiv za vechereiu«, *Ukrainform*, 30. August 2022, https://www.ukrinform.ua/rubric-ato/3561283-u-melitopoli-partizani-pidirvali-rosijsku-vijskovu-bazu-ta-fsbsnikivza-vecereu-fedorov.html

14 »Rozstrilialy z pistoleta. Khalan' rozpoviv pro smert' hauliaitera Novoï Kakhovky«, *24 kanal*, 24. August 2022, https://24tv.ua/zastupnik-gaulyaytera-novoyi-kahovki-pomer-pislya-poranennya_n2119352; »Likvidatsiia kolaboranta kovaliova«, *24 kanal*, 29. August 2022, https://24tv.ua/vbivstvo-oleksiya-kovalova-yaka-versiya-vbivstva-kolaboranta_n2146302; »Rozirvalo vid liubovi do Rosiï«, *TSN*, 24. August 2022, https://tsn.ua/ukrayina/

rozirvalo-vid-lyubovi-do-rosiyi-na-zaporizhzhi-partizani-visadili-v-povitrya-gaulyaytera-mihaylivki-2141695.html; »Partyzany pid Melitopolem ›pidrizaly‹ chleniv ’komisiï z pidhotovky referendum«, *TSN*, 9. August 2022, https://tsn.ua/ato/partizani-pid-melitopolem-pidrizalichleniv-komisiyi-z-pidgotovki-referendumu-zmi-2130334.html

15 »Medvedev zaiavil, chto dlia Ukrainy mozhet nastupit’ sudnyi den’«, *RIA Novosti*, 17. Juli 2022, https://ria.ru/20220717/medvedev-1803047917.html

16 »Krymskii most. Kerch«, Russia Travel, https://russia.travel/objects/330378/

17 Tania Matiash, »Zelens’kyi vidpoviv na pohrozy Miedviedieva ›sudnym dnem‹: ’ne duzhe tvereza zaiava«, *Livyi Bereh*, 18. Juli 2022, https://lb.ua/society/2022/07/18/523446_zelenskiy_vidpoviv_pogrozi.html; »Vzryvov net, no vy derzhites’«, Reanimatsiinyi paket reform, 19. August 2022, https://rpr.org.ua/news/vzr-vov-net-no-v-derzhytes-yak-vybukhy-v-krymu-kontuzyly-pobiedobiesov-ta-vykryly-impotentsiiu-kremlia/; »Putin’s circle tension and confrontation rise due to possible loss of the Russian president’s capacities«, Robert Lansing Institute, 19. Juli 2022, https://lansinginstitute.org/2022/07/19/putins-circle-tension-and-confrontation-rise-due-to-possible-loss-of-the-russian-presidents-capacities/; »›Priseli na stakan. Kto-to vtianulsia.‹ Iz-za voiny rossiiskie chinovniki stali bol’she i chashche pit’ alkogol«, *Meduza*, 15. September 2022, https://meduza.io/feature/2022/09/15/priseli-na-stakankto-to-vtyanulsya?utm_source=twitter&utm_medium=main/

18 »Ukraine claims responsibility for Crimea attacks«, *Aljazeera*, 7. September 2022, https://www.aljazeera.com/news/2022/9/7/ukraine-military-chief-claims-responsibility-for-strikes-in-crime

19 »ZSU zavdaly udariv dronom-kamikadze po pozytsiiakh RF bilia Zaporiz’koi AES«, *Fokus*, 22. Juli 2022, https://focus.ua/uk/voennye-novosti/523089-vsu-nanesli-udary-dronom-kamikadze-po-poziciyam-rf-vozle-zaporozhskyy-aes-video; Mark Santora, »Shelling at the Zaporizhzhia Nuclear Power Plant Is Raising

Fears of an Accident. Here's a Look at the Risks«, *New York Times,* 12. August 2022, https://www.nytimes.com/2022/08/12/world/europe/ukraine-zaporizhzhia-nuclear-plant.html

20 »Arestovich skazal zachem Putinu iadernyi shantazh s Zaporozhskoi AES«, *Feigin Live*, 8. August 2022, https://www.youtube.com/watch?v=_dQMoCRGAU8; Isabele Coles und Bojan Pancevski, »Ukraine Accuses Russia of Using Nuclear Plant to Blackmail West«, *Wall Street Journal*, 14. August 2022, https://www.wsj.com/articles/ukraine-accuses-russia-of-using-nuclear-plant-to-blackmail-west-11660478537; Vasco Cotovio und Tara John, »›We are playing with fire‹, IAEA chief warns as nuclear watchdog calls for ›safety zone‹ at Russian-occupied plant in Ukraine«, *CNN*, 6. September 2022, https://www.cnn.com/2022/09/06/europe/iaea-report-ukrainenuclear-plant-intl/index.html; Gillian Duncan, »Russia questions UN nuclear report calling for demilitarised zone at Zaporizhzhia«, *N World*, 7. September 2022, https://www.thenationalnews.com/world/europe/2022/09/07/russia-questions-un-nuclear-reportcalling-for-demilitarised-zone-at-zaporizhzhia/

21 Karl Ritter, »Last reactor at Ukraine's Zaporizhzhia nuclear plant stopped«, *AP News*, 11. September 2022, https://apnews.com/article/russia-ukraine-8838067037a8521e3bc764435144d8b7; https://www.epravda.com.ua/news/2022/09/12/691405/; »U Putina kazhut', shcho Rosiia ne planuie vyvodyty svoï viis'ka iz terytoriï ZAES«, *Ekonomichna pravda*, 12. September 2022, https://www.reuters.com/world/europe/iaea-board-passes-resolution-calling-russia-leave-zaporizhzhia-2022-09-15/

22 Benjamin Harvey, Daryna Krasnolutska, Kateryna Choursina, Alberto Nardelli, Alex Wickham und Gina Turner, »Ukraine Strategy Targets Russian Army's Lifelines in Kherson«, *Bloomberg*, 17. August 2022, https://www.bloomberg.com/news/articles/2022-08-17/ukraine-strategy-targets-russian-army-s-lifelines-in-kherson?leadSource=uverify%20wall; »Arestovich: The invaders gathered about 30 BTGs in the south for an attack on Kryvyi Rih and Mykolaiv«, *Odessa Journal*, 2. August 2022,

https://odessa-journal.com/arestovich-the-invaders-gathered-about-30-btgs-in-the-south-for-an-attack-on-kryvyi-rih-and-mykolaiv/

23 »Na Khersons'komu napriamku pochavsia ›duzhe potuzhnyi‹ rukh viis'k RF–Danilov«, *Radio Svoboda*, 22. Juli 2022, https://www.radiosvoboda.org/a/news-khersonskyy-napryam-viyska-rf-danilov/31962539.html

24 Karolina Hird, Kateryna Stepanenko, Grace Mappes, George Barros und Frederick W. Kagan, »Russian Offensive Campaign Assessment, August 23«, *Critical Threats*, 23. August 2022, https://www.criticalthreats.org/analysis/russian-offensive-campaign-assessment-august-23; »Russia makes gains near Blahodatne – General Staff report«, *Ukraïns'ka pravda*, 22. August 2022, https://www.pravda.com.ua/eng/news/2022/08/22/7364254/

25 »Ukrainian Counteroffensive Underway in Kherson Region«, *Kyiv Post*, 29. August 2022, https://www.kyivpost.com/russias-war/ukrainian-counteroffensive-underway-in-kherson-region.html

26 »Shoigu zaiavil o popytkakh nastupleniia VSU na Nikolaevo-Krivorozhskom i drugikh napravleniiakh«, *Interfax*, 2. September 2022, https://www.interfax.ru/world/860425; Oleksii Iarmolenko und Tetiana Lohvynenko, »ZSU vpershe z 24 liutoho pishly u povnotsinnyi kontrnastup. Pro rezul'taty poky movchat', ale vony zminiat' khod viiny«, *Babel'*, 1. September 2022, https://babel.ua/texts/83738-zsu-vpershe-z-24-lyutogo-pishli-u-povnocinniy-kontrnastup-pro-rezultati-poki-movchat-ale-voni-zminyat-hid-viyni-analizuyemosituaciyu-na-fronti-na-180-y-den-povnomasshtabnogo-vtorgnennya-mapi-babelya

27 »Vysokopillia na Khersonshchyni pid ukraïns'kym praporom. Shcho tam vidbuvaiet'sia?«, *Radio Svoboda*, 6. September 2022, https://www.radiosvoboda.org/a/novyny-pryazovya-khersonshchyna-deokupatsiya-vysokopillya/32019601.html; Asami Terajima, »Ukraine war latest: Ukraine liberates villages in south and east«, *Kyiv Independent*, 4. September 2022, https://kyivindependent.com/national/ukraine-war-latest-ukraine-liberates-villages-in-south-and-east

28 »Arestovych pro Vysokopillia: sytuatsiia uskladnylasia, rosiiany perekynuly tekhniku«, *RBK Ukraïna*, 25. Juli 2022, https://www.rbc.ua/ukr/news/arestovich-vysokopole-situatsiya-uslozhnilas-1658778302.html

29 »Spetsoperatsiia 7 sentiabria: Minoborony soobshchilo o vziatii Kodemy«, *RIA Novosti*, 7. September 2022, https://ria.ru/20220907/spetsoperatsiya-1815272570.html

30 Isobel Koshiw, Lorenzo Tondo und Artem Mazhulin, »Ukraine's southern offensive ›was designed to trick Russia‹«, *Guardian*, 10. September 2022, https://www.theguardian.com/world/2022/sep/10/ukraines-publicised-southern-offensive-was-disinformation-campaign

31 »ZSU pochaly zvil'niaty Balakliiu? Vse, shcho vidomo«, *BBC News*, Ukraïna, 6. September 2022, https://www.bbc.com/ukrainian/features-62811889

32 Karolina Hird, George Barros, Layne Philipson und Frederick W. Kagan, »Russian Offensive Campaign Assessment«, *Institute for the Study of War*, 6. September 2022, https://www.understandingwar.org/backgrounder/russian-offensive-campaign-assessment-september-6

33 Oleh Verlan, »Za Balakliis'ku operatsiiu vidpovidav heneral-polkovnyk Syrs'kyi«, *Na Paryzhi*, 10. September 2022, https://naparise.com/posts/za-balakliisku-operatsiiu-vidpovidav-heneral-polkovnyk-syrskyi; »›Maiemo khoroshi novyny z Kharkivshchyny‹: Zelens'kyi skazav slova podiaky p'iat'om bryhadam«, *Novynarnia*, 8. September 2022, https://novynarnia.com/2022/09/08/mayemo-horoshi-novyny-zharkivshhyny-zelenskyj-skazav-slova-podyaky-pyatom-brygadam/

34 »Expert: Cascading Collapse of Russian Front«, *Khartyia 97*, 12. September 2022, https://charter97.org/en/news/2022/9/12/515297/

35 Andrew E. Kramer und Jeffrey Gettleman, »In Reclaimed Towns, Ukrainians Recount a Frantic Russian Retreat«, *New York Times*, 13. September 2022, https://www.nytimes.com/2022/09/13/world/europe/ukraine-russia-retreat-morale.html

36 »›My vyzhili‹: Boitsy SOBRa, derzhavshie oboronu v Balaklee, zapisali video«, *Eurasia Daily*, 10. September 2022, https://eadaily.com/ru/news/2022/09/10/my-vyzhili-boycy-sobra-derzhavshie-oboronu-v-balaklee-zapisali-video

37 »Representative of General Staff of Armed Forces of Ukraine says over 20 settlements were liberated in Kharkiv region«, *News Live*, 8. September 2022, https://liveuamap.com/en/2022/8-september-representative-of-general-staff-of-armed-forces

38 »Poiavilis' kadry perebroski kolonny gruppy ›otvazhnye‹ v Kupiansk pod Khar'kovom«, *Novorossiia*, 10. September 2022, https://iz.ru/1393435/2022-09-10/poiavilis-kadry-perebroski-kolonny-gruppy-otvazhnykh-v-kupiansk-pod-kharkovom; »ZSU zaishly v Kup'ians'k i vstanovyly prapor Ukraïny«, *Hlavred*, 10. September 2022, https://glavred.net/ukraine/vsu-zashli-v-kupyansk-i-ustanovili-flag-ukrainy-sovetnica-glavy-harkovskogo-oblsoveta-10408007.html

39 Kateryna Stepanenko, Grace Mappes, George Barros, Angela Howard und Mason Clark, »Russian Offensive Campaign Assessment«, *Institute for the Study of War*, 10. September 2022, https://www.understandingwar.org/backgrounder/russian-offensive-campaign-assessment-september-10

40 »Okupanty pokynuly Izium: ukraïns'ki viis'ka vvishly u misto«, *DSNews.ua*, 10. September 2022, https://www.dsnews.ua/ukr/politics/okupanti-pokinuli-izyum-ukrajinski-viyska-vviyshli-u-misto-video-10092022-465867; Ievheniia Lutsenko, »Ukraïns'ki viis'kovi uviishly do Vovchans'ka, shcho na kordoni z rosiieiu«, *Hromads'ke*, 13. September 2022, https://hromadske.ua/posts/ukrayinski-vijskovi-uvijshli-u-vovchansk-sho-na-kordoni-z-rosiyeyu; »U Minoboroni utochnyly dani pro zvil'neni terytoriï Kharkivshchyny – 388 naselenykh punktiv«, *Ukrinform*, 14. September 2022, https://www.ukrinform.ua/rubric-ato/3571524-u-minoboroni-utocnili-dani-pro-zvilneni-teritorii-harkivsini-388-naselenih-punktiv.html

41 »Mass grave of more than 440 bodies found in Izium, Ukraine, police say«, *Reuters*, 15. September 2022, https://www.reuters.

com/article/ukraine-crisis-zelenskiy-grave/ukraine-finds-a-mass-grave-in-recaptured-city-of-izium-zelenskiy-idUSKBN2QG248

42 Andrew Stanton, »Counteroffensive Has Only 6 Percent of Kharkiv Left to Liberate: Ukraine«, *Newsweek*, 27. September 2022, https://www.newsweek.com/counteroffensive-has-only-6-percent-kharkiv-left-liberate-ukraine-1746750; »Ukraine tells Russia to appeal to Kyiv if it wants encircled troops freed«, *Reuters*, 30. September 2022, https://www.reuters.com/world/europe/ukraine-tells-russia-appeal-kyiv-if-it-wants-encircled-troops-freed-2022-09-30/

43 »Ukraine seizes the initiative in the east«, *Economist*, 9. September 2022, https://www.economist.com/europe/2022/09/09/ukraine-seizes-the-initiative-in-the-east; Henry Foy, »Ukraine's advance boosts calls for more western weapons«, *Financial Times*, 12. September 2022, https://www.ft.com/content/bab05be8-8200-4804-b45f-00dcd65cd044; Marta Hychko, »›Protivnik uzhe vyigral‹: Girkin ustroil paniku iz-za porazheniia RF na Khar'kovshchine«, *UNIAN*, 10. September 2022, https://www.unian.net/war/protivnik-uzhe-vyigral-girkin-ustroil-paniku-iz-za-porazheniy-rf-na-harkovshchine-11973678.html; »Dlia RF kartina ne radostnaia, u VSU prevoskhodstvo na vsem fronte–Strelkov (Girkin)«, UNIAN, 17. September 2022, https://www.youtube.com/watch?app=desktop&v=4e6RqcpwmUQ

44 Julian E. Barnes, Eric Schmitt und Helene Cooper, »The Critical Moment Behind Ukraine's Rapid Advance«, *New York Times*, 13. September 2022, https://www.nytimes.com/2022/09/13/us/politics/ukraine-russia-pentagon.html

45 Henry Foy, »Ukraine's advance boosts calls for more western weapons«, *Financial Times*, 12. September 2022, https://www.ft.com/content/bab05be8-8200-4804-b45f-00dcd65cd044; Adrienne Vogt, »Russia's war in Ukraine: September 10, 2022«, *CNN*, 10. September 2022, https://www.cnn.com/europe/live-news/russia-ukraine-war-news-09-10-22/h_a14d999bfb238edc6542eaaa671e314c

46 »Putin shown in tense encounter with chief of staff at Far East

war games«, *Reuters*, 6. September 2022, https://www.reuters.com/world/europe/smiling-putin-inspects-big-far-east-military-drills-2022-09-06/; Sophia Ankel, »As Russia was forced to retreat in Ukraine, Putin was opening a giant Ferris wheel – but it broke down and people had to be refunded«, *Insider*, 14. September 2022, https://www.businessinsider.com/amid-ukraine-offensive-putin-opened-ferris-wheel-but-it-broke-2022-9; Tara Subramaniam, Ivana Kottasová, Eliza Mackintosh, Adrienne Vogt und Aditi Sangal, »September 13, 2022 Russia-Ukraine news«, *CNN*, 13. September 2022, https://edition.cnn.com/europe/live-news/russia-ukraine-war-news-09-13-22/h_b439762c2fb1cc0a92457f4214601e58; »Izmena na urovne Putina! Igor' Strelkov (Girkin)«, YouTube, 16. September 2022, https://www.youtube.com/watch?v=gpahjt8zaNM

47 Kateryna Stepanenko, Katherine Lawlor, Grace Mappes, George Barros und Frederick W. Kagan, »Russian Offensive Campaign Assessment«, *Institute for the Study of War*, 15. September 2022, https://www.understandingwar.org/backgrounder/russian-offensive-campaign-assessment-september-15

48 »Prigozhin verbuet zakliuchennykh rf: kommentarii Feigina i Arestovicha«, *Feigin Live*, 14. September 2022, https://www.youtube.com/watch?v=vvUMsmbChV4; »Prigozhin – o verbovke zakliuchennykh na voinu: 'Libo zeki, libo vashi deti«, *Radio Svoboda*, 15. September 2022, https://www.svoboda.org/a/prigozhin--o-verbovke-zaklyuchyonnyh-na-voynu-libo-zeki-libovashi-deti-/32035673.html; »Ukraine Live Updates: Putin Calls Up More Troops as His War Effort Falters«, *New York Times*, 21. September 2022; »Putin says Russia's mobilisation mistakes must be ›corrected‹«, *Aljazeera*, 29. September 2022, https://www.aljazeera.com/news/2022/9/29/putin-says-russias-mobilisation-mistakes-must-becorrected

49 Andrew E. Kramer, »Russia-Ukraine War: Armed Russian Soldiers Oversee Referendum Voting«, *New York Times*, 24. September 2022, https://www.nytimes.com/live/2022/09/24/world/russia-ukraine-putin-news; Anthony Blinken, Secretary of

State, »Russia's Sham Referenda in Ukraine«, Press Statement, U. S. Department of State, 29. September 2022, https://www.state.gov/russias-sham-referenda-in-ukraine/; Joshua Berlinger, Anna Chernova und Tim Lister, »Putin announces annexation of Ukrainian regions in defiance of international law«, *CNN*, 30. September 2022, https://www.cnn.com/2022/09/30/europe/putin-russia-ukraine-annexation-intl

50 »Signing of treaties on accession of Donetsk and Lugansk people's republics and Zaporozhye and Kherson regions to Russia«, President of Russia, 30. September 2022, http://en.kremlin.ru/events/president/news/69465

51 Thomas Gibbons-Neff, »Russia's withdrawal from Lyman comes a day after Putin said he was annexing the region«, *The New York Times*, 1. Oktober 2022, https://www.nytimes.com/live/2022/10/01/world/russia-ukraine-war-news#ukraine-moves-to-encircle-lyman-a-strategiceastern-rail-hub; »Official: Ukraine's military has liberated over 2,400 square kilometers in Kherson Oblast«, *The Kyiv Independent*, 7. Oktober 2022, https://kyivindependent.com/news-feed/official-ukraines-military-has-liberated-over-2-400-square-kilometers-in-kherson-oblast; Michael Schwirtz und Andrew E. Kramer, »Blast on Crimean Bridge Deals Blow to Russian War Effort in Ukraine«, *The New York Times*, 8. Oktober 2022, https://www.nytimes.com/2022/10/08/world/europe/ukraine-crimea-bridge-explosion.html; Karen DeYoung, »Ukraine war at a turning point with rapid escalation of conflict«, *The Washington Post*, 10. Oktober 2022, https://www.washingtonpost.com/national-security/2022/10/10/russia-ukraine-war-turning-point/

52 »Russian General Surovikin: ›The Situation in Kherson is Tense, We Do Not Rule Out Difficult Decisions‹«, *Nova.News*, 19. Oktober 2022, https://www.agenzianova.com/en/news/il-generale-russo-surovkin-la-situazione-a-kherson-e-tesa-non-escludiamo-decisioni-difficili/; Anna Chernova und Rob Picheta, »Russia removes bones of 18th-century commander revered by Putin from occupied Ukrainian city«, *CNN*, 28. Oktober 2022,

https://www.cnn.com/2022/10/28/europe/potemkin-remains removed-kherson-ukraine-russia-intl; »Russian Defense Minister Orders Major Retreat From Kherson«, *Radio Free Europe*, 9. November 2022, https://www.rferl.org/a/russia-kherson-retreat-shoigu-ukraine/32122802.html; »Strashnyi son rosiian. Chomu RF zaivyla pro vidvid viisk z Khersona i naskilky tse mozhe zatiahnutysia«, *Ukrainska pravda*, 9. November 2022, https://www.pravda.com.ua/articles/2022/11/9/7375683/

53 Max Hunder und Tom Balmforth, »Exclusive: Russia needs time to pull back from Kherson, fighting to slow in winter -Kyiv«, Reuters, 10. November 2022, https://www.reuters.com/world/europe/exclusive-russian-withdrawal-kherson-take-least-week-kyiv-2022-11-10/; Olga Pilipenko, »Rabotaiut po metodichke: rossiiskie SMI o potere Khersona«, *Dialog.ua*, 12. November 2022, https://www.dialog.ua/russia/262355_1668198752; Mick Krever, Anna Chernova, Teele Rebane, Gianluca Mezzofiore, Tim Lister und Sophie Tanno, »Ukrainian troops sweep into key city of Kherson after Russian forces retreat, dealing blow to Putin«, *CNN*, 11. November 2022, https://www.cnn.com/2022/11/11/europe/russian-troops-leave-kherson-region-intl

54 »General Hodges makes forecast for liberation of Mariupol, Melitopol, Crimea«, *Ukrinform*, 12. November 2022, https://www.ukrinform.net/rubricato/3613120-general-hodges-makes-forecast-for-liberation-of-mariupolmelitopol-crimea.html; »Zelensky visits newly-retaken Kherson city, says ›we are going forward‹«, *CNN*, 14. November 2022, https://www.cnn.com/ europe/live-news/russia-ukraine-war-news-11–14–22/h_8ddf7d7da8420737ed7008cdf0e76fad

55 Jack Watling, »Russia's Loss of Kherson Signals Change in Putin's Strategy«, *The Guardian*, 13. November 2022, https://www.theguardian.com/world/2022/nov/13/russias-loss-of-kherson-signals-change-in-putins-strategy-ukraine; Clare Mills, »Military Assistance to Ukraine since the Russian Invasion«, Research Briefing, House of Commons Library, 11. November 2022,

chromeextension://efaidnbmnnnibpcajpcglclefindmkaj/https://researchbriefings.files.parliament.uk/documents/CBP-9477/CBP-9477.pdf

## KAPITEL 12 DIE RÜCKKEHR DES WESTENS

1 Cara Anna, »Rocket attacks hit Ukraine's Lviv as Biden visits Poland«, *AP*, 26. März 2022, https://apnews.com/article/explosions-in-lviv-ukraine-russia-war-d19574a99afeb4bf964be7c3276c084c; »Biden gives speech in Poland«, *Washington Post* on YouTube, 26. März 2022, https://www.youtube.com/watch?v=brIm2OmxuuM; J. Oliver Conroy und Philip Oltermann, »Vladimir Putin ›cannot remain in power‹ Joe Biden says in Warsaw speech«, *Guardian*, 26. März 2022, https://www.theguardian.com/world/2022/mar/26/biden-tellswest-to-prepare-for-long-fight-ahead-in-warsaw-speech; Michael D. Shear und David E. Sanger, »Biden's Barbed Remark About Putin: A Slip or a Veiled Threat?«, *New York Times*, 26. März 2022, https://www.nytimes.com/2022/03/26/world/europe/biden-ukraine-poland-speech.html

2 »Remarks by President Biden on the United Efforts of the Free World to Support the People of Ukraine«, The White House, 26. März 2022, https://www.whitehouse.gov/briefing-room/speeches-remarks/2022/03/26/remarks-by-president-biden-on-the-united-efforts-of-the-free-world-to-support-the-people-of-ukraine/; Conroy und Oltermann, »Vladimir Putin ›cannot remain in power‹ Joe Biden says in Warsaw speech«.

3 »Remarks by President Biden on the United Efforts of the Free World to Support the People of Ukraine«.

4 Ebd.

5 Michael D. Shear, »After meeting with Ukraine refugees, Biden calls Putin ›a butcher‹«, *New York Times*, 26. März 2022.

6 Christopher Cadelago und Craig Howie, »Biden, off the cuff, says Putin ›cannot remain in power‹«, *Politico*, 26. März 2022, https://www.politico.com/news/2022/03/26/biden-putin-poland-

speech-00020671; Daniel Boffey, Shaun Walker und Philip Oltermann, »Biden: ›butcher‹ Putin cannot be allowed to stay in power«, *Guardian*, 27. März 2022, https://www.theguardian.com/us-news/2022/mar/26/biden-butcher-putin-cannot-be-allowed-to-stay-in-power; *Deutscher historischer Jahrweiser, Extrablatt*: »Die Rede des britischen Premierministers Winston Spencer Churchill im Rundfunk vom 22. Juni 1941 über den ›Überfall der deutschen Wehrmacht auf die Sowjetunion‹ und dem Versprechen, die Sowjetunion zu unterstützen«, 22. Juni 1941, http://deutscher-historischer-jahrweiser.de/dokumente/dateien/1941-06-22%20-%20Rundfunkrede%20von%20Churchill%20wegen%20des%20deutschen%20Angriffs%20auf%20die%20Sowjetunion.pdf

7 »Remarks by President Biden on the United Efforts of the Free World to Support the People of Ukraine«.

8 Chad P. Bown, »Russia's war on Ukraine: A sanctions timeline«, Peterson Institute for International Economics, https://www.piie.com/blogs/realtime-economic-issues-watch/russias-war-ukraine-sanctions-timeline

9 Michael D. Shear, Richard Pérez-Peña, Zolan Kanno-Youngs und Anton Troianovski, »U. S. and Allies Impose Sanctions on Russia as Biden Condemns ›Invasion‹ of Ukraine«, *New York Times*, 23. Februar 2022, https://www.nytimes.com/2022/02/22/us/politics/us-russia-ukraine-sanctions.html; »Nord Stream 1: Why is Russia cutting gas supplies to Europe?«, *BBC News*, 27. Juli 2022, https://www.bbc.com/news/world-europe-60131520; »Blocking Property of Certain Persons and Prohibiting Certain Transactions with Respect to Continued Russian Efforts to Undermine the Sovereignty and Territorial Integrity of Ukraine«, *Federal Register*, A Presidential Document by the Executive Office of the President on 02/23/2022, https://www.federalregister.gov/documents/2022/02/23/202204020/blocking-property-of-certain-persons-and-prohibiting-certain-transactions-with-respect-to-continued

10 Michael D. Shear, Richard Pérez-Peña, Zolan Kanno-Youngs

und Anton Troianovski, »U. S. and Allies Impose Sanctions on Russia«; Bown, »Russia's war on Ukraine: A sanctions timeline«; Kate Davidson und Aubree Eliza Weaver, »The West declares economic war on Russia«, *Politico*, 28. Februar 2022, https://www.politico.com/newsletters/morning-money/2022/02/28/the-west-declares-economic-war-on-russia-00012208

11 Bown, »Russia's war on Ukraine: A sanctions timeline«; Erik de Bie, »EU Sanctions Russia with ›Maintenance and Alignment‹ Package of Restrictive Measures«, *National Law Review* 12, Nr. 210 (29. Juli 2022), https://www.natlawreview.com/article/eu-sanctions-russia-maintenance-and-alignment-package-restrictive-measures; Catherine Belton und Robyn Dixon, »Western sanctions catch up with Russia's wartime economy«, *Washington Post*, 26. November 2022, https://www.washingtonpost.com/world/2022/11/26/russia-war-economy-military-supply/; Emily Rauhala, Karen DeYoung und Beatriz Rios, »Western allies move to cap price of Russian oil at $60 a barrel«, *Washington Post*, 2. Dezember 2022, https://www.washingtonpost.com/world/2022/12/02/russian-oil-price-cap/; »EU agrees 9th sanctions package against Russia – diplomats«, *Reuters*, 15. Dezember 2022, https://www.reuters.com/world/europe/eu-agrees-9th-sanctions-package-against-russia-diplomats-2022-12-15/

12 »Ukraine received 1,300 tons of US military aid in 2022«, *UATV*, 11. Februar 2022, https://uatv.ua/en/ukraine-received-1-300-tons-of-us-military-aid-in-2022/

13 Shane Harris, »Russia planning massive military offensive against Ukraine, involving 150,000 troops, US Intelligence Warns«, *Washington Post*, 3. Dezember 2021, https://www.washingtonpost.com/national-security/russia-ukraine-invasion/2021/12/03/98a3760e-546b-11ec-8769-2f4ecdf7a2ad_story.html; David E. Sanger, Eric Schmitt, Helene Cooper, Julian E. Barnes und Kenneth P. Vogel, »Arming Ukraine: 17,000 Anti-Tank Weapons in 6 Days and a Clandestine Cybercorps«, *New York Times*, 6. März 2022, https://www.nytimes.com/2022/03/06/us/politics/us-ukraineweapons.html; Mark Gollom, »How successive U. S.

administrations resisted arming Ukraine«, *CBC News*, 5. März 2022, https://www.cbc.ca/news/world/obama-trump-biden-ukraine-military-aid-1.6371378; Natasha Bertrand, »White House reiterates that US is ready to act if Russia invades Ukraine«, *CNN*, 4. Dezember 2021, https://edition.cnn.com/2021/12/23/politics/us-warningrussia-ukraine/index.html

14 Sanger, Schmitt, Cooper, Barnes und Vogel, »Arming Ukraine«.

15 »Fact Sheet on U.S. Security Assistance for Ukraine«, The White House, 16. März 2022, https://www.whitehouse.gov/briefing-room/statements-releases/2022/03/16/fact-sheet-on-u-s-security-assistance-for-ukraine/; Bernd Debusmann Jr., »What weapons has the US given Ukraine – and how much do they help?«, *BBC News*, 21. April 2022, https://www.bbc.com/news/world-us-canada-60774098

16 »The Lend-Lease Act of 1941, March 11, 1941«, History, Arts & Archives. United States House of Representatives, https://history.house.gov/Historical-Highlights/1901-1950/The-Lend-Lease-Act-of-1941/#:~:text=On%20this%20date%2C%20the%20House,vital%20to%20American%20national%20security; Michele Kelemen, »U.S. war aims shift in Ukraine – and bring additional risks«, *NPR*, 27. April 2022, https://www.npr.org/2022/04/27/1094970683/u-s-war-aims-shift-in-ukraine-and-bring-additional-risks; Patricia Zengerle, »U.S. Congress revives World War Two-era ›Lend-Lease‹ program for Ukraine«, *Reuters*, 28. April 2022, https://www.reuters.com/world/us-congress-revives-world-war-two-era-lend-lease-program-ukraine-2022-04-28/; David Vergun, »Biden Signs Lend-Lease Act to Supply More Security Assistance to Ukraine«, U.S. Department of Defense, 9. Mai 2022, https://www.defense.gov/News/News-Stories/Article/Article/3025302/biden-signs-lend-lease-act-to-supply-more-security-assistance-to-ukraine/

17 John Ismay, »Allies will ›keep moving heaven and earth‹ to supply Ukraine, the U.S. defense chief says«, *New York Times*, 26. April 2022, https://www.nytimes.com/live/2022/04/26/world/ukraine-russia-war-news#allies-will-keep-moving-heaven-and-

earth-to-supply-ukraine-the-us-defense-chief-says; John Ismay, »A new U.S.-led international group will meet monthly to focus on aiding Ukraine«, *New York Times*, 26. April 2022, https://www.nytimes.com/2022/04/26/world/europe/lloyd-austin-ukraine-contact-group.html

18 »›Winter is coming‹ to Ukraine, warns NATO chief at Ramstein summit«, *DW*, 8. September 2022, https://www.dw.com/de/ukraine-aktuell-us-außenminister-blinken-sagt-in-kiew-weitere-milliardenhilfen-zu/a-63050433-0

19 Volodymyr Landa und Kostiantyn Hennyi, »Reitynh druziv Ukraïny. 20 kraïn, iaki naibil'she dopomohly Ukraïni z momentu rosiis'koho vtorhnennia«, *Forbes*, Voiennyi nomer, https://forbes.ua/inside/reyting-druziv-ukraini-20-krain-yaki-naybilshe-dopomogli-ukraini-z-momentu-rosiyskogo-vtorgnennya-reyting-forbes-31052022-6292

20 Kaja Kallas, »Our neighbor's problem today will be our problem tomorrow«, *ERR News*, 26. April 2022, https://news.err.ee/1608578038/kaja-kallas-our-neighbor-s-problem-today-will-be-our-problem-tomorrow

21 »Ukrainian refugees arrive in Poland ›in a state of distress and anxiety‹«, *UN News*, United Nations, 27. Mai 2022, https://news.un.org/en/story/2022/05/1119172; Jarosław Kuisz und Karolina Wigura, »The EU and the War in Ukraine (I): The Curse of Being Important. A View from Poland«, *Internationale Politik Quarterly*, 30. Juni 2022, https://ip-quarterly.com/en/eu-and-war-ukraine-i-curse-being-important-view-poland; Giorgio Cafiero, »Analysis: Ukraine war has both blindsided and empowered Orban«, *Aljazeera*, 27. Juni 2022, https://www.aljazeera.com/news/2022/6/27/analysis-ukraine-war-has-both-blindsided-and-empowered-hungarys-orban

22 Landa und Hennyi, »Reitynh druziv Ukraïny«.

23 »Boris Johnson walks on the streets of war-hit Kyiv along with Zelensky; Pledges more aid to Ukraine«, *Hindustan Times*, 10. April 2022, https://www.youtube.com/watch?v=4LcCdf8hMTY; Roman Kravets und Roman Romaniuk, »Do i pislia

kontrnastupu. Chy ie perspektyvy u myrnykh perehovoriv z Rosiieiu«, *Ukraïns'ka pravda*, 28. Juli 2022, https://www.pravda.com.ua/articles/2022/07/28/7360566/

24 »Ukraine has shown the world it will prevail in its battle for freedom«, Foreign, Commonwealth & Development Office and The Rt Hon Elizabeth Truss MP, 3. Juni 2022, https://www.gov.uk/government/news/ukraine-has-shown-the-world-it-will-prevail-in-its-battle-for-freedom; Pankaj Mishra, »Ukraine Should Beware of Brits Bearing Gifts«, *Bloomberg*, 19. Mai 2022, https://www.bloomberg.com/opinion/articles/2022-05-19/is-boris-johnson-dragging-out-the-ukraine-war; Tim Adams, »Butler to the World by Oliver Bullough review – bent Britain at your service«, *Guardian*, 21. März 2022, https://www.theguardian.com/books/2022/mar/21/butler-to-the-world-by-oliver-bullough-review-bent-britain-at-your-service

25 Simon Tisdall, »Boris Johnson is using Ukraine crisis to launch a British comeback in Europe«, *Guardian*, 15. Mai 2022, https://www.theguardian.com/commentisfree/2022/may/15/boris-johnson-ukraine-crisis-british-comeback-europe

26 Tisdall, »Boris Johnson is using Ukraine crisis to launch a British comeback in Europe«; Sean Monaghan, »The Joint Expeditionary Force: Global Britain in Northern Europe?«, Center for Strategic and International Studies, 25. März 2022, https://www.csis.org/analysis/joint-expeditionary-force-global-britain-northern-europe; »Now it's official: Ukraine, UK, Poland form security alliance«, *Euromaidan Press*, 17. Februar 2022, https://euromaidanpress.com/2022/02/17/now-its-official-ukraine-uk-poland-form-security-alliance/

27 Philip Oltermann, »Germany agonises over Merkel's legacy: did »she hand too much power to Putin?«, *Guardian*, 5. März 2022.

28 War in Ukraine: Is Germany losing its EU leadership role?« *DW*, 25. Mai 2022, https://www.dw.com/en/war-in-ukraine-is-germany-losing-its-eu-leadership-role/a-61879431; »German navy chief Schönbach resigns over comments on Putin, Crimea«, *DW*, 22. Januar 2022, https://www.dw.com/en/german-navy-chief-

sch%C3%B6nbachresigns-over-comments-on-putin-crimea/a-60525709

29 »Gemeinsam handeln und das Notwendige tun«, Die Bundesregierung, https://www.bundesregierung.de/breg-de/themen/deutsche-einheit/bundeskanzler-scholz-reise-washington-2002916; »Ex-German chancellor Schroeder's Russia ties cast a shadow over Scholz's trip to Moscow«, *France24*, 15. Februar 2022, https://www.france24.com/en/europe/20220215-ex-german-chancellor-schroeder-s-russia-ties-cast-a-shadowover-scholz-s-trip-to-moscow

30 »War in Ukraine: Is Germany losing its EU leadership role?«; Regierungserklärung von Bundeskanzler Olaf Scholz am 27. Februar 2022, Die Bundesregierung, 27. Februar 2022, https://www.bundesregierung.de/breg-de/suche/regierungserklaerung-von-bundeskanzler-olaf-scholz-am-27-februar-2022-2008356; Peter Dickinson, »Not just Putin: Most Russians support the war in Ukraine«, *Atlantic Council*, 10. März 2022, https://www.atlanticcouncil.org/blogs/ukrainealert/not-just-putin-most-russians-support-the-war-in-ukraine/; Birgit Jennen und Michael Nienaber, »Scholz Touts Latest Ukraine Arms Delivery After Criticism«, *Bloomberg*, 1. Juni 2022, https://www.bloomberg.com/news/articles/2022-06-01/scholztouts-latest-ukraine-arms-delivery-as-criticism-persists#xj4y7vzkg; Mariia Koval-Honchar, »Krashche pizno nizh nikoly: iak Nimechchyna zminiuie svoiu pozytsiiu shchodo zbroï dlia Ukraïny«, *Ievropeis'ka pravda*, 6. Juni 2022, https://www.eurointegration.com.ua/articles/2022/06/6/7140672/

31 »Geht Deutschlands Strategie im Ukraine-Krieg auf?«, *DW*, 30. Mai 2022, https://www.dw.com/de/geht-deutschlands-strategie-im-ukraine-krieg-auf/a-61972060

32 »Ansprache des Präsidenten der Ukraine, Wolodymyr Selenskyj, im Deutschen Bundestag«, Deutscher Bundestag, 17. März 2022, https://www.bundestag.de/dokumente/textarchiv/2022/kw11-de-selenskyj-rede-deutsch-884872

33 »Zelensky invites Merkel, Sarkozy to Bucha to look at results of

concessions to Russia«, *Ukrinform*, 3. April 2022, https://www.ukrinform.net/rubric-polytics/3447795-zelensky-invites-merkel-sarkozy-to-bucha-to-look-at-results-of-concessions-to-russia.html

34 Bojan Pancevski, »German President Is Told He Isn't Welcome in Ukraine«, *Wall Street Journal*, 12. April 2022, https://www.wsj.com/livecoverage/russia-ukraine-latestnews-2022-04-12/card/german-president-is-told-he-isn-t-welcome-in-ukraine-frQQduYTCR8yY5uvaQtl

35 Melanie Amann, Markus Becker, Markus Feldenkirchen, Florian Gathmann, Matthias Gebauer, Serafin Reiber, Jonas Schaible, Christoph Schult und Severin Weiland, »Why Has Germany Been So Slow to Deliver Weapons?« *Spiegel International*, 3. Juni 2022, https://www.spiegel.de/international/germany/olaf-scholz-and-ukraine-why-has-germany-been-so-slow-to-deliver-weapons-a-7cc8397b-2448-49e6-afa5-00311c8fedce

36 »How heavily does Germany rely on Russian energy?«, *Economist*, 4. Mai 2022, https://www.economist.com/the-economist-explains/2022/05/04/how-heavily-does-germany-rely-on-russian-energy; Melanie Amann et al., »Why Has Germany Been So Slow to Deliver Weapons?«.

37 »Macron welcomes Putin, Zelensky for Ukraine peace talks in Paris«, *France24*, 8. Dezember 2019, https://www.france24.com/en/20191208-france-macron-ukraine-crimea-zelensky-putin-peace-paris-summit-%C3%A9lys%C3%A9e-palace-russia-ukraine-germany-merkel-eu-european-union-annex; Roger Cohen, Ivan Nechepurenko, Aurelien Breeden, Shashank Bengali und Anton Troianovski, »Macron meets Putin in Moscow, aiming for a de-escalation«, *New York Times*, 7. Februar 2022, https://www.nytimes.com/2022/02/07/world/europe/macronheads-to-moscow-aiming-for-a-de-escalation.html

38 Stephane Faure, »Ukraine crisis: Why is Macron taking on the role of mediator?«, *Aljazeera*, 23. Februar 2022, https://www.aljazeera.com/news/2022/2/23/ukraine-crisis-macron-the-mediator-in-chief

39 »Macron and Germany's Scholz urge Putin to hold ›direct nego-

tiations‹ with Zelensky«, *France24*, 28. Mai 2022, https://www.france24.com/en/europe/20220528-live-ukraine-says-everything-being-done-to-defend-donbas-from-russian-onslaught; »Vladimir Putin made ›historic‹ error in Ukraine: France«, *Aljazeera*, 3. Juni 2022, https://www.aljazeera.com/news/2022/6/3/vladimir-putinmade-historic-error-in-ukraine-france

40 John Irish und Max Hunder, »Ukraine says Macron remarks on Russia ›can only humiliate France‹«, *Reuters*, 4. Juni 2022.

41 Faure, »Ukraine crisis: Why is Macron taking on the role of mediator?«; »Vladimir Putin made ›historic‹ error in Ukraine: France«; Philippe Ricard, »War in Ukraine: Macron and Zelensky at odds«, *Le Monde*, 20. Mai 2022, https://www.lemonde.fr/en/international/article/2022/05/20/war-in-ukraine-emmanuel-macron-and-volodymyr-zelenskyy-at-odds_5984097_4.html; »Ukraine bid to join EU will take decades says Macron«, *BBC News*, 10. Mai 2022, https://www.bbc.com/news/world-europe-61383632

42 Nichola Farrell, »Roman Myths. Italy's growing opposition to NATO«, *Spectator*, 21. Mai 2022, S. 20–21; Anurag Roushan, »US Supports Italy's Four-point Peace Plan For Ukraine Amid Ongoing Russian Invasion«, *Republicworld.com*, 1. Juni 2022, https://www.republicworld.com/world-news/russia-ukraine-crisis/us-supports-italys-four-point-peace-plan-for-ukraine-amid-ongoing-russian-invasion-articleshow.html

43 »Ukraine confirms Italy proposed plan to end war«, *Kyiv Independent*, 20. Mai 2022, https://kyivindependent.com/news-feed/ukraine-confirmsitaly-proposed-plan-to-end-war/

44 Jules Darmanin, Clea Caulcutt und Christopher Miller, »Macron, Scholz and Draghi meet Zelenskyy in Kyiv during historic visit«, *Politico*, 16. Juni 2022, https://www.politico.eu/article/macron-scholz-draghi-kyivvisit-zelenskyy-ukraine/; Kate Bennett, »First lady Jill Biden makes unannounced trip to Ukraine«, *CNN*, 8. Mai 2022, https://www.cnn.com/2022/05/08/politics/jill-biden-ukraine-visit/index.html

45 Darmanin, Caulcutt und Miller, »Macron, Scholz and Draghi

meet Zelenskyy in Kyiv during historic visit«; »Macron, Zelensky turn page on Russia ›humiliation‹ spat«, *France24*, 17. Juni 2022, https://www.france24.com/en/live-news/20220617-macron-zelensky-turn-page-on-russia-humiliation-spat
46 Jessica Parker, Joe Inwood und Steve Rosenberg, »EU awards Ukraine and Moldova candidate status«, *BBC News*, 23. Juni 2022, https://www.bbc.com/news/world-europe-61891467; »Grant EU candidate status to Ukraine and Moldova without delay, MEPs demand«, News. European Parliament, 23. Juni 2022, https://www.europarl.europa.eu/news/en/press-room/20220616IPR33216/grant-eu-candidate-status-to-ukraine-andmoldova-without-delay-meps-demand; Andrew Gray, »Big deal: What does EU candidate status actually mean for Ukraine?«, *Politico*, 18. Juni 2022, https://www.politico.eu/article/why-eu-membership-candidate-status-matters-for-ukraine/
47 »NATO formally invites Sweden, Finland to join the alliance«, *France24*, 29. Juni 2022, https://www.france24.com/en/europe/20220629-alliance-faces-biggest-challenge-since-world-war-ii-says-nato-chief; Amanda Macias, »NATO reaches a deal with Turkey to admit Sweden and Finland, secretary-general says«, *CNBC*, 28. Juni 2022, https://www.cnbc.com/2022/06/28/nato-reaches-deal-with-turkey-to-admit-sweden-and-finland-secretary-general-says.html; Owen Greene, »Sweden: a history of neutrality ends after 200 years«, *The Conversation*, 26. Mai 2022, https://theconversation.com/sweden-a-history-of-neutrality-ends-after-200-years-183583
48 »Gipfelerklärung anlässlich des Treffens des Nordatlantikrats auf Ebene der Staats- und Regierungschefs der NATO am 29. Juni 2022 in Madrid«, Ständige Vertretung der Bundesrepublik Deutschland bei der NATO, 29. Juni 2022, https://nato.diplo.de/nato-de/service/01-NATOStatements/-/2539516
49 Zachary Snowdon Smith, »Putin ›Calm and Cool‹ After Learning Finland Will Apply To Join NATO, Finnish President Says«, *Forbes*, 15. Mai 2022, https://www.forbes.com/sites/zacharysmith/2022/05/15/putin-calm-and-cool-after-learning-finland-

will-apply-to-join-nato-finnish-president-says/?sh=1bbbb3d26823; Elena Teslova, »Putin explains how Finland, Sweden membership in NATO different from Ukraine's. Russian president says Moscow views Scandinavian nations' accession to NATO differently, unlike Ukraine, since it has no territorial disputes«, Anadolu Agency, 3. Juni 2022, https://www.aa.com.tr/en/russia-ukraine-war/putin-explains-how-finland-sweden-membership-in-nato-different-from-ukraines/2627019

50 Simon Tisdall, »Behind Nato's defensive ›shield‹ lies weakness and division. Ukraine will pay the price«, *Guardian*, 12. Juni 2022, https://www.theguardian.com/world/2022/jun/12/behind-natos-defensive-shield-lies-weakness-and-divisionukraine-will-pay-the-price; Jim Garamon, »Then and Now: The Changes Between 2 NATO Madrid Summits«, U.S. Department of Defense, 29. Juni 2022, https://www.defense.gov/News/News-Stories/Article/Article/3078638/then-and-now-the-changes-between-2-nato-madrid-summits/

## KAPITEL 13 DIE HINWENDUNG NACH ASIEN

1 Jack Lau, »Pelosi Taiwan visit: region ›tense‹ as Chinese navy watches US warships, holds drills in South China Sea«, *South China Morning Post*, 29. Juli 2022, https://www.scmp.com/news/china/military/article/3187091/pelosi-taiwan-visit-region-tense-chinese-navy-watches-us; »China announces military exercise opposite Taiwan after warning Pelosi to scrap plans to visit«, *CNBC*, 30. Juli 2022, https://www.cnbc.com/2022/07/30/china-announces-military-exercise-opposite-taiwan-after-warning-pelosi-to-scrap-plans-to-visit.html

2 Zolan Kanno-Youngs und Peter Baker, »Biden Pledges to Defend Taiwan if It Faces a Chinese Attack«, *New York Times,* 23. Mai 2022, https://www.nytimes.com/2022/05/23/world/asia/biden-taiwan-china.html; Aila Slisco, »No, China Didn't Threaten to Shoot Down Pelosi's Plane Over Taiwan Visit«, *Newsweek*, 29. Juli 2022.

3 Daniel E. Slotnik und Matthew Cullen, »Your Friday Briefing: Biden and Xi's Fraught Phone Call«, *New York Times*, 28. Juli 2022, https://www.nytimes.com/2022/07/28/briefing/biden-xi-china-us-gdp-australia.html

4 David Molloy, »Taiwan: Nancy Pelosi trip labelled as ›extremely dangerous‹ by Beijing«, *BBC News*, 2. August 2022, https://www.bbc.com/news/world-asia-62398029; Paul Mozur, Amy Chang Chien und Michael D. Shear, *New York Times*, 2. August 2022, https://www.nytimes.com/live/2022/08/02/world/pelosi-taiwan

5 Seung Min Kim, »Nancy Pelosi's Proposed Taiwan Trip Is ›Not a Good Idea‹, Says Joe Biden, Quoting U. S. Military Opinion«, *Time*, 21. Juli 2022, https://time.com/6199197/nancy-pelosi-taiwan-biden-us-china/; Thomas L. Friedman, »Why Pelosi's Visit to Taiwan Is Utterly Reckless«, *New York Times*, 1. August 2022.

6 Antony J. Blinken, »The Administration's Approach to the People's Republic of China«, The George Washington University, Washington, DC, 26. Mai 2022, US-Außenministerium, https://www.state.gov/the-administrations-approach-to-thepeoples-republic-of-china/

7 Ebd.

8 »China criticizes US as tensions rise in South Pacific«, *AP News*, 27. Mai 2022, https://apnews.com/article/russia-ukraine-biden-foreign-policy-antony-blinken-eed7c0b393ad18d4278291b86 38f0e7d; »China rejects Blinken speech as ›smear‹«, *DW*, 27. Mai 2022, https://www.dw.com/en/china-rejects-blinken-speech-as-smear/a-61955836

9 Frederick Kempe, »A new world order is emerging – and the world is not ready for it«, *CNBC*, 3. April 2022, https://www.cnbc.com/2022/04/03/a-new-world-order-is-emerging-and-the-world-is-not-ready-for-it.html; Christine Huang, Laura Silver und Laura Clancy, »China's Partnership With Russia Seen as Serious Problem for the U. S.«, Pew Research Center, 28. April 2022, https://www.pewresearch.org/global/2022/04/28/chinas-partnership-with-russia-seen-as-serious-problem-for-the-us/; Robert A. Manning, »Locking China Out of the Global Order

Could Backfire«, *Foreign Policy*, 9. Mai 2022, https://foreignpolicy.com/2022/05/09/china-global-order-decoupling-xi-beijing-reforms/

10 Michael Nelson, »Barack Obama: Foreign Affairs«, Miller Center, University of Virginia, https://millercenter.org/president/obama/foreign-affairs

11 Graham Allison, *Destined for War: Can America and China Escape Thucydides's Trap?* (New York 2018), S. 6–9.

12 Mark Landler, »Lost in Translation: A U. S. Gift to Russia«, *New York Times*, 6. März 2009, https://www.nytimes.com/2009/03/07/world/europe/07diplo.html

13 Simon Shuster, »U. S.-Russia Relations: In Need of a New Reset«, *Time*, 16. März 2010, http://content.time.com/time/world/article/0,8599,1971651,00.html; Joseph R. Biden, »Remarks by the Vice President at the Munich Security Conference«, The White House, Office of the Vice President, 7. Februar 2015, https://obamawhitehouse.archives.gov/the-press-office/2015/02/07/remarks-vice-president-munich-security-conference

14 Michael Crowley und Julia Ioffe, »Why Putin hates Hillary«, *Politico*, 25. Juli 2016, https://www.politico.com/story/2016/07/clinton-putin-226153

15 Ebd.; Brian Ross, Rhonda Schwartz und James Gordon Meek, »Officials: Master Spy Vladimir Putin Now Directly Linked to US Hacking«, *ABC News*, 15. Dezember 2016, https://abcnews.go.com/International/officials-master-spy-vladimir-putin-now-directly-linked/story?id=44210901; Alex Ward, »4 main takeaways from new reports on Russia's 2016 election interference«, *Vox*, 17. Dezember 2018, https://www.vox.com/world/2018/12/17/18144523/russia-senate-report-african-american-ira-clinton-instagram

16 Charles Riley, »Trump's decision to kill TPP leaves door open for China«, *CNN Business*, 14. Januar 2017, https://money.cnn.com/2017/01/23/news/economy/tpp-trump-china/; Bethany Allen-Ebrahimian, »Special report: Trump's U. S.-China transformation«, *Axios*, 19. Januar 2021, https://www.axios.

com/2021/01/19/trump-china-policy-special-report; Ben Westcott, »China looms as Biden's biggest foreign policy challenge. Here's where he stands«, *CNN*, 17. November 2020, https://edition.cnn.com/2020/11/15/asia/biden-china-policy-trump-us-intl-hnk/index.html

17 »Trump Hails ›Very, Very Good Relationship‹ In Talks With Vladimir Putin«, *NDTV*, 28. Juni 2019, https://www.ndtv.com/world-news/donald-trump-hails-very-very-good-relationship-in-talks-with-vladimir-putin-2060714; Mark Gollom, »How successive U. S. administrations resisted arming Ukraine«, *CBC News*, 2. März 2022, https://www.cbc.ca/news/world/obama-trump-biden-ukraine-military-aid-1.6371378; Nicholas Fandos und Michael D. Shear, »Trump Impeached for Abuse of Power and Obstruction of Congress«, *New York Times*, 18. Dezember 2019, https://www.nytimes.com/2019/12/18/us/politics/trump-impeached.html

18 James Dobbins, Howard J. Shatz und Ali Wyne, »Russia Is a Rogue, Not a Peer; China Is a Peer, Not a Rogue. Different Challenges, Different Responses«, RAND Corporation, Oktober 2018, https://www.rand.org/pubs/perspectives/PE310.html; Paul Haenle und Sam Bresnick, »Why U. S.-China Relations Are Locked in a Stalemate«, Carnegie Endowment for International Peace, 21. Februar 2022, https://carnegieendowment.org/2022/02/21/why-u.s.-china-relations-are-locked-in-stale mate-pub86478; Brahma Chellaney, »America Is Focusing on the Wrong Enemy«, *Project Syndicate*, 14. Februar 2022, https://www.project-syndicate.org/commentary/the-threat-to-us-global-leadership-is-china-not-russia-by-brahma-chellaney-2022-02?barrier=accesspaylog; Franco Ordonez, »The White House wants to focus on China, but Russia continues to be a distraction«, NPR, 21. Dezember 2021, https://www.npr.org/2021/12/21/1066181618/the-white-house-wants-to-focus-on-china-but-russia-continues-to-be-a-distraction

19 Andrew Roth und Vincent Ni, »Xi and Putin urge Nato to rule out expansion as Ukraine tensions rise«, *Guardian*, 4. Februar

2022, https://www.theguardian.com/world/2022/feb/04/xi-jinping-meets-vladimir-putin-china-russia-tensions-grow-west; Allison, *Destined for War*, S. 109–113.

20 Edward Wong und Julian E. Barnes, »China Asked Russia to Delay Ukraine War Until After Olympics, U. S. Officials Say«, *New York Times,* 2. März 2022, https://www.nytimes.com/2022/03/02/us/politics/russia-ukraine-china.html; Chen Qingqing, »Chinese nationals' evacuation in Ukraine complete! All safe: embassy«, *Global Times*, 9. März 2022, https://www.globaltimes.cn/page/202203/1254447.shtml

21 »President Xi Jinping Speaks with Russian President Vladimir Putin on the Phone«, Ministry of Foreign Affairs of the People's Republic of China, 25. Februar 2022, https://www.fmprc.gov.cn/eng/zxxx_662805/202202/t20220225_10645701.html

22 Bobo Lo, »Friendship with Limits: Putin's War and the China-Russia Partnership«, George W. Bush Institute, *The Catalyst* 23 (Frühjahr 2022), https://www.bushcenter.org/catalyst/ukraine/lo-friendship-with-limits-china-russia.html

23 Lo, »Friendship with Limits«; Jia Deng, »China treads a fine line on the Russia-Ukraine war«, *East Asia Forum*, 20. Mai 2022, https://www.eastasiaforum.org/2022/05/20/china-treads-a-fine-line-on-the-russia-ukraine-war/; Evelyn C. Cheng, »China watches warily as Ukraine makes U. S., EU and Japan strengthen their alliance«, *CNBC*, 8. März 2022, https://www.cnbc.com/2022/03/09/china-watches-as-ukraine-war-makes-us-eu-and-japan-show-unity.html

24 John Feng, »China Refuses to Call Russia's War on Ukraine an ›Invasion‹«, *Newsweek*, 24. Februar 2022, https://www.newsweek.com/china-refuses-call-russia-war-ukraine-invasion-1682140; Lo, »Friendship with Limits«; Reid Standish, »China's Messaging On The Ukraine War Is Evolving, But In Which Way?« *Radio Free Europe/Radio Liberty*, 3. Mai 2022, https://www.rferl.org/a/china-ukraine-war-messaging-standish/31832716.html

25 Edward Wong und Julian E. Barnes, »Russia Asked China for Military and Economic Aid for Ukraine War, U. S. Officials

Say«, *New York Times*, 13. März 2022, https://www.nytimes.com/2022/03/13/us/politics/russia-china-ukraine.html; »China says it does not want to be impacted by Russia sanctions«, *Aljazeera*, 15. März 2022, https://www.aljazeera.com/news/2022/3/15/china-does-not-want-to-be-impacted-by-russia-sanctions-fm; Allison, *Destined for War*, S. 110.

26 »Readout of President Joseph R. Biden Jr. Call with President Xi Jinping of the People's Republic of China«, The White House, 18. März 2022, https://www.whitehouse.gov/briefing-room/statements-releases/2022/03/18/readout-of-president-joseph-r-biden-jr-call-with-president-xi-jinping-of-the-peoples-republic-of-china-2/; Cate Cadell und Ellen Nakashima, »Beijing chafes at Moscow's requests for support, Chinese officials say«, *Washington Post*, 2. Juni 2022, https://www.washingtonpost.com/national-security/2022/06/02/china-support-russia-ukraine/

27 »Putin Visits ›Friendly‹ Central Asia on First Trip During War«, *Bloomberg*, 28. Juni 2022, https://www.bloomberg.com/news/articles/2022-06-28/putin-visits-friendly-central-asia-on-first-trip-during-war#xj4y7vzkg

28 Marcel Plichta, »What Putin Can Do with His New, Deadly Gift From Iran«, *Daily Beast*, 22. Juli 2022, https://www.thedailybeast.com/what-vladimir-putin-cando-with-his-new-deadly-drones-from-iran

29 Joyce Karam@Joyce_Karam Twitter, https://twitter.com/Joyce_Karam/status/1549487286966009858; Brendan Cole, »Video of Putin Being Kept Waiting by Erdogan Goes Viral: ›Sweet Payback‹«, *Newsweek*, 20. Juli 2022, https://www.newsweek.com/putin-erdogan-waiting-video-tehran-1726241

30 Cengiz Candar, »Erdogan's dance with Putin: Humiliating, but face-saving«, *Al-Monitor*, 6. März 2022, https://www.al-monitor.com/originals/2020/03/turkey-russia-syria-idlib-deal-erdogan-accepts-regimes-gains.html; »Of course it's coincidence: Kremlin spokesman denies trolling Erdogan with bronzework of Russo-Turkish war«, *RT*, 6. März 2020, https://www.rt.com/russia/482509-putin-erdogan-clock-trolling/

31 »Of course it's coincidence; »What is the significance of Putin making Erdoğan wait?«, *Duvar English*, 10. März 2022, https://www.duvarenglish.com/diplomacy/2020/03/10/what-is-the-significance-of-putin-making-erdogan-wait; »Turkey's Baykar drone company ›will never‹ supply Russia: CEO«, *Aljazeera*, 19. Juli 2022, https://www.aljazeera.com/news/2022/7/19/turkish-firm-wont-supply-uavs-widely-used-by-ukraine-to-russia; Joshua Keating, »How Turkey is turning the war in Ukraine to its own advantage«, *Grid*, 8. Juni 2022, https://www.grid.news/story/global/2022/06/08/how-turkey-is-turning-the-war-in-ukraine-to-its-own-advantage/

32 Isabel de Madariaga, *Ivan the Terrible: First Tsar of Russia* (New Haven, CT, 2005), S. 264–267; Brian Davies, *Warfare, State and Society on the Black Sea Steppe, 1500–1700* (London und New York 2007), S. 158–170; Orlando Figes, *Krimkrieg. Der letzte Kreuzzug* (Berlin 2011).

33 »›Turkey to stand by Crimean Tatars to ensure their welfare‹«, *Daily Sabah*, 18. Mai 2022, https://www.dailysabah.com/politics/diplomacy/turkey-to-stand-by-crimean-tatars-to-ensure-their-welfare; Alexander Gabuev, »Viewpoint: Russia and Turkey – unlikely victors of Karabakh conflict«, *BBC News*, 12. November 2020, https://www.bbc.com/news/world-europe-54903869

34 Oliya Kusa, »Turkey's Goals in the Russia-Ukraine War«, *Focus Ukraine*, The Wilson Center, 13. Juni 2022, https://www.wilsoncenter.org/blog-post/turkeys-goals-russia-ukraine-war

35 Ebd.

36 Dorian Jones, »Ukrainian, Russian Delegations Send Positive Messages After Istanbul Talks«, *Voice of America*, 29. März 2022, https://www.voanews.com/a/ukrainian-russian-delegations-send-positive-messages-after-istanbul-talks/6506651.html

37 Amberin Zaman, »Russia-Ukraine talks in Turkey yield respite but no ceasefire«, *Al-Monitor*, 29. März 2022, https://www.al-monitor.com/originals/2022/03/russia-ukraine-talks-turkey-yield-respite-no-ceasefire

38 Firat Kozok und Selcan Hacaoglu, »Ukraine Cautious as Turkey,

Russia Push Black Sea Grain Deal«, *Bloomberg*, 6. Juni 2022, https://www.bloomberg.com/news/articles/2022-06-06/ukraine-cautious-as-turkey-russia-push-black-sea-grain-deal?sref=C3P1bRLC#xj4y7vzkg; »Turkish inflation seen nearing 81 % in July, falling to 70 % by end-2022: Reuters poll«, *Reuters*, 29. Juli 2022, https://www.reuters.com/world/middle-east/turkish-inflation-seen-nearing-81-july-falling-70-by-end-2022-2022-07-29/; »Ukraine Says Russian Missiles Hit Odesa Port, Key To Grain Export Deal«, *Radio Free Europe/Radio Liberty*, 23. Juli 2022, https://www.rferl.org/a/ukraine-odesa-russian-missiles-grain-export/31956567.html; Ievheniia Haber und Ol'ha Palii, »Shcho treba znaty dlia rozuminnia polityky Turechchyny pid chas viiny Ukraïny z rosiieiu«, *Informator*, 14. Juni 2022, https://informator.ua/uk/shcho-treba-znati-dlya-rozuminnya-politiki-turechchini-pid-chas-viyni-ukrajini-z-rosiyeyu

39 »U Chorne more razom iz dvoma turets'kymy fregatamy zaishov i pidvodnyi choven«, *Ukrinform*, 28. Juli 2022, https://www.ukrinform.ua/rubric-crimea/3538569-u-corne-more-zajsli-dva-turecki-fregati-ta-pidvodnij-coven.html; Rhoda Kwan und Yuliya Talmazan, »1st grain shipment leaves Ukraine after months of Russian blockade«, *NBC News*, 1. August 2022, https://www.nbcnews.com/news/world/1st-grain-shipment-leaves-ukraine-odesa-port-russian-blockade-rcna40581; Alexandra Prokopenko, »Russia's Return to Grain Deal is a Sign of Turkey's Growing Influence«, Carnegie Endowment for International Peace, 8. November 2022, https://carnegieendowment.org/politika/88349

40 »Medvedev: situatsiia vokrug Ukrainy uluchshat'sia ne budet, nuzhno priznavat' DNR i LNR«, *TASS*, 21. Februar 2022, https://tass.ru/politika/13786995?utm_source=google.com&utm_medium=organic&utm_campaign=google.com&utm_referrer=google.com

41 »What are the sanctions on Russia and are they hurting its economy?«, *BBC News*, 27. Juni 2022, https://www.bbc.com/news/world-europe-60125659; »EU-Sanktionen gegen Russ-

land: ein Überblick«, Europäischer Rat, Rat der Europäischen Union, https://www.consilium.europa.eu/de/policies/sanctions/restrictive-measures-against-russia-over-ukraine/sanctions-against-russia-explained/; »EU's latest package of Russia sanctions will need to include oil embargo«, *Reuters*, 30. Mai 2022, https://www.reuters.com/business/energy/eus-latest-package-russia-sanctions-will-need-include-oil-embargo-2022-05-30/; Jack Guy, »Europe has bought $46 billion worth of Russian energy since the Ukraine war began«, *CNN Business*, 28. April 2022, https://edition.cnn.com/2022/04/28/business/eu-fossil-fuel-exports-russia-ukraine-energy-intl/index.html; David Wallace-Wells, »Considering Ukraine as a climate and energy war«, *New York Times*, internationale Ausgabe, 4.–5. Juni 2022.

42 Zeynep Beyza Kilic, »Natural gas prices hit record levels as Russia-Ukraine war rages«, *Anadolu Agency*, 3. März 2022, https://www.aa.com.tr/en/energy/natural-gas/natural-gas-prices-hit-record-levels-as-russia-ukraine-war-rages/34766; Fareed Zakaria, »The only possible path to keep the pressure on Russia«, *Washington Post*, 21. April 2022, https://www.washingtonpost.com/opinions/2022/04/21/russiaukraine-oil-production-saudi-arabia-uae-gulf-states-security/

43 »Russia's War on Ukraine: The Economic Impact of Sanctions«, Congressional Research Service, 3. Mai 2022, https://crsreports.congress.gov/product/pdf/IF/IF12092#:~:text=Sanctions%20that%20isolate%20Russia%20are,slowdown%20in%20global%20economic%20growth; »Russia cuts off Finland gas flows over payment dispute«, *Aljazeera*, 21. Mai 2022, https://www.aljazeera.com/news/2022/5/21/russia-cuts-off-finland-gas-flows-over-payment-dispute; Graeme Wearden, »Oil plunges to 10-month low as Saudi Arabia ›considers Opec+ production increase‹ – as it happened«, *Guardian*, 21. November 2022, https://www.theguardian.com/business/live/2022/nov/21/cbi-uk-ec onomy-growth-jeremy-hunt-ftse-oil-covid-business-live

44 Alex Lawson, »Oil price rises after Joe Biden fails to secure Saudi output increase«, *Guardian*, 18. Juli 2022, https://www.the

guardian.com/business/2022/jul/18/oil-price-rises-joe-biden-saudi-output-petrol-diesel-prices

45 »Over 1,000 Companies Have Curtailed Operations in Russia – But Some Remain«, Chief Executive Leadership Institute, Yale University, 31. Juli 2022, https://som.yale.edu/story/2022/over-1000-companies-have-curtailed-operations-russia-some-remain; Joshua Askew, »Sanctions ›catastrophically crippling‹ Russian economy, study finds«, *Euronews*, 29. Juli 2022, https://www.euronews.com/2022/07/28/sanctions-catastrophically-crippling-russian-economy-study-finds?utm_source=Facebook&utm_medium=Social&fbclid=IwAR2bjSn97eypqYuR3mpfBTKYz4aL2NguxqgbuY9QP-JFhZMgTsvNfn-k5t4

46 »Russia's War on Ukraine: The Economic Impact of Sanctions«; »West's tech becomes a vulnerability for Russia«, *New York Times*, internationale Ausgabe, 4.–5. Juni 2022; Catherine Belton und Robyn Dixon, »Western sanctions catch up with Russia's wartime economy«; Agathe Demarais, »Sanctions on Russia Are Working. Here's Why«, *Foreign Policy*, 1. Dezember 2022, https://foreignpolicy.com/2022/12/01/ukraine-russia-sanctions-economy-war-putin-embargo-technology-financial-energy/

47 Nikolaus J. Kurmayer, »Germany's Habeck: ›We have to try the unrealistic‹ to break free from Russian gas«, *Euractiv*, 28. April 2022, https://www.euractiv.com/section/energy/news/germanys-habeck-we-have-to-try-the-unrealistic-to-break-free-from-russian-gas/; Anna Shirayevskaya, »For the First Time, US Is Sending More Gas to Europe Than Russia«, *Bloomberg*, 1. Juli 2022, https://www.bloomberg.com/news/articles/2022-07-01/us-lngsupplies-to-europe-overtake-russian-gas-iea-says; Askew, »Sanctions ›catastrophically crippling‹ Russian economy.«

48 »Putin nazval ėkonomicheskim samoubiistvom« politiku Evropy v ėnergeticheskoi sfere«, *Vedomosti*, 17. Mai 2022, https://www.vedomosti.ru/economics/news/2022/05/17/922394putin-nazval-ekonomicheskim-samoubiistvom-politiku-evropi; Vladimir Soldatkin und Chen Aizhu, »Putin hails $117.5 bln of China deals as Russia squares off with West«, *Reuters*, 4. Februar 2022, https://

www.reuters.com/world/putin-tells-xi-new-deal-that-could-sell-more-russian-gas-china-2022-02-04/

49 Ashley J. Tellis, »What Is in Our Interest«: India and the Ukraine War«, Carnegie Endowment for International Peace, 25. April 2022, https://carnegieendowment.org/2022/04/25/what-is-in-our-interest-india-and-ukraine-war-pub-86961

50 Anna Shirayevskaya, »Russian Gas Pivot Toward China Will Ease Europe's Energy Crunch«, *Bloomberg*, 29. Juli 2022, https://www.bloomberg.com/news/articles/2022-07-29/russian-gas-pivot-toward-china-willease-europe-s-energy-crunch#xj4y7vzkg; Clifford Krauss, Alexandra Stevenson und Emily Schmall, »In Russia's War, China and India Emerge as Financiers«, *New York Times,* 24. Juni 2022, https://www.nytimes.com/2022/06/24/business/russia-oil-china-india-ukraine-war.html; Thomas Duesterberg, »Historic Shifts In Russian Energy Flows Bolstering China«, *Forbes*, 7. Juli 2022, https://www.forbes.com/sites/thomasduesterberg/2022/07/07/historic-shifts-in-russian-energy-flows-bolstering-china/?sh=24165f9f2423; Xiao Zibang, »Russia Overtakes Saudi Arabia as China's Top Oil Supplier«, *Bloomberg*, 7. Juni 2022, https://www.bloomberg.com/news/articles/2022-06-20/china-buys-7-5-billion-of-russian-energy-with-oil-at-record#xj4y7vzkg

51 Muyu Xu und Chen Aizhu, »China refiners slow down Russian oil purchases as sanctions near trade«, Reuters, 14. November 2022, https://www.reuters.com/business/energy/china-refiners-slow-down-russian-oil-purchases-sanctionsnear-trade-2022–11–14/; »Value of Russia-China energy trade up 64 %, deputy PM says«, Reuters, 18. November 2022, https://www.reuters.com/business/ energy/value-russia-china-energy-trade-up-64-deputy-pm-says-2022–11–18/; Sean Golden, »The US and China in the new global order«, Barcelona Center for International Affairs, Januar 2020, https://www.cidob.org/en/publications/publication_series/opinion/seguridad_y_politica_mundial/the_us_and_china_in_the_new_global_order; Yvonne Lau, »Why China buying more Russian oil than ever doesn't

mean that Putin has a blank check«, *Fortune*, 13. Juli 2022, https://fortune.com/2022/07/13/china-buying-russian-oil-putin-xi-sanctions/

52 Seth Cropsey, »SCO summit did not show what you think it showed«, *Asia Times*, 21. September 2022, https://asiatimes.com/2022/09/sco-summit-did-not-show-what-you-think-it-showed/; Pavel K. Baev, »Eurasian Summit of Hidden Tensions and Thin Pretenses«, *Eurasia Daily Monitor*, Bd. 19, Nr. 136 (19. September 2022), https://jamestown.org/program/eurasian-summit-of-hidden-tensions-and-thin-pretenses/

53 Michael Howle, »Rishi Sunak brands Russia a ›pariah state‹ ahead of G20 summit encounter with Putin's foreign minister«, *Evening Standard*, 14. November 2022, https://www.standard.co.uk/news/politics/rishi-sunak-g20-ba li-russia-ukraine-lavrov-pariah-state-putin-biden-b1039848.html; Emily Feng, »4 take-aways from President Biden's ›very blunt‹ meeting with China's Xi Jinping«, NPR, 14. November 2022, https://www.npr.org/2022/11/14/1136459450/ biden-xi-meeting

54 Stuart Lau, »China's new vassal: Vladimir Putin«, *Politico*, 6. Juni 2022, https://www.politico.eu/article/china-new-vassal-vladimir putin/

# REGISTER

## C

## D



## E



## F

## K

## L

## M

## N



## O

## P

## R

## S

## V



## W



## X



## Z